U0901299

广州统计年鉴

2003

总第15期

广州市统计局 编

中国统计出版社
China Statistics Press

(京)新登字 041 号

图书在版编目(CIP)数据

广州统计年鉴 2003/广州市统计局编. -北京:
中国统计出版社,2003.6
ISBN 7-5037-4121-X/F.1636
Ⅰ.广… Ⅱ.广… Ⅲ.社会经济统计-统计资料-广州-2003-年鉴 Ⅳ.C832.651-54
中国版本图书馆 CIP 数据核字(2003)第 040327 号

广州统计年鉴-2003

作　者/广州市统计局
责任编辑/蔡启新
E-mail/yearbook@stats.gov.cn
责任校对/林穗子
封面设计/易莉蓉
出版发行/中国统计出版社
通信地址/北京市西城区三里河月坛南街 75 号　中国统计出版社
电　话/(010)63262295
印　刷/广州大一印刷有限公司
经　销/新华书店
开　本/787×1092 毫米/ 16 开本
字　数/95 万字
印　张/30 印张
印　数/1-1800
版　别/2003 年 6 月第 1 版
版　次/2003 年 6 月第 1 次印刷
书　号/ISBN 7-5037-4121-X/F.1636
定　价/200 元

中国统计版图书,版权所有,侵权必究。
中国统计版图书,如有印装错误,本社发行部负责调换。

《广州统计年鉴》编委会和编辑人员名单

一.编委会名单

主　　任: 高殿瀛

副 主 任: 王　军　　朱中华　　贾景智

主　　编: 高殿瀛

副 主 编: 贾景智

编辑委员: (按姓氏笔划为序)

吴永佳　　吴江波　　杨启光　　沈妙芬　　余家荣

陈继红　　陈幸华　　欧小平　　郑纪军　　梁国柱

黄海鹰　　韩菊英

二.编辑部工作人员名单

总 编 辑: 余家荣

副总编辑: 陈继红　陈幸华

责任编辑: 林穗子

编辑人员: (按姓氏笔划为序)

邓立坚　　邓　谦　　孔伟雄　　卞虹虹　　区海鹏

王晶莹　　冯　俊　　刘志军　　刘维敏　　朱秀英

朱展翔　　孙晓茵　　吴永红　　吴　燕　　陈电雄

陈　平　　陈朝阳　　陈武耿　　肖坤强　　肖穗华

肖兴文　　杜倩文　　苏　娟　　杨红慧　　杨秀仪

杨　波　　杨　美　　林　红　　林伟红　　林　彬

林婉玲　　周　虹　　罗志雄　　罗奕洋　　罗晓红

郑　彦　　郑振威　　胡玉敏　　钟炳基　　袁汉波

梁树佳　　黄耀丹　　黄健芳　　董志聪　　熊慧清

电脑排版: 华昕辉

英文翻译: 欧阳可员

编 者 说 明

一、《广州统计年鉴—— 2003》是一本大型的统计资料工具书。本年鉴通过大量、翔实的统计数据，全面客观地反映了 2002 年及历史主要年份，特别是改革开放以来广州市经济、社会的发展情况。

二、全书内容分为 17 个篇目，即：1.综合；2.人口；3.从业人员和职工工资；4.固定资产投资；5.原材料消费和库存；6.财政金融和保险；7.物价指数；8.人民生活；9.城市公用事业； 10.农业；11.工业；12.建筑业；13.运输和邮电；14.国内贸易；15.对外经济贸易和旅游；16.科技；17.教育文化体育卫生社会福利和其他。在附录部分，收集了全国、广东省及全国十大城市、珠江三角洲十二市(区)、香港特别行政区、澳门特别行政区主要经济指标。为了便于读者使用资料，本年鉴附有中译英国民经济主要指标和主要统计指标解释。

三、本年鉴中"市区原口径"指原八区(东山、荔湾、越秀、海珠、天河、芳村、白云、黄埔)，"市区新口径"指新十区(东山、荔湾、越秀、海珠、天河、芳村、白云、黄埔、番禺、花都)。除注明外，均为十区口径。

四、本年鉴总量指标计算所采用的价格除注明外均为当年价格。

五、读者在使用历年资料时，凡与本年鉴有出入的，均以本年鉴为准。

六、本年鉴表中的符号使用说明："空格"表示没有这种情况；"…"表示数字很小，达不到计算单位要求的最低位；"#"表示其中数。

七、《广州统计年鉴》公开出版以来，得到了广大读者的关心和支持，对此我们深表谢意。欢迎广大读者对年鉴内容、编排等方面提出宝贵意见，以利于我们进一步提高年鉴的编辑工作水平，更好地为广大读者服务。

目　　录

第一篇　综　　合

第二篇　人　　口

第三篇　从业人员和职工工资

第四篇　固定资产投资

第五篇　原材料消费和库存

第六篇　财政、金融和保险

第七篇　物价指数

第八篇　人民生活

第九篇 城市公用事业

第十篇 农 业

第十一篇 工 业

第十二篇　建筑业

第十三篇　运输和邮电

第十四篇　国内贸易

第十五篇　对外经济贸易和旅游

第十六篇　科　　技

第十七篇　教育、文化、体育、卫生、社会福利和其他

附　　录

CONTENTS

CHAPTER 1 GENERAL SURVEY

CHAPTER 2 POPULATION

CHAPTER 3 EMPLOYMENT AND WAGES

CHAPTER 4 INVESTMENT IN FIXED ASSETS

CHAPTER 5 CONSUMPTION AND INVENTORY OF RAW MATERIALS

CHAPTER 6 FINANCE 、BANKING AND INSURANCE

CHAPTER 7 PRICE

CHAPTER 8 PEOPLE'S LIVELIHOOD

CHAPTER 9 URBAN PUBLIC UTILITIES

CHAPTER 10 AGRICULTURE

CHAPTER 11 INDUSTRY

CHAPTER 12 CONSTRUCTION

CHAPTER 13 TRANSPORTATION, POSTAL AND TELECOMMUNICATION SERVICE

CHAPTER 14 DOMESTIC TRADE

CHAPTER 15 FOREIGN ECONOMY TRADE AND TOURISM

CHAPTER 16 SCIENCE AND TECHNOLOGY

CHAPTER 17 EDUCATION, CULTURE, SPORTS, PUBLIC HEALTH, SOCIAL WELFARE AND OTHERS

APPENDIX

THE SUMMARY PART IN ENGLISH

2002年广州市国民经济和社会发展统计公报

（2003年3月2日）

2002年，在市委、市政府的正确领导下，广州市抓住机遇，采取切实有效措施，大力促进出口，积极扩大内需，加快经济结构调整，不断提高经济运行的质量和效益，全年经济保持了快速健康发展的良好势头，综合经济实力跃上新的台阶。各项社会事业健康发展，居民生活质量进一步提高。

一、综　合

国民经济快速增长，经济总量和人均GDP跃上新的台阶。据初步统计，2002年全市国内生产总值3001.69亿元，按可比价格计算，比上年增长13.2%，保持了“九五”时期以来年均经济增长13%左右的增速，广州已成为国内GDP总量超3000亿元的三大城市之一。人均国内生产总值达4.19万元，增长11.7%，按当年国家平均汇率计算，突破5000美元，在国内大城市中位居前列。

产业结构调整步伐加快。从三次产业情况看，第一产业实现增加值102.05亿元，比上年增长8.9%；第二产业实现增加值1231.09亿元，增长12.5%；第三产业实现增加值1668.55亿元，增长14.1%。第一、二、三次产业增加值占国内生产总值的比重由上年的3.62:41.89:54.49调整为3.40:41.01:55.59。

价格总水平微幅下降。2002年，城市居民消费价格总指数为97.6%，价格总水平比上年下降2.4%，其中消费品价格下降3.1%，服务项目价格下降0.5%。在八大类居民消费价格中，除烟酒用品类和居住类价格分别上升0.5%和0.1%外，其余类别价格均下降。农村居民消费价格总指数为96.9%，价格总水平比上年下降3.1%。工业品出厂价格比上年下降3.5%，原材料、燃料、动力购进价格下降3.2%，农业生产资料价格下降1.9%。房地产销售价格总指数为99.6%，房地产租赁价格总指数为102%。

劳动就业形势基本稳定。2002年末，全市从业人员512.27万人，比上年末增加2.2万人，其中城镇从业人员251.96万人，比上年末增加11.34万人。年末职工总人数177.16万人，比上年末增加4.86万人；全市私营从业人员和个体劳动者70.32万人，比上年末增加5.52万人。全年安置城镇失业人员14.85万人就业，年末尚有城镇登记失业人员9.36万人，城镇登记失业率为3.56%。

二、农　业

农业生产有较大增长。2002年，全市农业总产值为175.06亿元，按可比价格计算，比上年增长9.1%。广州市积极推进农业生产结构战略性调整，大力发展蔬菜、水果、花卉、牛奶、渔业等效益较高的农产品生产。花卉、蔬菜、水果种植面积增加，分别比上年增长30.4%、3.2%和2.7%。水果大丰收，总产量达47.37万吨，增长35.6%。其中，荔枝、龙眼总产量分别达9.57万吨和3.8万吨，均为历史最高水平。蔬菜产量保持较好增长势头，达345.15万吨，增长5.0%。畜牧业生产平稳发展。生猪出栏量达196.7万头，增长1.9%。渔业生产稳步发展。水产品产量达34.53万吨，增长3.0%。城市生态林业建设有新的进展。至2002年末，全市森林覆盖率达41.3%。

农业生产条件进一步改善。至2002年末，全市完成标准化农田建设40万亩。年末，农田有效灌溉面积已达154.79万亩。

乡镇企业发展较快。全市乡镇企业营业收入1897.37亿元，比上年增长6.2%；乡镇企业总产值1862.56亿元，增长8.0%(现价增速)。

三、工业和建筑业

工业生产保持快速增长。2002年，广州市工业呈现增速加快、结构优化、产销两旺的良好态势。全市实现工业增加值1067.71亿元，比上年增长13.3%；工业总产值3786.08亿元，增长14.9%。工业产品销售率达98.41%，比上年提高1.6个百分点。轻工业总产值2036.42亿元，增长10.8%；重工业总产值1749.66亿元，增长20.9%；重工业增速比轻工业快10.1个百分点，轻、重工业总产值占全市工业总产值比重由上年的55.6:44.4变为53.79:46.21。在工业总产值中：股份制企业完成671.10亿元，增长28.4%；"三资"企业2139.15亿元，增长15.0%；国有及国有控股企业997.79亿元，增长12.2%；大中型企业1887.05亿元，增长17.3%；市属企业工业总产值3407.25亿元，增长15.3%。

工业结构不断优化。随着先进技术的引进，轻纺、食品、医药、建材等传统行业升级换代，电子通信、汽车制造、石油化工、精细化工等产业及高科技产业迅速发展。2002年，电子、汽车制造、石油化工业三大支柱产业共完成规模以上工业总产值1062亿元，比上年增长23.0%。以电子信息、生物医药、新材料为主体的高新技术产品产值795.91亿元，比上年增长30.9%，占全市工业总产值的比重为21.0%。开发区、科学城、天河软件园、黄花岗信息产业园等成为高新产业发展的重要基地。一批有实力的企业集团通过技术改造，生产能力明显提高。

主要工业产品产量保持较快增长。其中移动电话机增长3.99倍、光通讯设备增长99.1%、家用电冰箱增长64.8%、计算机增长62.1%、房间空气调节器增长42.7%、汽车仪表增长41.3%、汽车生产增长40.3%、升降移动机械增长35.3%、塑料制品增长30.5%、化妆品增长26.0%、摩托车增长22.7%、家具增长18.0%、中成药增长17.2%、软饮料增长12.1%、服装增长10.6%。

工业经济效益不断提高。在工业生产快速增长的同时，我市工业企业经济综合效益不断提高，实现利润大幅增长，企业亏损面缩小，亏损总额下降。2002年，全市规模以上工业企业经济效益综合指数为152.2%，比上年提高13个百分点，分别比全国、全省平均水平高20个和10个百分点。其中国有及国有控股工业企业经济效益综合指数达184.9%，高于全市平均水平32.7个百分点。全市规模以上工业企业实现利润总额195.07亿元，增长35.1%。全市规模以上工业亏损企业亏损面为19.7%，比上年下降1.1个百分点，亏损额为28.72亿元，比上年下降15.1%。

建筑业生产稳步发展。全市完成建筑业增加值163.38亿元，比上年增长7.2%；建筑安装工作量615.46亿元，增长7.2%。

四、固定资产投资

全社会固定资产投资突破1000亿元。2002年，全社会固定资产投资达到1001.49亿元，为历史最高水平，比上年增长2.4%。其中基本建设投资达279.48亿元，下降12.2%，占全社会固定资产总投资的27.9%；更新改造投资达182.58亿元，增长4.0%，占全社会固定资产总投资的18.2%；房地产开发投资达424.19亿元，增长9.6%，占全社会固定资产总投资的42.4%，是支撑投资稳步增长的重要力量。民间投资增长较快。全年民间固定资产投资达400.89亿元，增长33.8%。

商品房销售形势较好，是拉动房地产开发投资增长的重要因素。2002年，全市商品房预售面积为601.92万平方米，预售合同金额为253.96亿元，分别比上年增长17.3%和10.6%。商品房实际销售(交楼)面积为666.15万平方米，实际销售(交楼)合同金额为274.61亿元，分别增长20.1%和15.4%。

在全市固定资产投资额中，制造业完成投资140.06亿元，增长31.5%；建筑业完成投资31.9亿元，增长91.7%；交通运输仓储邮电通讯业完成投资136.84亿元，下降12.5%；批发零售及餐饮业完成投资14.49亿元，增长1.3倍；社会服务业完成投资89.29亿元，下降26.4%；教育文艺广播电影电视业完成投资36.38亿元，增长26.2%；科学研究综合技术服务业完成投资4.40亿元，增长10.9%。

重点建设项目进展顺利。2002年，全市重点建设项目完成固定资产投资124.93亿元，占全市基本建设和更新改造投资额的比重为27.0%。制造业、交通运输仓储邮电通讯业、社会服务业、教育文化艺术及广播电影电视业重点项目投资分别占全市重点建设项目投资的14.0%、28.5%、31.2%和2.9%。地铁二号线已开通三元里到晓港首通段的9个车站，地铁三号线已全面开工建设，广州国际会议展览中心(首期工程)主体工程基本建成使用，白云国际机场迁建工程航站大楼主楼钢结构工程已建成。一批有关广州城市建设的重大基础设施项目和产业化项目正在推进。

五、国内贸易

消费品市场稳步增长。2002年，全市社会消费品零售总额为1370.68亿元，比上年增长9.8%，剔除价格因素的影响，实际增长13.3%，保持了近年来稳定增长的发展势头。其中贸易业消费品零售额为973.32亿元，增长10.6%；餐饮业消费品零售额为265.97亿元，增长10.9%；其他行业零售额131.39亿元，增长2.7%。批发零售贸易业的商品销售总额为3661.27亿元，增长10.1%。步行街、休闲酒吧街、商业街有新的发展，大型超市及连锁店快速扩张，一批国内外零售巨商纷纷抢滩广州，形成了多渠道、多层次的市场销售格局。限额以上企业(年销售收入2000万元以上的批发企业和500万元以上的零售企业)的化妆品类、电子出版物及音像制品类、家用电器及音像器材类、家具类、通讯器材类、汽车类等商品销售额增幅均在40%以上。

六、对外经济

外贸进出口较快增长。2002年，全市海关进出口总值为279.31亿美元，比上年增长21.3%。其中海关进口总值141.47亿美元，增长24%；海关出口总值137.84亿美元，增长18.6%，成为拉动全市经济增长的重要因素。从出口方式看，一般贸易出口54.31亿美元，加工贸易出口81.86亿美元，分别增长23%和16.1%。从出口主体看，国有企业和三资企业出口分别占全市出口总额的41.3%和54.5%。从出口产品看，高技术产品出口增长57.2%，机电产品出口增长29.1%，服装、纺织品、塑料制品等传统大宗出口商品分别增长18.7%、27.3%和5.0%。出口市场多元化取得实质性进展，对香港、美国、台湾、韩国、阿联酋、俄罗斯等市场的出口增幅均在17%以上，其中对俄罗斯的出口增长73.5%。

外商在穗投资增幅较大。2002年，全年合同利用外资金额为31.66亿美元，增长74.1%，其中外商直接投资金额为30.23亿美元，增长70.4%。利用外资方式和资金来源进一步多元化，大项目不断增多。全市新批和增资超过1000万美元的项目91个，合同外资金额21.60亿美元。引进的投资项目技术含量不断提高，高新技术领域成为投资的热点。电子及通讯制造业合同直接利用外资增长1.26倍。外资投向制造业的力度加大，其合同直接利用外资占全市合同直接利用外资比重达73.1%。实际利用外资金额为26.53亿美元，其中外商直接投资金额为22.84亿美元，分别增长10.6%和10.2%。

国际经济技术合作进一步加强。2002年，对外承包工程和劳务合作业务均有较大发展，完成对外承包工程和劳务合作营业额9115万美元，增长21.7%；派出工程劳务人员2390人次，增长1.2倍；年末在外人数3378人，增长50.3%。

七、交通、邮电和旅游

交通运输业稳步发展。2002年，全年货物运输量2.52亿吨，增长1.3%。其中公路运输1.41亿吨，增长6.3%；航空运输23.72万吨，增长26.6%；铁路运输1656.1万吨，下降19.3%；水路运输8995.94万吨，下降1.6%。旅客运输量2.67亿人次，增长9.3%。其中公路运输2.32亿人次，增长10.0%；航空运输629.09万人次，增长17.2%；铁路运输2790.9万人次，增长3.1%；水路运输152.28万人次，增长1.9%。全市港口货物吞吐量1.67亿吨，增长23.3%。港口集装箱吞吐量271.81万标箱，增长19.4%。广州白云机场旅客吞吐量1601.44万人次，增长15.8%；机场货物吞吐量59.26万吨，增长11.5%。市内公共交通不断改善。年末营运公共汽(电)车达7051辆，比上年增长10.2%。全年地铁旅客运输量为6629.13万人次，增长4.2%。

邮电通讯业保持快速发展势头。全年邮电业务总收入172.09亿元，比上年增长13.6%。年末电话机数达436.16万部，新增60.19万部，增长16.0%；年末市话交换机总容量达到518.21万门，新增35.76万门，增长6.9%；移动电话用户新增185.38万户，增长33.1%，年末总用户数达745万户。至2002年末，通过市电信部门网络线路作为出口的因特网用户达256.15万户，新增135.2万户，增长1.1倍。城市电话拥有率(含移动电话)达到165部/百人，比上年增长20.4%，在全国十大城市中居于前列。

旅游市场活跃，旅游经济发展加快。2002年，广州市接待过夜旅游者2706.06万人次，比上年增长7.7%。其中海外游客473.97万人次，增长7.1%。旅游者在穗平均停留时间为2.05天。全市旅游营业总收入达504.89亿元，增长10.9%，其中旅游外汇收入18.72亿美元，增长13.3%。广州市旅行社组团出境游人数达35.27万人次，增长17.5%。

八、金融、证券和保险

金融形势稳定。2002年末，广州地区金融机构人民币存款余额为7498.35亿元，比年初增长20.4%，新增存款1268.46亿元。其中企业存款2904.86亿元，比年初增长11.6%。金融机构人民币贷款余额为5257.21亿元，比年初增长20.7%，新增贷款902.21亿元。在贷款中，短期贷款余额和中长期贷款余额相当，但中长期贷款比短期贷款增加较多。其中短期贷款余额2312.81亿元，比年初增长10.8%。在短期贷款中，工业贷款和私营企业及个体贷款增长较快，比年初增长均超过40%。中长期贷款余额为2308.58亿元，比年初增长25.2%。各项外币存款余额为83.99亿美元，贷款余额为49.75亿美元，比年初分别增长8.1%和46.9%。2002年末，全市共有各类金融机构营业网点2595家，外资金融机构在广州设立的分行和办事处达30家。

至2002年末，广州市在深、沪两证券交易所上市的公司共18家，股票20只。全市有证券公司4家，证券营业部108个。全年广州地区国家银行发行国库券46.22亿元。

保险市场不断扩大。全年保费收入99.87亿元，比上年增长19.9%。其中财产险保费收入

28.19亿元，增长3.4%；人身险保费收入71.68亿元，增长28.0%。至年末止全市共有各类保险营业网点142家，外资保险机构在广州设立的分公司和代表处达10家。

九、科学技术和教育

科技事业发展态势良好。全年用于科技经费支出达115亿元，其中研究与发展(R&D)经费支出达45亿元，增长19.7%。工业科技进步对经济增长的贡献率达49.6%，比上年提高0.5个百分点。全年共获得重大科技成果186项，其中已投产应用161项。全市各类独立研究开发机构192家，从事科技活动人员1.9万人。

技术市场成交活跃。全年登记的技术合同金额45.42亿元，比上年增长30.3%。全市受理专利申请6288件，批准授权3656件，分别增长25.8%和9.6%。

教育事业在改革调整中进一步发展。继续实施高标准义务教育，加快普及高中阶段教育。2002年，全市共有小学1566所，在校学生81.66万人，比上年增长3.6%；小学学龄儿童入学率99.7%；小学毕业生升学率达96.76%。普通中学425所，在校学生48.15万人，其中初中在校学生35.87万人，增长2.2%，初中毕业生升学率为92.6%；高中在校学生12.28万人，增长14.8%。

高等教育加快发展。2002年全市共有普通高等院校39所，招收本、专科学生10.82万人，在校学生达到29.90万人，分别比上年增长22.7%和22.2%。全市共有研究生培养单位20个，招收研究生8245人，在学研究生2.04万人，分别比上年增长16.5%和19.0%。

职业技术教育和成人教育继续发展。2002年，全市有各类中等职业技术学校189所，在校学生达到21.59万人。成人高等学校25所，在校学生达到18.38万人，比上年增长18.8%。

十、文化、卫生和体育

文化事业健康发展。年末全市有各类专业艺术表演团体18个，群众艺术馆、文化馆14个，公共图书馆15个，出版社18家。全市现有广播电台8座，电视台5座。广播人口覆盖率99.78%，电视人口覆盖率99.52%。全年发行各种新影片95部。全年出版各类杂志1.99亿册，比上年下降4.5%；报纸28.31亿份，图书2.89亿册，分别比上年增长4.6%和8.8%。

医疗卫生条件继续改善。至2002年末，全市共有各类卫生医疗机构3253个，其中医院198个。医疗病床4.04万张，其中医院病床3.54万张；各类专业卫生技术人员5.47万人，其中执业医师(含助理执业医师)2.21万人。

体育事业不断发展。2002年，全年举办区县级以上运动会287次，比上年增长14.8%，参加的运动员达43万人次。中小学校在校学生国家体育锻炼标准达标率为97.61%。

十一、城市建设和环境保护

城市建设保持稳定增长。2002年全市用于城市建设的固定资产投资(未包括城市维护费)达137亿元，比上年增长2.6%。城市交通路网不断完善，城市道路面积达6193.91万平方米，比上年增长5%。城市供水、供电、供气能力不断增强。供水综合生产能力达512.9万立方米/日，增长4.9%；供电量达255.64亿千瓦·时，增长13.9%；煤气销售量达1.66亿立方米，增长14.6%。

城市生态环境继续改善，城区空气质量逐年有所提高。城市绿化工作从以美化城市为主转向致力于城市生态环境的改善。2002年，全年空气质量为“优”、“良”的比率达90.4%。市区共建成烟尘控制区14个,覆盖率达100%;环境噪声达标区23个,覆盖率达81.41%。全市废水、废气中的主要污染物排放总量控制在广东省规定的排放总量指标内,城市环境质量继续提高。城市饮用水源水质达标率为95.02%,比上年提高3.82个百分点。汽车尾气达标率达82.23%,比上年提高0.07个百分点。生活垃圾处理率达100%。城市园林绿化面积继续扩大。全年共新增公共绿地面积960公顷,新增公园32个。城市园林绿地面积达10.81万公顷,其中公共绿地面积5606公顷。人均公共绿地面积(十区口径)9.59平方米,建成区绿化覆盖率(十区口径)为31.40%。2002年,广州被授予"2002年联合国改善人居环境最佳范例(迪拜)奖",荣获"国际花园城市"、"广东省文明城市"和"全国创建文明城市工作先进城市"称号。

十二、人口与人民生活

2002年末,全市总人口720.62万人,比上年末增加8.02万人。其中常住户口人数717.13万人,比上年末增加11.24万人。全市人口出生率8.64‰,人口自然增长率3.10‰。

城乡居民生活水平稳步提高。2002年,全市职工工资总额443.14亿元,比上年增长14.3%。广州市职工平均工资为25104元,比上年增长13.4%。据抽样调查,城镇居民人均可支配收入按原口径计算为15117元,按新口径计算为13380元,按可比口径比上年增长4.9%,剔除价格因素影响,实际增长7.5%。全年农村居民人均纯收入为6857元,增长6.4%,剔除价格因素影响,实际增长9.4%。12月末,城乡居民储蓄存款余额为3132.80亿元,比年初增长20.5%。居民收入的持续提高促进了消费层次和结构的提升。2002年,城镇居民人均消费性支出按原口径计算为11508元,按新口径计算为10672元,按可比口径比上年增长3.3%,剔除价格因素影响,实际增长5.8%。恩格尔系数为38.1%;交通与通讯类支出1186元,占消费性支出的10.3%;医疗保健类支出593元,增长10.5%;居住类支出981元,增长17.1%;娱乐教育文化类支出1751元,增长19.6%。电脑、背投彩电、数码相机、移动电话等科技含量高的产品和部分文化、体育用品较为热销。近年来,随着消费结构的逐步转型,旅游、教育、文化、信息等服务性消费进一步扩大。目前,在城镇居民人均消费性支出中,服务性的消费支出所占比重达31.4%。

年末城镇居民每百户家庭拥有彩电160.7台、空调器162.3台、家用电冰箱101台、家用洗衣机99台、组合音响58套、家用电脑65台、固定电话102部、移动电话162部。年末农村居民每百户家庭拥有彩电104台、空调器29台、家用电冰箱63台、家用洗衣机66台、摩托车113辆、淋浴热水器69台、固定电话机86部、移动电话88部。

城乡居民居住条件进一步改善。城市居民人均居住面积从上年末的13.87平方米提高到本年末的15.57平方米;农村居民人均居住面积由上年末的30.43平方米提高到本年末的31.42平方米。

注:1.本公报数据为初步统计数。

2.国内生产总值、各产业的产值、增加值绝对数按当年价格计算,增长速度则按可比价格计算。

3.民间投资是指除国有和外商及港澳台商以外的其他经济类型主体进行的投资。

4.社会消费品零售额中不含居民住宅销售额。

5.人口数按公安部门总人口统计口径。

6.城镇居民人均可支配收入新口径主要是扣除居民个人交纳的社会保障等支出。

7.城镇居民人均消费性支出新口径主要是扣除了居民自有房虚拟房租折算。

8.恩格尔系数是指居民食品类支出占消费性支出的比重。

第一篇

综　　合

广 州 概 述

广州是广东省省会，全省政治、经济、科技、教育和文化中心。地处广东省东南部，珠江三角洲北缘，濒临南海，毗邻香港和澳门，是华南地区区域性中心城市、交通通讯枢纽，是中国的“南大门”。

广州属亚热带季风气候，夏无酷暑，冬无严寒，雨量充沛，四季如春，繁花似锦。全年平均气温22.9摄氏度，平均相对湿度为77%，市区年降雨量为1700毫米以上。

广州市辖十区和两个县级市，总面积7434.4平方千米，共设117个街道办事处、64个镇。2002年末总人口720.62万人，市区平均每天流动人口约292万人。市辖十区面积3718.5平方千米，年末人口583.89万人；市辖两个县级市面积3715.9平方千米，年末人口136.73万人。

2002年，广州市继续坚持“开拓进取、稳中求快、加强管理、有效增长”的经济发展思路，大力推进现代化中心城市建设，城市竞争力不断提升，社会各项事业蓬勃发展，人民物质文化生活不断改善，为率先基本实现现代化迈出了坚实的步伐。2002年，广州市国内生产总值达到3001.48亿元，按可比价格计算，比上年增长13.2%，成为国内GDP总量超3000亿元的三大城市之一。人均国内生产总值达到4.19万元，增长11.7%，按当年平均汇率计算，突破5000美元。全年完成工业总产值3788.91亿元、农业总产值175.06亿元，分别比上年增长15.0%和9.1%。实现社会消费品零售总额1370.68亿元，完成固定资产投资1009.24亿元，分别比上年增长9.8%和3.2%；海关进口总值达141.49亿美元，海关出口总值达137.79亿美元，分别比上年增长24.0%和18.6%。城镇居民年人均可支配收入13380元，农村居民年人均纯收入6857元，分别比上年增长4.9%和6.4%。

广州每天创造的财富增多。2002年，平均每天创造国内生产总值8.22亿元、工农业总产值10.86亿元。为社会提供的服务量不断增加。平均每天售电量、售水量、液化气销售量分别为6527万千瓦·时、365万吨和785吨；平均每天港口货物吞吐量、汽(电)车客运量、邮电业务总收入分别为45.95万吨、541万人次和4798万元。每天的消费量不断增长。平均每天城乡居民消费总额为2.25亿元。

按人口平均，广州市经济和社会发展水平逐年提高。2002年，人均工业总产值52873元、人均社会消费品零售总额19127元、人均固定资产投资14084元、人均城乡居民储蓄存款余额43473元，分别比上年增加4855元、1462元、241元和6981元；市区居民人均居住面积15.67平方米，市区人均占有公共绿地8.59平方米，分别比上年增加1.8平方米和0.54平方米。每万人拥有在校大学生415人，比上年增加72人；每万人拥有医院床位49张。

国内生产总值

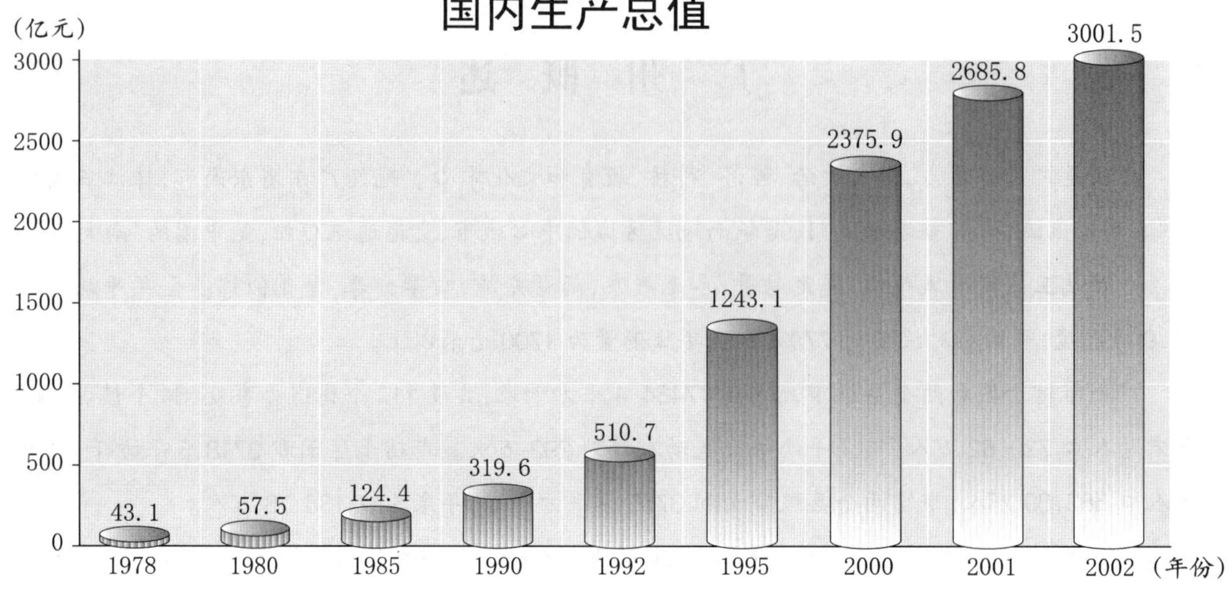

国内生产总值构成(%)

(按三次产业分)

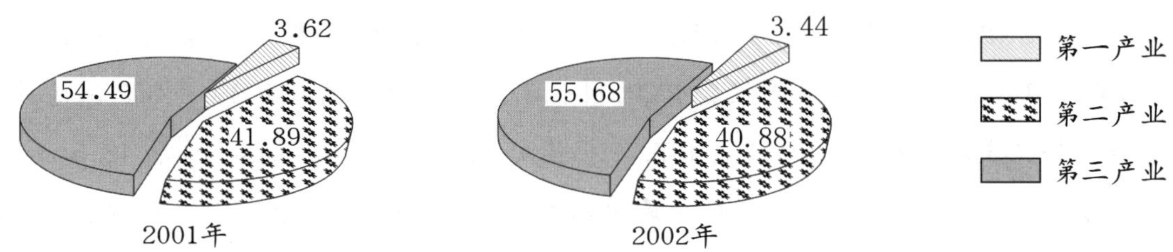

第三产业构成(%)

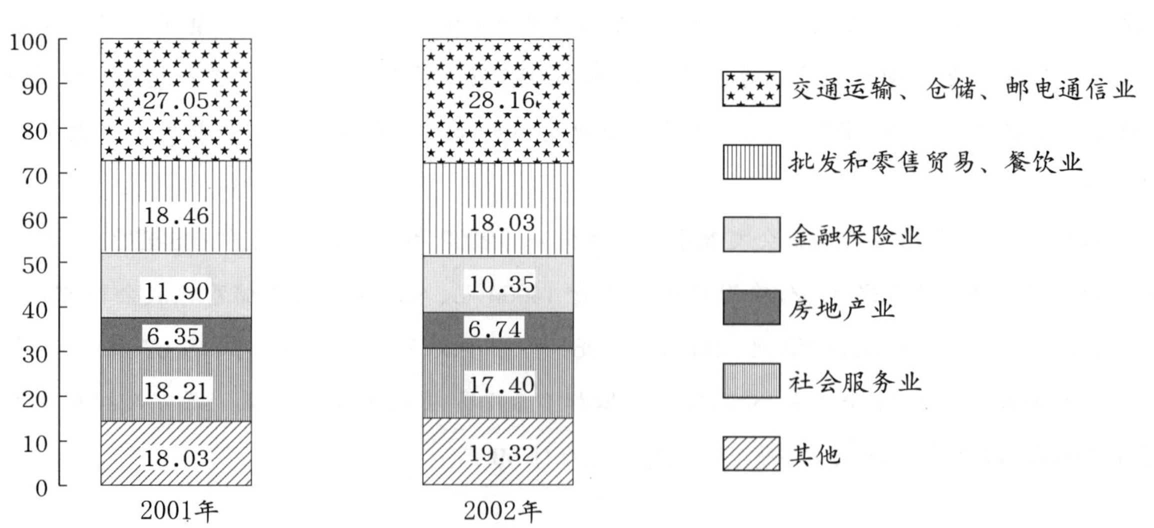

1-1 行　　政　　区　　划

（2002年末）　　单位：个

区、县级市	街道办事处	镇	社区居委会	村民委员会
合　计	**117**	**64**	**1541**	**1182**
市　区	116	34	1466	654
东山区	10		139	
荔湾区	13		126	
越秀区	10		151	
海珠区	18		352	
天河区	22		182	12
芳村区	9		67	
白云区	15	10	263	149
黄埔区	10		58	
番禺区	9	13	98	305
花都区		11	30	188
县级市	1	30	75	528
增城市	1	15	37	302
从化市		15	38	226

各区、县级市的街、镇名单：

东山区：白云、东湖、梅花村、华乐、农林、黄花岗、珠光、建设、大东、大塘街

荔湾区：站前、西村、彩虹、南源、昌华、沙面、金花、龙津、逢源、多宝、岭南、华林、桥中街

越秀区：洪桥、广卫、北京、人民、六榕、光塔、大新、诗书、流花、东风街

海珠区：赤岗、南石头、新港、凤阳、沙园、南华西、滨江、海幢、素社、江南中、昌岗、龙凤、江海、瑞宝、琶洲、南洲、官洲、华洲街

天河区：五山、员村、车陂、沙河、登峰、石牌、天河南、兴华、沙东、林和、棠下、天园、猎德、冼村、黄村、员岗、龙洞、长兴、凤凰、前进、珠吉、新塘街

芳村区：白鹤洞、冲口、花地、石围塘、海龙、中南、东沙、东漖、茶滘街

白云区：矿泉、三元里、松洲、景泰、同德、黄石、棠景、新景、同和、京溪、永平、嘉禾、均禾、石井、金沙街；人和、龙归、竹料、太和、钟落潭、九佛、萝岗、神山、江高、良田镇

黄埔区：黄埔、红山、鱼珠、夏港、大沙、南岗、长洲、文冲、穗东、荔联街

番禺区：市桥、沙湾、钟村、大石、南沙、大龙、桥南、沙头、东环街；南村、新造、化龙、石楼、东涌、黄阁、鱼窝头、万顷沙、横沥、灵山、大岗、榄核、石碁镇

花都区：新华、芙蓉、梯面、花山、花东、北兴、炭步、赤坭、狮岭、花侨、雅瑶镇

增城市：沙庄街；荔城、正果、三江、石滩、仙村、沙埔、新塘、永和、宁西、朱村、镇龙、中新、福和、派潭、小楼镇

从化市：街口、城郊、温泉、良口、东明、桃园、吕田、灌村、江埔、神岗、太平、棋杆、鳌头、龙潭、民乐镇

1-2 各月平均温度、湿度

(2002年)

月份	平均温度(℃)						平均湿度(%)	
	全市	市区	#番禺站	#花都站	增城站	从化站	全市	市区
全年	22.9	23.2	23.6	23.0	22.4	22.3	77	76
一月	14.6	15.1	15.8	14.9	14.1	13.6	73	72
二月	17.3	17.7	18.1	17.4	17.0	16.6	75	74
三月	20.6	20.9	21.3	20.6	20.2	20.1	79	78
四月	24.4	24.6	24.8	24.4	24.1	24.1	78	79
五月	27.1	27.3	27.6	27.2	26.7	26.9	76	75
六月	28.8	29.1	29.3	29.0	28.2	28.6	79	79
七月	28.3	28.6	29.0	28.4	27.7	28.2	83	82
八月	28.4	28.8	29.0	28.8	27.8	28.1	81	79
九月	26.3	26.6	26.9	26.5	25.8	25.9	79	78
十月	23.6	24.1	24.4	23.9	23.0	22.8	75	73
十一月	19.1	19.6	20.0	19.4	18.5	18.2	71	69
十二月	15.7	16.0	16.5	15.6	15.7	14.9	79	78

1-3 各月降雨量、日照时数

(2002年)

月份	降雨量(毫米)					日照时数(小时)				
	市区	#番禺站	#花都站	增城站	从化站	市区	#番禺站	#花都站	增城站	从化站
全年	1703.5	1457.9	1785.9	1711.9	2054.8	1555.7	1467.0	1633.9	1832.5	1578.9
一月	40.6	45.0	32.7	43.9	32.6	131.1	120.5	137.1	155.1	136.1
二月	8.3	8.1	11.4	6.7	20.9	109.4	107.0	108.2	121.0	106.5
三月	98.0	112.9	87.0	77.7	99.6	73.7	69.4	74.1	96.4	78.3
四月	24.5	18.8	20.9	23.9	25.3	120.5	140.0	101.9	135.2	100.3
五月	219.1	164.6	181.1	233.4	164.9	152.5	156.3	149.3	192.8	173.4
六月	181.3	135.7	170.1	260.9	446.5	166.6	157.5	176.0	174.3	156.6
七月	354.0	246.8	489.0	373.4	384.8	133.7	104.3	153.6	159.9	153.4
八月	295.5	285.5	301.9	338.5	379.3	166.8	155.9	174.4	191.8	151.8
九月	266.2	231.6	266.8	197.0	221.6	125.8	104.6	158.0	158.3	139.0
十月	113.1	114.3	96.3	57.5	128.6	125.7	106.8	148.9	147.3	144.1
十一月	43.1	34.8	59.2	51.5	54.4	147.6	142.1	153.8	173.1	151.1
十二月	59.8	59.8	69.5	47.5	96.3	102.3	102.6	98.6	127.3	88.3

1-4 国民经济和社会发展主要指标

项 目	单位	1980年	1985年	1990年	1995年	2000年	2001年	2002年
人口和劳动力								
年末总人口	万人	501.86	544.98	594.25	646.71	700.69	712.60	720.62
年末社会从业人员	万人	275.05	313.47	341.15	407.78	503.69	510.07	514.08
#职工人数	万人	156.55	175.65	189.39	208.24	180.37	172.29	177.73
国内生产总值	亿元	57.55	124.36	319.60	1243.07	2375.91	2685.76	3001.48
第一产业	亿元	6.24	12.04	25.73	73.46	94.37	97.28	103.07
第二产业	亿元	31.38	65.81	136.30	580.19	1032.05	1125.06	1227.14
第三产业	亿元	19.93	46.51	157.57	589.42	1249.49	1463.42	1671.27
人均国内生产总值	元	1160	2302	5418	19366	34292	38007	41884
社会劳动生产率	元/人	2092	3967	9368	31761	49572	52846	59233
农业生产								
农业总产值	亿元	8.95	18.02	43.93	126.81	163.05	167.05	175.06
主要农业产品产量								
粮 食	万吨	124.58	113.06	119.53	97.90	88.11	75.13	65.16
糖 蔗	万吨	140.94	239.59	202.63	75.43	7.60	8.50	16.28
水 果	万吨	6.79	17.22	30.89	31.80	32.97	34.93	47.37
花 生	万吨	4.30	5.02	3.88	2.73	2.56	2.60	2.62
蔬 菜	万吨	47.45	76.50	126.34	215.80	306.49	328.74	346.04
水产品	万吨	3.18	6.21	8.72	18.78	32.52	33.53	34.53
工业生产								
工业总产值	亿元	88.12	177.93	442.44	1722.49	3100.02	3393.19	3788.91
主要工业产品产量								
汽 车	辆	1895	3533	6333	9963	38118	55601	97212
摩托车	万辆		0.09	1.01	21.88	60.31	60.35	107.23
自行车	万辆	80.80	180.15	172.39	177.46	134.87	167.87	244.70
家用电冰箱	万台	0.15	20.84	68.38	90.02	58.14	45.75	75.40
电视机	万台	7.29	38.72	36.06	32.88	34.61	42.73	26.34
照相机	万架	2.12	18.68	84.47	233.09	86.81	97.88	86.00
房间空气调节器	万台		1.48	2.14	28.25	103.43	105.24	148.60
原电池	万只	31694	36738	82053	168460	188885	244062	298776
发电量	亿千瓦·时	25.98	49.05	81.80	178.63	267.18	269.59	285.00
生 铁	万吨	18.34	23.61	32.15	51.15	66.68	69.40	70.60
钢	万吨	19.95	34.02	55.01	90.94	151.16	176.79	200.59
水 泥	万吨	102.41	202.82	342.60	954.31	1262.04	1204.16	1404.00
化学纤维	吨	4728	13743	20987	28302	38683	33906	30027
固定资产投资								
全社会固定资产投资	亿元	9.96	43.62	90.59	618.25	923.67	978.21	1009.24
#住 宅	亿元	2.43	10.40	23.28	169.63	325.03	331.69	345.76

1－4 续表

项目	单位	1980年	1985年	1990年	1995年	2000年	2001年	2002年
社会消费品零售总额	亿元	28.71	74.98	147.78	549.97	1121.13	1248.28	1370.68
运输邮电								
货运量(全社会)	万吨		18233	17842	26992	24585	24914	25434
＃铁路	万吨		1359	1898	2286	2018	2051	1658
公路	万吨		10716	7799	11996	12549	13286	14122
水运	万吨		6154	7614	11987	9569	9143	9201
民航	万吨		4	8	11	20	19	24
客运量(全社会)	万人次		11653	9461	16107	23430	24451	26757
铁路	万人次		1898	1939	2530	2818	2708	2797
公路	万人次		8796	6368	12437	19964	21057	23157
水运	万人次		726	711	660	190	149	172
民航	万人次		233	443	480	458	537	631
港口货物吞吐量	万吨	2107	3700	5099	8340	12455	13539	16772
邮电业务收入	亿元	0.36	0.99	5.60	38.03	138.48	151.53	175.14
对外贸易、外经								
海关进口总值	亿美元			18.24	71.32	115.60	114.13	141.49
海关出口总值	亿美元			23.55	95.67	117.91	116.23	137.79
实际利用外资额	亿美元	0.30	1.58	2.73	22.53	31.15	33.27	26.53
财政								
一般预算内财政收入	亿元	15.43	28.85	36.94	97.08	200.55	246.19	245.87
一般预算内财政支出	亿元	4.35	10.75	24.31	111.24	240.72	292.63	326.67
物价指数(上年＝100)								
居民消费价格总指数	%	107.20	121.50	97.30	113.50	102.80	98.90	97.60
商品零售价格总指数	%	107.60	122.50	96.30	109.70	99.40	97.40	97.40
人民生活								
职工年人均工资	元	941	1621	3504	10317	19091	22141	25583
城镇居民年人均可支配收入	元	606	1100	2749	9038	13967	14694	13380
农村居民年人均纯收入	元	323	733	1539	4483	6086	6446	6857
教育文化								
普通高等学校所数	所	15	24	26	25	31	37	39
普通高等学校在校学生数	万人	2.72	5.16	6.55	9.54	18.51	24.47	29.90
中等学校所数	所	431	473	539	576	617	621	612
中等学校在校学生数	万人	32.73	29.53	36	48.17	63.89	66.96	70.03
小学学校所数	所	1545	1573	1575	1604	1626	1604	1566
小学学校在校学生数	万人	59.01	54.14	57.23	69.44	75.70	78.86	81.66
卫生								
医院病床数	万张	1.47	1.94	2.44	2.87	3.37	3.46	3.51
卫生技术人员	万人	3.58	4.25	4.83	5.29	5.57	5.63	5.47
＃医生	万人	1.46	1.81	2.10	2.33	2.35	2.39	2.22

注:1.2002年城镇居民年人均可支配收入按新口径计算,按原口径计算为15117元;

2.2002年,由于与省所得税收入分享比例降低,财政收入总量有所下降,但按可比口径计算,2002年度财政一般预算收入仍是增长;

3.从2002年起,医生数为执业医师(含助理执业医师)数,下同。

1－5 国民经济和社会发展主要指标发展速度

项　　目	2002年为各年(%)						1979－2002年平均增长(%)
	1980年	1985年	1990年	1995年	2000年	2001年	
人口和劳动力							
年末总人口	143.6	132.2	121.3	111.4	102.8	101.1	1.68
年末社会从业人员	186.9	164.0	150.7	126.1	102.1	100.8	2.77
#职工人数	113.5	101.2	93.8	85.4	98.5	103.2	0.78
国内生产总值	1801.3	990.5	592.3	236.3	127.7	113.2	14.08
第一产业	358.2	248.8	228.9	145.6	112.2	109.8	6.08
第二产业	2063.0	1091.0	727.4	232.1	124.6	112.4	14.61
第三产业	1981.1	1098.7	526.0	249.1	131.3	114.1	14.90
人均国内生产总值	1246.6	746.8	487.5	211.6	123.4	111.7	12.14
社会劳动生产率	953.2	598.5	390.3	186.1	119.5	112.1	10.88
农业生产							
农业总产值	400.7	296.4	236.9	147.2	110.8	109.1	6.39
主要农业产品产量							
粮　食	52.3	57.6	54.5	66.6	74.0	86.7	－2.20
糖　蔗	11.6	6.8	8.0	21.6	114.2	191.5	－8.43
水　果	697.6	275.1	153.4	149.0	143.7	135.6	9.67
花　生	60.9	52.2	67.5	96.0	102.3	100.8	－0.97
蔬　菜	621.5	452.3	273.9	160.4	112.9	105.3	7.91
水产品	1085.9	556.0	396.0	183.9	106.2	103.0	10.48
工业生产							
工业总产值	2808.8	1536.0	8312.3	274.3	132.1	115.0	17.50
主要工业产品产量							
汽　车	512.9	2751.5	1535.0	975.7	255.0	174.8	16.86
摩托车		119144.4	10616.8	490.1	177.8	177.7	
自行车	302.9	135.8	142.0	137.9	181.4	145.8	6.25
家用电冰箱	50266.7	361.8	110.3	83.8	129.7	164.8	
电视机	361.3	68.0	73.0	80.1	76.1	61.6	13.32
照相机	4056.6	460.4	101.8	36.9	99.1	87.9	17.68
房间空气调节器		10040.5	6943.9	526.0	143.7	141.2	29.16
原电池	942.7	813.3	364.1	177.4	158.2	122.4	10.55
发电量	1097.0	581.0	348.4	159.6	106.7	105.7	14.61
生　铁	385.0	299.0	219.6	138.0	105.9	101.7	5.27
钢	1005.5	589.6	364.6	220.6	132.7	113.5	10.45
水　泥	1371.0	692.2	409.8	147.1	111.3	116.6	11.94
化学纤维	635.1	218.5	143.1	106.1	77.6	88.6	8.17
固定资产投资							
全社会固定资产投资	10132.9	2313.7	1114.1	163.2	109.3	103.2	25.40
#住　宅	14228.8	3324.6	1485.2	2038.3	106.4	104.2	31.30

1－5 续表

项　　目	2002年为各年(%)						1979－2002年平均增长(%)
	1980年	1985年	1990年	1995年	2000年	2001年	
社会消费品零售总额	4774.2	1828.1	927.5	249.2	122.3	109.8	19.89
运输邮电							
货运量(全社会)		139.5	142.6	94.2	103.5	102.1	
#铁 路		122.0	87.4	72.5	82.2	80.8	
公 路		131.8	181.1	117.7	112.5	106.3	
水 运		149.5	120.8	76.8	96.2	100.6	
民 航		600.0	300.0	218.2	120.0	126.3	
客运量(全社会)		229.6	282.8	166.1	114.2	109.4	
铁 路		147.4	144.3	110.6	99.3	103.3	
公 路		263.3	363.7	186.2	116.0	110.0	
水 运		23.7	24.2	26.1	90.5	115.4	
民 航		270.8	142.4	131.5	137.8	117.5	
港口货物吞吐量	796.0	453.3	328.9	201.1	134.7	124.0	9.38
邮电业务收入	48234.7	17690.9	3127.5	460.5	126.5	115.6	31.71
对外贸易、外经							
海关进口总值			775.7	198.4	122.4	124.0	
海关出口总值			585.1	144.0	116.9	118.6	
实际利用外资额	8843.8	1679.1	971.8	117.8	85.2	79.7	
财 政							
一般预算内财政收入	1593.5	852.2	665.3	253.3	122.6	117.5	12.80
一般预算内财政支出	7509.7	3038.8	1343.8	293.7	135.7	111.6	20.30
物价指数							
居民消费价格总指数	601.6	387.7	211.9	105.6	96.5	97.6	8.40
商品零售价格总指数	479.6	299.8	165.7	91.2	94.9	97.4	7.40
人民生活							
职工年人均工资	2718.7	1578.2	730.1	248.0	134.0	115.6	16.08
城镇居民年人均可支配收入	2494.1	1374.6	549.9	167.3	108.2	104.9	15.86
农村居民年人均纯收入	2122.9	935.5	445.6	153.0	112.7	106.4	14.24
教育文化							
普通高等学校所数	260.0	162.5	150.0	156.0	125.8	105.4	4.06
普通高等学校在校学生数	1099.3	579.5	456.5	313.4	161.5	122.2	11.55
中等学校所数	142.0	129.4	113.5	106.3	99.2	98.6	2.44
中等学校在校学生数	214.0	237.2	194.5	145.4	109.6	104.6	2.30
小学学校所数	101.4	99.6	99.4	97.6	96.3	97.6	0.14
小学学校在校学生数	138.8	150.8	142.7	117.6	107.9	103.6	1.52
卫 生							
医院病床数	238.8	180.9	143.9	122.3	104.2	101.4	3.78
卫生技术人员	152.8	128.7	113.3	103.4	98.2	97.2	2.33
#医 生	152.1	122.7	105.7	95.3	94.5	92.9	2.56

1-6 平均每天主要社会经济活动

项　　目	单位	1990 年	1995 年	2000 年	2001 年	2002 年
每天创造的财富						
国内生产总值	万元	8756	34057	65094	73582	82232
工农业总产值	万元	13326	50666	89399	97541	108602
工业总产值	万元	12122	47192	84932	92964	103806
农业总产值	万元	1204	3474	4467	4577	4796
预算内财政收入	万元	1012	2660	5494	6745	6736
每天主要产品产量						
家用电冰箱	台	1873	2466	1593	1253	2066
电风扇	台	5388	8325	2148	2134	5459
家用洗衣机	台	759	494			
电视机	台	988	901	948	1171	722
原电池	万只	225	462	517	669	819
钟	只	8200	15840	27912	28116	36288
缝纫机	架	2659	1747	243	112	194
照相机	架	2314	6386	2378	2682	2356
自行车	辆	4723	4862	3695	4599	6704
汽车	辆	17	27	104	152	266
啤酒	吨	565	1108	1975	2124	2212
卷烟	箱	1680	1931	2199	2300	2334
机制纸及纸板	吨	743	1968	1680	1888	1951
每天消费量						
城乡居民消费总额	万元	3432	11482	18158	20276	22516
社会消费品零售总额	万元	4049	15068	30716	34200	37553
城乡居民粮食消费量	吨	2138	1945	1957	1889	1576
城乡居民肉类消费量	吨	576	635	570	873	754
城乡居民食油消费量	吨	75	143	159	151	123
城乡居民水产品消费量	吨	340	491	688	612	453
城乡居民蛋类消费量	吨	93	228	441	328	305

注:2002 年城乡居民粮食、肉类、食油、水产品和蛋类的每天消费量不包括在外就餐数。

1－6 续表

项　　目	单位	1990 年	1995 年	2000 年	2001 年	2002 年
每天服务量						
售电量	万千瓦·时	1364	2989	5402	5800	6526
售水量	万吨	225	304	301	356	365
液化气销售量	吨	143	349	508	732	785
人工煤气销售量	吨	1	19	30	40	46
港口货物吞吐量	吨	139701	228505	341233	370932	459507
全社会货运量	吨	488822	739507	673562	682575	696822
铁路货物到发量	吨	71134	99939	86679	149153	139899
铁路客运量	人次	53123	69315	77205	74192	76630
汽、电车客运量	万人次	192	222	424	488	541
出租汽车客运量	万人次	55	78	92	101	107
邮电业务收入	万元	153	1042	3794	4151	4798
邮寄函件	万件	42	79	57	95	109
报纸发行量	万份	277	492	317	364	352
杂志发行量	万份	11	13	10	12	12
看电影	万人次	13.71	4.17	0.85	0.72	0.70
国内长途电话	万次	14	127	257	244	292
国际、港澳长途电话	万次	4	14	13	14	14
电报	份	12521	6055	1671	1151	1014
主要宾馆接待来穗国际旅游人数	人次	5181	4676	5737	5494	5269
主要宾馆接待来穗国内旅游人数	人次	13123	21752	27651	26914	21262
每天人口变动和婚姻						
出生人口	人	242	208	195	185	170
死亡人口	人	89	98	110	103	109
迁入人口	人	275	361	486	520	497
迁出人口	人	242	213	294	265	263
结婚对数	对	151	169	141	136	135
离婚对数	对	12	13	25	27	28

1-7 主要年份人民物质文化生活水平

项　　　目	单位	1980 年	1985 年	1990 年	1995 年	2000 年	2001 年	2002 年
职工年人均工资	元	941	1621	3504	10317	19091	22141	25583
城市居民年人均可支配收入	元	606	1100	2749	9038	13967	14694	13380
农村居民年人均纯收入	元	323	733	1539	4483	6086	6446	6857
社会消费品零售总额	亿元	28.71	74.98	147.78	549.97	1121.13	1248.28	1370.68
城市居民人均居住面积	米^2	3.97	6.62	7.99	9.61	13.13	13.87	15.67
储蓄								
城乡居民储蓄存款年末余额	亿元	9.56	39.86	181.14	961.49	2239.86	2600.43	3132.80
平均每人储蓄额	元	190	731	3048	14867	31967	36492	43473
交通								
每万人拥有公交车辆	辆	4.77	7.15	6.53	10.11	16.76	16.86	15.15
公交车辆平均每日乘客人数	万人次	230.41	247.59	191.80	222.23	441.68	505.70	671.39
每万人拥有出租汽车	辆	2.55	24.46	34.33	45.82	45.44	39.60	35.87
出租车平均每日乘客人数	万人次	2.00	17.73	55.45	78.28	92.29	101.02	107.28
通讯、电信								
城市电话普及率(含移动电话)	部/百人	1.41	3.00	9.70	41.00	117.22	131.29	157.87
每人每年函件交寄	件	15	23	26	45	30	49	57
供气								
居民液化气、煤气普及率	%	1.96	8.40	40.90	86.60	93.55	90.58	91.40
自来水								
人均日生活用水量	升	222	358	460	541	555	471	487
批发、零售贸易业、餐饮业								
每万人口拥有网点数								
批发、零售贸易业	个	26	113	153	274	250	245	225
餐饮业	个	9	18	17	25	42	41	48
每万人口拥有的服务人员								
批发、零售贸易业	人	277	510	674	932	862	787	657
餐饮业	人	70	132	142	295	287	281	273

注:交通、供气、自来水、绿化的数据 2001 年起按十区口径统计。

1－7 续表

项目	单位	1980年	1985年	1990年	1995年	2000年	2001年	2002年
文化								
每百人拥有出版物								
报纸(每天)	份	27	75	54	74	92	105	108
杂志(每年)	册	396	2228	1851	3098	3248	2953	2796
图书(每年)	册	3396	6741	4745	5707	3814	3764	4496
教育								
每万人拥有大学生	人	54	95	110	148	264	343	415
学龄儿童入学率	%	98.64	99.24	99.85	99.92	99.97	99.97	99.70
卫生								
每万人拥有医院床位	张	29	36	41	44	48	48	49
每万人拥有医生	人	29	33	35	36	34	34	31
就业								
城镇每一就业者负担人口	人	1.63	1.67	1.68	1.69	1.72	1.81	1.91
绿化								
建成区绿化覆盖率	%	23.00	26.00	19.50	24.08	31.60	31.44	32.64
市区人均占有公共绿地	米^2	4.56	5.71	3.88	4.69	7.87	8.05	8.59
居民家庭耐用消费品拥有量								
每百户城市居民家庭拥有								
彩色电视机	台	1.50	35.70	88.70	111.00	154.80	160.40	160.70
家用电脑	台					54.20	60.80	60.00
组合音响	套			17.30	40.70	64.80	63.20	58.00
洗衣机	台	1.50	62.30	87.30	105.00	99.40	99.00	99.00
电冰箱	台		42.70	87.30	102.30	100.60	100.80	101.00
摩托车	辆		1.00	4.00	12.70	23.60	25.60	25.30
空调器	台			1.30	57.30	154.80	161.80	162.30
每百户农村居民家庭拥有								
彩色电视机	台		4	20	62	105	107	104
黑白电视机	台		31	67	49	19	14	14
洗衣机	台		2	22	42	61	61	66
电冰箱	台			3	33	57	59	63
摩托车	辆		1	5	45	110	113	113

1-8 按人口平均的国民经济主要指标

项　　目	单位	1978 年	1980 年	1985 年	1990 年	1995 年	2000 年	2001 年	2002 年
国内生产总值	元	907	1160	2302	5418	19366	34292	38007	41884
工业总产值	元	1586	1777	3293	7501	26836	44743	48018	52873
农业总产值	元	168	180	333	745	1976	2353	2364	2443
预算内财政收入	元	287	311	534	626	1513	2895	3484	3431
粮食总产量	公斤	234	251	209	203	153	127	106	91
社会消费品零售总额	元	371	579	1388	2505	8568	16182	17665	19127
固定资产投资额	元	153	201	807	1536	9632	13331	13843	14084
海关出口总值	美元				399	1490	1702	1645	1923
城市居民人均居住面积	米^2	3.82	3.97	6.22	7.99	9.61	13.13	13.87	15.67

1-9 各时期主要指标平均每年增长速度

单位:%

时　　期	国内生产总值	工业总产值	农业总产值	社会消费品零售总额	预算内财政收入	居民消费水平
“一五”时期	14.49	24.04	5.95	12.39	13.95	4.46
“二五”时期	0.74	6.56	0.06	3.28	1.36	3.28
1963－1965 年	16.32	16.39	11.21	0.02	11.35	-0.15
“三五”时期	7.94	12.22	0.47	2.63	9.62	1.87
“四五”时期	5.99	7.23	2.47	7.11	6.43	4.21
“五五”时期	9.20	7.02	4.36	13.55	4.02	10.32
“六五”时期	12.71	12.83	6.22	21.17	13.33	13.00
“七五”时期	10.83	13.07	4.58	14.53	5.07	15.79
“八五”时期	20.18	26.10	9.98	30.06	21.32	9.56
“九五”时期	13.10	15.73	5.85	15.31	23.59	7.09

1-10 国民经济主要指标比例关系

单位:%

项目	1978年	1980年	1985年	1990年	1995年	2000年	2001年	2002年
从业人员比例								
第一产业	43.69	40.23	31.26	28.24	22.68	18.99	19.01	18.45
第二产业	32.13	33.55	37.66	36.40	38.84	40.12	39.03	38.55
第三产业	24.18	26.22	31.08	35.36	38.48	40.89	41.96	43.00
国内生产总值三次产业比例								
第一产业	11.67	10.85	9.69	8.05	5.91	3.97	3.62	3.44
第二产业	58.59	54.52	52.92	42.65	46.67	43.44	41.89	40.88
第三产业	29.74	34.63	37.39	49.30	47.42	52.59	54.49	55.68
工业总产值中轻重工业比例								
轻工业	63.24	65.16	65.40	63.97	58.20	56.85	55.57	53.28
重工业	36.76	34.84	34.60	36.03	41.80	43.15	44.43	46.72
农业总产值中农林牧副渔比例								
种植业	77.83	77.72	65.18	63.77	53.13	50.51	52.56	53.86
林业	1.71	2.59	1.28	1.14	0.84	0.81	0.80	0.66
牧业	13.78	13.11	24.19	25.11	29.14	26.41	24.33	23.11
副业	2.24	2.50	4.06	3.57	2.27	4.09	4.09	4.01
渔业	4.44	4.08	5.29	6.41	14.62	18.18	18.22	18.36
社会消费品零售总额比例								
批发零售业	84.16	78.17	66.62	63.95	62.50	69.92	70.53	71.01
餐饮业	9.21	8.12	15.44	16.21	17.51	18.57	19.22	19.40
其他行业	6.63	13.71	17.94	19.84	19.99	11.51	10.25	9.59
固定资产投资比例								
第一产业	5.94	4.97	3.13	1.57	0.69	0.72	0.18	0.24
第二产业	44.19	39.90	32.94	38.29	27.48	15.28	14.51	18.96
第三产业	49.87	55.13	63.93	60.14	71.83	84.00	85.31	80.80

1-11 主要年份国内生产总值

单位:万元

年份、时期	国内生产总值	第一产业	第二产业			第三产业
				工业	建筑业	
1950	35250	9125	10112	9865	247	16013
1952	53910	10787	16940	16434	506	26183
1957	111836	14952	51153	46088	5065	45731
1962	124147	20314	61196	56196	5000	42637
1965	180348	25033	101444	93401	8043	53871
1970	266600	31234	170872	164979	5893	64494
1975	366351	44318	227351	219739	7612	94682
1978	430947	50287	252479	243585	8894	128181
1980	575497	62438	313734	295337	18397	199325
1985	1243623	120449	658130	577048	81082	465044
1990	3195952	257288	1362975	1180978	181997	1575689
1995	12430697	734606	5801945	4959398	842547	5894146
1996	14449358	811630	6753844	5814566	939278	6883884
1997	16462567	857155	7661529	6661968	999561	7943883
1998	18416052	888763	8264307	7142835	1121472	9262982
1999	20567383	928522	9393241	8076035	1317206	10245620
2000	23759129	943718	10320464	8900429	1420035	12494947
2001	26857574	972806	11250617	9702444	1548173	14634151
2002	30014760	1030721	12271346	10690198	1581148	16712693
1950-1952	138545	29687	43557	42432	1125	65301
"一五"时期	446375	70744	179270	163383	15887	196361
"二五"时期	714451	84851	400777	372652	28125	228823
1963-1965	469514	71608	255258	232026	23232	142648
"三五"时期	1065638	154579	603396	577866	25530	307663
"四五"时期	1552917	197149	959585	930744	28841	396183
"五五"时期	2253990	259115	1288406	1234654	53752	706469
"六五"时期	4373327	459872	2395362	2137482	257880	1518093
"七五"时期	11603019	1017120	5296091	4548434	747657	5289808
"八五"时期	38574663	2454921	18098928	15601173	2497755	18020814
"九五"时期	93654489	4429788	42393385	36595833	5797552	46831316
1979-2002	206140844	10479227	92289187	79830046	12459141	103372430

1-12 各时期国内生产总值和平均每年增长速度

时期	国内生产总值	第一产业	第二产业	工业	建筑业	第三产业
绝对数(万元)						
1950-1952年	138545	29687	43557	42432	1125	65301
"一五"时期	446375	70744	179270	163383	15887	196361
"二五"时期	714451	84851	400777	372652	28125	228823
1963-1965年	469514	71608	255258	232026	23232	142648
"三五"时期	1065638	154579	603396	577866	25530	307663
"四五"时期	1552917	197149	959585	930744	28841	396183
"五五"时期	2253990	259115	1288406	1234654	53752	706469
"六五"时期	4373327	459872	2395362	2137482	257880	1518093
"七五"时期	11603019	1017120	5296091	4548434	747657	5289808
"八五"时期	38574663	2454921	18098928	15601173	2497755	18020814
"九五"时期	93654489	4429788	42393385	36595833	5797552	46831316
2001-2002年	56872334	2003527	23521963	20392642	3129321	31346844
1950-1978年	5578418	753734	3146791	2999275	147516	1677893
1979-2002年	206140844	10479227	92289187	79830046	12459141	103372430
1950-2002年	211719262	11232961	95435978	82829321	12606657	105050323
平均每年增长(%)						
1950-1952年	20.18	9.77	20.98	20.73	28.03	32.77
"一五"时期	14.49	7.53	26.79	24.16	62.80	10.76
"二五"时期	0.74	-0.73	4.30	5.11	-1.65	-2.78
1963-1965年	16.32	11.85	19.51	19.52	19.38	14.56
"三五"时期	7.94	-0.03	11.73	13.11	-5.83	5.69
"四五"时期	5.99	2.09	6.18	6.30	3.38	7.59
"五五"时期	9.20	3.58	7.36	6.90	17.13	14.90
"六五"时期	12.71	7.56	13.59	12.48	27.64	12.51
"七五"时期	10.83	1.68	8.44	8.78	5.31	15.87
"八五"时期	20.18	9.47	25.66	25.73	25.25	16.12
"九五"时期	13.10	5.35	13.25	14.14	6.59	13.66
2001-2002年	12.99	5.92	11.64	12.44	6.51	14.60
1950-1978年	9.24	3.79	12.70	12.68	13.09	9.45
1979-2002年	14.08	6.08	14.61	14.61	16.99	14.90
1950-2002年	11.40	4.82	13.56	13.55	14.84	11.88

1-13 国内生产总值指数

（上年=100）

年份	国内生产总值	第一产业	第二产业	工业	建筑业	第三产业	人均国内生产总值
1950	117.59	111.60	103.77	103.82	102.36	137.30	115.33
1951	134.44	107.46	164.67	165.13	150.77	150.47	127.85
1952	109.81	110.30	103.62	102.65	135.97	113.28	107.92
1953	126.17	109.78	139.66	135.73	238.27	132.51	122.94
1954	110.98	105.17	130.39	126.98	179.13	103.31	102.99
1955	105.64	106.03	112.52	109.70	141.14	100.07	101.09
1956	113.49	103.20	128.42	125.55	151.01	108.52	112.90
1957	117.16	113.80	124.50	124.31	125.70	112.13	111.43
1958	121.68	100.33	153.52	158.93	118.51	101.38	117.95
1959	109.90	88.21	123.42	125.98	101.19	102.60	107.00
1960	104.42	102.12	106.37	106.53	104.62	101.84	100.23
1961	74.43	99.28	60.75	61.73	49.93	88.23	73.20
1962	99.83	107.44	100.81	97.43	146.88	92.92	100.00
1963	114.16	117.84	112.86	108.83	149.25	113.21	110.77
1964	116.29	102.10	126.68	129.97	105.03	111.76	114.44
1965	118.56	116.29	119.39	120.72	108.54	118.82	115.78
1966	115.14	100.17	119.51	123.65	82.00	118.64	113.42
1967	96.55	107.03	90.39	90.42	89.92	101.11	95.19
1968	86.10	92.60	73.75	75.95	43.58	102.01	84.27
1969	126.77	104.13	157.78	156.73	183.01	103.88	127.88
1970	120.78	96.57	138.53	139.14	125.97	103.74	119.82
1971	100.82	101.57	99.82	100.43	85.98	102.82	99.40
1972	102.52	101.14	101.29	101.33	100.08	106.20	100.45
1973	110.35	102.25	111.67	112.00	102.86	111.81	107.83
1974	106.88	110.67	105.62	105.93	96.36	107.81	105.17
1975	109.75	95.41	113.21	112.42	138.42	109.52	108.10
1976	99.01	99.73	96.82	96.66	101.13	103.67	97.17
1977	108.62	103.78	106.05	106.24	101.47	116.15	107.21
1978	110.30	100.15	108.52	108.66	105.03	117.64	108.84
1979	113.41	100.43	107.53	106.61	132.18	128.15	110.83
1980	115.44	114.56	119.01	117.37	154.77	110.34	113.20
1981	108.55	102.10	114.13	112.39	142.87	101.27	106.82
1982	110.29	124.22	110.17	107.27	147.84	106.75	108.00
1983	109.35	93.42	112.76	113.68	104.09	107.93	107.63
1984	117.44	113.19	107.33	106.73	113.57	138.40	115.58
1985	118.29	107.36	124.25	123.07	135.68	111.65	116.31
1986	105.65	100.49	101.29	101.29	101.30	114.14	103.72
1987	115.24	99.00	108.18	108.60	104.49	128.89	113.22
1988	117.78	104.58	126.27	125.08	137.18	108.97	115.55
1989	104.75	100.73	100.56	101.01	96.85	111.42	102.90
1990	111.33	103.71	107.79	109.60	92.11	116.94	109.71
1991	116.27	109.11	127.22	128.63	118.18	107.99	114.64
1992	123.26	120.44	128.06	128.74	123.32	118.85	121.44
1993	126.42	102.05	133.56	132.12	144.00	122.41	124.23
1994	118.83	112.61	123.16	121.04	137.25	114.50	116.49
1995	116.44	104.07	116.94	118.62	107.02	117.37	114.35
1996	112.45	105.30	113.39	115.52	99.46	112.05	110.81
1997	113.39	105.52	112.88	114.62	99.70	114.88	111.70
1998	113.13	104.02	112.61	112.89	110.15	114.67	111.60
1999	113.18	110.42	115.53	115.24	118.13	110.52	111.64
2000	113.35	101.71	111.86	112.46	106.66	116.28	111.17
2001	112.74	102.22	110.89	111.12	109.44	115.07	110.54
2002	113.24	109.76	112.40	113.78	103.65	114.13	111.66

1-14 国内生产总值

单位:万元

项目	2001年	2002年	2002年比2001年增长(%)
国内生产总值	26857574	30014760	13.24
第一产业	972806	1030721	9.76
第二产业	11250617	12271346	12.40
工业	9702444	10690198	13.78
建筑业	1548173	1581148	3.65
第三产业	14634151	16712693	14.13
农林牧渔服务业	24249	28417	20.07
地质勘查业、水利管理业	28153	32397	17.91
交通运输、仓储业、邮电通信业	3958410	4706214	15.51
批发和零售贸易、餐饮业	2700767	3013915	13.99
金融、保险业	1741262	1730497	1.82
房地产业	929118	1125861	17.04
社会服务业	2664920	2908444	9.47
卫生、体育和社会福利事业	566150	660194	18.27
教育、文化艺术及广播电影电视业	859006	1034477	22.14
科学研究和综合技术服务业	282168	322076	15.76
国家机关、政党机关和社会团体	801676	1066655	34.94
其他行业	78272	83546	8.69

注:增长速度按可比价格计算。

1-15 县级市国内生产总值

单位:万元

项目	增城市		从化市	
	2001年	2002年	2001年	2002年
国内生产总值	1581241	1811520	804932	892128
第一产业	208606	223052	93395	97060
第二产业	930848	1082121	531682	585809
工业	890703	1003196	500119	543416
建筑业	40145	78925	31563	42393
第三产业	441787	506347	179855	209259
农林牧渔服务业	1122	329	1632	5118
地质勘查业、水利管理业	1814	1974	995	1253
交通运输、仓储业、邮电通信业	152355	150392	46813	53728
批发和零售贸易、餐饮业	116305	126467	35436	45240
金融、保险业	37080	46009	10358	9846
房地产业	37147	62536	10667	11704
社会服务业	34725	38410	24386	28378
卫生、体育和社会福利事业	11387	13877	9055	11346
教育、文化艺术及广播电影电视业	25986	35764	21591	21027
科学研究和综合技术服务业	757	781	1650	678
国家机关、政党机关和社会团体	21099	27517	14767	18901
其他行业	2010	2291	2505	2040

1－16 各 行 业 增 加 值

（2002 年）　　单位：万元

项　　目	增加值	劳动者报酬	固定资产折旧	生产税净额	营业盈余
国内生产总值	30014760	13383628	4616855	3967978	8046299
第一产业	1030721	712312	45698	15305	257406
第二产业	12271346	4263794	1566654	2202689	4238209
工　业	10690198	3276975	1419993	1970335	4022895
建筑业	1581148	986819	146661	232354	215314
第三产业	16712693	8407522	3004503	1749984	3550684
农林牧渔服务业	28417	23636	1272	1831	1678
地质勘查业、水利管理业	32397	21671	6857	1506	2363
交通运输、仓储业、邮电通信业	4706214	1649495	1318593	259928	1478198
批发和零售贸易、餐饮业	3013915	1617640	313872	632276	450127
金融、保险业	1730497	456992	104438	198384	970683
房地产业	1125861	259478	392891	288150	185342
社会服务业	2908444	1647388	634075	310270	316711
卫生、体育和社会福利事业	660194	580136	54290	10391	15377
教育、文化艺术及广播电影电视业	1034477	903932	47349	8285	74911
科学研究和综合技术服务业	322076	248817	22064	17564	33631
国家机关、政党机关和社会团体	1066655	929409	104652	19213	13381
其他行业	83546	68928	4150	2186	8282

1－17 各 行 业 增 加 值 构 成

（2002 年）　　单位：%

项　　目	合　计	劳动者报酬	固定资产折旧	生产税净额	营业盈余
国内生产总值	100	44.59	15.38	13.22	26.81
第一产业	100	69.11	4.43	1.49	24.97
第二产业	100	34.74	12.77	17.95	34.54
工　业	100	30.66	13.28	18.43	37.63
建筑业	100	62.41	9.28	14.69	13.62
第三产业	100	50.31	17.98	10.47	21.24
农林牧渔服务业	100	83.18	4.48	6.44	5.90
地质勘查业、水利管理业	100	66.89	21.17	4.65	7.29
交通运输、仓储业、邮电通信业	100	35.05	28.02	5.52	31.41
批发和零售贸易、餐饮业	100	53.67	10.42	20.98	14.93
金融、保险业	100	26.41	6.04	11.46	56.09
房地产业	100	23.05	34.90	25.59	16.46
社会服务业	100	56.64	21.80	10.67	10.89
卫生、体育和社会福利事业	100	87.87	8.22	1.58	2.33
教育、文化艺术及广播电影电视业	100	87.38	4.58	0.80	7.24
科学研究和综合技术服务业	100	77.26	6.85	5.45	10.44
国家机关、政党机关和社会团体	100	87.13	9.81	1.80	1.26
其他行业	100	82.50	4.97	2.62	9.91

1-18 国内生产总值使用表

单位:万元

项目	2001 年	2002 年	2002 年比 2001 年增长（%）
支出法国内生产总值	26857574	30014760	13.24
最终消费	13332902	15072525	15.53
居民消费	7400872	8218643	13.20
农村居民	1231429	1327144	10.24
城镇居民	6169443	6891499	13.80
政府消费	5932030	6853882	18.47
资本形成总额	10577310	11169529	6.74
固定资产形成总额	10295763	10814057	6.09
存货增加	281547	355472	30.30
货物和服务净流出	2947362	3772706	28.55

注:增长速度按可比价格计算。

1-19 资本形成总额

单位:万元

项目	2001 年	2002 年
资本形成总额	10577310	11169529
固定资产形成总额	10295763	10814057
第一产业	44857	48254
第二产业	1365657	1816406
第三产业	8885249	8949397
库存增加	281547	355472
第一产业	16046	9160
第二产业	-63839	294355
第三产业	329340	51957

1-20 最　终　消　费

单位:万元

项　　目	2001 年	2002 年
最终消费	13332902	15072525
居民消费	7400872	8218643
农村居民	1231429	1327144
自给性消费	89540	99748
商品性消费	593199	656907
文化生活服务性消费	227700	250811
住房及水电消费	320990	319678
城镇居民	6169443	6891499
商品性消费	3846626	4301607
文化生活服务性消费	1658577	1897565
住房及水电消费	664240	692327
政府消费	5932030	6853882

1-21 居 民 消 费 水 平

单位:元/人

项　　目	2001 年	2002 年	2002 年比 2001 年增　长　(%)
全市居民	10473	11469	11.64
农村居民	4681	5531	20.87
城镇居民	13908	14457	5.90
农村居民与城镇居民对比(农村居民为 1)	1:2.97	1:2.61	

注:增长速度按可比价格计算。

1-22 公有制经济主要指标

单位：万元、%

项目	2001年			2002年		
	全市	#公有制经济	公有制经济占全市的比重	全市	#公有制经济	公有制经济占全市的比重
国内生产总值	26857574	17093058	63.64	30014760	18410292	61.34
职工人数(人)	1722910	1208560	70.15	1777297	1196898	67.34
工业						
工业总产值	28291517	12520935	44.26	31764294	13667020	43.03
工业增加值	7948467	3709943	46.67	9020427	4078644	45.22
产品销售收入	28113121	13155330	46.79	32148208	14596470	45.40
建筑业						
建筑业增加值	1548173	1313625	84.85	1581148	1149020	72.67
建安工作量	5746749	4302016	74.86	6045582	3611026	59.73
交通运输邮电业						
交通邮电业增加值	3958410	3132686	79.14	4706214	3716644	78.97
货物运输量(万吨)	24914	17922	71.94	25434	16608	65.30
货物周转量(万吨/千米)	22544007	22256850	98.73	21602946	20438547	94.61
客运量(万人次)	24451	18399	75.25	26757	18080	67.57
旅客周转量(万人/千米)	3529119	3205531	90.83	3938021	3327628	84.50
邮电业务总量	1630454	1572084	96.42	1928337	1882443	97.62
批发零售贸易、餐饮业						
批发零售贸易、餐饮业增加值	2700767	1364968	50.54	3013915	1285736	42.66
社会消费品零售总额	12482848	5585327	44.74	13706815	5061626	36.93
商品购进总额	29752976	18829178	63.29	33317552	16925786	50.80
商品销售总额	33256551	20790629	62.52	36612695	18614930	50.84

注：1.工业指标统计口径为规模以上工业企业；

2.公有制经济的计算办法：凡经济类型为国有、集体的企业全部视为公有制经济，混合经济按企业实收资本中，国有和集体资本金的比例推算其公有制经济的部分；

3.邮电业务总量按2000年不变价格计算。

1-23 支柱产业主要指标

单位:万元

项目	2001年			2002年		
	增加值	固定资产原价	利税总额	增加值	固定资产原价	利税总额
合计	12161929	17484445	5515729	13892726	19450780	6431991
电子信息业	2599774	4121342	1261503	2989395	4699881	1362482
交通运输及其设备制造业	875057	1208764	511281	1170160	1383784	816063
#汽车制造业	588532	344362	428007	830490	493683	732886
建筑与房地产业	2213364	1903857	770249	2707009	2501805	921160
建筑业	1548173	1219847	473670	1581148	1527827	447668
房地产业	665191	684010	296579	1125861	973978	473492
金融保险业	1741262	1682083	1290752	1730497	1855885	1179067
商贸旅游业	3580775	6308551	1114719	3948581	6572640	1329643
石油化工制造业	1151697	2259848	567225	1347084	2436785	823576

附:支柱产业增加值占全市国内生产总值的比重2001年为45.28%,2002年为46.29%。

1-24 国有土地使用权出让、划拨情况

项目	单位	1997年	1998年	1999年	2000年	2001年	2002年
国有土地使用权出让							
出让地块	宗	850	1281	1057	2082	499	428
出让面积	万米^2	915.00	5179.95	1119.80	1206.30	1057.11	1067.64
土地使用权出让总收入	万元	250672	342363	394312	369093	567257	547851
征地费	万元	18	341	6711		29006	
开发费	万元	66752	84805	64520	67648	449864	33843
出让金	万元	183892	257217	323081	301445	491066	513288
其他	万元	10				2199	720
国有土地使用权划拨							
划拨地块	宗	855	233	65	55	141	131
划拨面积	万米^2	141.00	1129.45	459.86	127.90	305.49	560.37

1-25 劳动力市场情况

项目	单位	1997年	1998年	1999年	2000年	2001年	2002年
职业介绍服务机构数	个	210	224	162	135	143	195
劳动部门所属	个	80	72	45	42	59	86
非劳动部门所属	个	130	152	117	93	84	109
年末实有外省劳动力	万人	35.93	32.22	36.28	34.24	46.79	61.84
年新增加的外省劳动力	万人	12.43	1.04	3.17	4.50	12.10	10.43
年末实有省内外来劳动力	万人	31.30	30.65	25.77	23.72	25.20	29.21
城镇	万人	8.36	7.26	7.63	7.12	9.73	8.85
农村	万人	22.94	23.39	18.14	16.60	15.47	20.35
年末实有外出劳动力	万人	1.87	4.47	2.22	2.13	2.94	3.47
城镇	万人	0.30	1.43	0.96	0.76	1.00	0.99
农村	万人	1.57	3.04	1.26	1.37	1.94	2.48

1-26 技术市场交易情况

项目	2001年		2002年	
	合同数（项）	金额（万元）	合同数（项）	金额（万元）
买方市场	7734	348600	5951	454241
工业企业	5730	305700	4621	424597
科研机构	356	7500	236	4983
各级管理部门	504	16500	415	10887
技术贸易机构	24	1200	18	413
个人及个人合伙	1120	17700	661	13361
卖方市场	7734	348600	5951	454241
科研机构	3037	50400	2357	46767
大中专院校	831	19200	457	9839
工业企业	1571	44400	1016	137255
技术贸易单位	1733	40000	1797	33381
个人及个人合伙	562	194600	324	226999

1-27 城市房地产市场交易情况

项　　目	单位	1997年	1998年	1999年	2000年	2001年	2002年
房产买卖							
交易宗数	宗	74067	131245	82489	136439	123128	155362
交易面积	万米^2	737.50	1017.49	821.79	1124.99	1303.00	1795.63
住宅	万米^2	654.50	883.38	706.63	989.44	1126.00	1336.37
办公用房	万米^2	25.60	47.36	40.29	23.17	38.33	80.28
商业用房	万米^2	47.10	55.08	49.41	81.16	69.30	211.40
交易金额	万元	3805849	4233874	4014034	4705955	5016915	6636144
住宅	万元	2957928	2853121	2978534	3738112	3948240	4527763
办公用房	万元	335957	397998	335959	208109	288157	530413
商业用房	万元	436822	542138	548990	600147	601742	1249587
契税	万元	42127	74737	74701	76751	80358	
房屋租赁							
出租面积	万米^2	600.67	555.08	518.36	515.52	498.62	1001.20
住宅	万米^2	416.60	367.42	349.77	313.71	117.19	571.90
办公用房	万米^2	19	16.97	18.74	24.80	84.59	128.30
商业用房	万米^2	142.90	132.44	111.61	143.45	264.65	301.00
出租金额	万元	33167	36000	35493	34773	210062	375972
住宅	万元	7571	8851	9077	8898	12259	53976
办公用房	万元	1733	1699	1820	1946	45028	86100
商业用房	万元	18942	20694	19665	20538	149640	235896
向个人出售住宅							
新建住宅面积	万米^2		200.31	350.97	466.60	439.88	
新建住宅回收资金	万元		774484	1311002	1848766	1767467	
旧住宅面积	万米^2	135.50	636	1176	10.37	9.58	
旧住宅回收资金	万元	64986	352677	672927	2521	2268	

1-28 各区、县级市国民经济主要指标

（2002 年）

项　　目	单位	东山区	荔湾区	越秀区	海珠区	天河区	芳村区
土地面积	千米^2	17.20	16.20	8.90	90.40	108.30	42.60
年末总人口	人	627892	521708	426698	830436	598353	184723
街道办事处	个	10	13	10	18	22	9
镇	个						
居民委员会	个	139	126	151	352	182	67
村民委员会	个					12	
国内生产总值	万元	3152108	1884756	2415299	2356875	3641028	651250
年末全部从业人员数	人						
#职工人数	人	294546	127341	177209	200018	214960	55207
职工工资总额	万元	922782	326336	559000	472463	651492	127120
职工年人均工资	元	31344	24966	31053	23726	30539	22985
全社会固定资产投资额(原口径)	万元	2143462	303185	812876	726060	1804309	105406
#房地产开发	万元	1229378	215791	244888	559378	693235	21012
全社会固定资产投资额(新口径)	万元	584027	386239	420359	1757206	1796357	172196
#房地产开发	万元	260689	268054	159528	1065521	971660	24785
一般预算财政收入	万元	72377	47040	50302	74784	99565	35027
一般预算财政支出	万元	124544	103187	108708	135935	137883	61862
城乡居民储蓄存款余额	万元						
年末耕地面积	公顷		173		716	1137	1347
农业总产值	万元		1288		27034	20651	27573
乡镇企业人数	人				31803	61619	25544
乡镇企业营业收入	万元				310116	808652	399889
乡镇企业工资总额	万元				26810	49889	18437
乡镇企业总产值	万元				209907	558435	355316
工业增加值	万元	173737	528092	73742	709665	740892	251976
工业总产值	万元	358683	957197	207182	2028952	2762763	1088590
工业产品销售率(规模以上)	%	99.94	99.17	99.76	100.45	99.01	98.88
社会消费品零售总额	万元	1833026	1671553	1710295	1288612	1786375	375654
外贸出口总值	万美元	6162	6266	6000	19005	17244	8098
实际利用外资	万美元	7263	3360	532	2102	12025	1820
普通中学学校数	所	23	28	18	38	38	15
普通中学在校学生数	人	36378	31699	25108	42797	32818	10292
小学学校数	所	44	40	41	96	88	32
小学在校学生数	人	39519	35729	26105	74249	77264	21881
幼儿园数	所	69	55	45	169	140	41
幼儿园在园人数	人	16985	10947	7134	29746	22564	6509
各类卫生机构数	个	220	51	39	79	328	113
#医院	个	24	13	17	31	30	10
各类卫生机构床位数	张	5717	2013	4905	4457	5449	1792
#医院	张	5637	1972	4829	4347	5276	1792
卫生技术人员	人	8331	3932	7173	5837	6640	1749
#医生	人						

1－28　续表

项　　目	单位	白云区	黄埔区	番禺区	花都区	增城市	从化市
土地面积	千米^2	1029.40	121.70	1313.80	970.00	1741.40	1974.50
年末总人口	人	858526	209535	962395	618654	834156	533153
街道办事处	个	15	10	9		1	
镇	个	10		13	11	15	15
居民委员会	个	263	58	98	30	37	38
村民委员会	个	149		305	188	302	226
国内生产总值	万元	3719724	3731648	3719786	2038638	1811520	892128
年末全部从业人员数	人			1249314	387186	607228	288856
＃职工人数	人	191364	151041	175505	58240	89041	42825
职工工资总额	万元	429417	434200	324052	94596	135091	58362
职工年人均工资	元	22913	28816	18898	16295	15223	13465
全社会固定资产投资额(原口径)	万元	1161735	628998	1225442	529544	458336	193068
＃房地产开发	万元	201441	49410	597743	198836	223049	29737
全社会固定资产投资额(新口径)	万元	1464136	647387	1326228	790641	542250	205396
＃房地产开发	万元	388569	31421	638349	202536	223049	29737
一般预算财政收入	万元	103425	58071	286232	70041	64592	31140
一般预算财政支出	万元	148610	80641	435750	87102	87379	53736
城乡居民储蓄存款余额	万元					1367501	406665
年末耕地面积	公顷	22300	1098	39601	18356	40726	20855
农业总产值	万元	340542	24198	499372	301041	351603	157296
乡镇企业人数	人	271856	28088	488072	152931	166778	101506
乡镇企业营业收入	万元	2904688	273628	6030406	3631805	2613243	2010587
乡镇企业工资总额	万元	237904	32567	557429	129547	123621	63637
乡镇企业总产值	万元	2339756	250402	6093725	4023827	2842600	1951651
工业增加值	万元	1143264	2563387	1794151	1164680	1003196	543416
工业总产值	万元	3880170	8548401	7703926	4331242	3832106	2189867
工业产品销售率(规模以上)	%	98.78	99.63	97.27	95.45	96.09	94.82
社会消费品零售总额	万元	2146259	389519	980191	617361	531445	376525
外贸出口总值	万美元	94690	25711	414185	31478	44987	42065
实际利用外资	万美元	21435	3602	28384	12477	16080	3919
普通中学学校数	所	71	19	58	40	48	29
普通中学在校学生数	人	68541	13942	74058	47710	58126	40012
小学学校数	所	221	34	279	185	302	204
小学在校学生数	人	130710	29244	125652	78062	110155	68047
幼儿园数	所	344	51	426	98	83	77
幼儿园在园人数	人	37618	9809	52106	20582	27898	20139
各类卫生机构数	个	549	112	203	124	85	100
＃医　院	个		10	7	8	5	8
各类卫生机构床位数	张	5497	1348	3610	1686	1731	2031
＃医　院	张		1333	1674	1001	766	1541
卫生技术人员	人	4910	1557	4104	2523	2557	1962
＃医　生	人			1683	938	946	742

1－29 广州经济技术开发区国民经济主要指标

项　　目	单位	1997 年	1998 年	1999 年	2000 年	2001 年	2002 年
＊年末社会从业人员	人	47735	55102	55242	62526	77082	80773
＃工业职工人数	人	41162	44275	45249	52325	58058	73954
＊国内生产总值	万元	859712	1014546	1055497	1409440	1733918	2447381
第一产业	万元						
第二产业	万元	749712	786751	799800	1146069	1468918	1935579
工业	万元	710772	719951	751566	1125713	1442099	1859754
建筑业	万元	38940	66800	48234	20356	26819	75825
第三产业	万元	110000	227795	255697	263371	265000	511802
固定资产投资额	万元	374282	458295	295357	205235	251146	545600
＃基础(公共)设施	万元	71325	69252	46733	93991	93156	172999
工业项目	万元	297887	368486	239224	105972	149457	349946
区内税收	万元	228981	245041	297323	382391	474988	582042
＃外商投资企业	万元	204929	219131			383707	
利润总额	万元	192928	124080	93279	241530	294357	585287
＃工业利润	万元	185009	119345	95933	225496	310386	577304
地方可支配财力	万元	147436	157937	185174	231618	312616	327142
地方财政支出	万元	152793	157578	184543	227307	306548	319587
工业总产值	万元	2271198	2310247	2666600	3389045	4340010	5415239
＃“三资”企业产值	万元	2200513	2206699	2554700	3178402	4015559	4887278
工业销售产值	万元	2087740	2309489	2524971	3268439	4028928	5340661
商品销售总额	万元	357158	776713	514000	865419	993224	997632
出口总额	万美元	50178	58463	65032	89753	97697	157842
进口总额	万美元	38728	37729	103683	133216	138774	156774
利用外资项目(合同)数	个	47	63	48	73	85	107
合同利用外资金额	万美元	71700	75410	87613	89474	129597	208398
实际利用外资	万美元	40554	43084	47037	48454	50007	51811
＃外商直接投资	万美元	38154	41685	47037	48090	50007	51811
在校学生数	人	2076	2345	2077	2294	2426	2412
＃在校中学生	人	788	866	895	967	1040	1033
在校小学生	人	786	967	1182	1327	1386	1379
专业卫生技术人员	人	150	117	139	194	198	215

注：表中带＊指标2002年数含广州经济技术开发区、广州保税区、广州高新技术产业开发区以及广州出口加工区。

1-30 广州南沙经济技术开发区国民经济主要指标

项　目	单位	1997 年	1998 年	1999 年	2000 年	2001 年	2002 年
土地面积	千米^2	54	54	54	54	54	54
累计已开发面积	千米^2	17.8	21.1	21.2	23.8	31.2	32.6
年末总人口	人	30348	30816	31159	31218	31406	31774
年末社会从业人员	人	19614	19264	26960	23813	28528	33217
年末单位数	个	212	224	150	228	457	539
国内生产总值	万元	106143	120578	136375	151706	171773	399864
第一产业	万元	2994	3215	2661	1655	1742	1800
第二产业	万元	67786	78067	90309	111987	104086	313670
第三产业	万元	35363	39296	43405	38064	65945	84394
固定资产投资额	万元	45793	47945	56373	64829	76582	148334
新开工项目	项	6	14	14	12	8	11
财政收入	万元	6995	7016	8798	8944	14132	15412
财政支出	万元	6323	7350		7025	14849	11703
工业企业单位数	个	61	75	98	112	111	122
工业总产值	万元	176320	205236	238201	290756	315308	630221
工业增加值	万元	63475	72654	84323	104262	91060	288795
工业销售产值	万元	182033	1928774	225409	277262	283288	631683
批发零售贸易业销售总额	万元	34993	38947	40116	38736	48445	51212
社会消费品零售总额	万元	18007	18349	23513	26978	37724	39863
外贸出口总额	万美元	14773	16289	17062	23247	25701	32851
外贸进口总额	万美元	10483	12703	14176	19573	20132	30828
实际利用外资	万美元	5893	2270	3000	3487	5196	3894
“三资”企业户数	个	81	95	109	121	115	126
“三资”企业从业人员	人	11993	14057	15450	17380	17314	20159
“三资”企业工业总产值	万元	164876	191150	158559	258954	308681	611535

1-31 广州保税区国民经济主要指标

项　　目	单位	1997 年	1998 年	1999 年	2000 年	2001 年	2002 年
工业增加值	万元			17683	15415	19000	37100
工业总产值(当年价格)	万元		4307	69527	128447	135200	195144
固定资产投资额	万元	2076	25462	39515	30958	28374	36692
外贸出口总值	万美元	9449	11341	10686	16975	16752	29774
实际利用外资	万美元	4423	3078	6089	7156	12800	4156
外商投资企业							
项目(合同)数	个	50	59	48	37	72	79
项目总投资	万美元	6181	9829	9098	10436	20448	11446
合同外资金额	万美元	4873	6451	8140	9528	19612	6408
外商实际投资额	万美元	4423	3078	6089	7156	12800	4156
国内投资企业							
批准项目数	个	186	145	92	288	177	259
注册资本	万元	27089	29530	8296	18848	12290	24075
进出区货物总值	万美元	23125	31468	39902	77534	88719	141366
# 出口货值	万美元	9449	11341	10686	16975	16752	29774
进口货值	万美元	10946	15611	20986	38017	43140	68144
从保税区到非保税区货值	万美元	2728	3920	8003	22454	28281	40907
从非保税区到保税区货值	万美元		596	227	89	546	2541
国内贸易额	万元	407195	279955	492249	550000	870000	
税收总额	万元	7017	10833	12349	161947	24536	27139

1-32 广州高新技术产业开发区国民经济主要指标

项　　目	单位	1996 年	1997 年	1998 年	1999 年	2000 年	2001 年	2002 年
技工贸收入	万元	536700	739500	921000	1054083	1519985	2682206	3774916
工业总产值(当年价格)	万元	245300	367300	444000	550897	824966	1708096	2591817
开发区企业数	个	1172	1204	1261	1152	1175	1475	1884
认定企业数	个	170	195	225	232	258	294	392
三资企业数	个	165	181	179	195	260	359	351
职工人数	人	17174	16323	21435	23396	32590	48268	63562
利税总额	万元	49100	61200	83500	10578	14171	269630	296889
出口创汇	万美元	4497	7039	7794	5138	7363	7731	57756
合同利用外资	万美元	6324	9103	4193	2850	11449	11522	12141
实际利用外资	万美元	2500	2830	3181	6182	6185	6173	18378
实施火炬计划项目数	个	69	86	97	105	122	86	146

1－33 私营企业基本情况

（2002 年末，按行业分）

行业	全市			#城镇		
	户数（户）	投资者和雇工人数（人）	注册资金（万元）	户数（户）	投资者和雇工人数（人）	注册资金（万元）
合计	**66596**	**524139**	**7828932**	**58093**	**412613**	**7119999**
农、林、牧、渔业	464	5393	42114	306	2743	26261
#农、林、牧、渔服务业	37	305	5221	34	276	5161
采掘业	77	1104	11781	33	245	8508
制造业	10345	116207	1153631	6247	58241	792614
建筑业	1550	13486	410596	1396	11664	336276
交通运输、仓储业	1178	8107	92362	1044	6574	81435
#仓储业	276	2202	16382	215	1547	12303
批发零售贸易餐饮业	32931	229518	3336104	29946	197032	3182024
社会服务业	16673	122495	1887449	15806	110284	1820178
#日用品修理业	164	1015	3907	118	726	3056
旅馆业	103	1188	12361	89	789	11053
娱乐服务业	114	1032	39989	94	784	34742
其他行业	3378	27829	894895	3315	25830	872703

1－34 私营企业基本情况

（2002 年，按地区分）

项目	开业户数（户）	年末户数（户）	年末人数（人）	投资者人数	雇工人数
合计	**16969**	**66596**	**524139**	**146683**	**377456**
市区	16138	61835	469439	137108	332331
市工商局	2787	28962	226065	69342	156723
东山区	1101	2065	7617	3893	3724
荔湾区	733	2169	8713	3926	4787
越秀区	799	2149	12156	5417	6739
海珠区	2229	3300	12401	5669	6732
天河区	3686	7599	49565	16775	32790
芳村区	671	1114	7871	2307	5564
白云区	1129	4114	33842	7206	26636
黄埔区	534	1873	17044	3886	13158
番禺区	1228	4681	51408	10757	40651
花都区	487	1889	31003	3495	27508
开发区	205	875	5461	2045	3416
保税区	476	845	5442	2123	3319
交易分局	73	200	851	267	584
县级市	831	4761	54700	9575	45125
增城市	650	3949	44560	7741	36819
从化市	181	812	10140	1834	8306

1-35 城乡个体工商业基本情况

项目	2001年			2002年		
	期末户数（户）	从业人数（人）	注册资金（万元）	期末户数（户）	从业人数（人）	注册资金（万元）
合计	**250672**	**427923**	**490425**	**245505**	**415817**	**660203**
市区	216551	369655	401630	209235	355197	427715
东山区	10007	10276	13135	11534	11916	14532
荔湾区	17729	20717	18896	17272	20398	18801
越秀区	20057	30085	21129	21844	32766	17475
海珠区	22762	23570	18582	26868	33324	15903
天河区	13993	31348	28795	14039	31451	28890
芳村区	8396	12824	9993	8569	11388	15951
白云区	37531	55066	73037	30440	39710	64417
黄埔区	10019	17081	13030	7462	13790	13740
番禺区	41155	102882	154601	36902	94136	185408
花都区	27062	46304	31591	26593	45643	33100
开发区	593	1857	791	785	2107	1143
交易分局	6555	16804	17869	6207	16103	17804
珠江分局	692	841	181	720	2465	551
县级市	34121	58268	88795	36270	60620	232488
增城市	23769	40958	70169	26322	44431	114539
从化市	10352	17310	18626	9948	16189	117949

1-36 城乡个体工商业基本情况

（2002年末，按行业分）

项目	户数（户）	#城镇	从业人员（人）	#城镇	注册资金（万元）	#城镇
合计	**245505**	**170004**	**415817**	**272048**	**660203**	**328727**
农、林、牧、渔业	628	302	1633	642	7445	3257
#农、林、牧、渔服务业	33	10	82	31	344	63
采掘业	347	51	1414	198	7318	1566
制造业	19151	10001	71653	32479	165612	55042
建筑业	184	58	363	108	860	361
交通运输、仓储业	16590	7340	27153	16657	53233	25839
#仓储业	9345	3627	19254	12702	20444	9264
批发零售贸易餐饮业	180742	132111	262902	186896	375336	208267
#餐饮业	53639	34881	98502	68141	104579	79977
社会服务业	27242	19741	49596	34478	48089	33328
#日用品修理业	6148	2964	9732	4389	7243	3463
旅馆业	306	180	945	588	1770	1247
娱乐服务业	718	370	1596	817	3609	1969
其他行业	621	400	1103	590	2310	1067

1－37 工商企业基本情况

（2002年末）

项　　目	企业数（户）	#国有企业	#集体企业	#联营企业	#有限(股份)公司	#股份合作企业	注册资金（万元）
总　　计	**89296**	**13047**	**30937**	**1090**	**24317**	**19449**	**19654790**
按地区分							
市　区	84289	11991	28220	959	23324	19426	18599647
市工商局	25444	7713	3773	503	11724	1456	14275235
东山区	6618	1369	853	9	2718	1669	277593
荔湾区	7521	251	3300	45	600	3291	172905
越秀区	8549	199	3150	1	1695	3503	237037
海珠区	11436	135	3863	16	1224	6196	316067
天河区	5296	364	2321	18	1339	1248	360872
芳村区	1875	82	873	13	479	424	179129
白云区	7775	247	5202	81	902	1338	385014
黄埔区	1390	126	593	22	507	141	180512
番禺区	4424	711	2645	164	830	67	867738
花都区	2650	442	1511	44	623	8	342698
开发区	757	205	89	26	408	27	803686
保税区	372	100	4	13	249		187728
交易分局	138	11	42	3	24	57	4392
珠江局	44	36	1	1	2	1	9041
县级市	5007	1056	2717	131	993	23	1055143
增城市	3460	627	1968	99	672	23	594164
从化市	1547	429	749	32	321		460979
按行业分							
农、林、牧、渔业	514	121	180	16	174	20	145039
#农、林、牧、渔服务业	34	6	19		8	1	1200
采掘业	333	29	269	16	15	4	30887
制造业	14256	1293	7244	263	2064	3321	4325857
电力、煤气及水的生产和供应业	264	51	118	4	79	8	656858
建筑业	3766	405	1432	28	1424	463	2150985
地质勘查业、水利管理业	172	87	48	6	29	2	58280
交通运输、仓储及邮电通信业	2617	901	764	25	723	189	1286154
批发和零售贸易、餐饮业	47219	5923	15473	459	12731	12433	4481627
金融、保险业	2788	1559	851	25	302	9	1209262
房地产业	2299	277	319	27	1626	32	2052831
社会服务业	11781	1782	3309	157	3885	2609	1469971
卫生、体育和社会福利业	231	57	32	9	67	65	28548
教育、文化艺术及广播电影电视业	865	185	425	15	131	105	170147
科学研究和综合技术服务业	1624	314	363	32	809	99	539645
其他行业	567	63	110	8	258	90	1048699

主要统计指标解释

【国内生产总值(GDP)】指一个国家(或地区)所有常住单位在一定时期内生产活动的最终成果。国内生产总值有三种表现形态,即价值形态、收入形态和产品形态。从价值形态看,它是所有常住单位在一定时期内生产的全部货物和服务价值超过同期中间投入的全部非固定资产货物和服务价值的差额,即所有常住单位的增加值之和;从收入形态看,它是所有常住单位在一定时期内创造并分配给常住单位和非常住单位的初次收入分配之和;从产品形态看,它是所有常住单位在一定时期内最终使用的货物和服务价值与货物和服务净出口价值之和。在实际核算中,国内生产总值有三种计算方法,即生产法、收入法和支出法。三种方法分别从不同的方面反映国内生产总值及其构成。

【三次产业】是根据社会生产活动历史发展的顺序对产业结构的划分,产品直接取自自然界的部门称为第一产业,对初级产品进行再加工的部门称为第二产业,为生产和消费提供各种服务的部门称为第三产业。它是世界上较为通用的产业结构分类,但各国的划分不尽一致。我国的三次产业划分是:

第一产业:农业(包括种植业、林业、牧业和渔业)。

第二产业:工业(包括采掘业,制造业,电力、煤气及水的生产和供应业)和建筑业。

第三产业:除第一、第二产业以外的其他各业。由于第三产业包括的行业多、范围广,根据我国的实际情况,第三产业可分为两大部分:一是流通部门,二是服务部门。具体又可分为四个层次:

第一层次:流通部门,包括交通运输、仓储及邮电通信业,批发和零售贸易、餐饮业。

第二层次:为生产和生活服务的部门,包括金融、保险业,地质勘查业、水利管理业,房地产业,社会服务业,农、林、牧、渔服务业,交通运输辅助业,综合技术服务业等。

第三层次:为提高科学文化水平和居民素质服务的部门,包括教育、文化艺术及广播电影电视业,卫生、体育和社会福利业,科学研究业等。

第四层次:为社会公共需要服务的部门,包括国家机关、政党机关和社会团体以及军队、警察等。

【支出法国内生产总值】指一个国家(或地区)所有常住单位在一定时期内用于最终消费、资本形成总额,以及货物和服务的净出口总额,它反映本期生产的国内生产总值的使用及构成。

【最终消费】指常住单位在一定时期内对于货物和服务的全部最终消费支出,也就是常住单位为满足物质、文化和精神生活的需要,从本国经济领土和国外购买的货物和服务的支出;不包括非常住单位在本国经济领土内的消费支出。最终消费分为居民消费和政府消费。

【居民消费】指常住住户对货物和服务的全部最终消费支出。居民消费按市场价格计算,即按居民支付的购买者价格计算。购买者价格是购买者取得货物所支付的价格,包括购买者支付的运输和商业费用。居民消费除了直接以货币形式购买货物和服务的消费之外,还包括以其他方式获得的货物和服务的消费支出,即所谓的虚拟消费支出。居民虚拟消费支出包括以下几种类型:单位以实物报酬及实物转移的形式提供给劳动者的货物和服务;住户生产并由本住户消费了的货物和服务,其中的服务仅指住户的自有住房服务;金融机构提供的金融媒介服务;保险公司提供的保险服务。

【政府消费】指政府部门为全社会提供公共服务的消费支出和免费或以较低价格向住户提供的货物和服务的净支出。前者等于政府服务的产出价值减去政府单位所获得的经营收入的价值,政府服务的产出价值等于它的经常性业务支出加上固定资产折旧;后者等于政府部门免费或以较低价格向住户提供的货物和服务的市场价值减去向住户收取的价值。

【资本形成总额】指常住单位在一定时期内获得的减去处置的固定资产加存货的变动,包括固定资本形成总额和存货增加。

【固定资本形成总额】指常住单位在一定时期内购置、转入和自产自用的固定资产,扣除固定资产的销售和转出后的价值,可分有形固定资产形成总额和无形固定资产形成总额。有形固定资产形成总额包括一定时期内完成的建筑工程、安装工程和设备工器具购置(减处置)价值,以及土地改良、新增役、种、奶、毛、娱乐用牲畜和新增经济林木价值。无形固定资产形成总额包括矿藏的勘探、计算机软件、娱乐和文学艺术品原件等获得减处置。

【存货增加】指常住单位在一定时期内存货实物量变动的市场价值,即期末价值减期初价值的差额。存货增加可以是正值,也可以是负值;正值表示存货上升,负值表示存货下降。它包括生产单位购进的原材料、燃料和储备物资等存货,以及生产单位生产的产成品、在制品等存货等。

【货物和服务净出口】指货物和服务出口减货物和服务进口的差额。出口包括常住单位向非常住单位出售或无偿转让的各种货物和服务的价值;进口包括常住单位从非常住单位购买或无偿得到的各种货物和服务的价值。由于服务活动的提供与使用同时发生,因此服务的进出口业务并不发生出入境现象,一般把常住单位从国外得到的服务作为进口,非常住单位从本国得到的服务作为出口。货物的出口和进口都按离岸价格计算。

【可比价格】指计算各种总量指标所采用的扣除了价格变动因素的价格,可进行不同时期总量指标的对比。按可比价格计算总量指标有两种方法:一种是直接用产品产量乘某一年的不变价格计算;另一种是用价格指数进行缩减。

【不变价格】指以同类产品某年的平均价格作为固定价格,用于计算各年的产品价值。按不变价格计算的产品价值消除了价格变动因素,不同时期对比可以反映生产的发展速度。新中国成立后,随着工农业产品价格水平的变化,国家统计局先后五次制定了全国统一的工业产品不变价格和农业产品不变价格。从1952年到1957年使用1952年工(农)业产品不变价格,从1957年到

1970年使用1957年不变价格，从1971年到1980年使用1970年不变价格，从1981年到1990年使用1980年不变价格，从1991年开始使用1990年不变价格。

【平均增长速度】我国计算平均增长速度有两种方法：一种是习惯上经常使用的“水平法”，又称几何平均法，是以间隔期最后一年的水平同基期水平对比来计算平均每年增长(或下降)速度；另一种是“累计法”，又称代数平均法或方程法，是以间隔期内各年水平的总和同基期水平对比来计算平均每年增长(或下降)速度。在一般正常情况下，两种方法计算的平均每年增长速度比较接近；但在经济发展不平衡、出现大起大落时，两种方法计算的结果差别较大。

本《年鉴》内所列的平均增长速度，除固定资产投资用“累计法”计算外，其余均用“水平法”计算。从某年到某年平均增长速度的年份，均不包括基期年在内。如建国四十三年的平均增长速度是以1949年为基期计算的，则写为1950－1992年平均增长速度，其余类推。

【企业(单位)登记注册类型】是以在工商行政管理机关登记注册的各类企业为划分对象，以工商行政管理部门对企业登记注册的类型为依据，将企业登记注册类型分为内资企业、港澳台商投资企业和外商投资企业三大类。内资企业包括国有企业、集体企业、股份合作企业、联营企业、有限责任公司、股份有限公司、私营公司和其他企业；港澳台商投资企业和外商投资企业分别包括合资经营企业、合作经营企业、独资经营企业和股份有限公司。对不在工商行政管理部门进行登记注册的行政机关、事业单位和社会团体，主要按其经费来源和管理方式进行划分。

【国有企业】指企业全部资产归国家所有，并按《中华人民共和国企业法人登记管理条例》规定登记注册的非公司制的经济组织。不包括有限责任公司中的国有独资公司。

【集体企业】指企业资产归集体所有，并按《中华人民共和国企业法人登记管理条例》规定登记注册的经济组织。

【股份合作企业】指以合作制为基础，由企业职工共同出资入股，吸收一定比例的社会资产投资组建，实行自主经营，自负盈亏，共同劳动，民主管理，按劳分配与按股分红相结合的一种集体经济组织。

【联营企业】指两个及两个以上相同或不同所有制性质的企业法人或事业单位法人，按自愿、平等、互利的原则，共同投资组成的经济组织。联营企业包括国有联营企业、集体联营企业、国有与集体联营企业和其他联营企业。

【有限责任公司】指根据《中华人民共和国公司登记管理条例》规定登记注册，由两个以上、五十个以下的股东共同出资，每个股东以其所认缴的出资额对公司承担有限责任，公司以其全部资产对其债务承担责任的经济组织。有限责任公司包括国有独资公司以及其他有限责任公司。

【股份有限公司】指根据《中华人民共和国公司登记管理条例》规定登记注册，其全部注册资本由等额股份构成并通过发行股票筹集资本，股东以其认购的股份对公司承担有限责任，公司以其全部资产对其债务承担责任的经济组织。

【私营企业】指由自然人投资设立或由自然人控股，以雇佣劳动为基础的营利性经济组织。包括按照《公司法》、《合伙企业法》、《私营企业暂行条例》规定登记注册的私营有限责任公司、私营股份有限公司、私营合伙企业和私营独资企业。

【其他内资企业】指上述企业之外的其他内资经济组织。

【与港澳台商合资经营企业】指港澳台地区投资者与内地企业依照《中华人民共和国中外合资经营企业法》及有关法律的规定，按合同规定的比例投资设立、分享利润和分担风险的企业。

【与港澳台商合作经营企业】指港澳台地区投资者与内地企业依照《中华人民共和国中外合作经营企业法》及有关法律的规定，依照合作合同的约定进行投资或提供条件设立、分配利润和分担风险的企业。

【港澳台商独资经营企业】指依照《中华人民共和国外资企业法》及有关法律的规定，在内地由港澳台地区投资者全额投资设立的企业。

【港澳台商投资股份有限公司】指根据国家有关规定，经外经贸部依法批准设立，其中港、澳、台商的股本占公司注册资本的比例达25%以上的股份有限公司。凡其中港、澳、台商的股本占公司注册资本的比例小于25%的，属于内资企业中的股份有限公司。

【中外合资经营企业】指外国企业或外国人与中国内地企业依照《中华人民共和国中外合资经营企业法》及有关法律的规定，按合同规定的比例投资设立、分享利润和分担风险的企业。

【中外合作经营企业】指外国企业或外国人与中国内地企业依照《中华人民共和国中外合作经营企业法》及有关法律的规定，依照合作合同的约定进行投资或提供条件设立、分配利润和分担风险的企业。

【外资企业】指依照《中华人民共和国外资企业法》及有关法律的规定，在中国内地由外国投资者全额投资设立的企业。

【外商投资股份有限公司】指根据国家有关规定，经外经贸部依法批准设立，其中外资的股本占公司注册资本的比例达25%以上的股份有限公司。凡其中外资股本占公司注册资本的比例小于25%的，属于内资企业中的股份有限公司。

第二篇

人　口

人口增长继续放缓

2002年末，全市总人口720.62万人，比上年末增加8.03万人，增长1.13%，增幅比上年下降0.57个百分点，是1990年以来年度增幅最低的一年。其中，男性人口为370.50万人，女性人口为350.12万人，性别比(女性=100)105.82。

一、总人口的地区分布及其增长情况

在全市总人口中，2002年市区人口为583.89万人，占81.03%，比上年增加了6.93万人；两个县级市人口为136.73万人，占18.97%，比上年增加了1.10万人。全市土地面积为7434.4平方千米，人口密度每平方千米969人；其中，市区土地面积为3718.5平方千米，人口密度每平方千米1570人。人口密度较高的是越秀区、东山区和荔湾区，分别达到每平方千米47944人、36505人和32204人。两个县级市土地面积为3715.9平方千米，人口密度为每平方千米368人。2002年全市人口增长总量中，出生人数为6.19万人，死亡人数为3.97万人，自然增长2.22万人，自然增长率为3.10‰，是建国以来自然增长率最低的一年。人口迁移的机械增长率为11.96‰，对广州总人口发展影响较自然增长率大。由于自然增长率和机械增长率分别比上年下降1.13个和1.22个千分点，使广州人口增长明显放缓。

二、人口城市化水平继续提高

2002年末，全市非农业人口为502.30万人，占总人口的69.70%；农业人口为218.32万人，占总人口30.3%。非农业人口的增长，一方面是由于近年广州经济发展较快；另一方面是由于统计方法有所调整，由原来按户籍性质分类统计转为按区域属性统计，即非农业人口为：(1)市区、县级市所辖的街道办事处区域内的人口；(2)市区辖镇、县级市辖镇所辖居民委员会或镇政府驻地村委会区域内的人口。2002年农业人口转为非农业人口达到29.49万人，比上年的9.90万人大幅增加近20万人。

三、外来人口以省外流入为主

广州的经济发展吸引了外来劳动力，2002年我市外来人口达292.25万人，其中：男性人口为165.52万人，占56.64%，性别比为130.61%。大大高于广州户籍人口性别比。外来人口按来源地分：省内占26.56%，省外占73.44%。在来自省外的流入人口中，湖南省占20.79%，四川省占15.31%，广西壮族自治区占10.76%，湖北省占10.18%，江西省占10.05%，均达到20万人以上。按来穗目的分：务工务农占66.72%，经商占8.48%，从事服务业占12.71%，其他占12.09%。表明外来人口中大部分以参与经济活动为主。

年 末 总 人 口

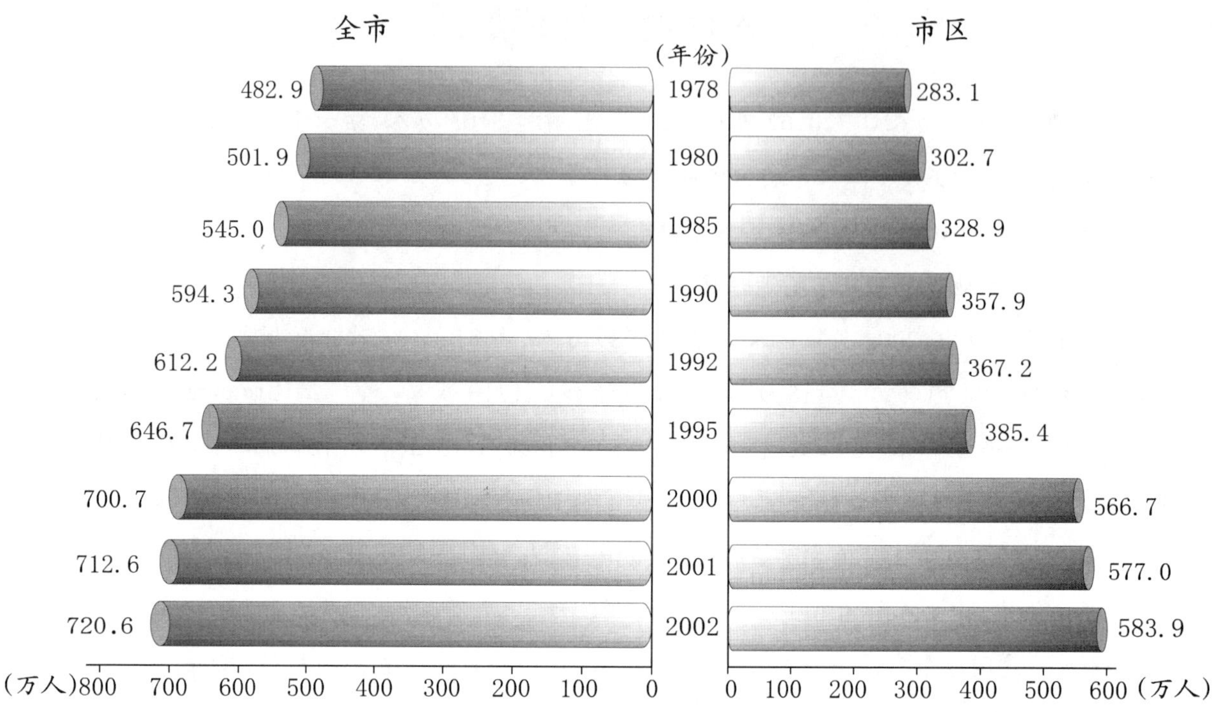

人口自然增长率（‰）

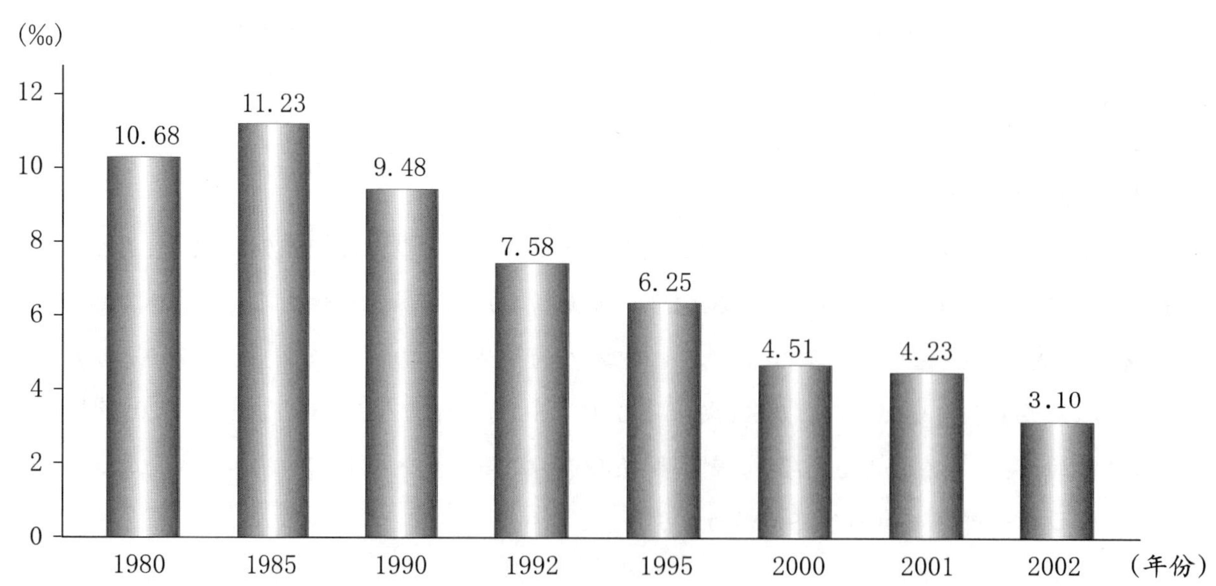

2-1 主要年份年末总户数、总人口数

年份	总户数（户）	总人口（人）				性别比（女=100）
			农业人口	非农业人口	#女	
全市						
1949	618698	2475259	1295637	1179622	1207954	104.91
1952	678722	2719141	1370170	1348971	1322250	105.64
1957	811439	3377586	1513557	1864029	1659746	103.50
1962	864664	3702454	1588191	2114263	1830123	102.31
1965	888576	3985070	1795294	2189776	1963842	102.92
1970	979764	4185363	2095823	2089540	2083979	100.84
1975	1071998	4591000	2408674	2182326	2263898	102.79
1978	1145925	4828961	2507540	2321421	2374951	103.33
1980	1162717	5018638	2458247	2560391	2468837	103.28
1985	1369661	5449820	2493662	2956158	2663431	104.62
1990	1641840	5942534	2528674	3413860	2887427	105.81
1995	1871894	6467115	2514356	3952759	3132759	106.44
2000	2100434	7006896	2645841	4361055	3401415	106.00
2001	2135837	7125979	2615185	4510794	3455802	106.20
2002	2162532	7206229	2183270	5022959	3501193	105.82
市区						
1949	322133	1427648	388645	1039003	671270	112.68
1952	379087	1621776	415232	1206544	759811	113.44
1957	501793	2144799	455861	1688938	1032721	107.68
1962	542385	2394071	476997	1917074	1169713	104.67
1965	558343	2540688	560508	1980180	1235777	105.59
1970	605820	2515655	640643	1875012	1244494	102.14
1975	657669	2688779	747281	1941498	1313965	104.63
1978	706489	2831152	766176	2064976	1375737	105.79
1980	738713	3026616	737241	2289375	1472247	105.58
1985	883946	3288825	719278	2569547	1589830	106.87
1990	1054065	3579360	665079	2914281	1719027	108.22
1995	1172637	3853751	687037	3166714	1840191	109.42
2000(原口径)	1272083	4139045	700245	3438800	1980858	108.95
2000(新口径)	1734902	5666812	1652826	4013986	2742947	106.60
2001	1765120	5769691	1614883	4154808	2791775	106.67
2002	1796157	5838920	1185789	4653131	2832584	106.13

2-2 主要年份年末常住户口户数、人口数

年份	户数（户）	农业户	非农业户	人口数（人）	农业人口	非农业人口
全市						
1949	618698	367061	251637	2475259	1295637	1179622
1952	678722	376549	302173	2719141	1370170	1348971
1957	811439	387282	424157	3377586	1513557	1864029
1962	864664	404295	460369	3702454	1588191	2114263
1965	888576	411867	476709	3985070	1795294	2189776
1970	979764	465477	514287	4172967	2087525	2085442
1975	1071998	519843	552155	4578124	2399434	2178690
1978	1145925	548559	597366	4815417	2500559	2314858
1980	1162717	524818	637899	5000658	2444826	2555832
1985	1369170	556013	813157	5431487	2475329	2956158
1990	1641063	612283	1028780	5918462	2504602	3413860
1995	1871173	624968	1246205	6433241	2480482	3952759
2000	2090384	667208	1423176	6939568	2578513	4361055
2001	2127840	659716	1468124	7058885	2548091	4510794
2002	2162199	538840	1623359	7171300	2148341	5022959
市区						
1949	322133	101914	220219	1427648	388645	1039003
1952	379087	109324	269763	1621776	415232	1206544
1957	501793	115283	386510	2144799	455861	1688938
1962	542385	117664	424721	2394071	476997	1917074
1965	558343	121828	436515	2540688	560508	1980180
1970	605820	135977	469843	2503726	632745	1870981
1975	657669	155781	501888	2675903	738041	1937862
1978	706489	163730	542759	2824263	761874	2062389
1980	738713	161018	577695	3017029	731851	2285178
1985	883612	173325	710287	3273789	704242	2569547
1990	1053971	178856	875115	3560658	646377	2914281
1995	1172515	186044	986471	3823234	656520	3166714
2000(原口径)	1271778	195319	1076459	4091372	652572	3438800
2000(新口径)	1734590	444218	1290372	5615121	1601135	4013986
2001	1764636	432929	1331707	5720453	1565645	4154808
2002	1795951	314033	1481918	5818625	1165494	4653131

2-3 主要年份总人口自然变动情况

单位：比率：‰
人数：人

年份	年平均人数	出生		死亡		自然增长率
		人数	出生率	人数	死亡率	
全市						
1949	2460084					
1952	2698816					
1957	3286712	129805	39.49	23395	7.12	32.37
1962	3683932	142881	38.78	25066	6.80	31.98
1965	3949440	106665	27.01	20739	5.25	21.76
1970	4157439	98912	23.79	22700	5.46	18.33
1975	4543684	76948	16.94	27019	5.95	10.99
1978	4753314	73470	15.46	25283	5.32	10.14
1980	4959822	80604	16.25	27643	5.57	10.68
1985	5402904	89630	16.59	28968	5.36	11.23
1990	5898400	88289	14.97	32388	5.49	9.48
1995	6418678	75867	11.82	35735	5.57	6.25
2000	6928460	71248	10.28	39987	5.77	4.51
2001	7066438	67542	9.56	37641	5.33	4.23
2002	7166104	61929	8.64	39673	5.54	3.10
市区						
1949	1437368	38234	26.60	21992	15.30	11.30
1952	1610163	59254	36.80	16585	10.30	26.50
1957	2073385	93095	44.90	13477	6.50	38.40
1962	2393555	88574	37.01	14358	6.00	31.01
1965	2534506	53146	20.97	10982	4.33	16.64
1970	2513446	46984	18.69	13612	5.42	13.27
1975	2671601	32957	12.34	15302	5.73	6.61
1978	2770944	35159	12.69	14743	5.32	7.37
1980	2972122	40800	13.73	16519	5.56	8.17
1985	3255203	47881	14.71	17735	5.45	9.26
1990	3561652	44394	12.46	20329	5.71	6.75
1995	3828449	34888	9.11	22843	5.97	3.14
2000(原口径)	4097002	35378	8.64	25009	6.10	2.54
2000(新口径)	5613729	49805	8.87	33222	5.92	2.95
2001	5718252	48455	8.47	31613	5.53	2.94
2002	5804306	46978	8.09	32997	5.68	2.41

2-4 土地面积、人口密度

(2002 年)

区、县级市	土地面积(平方公里)	年末总人口(人)	男	女	平均每千米²人口(人)
全　市	**7434.40**	**7206229**	**3705036**	**3501193**	**969**
市　区	3718.50	5838920	3006336	2832584	1570
东山区	17.20	627892	323449	304443	36505
荔湾区	16.20	521708	264695	257013	32204
越秀区	8.90	426698	214201	212497	47944
海珠区	90.40	830436	435646	394790	9186
天河区	108.30	598353	321702	276651	5525
芳村区	42.60	184723	98508	86215	4336
白云区	1029.40	858526	445162	413364	834
黄埔区	121.70	209535	113514	96021	1722
番禺区	1313.80	962395	480940	481455	733
花都区	970.00	618654	308519	310135	638
县级市	3715.90	1367309	698700	668609	368
增城市	1741.40	834156	428157	405999	479
从化市	1974.50	533153	270543	262610	270

注:根据市政府穗府函[2001]121 号和[2002]73 号,荔湾区、白云区及花都区的土地面积作了相应调整。

2-5 年　末　总　人　口

(2002 年)

单位:人

区、县级市	合　计	农业人口	非农业人口
全　市	**7206229**	**2183270**	**5022959**
市　区	5838920	1185789	4653131
东山区	627892	603	627289
荔湾区	521708	181	521527
越秀区	426698	314	426384
海珠区	830436	1633	828803
天河区	598353	39230	559123
芳村区	184723		184723
白云区	858526	329581	528945
黄埔区	209535	210	209325
番禺区	962395	406650	555745
花都区	618654	407387	211267
县级市	1367309	997481	369828
增城市	834156	607380	226776
从化市	533153	390101	143052

注:今年市公安局对非农业人口的统计方法有所调整,由过去的户籍性质分类统计转为按地域属性统计,即非农业人口包括:(1)市县所辖的街道办事处区域内的人口;(2)市辖镇、县辖镇所辖居民委员会或镇政府驻地村委会区域内的人口。

2-6 年末常住户口户数、人口数

(2002年)

区、县级市	户数(户)	农业户	非农业户	人口数(人)	农业人口	非农业人口
全市	**2162199**	**538840**	**1623359**	**7171300**	**2148341**	**5022959**
市区	1795951	314033	1481918	5818625	1165494	4653131
东山区	179253		179253	627289		627289
荔湾区	169967		169967	521527		521527
越秀区	135996		135996	426384		436384
海珠区	266266		266266	828803		828803
天河区	166979	10446	156533	591309	32186	559123
芳村区	61700		61700	184723		184723
白云区	265971	88460	177511	852199	323254	528945
黄埔区	65883		65883	209325		209325
番禺区	292091	108913	183178	958412	402667	555745
花都区	191845	106214	85631	618654	407387	211267
县级市	366248	224807	141441	1352675	982847	369828
增城市	218677	136693	81984	819692	592916	226776
从化市	147571	88114	59457	532983	389931	143052

2-7 人口迁移状况

(2002年)

单位:比率:‰ 人数:人

区、县级市	迁入人数	迁入率	迁出人数	迁出率	净增人数	净增率
全市	**181543**	**25.33**	**95809**	**13.37**	**85734**	**11.96**
市区	162487	27.99	79206	13.65	83281	14.35
东山区	16225	26.18	3655	5.90	12570	20.28
荔湾区	6047	11.67	1605	3.10	4442	8.58
越秀区	6816	15.92	2272	5.31	4544	10.62
海珠区	20918	25.31	12766	15.45	8152	9.86
天河区	47531	80.49	22917	38.81	24614	41.68
芳村区	4222	23.03	1537	8.38	2685	14.65
白云区	22041	25.50	13862	16.04	8179	9.46
黄埔区	4478	21.44	1391	6.66	3087	14.78
番禺区	20610	21.62	7743	8.12	12867	13.50
花都区	13599	22.22	11458	18.73	2141	3.50
县级市	19056	13.99	16603	12.19	2453	1.80
增城市	14767	17.81	11700	14.11	3067	3.70
从化市	4289	8.06	4903	9.21	-614	-1.15

2-8 总人口自然变动状况

（2002年）

单位：比率：‰ 人数：人

区、县级市	年平均人数	出生		死亡		
		人数	出生率	人数	死亡率	婴儿
全市	7166104	61929	8.64	39673	5.54	6.50
市区	5804306	46978	8.09	32997	5.68	5.60
东山区	619693	5070	8.18	3562	5.75	5.29
荔湾区	517977	3059	5.91	4150	8.01	6.89
越秀区	428036	2528	5.91	3244	7.58	9.51
海珠区	826369	5969	7.22	4999	6.05	4.17
天河区	590556	4896	8.29	2387	4.04	3.50
芳村区	183305	1516	8.27	1243	6.78	8.84
白云区	864224	6955	8.05	4596	5.32	4.34
黄埔区	208857	2408	11.53	884	4.23	8.11
番禺区	953402	10170	10.67	5026	5.27	4.74
花都区	611887	4407	7.20	2906	4.75	7.91
县级市	1361798	14951	10.98	6676	4.90	9.09
增城市	829357	10176	12.27	3806	4.59	8.57
从化市	532441	4775	8.97	2870	5.39	9.94

2-9 主要年份农业人口转为非农业人口

单位：人

年份	全市	市区	#番禺区	#花都区	增城市	从化市
1980	109053	103596	3629	2043	4097	1360
1985	58578	52325	4294	3148	3315	2938
1990	34269	32209	2852	2055	1251	809
1991	33683	31574	1832	2187	1129	980
1992	33695	31369	1873	1061	1552	774
1993	57379	29247	1014	1534	1358	26774
1994	50803	50005	2381	2640	558	240
1995	45835	43868	2920	586	1285	682
1996	44565	43481	1907	498	344	740
1997	42078	41240	1841	758	514	324
1998	42877	42445	1723	802	161	271
1999	47492	47147	2939	494	288	57
2000	61717	60155	4417	851	1405	157
2001	98963	97250	2699	1272	1623	90
2002	294932	293760	5055	279	1091	81

2－10 农业人口转为非农业人口

（2002 年）

单位:人

区、县级市	合　计	招　生	招　工	征用土地	随迁、投靠	其　他
全　　市	**294932**	**34865**	**474**	**238461**	**15736**	**5396**
市　区	293760	34790	386	238461	14809	5314
东山区	4647	2715	107		1804	21
荔湾区	3331	350	3		2899	79
越秀区	2794	1007	8		1732	47
海珠区	74208	5359	22	65425	3246	156
天河区	19159	15888	37	1651	1152	431
芳村区	35155	1135	47	32936	1014	23
白云区	97444	7205	38	88287	1285	629
黄埔区	51688	942	45	50162	529	10
番禺区	5055	175	78		884	3918
花都区	279	14	1		264	
县级市	1172	75	88		927	82
增城市	1091	75	7		927	82
从化市	81		81			

2－11 计 划 生 育 情 况

（2002 年）

单位：比率:%　人数:人

区、县级市	已婚育龄妇女人数	晚婚率	节育率	计划生育率	一孩率	多孩率	独生子女领证率
全　　市	**1423031**	**76.53**	**86.99**	**92.39**	**82.30**	**1.45**	**30.42**
市　区	1171626	80.19	86.47	95.58	85.23	0.70	33.31
东山区	135920	92.39	87.45	98.18	93.43	0.16	40.09
荔湾区	113261	91.15	85.52	97.58	93.18	0.14	45.20
越秀区	92066	91.10	84.39	98.18	92.29	0.15	38.93
海珠区	170278	85.18	86.86	98.15	91.27	0.17	40.37
天河区	101025	86.99	87.25	96.73	90.45	0.25	35.17
芳村区	40142	83.08	84.73	98.10	88.16	0.06	34.05
白云区	158271	74.92	88.28	91.32	81.59	1.60	33.26
黄埔区	47744	79.01	85.87	94.66	88.36	1.13	43.59
番禺区	202175	72.65	84.90	93.98	73.72	1.06	17.58
花都区	110744	68.45	87.84	96.37	80.80	0.69	19.64
县级市	251405	63.02	89.41	80.01	71.50	4.35	17.00
增城市	157209	64.71	88.08	76.73	78.12	4.29	18.72
从化市	94196	59.62	91.62	86.90	63.41	4.46	14.14

主 要 统 计 指 标 解 释

【总人口】 包括有常住户口和未落常住户口人员，以及被注销户口的在押犯、劳改及劳教人员，不包括外来人口。未落常住户口人员包括持出生、迁移、复员转业、劳改释放、解除劳教等证件未落常住户口的人员，以及城乡均无户口和户口情况不明但定居一年以上的流入人口。

【人口数】 指一定时点、一定地区范围内的有生命的个人的总和。年度统计的年末人口数指每年 12 月 31 日 24 时的人口数。

【出生率(又称粗出生率)】 指在一定时期内(通常为一年)平均每千人所出生的人数的比率，一般用千分率表示。计算公式为：

出生率 = 年出生人数/年平均人数 × 1000‰

式中：出生人数指活产婴儿，即胎儿脱离母体时(不管怀孕月数)，有过呼吸或其他生命现象。年平均人数指年初、年底人口数的平均数，也可用年中人口数代替。

【死亡率(又称粗死亡率)】 指在一定时期内(通常为一年)一定地区的死亡人数与同期平均人数(或期中人数)之比，一般用千分率表示。计算公式为：

死亡率 = 年死亡人数/年平均人数 × 1000‰

【人口自然增长率】 指在一定时期内(通常为一年)人口自然增加数(出生人数减死亡人数)与该时期内平均人数(或期中人数)之比，一般用千分率表示。计算公式为：

人口自然增长率 = (本年出生人数 − 本年死亡人数)/年平均人数 × 1000‰ = 人口出生率 − 人口死亡率

第三篇

从业人员和职工工资

从业人员总量增多　职工工资持续增长

一、社会从业人员总量增加

2002年末，广州市社会从业人员514.08万人，比上年末增加4.01万人，增长0.79%。其中，城镇从业人员253.77万人，增加13.15万人，增长5.5%。城镇登记失业率3.56%，比上年末下降0.2个百分点。

（一）从业人员结构不断调整，第三产业拉动就业增长

2002年末，广州市社会从业人员中，从事一、二、三产业人员的比重，由上年的19%、39%和42%调整为18%、39%和43%。其中，第一、二产业从业人员分别为94.87万人和198.16万人，比上年末分别减少2.11万人和0.9万人，分别下降2.2%和0.5%；第三产业为221.05万人，增加7.02万人，增长3.3%。

（二）私营、个体经济成为安置就业的重要渠道

2002年末，广州市城镇私营、个体从业人员71.14万人，比上年末增加6.34万人，增长9.8%；占城镇从业人员的比重为28%，比上年末增加1.2个百分点。

（三）农村劳动力继续向城镇转移

2002年末，广州市单位从业人员中，来自农村的劳动力为34.23万人，比上年末增加5.37万人；占单位从业人员的比重为19.5%，比上年末增加2.4个百分点。

（四）职工人数不断增加

2002年末，广州市单位职工人数177.73万人，比上年末增加5.44万人，增长3.2%；其中，在岗职工170.67万人，增加5.52万人，增长3.3%。2002年末，国有单位职工87.79万人，比上年末减少1.39万人，下降1.6%；其他、集体单位职工分别为73.23万人、16.71万人，比上年末分别增加6.69万人和0.13万人，分别增长10.1%和0.8%。职工人数比上年末增加较多的行业主要是制造业、建筑业和房地产业，分别比上年末增加3.20万人、1.41万人、0.68万人，分别比上年末增长5.8%、10.7%、22.5%。

二、劳动报酬不断提高

2002年，广州市单位从业人员劳动报酬总额456.49亿元，比上年增加66.87亿元，同比增长17.2%；职工工资总额453.49亿元，增加65.68亿元，增长16.9%。其中，在岗职工工资总额445.89亿元，增加63.62亿元，增长16.6%。全市职工平均工资25583元，同比增加3442元，增长15.6%；其中，在岗职工平均工资26219元，同比增加3447元，增长15.1%。

（一）企业、事业和机关单位人均工资均有所提高

2002年，企业、事业和机关单位在岗职工人均工资分别为23430元、33121元和42338元，比上年分别增加2434元、6667元和6803元，同比分别增长11.6%、25.2%和19.1%；事业单位人均工资增幅最大，高于全市平均水平10.1个百分点。

（二）国有经济单位工资增长快于集体和其他经济单位

2002年，国有、集体和其他经济单位在岗职工人均工资分别为33124元、14169元和20805元，分别比上年增加5572元、1178元和1825元，同比分别增长20.2%、9.1%和9.6%；国有经济单位在岗职工人均工资增幅分别高出集体和其他经济单位11.1个和10.6个百分点，高于全市平均水平5.1个百分点。

（三）中央、省属单位工资水平仍高于市属单位

2002年，中央、省属单位在岗职工人均工资分别达39189元和31829元，分别高于市属单位16716元和9356元，工资水平由上年的1.57:1.3:1扩大到1.74:1.42:1。中央、省属单位在岗职工人均工资比上年分别增长23.6%和21.3%，分别高出全市平均水平8.5个和6.2个百分点；市属单位人均工资增速则低于全市平均水平3.7个百分点。

（四）行业间收入差距加大

2002年，广州市16大行业的在岗职工人均工资均有不同程度增长，9个行业高于全市平均水平；其中，电力、煤气及水的生产和供应业人均工资46547元，金融保险业46258元，工资水平继续保持上年的第一、第二位；农、林、牧、渔业16408元，工资水平为全市最低，人均工资比最高行业低30139元，比上年的差距扩大了5394元。

（五）不在岗职工生活费增长近四成

2002末，我市不在岗职工7.06万人，比上年末下降1.1%。2002年，广州市不在岗职工人均生活费10558元，比上年增加2969元，增长39.1%；其中，内退人员人均生活费13133元，同比增加3202元，增长32.3%。

职工工资总额

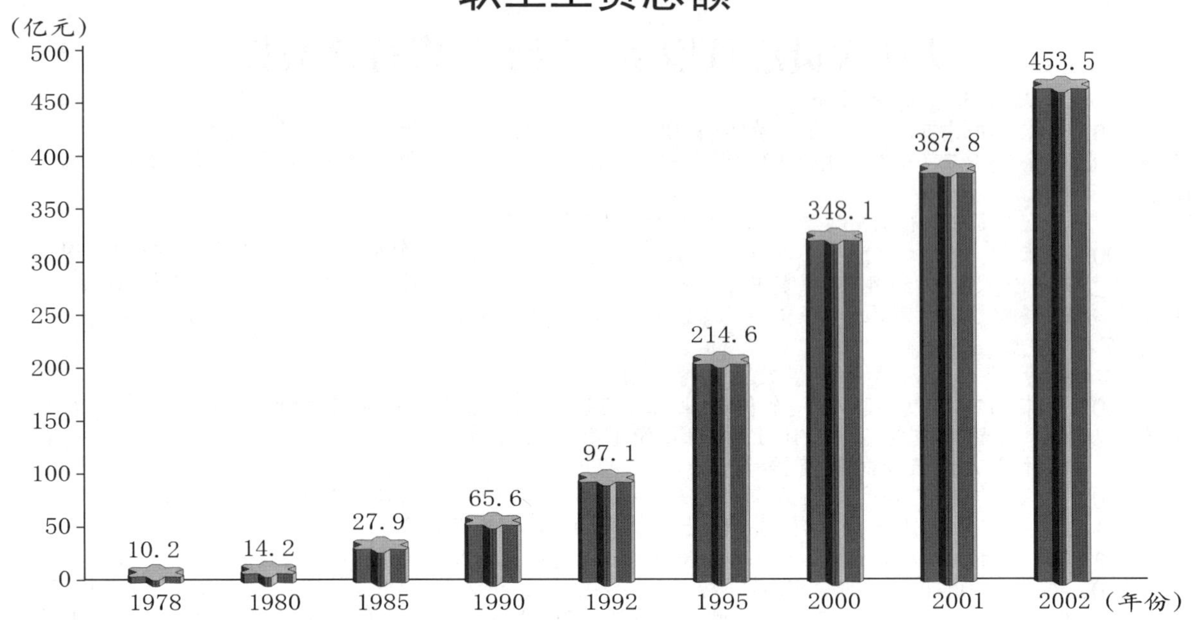
(亿元)
500
450
400
350
300
250
200
150
100
50
0
10.2
14.2
27.9
65.6
97.1
214.6
348.1
387.8
453.5
1978
1980
1985
1990
1992
1995
2000
2001
2002
(年份)

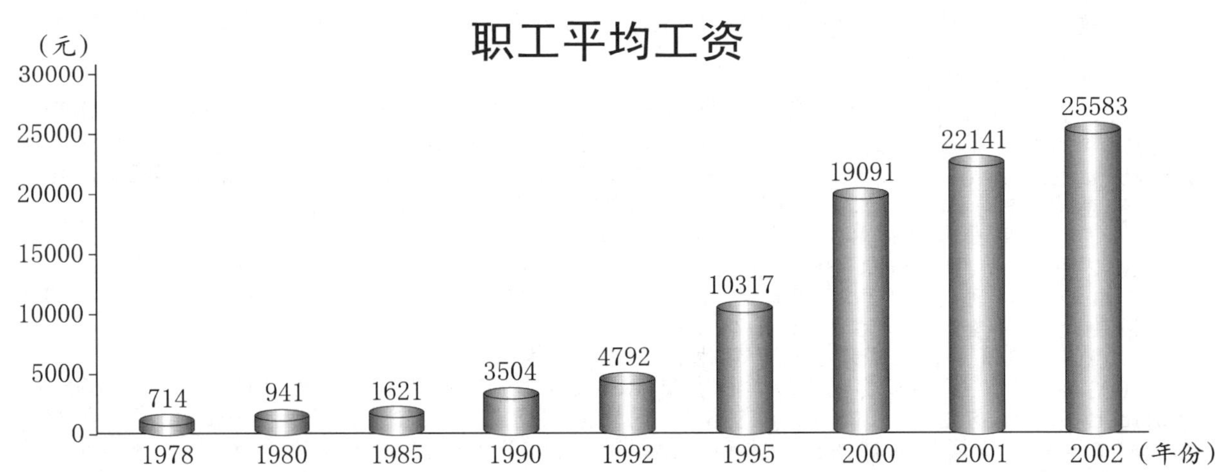
职工平均工资
(元)
30000
25000
20000
15000
10000
5000
0
714
941
1621
3504
4792
10317
19091
22141
25583
1978
1980
1985
1990
1992
1995
2000
2001
2002
(年份)

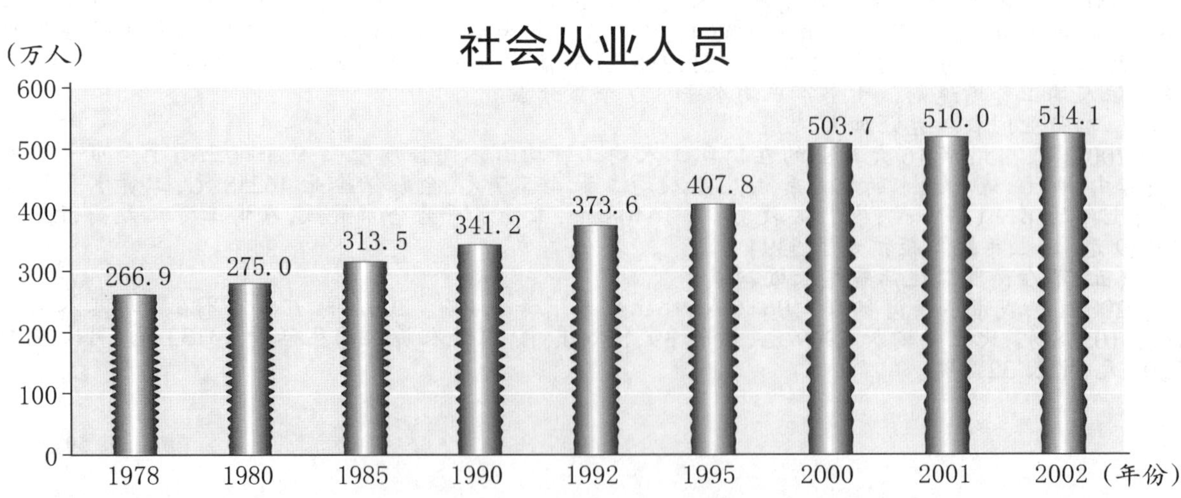
社会从业人员
(万人)
600
500
400
300
200
100
0
266.9
275.0
313.5
341.2
373.6
407.8
503.7
510.0
514.1
1978
1980
1985
1990
1992
1995
2000
2001
2002
(年份)

3－1 主要年份社会从业人员

单位：人

年份	全市	职工人数	农村劳动者	城镇私营个体及其他
全市				
1952	1118684	258326	656361	203997
1957	1372154	583563	715936	72655
1962	1473434	731780	708931	32723
1965	1699954	864321	773445	62188
1970	1970034	940661	989239	40134
1975	2375975	1208401	1138712	28862
1978	2668989	1473615	1178422	16952
1980	2750467	1565533	1160625	24309
1985	3134739	1756497	1310633	67609
1990	3411513	1893944	1408961	108608
1995	4077775	2082361	1698890	296524
2000	5036875	1803652	2644313	588910
2001	5100728	1722910	2694498	683320
2002	5140792	1777297	2603063	760432
市区				
1952	653940	239331	210612	203997
1957	816510	528539	215316	72655
1962	890078	656113	201242	32723
1965	1073976	773058	238730	62188
1970	1175850	838216	297500	40134
1975	1460693	1089396	342506	28591
1978	1699547	1332852	349914	16781
1980	1788188	1419816	345190	23182
1985	1991006	1559619	376128	55259
1990	2115276	1641416	393185	80675
1995	2472382	1768604	486356	217422
2000(原口径)	2748013	1445868	827426	474719
2000(新口径)	4233440	1682793	2001897	548750
2001	4266608	1596507	2031142	638959
2002	4244708	1645431	1889584	709693

3-2 社会从业人员

（2002年末）　　单位：人

项　　目	合　计	职工人数	农村劳动者	城镇私营个体劳动者	其他劳动者
总　计	**5140792**	**1777297**	**2603063**	**711374**	**49058**
按地区分					
市　区	4244708	1645431	1889584	661684	48009
#番禺区	1249314	175505	1010699	61078	2032
花都区	387186	58240	287179	41527	240
县级市	896084	131866	713479	49690	1049
增城市	607228	89041	480183	37142	862
从化市	288856	42825	233296	12548	187
按国民经济行业分					
农、林、牧、渔业	951585	14185	933907	3385	108
采掘业	3103	2655		443	5
制造业	1627732	580056	952116	90720	4840
电力、煤气及水的生产和供应业	29435	29350			85
建筑业	321331	146596	158679	11772	4284
地质勘查业、水利管理业	6621	6522			99
交通运输、仓储及邮电通信业	245547	159850	56766	23231	5700
批发和零售贸易、餐饮业	820135	186785	241016	383928	8406
#零售贸易业	47306	45305			2001
餐饮业	262350	44099		213297	4954
金融、保险业	69254	53608	4599		11047
房地产业	50382	37280	11555		1547
社会服务业	331924	173840	10410	144762	2912
#公共服务业	69559	69175			384
居民服务业	28578	12502		15939	137
卫生、体育和社会福利事业	93671	78069	9240	4809	1553
#卫生事业	73923	67836		4809	1278
教育、文化艺术及广播电影电视业	191521	152294	12235	21904	5088
#教育事业	159047	133539		21904	3604
文化艺术业	13526	13007			519
科学研究和综合技术服务业	39101	36488	1073		1540
#科学研究业	14791	14322			469
国家机关、政党机关和社会团体	109143	108175			968
其他行业	250307	11544	211467	26420	876

3-3 市区社会从业人员

（2002年末）　　　　单位:人

行业	合计	职工人数	农村劳动者	城镇私营个体劳动者	其他劳动者
合　计	**4244708**	**1645431**	**1889584**	**661684**	**48009**
农、林、牧、渔业	555696	10921	541625	3043	107
采掘业	2677	2390		282	5
制造业	1351556	533238	737348	76438	4532
电力、煤气及水的生产和供应业	26812	26761			51
建筑业	271284	123333	132909	10841	4201
地质勘查业、水利管理业	6112	6013			99
交通运输、仓储及邮电通信业	223045	155023	39345	23001	5676
批发和零售贸易、餐饮业	763325	181069	213652	360222	8382
#零售贸易	46316	44334			1982
餐饮业	257188	42744		209490	4954
金融、保险业	65351	49771	4599		10981
房地产业	49548	36460	11555		1533
社会服务业	320785	171021	10410	136452	2902
#公共服务业	67997	67616			381
居民服务业	26000	12406		13457	137
卫生、体育和社会福利事业	86265	70863	9240	4626	1536
#卫生事业	67074	61183		4626	1265
教育、文化艺术和广播电影电视业	173698	135868	12235	20718	4877
#教育事业	141659	117548		20718	3393
文化艺术业	13356	12837			519
科学研究和综合技术服务业	38729	36117	1073		1539
#科学研究业	14685	14216			469
国家机关、政党机关和社会团体	97805	96903			902
其他行业	212020	9680	175593	26061	686

3-4 主要年份三次产业从业人员及构成

年份	从业人员(人)	第一产业	第二产业	第三产业	构成(从业人员=100) 第一产业	第二产业	第三产业
全市							
1952	1118684	646632	156720	315332	57.80	14.01	28.19
1957	1372154	706391	309909	355854	51.48	22.59	25.93
1962	1473434	712412	357782	403240	48.35	24.28	27.37
1965	1699954	780842	460044	459068	45.93	27.06	27.01
1970	1970034	958925	574633	436476	48.68	29.17	22.15
1975	2375975	1129317	700250	546408	47.53	29.47	23.00
1978	2668989	1165987	857527	645475	43.69	32.13	24.18
1980	2750467	1106432	922756	721279	40.23	33.55	26.22
1985	3134739	979869	1180526	974344	31.26	37.66	31.08
1990	3411513	963548	1241813	1206152	28.24	36.40	35.36
1995	4077775	924969	1583686	1569120	22.68	38.84	38.48
2000	5036875	956506	2020610	2059759	18.99	40.12	40.89
2001	5100728	969852	1990625	2140251	19.01	39.03	41.96
2002	5140792	948712	1981601	2210479	18.45	38.55	43.00
市区							
1952	653940	208230	179610	266100	31.84	27.47	40.69
1957	816510	211864	279569	325077	25.95	34.24	39.81
1962	890078	207976	323933	358169	23.37	36.39	40.24
1965	1073976	242858	422999	408119	22.61	39.39	38.00
1970	1175850	279618	511108	385124	23.78	43.47	32.75
1975	1460693	363095	628811	468787	24.86	43.05	32.09
1978	1699547	366748	767870	364929	21.58	45.18	33.24
1980	1788188	338240	818404	631544	18.91	45.77	35.32
1985	1991006	267498	903334	820174	13.44	45.37	41.19
1990	2115276	249162	900297	965817	11.78	42.56	45.66
1995	2472382	248653	988281	1235448	10.06	39.97	49.97
2000(原口径)	2748013	243451	937672	1566890	8.86	34.12	57.02
2000(新口径)	4233440	567841	1762633	1902966	13.41	41.64	44.95
2001	4266608	568297	1724519	1973792	13.32	40.42	46.26
2002	4244708	554020	1652329	2038359	13.05	38.93	48.02

3-5 三次产业从业人员及构成

(2002年末)

项　　目	人数(人)	市区	构成(%)	市区
合　计	**5140792**	**4244708**	**100.00**	**100.00**
第一产业	948712	554020	18.45	13.05
第二产业	1981601	1652329	38.55	38.93
工业	1660270	1381045	32.30	32.54
建筑业	321331	271284	6.25	6.39
第三产业	2210479	2038359	43.00	48.02
农林牧渔服务业	2873	1676	0.06	0.04
地质勘查业、水利管理业	6621	6112	0.13	0.14
交通运输和仓储及邮电通信业	245547	223045	4.78	5.26
批发和零售贸易、餐饮业	820135	763325	15.95	17.98
金融保险业	69254	65351	1.35	1.54
房地产业	50382	49548	0.98	1.17
社会服务业	331924	320785	6.46	7.56
卫生、体育、社会福利事业	93671	86265	1.82	2.03
教育、文艺、广播电影电视业	191521	173698	3.72	4.09
科学研究和综合技术服务事业	39101	38729	0.76	0.91
国家机关、政党机关和社会团体	109143	97805	2.12	2.31
其他	250307	212020	4.87	4.99

3-6 市区城镇从业人员

(2002年末)

单位:人

行　　业	合　计	国有单位	集体单位	其他单位	城镇私营个体
合　计	**2355124**	**843462**	**145913**	**704065**	**661684**
农、林、牧、渔业	14071	10552	111	365	3043
采掘业	2677	2240		155	282
制造业	614208	91471	39662	406637	76438
电力、煤气及水的生产和供应业	26812	20317	537	5958	
建筑业	138375	49930	20959	56645	10841
地质勘查业、水利管理业	6112	6112			
交通运输、仓储及邮电通信业	183700	113693	3951	43055	23001
批发和零售贸易、餐饮业	549673	73358	25874	90219	360222
金融、保险业	60752	41773	5103	13876	
房地产业	37993	11091	7513	19389	
社会服务业	310375	79838	33166	60919	136452
卫生、体育和社会福利业	77025	66909	4476	1014	4626
教育、文化艺术及广播电影电视业	161463	137041	2769	935	20718
科学研究和综合技术服务业	37656	34578	481	2597	
国家机关、政党机关和社会团体	97805	97658	147		
其他行业	36427	6901	1164	2301	26061

3-7 城镇从业人员

（2002年末）　　单位：人

项目	合计	国有单位	集体单位	其他单位	城镇私营个体
总计	**2537729**	**907403**	**168396**	**750556**	**711374**
按地区分					
市区	2355124	843462	145913	704065	661684
#番禺区	238615	45471	26483	105583	61078
花都区	100007	28963	3455	26062	41527
县级市	182605	63941	22483	46491	49690
增城市	127045	39939	12492	37472	37142
从化市	55560	24002	9991	9019	12548
按国民经济行业分					
农、林、牧、渔业	17678	13627	111	555	3385
采掘业	3103	2499		161	443
制造业	675616	95058	43609	446229	90720
电力、煤气及水的生产和供应业	29435	22404	627	6404	
建筑业	162652	55236	35722	59922	11772
地质勘查业、水利管理业	6621	6621			
交通运输、仓储及邮电通信业	188781	116892	4908	43750	23231
批发和零售贸易、餐饮业	579119	77239	27044	90908	383928
金融、保险业	64655	44161	6201	14293	
房地产业	38827	11276	7743	19808	
社会服务业	321514	81937	33242	61573	144762
卫生、体育和社会福利业	84431	74026	4476	1120	4809
教育、文化艺术和广播电影电视业	179286	153626	2821	935	21904
科学研究和综合技术服务业	38028	34950	481	2597	
国家机关、政党机关和社会团体	109143	108996	147		
其他行业	38840	8855	1264	2301	26420

3-8 职工人数与工资

（2002年，按地区分）

项目	全市	市区	#番禺区	#花都区	增城市	从化市
职工年末人数（人）	1777297	1645431	175505	58240	89041	42825
国有单位	877908	814828	43941	28765	39205	23875
集体单位	167132	144670	26388	3451	12473	9989
其他各种类型单位	732257	685933	105176	26024	37363	8961
#三资企业	427742	392118	95011	20217	29871	5753
职工年平均人数（人）	1772605	1640521	171477	58052	88740	43344
国有单位	882576	818934	43006	28572	39152	24490
集体单位	165775	143626	25517	3575	12391	9758
其他各种类型单位	724254	677961	102954	25905	37197	9096
#三资企业	421487	385860	92438	20070	29774	5853
职工工资总额（万元）	4534911	4341458	324052	94596	135091	58362
国有单位	2817578	2695344	123356	59787	80402	41832
集体单位	229015	209964	40099	4138	11849	7202
其他各种类型单位	1488318	1436150	160597	30671	42840	9328
#三资企业	838420	802351	142860	24268	29855	6214
职工年平均工资（元）	25583	26464	18898	16295	15223	13465
国有单位	31924	32913	28683	20925	20536	17081
集体单位	13815	14619	15715	11575	9563	7381
其他各种类型单位	20550	21183	15599	11840	11517	10255
#三资企业	19892	20794	15455	12092	10027	10617

3-9 职工工资总额及指数

年　　份	职工工资总额	国有单位	城镇集体单位	其他各种类型单位	#三资企业
绝对数(万元)					
1978	101809	76913	24896		
1980	142243	108015	34228		
1985	278892	208829	65660	4403	3127
1990	656434	487524	121441	47469	41198
1991	783043	565974	148783	68286	61119
1992	971335	690135	183771	97429	89978
1993	1316773	941475	226929	148369	106957
1994	1815428	1277944	308933	228551	183030
1995	2146245	1481375	344494	320376	263343
1996	2395597	1672483	348629	374485	313623
1997	2615842	1798987	338388	478467	404483
1998(原口径)	2831440	1900631	344677	586132	454061
1998(新口径)	2831440	1758088	322399	750953	454061
1999	3085768	1917375	296558	871835	507875
2000	3480880	2188085	289750	1003045	586413
2001	3878065	2401471	216967	1259627	691639
2002	4534911	2817578	229015	1488318	838420
指数(上年=100)					
1978	116.20	121.34	102.76		
1980	139.72	140.44	137.48		
1985	123.19	121.95	124.25	190.69	236.36
1990	107.71	106.08	105.39	137.10	152.37
1991	119.29	116.09	122.51	143.85	148.35
1992	124.05	121.94	123.52	142.68	147.22
1993	135.56	136.42	123.48	152.28	118.87
1994	137.87	135.74	136.14	154.04	171.12
1995	118.22	115.92	111.51	140.18	143.88
1996	111.62	112.90	101.20	116.89	119.09
1997	109.19	107.56	97.06	127.77	128.97
1998	108.24	105.65	101.86	122.50	112.26
1999	108.98	109.06	91.99	116.10	111.85
2000	112.80	114.12	97.70	115.05	115.46
2001	111.41	109.75	74.88	125.58	117.94
2002	116.94	117.33	105.55	118.16	121.22

注:1999年起各类型单位工资总额口径与以前年份不同,指数按可比口径计算。

3-10 职工人数与工资

(2002年,按行业分)

行　　业	职工年末人数(人)	职工年平均人数(人)	职工工资总额(万元)	职工年人均工资(元)
合　计	1777297	1772605	4534911	25583
农、林、牧、渔业	14185	13441	20020	14895
农业	6223	5241	6435	12279
林业	1735	1777	1957	11012
畜牧业	1822	1899	3533	18602
渔业	1853	1960	2702	13784
农、林、牧、渔服务业	2552	2564	5393	21037
采掘业	2655	2727	8030	29446
制造业	580056	581191	1061670	18267
电力、煤气及水的生产和供应业	29350	29315	132238	45109
建筑业	146596	141311	277995	19673
土木工程建筑业	118911	112261	205160	18275
线路、管道和设备安装业	21548	22282	60786	27280
建筑物的装修装饰业	6137	6768	12049	17803
地质勘查业、水利管理业	6522	6393	15912	24890
地质勘查业	4082	3919	8808	22474
水利管理业	2440	2474	7104	28718
交通运输、仓储及邮电通信业	159850	161294	528166	32746
铁路运输业	40546	39987	93997	23507
公路运输业	10061	10288	23970	23299
管道运输业				
水上运输业	27950	28563	74854	26207
航空运输业	6790	6634	29450	44392
交通运输辅助业	40991	41021	137462	33510
交通运输业	156	173	405	23387
仓储业	8217	8268	20654	24980
邮电通信业	25139	26360	147374	55909
批发和零售贸易、餐饮业	186785	193194	380954	19719
食品、饮料、烟草和家庭用品批发商业	50249	52485	124058	23637
能源材料和机械电子设备批发业	35412	36947	90711	24552
其他批发业	10346	10623	26531	24975
零售业	45305	47851	78050	16311

附:2002年末全市离休、退休、退职人数为639961人,其中国有企业318585人,集体企业119830人,其他企业77843人,事业单位95295人,机关单位28408人。

3－10　续表

行　　业	职工年末人数(人)	职工年平均人数(人)	职工工资总额(万元)	职工年人均工资(元)
商业经纪与代理业	1374	1445	3606	24954
餐饮业	44099	43843	57998	13229
金融、保险业	53608	53095	239684	45142
金融业	47844	47455	214023	45100
保险业	5764	5640	25661	45498
房地产业	37280	36788	88467	24048
房地产开发与经营业	13236	13781	41211	29904
房地产管理业	22470	21395	42442	19837
房地产代理与经纪业	1574	1612	4814	29869
社会服务业	173840	171275	379239	22142
公共服务业	69175	66677	161347	24198
居民服务业	12502	12543	18704	14912
旅馆业	42438	43738	90979	20801
租赁服务业	2507	2463	5404	21940
旅行社	5500	5504	10958	19910
娱乐服务业	4559	4639	6546	14110
信息、咨询服务业	6631	6414	19116	29803
计算机应用服务业	8777	8638	31011	35900
其他社会服务业	21751	20659	35174	17027
卫生、体育和社会福利业	78069	76861	282808	36795
卫生	67836	66640	254303	38161
体育	4702	4830	14706	30446
社会福利保障业	5531	5391	13799	25597
教育文化艺术和广播电影电视业	152294	150301	500741	33316
教育	133539	131435	435274	33117
文化艺术业	13007	13016	43037	33065
广播电影电视业	5748	5850	22430	38341
科学研究和综合技术服务业	36488	36394	135711	37289
科学研究业	14322	14358	47571	33132
综合技术服务业	22166	22036	88140	39998
国家机关、政党机关和社会团体	108175	107498	452950	42136
其他行业	11544	11527	30326	26309

3－11 市区职工人数与工资

（2002 年，按行业分）

行　　　业	职工年末人数(人)	职工年平均人数(人)	职工工资总额(万元)	职工年人均工资(元)
合　　计	**1645431**	**1640521**	**4341458**	**26464**
农、林、牧、渔业	10921	10083	17305	17163
农业	5504	4475	6004	13416
林业	556	563	999	17741
畜牧业	1623	1700	3321	19535
渔业	1853	1960	2702	13784
农、林、牧、渔服务业	1385	1385	4279	30900
采掘业	2390	2429	7696	31685
制造业	533238	534191	1015062	19002
电力、煤气及水的生产和供应业	26761	26698	122645	45938
建筑业	123333	118260	251833	21295
土木工程建筑业	97611	91184	182657	20032
线路、管道和设备安装业	19594	20317	57134	28121
建筑物的装修装饰业	6128	6759	12042	17817
地质勘查业、水利管理业	6013	5881	15149	25760
地质勘查业	4082	3919	8808	22474
水利管理业	1931	1962	6341	32323
交通运输、仓储及邮电通信业	155023	156215	518700	33204
铁路运输业	40546	39987	93997	23507
公路运输业	9679	9906	23542	23765
管道运输业				
水上运输业	27060	27671	74306	26853
航空运输业	6790	6634	29450	44392
交通运输辅助业	39509	39563	134687	34044
交通运输业	156	173	405	23387
仓储业	8145	8195	20599	25136
邮电通信业	23138	24086	141714	58837
批发和零售贸易、餐饮业	181069	187269	375877	20071
食品、饮料、烟草和家庭用品批发商业	48283	50461	121818	24141
能源材料和机械电子设备批发业	34964	36495	90297	24742
其他批发业	9413	9564	25949	27132
零售业	44334	46745	77131	16500

3-11 续表

行业	职工年末人数(人)	职工年平均人数(人)	职工工资总额(万元)	职工年人均工资(元)
商业经纪与代理业	1331	1398	3554	25423
餐饮业	42744	42606	57128	13408
金融、保险业	49771	49150	229281	46649
金融业	44454	43958	204598	46544
保险业	5317	5192	24683	47542
房地产业	36460	35967	87391	24297
房地产开发与经营业	12544	13088	40265	30764
房地产管理业	22356	21281	42340	19896
房地产代理与经纪业	1560	1598	4786	29950
社会服务业	171021	168445	375857	22313
公共服务业	67616	65130	159723	24524
居民服务业	12406	12446	18440	14816
旅馆业	41996	43275	90286	20863
租赁服务业	2507	2463	5404	21940
旅游业	5308	5309	10835	20409
娱乐服务业	4269	4352	6239	14337
信息、咨询服务业	6524	6306	18981	30100
计算机应用服务业	8769	8630	31000	35921
其他社会服务业	21626	20534	34949	17020
卫生、体育和社会福利业	70863	69766	266408	38186
卫生	61183	60091	239467	39851
体育	4536	4665	14456	30987
社会福利保障业	5144	5010	12485	24921
教育文化艺术和广播电影电视业	135868	134191	467121	34810
教育	117548	115745	402351	34762
文化艺术业	12837	12859	42790	33277
广播电影电视业	5483	5587	21980	39340
科学研究和综合技术服务业	36117	36022	135129	37513
科学研究业	14216	14252	47501	33329
综合技术服务业	21901	21770	87628	40252
国家机关、政党机关和社会团体	96903	96309	427110	44348
其他行业	9680	9645	28894	29958

3-12 国有单位职工人数与工资

（2002年）

项　　目	单位数（个）	职工年末人数（人）	职工年平均人数（人）	职工工资总额（万元）	职工年人均工资（元）
总　计	**8855**	**877908**	**882576**	**2817578**	**31924**
按企、事业和机关分					
企　业	3626	494562	503524	1442574	28650
事　业	3977	275887	272265	923842	33932
机　关	1252	107459	106787	451162	42249
按国民经济行业分					
农、林、牧、渔业	237	13537	12794	18925	14792
农业	53	6121	5131	6328	12334
林业	15	1729	1771	1933	10914
畜牧业	21	1376	1463	2697	18434
渔业	5	1853	1960	2702	13784
农、林、牧、渔服务业	143	2458	2469	5265	21325
采掘业	11	2496	2511	7489	29824
制造业	448	93853	97367	213747	21953
电力、煤气及水的生产和供应业	88	22323	22513	104127	46252
建筑业	183	51989	52591	119457	22714
土木工程建筑业	132	36977	37031	77899	21036
线路、管道和设备安装业	38	14279	14942	40355	27008
建筑物的装修装饰业	13	733	618	1203	19458
地质勘查业、水利管理业	90	6522	6393	15912	24890
地质勘查业	29	4082	3919	8808	22474
水利管理业	61	2440	2474	7104	28718
交通运输、仓储及邮电通信业	345	111720	113061	369272	32661
铁路运输业	34	22564	22449	53923	24020
公路运输业	18	3520	3617	8979	24824
管道运输业					
水上运输业	25	22873	23093	66050	28602
航空运输业	14	6040	5910	27121	45891
交通运输辅助业	122	31907	32290	111522	34537
其他交通运输业	3	106	122	320	26246
仓储业	48	5980	6044	16111	26656
邮电通信业	81	18730	19536	85246	43635
批发和零售贸易、餐饮业	1221	75116	80597	207334	25725
食品、饮料、烟草和家庭用品批发业	511	30693	32492	92010	28318
能源、材料和机械电子设备批发业	347	22006	23189	61878	26684

3－12 续表

项　　目	单位数（个）	职工年末人数（人）	职工年平均人数（人）	职工工资总额（万元）	职工年人均工资（元）
其他批发业	103	3957	4021	14847	36923
零售业	171	10603	12197	26013	21327
商业经纪与代理业	35	780	848	2264	26703
餐饮业	54	7077	7850	10322	13148
金融、保险业	280	38004	37594	174190	46334
金融业	233	33840	33475	155745	46526
保险业	47	4164	4119	18445	44779
房地产业	291	10749	10710	32404	30256
房地产开发与经营业	162	5152	5571	18456	33129
房地产管理业	94	5126	4678	12133	25937
房地产代理与经纪业	35	471	461	1815	39375
社会服务业	791	80564	79464	187823	23636
公共服务业	250	48324	47026	121234	25780
居民服务业	47	2649	2780	6380	22950
旅馆业	184	17276	17738	30903	17422
租赁服务业	12	872	817	1227	15013
旅游业	44	3383	3424	6383	18642
娱乐服务业	12	716	803	1381	17197
信息、咨询服务业	118	2899	2774	8834	31847
计算机应用服务业	36	855	853	3112	36481
其他社会服务业	88	3590	3249	8369	25760
卫生、体育和社会福利业	426	72626	71385	271273	38001
卫生	269	63924	62677	245095	39105
体育	56	3846	3973	13447	33845
社会福利保障业	101	4856	4735	12731	26887
教育、文化艺术和广播电影电视业	2472	148642	146612	494070	33699
教育	2214	130280	128134	429433	33514
文化艺术业	218	12702	12713	42361	33321
广播电影电视业	40	5660	5765	22276	38640
科学研究和综合技术服务业	453	33716	33620	127483	37919
科学研究业	131	14285	14321	47499	33168
综合技术服务业	322	19431	19299	79984	41444
国家机关、政党机关和社会团体	1337	108032	107355	452712	42170
其他行业	182	8019	8009	21360	26670

3-13 市区国有单位职工人数与工资

（2002年）

项目	单位数（个）	职工年末人数（人）	职工年平均人数（人）	职工工资总额（万元）	职工年人均工资（元）
总计	7437	814828	818934	2695344	32913
按企、事业和机关分					
企业	3255	471566	479460	1403519	29273
事业	3165	247043	243844	866439	35533
机关	1017	96219	95630	425386	44482
按国民经济行业分					
农、林、牧、渔业	152	10462	9630	16391	17021
农业	45	5455	4423	5926	13398
林业	7	550	557	975	17501
畜牧业	17	1282	1369	2608	19050
渔业	5	1853	1960	2702	13784
农、林、牧、渔服务业	78	1322	1321	4180	31646
采掘业	10	2237	2244	7192	32051
制造业	405	90452	93681	209715	22386
电力、煤气及水的生产和供应业	78	20270	20422	96307	47158
建筑业	169	46736	47150	111890	23731
土木工程建筑业	121	33617	33489	73867	22057
线路、管道和设备安装业	36	12395	13052	36827	28216
建筑物的装修装饰业	12	724	609	1196	19637
地质勘查业、水利管理业	83	6013	5881	15149	25760
地质勘查业	29	4082	3919	8808	22474
水利管理业	54	1931	1962	6341	32323
交通运输、仓储及邮电通信业	311	108527	109606	361593	32990
铁路运输业	34	22564	22449	53923	24020
公路运输业	18	3520	3617	8979	24824
管道运输业					
水上运输业	24	22825	23043	66001	28642
航空运输业	14	6040	5910	27121	45891
交通运输辅助业	112	30425	30832	108747	35271
其他交通运输业	3	106	122	320	26246
仓储业	47	5972	6035	16099	26677
邮电通信业	59	17075	17598	80403	45688
批发和零售贸易、餐饮业	1101	71258	76670	203698	26568
食品、饮料、烟草和家庭用品批发业	427	28818	30563	89894	29413
能源、材料和机械电子设备批发业	339	21916	23099	61817	26762

3－13 续表

项　　目	单位数（个）	职工年末人数（人）	职工年平均人数（人）	职工工资总额（万元）	职工年人均工资（元）
其他批发业	100	3900	3964	14753	37218
零售业	157	9739	11202	25196	22492
商业经纪与代理业	29	750	814	2228	27370
餐饮业	49	6135	7028	9810	13959
金融、保险业	206	35682	35173	166993	47477
金融业	165	31715	31252	149129	47718
保险业	41	3967	3921	17864	45558
房地产业	275	10566	10525	32044	30446
房地产开发与经营业	148	4987	5404	18129	33547
房地产管理业	93	5122	4674	12129	25950
房地产代理与经纪业	34	457	447	1786	39962
社会服务业	758	78472	77357	185102	23928
公共服务业	239	47100	45813	119796	26149
居民服务业	42	2576	2706	6158	22758
旅馆业	179	16834	17275	30210	17488
租赁服务业	12	872	817	1227	15013
旅游业	40	3191	3229	6260	19386
娱乐服务业	11	701	787	1355	17219
信息、咨询服务业	115	2866	2741	8796	32092
计算机应用服务业	35	847	845	3101	36697
其他社会服务业	85	3485	3144	8199	26079
卫生、体育和社会福利业	368	65525	64385	254994	39605
卫生	216	57271	56128	230259	41024
体育	54	3785	3903	13318	34122
社会福利保障业	98	4469	4354	11417	26223
教育、文化艺术和广播电影电视业	1846	132268	130554	460509	35273
教育	1601	114341	112496	396569	35252
文化艺术业	209	12532	12556	42115	33541
广播电影电视业	36	5395	5502	21825	39669
科学研究和综合技术服务业	436	33345	33248	126901	38168
科学研究业	128	14179	14215	47429	33366
综合技术服务业	308	19166	19033	79472	41755
国家机关、政党机关和社会团体	1101	96760	96166	426872	44389
其他行业	138	6255	6242	19994	32033

3-14 市属国有单位职工人数与工资

（2002 年）

项　　目	单位数（个）	职工年末人数（人）	职工年平均人数（人）	职工工资总额（万元）	职工年人均工资（元）
总　　计	**6601**	**490475**	**493042**	**1432696**	**29058**
按企、事业和机关分					
企　业	2142	234462	239787	562927	23476
事　业	3372	180917	178452	547611	30687
机　关	1087	75096	74803	322158	43068
按国民经济行业分					
农、林、牧、渔业	197	12046	11271	15029	13334
农业	50	5749	4745	6021	12690
林业	13	1498	1534	1312	8550
畜牧业	19	1264	1340	2290	17092
渔业	4	1754	1861	2520	13542
农、林、牧、渔服务业	111	1781	1791	2886	16110
采掘业	9	1600	1593	5316	33373
制造业	359	69321	71757	148451	20688
电力、煤气及水的生产和供应业	52	11254	11249	36269	32242
建筑业	103	17100	17303	38410	22198
土木工程建筑业	74	14083	14210	31007	21821
线路、管道和设备安装业	19	2735	2764	6596	23865
建筑物的装修装饰业	10	282	329	807	24505
地质勘查业、水利管理业	47	1414	1421	2965	20868
地质勘查业	3	147	148	383	25892
水利管理业	44	1267	1273	2582	20284
交通运输、仓储及邮电通信业	119	26215	26715	86679	32446
铁路运输业					
公路运输业	11	3252	3367	8064	23951
管道运输业					
水上运输业	6	593	605	1018	16833
航空运输业					
交通运输辅助业	61	19412	19596	67984	34693
其他交通运输业	2	64	84	216	25738
仓储业	28	2024	2069	5303	25633
邮电通信业	11	870	994	4094	41174
批发和零售贸易、餐饮业	819	44709	48200	101467	21051
食品、饮料、烟草和家庭用品批发业	374	17847	18658	41875	22444
能源、材料和机械电子设备批发业	171	9760	10117	24419	24137

3－14 续表

项　　目	单位数（个）	职工年末人数（人）	职工年平均人数（人）	职工工资总额（万元）	职工年人均工资（元）
其他批发业	47	902	956	2016	21084
零售业	145	8755	10282	21890	21290
商业经纪与代理业	29	485	535	1128	21090
餐饮业	53	6960	7652	10139	13250
金融、保险业	19	1618	1594	5643	35401
金融业	17	1570	1544	5386	34884
保险业	2	48	50	257	51360
房地产业	219	6634	6876	20940	30453
房地产开发与经营业	114	3401	3671	11904	32427
房地产管理业	73	2797	2777	7342	26438
房地产代理与经纪业	32	436	428	1694	39579
社会服务业	566	63994	63067	152809	24230
公共服务业	224	48158	46859	120536	25723
居民服务业	40	2186	2306	5292	22948
旅馆业	103	7059	7334	11954	16300
租赁服务业	9	815	760	1050	13813
旅游业	30	1867	1923	3012	15664
娱乐服务业	8	316	382	782	20482
信息、咨询服务业	64	1283	1252	3852	30770
计算机应用服务业	20	358	379	1278	33728
其他社会服务业	68	1952	1872	5053	26983
卫生、体育和社会福利业	341	47254	46503	154816	33292
卫生	207	41271	40610	138118	34011
体育	46	1624	1641	5672	34564
社会福利保障业	88	4359	4252	11026	25933
教育、文化艺术和广播电影电视业	2245	96853	95504	293550	30737
教育	2088	88814	87499	265161	30304
文化艺术业	136	6268	6277	20195	32173
广播电影电视业	21	1771	1728	8194	47422
科学研究和综合技术服务业	240	9166	9024	32972	36538
科学研究业	44	2177	2129	5370	25224
综合技术服务业	196	6989	6895	27602	40031
国家机关、政党机关和社会团体	1140	75999	75655	324820	42934
其他行业	126	5298	5310	12560	23655

3-15 独立核算工业企业在岗职工人数

（2002年末） 单位：人

项目	在岗职工年末人数	#市区	#市属	在岗职工年平均人数	#市区	#市属
总　计	589849	541183	532397	590657	541702	530898
按隶属关系分						
中　央	36140	35678		37189	36677	
省　属	21312	20236		22570	21430	
市　属	532397	485269	532397	530898	483595	530898
按国民经济行业分						
采掘业	2264	2183	1452	2333	2212	1498
煤炭采选业						
石油和天然气开采业	736	736		744	744	
黑色金属矿采选业						
有色金属矿采选业	76			91		
非金属矿采选业	1452	1447	1452	1498	1468	1498
其他矿采选业						
木材及竹材采运业						
制造业	559840	513791	513375	560332	514083	512042
食品加工业	3667	3213	3470	3724	3275	3518
食品制造业	20942	19341	18116	20848	19408	18058
饮料制造业	8828	8135	7638	8960	8260	7748
烟草加工业	2525	2525		2563	2563	
纺织业	17976	15943	17948	18295	16264	18272
服装及其他纤维制品制造业	61245	53225	61239	59032	50958	59021
皮革、毛皮、羽绒及其制品业	67045	53556	66950	64250	50646	64150
木材加工及竹、藤、棕、草制品业	3080	2929	2714	3157	3054	2540
家具制造业	1850	1729	1648	1901	1777	1674
造纸及纸制品业	10211	10031	10156	10629	10439	10574
印刷业、记录媒介的复制	13205	12850	8574	13114	12785	8512
文教体育用品制造业	32855	31445	32760	33777	32181	33682
石油加工及炼焦业	4939	4837	220	5000	4898	220
化学原料及化学制品制造业	25369	23967	25033	25754	24408	25467
医药制造业	16578	16217	16151	17048	16618	16517
化学纤维制造业	854	743	854	851	739	851
橡胶制品业	16841	16572	16434	17568	17303	17190
塑料制品业	19924	16089	19582	19902	15946	19448
非金属矿物制品业	13970	12503	13900	14921	13402	14851
黑色金属冶炼及压延加工业	7735	7277	7735	7848	7340	7848
有色金属冶炼及压延加工业	4784	4208	3254	4969	4354	3334
金属制品业	23585	21947	20742	23864	22358	20812
普通机械制造业	17967	17607	17505	18487	18154	17958
专用设备制造业	9561	9045	8419	10178	9662	8624
交通运输设备制造业	47104	44481	27947	46945	44491	27238
武器弹药制造业						
电气机械及器材制造业	41371	39283	40884	41716	39606	41223
电子及通信设备制造业	43003	41955	41020	42104	41010	40178
仪器仪表及文化、办公用机械制造业	7440	7326	7128	8304	8163	7951
其他制造业	15386	14812	15354	14623	14021	14583
电力、煤气及水的生产和供应业	27745	25209	17570	27992	25407	17358
电力、蒸气、热水的生产和供应业	18624	16658	8449	18947	16912	8313
煤气生产和供应业	2957	2781	2957	2968	2798	2968
自来水的生产和供应业	6164	5770	6164	6077	5697	6077

3-16 独立核算工业企业在岗职工工资总额

（2002年）

项目	在岗职工工资总额（万元）	#市区	#市属	在岗职工年人均工资（元）	#市区	#市属
总计	**1184654**	**1128532**	**970004**	**20057**	**20833**	**18271**
按隶属关系分						
中央	123163	122252		33118	33332	
省属	91487	87533		40535	40846	
市属	970004	918747	970004	18271	18998	18271
按国民经济行业分						
采掘业	7805	7525	5393	33453	34020	35999
煤炭采选业						
石油和天然气开采业	2170	2170		29165	29165	
黑色金属矿采选业						
有色金属矿采选业	242			26593		
非金属矿采选业	5393	5355	5393	35999	36481	35999
其他矿采选业						
木材及竹材采运业						
制造业	1046555	1000227	900888	18677	19457	17594
食品加工业	6309	5622	5811	16940	17167	16516
食品制造业	43707	41858	35892	20964	21567	19876
饮料制造业	30454	29910	25613	33989	36210	33058
烟草加工业	17862	17862		69691	69691	
纺织业	25132	22904	25084	13737	14082	13728
服装及其他纤维制品制造业	67817	61920	67798	11488	12151	11487
皮革、毛皮、羽绒及其制品业	71257	59344	71036	11091	11717	11073
木材加工及竹、藤、棕、草制品业	3979	3886	3291	12603	12725	12957
家具制造业	2931	2762	2505	15420	15542	14963
造纸及纸制品业	20206	20005	20011	19010	19164	18925
印刷业、记录媒介的复制	22288	22028	12187	16996	17229	14318
文教体育用品制造业	41449	40354	41278	12271	12540	12255
石油加工及炼焦业	22909	22588	780	45818	46117	35436
化学原料及化学制品制造业	78065	75548	77267	30312	30952	30340
医药制造业	59441	59069	58087	34867	35545	35168
化学纤维制造业	1506	1335	1506	17696	18061	17696
橡胶制品业	26309	26037	25719	14975	15048	14962
塑料制品业	28035	24699	26610	14087	15489	13683
非金属矿物制品业	27176	25811	27117	18213	19259	18259
黑色金属冶炼及压延加工业	22301	21433	22301	28416	29200	28416
有色金属冶炼及压延加工业	9793	8646	6285	19709	19858	18852
金属制品业	41413	39200	35088	17354	17533	16860
普通机械制造业	39949	39406	38836	21609	21707	21626
专用设备制造业	18429	17952	16005	18107	18580	18558
交通运输设备制造业	119810	116839	65254	25521	26261	23957
武器弹药制造业						
电气机械及器材制造业	75935	72760	74103	18203	18371	17976
电子及通信设备制造业	91268	90184	85099	21677	21991	21181
仪器仪表及文化、办公用机械制造业	12402	12238	11955	14935	14992	15036
其他制造业	18423	18027	18370	12599	12858	12598
电力、煤气及水的生产和供应业	130294	120780	63723	46547	47538	36711
电力、蒸气、热水的生产和供应业	103753	95275	37182	54759	56336	44727
煤气生产和供应业	9554	9400	9554	32191	33596	32191
自来水的生产和供应业	16987	16105	16987	27954	28268	27954

3-17 独立核算工业企业在岗职工人数分类

（2002 年末）

单位：人

行业	在岗职工年末人数	工人和学徒	工程技术人员	管理人员	服务人员	其他人员
合计	**589849**	**440999**	**51235**	**67125**	**22679**	**7811**
采掘业	2264	500	316	1208	85	155
煤炭采选业						
石油和天然气开采业	736	87	271	220	13	145
黑色金属矿采选业						
有色金属矿采选业	76	60	6	10		
非金属矿采选业	1452	353	39	978	72	10
其他矿采选业						
木材及竹材采运业						
制造业	559840	423441	47467	62222	19867	6843
食品加工业	3667	2461	282	594	148	182
食品制造业	20942	14836	1288	2921	640	1257
饮料制造业	8828	5661	827	1307	861	172
烟草加工业	2525	1660	153	377	307	28
纺织业	17976	14424	885	1988	644	35
服装及其他纤维制品制造业	61245	52320	2075	5224	1070	556
皮革、毛皮、羽绒及其制品业	67045	60872	1464	3116	1467	126
木材加工及竹、藤、棕、草制品业	3080	2240	257	356	204	23
家具制造业	1850	1125	116	416	149	44
造纸及纸制品业	10211	8173	680	1104	213	41
印刷业、记录媒介的复制	13205	8818	1407	1825	667	488
文教体育用品制造业	32855	28454	1053	2509	690	149
石油加工及炼焦业	4939	3206	980	473	280	
化学原料及化学制品制造业	25369	17429	2023	4715	828	374
医药制造业	16578	9468	2923	2513	983	691
化学纤维制造业	854	674	34	90	56	
橡胶制品业	16841	14099	797	1355	495	95
塑料制品业	19924	15782	1211	2289	555	87

3－17 续表

单位：人

行　　业	在岗职工年末人数	工　人和学徒	工程技术人员	管理人员	服务人员	其　他人　员
非金属矿物制品业	13970	9990	1144	1794	590	452
黑色金属冶炼及压延加工业	7735	6124	721	707	180	3
有色金属冶炼及压延加工业	4784	2801	674	701	588	20
金属制品业	23585	16921	2262	3195	1062	145
普通机械制造业	17967	10949	2922	2983	966	147
专用设备制造业	9561	6055	1162	1806	505	33
交通运输设备制造业	47104	29476	8677	5953	2521	477
武器弹药制造业						
电气机械及器材制造业	41371	31779	3052	4789	1321	430
电子及通信设备制造业	43003	29676	6571	4682	1412	662
仪器仪表及文化、办公用机械制造业	7440	5563	767	798	211	101
其他制造业	15386	12405	1060	1642	254	25
电力、煤气及水的生产和供应业	27745	17058	3452	3695	2727	813
电力、蒸汽、热水的生产和供应业	18624	11263	2678	2696	1347	640
煤气生产和供应业	2957	2178	252	359	139	29
自来水的生产和供应业	6164	3617	522	640	1241	144

3－18 建筑业企业在岗职工人数分类

（2002年末）

单位：人

项　　目	在岗职工年末人数	工　人和学徒	工程技术人员	管理人员	服务人员	其　他人　员
合　计	**140302**	**89621**	**24823**	**16098**	**7372**	**2388**
国有单位	47717	24157	10114	7389	4413	1644
集体单位	35097	26140	5413	2839	477	228
其他单位	57488	39324	9296	5870	2482	516

3-19 城镇集体单位职工人数与工资

（2002 年）

项目	单位数（个）	职工年末人数（人）	职工年平均人数（人）	职工工资总额（万元）	职工年人均工资（元）
总计	**7551**	**167132**	**165775**	**229015**	**13815**
按企、事业和机关分					
企业	7180	149686	149340	200170	13404
事业	364	17313	16369	28666	17513
机关	7	133	66	179	27212
按国民经济行业分					
农、林、牧、渔业	8	106	109	174	15917
农业	4	39	42	60	14333
林业					
畜牧业	1	30	30	48	15900
渔业					
农、林、牧、渔服务业	3	37	37	66	17730
采掘业					
制造业	1422	43428	43945	51962	11824
电力、煤气及水的生产和供应业	5	627	617	2764	44804
建筑业	405	35543	34220	39923	11666
土木工程建筑业	132	32409	30993	35307	11392
线路、管道和设备安装业	108	2025	2040	3178	15579
建筑物的装修装饰业	165	1109	1187	1438	12111
地质勘查业、水利管理业					
地质勘查业					
水利管理业					
交通运输、仓储及邮电通信业	136	4858	4969	6338	12755
铁路运输业	1	231	230	240	10439
公路运输业	65	743	733	1192	16263
管道运输业					
水上运输业	13	2407	2501	2612	10443
航空运输业					
交通运输辅助业	41	1128	1147	1789	15593
其他交通运输业	2	33	34	55	16235
仓储业	12	293	301	364	12080
邮电通信业	2	23	23	86	37652
批发和零售贸易、餐饮业	4073	26883	28015	33907	12103
食品、饮料、烟草和家庭用品批发业	922	6620	6792	8916	13127
能源、材料和机械电子设备批发业	718	4391	4731	6745	14256

3－19 续表

项目	单位数（个）	职工年末人数（人）	职工年平均人数（人）	职工工资总额（万元）	职工年人均工资（元）
其他批发业	377	3342	3582	4724	13188
零售业	1735	8092	8451	9291	10994
商业经纪与代理业	9	151	150	254	16907
餐饮业	312	4287	4309	3977	9232
金融、保险业	20	6193	6173	18654	30218
金融业	20	6193	6173	18654	30218
保险业					
房地产业	291	7650	7359	11264	15306
房地产开发与经营业	222	2117	2216	4493	20274
房地产管理业	53	5400	5004	6610	13210
房地产代理与经纪业	16	133	139	161	11568
社会服务业	915	33091	31506	45058	14301
公共服务业	121	9682	8994	13619	15143
居民服务业	409	4652	4512	5648	12518
旅馆业	51	1401	1440	1391	9659
租赁服务业	21	242	245	329	13408
旅游业	7	262	252	254	10095
娱乐服务业	36	249	221	221	9977
信息、咨询服务业	107	940	872	2613	29960
计算机应用服务业	19	171	167	525	31461
其他社会服务业	144	15492	14803	20458	13820
卫生、体育和社会福利业	85	4331	4358	9807	22504
卫生	54	3656	3702	8739	23606
体育					
社会福利保障业	31	675	656	1068	16282
教育、文化艺术和广播电影电视业	114	2741	2704	5208	19262
教育	98	2515	2483	4643	18700
文化艺术业	12	138	136	411	30243
广播电影电视业	4	88	85	154	18094
科学研究和综合技术服务业	20	290	304	688	22632
科学研究业	1	12	12	36	30083
综合技术服务业	19	278	292	652	22325
国家机关、政党机关和社会团体	17	143	143	238	16643
其他行业	40	1248	1353	3030	22400

3－20 市区城镇集体单位职工人数与工资

（2002 年）

项目	单位数（个）	职工年末人数（人）	职工年平均人数（人）	职工工资总额（万元）	职工年人均工资（元）
总计	**7405**	**144670**	**143626**	**209964**	**14619**
按企、事业和机关分					
企业	7038	127284	127252	181199	14239
事业	360	17253	16308	28586	17529
机关	7	133	66	179	27212
按国民经济行业分					
农、林、牧、渔业	8	106	109	174	15917
农业	4	39	42	60	14333
林业					
畜牧业	1	30	30	48	15900
渔业					
农、林、牧、渔服务业	3	37	37	66	17730
采掘业					
制造业	1390	39483	40107	49164	12258
电力、煤气及水的生产和供应业	4	537	527	2277	43211
建筑业	381	20781	19814	28661	14465
土木工程建筑业	109	17717	16662	24170	14506
线路、管道和设备安装业	107	1955	1965	3054	15540
建筑物的装修装饰业	165	1109	1187	1437	12111
地质勘查业、水利管理业					
地质勘查业					
水利管理业					
交通运输、仓储及邮电通信业	132	3918	4029	5689	14120
铁路运输业	1	231	230	240	10439
公路运输业	62	645	635	1041	16397
管道运输业					
水上运输业	12	1565	1659	2114	12740
航空运输业					
交通运输辅助业	41	1128	1147	1789	15593
其他交通运输业	2	33	34	55	16235
仓储业	12	293	301	364	12080
邮电通信业	2	23	23	86	37652
批发和零售贸易、餐饮业	4017	25714	26712	33151	12411
食品、饮料、烟草和家庭用品批发业	919	6529	6697	8792	13129
能源、材料和机械电子设备批发业	715	4271	4611	6673	14472

3－20 续表

项　　目	单位数（个）	职　　工年末人数（人）	职工年平均人数（人）	职　　工工资总额（万元）	职工年人均工资（元）
其他批发业	334	2466	2580	4236	16419
零售业	1731	8031	8386	9237	11015
商业经纪与代理业	7	138	137	238	17394
餐饮业	311	4279	4301	3975	9240
金融、保险业	16	5095	5074	16070	31671
金融业	16	5095	5074	16070	31671
保险业					
房地产业	278	7420	7129	11003	15434
房地产开发与经营业	210	1889	1988	4234	21298
房地产管理业	52	5398	5002	6608	13210
房地产代理与经纪业	16	133	139	161	11568
社会服务业	907	33015	31430	44929	14295
公共服务业	120	9677	8990	13611	15140
居民服务业	409	4652	4512	5648	12518
旅馆业	51	1401	1440	1391	9659
租赁服务业	21	242	245	329	13408
旅游业	7	262	252	254	10095
娱乐服务业	34	238	210	214	10171
信息、咨询服务业	103	900	831	2556	30752
计算机应用服务业	19	171	167	525	31461
其他社会服务业	143	15472	14783	20401	13801
卫生、体育和社会福利业	85	4331	4358	9807	22504
卫生	54	3656	3702	8739	23606
体育					
社会福利保障业	31	675	656	1068	16282
教育、文化艺术和广播电影电视业	111	2689	2652	5150	19419
教育	95	2463	2431	4585	18860
文化艺术业	12	138	136	411	30243
广播电影电视业	4	88	85	154	18094
科学研究和综合技术服务业	20	290	304	688	22632
科学研究业	1	12	12	36	30083
综合技术服务业	19	278	292	652	22325
国家机关、政党机关和社会团体	17	143	143	238	16643
其他行业	39	1148	1238	2963	23943

3-21 市属城镇集体单位职工人数与工资

（2002 年）

项　　目	单位数（个）	职　工年末人数（人）	职工年平均人数（人）	职　工工资总额（万元）	职工年人均工资（元）
总　　计	**7393**	**158524**	**157076**	**208488**	**13273**
按企、事业和机关分					
企　业	7031	141669	141140	181230	12840
事　业	357	16836	15916	27140	17052
机　关	5	19	20	118	59300
按国民经济行业分					
农、林、牧、渔业	6	80	86	119	13884
农业	3	19	25	28	11280
林业					
畜牧业	1	30	30	48	15900
渔业					
农、林、牧、渔服务业	2	31	31	43	14032
采掘业					
制造业	1409	43069	43568	51395	11797
电力、煤气及水的生产和供应业	5	627	617	2764	44804
建筑业	393	34656	33435	38479	11509
土木工程建筑业	125	31703	30388	34181	11248
线路、管道和设备安装业	106	2011	2026	3148	15536
建筑物的装修装饰业	162	942	1021	1150	11276
地质勘查业、水利管理业					
地质勘查业					
水利管理业					
交通运输、仓储及邮电通信业	132	4344	4445	5627	12660
铁路运输业					
公路运输业	65	743	733	1192	16263
管道运输业					
水上运输业	12	2221	2314	2334	10087
航空运输业					
交通运输辅助业	41	1128	1147	1789	15593
其他交通运输业	2	33	34	55	16235
仓储业	11	217	215	256	11912
邮电通信业	1	2	2	1	6500
批发和零售贸易、餐饮业	4002	24883	25796	29028	11253
食品、饮料、烟草和家庭用品批发业	909	6253	6350	8274	13030
能源、材料和机械电子设备批发业	703	3937	4144	5474	13209

3－21 续表

项目	单位数（个）	职工年末人数（人）	职工年平均人数（人）	职工工资总额（万元）	职工年人均工资（元）
其他批发业	353	2711	2941	2729	9279
零售业	1717	7618	7976	8461	10608
商业经纪与代理业	9	151	150	254	16907
餐饮业	311	4213	4235	3836	9058
金融、保险业	12	2876	2860	9421	32940
金融业	12	2876	2860	9421	32940
保险业					
房地产业	288	7561	7268	11035	15182
房地产开发与经营业	220	2093	2192	4425	20189
房地产管理业	52	5335	4937	6449	13061
房地产代理与经纪业	16	133	139	161	11568
社会服务业	888	32515	30960	44374	14333
公共服务业	120	9657	8969	13572	15132
居民服务业	406	4632	4473	5584	12484
旅馆业	37	1058	1084	1047	9662
租赁服务业	20	225	228	293	12855
旅游业	5	237	223	211	9453
娱乐服务业	36	249	221	221	9977
信息、咨询服务业	103	834	835	2569	30763
计算机应用服务业	19	171	167	525	31461
其他社会服务业	142	15452	14760	20352	13789
卫生、体育和社会福利业	84	4325	4349	9800	22534
卫生	53	3650	3693	8732	23644
体育					
社会福利保障业	31	675	656	1068	16282
教育、文化艺术和广播电影电视业	103	2282	2270	3806	16767
教育	94	2151	2143	3508	16369
文化艺术业	5	43	42	144	34381
广播电影电视业	4	88	85	154	18094
科学研究和综合技术服务业	18	201	214	567	26495
科学研究业	1	12	12	36	30083
综合技术服务业	17	189	202	531	26282
国家机关、政党机关和社会团体	17	143	143	238	16643
其他行业	36	962	1065	1835	17217

3－22 其他各种类型单位职工人数

（2002年末）　　单位:人

项　　目	单位数（个）	职工年末人数	#市区	#市属	职工年平均人数	#市区	#市属
总　　计	12940	732257	685933	615897	724254	677961	609819
按登记注册类型分							
股份合作	5972	60185	58437	57067	60163	58305	57001
联营	193	12151	11167	7691	12451	11461	7794
有限责任公司	4226	176159	172924	121769	173204	170080	120737
股份有限公司	424	51321	46588	30280	52121	47427	31280
其他	105	4699	4699	4687	4828	4828	4816
港澳台投资	1458	303892	275172	288291	300760	272009	284576
外商投资	562	123850	116946	106112	120727	113851	103615
按国民经济行业分							
农、林、牧、渔业	11	542	353	542	538	344	538
采掘业	4	159	153	30	216	185	87
制造业	2572	442775	403303	417611	439879	400403	414017
电力、煤气及水的生产和供应业	36	6400	5954	6400	6185	5749	6185
建筑业	387	59064	55816	30637	54500	51296	27695
地质勘查业、水利管理业							
交通运输、仓储及邮电通信业	1941	43272	42578	14417	43264	42580	14750
批发和零售贸易、餐饮业	5707	84786	84097	73189	84582	83887	73679
金融、保险业	83	9411	8994	4226	9328	8903	4326
房地产业	403	18881	18474	17492	18719	18313	17330
社会服务业	1555	60185	59534	45454	60305	59658	45346
卫生、体育和社会福利业	18	1112	1007	928	1118	1023	929
教育、文化艺术及广播电影电视业	43	911	911	728	985	985	800
科学研究和综合技术服务业	113	2482	2482	2139	2470	2470	2145
国家机关、政党机关和社会团体							
其他行业	67	2277	2277	2104	2165	2165	1992

3-23 其他各种类型单位职工工资总额

（2002 年）

项　　目	职　　工 工资总额 （万元）	#市区	#市属	职工年 人均工资 （元）	#市区	#市属
总　　计	**1488318**	**1436150**	**1133822**	**20550**	**21183**	**18593**
按登记注册类型分						
股份合作	75483	73324	67071	12546	12576	11767
联营	25580	24749	15502	20544	21594	19890
有限责任公司	382540	378787	258219	22086	22271	21387
股份有限公司	157578	148223	85156	30233	31253	27224
其他	8717	8717	8693	18054	18054	18050
港澳台投资	546092	518648	457336	18157	19067	16071
外商投资	292328	283702	241845	24214	24919	23341
按国民经济行业分						
农、林、牧、渔业	922	741	922	17138	21529	17138
采掘业	541	504	173	25056	27243	19931
制造业	795961	756184	713140	18095	18886	17225
电力、煤气及水的生产和供应业	25347	24061	25347	40981	41852	40981
建筑业	118615	111282	59834	21764	21694	21605
地质勘查业、水利管理业						
交通运输、仓储及邮电通信业	152556	151418	40268	35262	35561	27300
批发和零售贸易、餐饮业	139713	139028	114552	16518	16573	15547
金融、保险业	46841	46219	19686	50215	51914	45505
房地产业	44799	44344	41177	23932	24214	23761
社会服务业	146358	145826	105038	24270	24444	23164
卫生、体育和社会福利业	1728	1607	1348	15456	15705	14509
教育、文化艺术及广播电影电视业	1462	1462	1057	14841	14841	13216
科学研究和综合技术服务业	7540	7540	6414	30526	30526	29904
国家机关、政党机关和社会团体						
其他行业	5935	5934	4866	27415	27415	24429

3-24 城镇私营个体从业人员

单位:人

项　　目	1985 年	1990 年	1995 年	2000 年	2001 年	2002 年
总　计	**57609**	**98608**	**274453**	**562754**	**647940**	**711374**
按地区分						
市　区	51608	82677	235612	524813	605706	661684
#番禺区	5310	5610	15985	42270	54477	61078
花都区	1039	6392	19340	29531	36698	41527
县级市	6001	15931	38841	37941	42234	49690
增城市	5028	12389	31554	29123	29757	37142
从化市	973	3542	7287	8818	12477	12548
按行业分						
农、林、牧、渔业			109	1031	1540	3385
采掘业			418	573	699	443
制造业	7168	16787	36251	63891	75665	90720
电力、煤气及水的生产和供应业						
建筑业	142	289	931	8655	11161	11772
地质勘查业、水利管理业						
交通运输、仓储及邮电通信业	412	1188	7018	14943	22777	23231
批发零售贸易、餐饮业	41190	66804	183709	331752	367652	383928
金融保险业						
房地产业 社会服务业	8638	13253	33445	108959	125908	144762
卫生、体育和社会福利业	54	286	526	1537	1587	4809
教育、文化艺术和广播电影电视业	5	1	2728	11335	16933	21904
科学研究和综合技术服务业			6658			
国家机关、政党机关和社会团体						
其他行业			2660	20078	24018	26420

3－25 女职工年末人数

（2002 年）

行业	年末人数（人）	#国有	#集体	女职工比重(%) 合计	#国有	#集体
合计	747301	354825	59453	42.05	40.42	35.57
农、林、牧、渔业	5143	4943	40	36.26	36.51	37.74
采掘业	812	754		30.58	30.21	
制造业	285745	39067	19212	49.26	41.63	44.24
电力、煤气及水的生产和供应业	9077	7232	225	30.93	32.40	35.89
建筑业	21391	9917	4208	14.59	19.08	11.84
地质勘查业、水利管理业	1616	1616		24.78	24.78	
交通运输、仓储及邮电通信业	40161	27099	909	25.12	24.26	18.71
批发和零售贸易、餐饮业	89993	34068	12182	48.18	45.35	45.31
金融、保险业	27590	20188	2331	51.47	53.12	37.64
房地产业	13581	3795	3289	36.43	35.31	42.99
社会服务业	70487	33276	11277	40.55	41.30	34.08
卫生、体育和社会福利业	49089	45556	2969	62.88	62.73	68.55
教育、文化艺术和广播电影电视业	84962	82546	1933	55.79	55.53	70.52
科学研究和综合技术服务业	11235	10423	82	30.79	30.91	28.28
国家机关、政党机关和社会团体	32071	31986	85	29.65	29.61	59.44
其他行业	4348	2359	711	37.66	29.42	56.97

3－26 在岗职工人数和工资总额

（2002 年）

项目	合计	企业	事业	机关
在岗职工年末人数(人)	1706721	1310765	292213	103743
长期职工	1466421	1100624	266848	98949
临时职工	240300	210141	25365	4794
在岗职工工资总额(万元)	4458892	3068121	952954	437817
在岗职工年人均工资(元)	26219	23430	33121	42338

3-27 单位从业人员变动情况

（2002 年）　　　　单位：人

项　　目	合　计	国有单位	城镇集体单位	其他各种类型单位
本年增加人数	269594	84888	18449	166257
从农村招收	127548	18781	10395	98372
从城镇招收	51086	15000	3365	32721
录用的复员转业军人	3482	1350	558	1574
录用的大中专技工学校毕业生	37711	18546	1500	17665
调入	24923	19863	618	4442
#由外省、自治区、直辖市调入	2768	1912	298	558
其他	24844	11348	2013	11483
本年减少人数	268472	102842	18871	146759
离休、退休、退职	35646	20222	2034	13390
开除、除名、辞退	31803	7171	2756	21876
终止、解除合同	137387	38012	10650	88725
不在岗职工	11448	7523	577	3348
调出	19988	14592	560	4836
#调到外省、自治区、直辖市	665	534	12	119
其他	32200	15322	2294	14584

3-28 非在职职工保险福利费用构成情况

（2002 年）　　　　单位：万元

项　　目	合　计	国有企业	城镇集体企　业	其他各种类型企业	事业单位	机关单位
全　　市	878078	405590	92810	71220	221734	86724
离休金	39710	14618	1185	893	11783	11231
退休金	602056	272745	74424	60175	146330	48382
退职生活费	2982	1659	395	140	462	326
医疗卫生费	150605	86073	12230	7658	33531	11113
其　他	82725	30495	4576	2354	29628	15672
市　　属	568205	245105	88679	64187	114490	55744
离休金	16209	5385	614	818	3801	5591
退休金	412860	170574	72114	54274	82351	33547
退职生活费	2020	1009	393	122	196	300
医疗卫生费	84170	50618	11408	6750	11353	4041
其　他	52946	17519	4150	2223	16789	12265

3-29 城镇登记失业人员安置情况

单位:人

项　　　目	1985 年	1990 年	1995 年	2000 年	2001 年	2002 年
本年失业人员总数	114924	154869	137146	225880	293848	249313
本年安排失业人员人数	76792	89473	68620	134791	177739	148491
国有单位	34272	49619	35604	25045	44582	33646
招工	32442	49619	35604			
补员	1830					
集体单位	17140	27837	16620	16026	20494	17740
区以上集体	10751	15810	11065			
招工	10293	15810	11065			
补员	458					
其他各种类型集体	6389	12027	5555			
城镇街道办集体	3446	1745	862			
全民单位集体		704	369			
劳动服务公司办集体	2570	3998	1101			
群众自办集体	216	202	281			
其他集体	157	5378	2942			
个体劳动者	10620	5233	3940	39508	46894	47248
临时性工作	14760					
其他各种经济类型单位		6784	12456	54212	65769	49857
其他原因减少的失业人数	2571	8854	5031	5993	24475	7218
本年末实有失业人员数	35561	56542	63495	85096	91634	93604
城镇登记失业率(%)	1.91	2.75	2.60	3.15	3.76	3.56

3-30 城乡劳动力资源与分配

单位:人

项目	1990年	1995年	1999年	2000年	2001年	2002年
年末劳动力资源总数	3768451	5670783	6328167	6905725	8306227	8414530
#当年新增加的劳动力资源		81597	100906	117862	118577	102848
年末16岁以上全部人数		5006455	5151433	5269386	5955419	6022486
#不计入劳动力资源的人数		68851	106388	108824	75826	76684
经济活动人口	3402471	4141270	4613488	5121971	5192362	5234396
从业人员	3345929	4077775	4548852	5036875	5100728	5140792
按就业身份分组						
全部职工	1893944	2082361	1879463	1803652	1722910	1777297
再就业的离退休人员		14675	8722	9426	8752	9000
私营业主		26406	76284	99282	131648	168587
个体户主		189307	221724	226016	250672	245505
私营企业和个体从业人员	108608	240961	409080	459850	501607	552577
乡镇企业从业人员	534097	687881	593079	577550	568075	582131
农村从业人员	785512	828788	1348035	1844369	1890436	1765637
其他	23768	7396	13465	16730	26628	40058
按登记注册类型分组						
国有	1365300	1344479	1053436	998629	999151	992108
集体	1719510	1966141	2227112	2669194	2625778	2516164
私营 }	108608	140294	322192	402670	454417	546043
个体 }		316380	384896	382478	429510	420626
股份合作			25790	34423	53859	61127
联营 }	128743	11665	23932	18763	13049	12318
股份制 }		37517	47846	48107	52859	52393
外商投资 }		74393	88473	97158	110560	134482
港澳台投资 }		186568	252291	267086	273273	305508
其他	23768	338	486	746	6619	4732
有限责任公司			122398	117621	81653	95291
按国民经济行业分组						
农、林、牧、渔业	962032	924969	932842	958963	972275	951585
采掘业 }	991632	6692	4513	3694	3479	3103
制造业 }		1230123	1423677	1674832	1645765	1627732
电力、煤气及水的生产和供应业 }		26850	30588	26866	28588	29435
建筑业	198631	320021	292139	315218	312793	321331
地质勘查业、水利管理业	6307	8446	6309	6229	6082	6621
交通运输、仓储及邮电通信业	211174	265353	254249	249976	242743	245547
批发和零售贸易、餐饮业	377766	564493	704520	789481	812665	820135
金融、保险业	25653	43311	53527	55169	61395	69254
房地产业 }	149263	14348	26582	28813	31852	50382
社会服务业 }		185490	259834	281320	306160	331924
卫生、体育和社会福利业	61851	69834	80391	83390	86887	93671
教育、文化艺术和广播电影电视业	137077	158124	172599	176337	182514	191521
科学研究和综合技术服务业	33712	48382	38588	37673	37637	39101
国家机关、政党机关和社会团体	103942	103881	116188	118317	115976	109143
其他行业	86889	107458	152306	230597	253917	250307
失业人员	56542	63495	64636	85096	91634	93604
非经济活动人口	365980	1693464	1714679	1783754	3113865	3180134
#16岁以上在校学生	142823	367343	517882	576487	763839	777713
家务劳动者	162607	338243	327374	349973	361222	365290

主 要 统 计 指 标 解 释

【经济活动人口】指在16岁以上,有劳动能力,参加或要求参加社会经济活动的人口;包括从业人员和失业人员。

【非经济活动人口】指在劳动年龄内,有劳动能力,未参加(或没有要求参加)社会经济活动的人口。包括:(1)16岁以上在校学生;(2)待学人员;(3)离退休不再要求就业的人员;(4)家务劳动者;(5)无就业愿望的其他人员。

【从业人员】指从事一定社会劳动并取得劳动报酬或经营收入的人员。包括全部职工、再就业的离退休人员、私营业主、个体户主、私营企业和个体从业人员、乡镇企业从业人员、农村从业人员、其他从业人员(包括民办教师、宗教职业者、现役军人、在各单位中工作的外方人员和港澳台方人员等)。这一指标反映了一定时期内全部劳动力资源的实际利用情况,是研究我国基本国情国力的重要指标。

【单位从业人员】指在各级国家机关、政党机关、社会团体及企业、事业单位中工作,并取得劳动报酬的全部人员。包括在岗职工、再就业的离退休人员、民办教师以及在各单位中工作的外方人员和港、澳、台方人员。不包括离开本单位仍保留劳动关系的职工。

【城镇私营和个体从业人员】城镇私营从业人员指在工商管理部门注册登记,其经营地址设在县城关镇(含城关镇)以上的私营企业从业人员;包括私营企业投资者和雇工。城镇个体从业人员指在工商管理部门注册登记,并持有城镇户口或在城镇长期居住,经批准从事个体工商经营的从业人员;包括个体经营者和在个体工商户劳动的家庭帮工和雇工。

【城镇登记失业人员】指城镇中具有非农业户口,在规定的劳动年龄内(16岁以上,男50岁以下,女45岁以下),有劳动能力,无业而要求就业,并在当地就业服务机构进行求职登记的人员。

【城镇登记失业率】指城镇登记失业人数同城镇从业人数与城镇登记失业人数之和的比。计算公式为:

城镇登记失业率=城镇登记失业人数/(城镇从业人数+城镇登记失业人数)×100%

【职工】指在国有经济、城镇集体经济、联营经济、股份制经济、外商和港、澳、台投资经济、其他各种经济单位及其附属机构工作,并由其支付工资的各类人员,不包括返聘的离退休人员、民办教师、在国有经济单位工作的外方人员和港、澳、台人员。

【国有经济单位职工】指在国有经济单位及其附属机构工作,并由其支付工资的各类人员,国有经济单位不包括:返聘的离退休人员、民办教师、在国有经济单位工作的外方人员和港、澳、台人员。

【城镇集体经济单位职工】指在城镇集体经济单位及其管理部门工作,并由其支付工资的各类人员。

【其他经济单位职工】指在联营经济、股份制经济、外商投资经济、港、澳、台投资经济、其他经济单位工作,并由其支付工资的各类人员。

【职工工资总额】指各单位在一定时期内直接支付给本单位全部职工的劳动报酬总额。

工资总额的计算原则应以直接支付给职工的全部劳动报酬为根据。各单位支付给职工的劳动报酬以及其他根据有关规定支付的工资,不论是计入成本的还是不计入成本的,不论是按国家规定列入计征奖金税项目的,还是未列入计征奖金税项目的,不论是以货币形式支付的还是以实物形式支付的,均应列入工资总额的计算范围。

【计件超额工资】是计件工资的一部分,指计件工人超额完成定额任务后所得的工资。即计件工人实得的全部计件工资减去应得的计件标准工资后的数额。某些企业的工人由于从事生产的工作物等级高于本人工资等级,因而其计件标准工资高于本人标准工资,其计件超额工资也应是全部工资减去应得的计件标准工资后的数额。

【奖金】指支付给职工的超额劳动报酬和增收节支的劳动报酬。

【津贴和补贴】指为了补偿职工特殊或额外的劳动消耗和因其他特殊原因支付给职工的津贴,以及为了保证职工工资水平不受物价影响而支付给职工的物价补贴。

【职工平均工资】指企业、事业、机关单位的职工在一定时期内平均每人所得的货币工资额。它表明一定时期职工工资收入的高低程度,是反映职工工资水平的主要指标。计算公式为:职工平均工资=报告期实际支付的全部职工工资总额/报告期全部职工平均人数

【职工平均实际工资】指扣除物价变动因素后的职工平均工资,计算公式为:

职工实际平均工资=报告期职工平均工资/报告期城镇居民消费价格指数

【离休、退休、退职人员】指正式办理了离休、退休、退职手续,并享受相应的离休、退休、退职待遇的人员。

【保险福利费用】指企业、事业、机关单位在工资以外实际支付给职工和离休、退休、退职人员个人以及用于集体的(1)职工保险福利费用包括:

①医疗卫生费:指实行医疗保险企业的职工及其供养的直系亲属的医疗费、医务经费、职工因工负伤就医路费以及住院伙食补助费等;卫生部门开支的事业及机关单位职工的公费医疗经费;未实行医疗保险企业和未参加公费医疗的事业和机关单位职工的医疗费。

②丧葬抚恤救济费:指职工死亡的丧葬费、丧葬补助费和所遗供养直系亲属的抚恤费、救济费、生活补助费以及职工供养直系亲属死亡时的丧张补助费等。

③生活困难补助 指对职工浴室、理发室、洗衣店、哺乳室、托儿所等集体福利设施各项支出与收入相抵后的差额补助费。

④文体宣传费:指企业、事业和机关单位实际支付的文体宣传费,不包括学习费。

⑤集体福利事业补贴费:指对职工浴室、理发室、洗衣房、哺乳室、托儿所等集体福利设施各项支出与收入相抵后的差额补助费。

⑥集体福利设施费:指按照国家规定开支的集体福利设施费用,如职工食堂炊事用具的购置费、修理费、职工宿舍的修缮费用。不包括由企业、事业、机关单位自筹经费开支的职工福利设施的基本建设费用。

⑦计划生育补贴 指发给职工独生子女的补贴费和保健费。

⑧其他:指上述费用以外,单位用于职工的保险福利费的支出,如防暑降温费、支付给职工的探亲路费等。

(2)离休、退休、退职人员保险福利费用包括:

①离休金:指发给离休人员的工资和按 1982 年国务院发布的“关于老干部离职休养制度的几项规定”,发给符合规定的离休干部相当于 1-2 个月标准工资的生活补贴和国务院(1989)82、83 号文件规定提高离休人员的待遇所增加的费用及粮油价格补贴等。

②退休金:指按照国家有关规定发给退休人员的退休费和国务院(1989)82、83 号文件规定提高退休人员的待遇所增加的费用及粮油价格补贴等。

③退职生活费 指按照 1978 年国务院《关于工人退休、退职的暂行办法》规定定期发给退职人员的生活费和国务院(1989)82、83 号文件规定提高退职人员的待遇所增加的费用及粮油价格补贴等。

④医疗卫生费 指离休、退休、退职人员的医疗费、住院费以及住院伙食补助等费用。

⑤护理费 指因工致残、饮食起居需要人扶助的离休、退休人员的护理费以及因病不能自理的离休人员的护理费。

⑥生活补贴 指按照 1985 年国务院《关于发给离休退休人员生活补贴费的通知》规定,发给离休、退休人员的生活补贴费。

⑦交通费补贴 指按月发给离休人员的交通补贴。

⑧丧葬抚恤救济费:指离休、退休、退职人员死亡的丧葬费、丧葬补助费和所遗供养直系亲属的抚恤费、救济费、生活补助费以及供养直系亲属死亡时的丧张补助费等。

⑨其他:包括易地安置的离休、退休、退职人员的安家补助费;离休、退休、退职人员的生活困难补助费、书报费、洗理费、副食品价格补贴、房租价格补贴、水电补贴、少数民族补贴以及老干部活动经费开支的旅游费用等。

第四篇

固定资产投资

固定资产投资稳定增长

2002年,广州市全社会固定资产投资突破千亿元大关,总量达1009.24亿元,比上年增长3.2%,保持平稳的增长态势。

1.市属投资仍然是广州市固定资产投资的主体

2002年,广州市中央属单位完成投资156.94亿元,比上年增长2.2%;省属单位完成投资77.90亿元,比上年下降3.3%;市属单位完成投资774.40亿元,比上年增长4.1%,市属单位完成投资占全市全社会固定资产投资总额的76.7%,仍然是广州市投资的主体。

2.房地产投资保持快速增长态势

房地产开发完成投资426.39亿元,比上年增长10.2%;房地产开发投资占全社会固定资产投资额比重的42.3%,成为拉动固定资产投资增长的主要力量。在房地产开发投资中,私营企业共完成投资107.71亿元,比上年增长30.4%,占全市房地产开发投资的25.3%,比上年增加4个百分点;港澳台商投资125.97亿元,下降0.3%;外商投资6.15亿元,增长43.0%。全市房地产开发施工面积4505.24万平方米,比上年增长4.5%;竣工面积1082.53万平方米,比上年增长27.4%;商品房销售签约面积1093.67万平方米,比上年增长32.4%。商品房销售签约面积中,商品住宅占了九成三。

3.技改投资增长平稳,工业投资增长较快

更新改造完成投资183.04亿元,比上年增长4.3%。全市工业完成投资154.35亿元,比上年增长23.2%。工业投资增长较快的行业有:非金属矿物制品业投资7.32亿元,增长4.4倍;有色金属冶炼及压延加工业投资0.5亿元,增长4.1倍;石油加工及炼焦业投资2.54亿元,增长77.5%;机械工业投资48.08亿元,增长50.6%。

4.基本建设投资有所下降

全市基本建设完成投资284.27亿元,比上年下降10.7%;其中,基建重点项目完成投资115.34亿元,占全市基本建设完成投资的四成多。进展较快的重点项目有:广州科学城电子信息产业基地完成投资11.15亿元,累计完成计划的128.3%;广州市内环路放射线工程完成投资5.83亿元,累计完成计划的88.5%;珠江钢厂完成投资5.49亿元,累计完成计划的87.8%。

5.民间投资增长较快,国有单位投资继续下滑

2002年,广州市民间投资继续保持良好的增长态势,全年完成投资406.05亿元,比上年同期增长35.6%,远高于港澳台及外商投资增长8.2%的水平;国有单位投资继续下滑,降幅由上年的7.4%扩大至2002年的21.1%,降幅比上年增加了13.7个百分点。

6.投资效果显著,新增生产能力较多

2002年,在主要经济效益指标中,全市施工项目个数2313个,竣工项目个数1197个,建设项目竣工投产率为51.8%,比上年增长1.2个百分点;其中,基本建设施工项目677个,竣工项目262个,建设项目竣工投产率为38.7%;更新改造施工建设项目1521个,竣工项目877个,建设项目竣工投产率为57.66%。全年新增生产能力较大,其中增幅较大的指标有:医疗器械制造25000台/年,比上年增长191.3倍;高等院校席位26055个、建筑面积24.21万平方米,分别比上年增长12.6倍和22.5倍;中等学校席位17171个、建筑面积12.55万平方米,分别比上年增长24.4%和47.3%;变电设备能力(11万伏以上)825.5万千伏安,比上年增长7倍。

全社会固定资产投资额

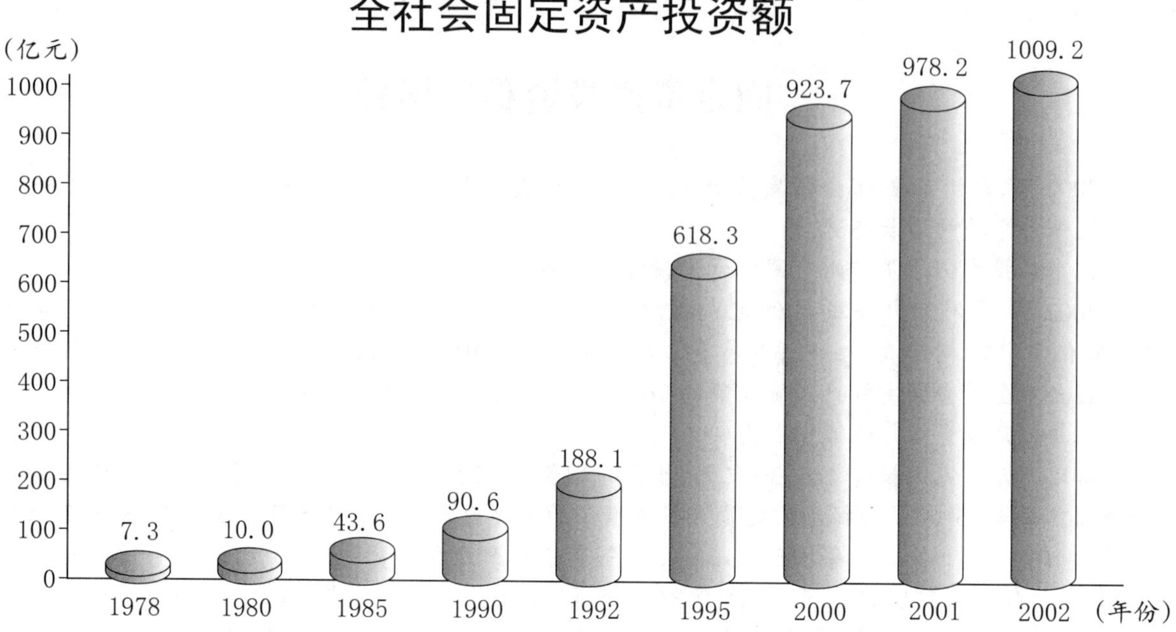

固定资产投资额三次产业构成(%)

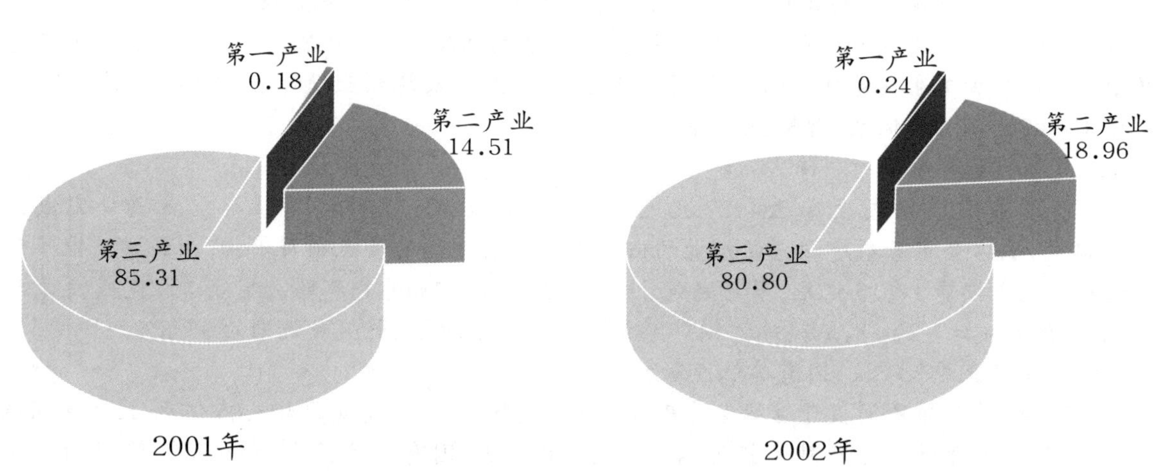

房 地 产 开 发

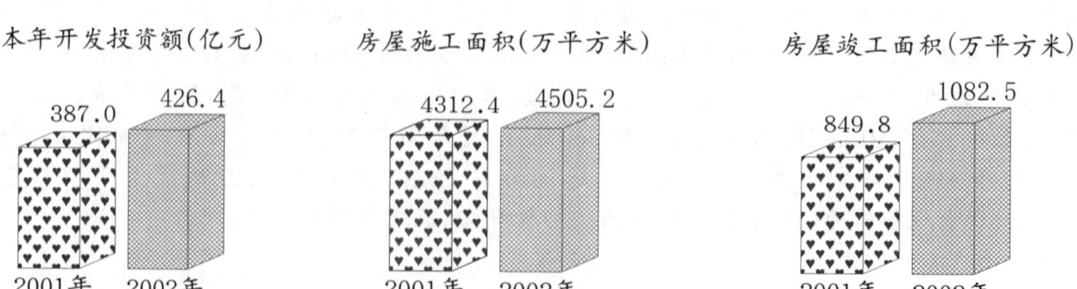

4－1 主要年份全社会固定资产投资额

单位:万元

年份	合计	国有经济	联营经济	股份经济	港澳台商和外商经济	集体经济	私营经济	私人建房	其他经济
全市									
1996	6389360	3172138	69611	213638	1947862	662454	38519	285138	
1997	6565767	3543369	30949	369066	1720070	556536	66960	278817	
1998	7588283	3803451	35596	444474	2210943	685243	123884	284692	
1999	8782586	4514598	23172	764251	2129471	784507	286732	276896	2959
2000	9236676	4830889	2579	1326102	1514900	619778	534456	362775	45197
2001	9782093	4475639	5930	1330108	2311811	368690	1007708	271523	10684
2002	10092421	3529709	6974	1986469	2502251	492329	1304823	242306	27560
市区									
1996	4961794	2796738	49200	185062	1428894	325505	19314	157081	
1997	5415077	3121671	23613	329617	1460497	277799	48717	153163	
1998	6402341	3443918	34706	427521	1874873	373854	97924	149545	
1999	7469488	4117335	21152	745222	1836163	454566	150996	142205	1849
2000(原口径)	7532152	4240540	1463	1064395	1282242	306943	396939	194681	44949
2000(新口径)	8880172	4674001	2579	1316726	1465740	538970	513791	323168	45197
2001	9422360	4374404	5930	1298095	2246243	316981	942358	228875	9474
2002	9372743	3396315	5913	1935959	2336027	442269	1030326	198591	27343

4-2 主要年份全社会固定资产投资额

（按投资类别分）　　单位：万元

年　份	合　计	基本建设	更新改造	其他投资	房地产开发
全　市					
1952	3931	3931			
1957	16560	16560			
1962	7456	7426		30	
1965	20658	19760		898	
1970	20668	19968		700	
1975	56180	53556		2624	
1978	72641	65105	3479	4057	
1980	99565	79330	9801	10434	
1985	436197	200457	98513	90755	46472
1990	905937	422295	221809	144414	117419
1995	6182515	2137537	1093281	860561	2091136
2000	9236676	3085834	1585199	1009827	3555816
2001	9782093	3184471	1755560	971855	3870207
2002	10092421	2842654	1830353	1155516	4263898
市　区					
1952	3255	3255			
1957	15264	15264			
1962	6841	6811		30	
1965	19609	18718		891	
1970	19205	18575		630	
1975	51934	49572		2362	
1978	67021	61547	3278	2196	
1980	88684	74126	9446	5112	
1985	362215	189155	78828	49780	44452
1990	688267	330649	184139	75938	97541
1995	4735978	1786962	785063	461495	1702458
2000(原口径)	7532152	2637583	1457790	522329	2914450
2000(新口径)	8880172	3003384	1524285	886435	3466068
2001	9422360	3110231	1712049	834987	3765093
2002	9372743	2654874	1755252	951505	4011112

4-3 各时期全社会固定资产投资额

(按投资类别分)

单位:万元

时　期	合　计	基本建设	更新改造	其他投资	房地产开发
全　市					
1950-1952年	8110	8110			
"一五"时期	55375	55375			
"二五"时期	122004	121780		224	
1963-1965年	50972	49217		1755	
"三五"时期	69853	66803		3050	
"四五"时期	167262	160829		6433	
"五五"时期	402292	358507	19628	24157	
"六五"时期	1310742	591568	337346	292454	89374
"七五"时期	3850377	1545049	1058484	714379	532465
"八五"时期	18092347	5930203	3259794	3110538	5791812
"九五"时期	38562672	14022173	6576293	4089811	13874395
1950-1978年	702015	678752	3479	19784	
1979-2002年	81864505	28257987	14833979	10350388	28422151
1950-2002年	82566520	28936739	14837458	10370172	28422151
市　区					
1950-1952年	6753	6753			
"一五"时期	49757	49757			
"二五"时期	108373	108149		224	
1963-1965年	46782	45119		1663	
"三五"时期	64513	61706		2807	
"四五"时期	153532	147741		5791	
"五五"时期	369312	336720	18565	14027	
"六五"时期	1080481	561550	291792	143135	84004
"七五"时期	3037051	1286621	877951	407072	465407
"八五"时期	12949086	4681034	2440633	1548825	4278594
"九五"时期(原口径)	31780852	12008022	5813805	2060593	11898432
"九五"时期(新口径)	33128872	12373823	5880300	2424690	12450050
1950-1978年	643162	623364	3278	16520	
1979-2002年	69146453	24800714	12973264	6318215	25054260
1950-2002年	69789615	25424078	12976542	6334735	25054260

4-4 各时期全社会固定资产投资额平均每年增长速度

单位:%

时　期	合　计	基本建设	更新改造	其他投资	房地产开发
全　市					
1951－1952年	87.99	87.99			
"一五"时期	36.80	36.80			
"二五"时期	13.20	13.10			
1963－1965年	47.30	45.30		2.50倍	
"三五"时期	－12.80	－12.80		－12.60	
"四五"时期	16.50	16.30		21.00	
"五五"时期	12.20	9.90		21.10	
"六五"时期	34.20	13.60	73.10	64.30	
"七五"时期	19.60	14.80	26.70	15.50	29.10
"八五"时期	50.40	36.70	38.40	53.40	89.20
"九五"时期	7.50	9.20	6.20	－1.70	9.60
1951－1978年	17.10	16.90			
1979－2002年	26.90	20.60	35.70	32.30	
1951－2002年	20.00	17.20			
市　区					
1951－1952年	70.30	70.30			
"一五"时期	39.90	39.90			
"二五"时期	11.90	11.90			
1963－1965年	47.30	45.20		2.43倍	
"三五"时期	－13.60	－13.60		－15.00	
"四五"时期	16.10	15.90		21.00	
"五五"时期	12.00	10.40		5.80	
"六五"时期	31.30	14.20	68.40	64.20	
"七五"时期	17.80	10.40	28.00	16.90	25.70
"八五"时期	48.00	37.00	34.50	51.20	83.90
"九五"时期	10.00	10.00	13.40	－3.70	11.40

4-5 主要年份全社会固定资产投资额和房屋建设

年份、时期	固定资产投资额（万元）	#住　宅	新　增固定资产（万元）	房屋施工面　积（万米²）	#住　宅	房屋竣工面　积（万米²）	#住　宅
1952	3931	389	3323	28.32	8.97	14.16	5.07
1957	16560	2166	13060	191.79	83.77	95.89	41.88
1962	7456	955	7260	52.75	23.71	28.22	13.46
1965	20658	2003	17530	120.85	45.45	82.64	31.19
1970	20668	1235	16458	145.31	48.22	72.65	24.11
1975	56180	3721	35511	301.25	108.53	113.30	38.40
1978	72641	8987	95685	429.55	173.09	184.97	84.82
1980	99565	24254	77438	610.94	334.12	269.07	163.33
1985	436197	104015	344990	1448.87	820.45	796.96	531.33
1990	905937	232839	779577	1681.89	970.81	879.68	537.36
1995	6182515	1696316	3449779	4958.58	2840.92	1847.86	1212.84
2000	9236676	3250326	6907436	6152.47	3789.88	2404.81	1539.43
2001	9782093	3316894	7075104	6612.84	3916.82	2138.40	1304.28
2002	10092421	3457617	6527323	6376.80	3809.32	2129.56	1392.66
1950－1952 年	8110	778	6584	56.19	20.77	28.09	10.97
“一五”时期	55375	6464	47649	572.19	203.39	290.22	104.28
“二五”时期	122004	7495	95387	800.11	215.86	414.52	115.24
1963－1965 年	50972	5162	44012	284.98	110.36	164.70	64.55
“三五”时期	69853	6402	58789	515.04	210.15	296.95	122.91
“四五”时期	167262	11290	111348	920.60	319.39	406.78	131.68
“五五”时期	402292	61679	323278	2341.15	1060.94	947.92	459.34
“六五”时期	1310742	402770	1030043	6004.01	3745.15	3328.09	2352.35
“七五”时期	3850377	989264	3056834	8645.37	4722.40	4454.23	2808.76
“八五”时期	18092347	5632278	11179716	17131.12	9906.30	7045.41	4339.71
“九五”时期	38562672	12083398	28672107	27464.31	16470.99	10112.06	6673.86
1950－1978 年	702015	57559	552284	4340.21	1530.97	2087.32	746.92
1979－2002 年	81864505	25923932	57675890	73384.50	43180.87	29669.61	19133.67
1950－2002 年	82566520	25981491	58228174	77724.71	44711.84	31756.93	19880.59

4-6 市区主要年份全社会固定资产投资额和房屋建设

年份、时期	固定资产投资额（万元）	#住宅	新增固定资产（万元）	房屋施工面积（万米²）	#住宅	房屋竣工面积（万米²）	#住宅
1952	3255	338	2615	25.58	8.29	12.79	4.15
1957	15264	2095	11968	187.22	82.63	93.61	41.31
1962	6841	894	6666	49.56	22.91	24.78	11.45
1965	19609	1922	16752	111.81	43.20	78.12	30.06
1970	19205	1112	15413	140.49	46.52	70.25	23.26
1975	51934	3157	32420	279.34	102.34	99.83	34.12
1978	67021	6663	91745	385.31	157.82	158.68	72.97
1980	88684	17690	67451	558.25	310.79	233.90	146.46
1985	362215	89260	284680	1142.77	618.50	537.91	344.43
1990	688267	172394	625292	1320.86	729.61	575.33	350.23
1995	4735978	1237079	2510650	3426.14	1926.18	1117.76	735.49
2000	8880172	3158571	6195959	5830.09	3569.15	2226.68	1421.84
2001	9422360	3188145	6776012	6238.25	3685.09	1929.02	1182.67
2002	9372743	3205783	6005075	5869.13	3520.08	1849.92	1226.28
1950－1952 年	6753	707	5406	51.48	19.80	25.74	9.90
"一五"时期	49757	6140	42991	558.47	198.92	279.23	99.76
"二五"时期	108373	6115	82844	774.33	210.61	387.16	105.31
1963－1965 年	46782	4910	40884	265.98	104.92	155.22	60.91
"三五"时期	64513	5938	54434	496.27	203.53	277.88	116.39
"四五"时期	153532	9718	102340	850.52	298.09	367.55	119.18
"五五"时期	369312	47884	294926	2115.17	973.41	815.68	399.34
"六五"时期	1080481	297325	831751	4750.85	3146.15	2218.81	1451.69
"七五"时期	3037051	758374	2415304	6623.53	3566.41	2959.49	1767.11
"八五"时期	12949086	3931649	7725987	11807.23	6613.51	4161.28	2556.71
"九五"时期(原口径)	31780852	9791254	22225365	20675.59	12656.42	6455.27	4366.91
"九五"时期(新口径)	33128872	10377568	23281240	21847.44	13327.91	7269.82	4801.97
1950－1978 年	643162	51173	516268	4081.59	1457.95	1916.73	686.12
1979－2002 年	69146453	21789083	47154407	58167.06	34411.48	20780.07	13211.10
1950－2002 年	69789615	21840256	47670675	62248.65	35869.43	22696.80	13897.22

注："九五"时期、1979－2002 年及 1950－2002 年，只是 2000 年及以后年份为新口径，其余年份均为原口径。

4-7 主要年份三次产业固定资产投资额及构成

年份	合计(万元)	第一产业	第二产业	第三产业	构成(%)	第一产业	第二产业	第三产业
全市								
1952	3931	61	882	2988	100	1.55	22.44	76.01
1957	16560	519	9592	6449	100	3.13	57.92	38.95
1962	7456	702	4324	2430	100	9.41	58.00	32.59
1965	20658	752	8379	11527	100	3.64	40.56	55.80
1970	20668	333	9314	11021	100	1.61	45.07	53.32
1975	56180	2300	22664	31216	100	4.09	40.34	55.57
1978	72641	4317	32100	36224	100	5.94	44.19	49.87
1980	99565	4953	39722	54890	100	4.97	39.90	55.13
1985	436197	13672	143702	278823	100	3.13	32.94	63.93
1990	905937	14268	346872	544797	100	1.57	38.29	60.14
1995	6182515	42433	1698901	4441181	100	0.69	27.48	71.83
2000	9236676	66584	1411261	7758831	100	0.72	15.28	84.00
2001	9782093	17789	1419209	8345095	100	0.18	14.51	85.31
2002	10092421	24625	1913745	8154051	100	0.24	18.96	80.80
市区								
1952	3255	39	827	2389	100	1.20	25.41	73.39
1957	15264	165	9080	6019	100	1.08	59.49	39.43
1962	6841	311	4271	2259	100	4.55	62.43	33.02
1965	19609	243	8078	11288	100	1.24	41.20	57.56
1970	19205	189	8300	10716	100	0.99	43.22	55.79
1975	51934	839	20913	30182	100	1.62	40.27	58.11
1978	67021	2869	29720	34432	100	4.28	44.34	51.38
1980	88684	3088	34996	50600	100	3.48	39.46	57.06
1985	362215	10655	110225	241335	100	2.94	30.43	66.63
1990	688267	5738	236358	446171	100	0.83	34.34	64.83
1995	4735978	14105	1050838	3671035	100	0.30	22.19	77.51
2000(原口径)	7532152	47879	1079920	6404353	100	0.64	14.34	85.02
2000(新口径)	8880172	56575	1276298	7547299	100	0.64	14.37	84.99
2001	9422360	15849	1304301	8102210	100	0.17	13.84	85.99
2002	9372743	24261	1682315	7666167	100	0.26	17.95	81.79

4-8 全社会固定资产投资额

（2002年，按投资类别分）　　单位：万元

项　　目	合　计	基本建设	更新改造	其他投资	房地产开发	#市区	#市属
总　计	10092421	2842654	1830353	1155516	4263898	9372743	7744010
按登记注册类型分							
内资企业	7590170	2333806	1407697	905953	2942714	7036716	5525728
国有企业	3290881	2047675	983089		260117	3172278	1891001
集体企业	398797			326716	72081	356552	398797
股份合作企业	88794			38925	49869	80979	88794
联营企业	83999	61983	2803	3542	15671	82938	77212
国有联营企业	72287	61983	2663		7641	72287	65741
集体联营企业	4738			2240	2498	4738	4738
国有与集体联营企业	381		140	241		381	140
其他联营企业	6593			1061	5532	5532	6593
有限责任公司	1263107	162446	67989	34818	997854	1200354	1160108
国有独资企业	166541	50400	19666		96475	151750	148450
其他有限责任公司	1096566	112046	48323	34818	901379	1048604	1011658
股份有限公司	889903	54192	353816	11859	470036	887355	358962
私营企业	1304823			227737	1077086	1030326	1282715
#私营独资企业	6199				6199	4054	6199
私营合伙企业	23326				23326	23226	23326
私营有限责任公司	1030537				1030537	824311	1008429
私营股份有限公司	17024				17024	15824	17024
私人投资	242306			242306		198591	242306
城镇私人	47457			47457		32826	47457
农村私人	194849			194849		165765	194849
其他企业	27560	7510		20050		27343	25833
港、澳、台商投资企业	1822102	225640	171623	165108	1259731	1731816	1565516
合资经营企业	280398	65966	14723	32237	167472	274110	276390
合作经营企业	1137088	35903	1273	26373	1073539	1093953	1033392
独资经营企业	352052	123771	104064	105497	18720	311189	252868
股份有限公司	52564		51563	1001		52564	2866
外商投资企业	680149	283208	251033	84455	61453	604211	652766
合资经营企业	293014	60024	178808	43358	10824	258514	267430
合作经营企业	155811	89402	6324	9456	50629	151680	154012
独资经营企业	225665	133782	62389	29494		188358	225665
股份有限公司	5659		3512	2147		5659	5659
按地区分							
市　区	9372743	2654874	1755252	951505	4011112	9372743	7042745
#番禺区	1232604	176709	34894	423258	597743	1232604	1232539
花都区	617154	119864	68014	230440	198836	617154	571484
县级市	719678	187780	75101	204011	252786		701265
增城市	522824	161346	34643	103786	223049		504411
从化市	196854	26434	40458	100225	29737		196854

4－8　续表 1　　　　单位：万元

项　　目	合　计	基本建设	更新改造	其他投资	房地产开发	#市区	#市属
按隶属关系分							
中央项目	1569387	557225	806670		205492	1569245	
省项目	779024	350164	162946	3836	262078	760753	
市项目	4302435	1053649	621378	43103	2584305	4220965	4302435
区、县级市项目	2226018	848516	209208	180245	988049	1849029	2226018
其他项目	1215557	33100	30151	928332	223974	972751	1215557
按建设性质分							
#新建	2537941	2040863	22591	474487		2293462	2056088
扩建	1511473	652990	576269	282214		1389618	1059922
改建	835457	50445	708484	76528		782989	356797
单纯购置	589779		515938	73841		585858	175926
按构成分							
建筑工程	5043136	1663706	360533	738231	2280666	4631534	4098862
安装工程	1002446	124802	357181	56571	463892	950640	696217
设备工具器具购置	1735461	371545	965079	277333	121504	1652096	953848
其他费用	2311378	682601	147560	83381	1397836	2138473	1995083
按行业分							
农林牧渔业	29699	4005	7337	18357		24746	29108
农业	12909		139	12770		12789	12889
林业	2903	2886		17		2886	2817
畜牧业	8459	882	6850	727		8232	8459
渔业	354	100		254		354	354
农林牧渔服务业	5074	137	348	4589		485	4589
工业行业	1543524	564432	473392	505700		1334599	1371216
采掘业	830			830		150	830
煤炭采选业							
石油和天然气开采业							
黑色金属矿采选业							
有色金属矿采选业							
非金属矿采选业	830			830		150	830
其他矿采选业							
木材及竹材采运业							
制造业	1417888	484252	436830	496806		1236952	1318552
食品加工业	11005	2350	1958	6697		10898	11005
食品制造业	25521	8856	7990	8675		14658	24566
饮料制造业	15513	1100	12903	1510		14628	15513
烟草加工业	6883		6883			6883	
纺织业	45062	1283	879	42900		36660	45062
服装及其他纤维制品制造业	43506	4250	140	39116		22517	43506
皮革、毛皮、羽绒及其制品业	16851	8860	850	7141		16232	16851
木材加工及竹、藤、棕、草制品业	4023		200	3823		3743	3823

4－8 续表2

单位:万元

项目	合计	基本建设	更新改造	其他投资	房地产开发	#市区	#市属
家具制造业	5587		677	4910		4609	5587
造纸及纸制品业	26946	9001	10368	7577		25264	26946
印刷业和记录媒介的复制	13660	3121	1847	8692		13560	9460
文教体育用品制造业	33186	2728	2908	27550		30940	33058
石油加工及炼焦业	25408		25232	176		25408	176
化学原料及化学制品制造业	146752	67854	36838	42060		137968	124752
医药制造业	46116	1418	30057	14641		36216	44788
化学纤维制造业	7250			7250		7000	7250
橡胶制品业	21769	12410	4782	4577		20769	21181
塑料制品业	66295	34215	2617	29463		50275	66054
非金属矿物制品业	73200	28221	1886	43093		68162	73200
黑色金属冶炼及压延加工业	75497	56307	18740	450		59504	75497
有色金属冶炼及压延加工业	5003		3517	1486		2349	5003
金属制品业	51261	3409	2015	45837		44155	51073
普通机械制造业	28448	6946	9561	11941		23037	28359
专用设备制造业	21999	7202	3148	11649		21999	15994
交通运输设备制造业	249179	57878	166491	24810		213315	224657
武器弹药制造业							
电气机械及器材制造业	123965	23521	66093	34351		115438	123965
电子及通信设备制造业	180530	126345	17354	36831		174945	175847
仪器仪表及文化、办公用机械制造业	5910	2171	896	2843		5910	3816
其他制造业	41563	14806		26757		29910	41563
电力、煤气及水的生产和供应业	124806	80180	36562	8064		97497	51834
电力、蒸汽、热水的生产和供应业	84319	66130	16721	1468		65240	11347
煤气生产和供应业	9014	3961	4053	1000		9014	9014
自来水的生产和供应业	31473	10089	15788	5596		23243	31473
建筑业	370221	238321	60406	71494		347716	281862
土木工程建筑业	361666	235168	57420	69078		339161	276179
线路管道和设备安装业	7954	3153	2951	1850		7954	5082
建筑物的装修装饰业	601		35	566		601	601
地质勘查业、水利管理业	78325	12025	61323	4977		63868	76501
地质勘查业	3524	176	1648	1700		3524	1700
水利管理业	74801	11849	59675	3277		60344	74801
交通运输、仓储及邮电通信业	1318044	552372	743517	22155		1299847	104533
交通运输业	819528	459978	349377	10173		804531	80590
仓储业	18358	6300	76	11982		15158	18282
邮电通信业	480158	86094	394064			480158	5661
批发和零售贸易、餐饮业	161033	45898	30140	84995		132198	140178
批发业	84295	41303	5500	37492		61056	77584
零售业	47631	1245	15258	31128		47403	42629
商业经纪代理业	2537		240	2297		2537	2537

4-8 续表3

单位:万元

项目	合计					#市区	#市属
		基本建设	更新改造	其他投资	房地产开发		
餐饮业	26570	3350	9142	14078		21202	17428
金融、保险业	70456		62734	7722		70456	7722
金融业	69486		61764	7722		69486	7722
保险业	970		970			970	
房地产业	4336271	33918	3715	34740	4263898	4080860	3868701
房地产开发与经营	4316033	18449	216	33470	4263898	4060622	3848463
房地产管理业	18874	15021	3499	354		18874	18874
房地产代理与经纪业	1364	448		916		1364	1364
社会服务业	1241365	954430	223144	63791		1177682	1230217
公共服务业	1009666	781206	210348	18112		951239	1009666
居民服务业	2698	1701	708	289		1677	1418
旅馆业	17580	6011	4565	7004		14360	15637
租赁服务业							
旅游业	20116		599	19517		19951	19898
娱乐服务业	10042	1714	150	8178		9892	10042
信息、咨询服务业	3958	2822	536	600		3358	3702
计算机应用服务业	10960	3855	715	6390		10960	6882
其他社会服务业	166345	157121	5523	3701		166245	162972
卫生、体育和社会福利业	159019	92373	62658	3988		156414	62202
卫生	110675	48156	59378	3141		108833	47661
体育	41448	38295	3150	3		41448	8248
社会福利保障业	6896	5922	130	844		6133	6293
教育、文化艺术及广播电影电视业	365890	270680	64735	30475		323175	195323
教育	314783	242988	42734	29061		272879	186114
#高等	181869	133811	28380	19678		145135	61682
中等	86790	73482	13141	167		83760	79595
初等	38142	30420	1109	6613		36712	38142
文化艺术	33566	21996	10156	1414		33327	8267
广播电影电视业	17541	5696	11845			16969	942
科学研究和综合技术服务业	30655	14939	7508	8208		30303	17205
科学研究业	23475	13405	1862	8208		23123	11247
综合技术服务业	7180	1534	5646			7180	5958
国家机关、政党机关和社会团体	130972	57543	26077	47352		124512	107431
国家机关	82618	56110	23547	2961		77101	61162
政党机关	3295	1266	1918	111		3295	1377
社会团体	800	167	489	144		800	633
基层群众自治组织	44259		123	44136		43316	44259
其他行业	256947	1718	3667	251562		206367	251811

4-9 全社会新增固定资产

（2002 年，按投资类别分）　　单位：万元

项　　目	合　计	基本建设	更新改造	其他投资	房地产开　发	# 市区	# 市属
总　计	**6527323**	**1504868**	**1336998**	**1007892**	**2677565**	**6005075**	**5128128**
按登记注册类型分							
内资企业	4493916	779439	1022418	796461	1895598	4100875	3275863
国有企业	1615080	679216	642504		293360	1544077	806569
集体企业	323610			277398	46212	286467	323610
股份合作企业	54275			18794	35481	48166	54275
联营企业	36307	19300	2803	3542	10662	35246	33513
国有联营企业	28197	19300	2663		6234	28197	25644
集体联营企业	4738			2240	2498	4738	4738
国有与集体联营企业	381		140	241		381	140
其他联营企业	2991			1061	1930	1930	2991
有限责任公司	645847	76136	48841	34336	486534	578447	596471
国有独资企业	91143	16256	16470		58417	72937	78969
其他有限责任公司	554704	59880	32371	34336	428117	505510	517502
股份有限公司	642035	4327	328270	5133	304305	642035	286390
私营企业	915846			196802	719044	749453	915846
# 私营独资企业	16342				16342	10270	16342
私营合伙企业	2959				2959	2859	2959
私营有限责任公司	697383				697383	589663	697383
私营股份有限公司	2360				2360	2360	2360
私人投资	242306			242306		198591	242306
城镇私人	47457			47457		32826	47457
农村私人	194849			194849		165765	194849
其他企业	18610	460		18150		18393	16883
港、澳、台商投资企业	1597862	556063	138843	132823	770133	1508488	1428405
合资经营企业	605289	485286	12651	18607	88745	600211	601281
合作经营企业	717690	9456	1273	26373	680588	676137	650035
独资经营企业	248356	61321	99393	86842	800	205613	169286
股份有限公司	26527		25526	1001		26527	7803
外商投资企业	435545	169366	175737	78608	11834	395712	423860
合资经营企业	184796	21606	114734	36622	11834	175916	174910
合作经营企业	81020	65375	6189	9456		76889	79221
独资经营企业	167323	82385	53919	31019		140501	167323
股份有限公司	2406		895	1511		2406	2406
按地区分							
市　区	6005075	1409870	1270183	821588	2503434	6005075	4624151
# 番禺区	790687	49137	15717	349703	376130	790687	790622
花都区	434968	30412	53726	221692	129138	434968	434801
县级市	522248	94998	66815	186304	174131		503977

4－9　续表1

单位:万元

项　　目	合　计					#市区	#市属
		基本建设	更新改造	其他投资	房地产开发		
增城市	364563	93944	30303	92252	148064		346292
从化市	157685	1054	36512	94052	26067		157685
按隶属关系分							
中央项目	818807	102515	637318		78974	818807	
省项目	580388	271328	158883	3836	146341	562117	
市项目	2713955	681899	366282	40431	1625343	2675759	2713955
区、县级市项目	1333357	414934	146402	123244	648777	1105628	1333357
其他项目	1080816	34192	28113	840381	178130	842764	1080816
按建设性质分							
# 新建	1365723	960476	1564	403683		1211259	1306206
扩建	1081663	494677	379114	207872		984612	688911
改建	538235	25960	438178	74097		490149	244400
单纯购置	589415		515938	73477		585494	175562
按行业分							
农林牧渔业	14806	1084	6565	7157		9903	14604
农业	1870			1870		1750	1870
林业	27	10		17		10	27
畜牧业	8059	882	6500	677		7882	8059
渔业	59	55		4		59	59
农林牧渔服务业	4791	137	65	4589		202	4589
工业行业	1651400	864759	346462	440179		1464570	1500170
采掘业	830			830		150	830
煤炭采选业							
石油和天然气开采业							
黑色金属矿采选业							
有色金属矿采选业							
非金属矿采选业	830			830		150	830
其他矿采选业							
木材及竹材采运业							
制造业	1514021	771404	311046	431571		1357479	1451059
食品加工业	6389	202	1755	4432		5519	6389
食品制造业	23231	7898	7646	7687		13356	22747
饮料制造业	6889		5379	1510		6004	6889
烟草加工业	4277		4277			4277	
纺织业	36160	2494	843	32823		27953	36160
服装及其他纤维制品制造业	44712	8200	140	36372		19773	44712
皮革、毛皮、羽绒及其制品业	8373	1333		7040		7754	8373
木材加工及竹、藤、棕、草制品业	4023		200	3823		3743	3823
家具制造业	4479		677	3802		3501	4479

4－9 续表2

单位:万元

项目	合计	基本建设	更新改造	其他投资	房地产开发	#市区	#市属
造纸及纸制品业	19324	3601	8459	7264		17822	19324
印刷业和记录媒介的复制	10795	1632	1745	7418		10695	9695
文教体育用品制造业	32595	2600	2445	27550		31069	32595
石油加工及炼焦业	31733		31557	176		31733	176
化学原料及化学制品制造业	113575	55751	16954	40870		105190	108575
医药制造业	29163	670	15555	12938		19263	28493
化学纤维制造业	250			250			250
橡胶制品业	19474	12410	4194	2870		18474	19474
塑料制品业	54893	25064	2567	27262		39774	54652
非金属矿物制品业	66539	25964	1765	38810		61501	66539
黑色金属冶炼及压延加工业	505042	480915	23677	450		489049	505042
有色金属冶炼及压延加工业	3274		1797	1477		2438	3274
金属制品业	39724	1207	1945	36572		34720	39606
普通机械制造业	18481	2169	5398	10914		14607	18401
专用设备制造业	17065	2585	3131	11349		17065	13860
交通运输设备制造业	154807	34794	100893	19120		129922	143982
武器弹药制造业							
电气机械及器材制造业	104946	17422	53378	34146		98656	104946
电子及通信设备制造业	116082	74389	13773	27920		111997	112971
仪器仪表及文化、办公用机械制造业	5723	2104	896	2723		5723	3629
其他制造业	32003	8000		24003		25901	32003
电力、煤气及水的生产和供应业	136549	93355	35416	7778		106941	48281
电力、蒸汽、热水的生产和供应业	96174	79237	15469	1468		77095	7906
煤气生产和供应业	4183	445	2738	1000		4183	4183
自来水的生产和供应业	36192	13673	17209	5310		25663	36192
建筑业	108011	5165	48224	54622		85506	89800
土木工程建筑业	99154	2012	44926	52216		76649	83815
线路管道和设备安装业	7944	3153	2951	1840		7944	5072
建筑物的装修装饰业	913		347	566		913	913
地质勘查业、水利管理业	49250	11181	33159	4910		42420	47032
地质勘查业	3918	570	1648	1700		3918	1700
水利管理业	45332	10611	31511	3210		38502	45332
交通运输、仓储及邮电通信业	697460	94775	582409	20276		690085	58323
交通运输业	353256	24490	320472	8294		345881	46310
仓储业	12089	31	76	11982		12089	12013
邮电通信业	332115	70254	261861			332115	
批发和零售贸易、餐饮业	115171	23934	26803	64434		86881	99505
批发业	57623	20304	3429	33890		34929	55193
零售业	35633	280	13992	21361		35405	31539

4－9 续表3

单位:万元

项目	合计	基本建设	更新改造	其他投资	房地产开发	#市区	#市属
商业经纪代理业	2537		240	2297		2537	2537
餐饮业	19378	3350	9142	6886		14010	10236
金融、保险业	70899		58327	12572		70899	12572
金融业	69929		57357	12572		69929	12572
保险业	970		970			970	
房地产业	2742742	30154	216	34807	2677565	2565092	2517427
房地产开发与经营	2727305	15633	216	33891	2677565	2549655	2501990
房地产管理业	14521	14521				14521	14521
房地产代理与经纪业	916			916		916	916
社会服务业	250059	120424	80186	49449		235133	238402
公共服务业	190424	102876	70903	16645		180360	190424
居民服务业	4838	3273	708	857		4615	4130
旅馆业	18150	8027	3519	6604		14930	16207
租赁服务业							
旅游业	18306		599	17707		18171	18088
娱乐服务业	1632		584	1048		1048	1632
信息、咨询服务业	1136		536	600		536	880
计算机应用服务业	10911	6248	340	4323		10911	4769
其他社会服务业	4662		2997	1665		4562	2272
卫生、体育和社会福利业	119706	62616	55080	2010		116442	48762
卫生	78960	24542	53021	1397		76459	44548
体育	38991	36932	2059			38991	2559
社会福利保障业	1755	1142		613		992	1655
教育、文化艺术及广播电影电视业	301695	212614	63265	25816		287015	132803
教育	261343	195271	41670	24402		246902	123068
#高等	163106	119119	28151	15836		154070	28538
中等	53667	41344	12306	17		50402	51247
初等	35496	28325	1109	6062		34066	35496
文化艺术	28217	16683	10120	1414		27978	9735
广播电影电视业	12135	660	11475			12135	
科学研究和综合技术服务业	30407	21677	7182	1548		30407	7852
科学研究业	14650	11456	1646	1548		14650	1582
综合技术服务业	15757	10221	5536			15757	6270
国家机关、政党机关和社会团体	119672	56121	25859	37692		115260	109933
国家机关	81456	56121	23627	1708		77987	73635
政党机关	2029		1918	111		2029	111
社会团体	335		191	144		335	335
基层群众自治组织	35852		123	35729		34909	35852
其他行业	256045	364	3261	252420		205462	250943

4－10 固定资产投资额和房屋建设

（2002 年）

项目	固定资产投资额（万元）	#民间投资	#住宅	房屋施工面积（米^2）	#住宅	房屋竣工面积（米^2）	#住宅
全市	**10092421**	**4060461**	**3457617**	**63768082**	**38093185**	**21295638**	**13926608**
按登记注册类型分							
内资企业	7590170	4060461	2479244	47866678	29587969	17570582	11429610
国有企业	3290881		263467	11436679	5235803	3288237	1620092
集体企业	398797	398797	83847	3621430	1381450	2036133	543806
股份合作企业	88794	88794	38322	772629	513857	322615	217091
联营企业	83999	11712	9469	316966	227865	90090	38191
国有联营企业	72287		6829	115097	93057	23090	21030
集体联营企业	4738	4738	481	46460	9752	36460	1752
国有与集体联营企业	381	381					
其他联营企业	6593	6593	2159	155409	125056	30540	15409
有限责任公司	1263107	1096566	712993	10700059	7018817	2307364	1434833
国有独资企业	166541		50090	1039520	496145	220566	160318
其他有限责任公司	1096566	1096566	662903	9660539	6522672	2086798	1274515
股份有限公司	889903	889903	356061	3837765	2634957	1279999	1041715
私营企业	1304823	1304823	789235	12907769	8548488	4053999	2507150
#私营独资企业	6199	6199	4761	166597	141035	114127	100649
私营合伙企业	23326	23326	20247	310837	261687	16852	5430
私营有限责任公司	1030537	1030537	749332	10776530	7929669	2910204	2348119
私营股份有限公司	17024	17024	12257	184649	163107	14285	12162
私人投资	242306	242306	225770	4111689	4026532	4111689	4026532
城镇私人	47457	47457	46238	769336	746544	769336	746544
农村私人	194849	194849	179532	3342353	3279988	3342353	3279988
其他企业	27560	27560	80	161692	200	80456	200
港、澳、台商投资企业	1822102		927245	14154882	8077168	3245569	2414141
合资经营企业	280398		123768	1532213	857393	522787	439873
合作经营企业	1137088		791187	11691272	7134981	2359073	1937656
独资经营企业	352052		12290	925397	84794	360409	36612
股份有限公司	52564			6000		3300	
外商投资企业	680149		51128	1746522	428048	479487	82857
合资经营企业	293014		9193	425957	84577	100742	24418
合作经营企业	155811		41307	500817	275664	94519	2370
独资经营企业	225665		628	819748	67807	284226	56069
股份有限公司	5659						
按投资类别分							
基本建设	2842654	173748	60180	8428629	1190786	2792822	700645
更新改造	1830353	402279	18867	1061763	159191	266794	126775
其他投资	1155516	905953	262983	9225257	4702580	7410735	4386826
房地产开发	4263898	2578481	3115587	45052433	32040628	10825287	8712362

注：民间投资是指全社会固定资产投资扣除国有、国有联营、国有独资、港澳台商投资和外商投资后的余额。

4－10 续表

项　　目	固定资产投资额（万元）	#民间投资	#住　宅	房屋施工面　积（米²）	#住　宅	房屋竣工面　积（米²）	#住　宅
市　　属	**7744010**	**3420536**	**3105998**	**54650753**	**33423775**	**19138475**	**12726479**
按登记注册类型分							
内资企业	5525728	3420536	2217248	40208567	25995074	15840615	10617837
国有企业	1891001		176888	5991944	2870986	1932900	1033251
集体企业	398797	398797	83847	3621430	1381450	2036133	543806
股份合作企业	88794	88794	38322	772629	513857	322615	217091
联营企业	77212	11471	8276	276979	196950	90090	38191
国有联营企业	65741		5636	75110	62142	23090	21030
集体联营企业	4738	4738	481	46460	9752	36460	1752
国有与集体联营企业	140	140					
其他联营企业	6593	6593	2159	155409	125056	30540	15409
有限责任公司	1160108	1011658	669918	10044872	6757078	2170734	1432901
国有独资企业	148450		47212	939819	454814	218634	158386
其他有限责任公司	1011658	1011658	622706	9105053	6302264	1952100	1274515
股份有限公司	358962	358962	237294	2559247	1850757	1041999	818715
私营企业	1282715	1282715	776853	12668085	8397264	4053999	2507150
#私营独资企业	6199	6199	4761	166597	141035	114127	100649
私营合伙企业	23326	23326	20247	310837	261687	16852	5430
私营有限责任公司	1008429	1008429	736950	10536846	7778445	2910204	2348119
私营股份有限公司	17024	17024	12257	184649	163107	14285	12162
私人投资	242306	242306	225770	4111689	4026532	4111689	4026532
城镇私人	47457	47457	46238	769336	746544	769336	746544
农村私人	194849	194849	179532	3342353	3279988	3342353	3279988
其他企业	25833	25833	80	161692	200	80456	200
港、澳、台商投资企业	1565516		837622	12695664	7000653	2818373	2025785
合资经营企业	276390		123768	1532213	857393	522787	439873
合作经营企业	1033392		701564	10357054	6058466	1934177	1549300
独资经营企业	252868		12290	805397	84794	360409	36612
股份有限公司	2866			1000		1000	
外商投资企业	652766		51128	1746522	428048	479487	82857
合资经营企业	267430		9193	425957	84577	100742	24418
合作经营企业	154012		41307	500817	275664	94519	2370
独资经营企业	225665		628	819748	67807	284226	56069
股份有限公司	5659						
按投资类别分							
基本建设	1935265	124582	35009	4900773	657591	1771850	327264
更新改造	860737	77815	9305	868798	89605	187715	65505
其他投资	1151680	903916	262983	9225257	4702580	7410735	4386826
房地产开发	3796328	2314223	2798701	39655925	27973999	9768175	7946884

4-11 三次产业固定资产投资额及构成

（2002年）

项目	全市（万元）	#市区	#市属	构成（%）	#市区	#市属
固定资产投资额合计	10092421	9372743	7744010	100.00	100.00	100.00
第一产业	24625	24261	24519	0.24	0.26	0.32
第二产业	1913745	1682315	1653078	18.96	17.95	21.35
工业	1543524	1334599	1371216	15.29	14.24	17.71
建筑业	370221	347716	281862	3.67	3.71	3.64
第三产业	8154051	7666167	6066413	80.80	81.79	78.33
农林牧渔服务业	5074	485	4589	0.05	0.01	0.06
地质勘查及水利管理业	78325	63868	76501	0.78	0.68	0.99
交通运输及仓储业	837886	819689	98872	8.30	8.75	1.28
邮电通信业	480158	480158	5661	4.76	5.12	0.07
批发和零售贸易、餐饮业	161033	132198	140178	1.60	1.41	1.81
金融、保险业	70456	70456	7722	0.70	0.75	0.10
房地产业	4336271	4080860	3868701	42.96	43.54	49.96
社会服务业	1241365	1177682	1230217	12.30	12.56	15.89
卫生、体育和社会福利业	159019	156414	62202	1.57	1.67	0.80
教育、文化艺术及广播电影电视业	365890	323175	195323	3.63	3.45	2.52
科学研究和综合技术服务业	30655	30303	17205	0.30	0.32	0.22
国家机关、政党机关和社会团体	130972	124512	107431	1.30	1.33	1.39
其他行业	256947	206367	251811	2.55	2.20	3.24
国有固定资产投资额合计	3529709	3396315	2105192	100.00	100.00	100.00
第一产业	3857	3857	3751	0.11	0.11	0.18
第二产业	469226	423488	274497	13.29	12.47	13.04
工业	213288	187856	106198	6.04	5.53	5.05
建筑业	255938	235632	168299	7.25	6.94	7.99
第三产业	3056626	2968970	1826944	86.60	87.42	86.78
农林牧渔服务业	485	485		0.01	0.01	
地质勘查及水利管理业	73348	60629	71524	2.08	1.79	3.40
交通运输及仓储业	497414	488796	62105	14.09	14.39	2.95
邮电通信业	331276	331276	5661	9.39	9.75	0.27
批发和零售贸易、餐饮业	23062	23062	20523	0.65	0.68	0.97
金融、保险业	47417	47417		1.34	1.40	
房地产业	397400	393906	297703	11.26	11.60	14.14
社会服务业	1113710	1060743	1104698	31.55	31.23	52.47
卫生、体育和社会福利业	155031	152757	58214	4.40	4.50	2.77
教育、文化艺术及广播电影电视业	313559	309187	142992	8.88	9.10	6.79
科学研究和综合技术服务业	21593	21241	8143	0.61	0.63	0.39
国家机关、政党机关和社会团体	76946	74086	53405	2.18	2.18	2.54
其他行业	5385	5385	1976	0.16	0.16	0.09

4－12 城镇集体固定资产投资额

（2002 年，按地区分）　　单位：万元

项目	全市	市区	#番禺区	#花都区	增城市	从化市
总　计	**74325**	**63277**	**3488**	**1030**	**6863**	**4185**
按隶属关系分						
中央项目						
省项目						
市项目	10669	10597	36		72	
区、县级市项目	52896	41920	3452		6791	4185
其他项目	10760	10760		1030		
按建设性质分						
新建	42330	35359			5771	1200
扩建	10481	8368	2023	1030		2113
改建	8180	8180	760			
单纯建设生活设施	1704	1704				
迁建	1602	1530			72	
恢复	50	50				
单纯购置	9978	8086	705		1020	872
按构成分						
建筑工程	50271	44878	2462	180	2398	2995
安装工程	2698	1758	268		849	91
设备工具器具购置	17028	13040	736	430	3116	872
其他费用	4328	3601	22	420	500	227
按行业分						
农林牧渔业	11000	11000				
采掘业						
制造业	18798	12623	36	1030	5843	332
电力、煤气及水的生产和供应业	508	400				108
建筑业	2432	2000				432
地质勘查业、水利管理业						
交通运输、仓储及邮电通信业	1020				1020	
批发和零售贸易、餐饮业	10958	10958	65			
金融、保险业	7143	7143				
房地产业	2113					2113
社会服务业	12007	12007	3209			
卫生、体育和社会福利业	178	178	178			
教育、文化艺术及广播电影电视业	99	99				
科学研究和综合技术服务业						
国家机关、政党机关和社会团体	7405	6205				1200
其他行业	664	664				

4－13 城镇集体新增固定资产

(2002 年,按地区分)

单位:万元

项目	全市	市区	#番禺区	#花都区	增城市	从化市
总计	42159	33329	1708	580	6401	2429
按隶属关系分						
中央项目						
省项目						
市项目	7997	7399	36		598	
区、县级市项目	27419	19187	1672		5803	2429
其他项目	6743	6743		580		
按建设性质分						
新建	6758	1975			4783	
扩建	13313	11756	243	580		1557
改建	8171	8171	760			
单纯建设生活设施	1801	1801				
迁建	2128	1530			598	
恢复	10	10				
单纯购置	9978	8086	705		1020	872
按行业分						
农林牧渔业	100	100				
采掘业						
制造业	14370	8657	36	580	5381	332
电力、煤气及水的生产和供应业	508	400				108
建筑业	432					432
地质勘查业、水利管理业						
交通运输、仓储及邮电通信业	1020				1020	
批发和零售贸易、餐饮业	153	153	65			
金融、保险业	11993	11993				
房地产业	1557					1557
社会服务业	4629	4629	1429			
卫生、体育和社会福利业	178	178	178			
教育、文化艺术及广播电影电视业						
科学研究和综合技术服务业						
国家机关、政党机关和社会团体	5700	5700				
其他行业	1519	1519				

4－14 重点建设项目投资完成情况

（2002年）

单位：万元

项目名称	开工年月	竣工年月	本年计划投资	累计完成投资	
					#本年投资
广州地铁三号线工程	2000.12		35000	49631	46409
广州地铁二号线工程	1998.08		159685	616584	170958
广州新机场迁建工程	2000.04		418500	910400	336300
广州市内环路放射线工程	1999.06		76600	683677	58270
广州南部地区(仑头至龙穴岛)快速路	2002.07		100000	70500	70500
广州北部(新国际机场)高速公路北延线(南段)	2002.11		50000	40600	40600
珠江钢厂	1997.05	2002.12	75623	492379	60438
广州国际会议展览中心工程	2001.04		194333	287079	156086
广州轿车扩建项目(整车部分)	2000.10		116776	209161	107670
广州公路主枢纽系统工程	1998.08		57949	82964	10394
广州水泥厂环保迁建工程	筹　建		55000	1030	1030
广州科学城电子信息产业基地	2000.01		60000	240759	117475
新沙港8－10号泊位集装箱系统改造	2000.12		10000	29239	4072
西朗污水处理工程	2001.06		40000	35901	17494
广州出口加工区	2000.06		10000	6002	1458
广州国际生物岛(首期)	筹　建		14000	2208	2208
李坑生活垃圾焚烧发电厂	2000.12		25000	7850	3464
广州宽带主干网二期工程	2001.06		16961	8659	5659
广东工业大学龙洞校区图书馆等项目	2000.05		21679	42358	21679
华南师范大学教学楼	2001.12		6000	6150	4650
广东省中医院门诊扩建工程	2002.02		9000	18787	18787
广东外语外贸大学图书馆	2002.04		3000	1519	1519
广东省社保信息系统	1999.08		532	1468	476
金鹏移动通信	筹　建		5000	2278	2278
广东商学院校系行政楼	筹　建		1500	50	50

4-15 全社会固定资产投资资金来源

（2002年，按投资类别分）　　单位：万元

项　　目	合　计	基　本 建　设	更　新 改　造	其　他 投　资	房地产 开　发
全　　市					
本年资金来源合计	12856766	3130824	2008474	1204854	6512614
1.上年末结余资金	1649716	337481	143287	11746	1157202
2.本年资金来源小计	11207050	2793343	1865187	1193108	5355412
国家预算内资金	211676	124254	68329	19093	
国内贷款	2696256	1019987	330945	57991	1287333
债　券					
利用外资	910991	285733	286222	199202	139834
自筹资金	3938859	1228278	1103985	610996	995600
其他资金	3449268	135091	75706	305826	2932645
本年各项应付款合计	1209450	413473	106777	46278	642922
# 工程款	818985	334779	19002	19114	446090
设备、器材款	80215	43614	7674	6865	22062
市　　属					
本年资金来源合计	10474865	2327590	1032736	1201017	5913522
1.上年末结余资金	1417595	238939	127829	11746	1039081
2.本年资金来源小计	9057270	2088651	904907	1189271	4874441
国家预算内资金	89899	33833	36973	19093	
国内贷款	2247411	764798	215027	56192	1211394
债　券					
利用外资	596925	233269	35553	199202	128901
自筹资金	3002266	928964	552788	608958	911556
其他资金	3120769	127787	64566	305826	2622590
本年各项应付款合计	939444	197412	98439	46278	597315
# 工程款	585067	135480	18447	19114	412026
设备、器材款	76801	42070	6414	6865	21452

注：本表资金来源为全社会口径，以下各资金来源表同。

4－16 全社会固定资产投资资金来源

（2002 年，按隶属关系分）　　单位：万元

项目	合计	中央项目	省项目	市项目	区、县级市项目	其他项目
本年资金来源合计	12856766	1458808	923093	6205011	3245860	1023994
1.上年末结余资金	1649716	59824	172297	1051772	364343	1480
2.本年资金来源小计	11207050	1398984	750796	5153239	2881517	1022514
国家预算内资金	211676	26562	95215	54524	16282	19093
国内贷款	2696256	286803	162042	1718401	492073	36937
债券						
利用外资	910991	297217	16849	156347	312880	127698
自筹资金	3938859	628698	307895	1396699	1065042	540525
其他资金	3449268	159704	168795	1827268	995240	298261
本年各项应付款合计	1209450	214817	55189	617610	306379	15455
#工程款	818985	191189	42729	411099	166225	7743
设备、器材款	80215	2521	893	31327	41085	4389
#本年基本建设资金来源合计	3130824	423957	379277	1380499	908562	38529
1.上年末结余资金	337481	46013	52529	152109	85660	1170
2.本年资金来源小计	2793343	377944	326748	1228390	822902	37359
国家预算内资金	124254	12646	77775	25223	8610	
国内贷款	1019987	138059	117130	632361	124556	7881
债券						
利用外资	285733	46464	6000	21786	205788	5695
自筹资金	1228278	175837	123477	441239	468942	18783
其他资金	135091	4938	2366	107781	15006	5000
本年各项应付款合计	413473	194089	21972	141553	55226	633
#工程款	334779	182804	16495	117640	17676	164
设备、器材款	43614	1000	544	9351	32250	469
#本年更新改造资金来源合计	2008474	808204	167534	757785	243382	31569
1.上年末结余资金	143287	3693	11765	123693	4136	
2.本年资金来源小计	1865187	804511	155769	634092	239246	31569
国家预算内资金	68329	13916	17440	29301	7672	
国内贷款	330945	110344	5574	147874	59210	7943
债券						
利用外资	286222	250669		9835	9581	16137
自筹资金	1103985	418800	132397	382851	162448	7489
其他资金	75706	10782	358	64231	335	
本年各项应付款合计	106777	7707	631	86768	11528	143
#工程款	19002	333	222	12727	5674	46
设备、器材款	7674	934	326	5080	1238	96

4－17　全社会固定资产投资资金来源

（2002 年，按地区分）　　　　单位：万元

项　　目	全　市	市　区			增城市	从化市
			#番禺区	#花都区		
本年资金来源合计	12856766	11908748	1601454	720644	660186	287832
1.上年末结余资金	1649716	1611537	161255	68341	15090	23089
2.本年资金来源小计	11207050	10297211	1440199	652303	645096	264743
国家预算内资金	211676	177697	12961	170	1040	32939
国内贷款	2696256	2516020	228705	98005	129229	51007
债 券						
利用外资	910991	789045	112838	57667	83207	38739
自筹资金	3938859	3659023	464908	328979	188208	91628
其他资金	3449268	3155426	620787	167482	243412	50430
本年各项应付款合计	1209450	1164126	194132	73793	44188	1136
#工程款	818985	805985	156135	62442	11934	1066
设备、器材款	80215	79343	7111	3038	802	70
#本年基本建设资金来源合计	3130824	2866813	129950	152871	222430	41581
1.上年末结余资金	337481	324177	5240	36073	10265	3039
2.本年资金来源小计	2793343	2542636	124710	116798	212165	38542
国家预算内资金	124254	123740	2898	80	514	
国内贷款	1019987	913868	20284	64150	95119	11000
债 券						
利用外资	285733	213842	5140		50272	21619
自筹资金	1228278	1168914	74113	51764	57597	1767
其他资金	135091	122272	22275	804	8663	4156
本年各项应付款合计	413473	410719	60223	32854	2754	
#工程款	334779	333520	59578	32169	1259	
设备、器材款	43614	43166	645		448	
#本年更新改造资金来源合计	2008474	1906154	47515	99380	32396	69924
1.上年末结余资金	143287	142979	5749	5232		308
2.本年资金来源小计	1865187	1763175	41766	94148	32396	69616
国家预算内资金	68329	42702			115	25512
国内贷款	330945	304508	6469	700		26437
债 券						
利用外资	286222	261724	2021		15993	8505
自筹资金	1103985	1086339	31393	90198	9669	7977
其他资金	75706	67902	1883	3250	6619	1185
本年各项应付款合计	106777	103353	792	8024	3368	56
#工程款	19002	15578	100	5960	3368	56
设备、器材款	7674	7674	227	2064		

4－18 固定资产投资主要经济效益指标

（2002 年）

项　　　目	单　位	合　计	基本建设	更新改造	其他投资	房地产开发
全　　市						
建设项目竣工投产率	%	51.75	38.70	57.66	50.43	
竣工建设项目数	个	1197	262	877	58	
施工建设项目数	个	2313	677	1521	115	
建设项目平均建设周期	年	5.74	5.44	2.75	3.90	7.35
施工项目计划总投资	万元	52963384	15467639	5026222	1127960	31341563
本年完成投资额	万元	9225978	2842654	1830353	289073	4263898
新增固定资产交付使用率	%	62.04	52.94	73.05	70.76	62.80
新增固定资产	万元	5723984	1504868	1336998	204553	2677565
本年完成投资额	万元	9225978	2842654	1830353	289073	4263898
未完工程占用率	%	150.33	144.25	38.45	88.12	206.64
本年未完成工程投资额	万元	13869811	4100654	703718	254719	8810720
本年完成投资额	万元	9225978	2842654	1830353	289073	4263898
房屋面积竣工率	%	25.60	33.13	25.13	35.77	24.03
竣工房屋建筑面积	米^2	14158973	2792822	266794	274070	10825287
施工房屋建筑面积	米^2	55309051	8428629	1061763	766226	45052433
竣工房屋平均造价	元/米^2	1575	1581	1648	916	1588
竣工房屋价值	万元	2229867	441446	43978	25105	1719338
竣工房屋建筑面积	米^2	14158973	2792822	266794	274070	10825287
市　　区						
建设项目竣工投产率	%	50.77	37.28	56.83	46.94	
竣工建设项目数	个	1091	230	815	46	
施工建设项目数	个	2149	617	1434	98	
建设项目平均建设周期	年	5.88	5.61	2.74	4.05	7.54
施工项目计划总投资	万元	50951842	14884064	4802695	1013631	30251452
本年完成投资额	万元	8671250	2654874	1755252	250012	4011112
新增固定资产交付使用率	%	61.82	53.10	72.36	70.80	62.41
新增固定资产	万元	5360492	1409870	1270183	177005	2503434
本年完成投资额	万元	8671250	2654874	1755252	250012	4011112

注：本表不包括农村单位投资、农村私人及城镇私人建房投资；房地产开发按企业统计，不计算施、竣工项目个数。

4－18 续表

项　　目	单　位	合　计	基本建设	更新改造	其他投资	房地产开发
未完工程占用率	%	156.68	152.86	39.38	96.79	214.28
本年未完成工程投资额	万元	13586337	4058155	691138	241999	8595045
本年完成投资额	万元	8671250	2654874	1755252	250012	4011112
房屋面积竣工率	%	24.53	31.30	25.60	30.13	23.20
竣工房屋建筑面积	米^2	12677126	2438481	242705	145417	9850523
施工房屋建筑面积	米^2	51685850	7790866	948041	482683	42464260
竣工房屋平均造价	元/米^2	1606	1644	1719	1069	1601
竣工房屋价值	万元	2035454	400854	41720	15542	1577338
竣工房屋建筑面积	米^2	12677126	2438481	242705	145417	9850523
市　　属						
建设项目竣工投产率	%	40.98	37.04	42.10	50.43	
竣工建设项目数	个	616	193	365	58	
施工建设项目数	个	1503	521	867	115	
建设项目平均建设周期	年	6.28	5.43	3.88	3.94	7.43
施工项目计划总投资	万元	43162120	10499638	3335904	1124050	28202528
本年完成投资额	万元	6877567	1935265	860737	285237	3796328
新增固定资产交付使用率	%	62.88	58.44	62.83	70.37	64.60
新增固定资产	万元	4324789	1131025	540797	200717	2452250
本年完成投资额	万元	6877567	1935265	860737	285237	3796328
未完工程占用率	%	156.43	115.34	41.94	89.30	208.39
本年未完成工程投资额	万元	10758870	2232142	360993	254719	7911016
本年完成投资额	万元	6877567	1935265	860737	285237	3796328
房屋面积竣工率	%	25.98	36.15	21.61	35.77	24.63
竣工房屋建筑面积	米^2	12001810	1771850	187715	274070	9768175
施工房屋建筑面积	米^2	46191722	4900773	868798	766226	39655925
竣工房屋平均造价	元/米^2	1544	1439	1625	916	1578
竣工房屋价值	万元	1852516	255052	30507	25105	1541852
竣工房屋建筑面积	米^2	12001810	1771850	187715	274070	9768175

4-19 农村单位固定资产投资额

（2002 年）　　　　单位：万元

项　　目	全　市	市　区			增城市	从化市
			#番禺区	#花都区		
总　　计	624137	502902	196316	205482	62657	58578
按村镇分						
村属	295774	286131	124549	62472	7994	1649
镇属	328363	216771	71767	143010	54663	56929
按工程用途分						
# 住宅	27703	26309	3305	1136	492	902
按行业分						
农林牧渔业	6857	1904	800	850	97	4856
采掘业	830	150		150		680
制造业	335494	259590	112158	140699	42269	33635
电力、煤气及水的生产和供应业	6556	4596	3057	900	530	1430
建筑业	58922	57652	38320	6287		1270
地质勘查业、水利管理业	4977	3239	514	2020	40	1698
交通运输、仓储及邮电通信业	16980	11621	126	11095	5359	
批发和零售贸易、餐饮业	45651	42470	6580	34520	2033	1148
金融、保险业						
房地产业	32142	32142		3112		
社会服务业	45248	35523	21783	1699	5790	3935
卫生、体育和社会福利业	3810	3479	2658	189	30	301
教育、文化艺术及广播电影电视业	20098	12989	6086	3961	6084	1025
科学研究和综合技术服务业						
国家机关、政党机关和社会团体	39947	37547	4234		425	1975
其他行业	6625					6625

4－20 农村单位新增固定资产及房屋面积

（2002 年）

单位:万元

项目	全市	市区	＃番禺区	＃花都区	增城市	从化市
新增固定资产	561033	445992	166455	197184	56430	58611
农林牧渔业	6557	1654	800	850	47	4856
采掘业	830	150		150		680
制造业	296832	224803	88494	133069	38394	33635
电力、煤气及水的生产和供应业	6270	4280	2741	900	530	1460
建筑业	53693	52423	35948	6918		1270
地质勘查业、水利管理业	4910	3172	497	2020	40	1698
交通运输、仓储及邮电通信业	16038	11621	126	11095	4417	
批发和零售贸易、餐饮业	44221	41585	6125	34520	1488	1148
金融、保险业						
房地产业	31315	31315		3112		
社会服务业	40535	31625	21735	400	4975	3935
卫生、体育和社会福利业	1832	1501	911	189	30	301
教育、文化艺术及广播电影电视业	19380	12271	5584	3961	6084	1025
科学研究和综合技术服务业						
国家机关、政党机关和社会团体	31992	29592	3494		425	1975
其他行业	6628					6628
房屋施工面积(米^2)	4347342	3671192	1332501	920439	387923	288227
＃住宅	528189	507454	93256	31352	5492	15243
房屋竣工面积(米^2)	3024976	2487869	980637	665959	320587	216520
＃住宅	286158	269533	81356	25352	5492	11133

4－21 城镇私人建房情况

（2002 年）

项　　目	建房户数（户）	竣工房屋面积（米²）	#住宅	竣工房屋价值（万元）	#住宅
全　　市	**1858**	**769336**	**746544**	**47457**	**46238**
市 区	1504	493435	493435	32826	32826
#番禺区	1367	482237	482237	31929	31929
花都区					
县级市所在镇	194	205152	190152	11087	10262
增城市	103	36009	36009	1800	1800
从化市	91	169143	154143	9287	8462
镇	160	70749	62957	3544	3150
在总计中：农村户在城建房	62	14497	14497	820	820

4－22 农村私人固定资产投资

（2002 年）

项　　目	建房户数（户）	本年完成投资合计（万元）	#住宅	本年竣工房屋面积（米²）	#住宅
全　　市	**18616**	**194849**	**179532**	**3342353**	**3279988**
市 区	14239	165765	151734	2840776	2780248
#番禺区	5206	71237	67132	1152287	1144075
花都区	2900	23671	18368	515459	473019
县级市	4377	29084	27798	501577	499740
增城市	3023	22098	21714	355956	355956
从化市	1354	6986	6084	145621	143784

4-23 房地产开发与经营

（2002年，按项目所在地分）　　单位：万元、平方米

项目	全市	东山区	荔湾区	越秀区	海珠区	天河区	芳村区
本年完成投资	4263898	260689	268054	159528	1065521	971660	24785
#住宅	3115587	150816	155795	48335	852408	648170	20902
办公楼	279247	40191	21490	35082	26719	130575	2
商业营业用房	405308	27219	28895	57753	79406	93714	471
房屋施工面积	45052433	3646502	2034537	2639859	9421810	10177039	1602655
#住宅	32040628	2178888	1349208	854140	7399776	6264801	1451703
办公楼	3454922	684614	119121	744028	189883	1536064	3099
商业营业用房	5277361	309062	331202	718851	849557	1368253	22396
#新开工面积	11216298	441764	378165	26863	2652234	1661040	67958
#住宅	9106773	337922	269781	11447	2074736	1204903	56523
办公楼	251258	32084	2546	10381	25152	117120	
商业营业用房	950493	30083	59511	2136	261005	140286	7741
房屋竣工面积	10825287	252533	386920	262936	2118441	1956284	461126
#住宅	8712362	165528	267141	91470	1845637	1498703	372735
办公楼	389188	35501	48066	66044	22241	166661	
商业营业用房	745958	19662	39765	69699	125626	126119	2273
本年实际销售（交楼）面积	7280704	187270	277054	91085	1365016	1334908	40717
#住宅	6626989	134494	238465	65995	1279434	1223374	32834
办公楼	200663	44224	8266	15035	26735	69231	2667
商业营业用房	368917	3894	23274	7827	46980	34036	4663
#现楼签约面积	4395391	113149	129062	73608	526721	775853	33548
#住宅	3980755	95332	101490	62185	473049	734741	25665
办公楼	78151	13508	8266	4547	5927	17130	2667
商业营业用房	277625	3694	17331	4648	38218	16944	4663
本年实际销售（交楼）合同金额	3057915	127270	153081	63849	666996	773312	14099
#住宅	2647163	78105	125188	35405	596441	675274	10918
办公楼	124008	37051	4545	12817	12808	49507	800
商业营业用房	263140	10954	21017	14190	52716	41657	2258
#现楼签约合同金额	1786837	78977	82713	46151	251204	468383	11670
#住宅	1535804	55488	58023	34464	203765	429685	8489
办公楼	42281	12696	4545	6386	2338	11098	800
商业营业用房	190896	10541	18788	3864	40955	21952	2258
本年预售面积（期楼签约）	6541328	265041	235532	66043	1422270	912846	34186
#住宅	6203459	233352	215725	48792	1397478	814224	32342
办公楼	120942	25256		8932	3087	74763	
商业营业用房	174667	3173	7733	6859	21632	22819	1844
预售合同金额	2969023	192782	117650	63658	802768	530143	13507
#住宅	2646484	157690	107681	29625	770414	393653	10650
办公楼	97394	21977		5835	1061	67060	
商业营业用房	210375	10784	5355	27256	31220	68414	2857

4－23　续表　　　　　　　　　　　　　　　　　　　　　　　　单位：万元、平方米

项　　　　目	白云区	黄埔区	番禺区	花都区	增城市	从化市
本年完成投资	388569	31421	638349	202536	223049	29737
#住宅	309873	18874	541215	164295	178891	26013
办公楼	1805	2105	18505	951	1043	779
商业营业用房	29975	2088	39056	21255	23808	1668
房屋施工面积	3224183	299083	5939972	3478620	1982516	605657
#住宅	2635500	211751	4701938	2965069	1561658	466196
办公楼	49839	17383	73312	14302	12305	10972
商业营业用房	202788	40495	724733	318140	273679	118205
#新开工面积	716559	112649	2176348	1701299	1161873	119546
#住宅	603867	69121	2004151	1526096	845890	102336
办公楼	6315	17383	27468	5211	6345	1253
商业营业用房	33597	5583	86304	112734	201016	10497
房屋竣工面积	854562	114825	2339688	1103208	812383	162381
#住宅	739881	97890	1865436	908574	707125	152242
办公楼	800		39464	1300	8933	178
商业营业用房	21575	9243	128781	118981	75026	9208
本年实际销售(交楼)面积	629890	83306	2066211	569821	528884	106542
#住宅	599285	81893	1876883	503955	499789	90588
办公楼	800		28485	1300	3920	
商业营业用房	23580	1413	137019	58844	15175	12212
#现楼签约面积	426719	78215	1449320	509112	176093	103991
#住宅	403008	77637	1319155	448090	152224	88179
办公楼			21286	1300	3520	
商业营业用房	17640	578	95468	55780	10449	12212
本年实际销售(交楼)合同金额	273440	28632	689414	106190	142720	18912
#住宅	246268	27323	621854	82038	132320	16029
办公楼	1020		4152	182	1126	
商业营业用房	25223	1309	60143	22811	8449	2413
#现楼签约合同金额	162025	26461	512161	91016	37575	18501
#住宅	143041	26004	463157	69351	28681	15656
办公楼			3174	182	1062	
商业营业用房	18199	457	43766	20684	7019	2413
本年预售面积(期楼签约)	552403	65079	1470669	793275	657132	66852
#住宅	543370	64162	1421163	720183	648440	64228
办公楼			239	8065	400	200
商业营业用房	7196	917	46783	45422	8192	2097
预售合同金额	294020	22655	524220	173666	222961	10993
#住宅	285560	21754	492652	147731	219257	9817
办公楼			62	1134	65	200
商业营业用房	7504	901	30751	20829	3627	877

4-24 房地产开发与经营

（2002年，按企业所在地分）

项目	单位	全市	市区	#番禺区	#花都区	增城市	从化市
企业个数	个	1309	1197	123	78	61	51
年末从业人数	人	32889	29695	5567	1872	2481	713
本年完成投资	万元	4263898	4011112	597743	198836	223049	29737
#民间投资	万元	2578481	2361509	415727	174596	202264	14708
#市属投资	万元	3796328	3543542	597743	198836	223049	29737
本年完成开发土地面积	米^2	8399867	3920850	940340	1734140	4255751	223266
本年房屋建设							
房屋施工面积	米^2	45052433	42464260	5382672	3323620	1982516	605657
#新开工面积	米^2	11216298	9934879	2104948	1621299	1161873	119546
在施工面积中							
#住宅	米^2	32040628	30012774	4178638	2810069	1561658	466196
办公楼	米^2	3454922	3431645	73312	14302	12305	10972
商业营业用房	米^2	5277361	4885477	702733	318140	273679	118205
房屋竣工面积	米^2	10825287	9850523	2163289	1103208	812383	162381
#住宅	米^2	8712362	7852995	1701037	908574	707125	152242
办公楼	米^2	389188	380077	39464	1300	8933	178
商业营业用房	米^2	745958	661724	128781	118981	75026	9208
竣工住宅套数	套	86313	80316	15194	7135	4840	1157
本年房屋销售							
实际销售（交楼）面积	米^2	7280704	6645278	1978628	566564	528884	106542
#住宅	米^2	6626989	6036612	1789300	500698	499789	90588
实际销售（交楼）合同金额	万元	3057915	2896283	656534	105834	142720	18912

4-25 港澳台及外商投资房地产开发与经营

项目	单位	1995年		2001年		2002年	
		全市	#市区	全市	#市区	全市	#市区
企业个数	个	309	227	393	368	379	357
本年完成投资	万元	789884	634122	1306138	1289978	1321184	1288864
本年房屋建设							
房屋施工面积	米^2	8286079	6244377	15227614	14582810	13355597	12807745
#新开工面积	米^2	1142402	819154	4798386	4619644	2067151	2040967
在施工面积中							
#住宅	米^2	4050066	2599966	9150598	8641414	8373141	7926908
办公楼	米^2			1638998	1629284	1473442	1473442
商业营业用房	米^2			2598249	2481670	2130963	2033231
房屋竣工面积	米^2	1288354	531887	2508950	2340221	2828941	2645610
#住宅	米^2	890764	341701	1886635	1750537	2389171	2218496
办公楼	米^2			138598	128884	68849	68849
商业营业用房	米^2			226826	205831	131371	122317
竣工住宅套数	套	10629	3838	22041	20645	22293	20733
本年房屋销售							
预售面积	米^2	939638	499955	1329691	1273417	1691837	1654692
实际销售(交楼)面积	米^2	674540	208418	1555168	1453668	2369335	2244593

4-26 房地产开发投资额和新增固定资产

（2002年） 单位:万元

项目	企业个数(个)	投资额合计	住宅	办公楼	商业营业用房	其他用房	新增固定资产
全市	1309	4263898	3115587	279247	405308	463756	2677565
按登记注册类型分							
内资企业	930	2942714	2143479	209786	253966	335483	1895598
国有企业	152	260117	192258	19789	19867	28203	293360
集体企业	82	72081	53399	897	9629	8156	46212
股份合作企业	20	49869	35551	1560	5118	7640	35481
联营企业	12	15671	8761	45	1170	5695	10662
国有联营企业	8	7641	6196		868	577	6234
集体联营企业	1	2498	481		283	1734	2498
国有与集体联营企业							
其他联营企业	3	5532	2084	45	19	3384	1930
有限责任公司	314	997854	711312	95022	99749	91771	486534
国有独资有限责任公司	29	96475	49105	26126	5895	15349	58417
其他有限责任公司	285	901379	662207	68896	93854	76422	428117
股份有限公司	46	470036	355601	32770	21989	59676	304305
私营企业	304	1077086	786597	59703	96444	134342	719044
私营独资企业	6	6199	4761	250	931	257	16342
私营合伙企业	3	23326	20247	219	1409	1451	2959
私营有限责任公司	286	1030537	749332	58337	92139	130729	697383
私营股份有限公司	9	17024	12257	897	1965	1905	2360
其他内资企业							
港、澳、台商投资企业	371	1259731	921731	68074	143792	126134	770133
合资经营企业	16	167472	123768	7892	29308	6504	88745
合作经营企业	351	1073539	787858	60182	105990	119509	680588
独资经营企业	4	18720	10105		8494	121	800
股份有限公司							
外商投资企业	8	61453	50377	1387	7550	2139	11834
合资经营企业	1	10824	9183	28	153	1460	11834
合作经营企业	6	50629	41194	1359	7397	679	
独资经营企业	1						
股份有限公司							
按资质分							
一级资质	7	259967	170147	53958	4415	31447	125497
二级资质	374	1688128	1262423	99574	143505	182626	1062382
三级资质	640	1810032	1292021	114548	209815	193648	1146799
四级以下(包四级)	288	505771	390996	11167	47573	56035	342887
按隶属关系分							
中央项目	17	205492	155256	33614	292	16330	78974
省属项目	73	262078	161630	59087	15060	26301	146341
市属项目	1219	3796328	2798701	186546	389956	421125	2452250

4－26 续表 单位：万元

项目	企业个数(个)	投资额合计	住宅	办公楼	商业营业用房	其他用房	新增固定资产
市区	1197	4011112	2910683	277425	379832	443172	2503434
按登记注册类型分							
内资企业	840	2722248	1968898	207964	229651	315735	1755405
国有企业	136	256773	189350	19765	19657	28001	288612
集体企业	63	68507	50746	897	9361	7503	43065
股份合作企业	18	49825	35551	1560	5118	7596	35481
联营企业	11	15671	8761	45	1170	5695	10662
国有联营企业	7	7641	6196		868	577	6234
集体联营企业	1	2498	481		283	1734	2498
国有与集体联营企业							
其他联营企业	3	5532	2084	45	19	3384	1930
有限责任公司	308	996569	710068	95022	99708	91771	468128
国有独资有限责任公司	26	96325	48975	26126	5875	15349	40211
其他有限责任公司	282	900244	661093	68896	93833	76422	427917
股份有限公司	42	467488	353983	32162	21806	59537	304305
私营企业	262	867415	620439	58513	72831	115632	605152
私营独资企业	4	4054	3161		651	242	10270
私营合伙企业	2	23226	20247	219	1409	1351	2859
私营有限责任公司	248	824311	585814	57397	68966	112134	589663
私营股份有限公司	8	15824	11217	897	1805	1905	2360
其他内资企业							
港、澳、台商投资企业	350	1227411	891408	68074	142631	125298	736195
合资经营企业	15	167472	123768	7892	29308	6504	88745
合作经营企业	332	1042019	758134	60182	104909	118794	647450
独资经营企业	3	17920	9506		8414		
股份有限公司							
外商投资企业	7	61453	50377	1387	7550	2139	11834
合资经营企业	1	10824	9183	28	153	1460	11834
合作经营企业	5	50629	41194	1359	7397	679	
独资经营企业	1						
股份有限公司							
按资质分							
一级资质	7	259967	170147	53958	4415	31447	125497
二级资质	366	1666768	1242234	99574	142784	182176	1040712
三级资质	610	1612407	1133805	113341	189876	175385	1022446
四级以下(包四级)	214	471970	364497	10552	42757	54164	314779
按隶属关系分							
中央项目	17	205492	155256	33614	292	16330	78974
省属项目	72	262078	161630	59087	15060	26301	146341
市属项目	1108	3543542	2593797	184724	364480	400541	2278119

4－27 房地产开发房屋面积

（2002 年）

单位：米^2

项目	施工面积	#住宅	竣工面积	#住宅	实际销售（交楼）面积	#住宅
全市	45052433	32040628	10825287	8712362	7280704	6626989
按登记注册类型分						
内资企业	31696836	23667487	7996346	6323191	4911369	4428121
国有企业	5328986	4123351	1169757	899484	603488	550117
集体企业	1119652	836509	351425	279419	451081	366481
股份合作企业	619880	462332	243532	188066	144372	119181
联营企业	253789	220230	43620	38191	21251	16114
国有联营企业	98890	85922	23090	21030	912	912
集体联营企业	12920	9752	2920	1752	2630	1595
国有与集体联营企业						
其他联营企业	141979	124556	17610	15409	17709	13607
有限责任公司	9785929	6904660	1879310	1416256	1144553	941954
国有独资有限责任公司	925334	462213	208670	158386	130081	124260
其他有限责任公司	8860595	6442447	1670640	1257870	1014472	817694
股份有限公司	3149987	2624907	1253234	1035415	518286	490288
私营企业	11438613	8495498	3055468	2466360	2028338	1943986
私营独资企业	166597	141035	114127	100649	56493	51897
私营合伙企业	310837	261687	16852	5430	1157	
私营有限责任公司	10776530	7929669	2910204	2348119	1961441	1885247
私营股份有限公司	184649	163107	14285	12162	9247	6842
其他内资企业						
港、澳、台商投资企业	12846571	8015370	2801308	2364853	2356416	2185949
合资经营企业	1291415	857393	504757	439873	502500	478446
合作经营企业	11456907	7112066	2286595	1915844	1838604	1692300
独资经营企业	98249	45911	9956	9136	15312	15203
股份有限公司						
外商投资企业	509026	357771	27633	24318	12919	12919
合资经营企业	110728	84477	27633	24318	12468	12468
合作经营企业	398298	273294			451	451
独资经营企业						
股份有限公司						
按资质分						
一级资质	1551998	1110899	481399	419528	379963	363147
二级资质	15300200	10552578	3386579	2767072	2135747	1934979
三级资质	19817493	13843549	4901528	3810961	3716962	3434274
四级以下（包四级）	8382742	6533602	2055781	1714801	1048032	894589
按隶属关系分						
中央项目	1373863	1210888	369105	301000	242956	232581
省属项目	4022645	2855741	688007	464478	418098	337490
市属项目	39655925	27973999	9768175	7946884	6619650	6056918

4－27 续表

单位：米²

项目	施工面积	#住宅	竣工面积	#住宅	实际销售(交楼)面积	#住宅
市　区	**42464260**	**30012774**	**9850523**	**7852995**	**6645278**	**6036612**
按登记注册类型分						
内资企业	29656515	22085866	7204913	5634499	4400685	3946486
国有企业	5290236	4093788	1146590	881080	568984	526987
集体企业	1069324	790301	318573	249820	431017	347768
股份合作企业	619880	462332	243532	188066	143987	118925
联营企业	253789	220230	43620	38191	21251	16114
国有联营企业	98890	85922	23090	21030	912	912
集体联营企业	12920	9752	2920	1752	2630	1595
国有与集体联营企业						
其他联营企业	141979	124556	17610	15409	17709	13607
有限责任公司	9716317	6845434	1809698	1357030	1116553	914109
国有独资有限责任公司	857688	404747	141024	100920	111019	105198
其他有限责任公司	8858629	6440687	1668674	1256110	1005534	808911
股份有限公司	3065697	2560762	1253234	1035415	514943	487187
私营企业	9641272	7113019	2389666	1884897	1603950	1535396
私营独资企业	107597	86995	71127	61849	34645	30489
私营合伙企业	310837	261687	16852	5430	1157	
私营有限责任公司	9052864	6613949	2287402	1805456	1558901	1498065
私营股份有限公司	169974	150388	14285	12162	9247	6842
其他内资企业						
港、澳、台商投资企业	12298719	7569137	2617977	2194178	2231674	2077207
合资经营企业	1291415	857393	504757	439873	498440	476346
合作经营企业	10922011	6677969	2113220	1754305	1728172	1595799
独资经营企业	85293	33775			5062	5062
股份有限公司						
外商投资企业	509026	357771	27633	24318	12919	12919
合资经营企业	110728	84477	27633	24318	12468	12468
合作经营企业	398298	273294			451	451
独资经营企业						
股份有限公司						
按资质分						
一级资质	1551998	1110899	481399	419528	379963	363147
二级资质	15094087	10354216	3296164	2681095	2073622	1876155
三级资质	18209408	12585873	4245361	3231248	3295708	3034245
四级以下(包四级)	7608767	5961786	1827599	1521124	895985	763065
按隶属关系分						
中央项目	1373863	1210888	369105	301000	242956	232581
省属项目	4022645	2855741	688007	464478	418098	337490
市属项目	37067752	25946145	8793411	7087517	5984224	5466541

4-28 房地产开发资金来源

(2002年) 单位:万元

项目	合计	国内贷款	利用外资	自筹资金	其他资金
全市	**5355412**	**1287333**	**139834**	**995600**	**2932645**
按登记注册类型分					
内资企业	3490365	788973	199	839653	1861540
国有企业	298203	89932		79792	128479
集体企业	87350	9235		49112	29003
股份合作企业	62201	12710		11382	38109
联营企业	20518	2189		11162	7167
国有联营企业	10986	2189		4595	4202
集体联营企业	2520			2520	
国有与集体联营企业					
其他联营企业	7012			4047	2965
有限责任公司	1064736	248318	179	259350	556889
国有独资有限责任公司	95085	22400	84	25777	46824
其他有限责任公司	969651	225918	95	233573	510065
股份有限公司	583127	106507		62585	414035
私营企业	1374230	320082	20	366270	687858
私营独资企业	8876	1760		1000	6116
私营合伙企业	24939	5000		8765	11174
私营有限责任公司	1323270	308322	20	351751	663177
私营股份有限公司	17145	5000		4754	7391
其他内资企业					
港、澳、台商投资企业	1771132	457560	138483	127006	1048083
合资经营企业	322468	66000	22067	12549	221852
合作经营企业	1443572	391560	116416	114070	821526
独资经营企业	5092			387	4705
股份有限公司					
外商投资企业	93915	40800	1152	28941	23022
合资经营企业	48769	27500		3150	18119
合作经营企业	45146	13300	1152	25791	4903
独资经营企业					
股份有限公司					
按资质分					
一级资质	266865	55250		39842	171773
二级资质	2134153	535079	46057	353939	1199078
三级资质	2363228	548038	56393	495107	1263690
四级以下(包四级)	591166	148966	37384	106712	298104
按隶属关系分					
中央项目	216529	38400	84	34061	143984
省属项目	264442	37539	10849	49983	166071
市属项目	4874441	1211394	128901	911556	2622590

4－28　续表　　单位：万元

项　　目	合　计	国内贷款	利用外资	自筹资金	其他资金
市　　区	**5025806**	**1249669**	**139425**	**923854**	**2712858**
按登记注册类型分					
内资企业	3194334	763309	199	769365	1661461
国有企业	295295	89932		78499	126864
集体企业	83536	9021		47175	27340
股份合作企业	60900	12710		11382	36808
联营企业	20518	2189		11162	7167
国有联营企业	10986	2189		4595	4202
集体联营企业	2520			2520	
国有与集体联营企业					
其他联营企业	7012			4047	2965
有限责任公司	1063426	248318	179	258215	556714
国有独资有限责任公司	94910	22400	84	25777	46649
其他有限责任公司	968516	225918	95	232438	510065
股份有限公司	579726	106507		61091	412128
私营企业	1090933	294632	20	301841	494440
私营独资企业	6832	760		50	6022
私营合伙企业	24839	5000		8665	11174
私营有限责任公司	1042917	283872	20	289172	469853
私营股份有限公司	16345	5000		3954	7391
其他内资企业					
港、澳、台商投资企业	1737557	445560	138074	125548	1028375
合资经营企业	322468	66000	22067	12549	221852
合作经营企业	1410384	379560	116007	112999	801818
独资经营企业	4705				4705
股份有限公司					
外商投资企业	93915	40800	1152	28941	23022
合资经营企业	48769	27500		3150	18119
合作经营企业	45146	13300	1152	25791	4903
独资经营企业					
股份有限公司					
按资质分					
一级资质	266865	55250		39842	171773
二级资质	2108060	525579	45648	353001	1183832
三级资质	2093930	525538	56393	440230	1071769
四级以下(包四级)	556951	143302	37384	90781	285484
按隶属关系分					
中央项目	216529	38400	84	34061	143984
省属项目	264442	37539	10849	49983	166071
市属项目	4544835	1173730	128492	839810	2402803

4-29 房地产开发主要财务指标

（2002年） 单位：万元

项　　目	资产总计	所有者权益	经营总收入	经营成本	经营税金及附加	利润总额
全　市	**27719647**	**6216777**	**4272601**	**3244513**	**252815**	**217990**
按登记注册类型分						
内资企业	16570405	3226542	3028396	2376305	178690	133668
国有企业	3654664	606251	431219	349763	23416	-19585
集体企业	927657	141045	180233	137373	11833	12102
股份合作企业	268026	26759	39916	33693	2534	-120
联营企业	111056	15510	8748	6440	599	-126
国有联营企业	56492	9871	5223	3831	332	-376
集体联营企业	8920	2707	1231	812	74	194
国有与集体联营企业						
其他联营企业	45644	2932	2294	1797	193	56
有限责任公司	6031014	1239288	942526	746010	52615	55281
国有独资有限责任公司	1838094	368091	232027	181168	9422	12671
其他有限责任公司	4192920	871197	710499	564842	43193	42610
股份有限公司	1399118	545180	462166	326709	26062	78751
私营企业	4178870	652509	963588	776317	61631	7365
私营独资企业	50072	8208	12957	10192	555	1264
私营合伙企业	54561	3929	7872	6245	425	719
私营有限责任公司	3930591	613195	922498	743291	59857	4526
私营股份有限公司	143646	27177	20261	16589	794	856
其他内资企业						
港、澳、台商投资企业	10645575	2867593	1232149	860282	73461	79405
合资经营企业	764857	232188	197215	116453	15880	24323
合作经营企业	9423720	2546995	1021073	740229	55601	50073
独资经营企业	456998	88410	13861	3600	1980	5009
股份有限公司						
外商投资企业	503667	122642	12056	7926	664	4917
合资经营企业	112805	54852	9571	6996	515	10014
合作经营企业	381914	62847	2059	851	130	-5037
独资经营企业	8948	4943	426	79	19	-60
股份有限公司						
按资质分						
一级资质	1372390	388939	257118	171536	15130	38027
二级资质	11225152	2456766	1702004	1282813	92012	156341
三级资质	11119004	2549548	1914994	1493373	120175	23552
四级以下(包四级)	4003101	821524	398485	296791	25498	70
按隶属关系分						
中央项目	478040	70021	163088	120031	8811	18277
省属项目	2222350	389422	358890	258176	18423	40359
市属项目	25019257	5757334	3750623	2866306	225581	159354

4－29 续表 单位：万元

项　　目	资产总计	所有者权　益	经　营总收入	经营成本	经营税金及附加	利润总额
市　　区	**26978954**	**6051925**	**3977798**	**2997776**	**234101**	**213922**
按登记注册类型分						
内资企业	16105094	3160386	2762257	2153187	161603	127138
国有企业	3508151	613866	424401	343581	23098	－16463
集体企业	878588	132685	173095	132780	11428	10907
股份合作企业	265103	26849	38458	32453	2431	－122
联营企业	103251	9853	8710	6437	597	－77
国有联营企业	48687	4214	5185	3828	330	－327
集体联营企业	8920	2707	1231	812	74	194
国有与集体联营企业						
其他联营企业	45644	2932	2294	1797	193	56
有限责任公司	5960273	1232821	938932	742980	52415	55745
国有独资有限责任公司	1785446	364168	228842	178466	9243	12668
其他有限责任公司	4174827	868653	710090	564514	43172	43077
股份有限公司	1389115	544685	456100	322075	25630	78953
私营企业	4000613	599627	722561	572881	46004	－1805
私营独资企业	44584	2750	9276	8362	400	－341
私营合伙企业	53561	2929	7872	6245	425	719
私营有限责任公司	3759701	567293	685152	541723	44385	－3116
私营股份有限公司	142767	26655	20261	16551	794	933
其他内资企业						
港、澳、台商投资企业	10370195	2768898	1203485	836663	71834	81867
合资经营企业	758190	231483	196544	115841	15878	24517
合作经营企业	9161574	2451072	994397	718272	54032	52360
独资经营企业	450431	86343	12544	2550	1924	4990
股份有限公司						
外商投资企业	503665	122641	12056	7926	664	4917
合资经营企业	112805	54852	9571	6996	515	10014
合作经营企业	381912	62846	2059	851	130	－5037
独资经营企业	8948	4943	426	79	19	－60
股份有限公司						
按资质分						
一级资质	1372390	388939	257118	171536	15130	38027
二级资质	11081403	2413140	1690969	1273471	91156	157989
三级资质	10694354	2471884	1663743	1280339	104243	17946
四级以下(包四级)	3830807	777962	365968	272430	23572	－40
按隶属关系分						
中央项目	478040	70021	163088	120031	8811	18277
省属项目	2217350	388555	358890	258176	18423	40492
市属项目	24283564	5593349	3455820	2619569	206867	155153

主 要 统 计 指 标 解 释

【全社会固定资产投资】固定资产投资是社会固定资产再生产的主要手段。通过建造和购置固定资产的经济活动，国民经济不断采用先进技术装备，建立新兴部门，进一步调整经济结构和生产力的地区分布，增强经济实力，为改善人民物质文化生活创造物质条件。这对我国的社会主义现代化建设具有重要意义。

固定资产投资额是以货币表现的在一定时期内建造和购置固定资产活动的工作量以及与此有关的费用的价值总和。它是反映固定资产投资规模、结构、速度、比例关系和使用方向的综合性指标。全社会固定资产投资按经济类型可分为国有、集体、个体、联营、股份制、外商、港澳台商、其他等。按照管理渠道，全社会固定资产投资总额分为基本建设、更新改造、房地产开发投资和其他固定资产投资四个部分。

【基本建设投资】基本建设指企业、事业、行政单位以扩大生产能力或工程效益为主要目的的新建、扩建工程及有关工作。其综合范围为总投资50万元以上(含50万元，下同)的基本建设项目。具体包括：(1)列入中央和各级地方本年基本建设计划的建设项目，以及虽未列入本年基本建设计划，但使用以前年度基建计划内结转投资(包括利用基建库存设备材料)在本年继续施工的建设项目；(2)本年基本建设计划内投资与更新改造计划内投资结合安排的新建项目和新增生产能力(或工程效益)达到大中型项目标准的扩建项目，以及为改变生产力布局而进行的全厂性迁建项目；(3)国有单位既未列入基建计划，也未列入更新改造计划的总投资在50万元以上的新建、扩建、恢复项目和为改变生产力布局而进行的全厂性迁建项目，以及行政、事业单位增建业务用房和行政单位增建生活福利设施的项目。

【更新改造投资】更新改造指企业、事业单位对原有设施进行固定资产更新和技术改造，以及相应配套的工程和有关工作(不包括大修理和维护工程)。其综合范围为总投资50万元以上的更新改造项目。具体包括：(1)列入中央和各级地方本年更新改造计划的投资单位(项目)和虽未列入本年更新改造计划，但使用上年更新改造计划内结转的投资在本年继续施工的项目；(2)本年更新改造计划内投资与基本建设计划内投资结合安排的对企、事业单位原有设施进行技术改造或更新的项目和增建主要生产车间、分厂等其新增生产能力(或工程效益)未达到大中型项目标准的项目，以及由于城市环境保护和安全生产的需要而进行的迁建工程；(3)国有企、事业单位既未列入基建计划也未列入更新改造计划，总投资在50万元以上的属于改建或更新改造性质的项目，以及由于城市环境保护和安全生产的需要而进行的迁建工程。

【房地产开发投资】指房地产开发公司、商品房建设公司及其他房地产开发法人单位和附属于其他法人单位实际从事房地产开发或经营的活动单位统一开发的包括统代建、拆迁还建的住宅、厂房、仓库、饭店、宾馆、度假村、写字楼、办公楼等房屋建筑物和配套的服务设施，土地开发工程(如道路、给水、排水、供电、供热、通讯、平整场地等基础设施工程)的投资；不包括单纯的土地交易活动。

【其他固定资产投资】指全社会固定资产投资中未列入基本建设、更新改造和房地产开发投资的建造和购置固定资产的活动。具体包括：

⑴国有单位按规定不纳入基本建设计划和更新改造计划管理，计划总投资(或实际需要总投资)在50万元以上的以下工程：①用油田维护费和石油开发基金进行的油田维护和开发工程；②煤炭、铁矿、森工等采掘采伐业用维简费进行的开拓延伸工程；③交通部门用公路养路费对原有公路、桥梁进行改建的工程；④商业部门用简易建筑费建造的仓库工程。

⑵城镇集体固定资产投资：指所有隶属城市、县城和经国务院及省、自治区、直辖市批准建制的镇领导的集体单位(乡镇企业局管理的除外)建造和购置固定资产计划总投资(或实际需要总投资)在50万元以上的项目。

⑶除上述以外的其他各种企、事业单位、个体建造和购置固定资产总投资在50万元以上的、未列入基本建设计划和更新改造计划的项目。

【城镇和工矿区私人建房投资和农村个人投资】城镇和工矿区私人建房包括市、县城、镇、工矿区所辖范围内的全部私人建房，不论其房主是否系本地的常住户口均应包括。农村个人投资包括农村个人建房及购置生产性固定资产的投资。

【固定资产投资的资金来源】根据固定资产投资的资金来源不同，分为国家预算内资金、国内贷款、利用外资、自筹资金和其他资金来源。

(1)国家预算内资金：指中央财政和地方财政中由国家统筹安排的基本建设拨款和更新改造拨款，以及中央财政安排的专项拨款中用于基本建设的资金和基本建设拨款改贷款的资金等。

(2)国内贷款：指报告期内企、事业单位向银行及非银行金融机构借入的用于固定资产投资的各种国内借款。包括银行利用自有资金及吸收的存款发放的贷款、上级主管部门拨入的国内贷款、国家专项贷款(包括煤代油贷款、劳改煤矿专项贷款等)、地方财政专项资金安排的贷款、国内储备贷款、周转贷款等。

(3)债券：是企业(公司)或金融机构通过发行各种债券筹集到的用于固定资产投资的资金，包括由银行代理国家专业投资公司发行的重点企业债券和重点建设债券。

(4)利用外资：指报告期内收到的用于固定资产投资的国外资金，包括统借统还、自借自还的国外贷款，中外合资项目中的外资，以及对外发行债券和股票等。国家统借统还的外资指由我国政府出面同外国政府、团体或金融组织签订贷款协议、并负责偿还本息的国外贷款。

(5)自筹资金：指建设单位报告期内收到的，用于进行固定资产投资的上级主管部门、地方和企、事业单位自筹资金。

(6)其他资金来源:指报告期内收到的除以上各种资金之外其他用于固定资产投资的资金,包括群众集资、个人资金、无偿捐赠的资金及其他单位拨入的资金等。

【固定资产投资按国民经济行业分】建设项目归哪个行业,按其建成投产后的主要产品种类或主要用途及社会经济活动性质来确定。基本建设按建设项目划分国民经济行业,更新改造、国有单位其他固定资产投资及城镇集体投资根据整个企业、事业单位所属的行业来划分。一般情况下,一个建设项目或一个企业、事业单位只能属于一种国民经济行业。为了更准确地反映国民经济各行业之间的比例关系,联合企业(总厂)所属分厂属于不同行业的,原则上按分厂划分行业。

【固定资产投资按建设性质分】建设项目的性质一般分为新建、扩建、改建、单纯建造生活设施、迁建、恢复、单纯购置。基本建设按建设项目划分建设性质,更新改造、国有单位其他固定资产投资及城镇集体投资等按整个企业、事业单位的建设情况确定建设性质,房地产开发单位、农村投资、城镇工矿区私人建房等投资不划分建设性质。

⑴新建:一般是指从无到有、"平地起家"新开始建设的企业、事业和行政单位或独立工程。现有企业、事业、行政单位一般不属于新建。但有的单位原有的基础很小,经过建设后其新增加的固定资产价值超过原有固定资产价值(原值)三倍以上的也算新建。

⑵扩建:一般是指为扩大原有产品的生产能力,在厂内或其他地点增建主要生产车间(或主要工程)、独立的生产线或分厂的企业;事业单位和行政单位在原单位增建业务用房(如学校增建教学用房、医院增建门诊部或病床用房、行政机关增建办公楼等)也作为扩建。

⑶改建:一般是指现有企业、事业单位为了技术进步,提高产品质量,增加花色品种,促进产品升级换代,降低消耗和成本,加强资源综合利用和三废治理、劳保安全等,采用新技术、新工艺、新设备、新材料等对现有设施、工艺条件进行技术改造或更新(包括相应配套的辅助性生产、生活福利设施)。有的企业为充分发挥现有生产能力,进行填平补齐而增建不增加本单位主要产品生产能力的车间等,也属于改建。

【固定资产投资按构成分】固定资产投资活动按其工作内容和实现方式分为建筑安装工程,设备、工具、器具购置,其他费用三个部分。

⑴建筑安装工程(建筑安装工作量):指各种房屋、建筑物的建造工程和各种设备、装置的安装工程。包括各种房屋建造工程,各种用途设备基础和各种工业窑炉的砌筑工程;为施工而进行的各种准备工作和临时工程以及完工后的清理工作等;铁路、道路的铺设,矿井的开凿及石油管道的架设等;水利工程;防空地下建筑等特殊工程;以及各种机械设备的安装工程;为测定安装工程质量,对设备进行的试运工作。在安装工程中,不包括被安装设备本身的价值。

⑵设备、工具、器具购置:指购置或自制达到固定资产标准的设备、工具、器具的价值,固定资产的标准按财务部门规定。新建单位、扩建单位的新建车间按照设计和计划要求购置或自制的全部设备、工具、器具,不论是否达到固定资产标准均计入"设备、工具、器具购置"中。

⑶其他费用:指在固定资产建造和购置过程中发生的,除建筑安装工程和设备、工具、器具购置以外的各种应摊入固定资产的费用。

【施工项目】指报告期内进行建筑或安装工程施工活动的建设项目,包括报告期内新开工项目、报告期以前开工跨入报告期继续施工的项目以及报告期施过工并在报告期内全部建成投产或停缓建的项目。

【全部建成投产项目】工业项目是指设计文件规定形成生产能力的主体工程及其相应配套的辅助设施全部建成,经负荷试运转,证明具备生产设计规定合格产品的条件,并经过验收鉴定合格或达到竣工验收标准,与生产性工程配套的生活福利设施可以满足近期正常生产的需要,正式移交生产的建设项目。非工业项目是指设计文件规定的主体工程和相应的配套工程全部建成,能够发挥设计规定的全部效益,经验收鉴定合格或达到竣工验收标准,正式移交使用的建设项目。

【新增生产能力】指通过固定资产投资活动而新增加的设计生产能力或工程效益,它是以实物形态表示的固定资产投资的成果指标。新增生产能力的计算,是以能独立发挥生产能力或工程效益的单项工程(或项目)为对象。当单项工程(或项目)建成,经有关部门鉴定合格,正式移交投入生产,即可计算新增生产能力。

新增生产能力或工程效益有以下几种表现形式:

⑴以建设项目或单项工程建成后的年产能力用产品数量表示,如煤炭开采、石油开采等。

⑵以建设项目或单项工程建成后处理原料的能力表示,如选矿工程的年处理矿石能力、洗煤厂年洗原煤能力等。

⑶以新增的主要设备数量或容量表示,如棉纺锭锭数、发电机组容量等。

⑷以建筑物容积、容量、面积或长度表示,如水库容量、铁路公路里程等。

新增生产能力的数量一般按设计能力计算。设计能力是指设计文件中规定的在正常情况下能够达到的生产能力,而不论投产后的实际产量如何。以设备数量、建筑物容积、面积、长度等表示的新增生产能力或工程效益,则按建成的实际数量计算。

【房屋建筑面积】指从房屋外墙线算起的各层平面面积的总和,包括可供使用的有效面积和房屋结构(如柱、墙)占用的面积。多层建筑按各层(包括地下室)面积总和计算。

【住宅建筑面积】指施工和竣工房屋建筑面积中供居住用的施工和竣工房屋建筑面积。

【施工面积】指报告期内施工的全部房屋建筑面积。包括本期新开工的面积、上期跨入本期继续施工的房屋面积、上期停缓建在本期恢复施工的房屋面积、本期竣工的房屋面积及本期施工后又停缓建的房屋面积。

【竣工面积】指在报告期内房屋建筑按照设计要求已全部完工,达到住人和使用条件,经验收鉴定合格,正式移交使用单位的建筑面积。

【房屋建筑面积竣工率】指一定时期内房屋竣工面积占同期房屋施工面积的比率。它是从房屋建筑施工速度的角度反映投资效果和建筑业经济效益的指标。

【新增固定资产】指通过投资活动所形成的新的固定资产价值,包括已经建成投入生产或交付使用的工程价值和达到固定资产标准的设备、工具、器具的价值及有关应摊入的费用。它是以价值形式表示的固定资产投资成果的综合性指标,可以综合反映不同时期、不同部门、不同地区的固定资产投资成果。

【固定资产交付使用率】指一定时期新增固定资产与同期完成投资额的比率。它是反映各个时期固定资产动用速度,衡量建设过程中宏观投资效果的一个综合性指标。

第五篇

原材料消费与库存

原材料、能源生产与消费同步增长

2002年，随着经济的稳步快速发展，广州市工业、交通运输邮电业及建筑业的生产保持平稳、健康发展，使原材料、能源的生产和消费实现同步增长。

一、七成原材料、能源生产稳步增长

2002年，全市列入统计的22种主要原材料、能源产品中，产量比上年增加的有：线材（增长1.3倍）、铜（增长33.1%）、铜材（增长31.4%）、汽油（增长13.4%）、纯碱（增长12.6%）和电（增长4.9%）等16个品种，占总量的72.7%；产量下降的有：普通中型钢材（下降23.0%）、普通小型钢材（下降22.0% ）、铝材（下降16.7%）和锯材（下降8.8%）等6个品种，占总量的27.3%。

二、原材料、能源消费与生产同步增长

原材料、能源生产的增长，满足了全市对原材料、能源不断增加的消费需求。2002年全市32种主要原材料、能源消费中，比上年增长的有23种，占总量的71.9%；其中增幅较大的有：线材（增长23.2%）、铜材（增长13.1%）、铜（增长11.1%）、汽油（增长7.6%）、燃料油（增长7.6%）、合成橡胶（增长7.4%）和电（增长5.7%）等；比上年下降的有9种，占总量的28.1%；其中降幅较大的有普通中型钢材（下降10.7%）、普通小型钢材（下降9.9%）和铝材（下降6.6%）等。

三、原材料、能源消费主要集中在制造业

2002年，广州工业保持了良好的增长态势，使原材料、能源在制造业及电力、蒸气、热水的生产和供应业消费的集中度继续提高。

从各行业消费情况看，煤炭的消费主要集中在电力、蒸气、热水的生产和供应业，占总消费量的51.4%；制造业中的食品加工业、化学原料及化学制品制造业、造纸及纸制品业则分别占8.0%、7.4%和5.1%；生铁主要用于制造业中的黑色金属冶炼及压延加工业，占总消费量的87.7%；钢材主要用于建筑业和制造业中的金属制品业，分别占总消费量的38.9%和19.8%；焦炭主要用于制造业中的黑色金属冶炼及压延加工业，占总消费量的84.6%；煤油、柴油、汽油主要用于交通运输业，分别占总消费量的99.3%、49.3%和29.5%；燃料油主要用于电力、蒸气、热水的生产和供应业及交通运输业，分别占总消费量的60.4%和12.1%。

四、工业企业主要能源加工转换效率继续提高

2002年，全市各能源加工转换工业企业在加强管理、提高节能意识和技术水平等方面做了大量工作，推动加工转换效率的进一步提高，使各主要能源加工转换效率保持在良好水平上。其中，全市火力发电加工转换效率为35.3%，比上年提高1.3%。广州广盛电力有限公司、广东粤华发电有限责任公司、广州东方电力有限公司、广州珠江电力有限公司、广州发电厂的火力发电加工转换效率较高，均超出全市平均水平1—4个百分点，有力地推动了全市火力发电加工转换效率迈上一个新台阶。供热加工转换效率为87.1%，比上年提高1.6%；其中，中国石化广州石油化工总厂的供热加工转换效率比全市平均水平高出7个百分点，使电力、蒸汽、热水的生产和供应业的产值综合能耗由上年的每万元4.41吨标准煤下降至每万元4.29吨标准煤，直接节约能源6.38万吨标准煤。

主 要 物 资 消 费 量

（2002年）

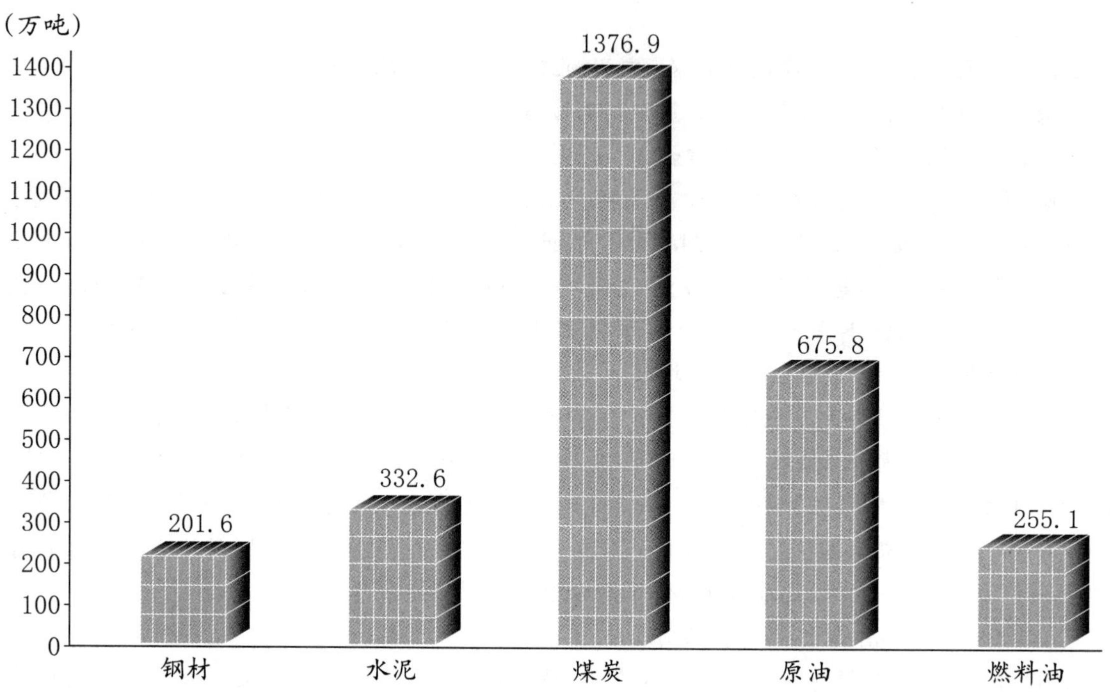

主 要 物 资 库 存 量

（2002年）

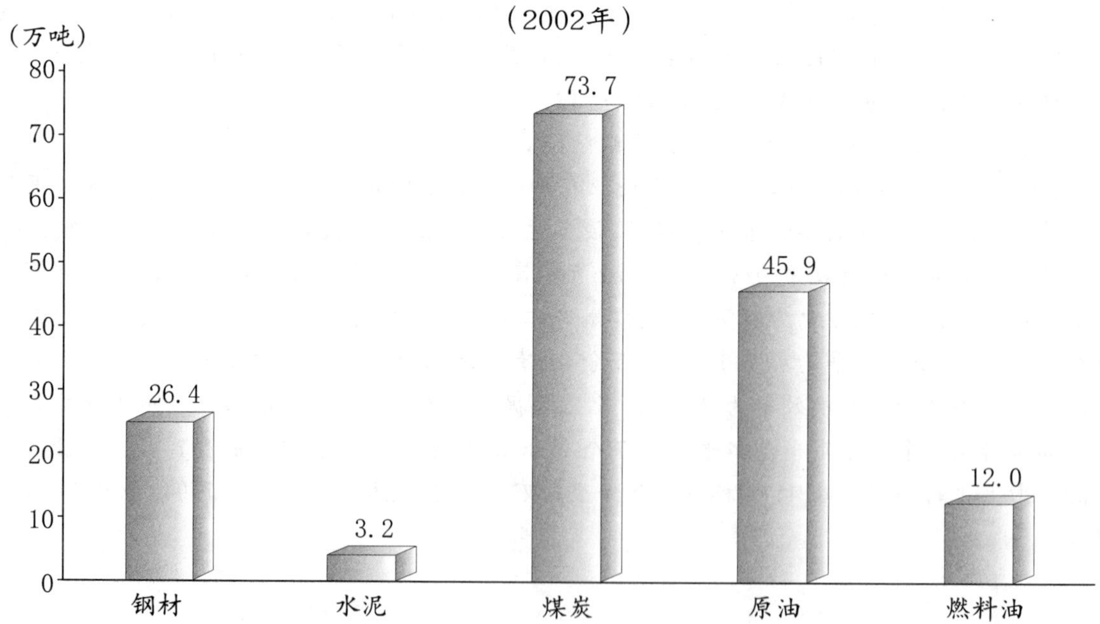

5-1 主要物资消费与库存量

单位:吨

物资名称	2001年		2002年	
	消费量	库存量	消费量	库存量
生铁	818568	6667	833384	6874
钢材	2064449	250026	2015521	264402
#普通中型钢材	149392	17456	133481	18169
普通小型钢材	461236	28638	415712	26624
钢带	165751	12589	175613	13748
线材	248522	8141	306129	9073
中厚钢板	314524	40126	322984	41029
薄钢板	331206	43108	346143	45642
硅钢板	30889	2209	31216	2286
焊接钢管	53838	6374	51076	6803
铜	18459	774	20504	878
铝	40841	742	41800	780
铅	7494	455	7216	457
锌	32747	487	32429	485
锡	659	54	643	50
铜材	35607	3372	40282	3442
铝材	27084	2141	25285	2226
硫酸	177443	2983	177194	3015
烧碱	73598	1405	77263	1543
纯碱	89484	2659	93601	2960
天然橡胶	37297	5197	37673	4942
合成橡胶	37659	8526	40442	8759
水泥	3151747	31559	3326353	32051
原木(米^3)	834032	111774	843122	113014
#原木直接消费	687477		699714	
锯材(米^3)	370914	36178	360565	38356
煤炭	12948354	702750	13769355	736621
焦炭	386807	10271	409833	10791
原油	6305869	388531	6758461	459275
汽油	141263	3386	151998	3419
煤油	485668	50167	508246	47613
柴油	726224	29801	757015	30221
燃料油	2371344	123342	2550617	120061
电力(万千瓦·时)	1298826		1373248	

5-2 市区主要物资消费与库存量

单位:吨

物资名称	2001年		2002年	
	消费量	库存量	消费量	库存量
生铁	816685	6497	831467	6699
钢材	1920144	238150	1874636	251843
#普通中型钢材	127640	15843	114046	16490
普通小型钢材	424521	27647	382621	25703
钢带	161193	12574	170784	13732
线材	224241	7819	276220	8714
中厚钢板	280996	36214	288554	37029
薄钢板	321932	41496	336451	43935
硅钢板	30478	2185	30801	2261
焊接钢管	52815	6082	50105	6491
铜	18365	768	20400	871
铝	39664	707	40595	743
铅	7493	455	7215	457
锌	32442	473	32127	471
锡	657	53	641	49
铜材	34560	3310	39098	3379
铝材	26807	2112	25026	2196
硫酸	168092	2850	167856	2881
烧碱	73046	1322	76684	1452
纯碱	88061	2637	92113	2936
天然橡胶	36189	5099	36554	4849
合成橡胶	35019	8159	37607	8382
水泥	2767864	28706	2921203	29154
原木(米^3)	779486	109382	787982	110595
#原木直接消费	660597		672356	
锯材(米^3)	349327	35679	339580	37827
煤炭	12228426	669088	13003779	701337
焦炭	384679	10162	407578	10676
原油	6305869	388531	6758461	459275
汽油	137293	3317	147726	3349
煤油	485620	50167	508196	47613
柴油	708576	29235	738619	29647
燃料油	2184007	114511	2349117	111465
电力(万千瓦·时)	1228300		1298681	

5-3 市属主要物资消费与库存量

单位:吨

物资名称	2001年		2002年	
	消费量	库存量	消费量	库存量
生铁	811610	6412	826300	6611
钢材	1544001	141440	1507408	149573
#普通中型钢材	94072	11776	84053	12257
普通小型钢材	386193	24053	348076	22361
钢带	152905	12569	162003	13726
线材	223894	7781	275792	8672
中厚钢板	171698	16343	176316	16711
薄钢板	262084	31486	273904	33337
硅钢板	29548	2076	29861	2148
焊接钢管	32325	4360	30667	4653
铜	17780	741	19750	841
铝	36561	435	37420	457
铅	5402	337	5202	338
锌	31682	369	31374	367
锡	608	51	593	47
铜材	34994	3071	39589	3135
铝材	26591	2043	24825	2124
硫酸	175722	2973	175475	3005
烧碱	66930	1084	70263	1190
纯碱	89386	2656	93498	2957
天然橡胶	37286	5193	37662	4938
合成橡胶	36299	2882	38981	2961
水泥	2571195	26935	2713639	27355
原木(米^3)	818769	111405	827693	112641
#原木直接消费	677508		689568	
锯材(米^3)	349327	34094	339580	36147
煤炭	10264160	629313	10914967	659644
焦炭	384679	10270	407578	10790
原油	5359	231	4887	210
汽油	126388	3228	135993	3259
煤油	3400	100	3060	91
柴油	323315	11869	337023	12036
燃料油	1128996	72451	1214348	70524
电力(万千瓦·时)	1027891		1086789	

5-4 主 要 物 资 消 费 量

（2002 年） 单位：吨

行业	煤炭	焦炭	原油	燃料油	汽油	柴油	煤油
合计	13769355	409833	6758461	2550617	151998	757015	508246
采掘业	1572		50385	4	1086	28475	
#木材加工及竹材采运业							
制造业	6386328	408804	6540332	694019	90549	262118	3237
#食品加工业	1101548	396		5573	1335	13032	
食品制造业	171216			3980	14123	19774	
饮料制造业	119786			4810	1516	6608	76
烟草加工业	10746				82	197	
纺织业	160615	1860		90108	1817	18545	161
服装及其他纤维制品制造业	4422			6632	6898	8586	73
皮革、毛皮、羽绒及其制造业	869			6121	2666	21217	41
木材加工及竹、藤、棕、草制造业	30746			1276	334	1295	
家具制造业	17			2	469	892	9
造纸及纸制品业	706606			6887	1251	2998	74
印刷业、记录媒介的复制					973	519	157
文教体育用品制造业	14074				1195	6434	84
石油加工及炼焦业	265717		6540332	86465	1543	1817	61
化学原料及化学制品制造业	1018977	40490		111105	5182	17463	459
医药制造业	84986			1657	1873	5891	4
化学纤维制造业				1479	190	2139	
橡胶制品业	100584			39024	3417	3509	
塑料制品业	15127			10585	12918	41256	43
黑色金属冶炼及压延加工业	263938	346782		122684	1542	14572	15
有色金属冶炼及压延加工业	7424	1767		5441	666	10101	436
金属制品业	8604	5877		1505	3089	3409	434
电力、煤气及水的生产和供应业	7083966	224	167744	1541048	1581	38597	19
#电力、蒸气、热水的生产和供应业	7016262	143	167744	1510140	441	36764	19
自来水的生产和供应业	4	81			643	748	
建筑业	70	19		6128	13917	54805	331
交通运输及邮电通信业	297419	786		309418	44865	373020	504659
#邮电通信业					411	325	

5-4 续表

单位:吨

行业	电力(万千瓦·时)	生铁	钢材	铜材	铝材	原木直接消费(米^3)	锯材(米^3)
合计	**1373248**	**833384**	**2015521**	**40282**	**25285**	**699714**	**360565**
采掘业	46088		249				
#木材加工及竹材采运业							
制造业	1044977	826386	1210327	40099	23763	463532	187159
#食品加工业	33370	466	7890	11			11
食品制造业	23864	17	11078	1			
饮料制造业	18142		826	10	3		17
烟草加工业	4332		8				
纺织业	38402	39	223	24			
服装及其他纤维制品制造业	50744		4989	7	32	17	
皮革、毛皮、羽绒及其制造业	16464		958	1	138		225
木材加工及竹、藤、棕、草制造业	5568		30			119054	13662
家具制造业	2069	135	15994		34	24499	22956
造纸及纸制品业	66608	71	1395	3	2	306066	4452
印刷业、记录媒介的复制	7308	7	1630	6	17		6
文教体育用品制造业	15171	441	11241	486	447	10019	117654
石油加工及炼焦业	65716		9674			6	
化学原料及化学制品制造业	146823	328	10381	31	43	43	188
医药制造业	10052	9	505	2	47		10
化学纤维制造业	7821		36	1			
橡胶制品业	26376	1110	3473	6	1		
塑料制品业	26598	2489	1135	26	78		
黑色金属冶炼及压延加工业	102762	731057	97732	8	55	4	2872
有色金属冶炼及压延加工业	14174		578	11115	27		
金属制品业	18076	42033	399778	2628	10504	56	588
电力、煤气及水的生产和供应业	228303	817	7685	18	21	3	48
#电力、蒸气、热水的生产和供应业	140691	538	4353	11	19	1	30
自来水的生产和供应业	83980	279	1381	5		2	17
建筑业	15016	2759	784643	102	1476	235438	168492
交通运输及邮电通信业	38864	3422	12617	63	25	741	4866
#邮电通信业	336		124	32			

5-5 工业企业能源加工转换情况

（2002年）

项　　目	单　位	火力发电	供　热	炼　焦	炼　油	制　气
投入量合计	万吨标准煤	-899.77	-113.59	-28.10	-962.53	-17.13
产出量合计	万吨标准煤	317.68	98.94	25.40	942.31	14.58
加工转换损失量	万吨标准煤	-582.09	-14.65	-2.70	-20.22	-2.55
加工转换效率	%	35.31	87.10	90.39	97.90	85.11
原煤	万吨	-953.82	-141.87			-1.62
洗精煤	万吨			-30.41		
其他煤气	亿米^3					1.86
焦炭	万吨			21.88		
原油	万吨				-673.76	
燃料油	万吨	-145.94	-2.12		40.43	-3.49
汽油	万吨				148.67	
煤油	万吨				38.58	
柴油	万吨	-3.33	-0.12		239.18	-0.01
液化石油气	万吨				27.88	-3.13
炼厂干气	万吨	-1.42	-0.74		23.87	-3.57
焦炉煤气	亿米^3			0.37		
其他石油制品	万吨				125.16	
其他焦化产品	万吨			1.59		
热力	万百万千焦		2901.33			
电力	亿千瓦·时	258.49				
其他能源	万吨标准煤	-0.07	-0.30			

5-6 地区能源平衡表(实物量)

(2002 年)

项　　目	原　煤 (万吨)	洗精煤 (万吨)	其他洗煤 (万吨)	煤制品 (万吨)	焦　炭 (万吨)	焦炉煤气 (亿米^3)	其他煤气 (亿米^3)
可供本地区消费的能源量	1607.17	31.56		-0.01	19.10		
年初库存量	70.28	4.97			2.97		
一次能源生产量							
回收能							
外省(区、市)调入量	1585.90	29.86			17.21		
进 口 量	24.65						
我轮.机在外国加油量							
本省(区、市)调出量(-)							
出 口 量(-)							
外轮、机在我国加油量(-)							
年末库存量(-)	-73.66	-3.27		-0.01	-1.08		
加工转换投入(-)产出(+)量	-1097.92	-30.41		0.49	21.88	0.37	1.86
火力发电	-953.82						
供 热	-141.87						
洗 选 煤							
炼 焦		-30.41			21.88	0.37	
炼 油							
制 气	-1.62						1.86
#焦炭再投入量(-)							
煤制品加工	-0.61			0.49			
损 失 量	19.05						0.17
#运输和输配损失	9.41						
终端消费量	490.20	1.15		0.48	40.98	0.37	1.69
第一产业	5.71						
农、林、牧、渔业	5.71						
第二产业	457.75	1.15			40.90	0.36	
工 业	457.67	1.15			40.90	0.36	
#用作原料、材料	71.24						
建 筑 业	0.08						
第三产业	12.36				0.08		0.70
交通运输、仓储及邮电通信业	0.80				0.04		
批发和零售贸易业、餐饮业	11.18						0.45
其他	0.38				0.04		0.25
生活消费	14.38			0.48		0.01	0.99
城 镇	13.37			0.48		0.01	0.99
乡 村	1.01						
平衡差额							
消费量合计	1607.17	31.56		0.48	40.98	0.37	1.86

续表 1

项目	原油（万吨）	汽油（万吨）	煤油（万吨）	柴油（万吨）	燃料油（万吨）	液化石油气（万吨）	炼厂干气（万吨）
可供本地区消费的能源量	675.85	-57.68	15.12	-96.87	225.57	2.85	
年初库存量	38.85	3.36	5.02	8.18	12.35	0.51	
一次能源生产量							
回收能							
外省(区、市)调入量		22.09	29.73	16.45	45.18	5.30	
进口量	683.24		24.52	5.66	164.09	1.77	
我轮.机在外国加油量				5.84	25.33		
本省(区、市)调出量(-)	-0.31	-35.16	-18.83	-110.44	-6.73	-2.25	
出口量(-)		-43.72	-17.45	-12.94	-1.84	-1.92	
外轮、机在我国加油量(-)			-1.90	-0.44	-0.81		
年末库存量(-)	-45.93	-4.25	-5.97	-9.18	-12.00	-0.56	
加工转换投入(-)产出(+)量	-673.76	148.67	38.58	235.72	-111.12	24.75	18.14
火力发电				-3.33	-145.94		-1.42
供热				-0.12	-2.12		-0.74
洗选煤							
炼焦							
炼油	-673.76	148.67	38.58	239.18	40.43	27.88	23.87
制气				-0.01	-3.49	-3.13	-3.57
#焦炭再投入量(-)							
煤制品加工							
损失量							
#运输和输配损失							
终端消费量	2.09	90.99	53.70	138.85	114.45	27.60	18.14
第一产业		0.82	0.17	10.53			
农、林、牧、渔业		0.82	0.17	10.53			
第二产业	2.09	22.52	0.33	57.42	76.10	8.33	18.14
工业	2.09	20.56	0.32	50.94	75.42	8.32	18.14
#用作原料、材料					3.36		
建筑业		1.96	0.01	6.48	0.68	0.01	
第三产业		56.30	53.20	70.90	38.35	1.13	
交通运输、仓储及邮电通信业		37.25	53.03	49.37	33.20	0.24	
批发和零售贸易业、餐饮业		1.01		5.85	0.62	0.43	
其他		18.04	0.17	15.68	4.53	0.46	
生活消费		11.35				18.14	
城镇		11.35				14.29	
乡村						3.85	
平衡差额							
消费量合计	675.85	90.99	53.70	142.31	266.00	30.73	23.87

续表 2

项目	天然气（亿米^3）	其他石油制品（万吨）	其他焦化产品（万吨）	热力（万百万千焦）	电力（亿千瓦·时）	其他能源（万吨标准煤）
可供本地区消费的能源量		1.16			37.44	5.12
年初库存量		7.20				0.04
一次能源生产量					31.09	
回收能						5.12
外省(区、市)调入量		9.95			6.35	
进口量						
我轮.机在外国加油量		0.50				
本省(区、市)调出量(-)		-6.64				
出口量(-)		-6.39				
外轮、机在我国加油量(-)						
年末库存量(-)		-3.46				-0.04
加工转换投入(-)产出(+)量		125.16	1.59	2901.33	258.49	-0.37
火力发电					258.49	-0.07
供热				2901.33		-0.30
洗选煤						
炼焦			1.59			
炼油		125.16				
制气						
#焦炭再投入量(-)						
煤制品加工						
损失量					17.40	
#运输和输配损失					17.40	
终端消费量		126.32	1.59	2901.33	278.53	4.75
第一产业		0.12			2.68	
农、林、牧、渔业		0.12			2.68	
第二产业		122.60	1.59	2863.86	158.34	4.75
工业		122.29	1.59	2863.86	154.66	4.75
#用作原料、材料		45.45				
建筑业		0.31			3.68	
第三产业		3.60		37.47	69.97	
交通运输、仓储及邮电通信业		2.19			5.99	
批发和零售贸易业、餐饮业					34.07	
其他		1.41		37.47	29.91	
生活消费					47.54	
城镇					30.83	
乡村					16.71	
平衡差额						
消费量合计		126.32	1.59	2901.33	295.93	5.12

5-7 地区能源平衡表(标准量)

(2002 年)　　　　单位:万吨标准煤

项　　目	原　煤	洗精煤	其他洗煤	煤制品	焦　炭	焦炉煤气	其他煤气
可供本地区消费的能源量	1148.01	29.16		-0.01	18.56		
年初库存量	50.20	4.59			2.89		
一次能源生产量							
回收能							
外省(区、市)调入量	1132.81	27.59			16.72		
进 口 量	17.61						
我轮.机在外国加油量							
本省(区、市)调出量(-)							
出 口 量(-)							
外轮、机在我国加油量(-)							
年末库存量(-)	-52.61	-3.02		-0.01	-1.05		
加工转换投入(-)产出(+)量	-784.25	-28.10		0.30	21.22	2.27	14.58
火力发电	-681.31						
供 热	-101.34						
洗 选 煤							
炼 焦		-28.10			21.22	2.27	
炼 油							
制 气	-1.16						14.58
#焦炭再投入量(-)							
煤制品加工	-0.44			0.30			
损 失 量	13.61						1.33
#运输和输配损失	6.72						
终端消费量	350.15	1.06		0.29	39.78	2.27	13.25
第一产业	4.08						
农、林、牧、渔业	4.08						
第二产业	326.97	1.06			39.70	2.21	
工 业	326.91	1.06			39.70	2.21	
#用作原料、材料	50.89						
建 筑 业	0.06						
第三产业	8.83				0.08		5.49
交通运输、仓储及邮电通信业	0.57				0.04		
批发和零售贸易业、餐饮业	7.99						3.53
其他	0.27				0.04		1.96
生活消费	10.27			0.29		0.06	7.76
城 镇	9.55			0.29		0.06	7.76
乡 村	0.72						
平衡差额							
消费量合计							

续表 1　　　　单位:万吨标准煤

项　　目	原　油	汽　油	煤　油	柴　油	燃料油	液化石油气	炼厂干气
可供本地区消费的能源量	965.52	-84.87	22.23	-141.16	322.25	4.89	
年初库存量	55.50	4.94	7.39	11.92	17.64	0.87	
一次能源生产量							
回收能							
外省(区、市)调入量		32.50	43.74	23.97	64.54	9.09	
进口量	976.08		36.08	8.25	234.42	3.03	
我轮.机在外国加油量				8.51	36.19		
本省(区、市)调出量(-)	-0.44	-51.73	-27.71	-160.92	-9.61	-3.86	
出口量(-)		-64.33	-25.68	-18.85	-2.63	-3.29	
外轮、机在我国加油量(-)			-2.80	-0.64	-1.16		
年末库存量(-)	-65.62	-6.25	-8.79	-13.40	-17.14	-0.95	
加工转换投入(-)产出(+)量	-962.53	218.75	56.77	343.48	-158.75	42.42	28.51
火力发电				-4.85	-208.49		-2.23
供热				-0.17	-3.03		-1.16
洗选煤							
炼焦							
炼油	-962.53	218.75	56.77	348.51	57.76	47.79	37.51
制气				-0.01	-4.99	-5.37	-5.61
#焦炭再投入量(-)							
煤制品加工							
损失量							
#运输和输配损失							
终端消费量	2.99	133.88	79.00	202.32	163.50	47.31	28.51
第一产业		1.21	0.25	15.34			
农、林、牧、渔业		1.21	0.25	15.34			
第二产业	2.99	33.13	0.48	83.67	108.71	14.28	28.51
工业	2.99	30.25	0.47	74.23	107.74	14.26	28.51
#用作原料、材料					4.80		
建筑业		2.88	0.01	9.44	0.97	0.02	
第三产业		82.84	78.27	103.31	54.79	1.94	
交通运输、仓储及邮电通信业		54.81	78.02	71.94	47.43	0.41	
批发和零售贸易业、餐饮业		1.49		8.52	0.89	0.74	
其他		26.54	0.25	22.85	6.47	0.79	
生活消费		16.70				31.09	
城镇		16.70				24.49	
乡村						6.60	
平衡差额							
消费量合计							

续表 2

单位：万吨标准煤

项目	天然气	其他石油制品	其他焦化产品	热力	电力	其他能源	合计(当量值)	合计(电热等价值)
可供本地区消费的能源量		1.47			46.01	5.12	2337.18	2421.07
年初库存量		9.14				0.04	165.12	165.12
一次能源生产量					38.21		38.21	107.88
回收能						5.12	5.12	5.12
外省(区、市)调入量		12.64			7.80		1371.40	1385.62
进口量							1275.47	1275.47
我轮.机在外国加油量		0.64					45.34	45.34
本省(区、市)调出量(－)		－8.43					－262.70	－262.70
出口量(－)		－8.12					－122.90	－122.90
外轮、机在我国加油量(－)							－4.60	－4.60
年末库存量(－)		－4.40				－0.04	－173.28	－173.28
加工转换投入(－)产出(＋)量		175.22	1.91	98.94	317.68	－0.37	－611.95	－25.62
火力发电					317.68	－0.07	－579.27	
供热				98.94		－0.30	－7.06	
洗选煤								
炼焦			1.91				－2.70	－2.70
炼油		175.22					－20.22	－20.22
制气							－2.56	－2.56
#焦炭再投入量(－)								
煤制品加工							－0.14	－0.14
损失量					21.38		36.32	75.30
#运输和输配损失					21.38		28.10	67.09
终端消费量		176.69	1.91	98.94	342.31	4.75	1688.91	2320.15
第一产业		0.17			3.29		24.34	30.34
农、林、牧、渔业		0.17			3.29		24.34	30.34
第二产业		171.49	1.91	97.66	194.60	4.75	1112.12	1473.93
工业		171.06	1.91	97.66	190.08	4.75	1093.79	1447.36
#用作原料、材料		63.58					119.27	119.27
建筑业		0.43			4.52		18.33	26.57
第三产业		5.03		1.28	85.99		427.85	584.74
交通运输、仓储及邮电通信业		3.06			7.36		263.64	277.06
批发和零售贸易业、餐饮业					41.87		65.03	141.38
其他		1.97		1.28	36.76		99.18	166.30
生活消费					58.43		124.60	231.14
城镇					37.89		96.74	165.83
乡村					20.54		27.86	65.31
平衡差额								
消费量合计							2337.18	2421.07

主 要 统 计 指 标 解 释

【能源消费总量】指一定时期内全国(地区)物质生产部门、非物质生产部门和生活消费的各种能源的总和,是观察能源消费水平、构成和增长速度的总量指标。能源消费总量包括原煤和原油及其制品、天然气、电力,不包括低热值燃料、生物质能和太阳能等的利用。能源消费总量分为终端能源消费量、能源加工转换损失量和损失量三部分。

⑴终端能源消费量:指一定时期内全国(地区)生产和生活消费的各种能源在扣除了用于加工转换二次能源消费量和损失量以后的数量。

⑵能源加工转换损失量:指一定时期内全国(地区)投入加工转换的各种能源数量之和与产出各种能源产品之和的差额,是观察能源在加工转换过程中损失量变化的指标。

⑶能源损失量:指一定时期内能源在输送、分配、储存过程中发生的损失和由客观原因造成的各种损失量,不包括各种气体能源放空、放散量。

【能源加工转换效率】指一定时期内能源经过加工、转换后,产出的各种能源产品的数量与同期内投入加工转换的各种能源数量的比率。它是观察能源加工转换装置和生产工艺先进与落后、管理水平高低等的重要指标。计算公式为:

能源加工转换效率 = 能源加工、转换产出量/能源加工、转换投入量 × 100%

第六篇

财政、金融和保险业

金融信贷持续增长 财政收支及保险增速放缓

2002年，广州市继续执行积极财政政策和稳健的货币政策。在所得税分享比例减少等因素的影响下，财政收支增幅放缓；金融信贷收支出现积极变化，保险市场增速回落。

一、全年财政预算执行情况良好，财政收支和上缴中央、省税收继续保持增长。2002年，广州市地方财政收入269.10亿元。其中：一般预算收入245.87亿元，完成年度预算的107.5%，比上年增长17.5%，增速比上年下降5.3个百分点；基金预算收入23.2亿元，下降9.7%。地方财政支出350.19亿元。其中：一般预算支出326.67亿元，为年度调整预算的95.9%，增长11.6%，增速比上年下降10个百分点；基金预算支出23.52亿元，增长5.3%。上缴中央收入194.45亿元，增长10.8%；上缴省收入64.30亿元，增长18.6%。

1. 经济的发展，拉动税收与非税收收入持续增长。全年税收收入206.82亿元，增长14.0%，税收增长主要来源于：营业税收入61.32亿元，增长13.5%；增值税(25%部分)收入52.64亿元，增长18.8%；个人所得税收入15.97亿元，增速最快，增长25.3%；房产税收入13.41亿元，增长22.8%。全年非税收收入39.6亿元，增长34%。主要原因是：由于管理的逐步规范化，国有资产收益和行政性收费大幅度增长；国有企业计划亏损补贴持续下降。

2. 区、县级市财政收入增速高于市本级，占全市财政一般预算收入的比重进一步提高。市本级一般预算收入为126.16亿元，增长13.3%。区、县级市一般预算收入119.72亿元，增长22.6%，比市本级高9.3个百分点；占全市一般预算收入的比重为48.7%，比上年提高1.8个百分点。其中增长较大的有：花都区、增城市和开发区，分别增长63.5%、43.3%和36.8%。

3. 财政支出结构有所调整，保障经常性的支出。全年基建支出56.59亿元，增长13.7%；公检法司警察部队支出37.50亿元，增长29%；教育事业费支出35.58亿元，增长16.4%；行政管理费支出27亿元，增长22.7%；行政事业单位离退休经费支出19.73亿元，增长27.10%。支出增长较快的项目还有：政策性补贴支出增长1.55倍、抚恤和社会福利救济费支出增长41.3%、企业挖潜改造资金增长24.5%、卫生事业费支出增长16.8%。减支项目主要有：流通部门事业费和其他支出，分别下降46.3%和6.3%。

二、金融机构存贷、现金收支规模继续扩大，全年现金累计投放超万亿元。2002年末，广州地区金融机构人民币各项存款余额7498.35亿元，新增存款1268.46亿元，比年初增长20.4%；各项贷款余额5257.21亿元，新增贷款902.21亿元，比年初增长20.7%。外汇各项存款余额83.99亿美元，比年初增长8.1%；外汇各项贷款余额49.75亿美元，比年初增长46.9%。全年累计现金回笼9983.76亿元，比上年增长14.5%；累计现金投放10057.39亿元，比上年增长13.9%。现金收支相抵全年累计净投放73.63亿元，比上年下降30.1%，比上年净投放少31.63亿元。

1. 在人民币存款中，企业存款和储蓄存款持续稳定增长。2002年末，企业存款余额2904.86亿元，比年初增长11.6%；城乡居民储蓄存款余额3132.80亿元，比年初增长20.5%。2002年新增储蓄存款532.35亿元中，定期存款占51.4%，比上年提高了5.5个百分点。居民储蓄继续保持较强的稳定性。

2. 在人民币贷款中，全年新增短期和中期流动资金贷款占全部新增贷款的比重进一步提高，贷款主要投向生产、扩大内需和基建。2002年末，金融机构短期贷款余额2312.81亿元，比年初增长10.8%；中长期贷款余额2308.58亿元，比年初增长25.2%；中期流动资金贷款余额298.44亿元，比年初增长39.1%。贷款增长较大的项目有：私营企业及个体贷款余额比年初增长63.2%；工业贷款余额比年初增长40.8%；个人中长期消费贷款余额比年初增长30.9%；基建贷款余额比年初增长20.8%。

三、保费收入继续增长，但增速有所回落。2002年全地区保险机构累计保费收入99.87亿元，比上年增长23.2%，比上年增速下降17.9个百分点。其中：财产险保费收入28.19亿元，比上年增长3.4%；人身险保费收入71.68亿元，比上年增长28%。累计支付赔款及给付20.55亿元，比上年增长13.8%。其中，财产险12.69亿元，比上年增长9.6%；人身险7.86亿元，比上年增长21.4%。

财 政 收 支 (按当年口径)

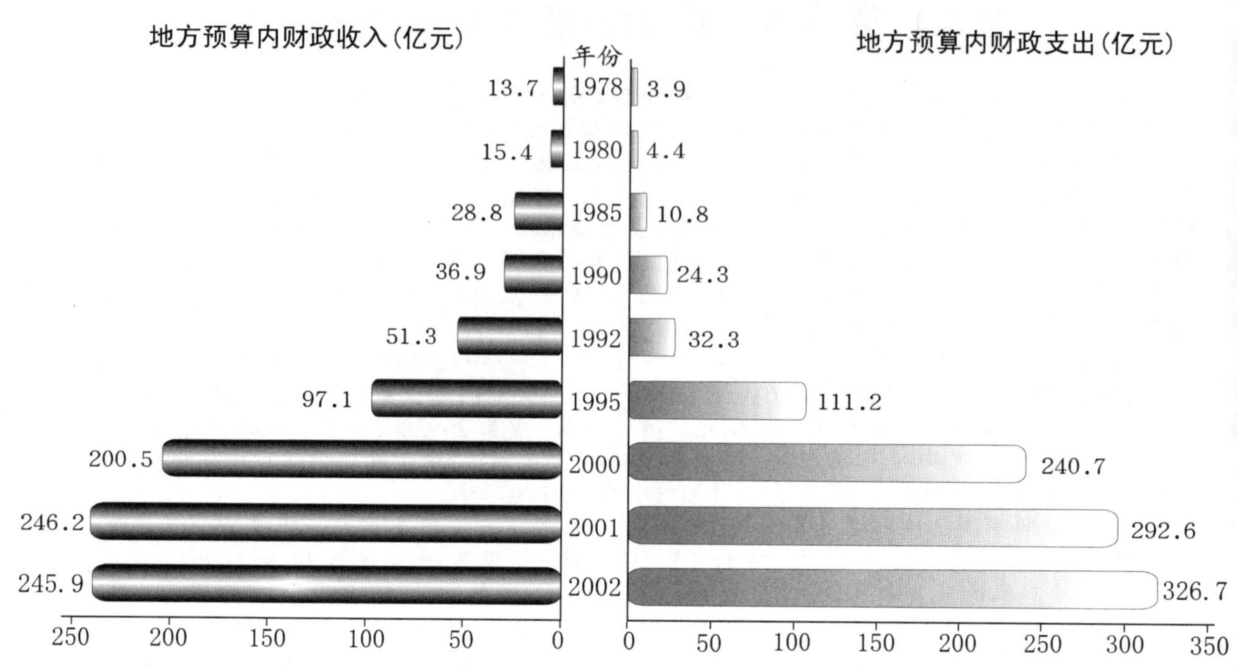

地方预算内财政收入(亿元)
地方预算内财政支出(亿元)
年份
13.7 1978 3.9
15.4 1980 4.4
28.8 1985 10.8
36.9 1990 24.3
51.3 1992 32.3
97.1 1995 111.2
200.5 2000 240.7
246.2 2001 292.6
245.9 2002 326.7
250 200 150 100 50 0
0 50 100 150 200 250 300 350

金融机构存、贷款余额

(亿元)
8000
7000
6000
5000
4000
3000
2000
1000
0
存款余额
25.6
43.7
100.7
440.5
871.4
2002.0
5545.2
6228.0
7498.3
1978 1980 1985 1990 1992 1995 2000 2001 2002 (年份)
0
1000
2000
3000
4000
5000
6000
(亿元)
贷款余额
26.0
40.3
105.2
420.4
651.2
1312.2
3895.5
4336.5
5257.2

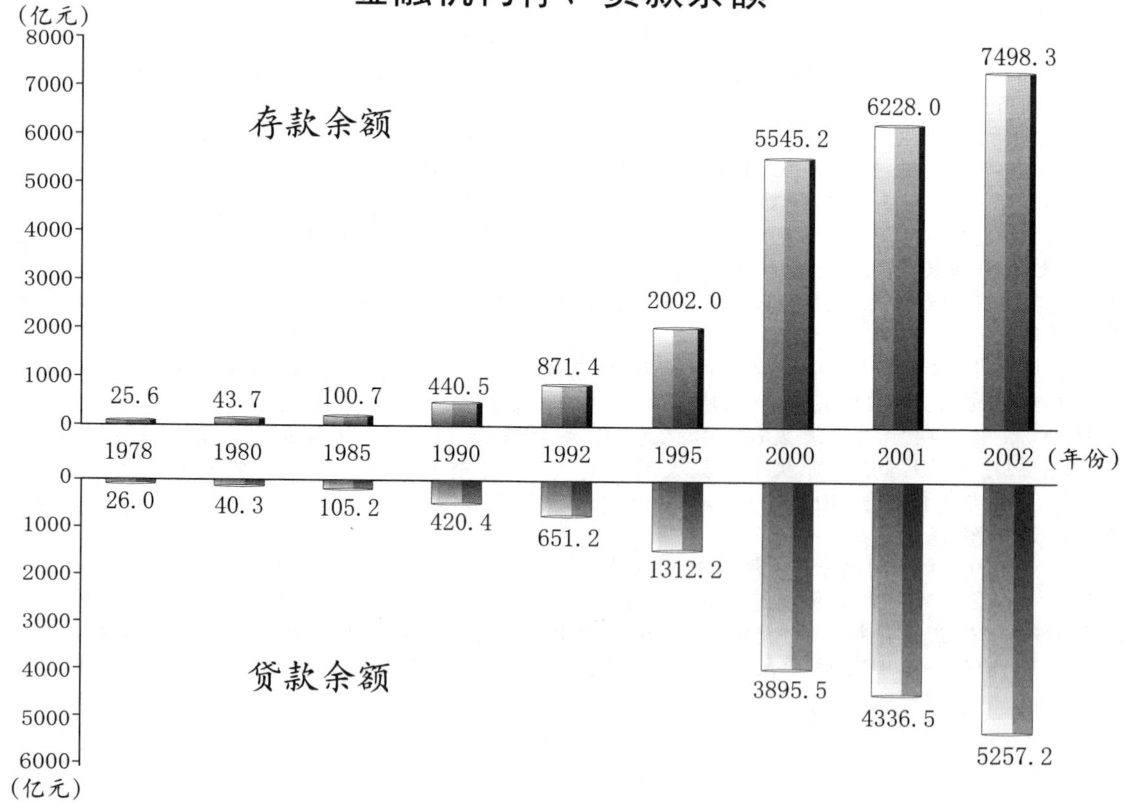

6-1 地方财政收入

（2002 年）

单位：万元

项目	全市	市区	#番禺区	#花都区	增城市	从化市
地方财政收入合计	2690984	2590126	300801	73229	67866	32992
一般预算收入	2458737	2363005	286232	70041	64592	31140
#增值税	526377	504609	52455	21107	16178	5590
营业税	613161	584068	101170	16725	19766	9327
企业所得税	236416	230965	25466	3878	2212	3239
个人所得税	159684	154288	11647	3143	3025	2371
城市维护建设税	164892	159463	11194	4059	3518	1911
房产税	134061	129663	9393	2596	2659	1739
印花税	35561	34756	2881	453	652	153
城镇土地使用税	16042	15487	622	162	227	328
车船使用和牌照税	12644	11744	1760	1120	593	307
农业税	8420	6255	2781	1188	1488	677
契税	114520	110051	19043	7450	3442	1027
国有企业计划亏损补贴	－14655	－14655				
行政性收费收入	135919	134751	5244	80	1068	100
罚没收入	127639	120210	16286	1513	4703	2726
专项收入	93585	89442	8674	3508	3061	1082
其他收入	8682	8489	236		180	13
基金预算收入	232247	227121	14569	3188	3274	1852
附：上级补助收入	832744	782055	170688	18884	24063	26626
#税收返还补助	255379	242184	15494	8036	7782	5413
所得税基数返还补助	345591	337991	35993	4401	4012	3588

6-2 地　方　财　政　支　出

（2002 年）　　单位:万元

项　目	全　市	市　区	#番禺区	#花都区	增城市	从化市
地方财政支出合计	3501930	3344905	448628	94507	95305	61720
一般预算支出	3266738	3125623	435750	87102	87379	53736
#基本建设支出	565935	561479	158012	1170	1009	3447
企业挖潜改造资金	113194	111805	1256	3636	1044	345
科技三项费用	77788	76895	7812	2150	493	400
流动资金	988	988				
支援农村生产支出	51783	40397	8683	4702	5400	5986
农业综合开发支出	14067	11825	9565	833	1697	545
农林水利气象等部门的事业费	31405	28217	6666	1411	1098	2090
工业交通等部门的事业费	18685	18101	1455	260	328	256
文体广播事业费	65478	62128	6425	1004	1988	1362
教育事业费	355791	323371	56164	20105	19844	12576
科学事业费	20534	20357	1509	246	135	42
卫生经费	167073	161574	13667	3262	2933	2566
其他部门的事业费	179458	171081	24866	4172	5603	2774
抚恤和社会福利救济费	64619	59076	6425	2316	3976	1567
行政事业单位离退休经费	197327	185045	16381	7263	7161	5121
社会保障补助支出	54888	54616	6040	214	115	157
行政管理费	269976	256052	39955	10261	10563	3361
公检法司支出	372446	359909	34477	8162	7352	5185
城市维护费	178011	175781	12847	6330	1166	1064
政策性补贴支出	20434	19475	2604	1278	509	450
专项支出	78871	73524	9577	3563	3130	2217
其他支出	358656	344803	9714	4480	11730	2123
基金预算支出	235192	219282	12878	7405	7926	7984
附：上解支出	14907	12737	10497	1092	1072	1098

6-3 金融机构信贷资金平衡表

（2002年末）

单位：万元

项　　目	全　市	市　区	增城市	从化市
资金来源项目				
合　计	58512490	56934351	1250622	327517
各项存款	74983462	72378835	1981181	623446
企业存款	29048567	28450084	456752	141731
财政存款	2615290	2592328	17052	5910
机团存款	5220726	5127685	46657	46384
城乡居民储蓄存款	31327966	29553800	1367501	406665
城镇储蓄存款	27876272	26478338	1068741	329193
农村储蓄存款	3451694	3075462	298760	77472
农业存款	1403968	1314070	75116	14782
信托存款	427621	427621		
委托存款	505917	505804	697	-584
其他存款	4433407	4407443	17406	8558
金融债券	184	183		1
应付及暂收款	1999846	1980578	14522	4746
流通中货币				
各项准备	576634	567420	7021	2193
所有者权益	1565245	1559254	12501	-6510
其他	-20612881	-19551919	-764603	-296359
资金占用项目				
合　计	58512490	56934351	1250622	327517
各项贷款	52572051	51098920	1164549	308582
#短期贷款	23128143	22133548	770010	224585
工业贷款	6456584	6167690	242397	46497
商业贷款	4787903	4589750	142760	55393
建筑业贷款	1615304	1592084	20390	2830
农业贷款	399198	332346	45032	21820
乡镇企业贷款	1537070	1311894	174428	50748
三资企业贷款	1409072	1355703	41152	12217
私营企业及个体贷款	373243	360820	8614	3809
其他短期贷款	6549769	6423261	95237	31271
中期流动资金贷款	2984441	2947669	34104	2668
中长期贷款	23085787	22659212	346368	80207
信托贷款	336096	336096		
融资租赁	9953	9953		
委托贷款	346681	346681		
有价证券及投资	2851064	2823538	26141	1385
应收及预付款	1804971	1760135	35008	9828
委托投资	14597	14597		
金银占款	52707	52707		
外汇占款	710755	711196	-441	
库存现金	506345	473258	25365	7722
财政借款				

6-4 国内金融机构外币存贷款余额

单位:万美元

项　　目	1998年末	1999年末	2000年末	2001年末	2002年末
各项存款	554759	629546	772428	774689	839865
单位活期存款	63490	61076	72080	56936	76847
单位定期存款	102148	98329	113091	85636	72172
储蓄存款	323876	411363	528863	573832	619970
信托存款	8829	9157	7630	8475	4942
委托存款	16944	9735	9870	10194	10194
其他类存款	17729	23067	26640	23346	39245
境外存款	21743	16819	14254	16270	16495
各项贷款	595331	330258	234097	336910	497541
短期贷款	167259	108018	68070	87067	104182
中长期贷款	137171	89613	55972	101348	263619
进出口贸易融资	9261	5966	4678	8385	10051
票据融资	309	242	1778	617	317
融资租赁	11433	1723	1088	602	472
信托贷款	183365	27663	16705	36477	18275
委托贷款	16689	9548	9482	9883	9883
逾期类贷款	69844	87485	76324		
各项垫款				8650	9368
境外筹资转贷款				83881	81374

附:驻穗外资银行2002年末存款余额23244万美元,年末贷款余额72258万美元。

6-5 金融机构现金收支

（2002年）　　单位：万元

项　目	全　市	市　区	增城市	从化市
现金收入合计	99837618	93148320	5192738	1496560
商品销售收入	9270911	8447225	629588	194098
服务业收入	5426791	5109049	222973	94769
税款收入	379724	350231	19084	10409
城乡个体经营收入	3125790	2543476	443337	138977
储蓄存款收入	75892722	71313097	3581006	998619
其他金融机构收入	261690	247542	13549	599
居民归还贷款收入	46671	43748	2076	847
汇兑收入	1522009	1436495	65915	19599
有价证券收入	238128	235642	1315	1171
其他收入	3673182	3421815	213895	37472
现金支出合计	100573953	93985719	5096669	1491565
工资性支出	6532133	5796885	540802	194446
农副产品采购支出	943250	697341	190870	55039
工矿及其他产品采购支出	730656	636136	81632	12888
行政企事业管理费支出	5784369	5479762	239997	64610
城乡个体经营支出	3733140	3045887	545963	141290
储蓄存款支出	78378007	74100201	3304333	973473
其他金融机构支出	88171	74311	13720	140
居民提取贷款支出	26652	26428	110	114
汇兑支出	402750	387381	9345	6024
有价证券支出	226902	224871	1270	761
其他支出	3727923	3516516	168627	42780
现金净投放（+）净回笼（-）	736335	837399	-96069	-4995

6-6 国内财产保险业务情况

(2002年) 单位:万元

项　　目	全　市	市　区	#番禺区	#花都区	增城市	从化市
保险金额	129204284	126646431	10434656	1242584	1641158	916695
财产保险	122075271	119663976	9789552	1184129	1536316	874979
责任保险	6930209	6793399	623387	55401	100400	36410
信用保险	41427	32988	1990	2542	4204	4235
保证保险	103922	102613	16433	512	238	1071
农业保险	53455	53455	3294			
保费收入	281882	269945	26901	6526	7736	4201
财产保险	264787	253469	24408	6312	7298	4020
责任保险	14882	14381	1899	178	392	109
信用保险	424	325	19	29	43	56
保证保险	1095	1076	192	7	3	16
农业保险	694	694	383			
赔付给付件数(件)	182470	170034	22326	6220	6592	5844
赔款支出	126940	120398	11226	2652	3698	2844
财产保险	117126	111323	9418	2509	3360	2443
责任保险	7619	7269	1632	113	293	57
信用保险	1209	820	26	30	45	344
保证保险	856	856	21			
农业保险	130	130	129			

6-7 国内人身保险业务情况

（2002年）

单位：万元

项　　目	全　市	市　区	#番禺区	#花都区	增城市	从化市
个人人身保险						
保费	425471	408003	43574	13164	10359	7109
人寿保险	380967	364548	40746	11983	9808	6611
意外伤害保险	18348	17837	1559	640	282	229
健康保险	26156	25618	1269	541	269	269
期满给付	29433					
人寿保险	29433					
意外伤害保险						
健康保险						
死亡医疗给付	9604					
人寿保险	5990					
意外伤害保险	1497					
健康保险	2117					
团体人身保险						
保费	291388	289549	20027	1004	1005	834
人寿保险	261563	260406	18824	586	781	376
意外伤害保险	13870	13254	855	373	174	442
健康保险	15955	15889	348	45	50	16
期满给付	23655					
人寿保险	23655					
意外伤害保险						
健康保险						
死亡医疗给付	15852					
人寿保险	1002					
意外伤害保险	3270					
健康保险	11580					
本年承保或期末有效合同						
人数(人次)	11813244					
保额	45009906					

6-8 主要外资金融机构及代表处一览表

（2002年）

机构(代表处)名称	所属国家(地区)	批准日期
南洋商业银行广州分行	香港	1992.08.12
东亚银行有限公司广州分行	香港	1992.09.28
法国兴业银行广州分行	法国	1992.08.18
三井住友银行广州分行	日本	1992.09.28
美国银行广州分行	美国	1993.01.20
大华银行有限公司广州分行	新加坡	1993.11.04
加拿大丰业银行广州分行	加拿大	1994.08.03
法国东方汇理银行广州分行	法国	1994.08.19
德国得意志银行广州分行	德国	1994.11.02
法国巴黎银行广州分行	法国	1994.11.02
加拿大蒙特利尔银行广州分行	加拿大	1994.11.02
香港恒生银行有限公司广州分行	香港	1995.07.14
美国花旗银行广州分行	美国	1997.12.31
比利时富通银行广州分行	比利时	1998.03.17
香港上海汇丰银行有限公司广州分行	香港	1999.08.20
英国标准渣打银行广州代表处	英国	1982.11.11
法国里昂信贷银行广州代表处	法国	1982.04.28
瑞穗实业银行广州代表处	日本	1984.03.01
日本东京三菱银行广州代表处	日本	1996.04.01
荷兰银行广州代表处	荷兰	1994.12.02
德国德累斯登银行广州代表处	德国	1995.08.15
澳门大丰银行广州代表处	澳门	1995.01.05
永隆银行有限公司广州代表处	香港	1994.05.20
日联银行广州代表处	日本	1985.05.01
德富泰银行有限公司广州代表处	泰国	1996.01.31
永亨银行有限公司广州代表处	香港	1997.03.12
葡萄牙商业银行广州代表处	葡萄牙	1997.03.21
廖创兴银行广州代表处	香港	1999.02.10
美联银行广州代表处	美国	2001.01.08
国民银行广州代表处	韩国	2002.12.17

6-9 外资保险公司及代表处一览表

（2002年）

机构(代表处)名称	所属国家(地区)	批准日期
美亚保险公司广州分公司	美国	1995.10.30
友邦保险公司广州分公司	美国	1995.10.30
三井住友海上火灾保险公司广州代表处	日本	1993.07.31
荷兰保险公司广州代表处	荷兰	1995.01.05
英国商联保险有限公司广州代表处	英国	1995.08.02
美国纽约人寿国际公司广州代表处	美国	1995.08.25
瑞士丰泰保险公司广州代表处	瑞士	1996.04.08
澳大利亚昆士兰保险集团股份有限公司广州代表处	澳大利亚	1997.07.10
香港盈科保险有限公司广州代表处	香港	1998.01.26
英国怡和保险顾问集团有限公司广州代表处	英国	1998.11.13

主 要 统 计 指 标 解 释

【财政收入】指国家财政参与社会产品分配所取得的收入，是实现国家职能的财力保证。财政收入所包括的内容几经变化，目前主要包括：

(1)各项税收：包括增值税、营业税、消费税、土地增值税、城市维护建设税、资源税、城镇土地使用税、印花税、个人所得税、企业所得税、关税、农牧业税、耕地占用税、车船使用和牌照税、车船购置税(费)、屠宰税、契税和农业物产税等。

(2)专项收入：包括征收排污费收入、征收城市水资源费收入、教育费附加收入等。

(3)其他收入：包括罚没收入、行政性收费收入等。

(4)国有企业计划亏损补贴：是国家财政对因客观原因或国家政策需要而发生亏损的国有企业给予的一种补助。它要纳入国家统一的亏损计划。

(5)国有资产经营收益：反映国有企业上缴的税后利润，国有资产转让收入、经营收益。补交以前年度欠交的调节税。

【财政支出】国家财政将筹集起来的资金进行分配使用，以满足经济建设和各项事业的需要，主要包括：

(1)基本建设支出：指按国家有关规定，属于基本建设范围内的基本建设有偿使用、拨款、资本金支出以及经国家批准对专项和政策性基建投资贷款，在部门的基建投资额中统筹支付的贴息支出。

(2)企业挖潜改造资金：指国家预算内拨给的用于企业挖潜、革新和改造方面的资金。包括各部门企业挖潜改造资金和企业挖潜改造贷款资金，为农业服务的县办“五小”企业技术改造补助，挖潜改造贷款利息支出。

(3)地质勘探费用：指国家预算用于地质勘探单位的勘探工作费用，包括地质勘探管理机构及其事业单位经费、地质勘探经费。

(4)科技三项费用：指国家预算用于科技支出的费用，包括新产品试制费、中间试验费、重要科学研究补助费。

(5)支援农村生产支出：指国家财政支援农村集体(户)各项生产的支出。包括对农村举办的小型农田水利和打井、喷灌等的补助费，对农村水土保持措施的补助费，对农村举办的小水电站的补助费，特大抗旱的补助费，农村开荒补助费，扶持乡镇企业资金，农村农技推广和植保补助费，农村草场和畜禽保护补助费，农村造林和林木保护补助费，农村水产补助费，发展粮食生产专项资金。

(6)农林水利气象等部门的事业费用：指国家财政用于农垦、农场、农业、畜牧、农机、林业、森工、水利、水产、气象、乡镇企业的技术推广、良种推广(示范)、动植物(畜禽、森林)保护、水质监测、勘探设计、资源调查、干部训练等项费用，园艺特产场补助费，中等专业学校经费，飞播牧草试验补助费，营林机构、气象机构经费，渔政费以及农业管理事业费等。

(7)工业交通商业等部门的事业费：指国家预算支付给工交商各部门用于事业发展的经费，包括勘探设计费、中等专业学校经费、技术学校经费、干部训练费。

(8)文教科学卫生事业费：指国家预算用于文化、出版、文物、教育、卫生、中医、公费医疗、体育、档案、地震、海洋、通讯、电影电视、计划生育、党政群干部训练、自然科学、社会科学、科协等项事业的经费支出和高技术研究专项经费。主要包括工资、补助工资、福利费、离退休费、助学金、公务费、设备购置费、修缮费、业务费、差额补助费。

(9)抚恤和社会福利救济费：指国家预算用于抚恤和社会福利救济事业的经费。包括由民政部门开支的烈士家属和牺牲病残人员家属的一次性、定期抚恤金，革命伤残人员的抚恤金，各种伤残补助费，烈军属、复员退伍军人生活补助费，退伍军人安置费，优抚事业单位经费，烈士纪念建筑物管理、维修费，自然灾害救济事业费和特大自然灾害灾后重建补助费等。

(10)国防支出：指国家预算用于国防建设和保卫国家安全的支出，包括国防费、国防科研事业费、民兵建设以及专项工程支出等。

(11)行政管理费：包括行政管理支出，党派团体补助支出，外交支出，公安安全支出，司法支出，法院支出，检察院支出和公检法办案费用补助。

(12)价格补贴支出：指经国家批准，由国家财政拨给的政策性补贴支出。主要包括粮食加价款，粮、棉、油差价补贴，棉花收购价外奖励款，副食品风险基金，市镇居民的肉食价格补贴，平抑市价肉食、蔬菜价差补贴等以及经国家批准的教材课本、报刊新闻纸等价格补贴。

【中央财政收入和地方财政收入】指按财政体制划分的中央本级收入和地方本级收入。1994 年分税制财政体制以后，属于中央财政的收入包括关税、海关代征消费税和增值税，消费税，中央企业所得税，地方银行和外资银行及非银行金融企业所得税，铁道、银行总行、保险总公司等集中缴纳的营业税、所得税、利润和城市维护建设税，增值税的 75% 部分，证券交易印花税中央分成收入和海洋石油资源税。属于地方财政的收入包括营业税，地方企业所得税，个人所得税，城镇土地使用税，固定资产投资方向调节税，城镇维护建设税，房产税，车船使用税，印花税，屠宰税，农牧业税，农业特产税，耕地占用税，契税，增值税 25% 部分，证券交易印花税地方分成收入和除海洋石油资源税以外的其他资源税。

【中央财政支出和地方财政支出】指根据政府在经济和社会活动中的不同职责，划分中央和地方政府的责权，按照政府的责权划分确定的支出。中央财政支出包括国防支出，武装警察部队支出，中央级行政管理费和各项事业费，重点建设支出以及中央政府调整国民经济结构、协调地区发展、实施宏观调控的支出。地方财政支出主要包括地方行政管理和各项事业费，地方统筹的基本建设、技术改造支出，支援农村生产支出，城市维护和建设经费，价格补贴支出等。

【城乡居民储蓄存款余额】指某一时点城乡居民存入银行及农村信用社的储蓄金额，包括城镇居民储蓄存款和农民个人储蓄存款，不包括居民的手存现金和工矿企业、部队、机关、团体等单位存款。

【信贷资金】指金融机构以信用方式积聚和分配的货币资金。金融机构信贷资金的来源有各项存款、对国际金融机构负债、流通中货币、银行自有资金及当年结益等；信贷资金的运用有各项贷款、黄金占款、外汇占款、财政借款及在国际金融机构中的资产等。

【存款】指企业、机关、团体或居民根据资金必须收回的原则，把货币资金存入银行或其他信用机构保管并取得一定利息的一种信用活动形式。根据存款对象的不同可划分为企业存款、财政存款、机关团体存款、基本建设存款、城镇储蓄存款、农村存款等科目。它是银行信贷资金的主要来源。

【贷款】指银行或其他信用机构根据资金必须归还的原则，按一定利率，为企业、个人等提供资金的一种信用活动形式。我国银行贷款分为流动资金贷款、固定资产贷款、城乡个体工商户贷款以及农业贷款等科目。

【保险金额】指保险人承担赔偿或者给付保险金责任的最高限额。

【保费】指投保人为取得保险人在约定范围内所承担赔偿责任而支付给保险人的费用。

【赔款】指保险人根据保险合同的规定，向被保险人支付的赔偿保险责任损失的金额。

【给付】包括死伤医疗给付和满期给付。死伤医疗给付是指保险人根据人寿保险及长期健康保险合同的规定，因被保险人在保险期内发生保险责任范围内的保险事故支付给被保险人(或受益人)的金额。满期给付是指被保险人生存期满，保险人按人寿保险合同规定支付给被保险人的满期保险金额。

第七篇

物价指数

城乡消费价格总水平仍在低位运行

2002年，广州市城乡消费价格继续在低位运行。城市居民消费价格总水平比上年下降2.4%，降幅比上年加大1.3个百分点。农村消费价格自1997年以来连续六年下降，农村居民消费价格总水平和农业生产资料价格总水平比上年分别下降3.1%和1.9%，降幅分别比上年扩大1个百分点和收窄1.1个百分点。

一、城市居民消费和工业生产价格

在计算城市居民消费价格总指数的八大类商品(服务)中，与上年比，价格微升的只有两大类，分别是烟酒及用品类和居住类；价格下降的有六大类，其中，降幅最大的是娱乐教育文化用品及服务类，下降6.5%。食品类价格下降面较广，但降幅收窄。全年食品类价格比上年下降1.9%，降幅比上年收窄0.5个百分点，影响城市居民消费价格总水平下降0.7个百分点。在计算食品类价格的16个小类中，与上年比，价格下降的有11类，下降面达68.8%。

大部分工业消费品价格依然下降。工业消费品受供大于求、市场竞争激烈等因素影响，价格普遍下降，直接拉动我市居民消费价格总水平下降1.5个百分点，成为带动价格总水平下降的首要因素。工业消费品中，价格下降幅度较大的是通信工具和文娱用耐用消费品及服务类，分别下降22.2%和23.4%。

居住类价格升幅回落，服务项目价格由升转降。与上年比，2002年我市居住类价格微升0.1%，比上年升幅回落1.6个百分点；服务项目价格下降0.5%，是1978年以来的首次下降。

2002年，广州市全年工业品出厂价格总水平比上年下降3.2%，原材料、燃料、动力购进价格总水平比上年下降3.5%，降幅分别比上年扩大1.8个和3.0个百分点。轻、重工业产品出厂价格与上年比，分别下降2.9%和3.5%；其中，轻工业产品出厂价格降幅比上年扩大1.6个百分点，重工业降幅扩大2.1个百分点。按两大部类分，生产资料和生活资料产品出厂价格均下降3.2%。在生活资料中，耐用消费品、一般日用品、衣着类和食品类价格比上年分别下降5.3%、3.4%、1.9%和1.2%。

二、农村消费价格

农村居民生活消费价格和生产消费价格总水平比上年分别下降3.3%和1.8%，分别影响价格总水平下降2.8个和0.3个百分点。计算农村居民消费价格总指数的十一类商品项目价格全面下降，其中，价格降幅较大的有交通通讯类、文教娱乐用品类和固定资产类，分别下降15.1%、7.8%和6.0%。影响农村居民消费价格总水平下降较大的有服务项目类和居住类，分别影响价格总水平下降1.0个和0.6个百分点。在计算农村居民消费价格总指数的447个具体商品及服务项目中，价格上升的有131个，比上年减少7.1%；价格持平的有18个，比上年增长5.9%；价格下降的有298个，比上年增长3.1%。

在构成农业生产资料价格指数的十类商品价格中，上升的只有饲料和化学肥料两类商品，分别上升1.9%和0.8%，共影响价格总水平上升0.6个百分点；其余的八类商品价格均呈不同程度下降，其中，降幅较大的有大牲畜和幼禽幼畜两类，分别下降14.4%和6.7%。大牲畜类和幼禽幼畜类价格下降，成为影响农业生产资料价格总水平下降的主要因素，分别影响价格总水平下降0.8个和0.6个百分点。

从分地区来看，各区县的农村居民消费价格总水平均呈下降，其中，降幅最大的是从化市，最小的是增城市，分别下降4.4%和1.2%。各区县农业生产资料价格总水平有升有降，上升的有白云区、增城市和花都区，分别上升1.9%、0.3%和0.1%；下降的是番禺区和从化市，分别下降0.9%和3.8%。

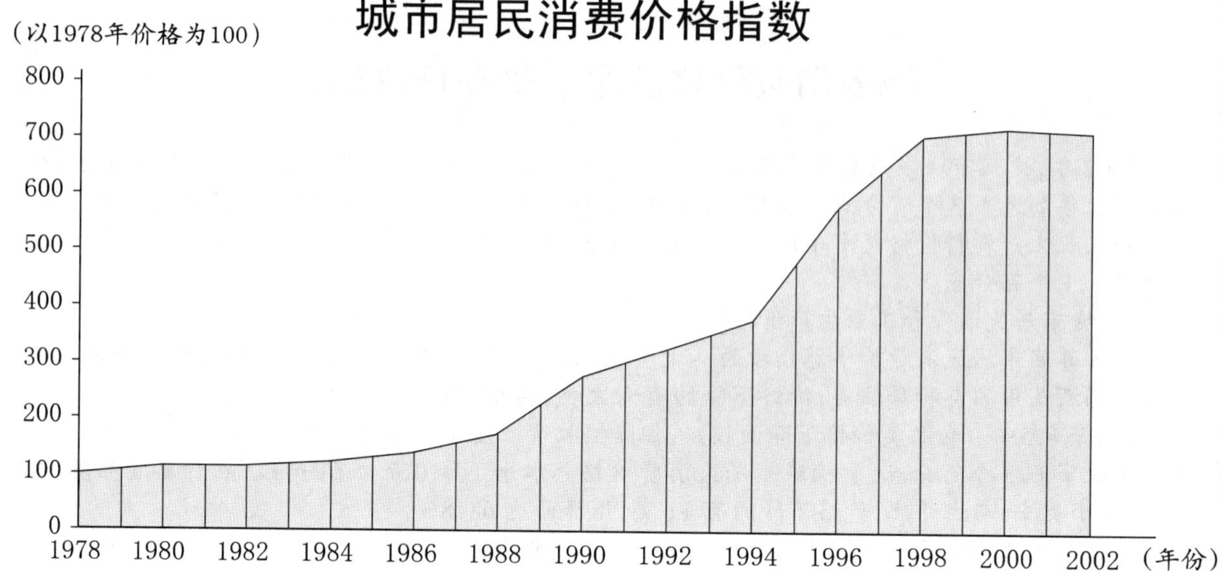
城市居民消费价格指数
（以1978年价格为100）
800
700
600
500
400
300
200
100
0
1978
1980
1982
1984
1986
1988
1990
1992
1994
1996
1998
2000
2002
（年份）

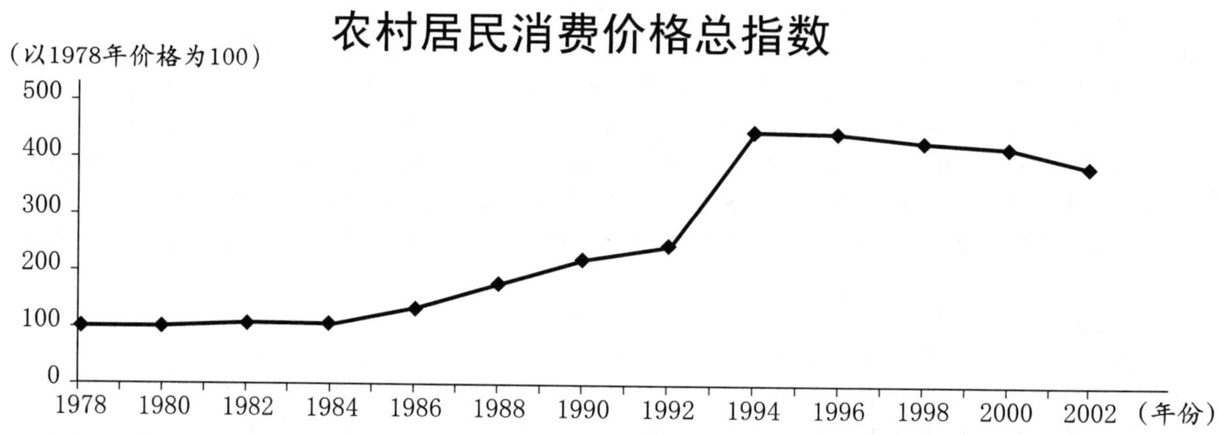
农村居民消费价格总指数
（以1978年价格为100）
500
400
300
200
100
0
1978
1980
1982
1984
1986
1988
1990
1992
1994
1996
1998
2000
2002
（年份）

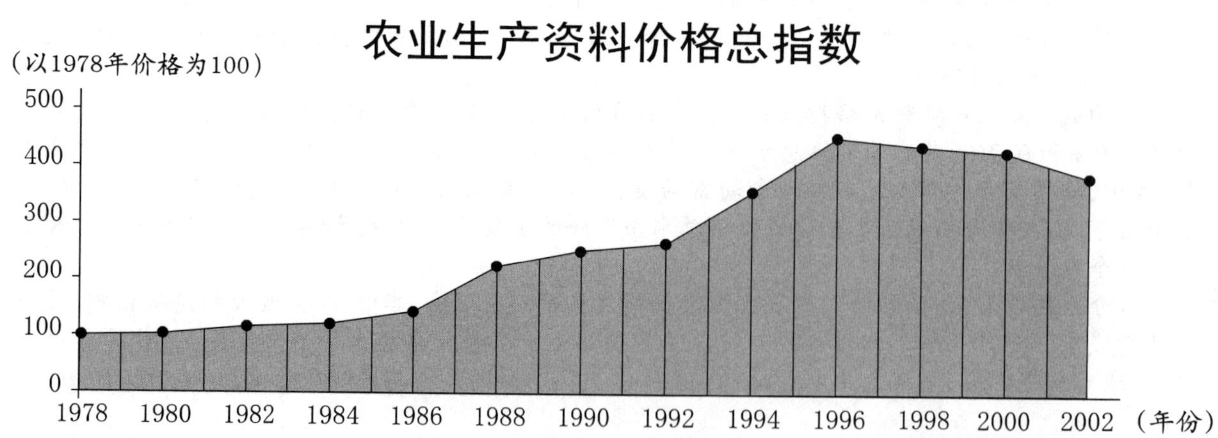
农业生产资料价格总指数
（以1978年价格为100）
500
400
300
200
100
0
1978
1980
1982
1984
1986
1988
1990
1992
1994
1996
1998
2000
2002
（年份）

7-1 城市居民消费价格指数

项目	2002年	
	上年=100	2000年=100
居民消费价格总指数	97.6	95.7
消费品价格指数	96.9	92.7
服务项目价格指数	99.5	103.6
食品	98.1	94.1
#粮食	96.5	90.2
油脂	96.4	91.9
肉禽及其制品	99.3	97.3
蛋	100.3	95.2
水产品	98.2	87.4
菜	91.7	88.5
#鲜菜	91.0	87.9
烟酒及用品	100.5	101.2
衣着	97.9	93.7
家庭设备用品及维修服务	98.1	94.4
#耐用消费品	96.8	90.2
医疗保健和个人用品	97.3	94.5
#医疗保健	97.5	94.9
交通和通讯	97.5	95.3
娱乐教育文化用品及服务	93.5	92.0
居住	100.1	104.0

7-2 城市商品零售价格指数

(上年=100)

项目	1997年	1998年	1999年	2000年	2001年	2002年
商品零售价格总指数	**99.4**	**96.3**	**96.8**	**99.4**	**97.4**	**97.4**
食品类	100.2	95.3	95.5	98.9	98.1	98.1
饮料、烟酒类	98.9	99.0	99.6	100.4	101.8	102.5
服装、鞋帽类	101.6	97.9	92.3	97.7	95.5	97.5
纺织品类	100.5	100.7	92.0	98.1	101.9	101.0
中西药品类	105.7	102.1	98.2	95.2	96.0	94.1
化妆品类	102.2	99.9	99.9	100.8	99.0	95.0
书报杂志类	107.4	113.4	100.1	110.9	110.3	109.2
文化体育用品类	98.6	93.6	98.8	99.0	95.6	96.9
日用品类	99.8	99.6	98.6	100.2	99.4	98.9
家用电器类	94.2	92.0	98.3	95.9	93.0	92.9
首饰类	94.6	90.6	95.4	104.2	89.2	99.0
燃料类	109.1	90.6	107.0	124.5	98.0	96.9
建筑装璜材料类	97.4	88.9	96.6	98.2	99.1	99.4
机电产品类	87.0	90.0	92.8	90.7	91.4	88.5

7-3 工业品出厂价格指数

(上年=100)

项　　目	1997 年	1998 年	1999 年	2000 年	2001 年	2002 年
工业品出厂价格指数	**100.16**	**95.23**	**98.33**	**103.15**	**98.61**	**96.77**
轻工业	100.19	96.71	97.21	97.52	98.73	97.10
以农产品为原材料	100.64	95.96	100.21	98.33	100.19	97.50
以非农产品为原材料	99.88	97.29	95.01	96.77	96.70	96.63
重工业	100.10	92.30	100.40	112.33	98.62	96.47
采掘工业	90.02	90.81	96.76	95.69	94.65	93.17
原材料工业	102.05	90.30	103.53	121.56	100.17	96.25
加工工业	97.02	95.75	95.27	98.80	96.77	96.70
生产资料	99.79	92.16	100.23	111.41	99.57	96.76
采掘工业	90.02	90.81	96.76	95.69	94.65	93.17
原材料工业	101.43	90.12	102.95	119.63	100.13	96.38
加工工业	97.17	95.79	95.53	98.92	98.83	97.11
生活资料	100.28	96.72	97.02	97.29	97.81	96.79
食品类	103.97	94.39	102.55	96.30	97.84	98.80
衣着类	99.58	99.00	97.73	99.61	101.64	98.11
一般日用品类	100.50	97.86	98.14	98.85	98.98	96.64
耐用消费品类	97.86	96.57	91.32	95.15	94.08	94.72

7-4 原材料、燃料、动力购进价格指数

(上年=100)

项　　目	1997 年	1998 年	1999 年	2000 年	2001 年	2002 年
原材料、燃料、动力购进价格指数	**96.93**	**91.06**	**99.68**	**113.61**	**99.52**	**96.47**
燃料、动力类	104.19	88.62	105.53	127.73	100.30	97.38
黑色金属材料类	96.80	94.49	93.92	101.99	101.13	97.70
# 钢材	96.35	93.59	93.45	101.91	98.82	97.20
其他	98.38	97.41	95.39	101.65	106.94	98.97
有色金属材料和电线类	96.15	90.63	104.75	110.05	94.14	94.13
化工原料类	92.35	84.71	102.13	113.80	99.23	97.23
木材及纸浆类	97.33	99.20	97.56	106.36	99.40	96.13
建筑材料及非金属矿类	94.39	98.25	98.67	98.52	97.03	97.00
其他工业原料及半成品类	85.38	95.37	96.46	110.39	102.07	96.52
农副产品类	96.40	95.13	96.64	99.35	98.48	96.85
纺织原料类	98.76	90.46	93.36	98.15	97.48	94.51

7-5 主要食品平均价格

单位:元/千克

商品名称	代表规格品	1995年	1999年	2000年	2001年	2002年
大　米	标　一	2.91	2.76	2.80	2.38	2.14
黄　豆	一　级	4.47	4.84	4.72	4.47	3.78
绿　豆	一　级	5.94	5.91	6.34	6.92	5.74
花生油	纯　净	12.53	11.49	10.80	10.75	10.12
鲜菜类	37种	3.32	2.81	2.66	2.79	2.59
猪　肉	上肉一级	18.02	13.92	13.62	13.68	13.05
牛　肉	净　肉	22.67	18.08	16.91	16.45	17.72
鸡	中等本地活鸡项	24.82	21.40	20.76	19.80	19.65
鸡　蛋	新鲜完整	7.75	5.95	4.90	4.78	5.32
鲜带鱼	冰鲜中等原条	11.26	12.50	12.90	12.50	13.14
鳙　鱼	一　级	9.18	8.95	8.58	8.20	7.62
福寿鱼	一　级	7.96	6.92	6.78	6.49	7.30
草　鱼	一　级	12.15	10.62	10.68	10.75	10.18
香　蕉	黄熟一级	5.43	3.59	4.00	4.15	2.80
潮州柑	一　级	4.34	4.45	4.50	4.50	4.11
西　瓜	普通一级	2.69	1.87	1.76	1.76	1.96

注:本表为混合平均价。

7-6 建筑业价格指数

(上年=100)

项目	1996年	1997年	1998年	1999年	2000年	2001年	2002年
建筑业价格指数	101.02	103.48	101.86	98.37	99.78	98.62	98.49
直接费用	101.22	103.75	98.95	97.76	99.62	98.48	98.26
#人工费	115.96	112.69	116.19	100.47	102.50	100.95	106.12
材料费	96.39	100.78	95.24	95.91	98.80	97.97	96.22
其他费用	100.23	102.35	113.97	100.39	100.31	99.02	99.27
主要材料价格指数							
钢材	96.05	98.21	94.32	92.12	103.81	99.89	94.99
木材	94.86	100.26	104.22	97.47	91.20	92.54	98.63
水泥	86.54	95.87	96.32	95.27	91.93	97.10	98.48
地方材料	93.47	100.75	99.84	96.70	98.19	95.53	97.03
其他材料	105.54	103.75	92.67	97.75	100.65	98.65	95.65

7-7 农业生产资料价格指数

(上年=100)

项目	1997年	1998年	1999年	2000年	2001年	2002年
农业生产资料价格指数	**98.41**	**97.83**	**97.32**	**96.73**	**97.00**	**98.08**
小农具	100.53	98.60	93.33	95.83	97.85	95.65
饲料	100.67	113.48	98.02	85.93	95.61	101.85
幼禽幼畜	94.46	80.97	83.67	105.71	105.32	93.30
大牲畜	98.40	71.90	89.68	91.45	93.04	85.58
半机械化农具	89.19	97.50	103.60	101.42	98.38	97.70
机械化农具	97.32	93.68	106.42	98.52	100.41	98.24
化学肥料	96.81	93.15	95.59	96.56	96.15	100.76
农药及农药械	102.52	97.82	99.60	98.71	95.77	95.70
化学农药	102.38	97.80	100.59	98.95	95.05	95.35
农药械	105.69	98.04	92.16	97.12	100.52	97.97
农用机油	103.84	98.23	102.99	121.12	92.86	98.18
其他	94.97	98.93	103.81	94.66	97.05	97.29

7-8 农村居民消费价格指数

（上年＝100）

项　　目	1997年	1998年	1999年	2000年	2001年	2002年
农村居民消费价格总指数	**101.01**	**97.69**	**96.23**	**96.10**	**97.94**	**96.94**
生活消费指数	101.19	97.66	96.09	96.33	98.03	96.69
食品	100.65	94.28	94.84	96.47	99.49	98.84
#粮食	97.20	97.13	95.71	92.70	96.64	97.06
蔬菜	99.96	92.24	93.84	96.87	110.80	91.08
肉禽及制品	102.96	89.71	93.58	93.99	97.15	97.42
蛋类	87.16	90.02	94.36	85.71	98.31	101.47
水产品	94.79	90.21	92.65	98.31	98.46	98.79
衣着	100.77	93.58	94.78	94.28	97.13	97.02
#服装	99.50	87.60	95.94	93.66	96.91	96.53
居住	101.07	97.61	95.52	103.14	98.66	96.80
#建筑材料	96.58	98.35	93.02	100.31	99.35	98.82
家庭设备用品	98.87	97.60	95.35	96.65	97.26	95.42
#耐用消费品	97.66	94.91	96.18	94.55	96.14	93.23
家庭日杂用品	99.67	101.28	94.12	98.41	98.23	97.39
医疗保健	106.75	101.36	98.46	96.46	97.21	99.22
#中药	106.60	101.51	98.19	97.32	95.35	99.23
西药	107.45	101.78	99.12	96.47	99.27	102.37
交通和通讯	92.44	94.37	95.12	86.62	88.28	84.91
#交通工具	91.97	93.71	98.46	90.84	92.89	85.31
文教娱乐用品	94.92	103.72	93.23	89.66	91.03	92.16
#文娱用机电消费品	93.13	94.13	88.87	85.75	87.36	89.35
书报杂志	106.97	109.88	112.32	104.60	99.01	98.27
服务项目	108.64	103.55	100.84	97.15	97.28	94.84
#交通费	106.85	98.82	97.61	102.46	103.48	100.52
学习培训费	110.25	107.76	112.61	97.04	96.17	95.96
修理费	108.88	102.26	97.41	98.06	102.06	99.58
医疗保健服务费	113.57	121.12	105.94	102.10	99.86	95.99
生产消费指数	100.47	97.74	96.68	95.40	97.49	98.22
流动资产类	100.59	98.12	96.48	95.66	97.37	98.95
#小农具	102.48	97.15	93.97	95.80	97.53	95.53
饲料	100.51	109.80	98.81	85.65	95.64	102.01
幼禽幼畜	94.17	81.02	83.42	105.87	105.20	93.11
化学肥料	102.20	87.60	95.88	96.28	96.17	100.40
化学农药	102.61	98.97	102.03	99.44	95.49	95.22
农药械	106.76	96.71	90.51	97.01	100.69	98.36
生产用燃料	103.79	94.51	103.00	121.94	92.93	98.43
固定资产类	97.62	91.44	100.30	91.26	98.16	93.99
大牲畜	98.41	71.90	89.68	91.45	93.04	85.58
半机械化农具	95.26	90.72	103.58	101.42	98.38	97.70
机械化农具	99.44	94.40	106.48	98.44	100.50	98.32
运输工具	97.07	97.76	100.28	85.84	98.49	94.22

主 要 统 计 指 标 解 释

【商品零售价格指数】是反映城乡商品零售价格变动趋势的一种经济指数。零售物价的调整变动直接影响到城乡居民的生活支出和国家的财政收入,影响居民购买力和市场供需平衡,影响消费与积累的比例。因此,计算零售价格指数,可以从一个侧面对上述经济活动进行观察和分析。

【居民消费价格指数】是反映一定时期内城乡居民所购买的生活消费品价格和服务项目价格变动趋势和程度的相对数,是对城市居民消费价格指数和农村居民消费价格指数进行综合汇总计算的结果。利用居民消费价格指数,可以观察和分析消费品的零售价格和服务价格变动对城乡居民实际生活费支出的影响程度。

【城市居民消费价格指数】是度量一组代表性消费品及服务项目价格水平随着时间而变动的相对数。反映居民家庭购买的消费品及服务价格水平的变动情况。它是宏观经济分析和决策、价格总水平监测和调控以及国民经济核算的重要指标。其按年度计算的变动率通常被用来作为反映通货膨胀(或紧缩)程度的指标。

【农村居民消费价格指数】是反映农村居民家庭所购买的生活消费品价格和服务项目价格变动趋势和程度的相对数。农村居民消费价格指数可以观察农村消费品的零售价格和服务项目价格变动对农村居民生活消费支出的影响,直接反映农民生活水平的实际变化情况,为分析和研究农村居民生活问题提供依据。

第八篇

人民生活

城乡居民收入稳步增长　消费结构有新变化

2002年，广州市城乡居民家庭收入稳步增长，城市居民家庭人均可支配收入13380元（按新口径计算，下同），农村居民家庭人均可支配收入6732元，比上年分别增长4.9%（按可比口径计算）和6.2%；剔除价格因素影响后，实际分别增长7.4%和9.6%。从城市居民家庭收入构成看，人均工薪收入12347元，增长4.5%，占全年总收入的80.5%，仍是居民家庭收入的主要来源；人均非工薪收入2986元，仅占全年总收入的19.5%。农村居民家庭收入来源继续保持两增一减的格局。工资性收入仍然保持快速增长的势头，人均工资性收入3006元，比上年增长12.0%，拉动农村居民人均纯收入增长5.0个百分点；人均非生产性净收入1474元，比上年增长19.6%，拉动农村居民人均纯收入增长3.8个百分点；家庭经营纯收入继续下滑，人均收入2376元，比上年减少6.0%，这是自1997年以来连续第六年下降，拉低农村居民人均纯收入2.4个百分点。

城乡居民消费水平上升。城市居民家庭人均消费性支出10672元，农村居民家庭人均生活消费支出4435元，比上年分别增长3.3%和1.1%；剔除价格因素影响后，实际增长5.9%和4.2%，实际增速均比上年高了3.8个百分点。

城乡居民消费结构又有新变化。八大类消费支出中，城市居民的食品、衣着、家庭设备、杂项商品及服务支出四大类消费所占的比重下降，交通和通讯、娱乐文教服务、居住、医疗保健类四大类消费所占的比重上升；农村居民除食品和居住支出占生活消费支出的比重下降外，其余的衣着、家庭设备用品、医疗保健、交通通讯、文教娱乐用品、其它商品和服务支出六大类消费支出所占的比重均有不同程度提高。

食品消费支出相对平稳。城乡居民人均食品支出分别为4380元和1919元，比上年分别下降4.5%和0.1%。恩格尔系数继续下降，城乡居民恩格尔系数分别为38.1%和43.3%，城市居民的恩格尔系数首次低于40%，表明城市居民家庭总体生活水平正逐步从小康跨入富裕水平。

文教娱乐消费再度成为新的消费亮点。尤其是城市居民，人均娱乐教育文化服务支出1751元，比上年增长19.6%，升幅居八大类消费之首。其中，人均文化娱乐服务支出454元，增长1.1倍。农村居民人均文教娱乐用品及服务支出582元，比上年增长9.3%。其中，人均文教娱乐用品支出91元，增长46.2%。

通讯消费继续增加。城乡居民人均通讯支出分别为732元和197元，比上年分别增长15.2%和18.4%。城乡居民家庭的电话普及率进一步提高，尤其是移动电话的拥有量增长更快，每百户城乡居民家庭年末拥有移动电话分别为162台和88台，比上年末分别增长58.3%和29.4%。

医疗保健消费继续保持增长势头。城市居民人均医疗保健费593元，增长10.5%，其中，人均药品费支出为388元，增17.4%。农村居民人均医疗保健支出231元，比上年增长30.3%，其中，人均医疗保健服务费144元，增长67.2%。

居住环境逐步改善。城市居民家庭自有房的比例大大提高，94.0%的城市居民家庭都住上了有卧室、餐厅、厨房、厕所等配套设施的住宅。在农村，人均年内新建住房面积为1.1平方米，年末平均每户农村居民家庭住房面积达141.8平方米，人均住房面积31.4平方米。

居住条件的明显改善，带动住房装潢、物业管理、水电燃料等相关项目的消费支出。城市居民家庭人均居住支出981元，增长17.1%；人均自有房物业管理费59元，增长37.3%；水电燃料及其他人均支出为625元，增长2.7%。而农村则因为建房减少，加之整顿了农村电价及各项收费，使农村居民的居住消费支出继续明显减少，人均居住支出755元，比上年减少19.3%，其中，人均住房支出482元，减少28.2%；人均电费支出135元，减少2.6%。

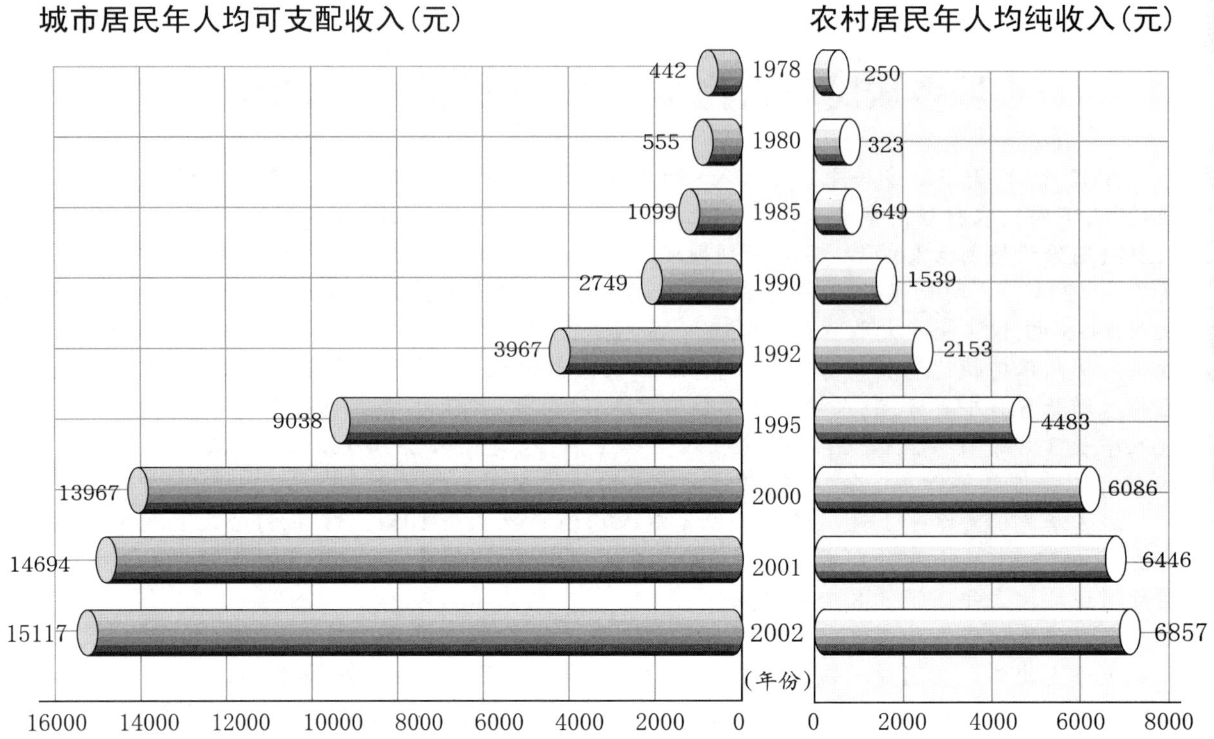

城市居民年人均可支配收入(元)
农村居民年人均纯收入(元)
442
1978
250
555
1980
323
1099
1985
649
2749
1990
1539
3967
1992
2153
9038
1995
4483
13967
2000
6086
14694
2001
6446
15117
2002
6857
(年份)
16000 14000 12000 10000 8000 6000 4000 2000 0
0 2000 4000 6000 8000

平均每百户城市居民和农村居民家庭耐用消费品拥有量

(2002年)

城市居民家庭
农村居民家庭
25
摩托车(辆)
113
58
组合音响(套)
51
99
洗衣机(台)
66
101
电冰箱(台)
63
162
空调器(台)
29
161
彩色电视机(台)
104
160 120 80 40 0
0 50 100 150

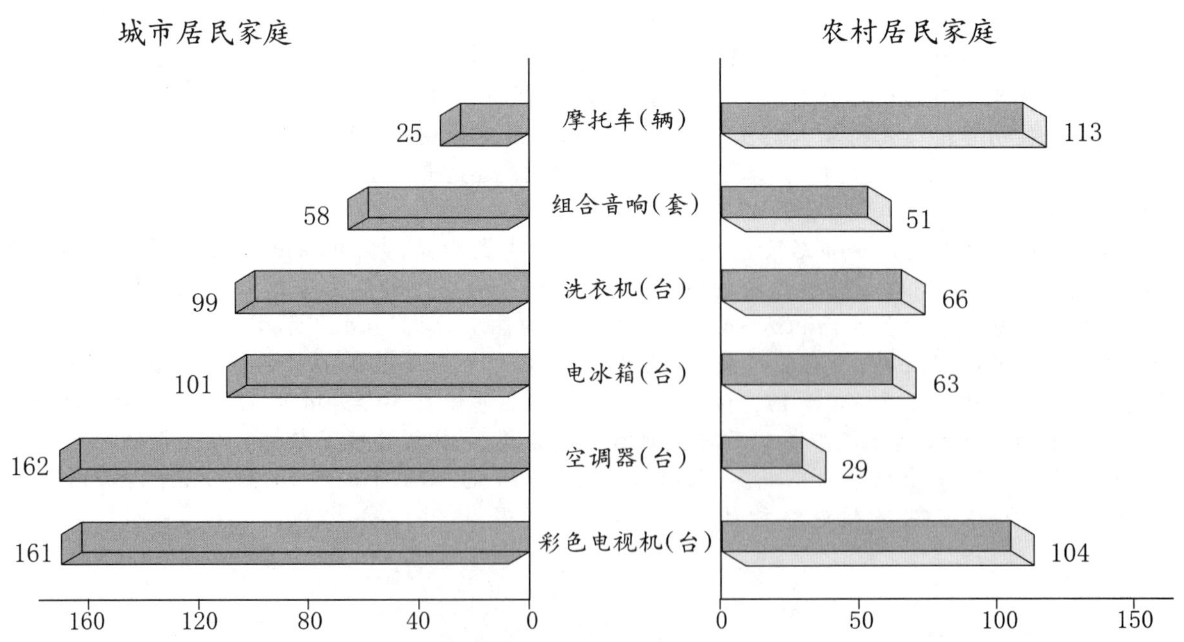

8-1 城市居民家庭基本情况

（2002 年） 单位：人

项　　目	合　计	低收入户	中等偏下收入户	中　　等收入户	中等偏上收入户	高收入户
调查户数(户)	500	100	100	100	100	100
家庭人数	1574.45	338.75	316.81	315.70	310.00	293.19
平均每户人数	3.15	3.39	3.17	3.16	3.10	2.93
(一)有收入者人数	1050.57	172.78	205.42	218.48	225.42	228.47
平均每户有收入者人数	2.10	1.73	2.05	2.18	2.25	2.28
1.就业人数	826.39	130.83	157.09	172.64	182.22	183.61
平均每户就业人数	1.65	1.31	1.57	1.73	1.82	1.84
平均每一就业者负担人数	1.91	2.59	2.02	1.83	1.70	1.60
2.离退休人数	189.03	27.36	40.28	40.84	39.72	40.83
3.其他有收入者人数	35.15	14.59	8.05	5.00	3.48	4.03
(二)无收入者人数	523.88	165.97	111.39	97.22	84.58	64.72
本组最低人均年收入(元)	2458.07	2458.07	7510.13	10545.33	13960.64	18822.41
本组最高人均年收入(元)	46881.58	7286.83	10408.52	13887.42	18309.68	46881.58

8-2 城市居民家庭平均每人全年现金收支情况

（2002 年）　　　　单位：元

项　　目	总平均	低收入户	中等偏下收入户	中等收入户	中等偏上收入户	高收入户
家庭总收入	15332.68	5774.95	9653.80	13148.98	17692.19	32369.08
#可支配收入	13380.47	4821.81	8140.78	11299.39	15290.16	29152.99
1.工薪收入	12346.63	4298.59	7678.33	10770.56	14927.33	25658.51
工资及补贴收入	12106.20	4180.68	7554.08	10621.03	14717.16	25021.11
其他劳动收入	240.43	117.91	124.25	149.53	210.17	637.40
2.经营净收入	347.65	386.16	240.63	314.54	324.25	479.18
3.财产性收入	206.37	79.23	178.28	105.78	145.74	556.08
4.转移性收入	2432.03	1010.97	1556.56	1958.10	2294.87	5675.31
#养老金或离退休金	1583.60	703.61	1257.24	1615.49	1668.96	2828.43
社会救济收入	11.27	44.46	1.09	4.22	1.08	2.30
失业保险金	83.84	135.20	103.87	91.53	41.69	39.14
赡养收入	180.52	18.60	71.44	41.71	238.98	573.11
捐赠收入	247.06	82.57	72.60	144.85	237.57	745.72
出售财物收入	2.77	3.57	2.34	0.84	4.80	2.26
1.出售住房收入						
2.出售其他物品收入	2.77	3.57	2.34	0.84	4.80	2.26
储蓄借贷收入	3297.36	1521.72	1571.03	2169.32	3797.24	7900.51
#提取储蓄存款	3162.31	1237.83	1499.97	2116.10	3739.20	7698.74
借入款	77.59	277.00	52.61	36.96		
收回借出款	0.53	2.46				
兑售有价证券	24.35				53.76	73.90
家庭总支出	13477.21	6819.80	9885.10	12667.62	15964.85	23292.68
1.消费性支出	10671.78	5588.18	7920.09	10078.01	12590.86	18129.35
#服务性消费支出	3610.10	1712.11	2534.51	3450.23	4478.93	6218.87
2.购房与建房支出	4.87				20.81	4.18
3.转移性支出	1066.63	333.56	522.51	913.15	1229.60	2494.58
#个人所得税	192.90	35.31	52.51	146.22	243.14	523.80
赡养支出	349.57	98.52	210.75	400.90	417.87	662.16
捐赠支出	450.79	118.97	229.36	311.65	487.74	1184.19
4.财产性支出	0.05				0.25	
5.社会保障支出	1733.88	898.06	1442.50	1676.46	2123.33	2664.57
储蓄借贷支出	4431.98	595.68	1382.27	2498.86	4256.11	14427.38
#存入储蓄款	3934.63	464.59	1138.75	2201.73	3746.91	13029.51
借出款	24.66					132.45
归还借款	63.46	86.35	6.84	6.86	67.20	155.19
储蓄性保险支出	243.03	30.02	43.24	99.59	328.22	769.39
购买有价证券	62.45	0.02	63.13	118.38		139.65
归还住房贷款	73.43	11.82	106.13	63.64	75.27	117.87

注：2002 年，国家城调总队对城市住户调查方法制度进行了改革，部分指标的统计口径作了调整，调整后的主要指标按新口径计算，增长幅度按可比口径计算。其中：人均可支配收入应扣除个人交纳的社会保障等支出，人均消费性支出取消居民自有房虚拟房租折算。

8-3 城市居民家庭平均每人全年消费性支出情况

（2002 年）　　单位：元

项　　目	总平均	低收入户	中等偏下收入户	中等收入户	中等偏上收入户	高收入户
消费性支出合计	**10671.78**	**5588.18**	**7920.09**	**10078.01**	**12590.86**	**18129.35**
食品	4380.36	2760.79	3740.80	4546.97	5106.99	5995.17
粮食	248.57	218.58	246.17	257.31	254.80	269.86
淀粉及薯类	11.60	8.72	11.77	13.32	10.71	13.86
干豆类及制品	23.53	19.62	23.06	22.93	23.43	29.29
油脂类	61.37	64.82	61.10	64.65	54.27	61.64
肉禽及制品	818.84	709.53	823.89	862.27	812.48	899.69
蛋类	48.20	44.22	48.72	49.65	46.78	52.19
水产品类	353.92	265.59	365.92	374.44	367.85	406.21
菜类	290.02	268.56	299.16	294.15	279.21	311.94
调味品	33.82	29.72	35.80	37.71	31.56	34.57
糖类	32.35	15.49	22.49	33.17	33.98	59.86
烟草类	80.42	50.64	49.98	98.44	77.44	131.43
酒和饮料	106.75	51.11	85.52	121.58	113.19	171.21
干鲜瓜果类	249.28	148.82	222.09	261.53	303.63	324.07
#坚果及果仁类	27.20	14.17	20.69	27.73	28.59	47.23
糕点类	105.99	57.76	82.92	107.73	125.42	164.23
奶及奶制品	158.53	78.78	128.52	176.99	187.79	232.29
其他食品	125.88	61.24	97.70	112.79	156.06	213.23
饮食服务	1631.29	667.59	1135.99	1658.31	2228.39	2619.60
#在外饮食	1630.89	667.59	1135.97	1658.21	2227.32	2618.70
衣着	564.71	177.56	334.04	523.43	754.67	1104.90
服装	401.30	125.11	240.65	342.58	533.66	817.29
衣着材料	4.18	1.62	1.14	6.35	4.03	8.28
鞋类及其他	153.74	48.57	86.50	167.51	211.29	272.19
衣着加工费	5.49	2.26	5.75	6.99	5.69	7.14
设备用品及服务	746.85	161.96	427.79	479.96	946.16	1844.03
耐用消费品	435.00	39.40	181.52	183.69	551.93	1312.94
#家具	141.92	9.04	65.72	34.25	103.83	534.00
家庭设备	293.08	30.36	115.79	149.44	448.10	778.94

单位:元

项目	总平均	低收入户	中等偏下收入户	中等收入户	中等偏上收入户	高收入户
室内装饰品	23.47	3.81	5.07	9.54	34.35	69.56
床上用品	44.59	12.83	26.12	55.98	52.00	81.12
家庭日用杂品	186.38	90.45	182.84	186.79	222.68	262.22
家具材料	0.98	0.99	1.12	0.74	0.65	1.43
家庭服务	56.43	14.48	31.12	43.22	84.55	116.76
医疗保健	592.71	443.97	499.72	591.43	584.16	875.46
医疗器具	10.21	2.65	0.22	8.52	9.90	31.89
保健用品	4.47	0.11	0.36	1.61	16.48	4.30
药品费	387.55	295.82	357.46	389.70	367.24	545.21
滋补药品	67.58	38.65	46.62	51.12	93.63	113.84
医疗费	120.92	106.31	94.43	137.05	94.57	176.94
其他	1.98	0.43	0.63	3.43	2.34	3.28
交通和通讯	1185.74	474.85	796.23	1147.88	1537.36	2097.00
交通	453.35	186.74	289.50	393.09	603.01	845.06
#交通费	367.44	156.98	229.70	334.20	468.47	688.40
通讯	732.39	288.11	506.73	754.79	934.35	1251.94
#通信工具	182.49	22.64	48.86	153.09	276.32	444.02
电讯费	535.90	261.70	451.13	589.34	638.63	778.15
教育文化娱乐服务	1751.08	737.82	1065.55	1514.70	2199.52	3442.98
文化娱乐用品	469.91	133.94	209.42	341.78	573.18	1168.38
文化娱乐服务	453.85	104.15	268.59	371.68	576.39	1016.99
教育	827.32	499.73	587.54	801.24	1049.95	1257.61
居住	981.43	688.59	840.86	888.80	890.43	1667.71
住房	264.80	146.73	218.46	173.91	94.50	729.27
水电燃料	624.78	495.12	552.40	623.84	682.71	792.55
居住服务费	91.85	46.74	70.00	91.05	113.22	145.89
#物业管理费	58.95	18.90	40.02	50.74	83.72	108.33
杂项商品和服务	468.90	142.64	215.10	384.84	571.57	1102.10
杂项商品	317.18	101.83	157.16	262.52	368.18	743.83
服务	151.72	40.81	57.94	122.32	203.39	358.27

8-4 城市居民家庭平均每人全年可支配收入和消费性支出情况

单位:元

项　　目	1980年	1985年	1990年	1995年	2000年	2001年	2002年
期初手存现金	12.05	34.21	283.96	530.44	618.67	681.76	679.48
可支配收入	606.12	1099.77	2748.95	9038.16	13966.53	14694.00	13380.47
消费性支出	521.04	1011.48	2409.60	7601.73	11349.47	11467.35	10671.78
食品	366.57	632.13	1461.41	3816.34	4835.57	4589.72	4380.36
衣着	49.10	65.33	154.14	498.13	586.69	573.00	564.71
设备用品及服务	23.98	86.83	174.15	690.69	812.79	836.21	746.85
医疗保健	6.36	13.20	40.08	244.53	444.61	557.56	592.71
交通及通讯	5.09	31.47	73.05	476.24	1033.55	1100.27	1185.74
教育文化娱乐服务	23.67	78.92	193.59	734.42	1443.42	1515.95	1751.08
居住	23.74	52.45	192.88	658.94	1474.60	1539.97	981.43
杂项商品及服务	22.53	51.15	120.30	482.44	718.24	754.67	468.90
期末手存现金	15.20	74.02	386.10	1122.25	892.92	783.04	1403.10

8-5 城市居民家庭平均每百户年末耐用消费品拥有量

项　　目	单　位	1980年	1985年	1990年	1995年	2000年	2001年	2002年
成套家具	套			51.7	55.0	54.6	56.8	60.3
淋浴热水器	台				69.3	90.0	90.8	90.0
洗衣机	台		62.3	87.3	105.0	99.4	99.0	99.0
电冰箱	台		42.7	87.3	102.3	100.6	100.8	101.0
摩托车	辆		1.0	4.0	12.7	23.6	25.6	25.3
彩色电视机	台		35.7	88.7	111.0	154.8	160.4	160.7
钢琴	架				1.3	4.0	6.0	5.3
家用电脑	台					54.2	60.8	65.0
照相机	架	2.0	14.0	33.7	66.0	82.0	80.6	77.0
中高档乐器	件			8.3	13.7	10.4	10.8	18.0
空调器	台			1.3	57.3	154.8	161.8	162.3
微波炉	台					60.8	63.8	64.7
组合音响	套			17.3	40.7	64.8	63.2	58.0
影碟机	台					77.4	74.4	76.0

8-6 城市居民家庭平均每百户年末耐用消费品拥有量

（2002 年）

项　　目	单位	总平均	低收入户	中等偏下收入户	中等收入户	中等偏上收入户	高收入户
成套家具	套	60.3	46.7	60.0	53.3	71.7	70.0
摩托车	辆	25.3	23.3	18.3	30.0	30.0	25.0
洗碗机	台	1.33		1.7			5.0
洗衣机	台	99.0	90.0	95.0	106.7	98.3	105.0
微波炉	台	64.7	33.3	58.3	68.3	71.7	91.7
电冰箱	台	101.0	90.0	100.0	105.0	101.7	108.3
彩色电视机	台	160.7	131.7	143.3	160.0	176.7	191.7
摄像机	架	3.3		5.0	5.0	1.7	5.0
影碟机	台	76.0	58.3	88.3	75.0	80.0	78.3
组合音响	套	58.0	45.0	48.3	50.0	75.0	71.7
家用电脑	台	65.0	35.0	48.3	68.3	81.7	91.7
照相机	架	77.0	46.7	73.3	80.0	73.3	111.7
钢琴	架	5.3	3.3	1.7	3.3	8.3	10.0
中高档乐器	件	18.0	13.3	11.7	16.7	20.0	28.3
移动电话	部	162.0	91.7	140.0	168.3	188.3	221.7
空调器	台	162.3	88.3	131.7	170.0	198.3	223.3
淋浴热水器	台	90.0	76.7	88.3	90.0	96.7	98.3
脱排油烟机	台	75.3	53.3	71.7	85.0	81.7	85.0
吸尘机	台	19.3	6.7	10.0	16.7	28.3	35.0
健身器材	套	5.7		3.3	5.0	5.0	15.0

8-7 城市居民家庭购买的主要商品数量

（2002 年）

项　　目	单位	购买量	项　　目	单位	购买量
平均每人每月购买			童　　装	件	12.08
粮　　食	千克	4.76	鞋	双	20.25
食用植物油	千克	0.51	水	吨	575.33
鲜　　菜	千克	9.22	电	千瓦·时	4511.33
猪　　肉	千克	2.00	煤炭	千克	53.33
牛羊肉	千克	0.26	液化石油气	千克	282.83
家　　禽	千克	0.97	管道煤气	米^3	231.25
鲜　　蛋	千克	0.63	**平均每百户全年购买**		
其他肉禽蛋	千克	1.07	自行车	辆	3.72
水产品	千克	2.18	家用电脑	台	4.32
白　　酒	千克	0.05	微波炉	台	3.96
啤　　酒	千克	0.13	洗衣机	台	12.00
茶　　叶	千克	0.02	电冰箱	台	8.04
鲜瓜果	千克	3.63	空调器	台	9.72
糕　　点	千克	0.46	吸尘器	台	2.04
鲜　　奶	千克	1.18	彩色电视机	台	4.68
平均每百人每月购买			组合音响	套	0.96
服　　装	件	85.75	影碟机	台	4.32
#男士服装	件	28.58	移动电话	部	34.32
女士服装	件	45.17			

8-8 城市居民家庭居住情况

（2002 年末）

项目	调查户数（户）	项目	调查户数（户）
按房屋产权分	500	**按卫生设备分**	500
租赁公房	63	无卫生设备	22
租赁私房	17	有浴室厕所	452
原有私房	58	有厕所无浴室	15
房改私房	325	公用	11
商品房	35	**按取暖设备分**	500
其他	2	无取暖设备	500
按住宅建筑样式分	500	空调设备	
单栋住宅	3	暖气	
四居室	22	其他	
三居室	117	**按炊用燃料使用情况分**	500
二居室	268	管道煤气	168
一居室	60	液化石油气	325
普通楼房	17	煤	7
平房及其他	13	其他	
按装修状况分	500	**按通信设备拥有情况分**	500
有装修	310	(1)无电话	
未装修	190	是	3
按饮水情况分	500	否	497
自来水	418	(2)固定电话(部)	510
矿泉水	30	(3)移动电话(部)	810
纯净水	52	(4)使用互联网(条)	130
其他		**现住房外的其他住房**	60
按用水情况分	500	出租房(套)	35
独用自来水	482	偶尔居住房(套)	20
共用自来水	18	其他用途房(套)	5
其他			

8-9 农村居民家庭基本情况

（2002年）

项　　目	单位	总平均	低收入户	中等偏下收入户	中等收入户	中等偏上收入户	高收入户
调查户数	户	400	80	80	80	80	80
各组比重	%	100	20	20	20	20	20
本组最低人均年纯收入	元	142	142	3686	4758	6575	9613
本组最高人均年纯收入	元	35741	3667	4753	6572	9594	35741
调查户常住人口	人	1805	425	364	372	337	307
平均每户常住人口	人	4.51	5.31	4.55	4.65	4.21	3.84
#整半劳动力	人	2.88	3.16	2.95	2.89	2.84	2.58
平均每一劳动力负担人口数	人	1.57	1.68	1.54	1.61	1.48	1.49
平均每户生产性固定资产原值	元	4248.20	1702.13	2012.88	5028.75	993.69	11503.56
平均每人经营耕地面积	亩	0.59	0.51	0.59	0.62	0.59	0.66
平均每户居住面积	米^2	141.77	117.51	125.05	141.59	154.24	170.46
平均每人居住面积	米^2	31.42	22.12	27.48	30.45	36.61	44.42
平均每人全年农产品产量							
粮　食	千克	185.01	211.65	213.98	179.14	204.68	99.29
油　料	千克	6.37	9.55	8.22	6.00	3.53	3.36
糖　料	千克	95.05	1.06	2.79	87.37	325.22	91.21
蔬　菜	千克	810.01	520.80	720.80	1014.76	1104.78	744.48
水　果	千克	130.42	86.87	165.18	152.23	170.19	79.42
平均每人全年农产品出售量							
粮　食	千克	53.22	69.57	54.60	31.38	80.47	25.50
油　料	千克	2.22	3.08	0.95	3.63	2.01	1.07
糖　料	千克	92.89	0.82	0.04	86.08	321.47	87.79
蔬　菜	千克	659.03	383.09	575.14	851.37	952.39	585.38
水　果	千克	104.08	71.20	145.33	117.82	127.41	58.43
猪　肉	千克	9.53	7.32	5.18	3.20	15.92	18.38
家　禽	只	12.08	0.72	0.72	0.51	0.85	67.59
禽　蛋	千克	0.01	0.04	0.01			
水产品	千克	21.55	0.15	1.39	7.02		116.37
平均每人全年消费							
粮　食	千克	181.71	193.18	188.85	173.91	174.18	175.07
蔬菜及其制品	千克	138.84	145.09	137.91	130.39	140.05	140.23
油脂类	千克	7.53	7.16	7.11	7.08	7.92	8.65
肉禽及其制品	千克	40.18	32.29	35.21	37.56	47.43	52.21

8-9 续表

项目	单位	总平均	低收入户	中等偏下收入户	中等收入户	中等偏上收入户	高收入户
蛋类及其制品	千克	3.97	3.16	3.94	3.54	4.21	5.38
水产品	千克	15.58	11.25	13.04	15.26	18.89	21.32
食糖	千克	3.43	3.80	3.75	2.72	3.61	3.19
酒和饮料	千克	6.41	4.32	6.66	7.10	7.20	7.31
水果及其制品	千克	28.97	20.88	28.76	26.14	32.37	40.11
平均每户年内购买							
水泥	千克	766.39	298.40	1086.38	470.29	970.51	1006.35
钢材	千克	136.30	15.19	122.70	76.25	278.65	188.71
砖瓦	块	549.49	180.50	733.93	212.50	630.06	990.46
化肥	千克	505.80	465.81	492.23	536.51	648.45	386.00
饼肥	千克	75.72	104.36	55.40	82.97	73.97	61.89
农药	千克	28.54	24.33	26.99	24.60	45.18	21.59
农用薄膜	千克	2.00	0.11	0.11	1.25	1.35	7.18
生产用燃料	千克	41.95	15.21	12.48	12.04	31.36	138.65
饲料	千克	500.97	105.23	133.21	41.18	52.16	2173.09
平均每百户年末拥有							
洗衣机	台	66	44	54	66	74	90
电风扇	台	382	381	376	396	391	363
电冰箱	台	63	33	44	65	76	95
空调机	台	29	6	10	21	23	84
抽油烟机	台	31	18	21	30	28	58
热水器	台	69	44	48	68	83	101
自行车	辆	173	180	195	188	181	121
摩托车	辆	113	93	103	108	135	126
电话机	部	86	66	68	85	98	113
移动电话	部	88	68	65	91	98	119
寻呼机	部	23	24	23	11	24	34
彩色电视机	台	104	86	98	104	106	128
黑白电视机	台	14	18	24	4	13	13
影碟机	台	59	40	50	56	60	86
组合音响	套	51	48	35	50	49	74
电饭煲	个	83	73	80	80	83	99
液化气炉具	台	106	84	100	110	114	121

8-10 农村居民家庭平均每人全年收支情况

（2002 年）　　　　单位：元

项　　目	总平均	低收入户	中等偏下收入户	中等收入户	中等偏上收入户	高收入户
全年可支配收入	6732.37	2670.57	4070.88	5437.16	7853.22	15850.07
全年纯收入	6856.62	2692.76	4182.14	5600.87	7984.85	16075.13
全年总收入	7918.81	3199.56	4791.72	6368.10	9015.10	18835.26
工资性收入	3006.04	1187.04	1639.62	2649.15	3646.10	6874.18
#在本地企业劳动得到收入	1785.64	795.07	891.29	1622.05	2094.51	4076.50
外出从业得到收入	512.50	197.54	303.76	502.56	784.94	909.01
家庭经营收入	3176.41	1644.32	2531.04	2724.40	3636.37	6105.42
#农林牧渔业收入	2295.23	1399.96	1926.33	2139.06	2664.98	3755.27
转移性收入	442.89	206.07	285.60	356.41	549.43	945.01
财产性收入	1293.47	162.13	335.46	638.14	1183.20	4910.65
全年总支出	5506.95	3036.31	4335.38	4872.88	6251.91	10266.86
家庭经营费用支出	711.37	315.73	373.10	442.42	620.51	2085.75
购置生产性固定资产支出	5.50	3.01	4.29	4.23	10.20	6.73
税费支出	26.10	21.04	18.66	25.88	33.09	34.50
生活消费支出	4434.95	2611.97	3708.29	4069.91	5138.17	7490.62
食品消费支出	1919.22	1429.12	1659.24	1791.34	2170.69	2784.88
#副食支出	992.90	810.08	863.41	925.61	1119.51	1342.10
衣着消费支出	137.05	93.04	93.46	139.16	152.20	230.50
居住消费支出	755.40	324.58	557.96	447.97	926.87	1770.21
#住房支出	481.93	164.94	356.20	195.51	628.80	1255.67
家庭设备、用品及服务支出	247.31	123.23	173.73	225.56	303.12	471.42
医疗保健支出	230.78	108.93	165.85	374.16	248.40	283.39
交通和通讯消费支出	372.93	148.83	318.13	358.81	495.58	630.64
文教娱乐用品及服务支出	582.47	314.23	570.81	567.98	616.90	947.38
其他商品及服务消费支出	189.79	70.01	169.11	164.93	224.41	372.20
财产性支出	10.64	0.73	8.27	4.64	11.20	33.84
转移性支出	318.39	83.83	222.77	325.80	438.74	615.42
全年货币总收入	7156.18	2533.80	4054.07	5607.70	8091.52	18082.89
#出售农副产品收入	1470.34	714.36	1130.41	1328.70	1684.47	2856.49
全年非收入货币所得	483.88	136.55	521.20	439.35	526.82	927.27
全年货币总支出	5074.33	2457.20	3789.47	4490.69	5896.25	10025.77
#家庭经营费用货币支出	704.04	301.21	364.85	438.74	615.23	2082.82
生活消费货币支出	4019.20	2055.82	3176.59	3698.48	4803.15	7264.36
全年非消费性货币支出	798.04	80.62	279.07	379.63	570.33	3163.50
年末金融资产余额	4278.12	1283.75	2489.72	4245.95	5891.53	8811.79

主 要 统 计 指 标 解 释

【城镇居民家庭实际收入】指被调查的城镇居民家庭全部实际的现金收入。不包括借贷收入，如提取银行存款、向亲友借入款、收回借出款以及其他各种暂收款。

【城镇居民家庭可支配收入】指被调查的城镇居民家庭在支付个人所得税之后，所余下的实际收入。计算公式为：

可支配收入＝实际收入－个人所得税－家庭副业生产支出－记帐补贴

【城镇居民家庭消费性支出】指被调查的城镇居民家庭用于日常生活的全部支出。按用途划分包括食品、衣着、家庭设备用品及服务、医疗保健、交通和通讯、娱乐教育文化服务、居住、杂项商品和服务等八大类支出。

【城镇居民家庭购买商品支出】指被调查的城镇居民家庭从商店、集市、饮食业、工作单位食堂以及直接从工厂和农村购买各种商品的支出，包括自用的和赠送亲友的在内。

【城镇居民家庭非消费性支出】指被调查的城镇居民家庭的直接税、消费性贷款利息支出、经常性转移支出等。

【农村居民家庭纯收入】指农村居民家庭总收入中，扣除从事生产和非生产经营费用支出、缴纳税款和上交承包集体任务金额以后剩余的，可直接用于进行生产性、非生产性建设投资、生活消费和积蓄的那一部分收入。农村居民家庭纯收入包括从事生产性和非生产性的经营收入，取自在外人口寄回带回和国家财政救济、各种补贴等非经营性收入；既包括货币收入，又包括自产自用的实物收入。但不包括向银行、信用社和向亲友借款等属于借贷性的收入。

【农村居民家庭可支配收入】指农村居民家庭获得的收入经过初次分配与再分配后形成的收入。即农村居民家庭在扣除家庭经营费用支出、生产性固定资产折旧和调查补贴，以及支付税费、财产性和转移性支出后所余下的实际收入。可支配收入可用于农村居民家庭的最终消费、非义务性支出以及储蓄。

【农村居民家庭生活消费支出】指农村居民家庭用于日常生活的全部开支，是反映和研究农民家庭实际生活消费水平高低的重要指标。

第九篇

城市公用事业

城市建设稳步发展

2002年,广州市继续加大对城市基础设施建设的投资力度,全年城市建设固定资产投资额达137.74亿元,比上年增长了3.2%。建成区面积不断扩大,2002年末达553.5平方千米,比上年增长了5.1%。基础设施建设成就显著,城市面貌焕然一新。

1. 道路交通设施建设顺利。2002年,广州市完成了会展东路、滨江东路、新港东路、花蕾路、康王路、五山隧道等一批重要市政路桥工程;地铁二号线首段9站8区已投入试运行;三号线的土建施工和四号线的前期工作已展开。重点推进南部地区交通路网的建设,仑头至龙穴岛快速路、沙仔大桥、黄阁大道扩建、虎门高速南沙联络道等工程已陆续动工建设。至2002年底止,广州城市道路长度4447千米,比上年增长5.6%;道路总面积6194万平方米,增长5.0%;人均拥有道路面积达10.61平方米,增长3.8%;城市桥梁达934座,增长1.6%,其中立交桥124座。

2. 加大环境保护基础设施建设的投资力度。2002年,全市一批与市民生活息息相关的环保工程正在建设中。猎德、西朗、大坦沙、沥滘四大污水处理系统工程的建设,将进一步提高广州市污水处理能力;猎德涌、沙河涌、东濠涌、司马涌、马涌、流花湖、石井河等截污工程的全面展开,将进一步改善市民的生活环境。

3. 美化环境,园林绿化显成效。2002年末,广州市城市公园达144个,比上年增长15.2%;公园面积0.29万公顷,增长3.1%;城市园林绿地面积达10.37万公顷,增长4.6%;其中公共绿地面积0.5万公顷,增长7.9%。建成区绿化覆盖面积达1.81万公顷,增长9.2%;绿化覆盖率达32.6%,比上年提高1.2个百分点;人均公共绿地面积达8.59平方米,增长6.7%。

4. 公用事业建设取得新发展。2002年末,全市自来水综合生产能力达512.9万立方米/日,比上年增长4.9%;自来水普及率达96.0%,比上年增加0.9个百分点。全年自来水供水总量15.23亿立方米,增长2.8%。广州市积极推进直饮水试点工作,方便市民日常生活。全市煤气管道长度达1665千米,增长12.1%,基本实现环状管网供气。供气总量达1.66亿立方米,增长4.7%;煤气管道居民用户达52.94万户,增长11.2%;液化气供气总量达28.63万吨,增长7.2%;液化气居民用户达108.74万户,增长10.0%。按人口计算气化率达91.4%,比上年提高0.8个百分点。

5.加快实现广州电网十年发展规划。2002年,广州市重点加强高压电网的建设和中低压配电网的改造,更新设备,提高供电质量,以满足用电的需要。全市售电量达238.23亿千瓦·时,比上年增长12.5%。其中工业用电131.49亿千瓦·时,增长16.0%;城乡居民生活用电47.54亿千瓦·时,增长1.8%。

6.市容环境卫生水平有所提高。2002年末,全市环卫专用车辆达1034辆,公厕1741座。全年生活垃圾粪便清运量达311万吨,比上年增长7.2%;城市垃圾、粪便无害化处理率均达100%。全市一、二级马路实现16小时保洁,内街实行12小时保洁,步行街及火车站广场实现了24小时保洁。马路机械化清扫率达74%,清扫保洁面积达4126万平方米,增长16.1%。全市垃圾压缩站达128座;全市下水道总长度达3393千米,增长9.5%。

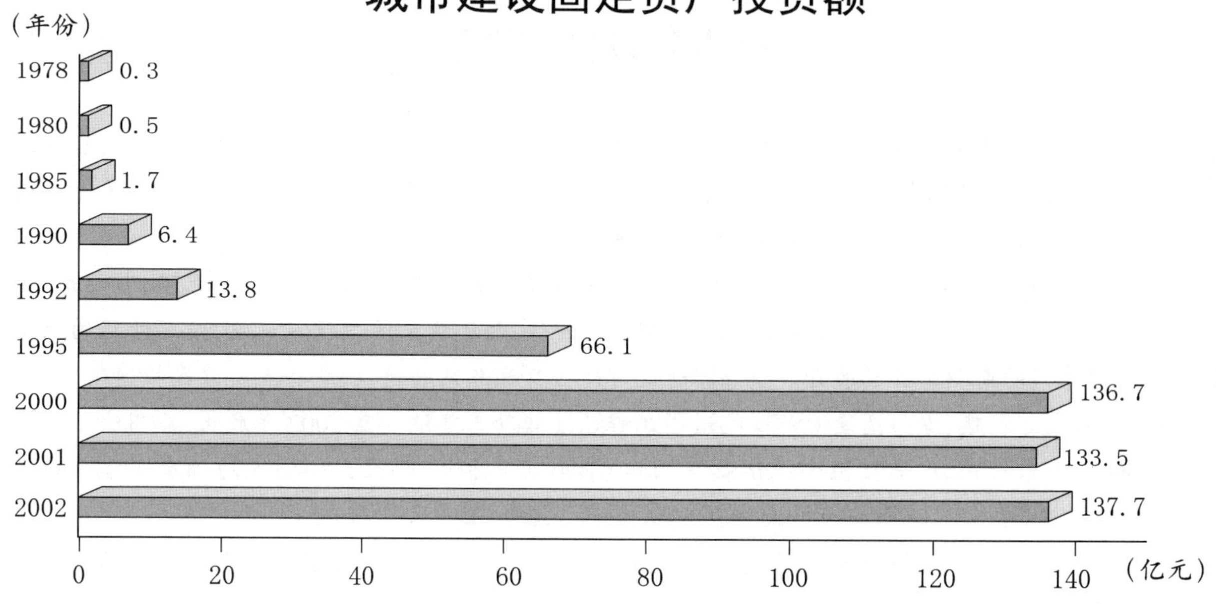

城市建设固定资产投资额
(年份)
1978 0.3
1980 0.5
1985 1.7
1990 6.4
1992 13.8
1995 66.1
2000 136.7
2001 133.5
2002 137.7
0 20 40 60 80 100 120 140
(亿元)

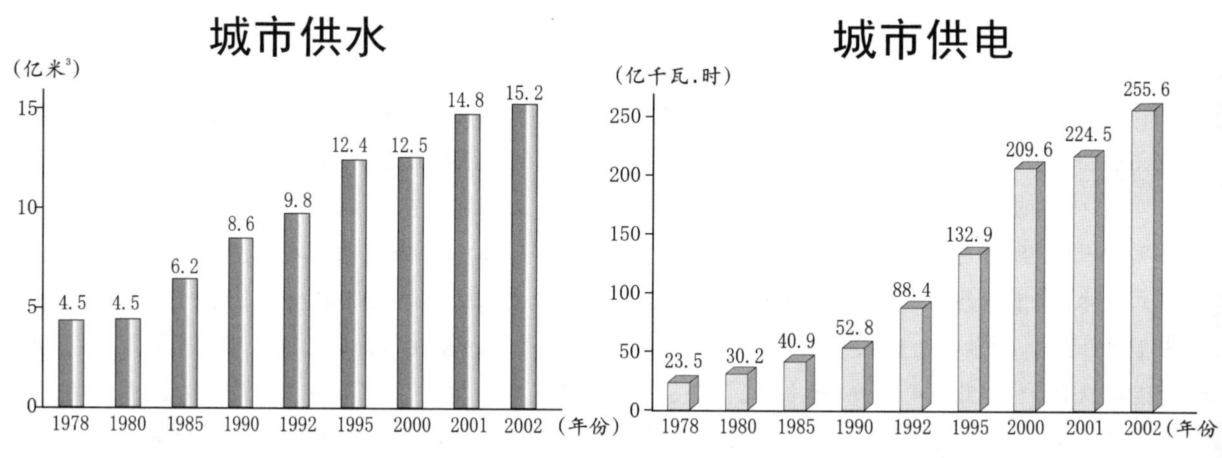

城市供水
(亿米³)
15
10
5
0
4.5 4.5 6.2 8.6 9.8 12.4 12.5 14.8 15.2
1978 1980 1985 1990 1992 1995 2000 2001 2002 (年份)
城市供电
(亿千瓦.时)
250
200
150
100
50
0
23.5 30.2 40.9 52.8 88.4 132.9 209.6 224.5 255.6
1978 1980 1985 1990 1992 1995 2000 2001 2002 (年份)

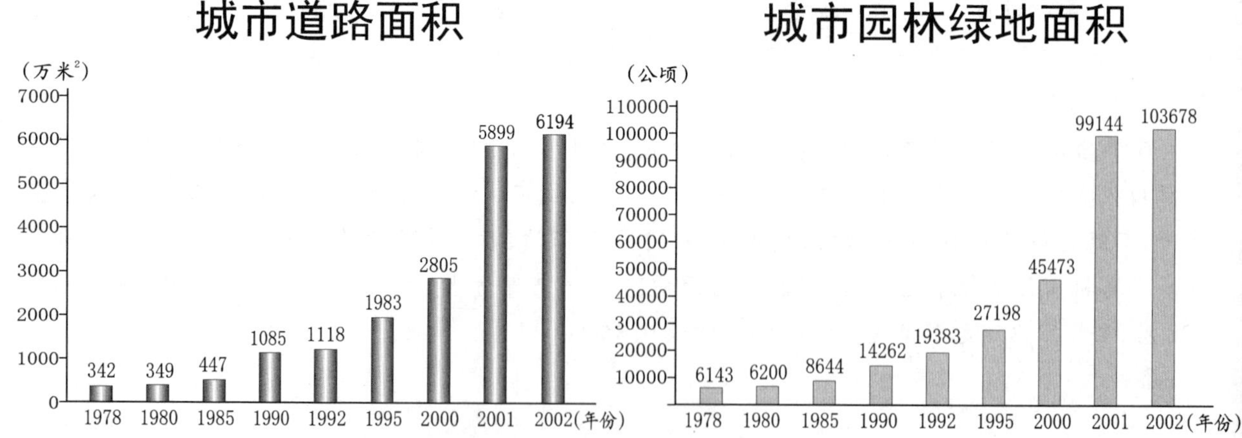

城市道路面积
(万米²)
7000
6000
5000
4000
3000
2000
1000
0
342 349 447 1085 1118 1983 2805 5899 6194
1978 1980 1985 1990 1992 1995 2000 2001 2002 (年份)
城市园林绿地面积
(公顷)
110000
100000
90000
80000
70000
60000
50000
40000
30000
20000
10000
6143 6200 8644 14262 19383 27198 45473 99144 103678
1978 1980 1985 1990 1992 1995 2000 2001 2002 (年份)

9-1 市 政 设 施

项　　目	单　位	1990年	1995年	2000年	2001年	2002年
道路长度	千米	945	1809	2053	4210	4447
道路面积	万米^2	1085	1983	2805	5899	6194
#人行道面积	万米^2			355	629	676
桥梁数	座	265	524	685	919	934
#立交桥	座	24	52	100	124	124
路灯盏数	盏	39138	59643	92279	154940	181751
排水管道长度	千米	1217	1535	1952	3099	3393
人均道路面积	米^2	3.70	6.30	8.16	10.22	10.61
路网密度	千米/千米^2				1.13	1.20
排水管道密度	千米/千米^2		5.90	6.56	5.89	6.13

注:1.除注明外,城建统计数据均由建委提供,下同。
2.本表资料2001年起为十区口径,其余年份为原八区口径。

9-2 城 市 供 水

项　　目	单　位	2001年	#公共供水企业	2002年	#公共供水企业
综合生产能力	万米^3/日	572	489	578	513
#地下水	万米^3/日	11		8	
供水管道长度	公里	10825	10825	11587	11587
供水总量	万米^3	168680	148078	163410	152263
生产运营用水	万米^3	57269	36667	47980	36833
公共服务用水	万米^3	28140	28140	32522	32522
居民家庭用水	万米^3	67640	67640	67190	67190
消防及其他用水	万米^3	15631	15631	15718	15718
售水量	万米^3	129899	129899	133051	133051
用水户数	户	1800117	1800117	1936585	1936585
#家庭用户	户	1682191	1682191	1730630	1730630
用水人口	万人	549	549	561	561
人均日生活用水量	升	471	471	487	487
用水普及率	%	95.09	95.09	96.01	96.01

注:本表资料为十区口径。

9-3 全　市　用　电

（2002年）　　单位：万千瓦·时

项　目	全　市	市　区	#番禺区	#花都区	增　城	从　化
供电总量	2556372	2263931	426794	157002	224431	68010
#售电总量	2382349	2120107	404445	145568	201361	60881
农、林、牧、渔水利业	26833	24652	4758	4847	2077	104
#排灌	3612	3232	314	1092	347	33
工业	1314938	1107362	293927	109930	173757	33819
轻工业	458385	390038	79275	35496	47743	20604
重工业	856553	717324	214652	74434	126014	13215
1.煤炭采选业	10529	10529	9004	15		
2.石油及天然气开采业	151	151	40			
3.黑色金属矿采选业	68	68	1	7		
4.有色金属矿采选业	512	84	27			428
5.建材及其他非金属矿采选业	12481	11421	2579	2809	567	493
6.其他矿采选业	963	830	733	8		133
7.木材及竹材采运业	1890	1890	638	2		
8.自来水生产和供应业	46653	32869	6439	1209	12954	830
9.食品饮料供应业	51394	42534	9285	2572	5264	3596
10.纺织业	64982	53830	16485	13382	10215	937
11.造纸及纸制品业	26426	24788	9901	2500	1638	
12.电力生产业	174787	144588	22349	11434	23070	7129
#线路损失电量	174023	144824	22349	11434	22070	7129
13.石油加工业	3011	3011	160	4		
14.炼焦煤气及煤制品业	2830	2322	56	6	57	451
15.化学工业	78160	71940	12622	2681	4973	1247
16.医药工业	10240	8951	290	411	416	873
17.化学纤维工业	16415	15378	1177	2120		1037
18.橡胶及塑料制品业	114240	102527	50926	10894	9190	2523
19.建材及其他非金属矿物制品业	138326	101029	15549	28237	34680	2617
20.黑色金属冶炼及压延加工业	97476	96321	4313		892	263
21.有色金属冶炼及压延加工业	12221	11278	5504	310		943
22.金属制品业	58935	47130	18111	8200	6794	5011
23.机械工业	30179	29046	7958	2163	617	516
24.交通运输电气电子设备制造业	104520	100497	37335	1594	2914	1109
25.其他工业	257549	194350	62445	19372	59516	3683
地质普查和勘探业、水利管理业	2657	446	23	53		2211
建筑业	36772	29719	4493	4023	1548	5505
交通运输邮电通信业	59934	52260	2798	1322	1359	6315
商业公共饮食物资供销和仓储业	340747	322198	41711	9486	13173	5376
其他事业	299050	285869	18943	8465	6807	6374
城乡居民生活用电	475441	441425	60141	18876	25710	8306
城市	308308	285732	7504	12384	17811	4765
乡村	167133	155693	52637	6492	7899	3541

注：本表资料由广东省广电集团有限公司广州供电分公司提供，市区为十区口径。

9-4 城　市　供　电

单位:万千瓦·时

项　　目	1990年	1995年	2000年	2001年	2002年
全　市					
供电总量	527670	1329050	2096499	2245355	2556372
售电总量	498014	1090811	1971582	2116961	2382349
#工业用电	297277	737951	1084992	1133617	1314938
城乡居民生活用电	81301	252491	418084	467250	475441
城　市	57250	177549	253099	288472	308308
乡　村	24051	74942	164985	178778	167133
市　区					
供电总量	428107	958143	1436451	2002697	2263931
售电总量	404046	790334	1356970	1895498	2120107
#工业用电	239331	482226	627360	964733	1107362
城乡居民生活用电	60192	189711	315672	436041	441425
城　市	49013	147861	230502	270746	285732
乡　村	11179	41850	85170	165295	155693

注:1.本表资料市区数2001年起为十区口径,其余年份为原八区口径。
　2.数据由广东省广电集团有限公司广州供电分公司提供。

9-5 城　市　供　气

项　　目	单　位	2001年	2002年
液化石油气			
储气能力	吨	17367	17706
供气管道长度	千米	251	319
外购气量	吨	279384	320403
供气总量	吨	267116	286345
#家庭用量	吨	192173	225755
用气户数	户	991044	1130631
#家庭用户	户	988859	1087379
用气人口	万人	346.10	353.40
人工煤气			
生产能力	万米^3/日	92	127
储气能力	万米^3	33	33
供气管道长度	千米	1485	1665
自制气量	万米^3	15854	17833
供气总量	万米^3	15848	16599
#家庭用量	万米^3	12155	9988
用气户数	户	478603	532209
#家庭用户	户	476133	529375
用气人口	万人	166.60	172.20
燃气普及率	%	90.58	91.40

注:本表资料为十区口径。

9-6 城市建设固定资产投资额

单位：万元

年份	2000年	2001年	2002年
本年完成投资	1366620	1335199	1377443
按构成分			
建筑工程	721921	424594	814275
安装工程		283062	46959
设备及工器具购置	130705	133520	79634
其他费用	513994	494023	436575
#土地购置费			172543
按系统分			
供水	54354	28777	18790
燃气	7538	9109	6761
道路桥梁	976643	577138	586615
排水	39356	29225	87572
#污水处理		14005	86303
园林绿化	31015	13783	16797
市容环境卫生	14334	17756	33377
#垃圾处理		16426	26182
其他	243380	659411	627531

注：本表资料2001年起为十区口径，其余年份为原八区口径。

9-7 主要年份城市房屋建筑面积

年份	年末实有房屋建筑面积（万米^2）	年末实有住宅建筑面积（万米^2）	年末实有住宅居住面积（万米^2）	平均每人居住面积（米^2）
1952	1256.38	789.76	473.86	3.93
1957	1484.49	868.31	520.99	3.08
1962	1823.35	943.00	565.86	2.95
1965	1957.95	992.63	595.50	3.01
1970	2166.65	1056.93	634.16	3.39
1975	2484.36	1153.38	692.03	3.57
1978	2889.89	1314.03	788.42	3.82
1980	3247.82	1512.88	907.73	3.97
1985	5511.97	2834.43	1700.66	6.62
1990	7567.44	3974.23	2327.55	7.99
1995	9666.45	5276.22	3043.65	9.61
2000	13740.03	7952.05	4515.36	13.13
2001	14829.01	8713.55	4934.19	13.87
2002	21720.35	12995.46	7289.24	15.67

注：1.本表资料由市国土房管局、统计局共同提供。

2.本表资料2002年为十区口径，其余年份为原八区口径。

9-8 城市维护费收支情况

单位:万元

项目	1990年	1995年	2000年	2001年	2002年
维护费收入	30693	644878	1586816	1459671	1334174
维护费支出	31825	639215	1314048	1178305	1215638
用于养护维修	16741	101806	103495	91815	93097
用于更新改造	9623	529620	1208047	1086490	1000041
偿还贷款	4700	3200			122500
其他	761	4589	2506		

注:本表资料2001年起为十区口径,其余年份为原八区口径。

9-9 园林绿化

项目	单位	1990年	1995年	2000年	2001年	2002年
绿化覆盖面积	公顷		28073	49088	106111	108815
#建成区	公顷	3655	6240	9400	16550	18068
建成区绿化覆盖率	%	19.50	24.08	31.60	31.44	32.64
园林绿地面积	公顷	14262	27198	45473	99144	103678
#建成区	公顷	3508	5763	8797	14677	15870
建成区绿地率	%			29.57	27.88	28.67
公共绿地面积	公顷	1132	1485	2705	4646	5015
人均公共绿地面积	米^2	3.90	4.70	7.87	8.05	8.59
公园个数	个	24	38	72	125	144
公园面积	公顷	1026	1264	1883	2797	2883
建成区面积	千米^2	187.40	259.10	297.50	526.42	553.50
游人量	万人次	5672	7532	10390	10813	11078

注:本表资料2001年起为十区口径,其余年份为原八区口径。

9-10 城市环境卫生

项　　目	单　位	1990年	1995年	2000年	2001年	2002年
道路清扫保洁面积	万米^2	2112	2372	2288	3554	4126
#机械化清扫	万米^2			1134	1378	1733
生活垃圾清运量	万吨	105	155	166	244	260
生活垃圾无害化处理量	万吨			166	244	260
生活垃圾无害化处理厂	座			3	7	8
生活垃圾无害化处理能力	吨/日			5000	6700	7000
生活垃圾无害化处理率	%		100	100	100	100
粪便清运量	万吨	31	33	27	46	51
粪便无害化处理量	万吨			27	46	51
粪便处理率	%		100	100	100	100
公厕数	座	558	1529	1531	1729	1741
#水冲式	座			1526	1714	1741
水冲公厕率	%			99.67	99.13	100
市容环卫专用车辆总数	台	633	872	967	1068	1034
从业人数	人	16090	15587	18463	19916	19825

注:1.本表资料2001年起为十区口径,其余年份为原八区口径。
2.公厕数从1995年起包括系统外的数据。
3.从业人员包括民办保洁人数和职工人数。

9-11　立交桥、人行天桥(隧道)一览表

名　　称	竣工日期	名　　称	竣工日期
立　交　桥		37.高速公路沙河立交桥	1993.12.
1.沙河顶铁路立交桥	1950、1971扩	38.北环高速公路濂泉立交桥	1993.12.
2.大北立交桥	1964.04.	39.北环高速公路元岗立交桥	1993.12.
3.德坭路立交桥	1964.09.	40.北环高速公路轻工技校立交桥	1993.12.
4.黄花东铁路立交桥	1965.9、1987.5扩	41.北环高速公路华南路立交桥	1993.12.
5.黑山铁路立交桥	1978.12.	42.北环高速公路双燕岗立交桥	1993.12.
6.广园西路铁路立交桥(一)	1981.12.注	43.省高速公路(广深珠)罗岗互通立交桥	1993.10.
7.广园西路铁路立交桥(二)	1981.12.	44.广花路黄石立交桥	1994.01.
8.石围塘铁路立交桥	1983.09.	45.岗顶立交桥	1994.09.
9.区庄立交桥	1983.11.	46.广从路广园立交桥	1994.05.
10.广花立交桥	1984.09.	47.广从路铁路跨线桥	1994.05.
11.洪德路立交桥	1984.11.	48.广从路东方乐园立交桥	1994.05.
12.麓景路立交桥	1985.12.	49.广从路黄石立交桥	1994.05.
13.中山一路立交桥	1985.06.	50.省高速公路(广深珠)新塘互通立交桥	1994.06.
14.天河立交桥	1986.12.	51.北村三立交桥	1995.04.
15.石牌立交桥	1987.08.	52.龙溪路、花地大道立交桥	1995.06.
16.茅岗铁路立交桥	1987.09.	53.解放路、中山路立交桥	1995.09.
17.横枝岗立交桥	1987.12.	54.果园场立交桥	1995.12.
18.环市东、淘金坑立交桥	1987.	55.石牌立交桥	1996.01.
19.西场立交桥	1989.06.	56.北村一立交桥	1996.05.
20.客村立交桥	1989.12.	57.丰乐路立交桥	1996.09.
21.高速公路沙贝立交跨主线立交桥	1989.08.	58.南江立交桥	1996.12.
22.北环高速公路沙河立交桥	1990.03.	59.苍头立交桥	1996.12.
23.高速公路跨广清公路立交桥	1989.08.	60.新港路、昌岗路立交桥	1996.12.
24.高速公路西槎路跨线立交桥	1990.12.	61.五山路立交桥	1998.02.
25.高速公路广北立交桥	1990.12.	62.广中路立交桥	1998.07.
26.高速公路广花立交桥	1990.12.	63.昌岗路立交桥	1998.07.
27.机场路、广园路立交桥	1991.10.	64.黄埔大道立交桥	1998.07.
28.机场路候机楼立交桥	1992.08.	65.新洲立交桥	1998.08.
29.新市立交桥	1992.10.	66.新滘立交桥	1998.08.
30.东风路农林下路立交桥	1992.08.	67.东圃立交桥	1998.08.
31.先烈路立交桥	1992.10.	68.中山立交桥	1999.12.
32.小北路立交桥	1992.08.	69.岑村立交桥	1999.12.
33.盘福路立交桥	1992.10.	70.广园立交桥	1999.12.
34.东风路越秀北立交桥	1993.09.	71.横沙立交桥	1999.12.
35.花地立交桥	1993.12.	72.黄村立交桥	1999.12.
36.东华东立交桥	1993.12.	73.小坪立交桥	1999.12.

注:1.本表资料为十区口径;2.6项是广园西与五股道,7项是广园西与三股道。

9－11 续表1

名称	竣工日期
74.广汕立交桥	1999.12.
75.海南立交桥	1999.12.
76.增滘立交桥	1999.12.
77.黄歧立交桥	1999.12.
78.浔峰洲立交桥	1999.12.
79.中山八路立交桥	2000.01.
80.西场立交桥	2000.01.
81.广园西路立交桥	2000.01.
82.麓湖立交桥	2000.01.
83.恒福路立交桥	2000.01.
84.东风路立交桥	2000.01.
85.东山口立交桥	2000.01.
86.海印南立交桥	2000.01.
87.素社立交桥	2000.01.
88.工业大道立交桥	2000.01.
89.洪德立交桥	2000.01.
90.镇安立交桥	2000.01.
91.梅东立交桥	2000.01.
92.沙河立交桥	2000.06.
93.广州东站北广场立交桥	2000.06.
94.东莞庄立交桥	2000.06.
95.广氮铁路立交桥	2000.06.
96.吉山物资仓立交桥	2000.06.
97.茅岗立交桥	2000.06.
98.车陂立交桥	2000.06.
99.援外仓铁路立交桥	2000.06.
100.南洲立交桥	2000.11.
101.丰乐路立交桥	2001.10.
102.石化铁路立交桥	2001.10.
103.笔村立交桥	2001.10.
104.南岗立交桥	2001.10.
105.仓头1号立交桥	2001.10.
106.仓头2号立交桥	2001.10.
107.广园东路羊城汽车城1号立交桥	2001.10.
108.广园东路羊城汽车城2号立交桥	2001.10.
109.广园东路羊城汽车城3号立交桥	2001.10.
110.中新立交桥	2001.10.
111.荔新1号立交桥	2001.10.
112.荔新2号立交桥	2001.10.
113.荔新3号立交桥	2001.10.
114.荔新4号立交桥	2001.10.
115.汇景新城规划路立交桥	2001.10.
116.广汕路1号立交桥	2001.10.
117.广汕路2号立交桥	2001.10.
118.三元里立交桥	2001.12.
119.平沙互通立交桥	2001.12.
120.蚌湖互通立交桥	2001.12.
121.新机场互通立交桥	2001.12.
122.迎宾立交桥(市桥路段)	
123.迎宾立交桥(南村路段)	
124.迎宾立交桥(大石镇路段)	
高架路	
1.小北路高架路	1986.08.
2.大北路高架路	1986.09.
3.人民路、六二三路高架路	1987.09.
4.解放北路高架路	1993.09.
5.高速公路双燕岗高架路	1993.12.
6.高速公路侨乐路高架路	1993.12.
7.高速公路元岗高架路	1993.12.
8.高速公路濂泉路高架路	1993.12.
9.高速公路广园路高架路	1993.12.
10.东濠涌高架路	1994.07.
11.黄埔大道放射线高架路	2001.01.
12.增槎路高架路	2001.01.
13.东晓路放射线高架路	2001.01.
14.大金钟路高架路	2001.09.
15.新市高架路	2001.12.
16.黄石路高架路	2001.12.
17.广花路高架路	2001.12.
18.旧广花路高架路	2001.12.
人行天桥	
1.人民南、西濠二马路天桥	1980.10.
2.北京路、大南路天桥	1981.12.
3.北京路、文明路天桥	1981.12.

注:2002年拆除了二座人行天桥(东风路解放北1号天桥、北京路中山五路天桥)。

9－11 续表 2

名　　称	竣工日期	名　　称	竣工日期
4.北京路、惠福东路天桥	1984.08.	41.机场路、广园路天桥	1991.10.
5.南方大厦北门人行天桥	1984.09.	42.交易会天桥	1991.10.
6.先烈路省科学院天桥	1984.12.	43.中山七路天桥	1991.11.
7.六二三路人行天桥	1985.12.	44.西增路天桥	1991.10.
8.东风东、陵园西东侧天桥	1985.12.	45.机场路 1 号天桥	1992.03.
9.东风东、陵园西西侧天桥	1985.12.	46.机场路 2 号天桥	1992.10.
10.江南大道北人行天桥	1985.12.	47.中医学院天桥	1992.07.
11.环市西、水厂路人行天桥	1985.12.	48.东风路先烈天桥	1992.11.
12.环市东、广工学院天桥	1986.09.	49.小北立交东侧天桥	1992.12.
13.环市西、省汽车站天桥	1986.10.	50.小北立交西侧天桥	1992.12.
14.执信南中山一院天桥	1986.12.	51.盘福路天桥	1992.10.
15.中山一农林东天桥	1987.07.	52.蓬莱路天桥	1993.09.
16.解放北、桂花岗天桥	1987.01.	53.东风路解放北 2 号天桥	1993.09.
17.环市东、东环路天桥	1987.08.	54.东风路越秀北天桥	1993.09.
18.环市东、建设六马路天桥	1987.10.	55.东风路正南路天桥	1993.07.
19.环市东、建设大马路天桥	1987.10.	56.东风路梅东路天桥	1993.08.
20.人民北、环市路天桥	1987.11.	57.东风路执信路天桥	1993.09.
21.中山大道、港湾路东天桥	1987.11.	58.德政北天桥	1994.05.
22.中山大道、港湾路西天桥	1987.11.	59.机械学院人行天桥	1994.07.
23.西华路源头天桥	1988.03.	60.农科院一号人行天桥	1994.07.
24.解放北、应元路天桥	1988.10.	61.农科院二号人行天桥	1994.07.
25.江南大道、万松园天桥	1988.11.	62.五羊新城天桥	1994.09.
26.中山大道武警天桥	1988.11.	63.广园路景泰直街天桥	1994.09.
27.中山大道岗顶天桥	1988.11.	64.小北路环市路天桥	1994.09.
28.中山大道水厂天桥	1988.12.	65.东风西路人民北东天桥	1994.09.
29.广州客运站人行天桥	1989.01.	66.东风西路人民北西天桥	1994.09.
30.环市东假日酒店天桥	1989.05.	67.东风西路荔湾北天桥	1994.09.
31.环市西华丽宫天桥	1989.12.	68.芳村大道北天桥	1994.02.
32.荔湾北热力天桥	1989.12.	69.岗顶天桥(石牌)	1994.12.
33.工业大道凤宁南天桥	1989.12.	70.龙溪路花地人行天桥	1995.07.
34.环市东农林下路天桥	1989.12.	71.棠下天桥	1995.12.
35.东风美特天桥	1990.09.	72.新市天桥	1995.12.
36.一德路海珠广场天桥	1990.11.	73.槎头天桥	1995.12.
37.洪德路、厚德路天桥	1991.01.	74.海珠购物中心天桥	1996.01.
38.西站、铁路人行天桥	1991.04.	75.文明路文德路天桥	1996.04.
39.高速公路沙贝收费站人行天桥	1991.04.	76.燕塘天桥	1996.12.
40.寺右路天桥	1991.08.	77.广深公路文冲段双岗天桥	1996.12.

9－11　续表3

名　　称	竣工日期	名　　称	竣工日期
78.水荫路天桥	1997.01.	114.火车站－省汽车站人行天桥	2002.11
79.解放路迎宾馆天桥	1997.10.	115.陈田村人行天桥	2002.11
80.解放路大新路天桥	1997.11.	116.新市人行天桥	2002.11
81.解放路惠福路天桥	1997.12.	117.甘园路、北环高速公路人行天桥	2002.11
82.黄埔区广深公路庙头天桥	1997.12.	118.同和路、广日电梯厂人行天桥	2002.11
83.黄埔区夏围天桥	1997.12.	119.同和路、南方医院人行天桥	2002.11
84.石化路天桥	1998.03.	**人　行　隧　道**	
85.广深公路沙步人行天桥	1999.11.	1.起义路人行隧道	1986.11.
86.茅岗小学人行天桥	1999.12.	2.天河路体育中心东侧隧道	1987.09.
87.市一中人行天桥	2000.01.	3.天河路体育中心隧道	1987.09.
88.荔湾湖人行天桥	2000.01.	4.天河路体育中心西侧隧道	1987.09.
89.麓湖人行天桥	2000.01.	5.中山大道石牌人行隧道	1987.12.
90.麓湖跨铁路人行天桥	2000.01.	6.黄沙隧道北出口疏解1号人行隧道	1995.12.
91.达道路人行天桥	2000.01.	7.海印南隧道	2000.12.
92.素社人行天桥	2000.01.	8.暨南大学门前人行隧道	2001.01.
93.工业大道人行天桥	2000.01.	9.黄埔大道石牌西人行隧道	2001.01.
94.广东工学院天桥	2000.06.	10.黄埔大道石牌东人行隧道	2001.01.
95.农科院天桥	2000.06.	11.体育西人行隧道	2001.01.
96.农科院机耕桥	2000.06.	12.站前路至站南路人行隧道	2000.12.
97.广氮厂天桥	2000.06.	13.人民北路至流花路人行隧道	2001.09.
98.车陂天桥	2000.06.	14.新体育馆(跨新广从路)人行隧道	2001.09
99.茅岗－本田厂天桥	2000.06.	15.清河东路人行隧道	
100.沙涌天桥	2000.06.	16.平康路人行隧道	
101.沙步天桥	2000.06.	**其　他　隧　道**	
102.石化路人行天桥	2001.03	1.华南隧道(人、车行)	1990.08.
103.人民北交易会人行天桥	2001.04	2.珠江隧道(车行)	1994.01.
104.五山－华景新城人行天桥	2001.05	3.中大下穿式隧道(车行)	2000.09.
105.新体育馆周边道路人行天桥	2001.09	4.三华隧道(人、车行)	2000.12.
106.广园东路人行天桥(丰乐路)	2001.10	5.黄埔大道中央林荫隧道(车行)	2001.01
107.广园东路人行天桥(石化路)	2001.10	6.宝华隧道(人、车行)	2001.04.
108.广园东路人行天桥(南岗镇)	2001.10	7.车陂路隧道(车行)	2001.07
109.鸿洲路人行天桥	2001.12	8.新体育馆跨新广从路1号隧道(车行)	2001.09
110.何贤医院人行天桥		9.新体育馆跨新广从路2号隧道(车行)	2001.09
111.大北－禺山人行天桥		10.康王路隧道(车行)	2002.04
112.大北路人行天桥		11.五山路隧道(2条)(车行)	2002.11
113.黄石路人行天桥	2002.06		

主要统计指标解释

【年末自来水生产能力】指年底城建部门管理的自来水厂和自备水源的社会单位取水、净化、送水、出厂输水干管等环节的实际生产能力。

【年末供水管道长度】指从送水泵到用户水表之间所有管道的长度。

【全年供水总量】指公用自来水厂和自备水源的社会单位全年的供水总量,包括有效供水量及损失水量。

【生活用水量】指居民日常生活与公共福利设施的用水量,包括居民、饮食店、旅馆、医院、理发店、浴池、洗衣店、游泳池、商店、学校、机关、部队等单位的用水量。

【城市人口用水普及率】指城市用水的非农业人口数(不包括临时人口和流动人口)与城市非农业人口总数之比。计算公式为:

用水普及率 = 城市非农业用水人口数/城市非农业人口数 × 100%

【煤气综合生产能力】指城市煤气厂制气、净化、输送等环节的综合实际生产能力。

【输气管道长度】指由压缩机、鼓风机、储气罐的出口到用户煤气表之间的全部管道长度。

【全年供气总量】指全年售给各类用户的全部煤气量,包括工业用量、家庭用量和其他用量。

【城市气化率】指使用燃气(包括人工煤气、液化石油气、天然气)的城市非农业人口数(不包括临时人口和流动人口)与城市非农业人口总数之比。计算公式为:

城市气化率 = 城市非农业用气人口数/城市非农业人口总数 × 100%

【年底实有铺装道路长度】指除土路外,路面经过铺筑宽度在3.5米以上的道路,包括高级、次高级道路和普通道路。

【城市桥梁】指城市范围内,修建在河道上的桥梁和道路与道路立交、道路跨越铁路的立交桥及人行天桥。包括永久性桥和半永久性桥,不包括临时性桥、铁路桥、涵洞。

【城市下水道总长度】指所有排水总管、干管、支管及暗渠、检查井、连接井进出水口等长度之和。

【年末实有公共汽(电)车】指年底可参加营运的全部车辆数,包括营运车辆数和库存查封未参加营运的车辆。不包括非营运车辆,如架线车、油罐车、工程车、货车及其他专用车辆和借入的客运车辆。

【城市园林绿地面积】指城市用作园林和绿化的各种绿地面积。包括:公共绿地、单位附属绿地、居住区绿地、专用绿地、生产绿地、防护绿地和风景林地的全部面积总和。

【公共绿地】指供游览休息的各种公园、动物园、植物园、陵园以及花园、游园和供游览休息用的林荫道绿地、广场绿地,不包括一般栽植的行道树及林荫道的面积。

第十篇

农　业

农业和农村经济实现较快发展

2002年，广州市农业生产和农村经济快速健康发展。全年全市农业总产值为175.06亿元，比上年增长9.1%；完成农业增加值103.07亿元，增长7.1%。乡镇企业保持稳定发展，促进了农村经济的发展。

种植业加大结构调整力度，保持快速增长。种植业产值94.29亿元，增长23.6%。农作物种植品种继续向优质高效的经济作物调整。其中，粮食作物播种面积和产量分别为174.97万亩和65.16万吨，分别下降12.3%和13.4%。糖蔗种植面积和产量大幅度增长，分别为2.25万亩和16.28万吨，增幅分别为94.5%和91.4%。水果喜获大丰收。全市水果总产量47.37万吨，比上年增长35.6%，其中，荔枝、龙眼产量分别为9.57万吨和3.80万吨，比上年分别增长1.9倍和2.0倍，为历史最好水平。花卉种植面积大幅度上升，新品种继续增多，名贵花所占比例逐步增大，效益提高。花卉产值为12.74亿元，比上年增长51.9%。蔬菜生产稳步发展。全年蔬菜保持面积为46.49万亩，比上年增长9.4%；蔬菜产值为47.99亿元，占种植业产值的一半以上；蔬菜播种面积和产量分别为220.54万亩和346.04万吨，比上年分别增长3.5%和5.3%。

畜牧业生产降幅收窄。全年完成畜牧业产值40.47亿元，比上年减少2.6%，降幅比上年收窄2.2个百分点；肉类总产量31.04万吨，比上年减少1.6%。其中，生猪出栏量196.70万头，比上年增长1.9%；三鸟出栏1.18亿只，比上年下降5.2%；牛出栏9528头，比上年减少11.9%；受市区部分奶牛场搬迁和一批老弱奶牛被淘汰的影响，牛奶产量略降，但由于价格比上年增长8.7%，经济效益良好。

渔业生产稳步发展。全年完成渔业产值32.14亿元，比上年增长1.7%；水产养殖面积3.98万公顷，比上年增加319公顷；水产品总产量34.53万吨，比上年增长3.0%。其中，海水产品6.80万吨，与上年基本持平；淡水产品27.73万吨，比上年增长3.7%。

农业产业化进程稳步推进。近年来，广州市加大了对农业产业化经营的扶持力度，大力推广新品种、新技术，促进了农业产业化、龙头企业的健康蓬勃发展。全市产业化经营组织已发展到210个，实现营业收入104.38亿元；龙头企业40家，龙头企业带动农户13.17万户；被龙头企业带动的农户全年从产业化经营单位得到的户均收入为4585元。

农业基础设施进一步改善。到2002年末，全市完成标准化农田水利建设40万亩，农田有效灌溉面积已达154.46万亩。配合建设广州市现代化山水生态城市，全面启动了200万亩生态公益林工程的建设，通过抓好白云区帽峰山森林公园、芳村区花博园、海珠区万亩果园等一批生态农业示范区的建设，使广州市农业生态环境进一步改善，都市型农业的作用得到增强。

乡镇企业稳定发展。广州市乡镇企业加快了结构调整，加大招商引资和出口力度，不断提高经济运行的质量和效益，骨干企业继续发挥支柱作用，保持较好的发展态势。全年乡镇企业实现总产值1862.56亿元，增长8.0%；增加值为442.65亿元，增长10.1%。营业收入1898.30亿元，增长6.2%；营业收入500万元以上的乡镇企业2996家，营业收入1120.36亿元，占全市乡镇企业营业收入的59.0%。乡镇企业出口交货值394.32亿元，增长10.4%。

农业总产值及增加值

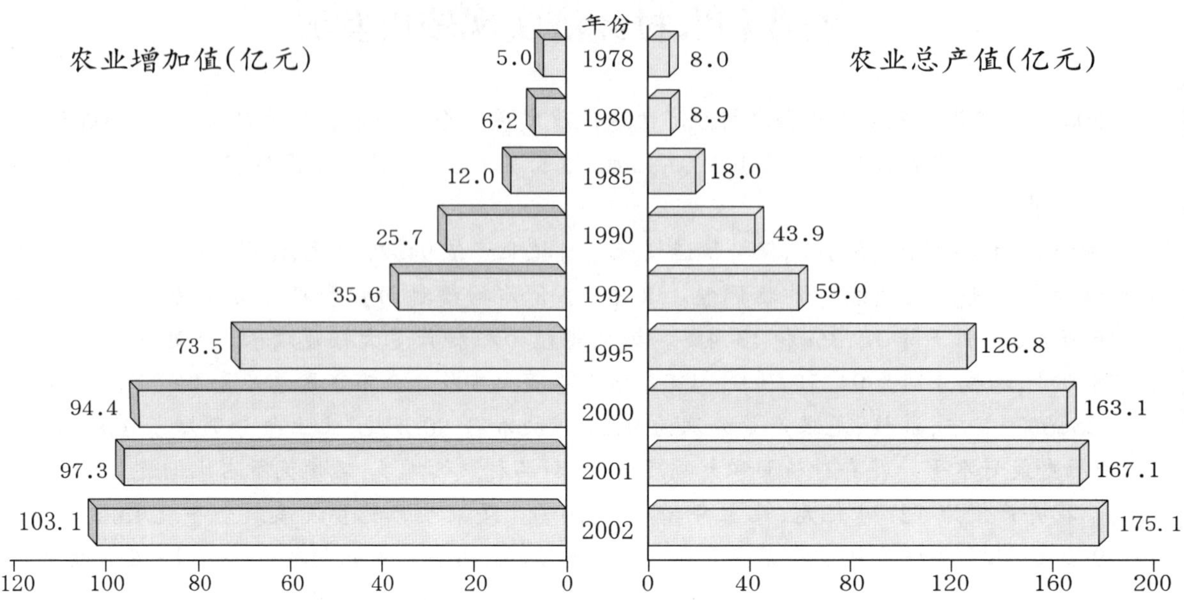

年份
农业增加值(亿元)
农业总产值(亿元)
1978 5.0 8.0
1980 6.2 8.9
1985 12.0 18.0
1990 25.7 43.9
1992 35.6 59.0
1995 73.5 126.8
2000 94.4 163.1
2001 97.3 167.1
2002 103.1 175.1
120 100 80 60 40 20 0
0 40 80 120 160 200

乡镇企业营业总收入
(亿元)
2000 1500 1000 500 0
4.1 5.8 26.4 96.9 209.4 756.3 1660.4 1899.6 1898.3
1978 1980 1985 1990 1992 1995 2000 2001 2002 (年份)
0 300 600 900 1200 1500 1800 2100
(亿元)
4.1 5.8 24.3 82.9 188.4 728.3 1600.2 1773.8 1862.6
乡镇企业总产值

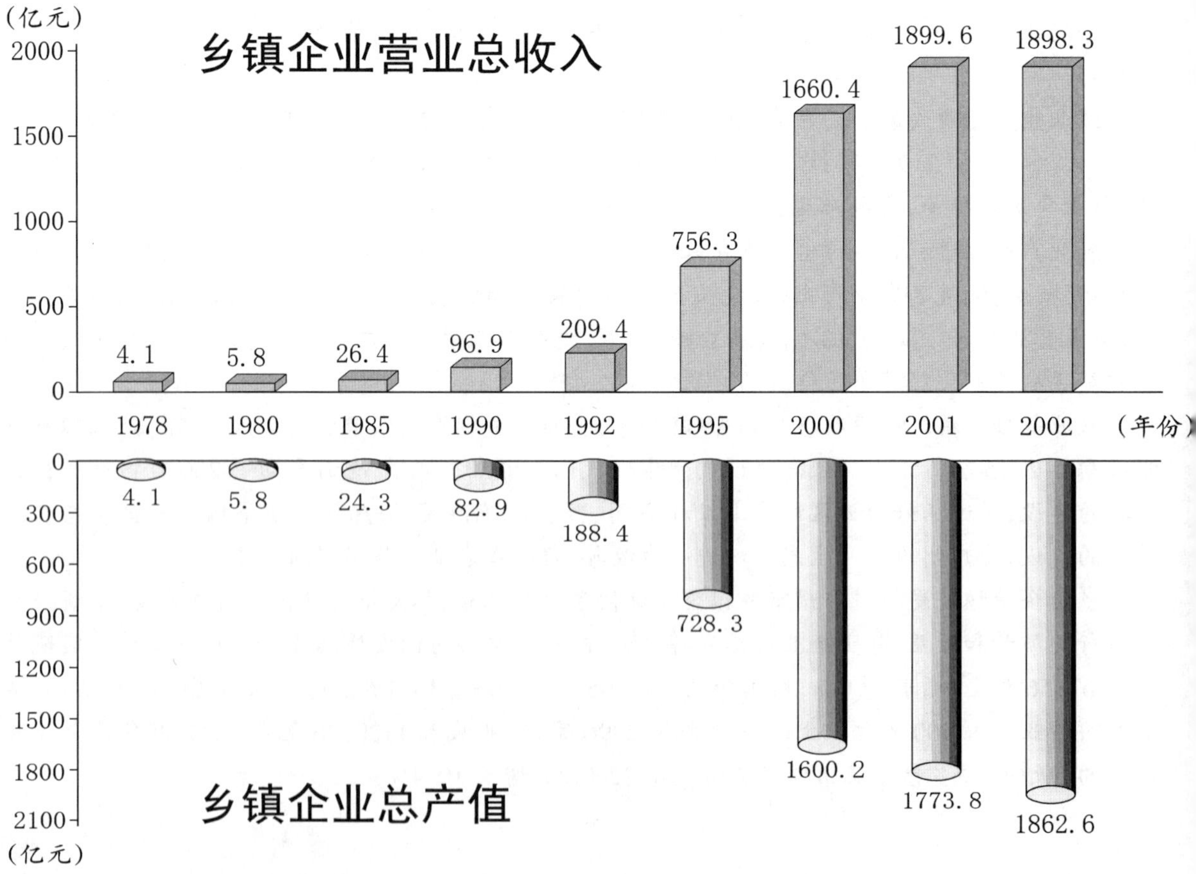

10-1 农村经济主要指标

项目	单位	1990年	1995年	2000年	2001年	2002年
乡镇户数	户	723782	841016	865440	882850	885484
乡镇人口	人	2822085	3116880	3117788	3196403	3161765
农村从业人员	人	1460531	1572734	1639875	1623935	1646442
#农林牧渔业从业人员	人	940090	900641	898786	899017	878980
常用耕地面积	公顷	164635	132439	118460	115352	108927
实际机耕地面积	公顷	126104	101865	95331	96793	92673
有效灌溉面积	公顷	152075	125060	112731	109861	102972
农业机械总动力	万瓦	174421	241922	246999	247026	249188
化肥施用量(折纯)	吨	134591	106953	90136	106315	105798
农药施用量	吨	7483	6737	3740	2425	2396
农村用电量	万千瓦·时	84909	376000	783960	855980	1036988
农村社会总产值	万元	1138369	8547293	16786050	18724074	20270741
#农林牧渔业总产值	万元	439322	1268076	1630468	1670518	1750598
农林牧渔业增加值	万元	257288	734606	943719	972806	1030721
农林牧渔业商品产值率	%	74.05	83.44	85.81	86.12	86.96
主要农产品产量						
粮食	吨	1195283	978988	881069	751288	651628
花生	吨	38812	27325	25625	25976	26173
糖蔗	吨	2026304	754327	76035	85044	162783
蔬菜	吨	1263415	2158004	3064896	3287449	3460429
水果	吨	308886	318018	329650	349282	473737
肉类	吨	144391	262881	327702	315545	310396
水产品	吨	87172	187775	325191	335295	345348
乡镇企业单位数	个	61324	85088	98363	101973	102511
乡镇企业从业人员	人	534097	966132	1221077	1257447	1328197
乡镇企业营业收入	万元	968773	7562954	16604241	18995663	18983014
乡镇企业固定资产原值	万元	370354	2136796	4943480	5427474	6077335
农村经济总收入	万元	1286288	8184750	14645242	15630845	16312215
农村居民人均纯收入	元	1539	4483	6086	6446	6857

10－2 农村基层基本情况

（2002 年）

项目	全市	荔湾区	海珠区	天河区	芳村区	白云区
农村基层组织(个)						
镇政府(不包括城关镇)	68			2		10
村(居)民委员会	1376	2	20	26	17	192
村民小组	13956	12	220	225	133	1964
农村人口状况						
乡镇户数(户)	885484	1321	23607	32216	12231	173516
#农业户	686488	1321	22465	20290	9901	115217
#从事农林牧渔业生产户	519022		19180	1489		93294
乡镇人口(人)	3161765	4124	68904	85737	39252	563274
#农业人口	2673768	4124	66190	56444	32369	424687
外来人口	1315755	17962		163894		110304
农村社会基础设施(个)						
自来水受益村	1023	2	20	25	17	165
通汽车村	1372	2	19	26	17	192
通电话村	1375	2	20	26	17	192

注:表中镇政府和村(居)民委员会个数按农业统计口径。

10－2 续表

项目	黄埔区	番禺区	花都区	增城市	从化市
农村基层组织(个)					
镇政府(不包括城关镇)		17	10	15	14
村(居)民委员会	16	331	204	326	242
村民小组	223	2988	1926	3484	2781
农村人口状况					
乡镇户数(户)	10038	241889	113694	174156	102816
#农业户	10038	168647	107280	138836	92493
#从事农林牧渔业生产户		114083	81592	119190	90194
乡镇人口(人)	36886	807297	426093	695869	434329
#农业人口	36886	625744	410656	606557	410111
外来人口		679947	90344	213096	40208
农村社会基础设施(个)					
自来水受益村	16	324	100	201	153
通汽车村	15	330	204	325	242
通电话村	16	331	204	325	242

10－3 农村劳动力资源及从业情况

（2002 年）　　单位：人

项　　目	全　市	荔湾区	海珠区	天河区	芳村区	白云区
农村劳动力资源总数	1811930	3161	45168	45852	25349	299678
#劳动年龄内的人口数	1722303	3161	43310	44533	23910	285268
农村从业人员合计	1646442	3161	43293	38522	23340	271071
#劳动年龄内	1537005	3161	41330	36855	21761	253693
农林牧渔业从业人员	878980	538	23174	7805	14539	136195
农业	802315	373	22766	6902	13875	121292
林业	3900			31		411
牧业	32662	130	249	364	386	9449
渔业	40103	35	159	508	278	5043
工业	319220	244	4377	4599	2026	54102
建筑业	84222		692	1831	687	16230
交通运输仓储和邮电业	68644	776	2363	2878	1207	13627
批零贸易和餐饮业	128941	502	2270	8514	1942	19445
其他行业	166435	1101	10417	12895	2939	31472
外出从业人员	160316		534	3125	2730	21029
外来从业人员	1116937	17962	450	111087		90804

10－3　续表　　单位：人

项　　目	黄埔区	番禺区	花都区	增城市	从化市
农村劳动力资源总数	22408	499677	248477	394741	227419
#劳动年龄内的人口数	21000	479596	238713	371169	211643
农村从业人员合计	19434	453951	228007	352016	213647
#劳动年龄内	17930	429799	215118	322196	195162
农林牧渔业从业人员	10811	158444	135192	227458	164824
农业	10014	136081	123884	208336	158792
林业		492	329	2187	450
牧业	344	3742	3016	11097	3885
渔业	453	18129	7963	5838	1697
工业	2997	137962	45961	50175	16777
建筑业	388	22899	15725	15935	9835
交通运输仓储和邮电业	1783	20790	7799	13163	4258
批零贸易和餐饮业	1959	54652	12293	19624	7740
其他行业	1496	59204	11037	25661	10213
外出从业人员		51227	20696	44332	16643
外来从业人员		607975	79868	172499	36292

10－4 主要年份年末耕地面积

单位：公顷

年份	耕地面积	水(旱)田	旱地	平均每个农业人口有耕地	平均每个农业劳动力有耕地
1952	212968	188312	24656	0.16	0.33
1957	216368	188579	27789	0.14	0.31
1962	198186	168447	29739	0.12	0.28
1965	191252	166566	24686	0.11	0.24
1970	188398	165393	23005	0.09	0.20
1975	186869	164740	22129	0.08	0.17
1978	185735	164062	21673	0.07	0.16
1980	184827	163178	21649	0.08	0.17
1985	174338	153675	20663	0.07	0.18
1990	164635	145404	19231	0.07	0.18
1995	132439	117683	14756	0.05	0.15
1996	128186	113596	14590	0.05	0.14
1997	126340	112336	14004	0.05	0.14
1998	125440	111752	13688	0.05	0.14
1999	122704	109242	13462	0.05	0.14
2000	118460	105364	13096	0.04	0.13
2001	115352	101962	13390	0.04	0.13
2002	108927	95487	13440	0.04	0.12

10－5 耕地面积及变动情况

（2002 年）　　单位：公顷

项　　目	全　市	荔湾区	海珠区	天河区	芳村区	白云区
年末耕地总资源	147054	174	721	1147	1353	22413
#常用耕地面积	146309	173	716	1137	1347	22300
#水田	128893		716	1046	1279	21311
当年增加耕地面积	15301	173	19	176	5	6184
#园地改为耕地	1429		19		5	405
当年减少耕地面积	25150		72	194	247	11707
#国家基建占用	2433		36	54	85	568
其他基建占用	2909			85	76	1816
改鱼塘占用	337					242
改茶桑果占用	1411					94
粮食占用耕地面积	70880					8321
蔬菜占用耕地面积	43715	173	538	854	394	13777

注：本表耕地面积按新口径，包括 1 米内的河涌、小路、田埂。

10－5 续表

单位：公顷

项　　目	黄埔区	番禺区	花都区	增城市	从化市
年末耕地总资源	1103	39837	18485	40822	20999
#常用耕地面积	1098	39601	18356	40726	20855
#水田	1056	36546	16011	33518	17410
当年增加耕地面积	2	7989	512	230	11
#园地改为耕地	2	850		141	7
当年减少耕地面积	42	8745	920	2999	224
#国家基建占用	25	82	334	1188	61
其他基建占用	17	392	229	256	38
改鱼塘占用			22	71	2
改茶桑果占用		985	57	188	87
粮食占用耕地面积	104	12872	10531	25434	13618
蔬菜占用耕地面积	852	10696	3767	8598	4066

10－6 主要年份农业总产值

单位:万元

年份、时期	合计	种植业	林业	牧业	副业	渔业
1949	11728	10162	20	1029	284	233
1952	15485	13229	71	1477	431	277
1957	19719	16426	189	2065	657	382
1962	28180	23792	71	2452	1279	586
1965	34122	27038	287	4869	1266	662
1970	43923	34725	360	6176	1731	931
1975	64116	49203	846	10355	2404	1308
1978	79940	62212	1367	11018	1792	3551
1980	89465	69534	2316	11730	2235	3650
1985	180163	117429	2312	43583	7309	9530
1990	439322	280156	5011	110313	15700	28142
1995	1268076	673678	10672	369589	28741	185396
1996	1429078	701636	11152	429758	38649	247883
1997	1508110	748281	12706	449656	42965	254502
1998	1540244	770438	12643	439267	52376	265520
1999	1600738	818349	12683	433928	55623	280155
2000	1630468	823477	13224	430589	66675	296503
2001	1670518	878086	13344	406407	68239	304442
2002	1750598	942935	11577	404566	70141	321379
“一五”时期	101614	86914	620	9012	3271	1797
“二五”时期	117821	98129	952	10906	5034	2800
1963－1965	98476	78807	663	13239	3776	1991
“三五”时期	214065	170974	1108	29390	8088	4505
“四五”时期	281725	220108	3042	42060	10640	5875
“五五”时期	393414	306952	5669	56157	11066	13570
“六五”时期	658543	455112	8949	135454	24174	34854
“七五”时期	1691762	1078926	21001	422369	65706	103760
“八五”时期	4155220	2323337	41125	1196610	100512	493636
“九五”时期	7708638	3862181	62408	2183198	256288	1344563
1979－2002	17806497	9674294	161721	4772140	589203	2609139

注:本表五业按旧口径。

10-7 主要年份农业总产值

（按1990年不变价格计算）　　单位：万元

年份、时期	合计	种植业	林业	牧业	副业	渔业
1949	68280	60747	201	4469	460	2403
1952	89974	79078	942	6405	696	2853
1957	120114	103118	2248	9491	1120	4137
1962	120447	105817	674	7939	1546	4471
1965	165669	136850	3305	18024	1739	5751
1970	169630	140158	2860	18268	1897	6447
1975	191602	152505	6523	23603	2026	6945
1978	215148	172325	3364	26916	2108	10435
1980	237153	190343	5634	27956	2629	10591
1985	320648	223981	4180	63571	7180	21736
1990	401185	257523	4236	93613	13605	32208
1995	645542	321622	5086	186517	28307	104010
1996	688222	312286	5454	199327	38018	133137
1997	733870	335355	5318	209847	41879	141471
1998	767853	335554	5168	217531	51017	158583
1999	841020	395916	5712	217392	53419	168581
2000	857711	391687	6194	221335	61870	176625
2001	871404	405818	5752	210630	60042	189162
2002	950437	501374	5529	205122	45967	192445
“一五”时期	553719	487317	6951	37099	4987	17365
“二五”时期	582393	500684	9075	40951	6901	24782
1963－1965	449833	375443	7037	46222	4885	16246
“三五”时期	857179	715633	9948	90044	9182	32372
“四五”时期	920132	748517	22591	104802	9842	34380
“五五”时期	1074271	868603	17322	130153	11094	47099
“六五”时期	1411784	1041800	17560	245663	26175	80586
“七五”时期	1839727	1208758	26386	408483	55507	140593
“八五”时期	2692799	1483898	27362	756805	95775	328959
“九五”时期	3888676	1770798	27846	1065432	246203	778397
1979－2002	12111233	6780576	118518	2948580	534542	1729017

注：本表五业按旧口径。

10-8 农林牧渔业总产值、增加值和商品产值

（2002年）　　单位：万元

项　　目	全　市	荔湾区	海珠区	天河区	芳村区	白云区
农林牧渔业总产值	1750598	1288	27034	20651	27573	340542
农业	1012984	1288	17229	8873	23259	188337
林业	11577			149		903
牧业	404658		3061	11034	4230	126567
渔业	321379		6744	595	84	24735
农林牧渔业总产值构成(%)	100	100	100	100	100	100
农业	57.87	100	63.73	42.97	84.36	55.30
林业	0.66			0.72		0.27
牧业	23.11		11.32	53.43	15.34	37.17
渔业	18.36		24.95	2.88	0.30	7.26
农林牧渔业总产值(1990年不变价格)	950437	540	17060	8012	11896	191316
农业	547249	540	10674	4626	9904	95823
林业	5529			156	2	662
牧业	205214		1121	2704	1924	74268
渔业	192445		5265	526	66	20563
农林牧渔业增加值	1030721	793	16562	12083	14830	205031
农业	695655	793	13357	6567	13494	143230
林业	8379			118		568
牧业	143328		1444	4949	1295	47804
渔业	183359		1761	449	41	13429
农林牧渔业增加值构成(%)	100	100	100	100	100	100
农业	67.49	100	80.65	54.35	90.99	69.86
林业	0.81			0.98		0.28
牧业	13.91		8.72	40.95	8.74	23.31
渔业	17.79		10.63	3.72	0.27	6.55
农林牧渔业商品产值	1522322	1095	25323	18565	26604	318114
农业	847309	1095	16211	8434	22424	170206
林业	7035			148		519
牧业	374882		2383	9397	4098	123758
渔业	293096		6729	586	82	23631
农林牧渔业商品产值率(%)	86.96	84.99	93.67	89.90	96.48	93.41
农业	83.64	84.99	94.09	95.06	96.41	90.37
林业	60.77			99.10		57.53
牧业	92.64		77.83	85.17	96.88	97.78
渔业	91.20		99.79	98.40	97.86	95.54

注：本表按农林牧渔业新口径计算。

10－8 续表 单位:万元

项　　目	黄埔区	番禺区	花都区	增城市	从化市
农林牧渔业总产值	24198	499372	301041	351603	157296
农业	11884	245653	165441	234988	116032
林业		145	3522	5336	1522
牧业	11106	63388	70865	78500	35907
渔业	1208	190186	61213	32779	3835
农林牧渔业总产值构成(%)	100	100	100	100	100
农业	49.11	49.19	54.96	66.83	73.77
林业		0.03	1.17	1.52	0.96
牧业	45.90	12.69	23.54	22.33	22.83
渔业	4.99	38.09	20.33	9.32	2.44
农林牧渔业总产值(1990年不变价格)	14924	283171	133405	175077	115036
农业	7896	136498	68611	118509	94168
林业		41	806	2798	1064
牧业	6129	35967	31069	34514	17518
渔业	899	110665	32919	19256	2286
农林牧渔业增加值	13894	280147	167269	223052	97060
农业	9681	151414	104660	170977	81482
林业		37	2472	4158	1026
牧业	3508	23711	24133	23899	12585
渔业	705	104985	36004	24018	1967
农林牧渔业增加值构成(%)	100	100	100	100	100
农业	69.68	54.05	62.57	76.65	83.95
林业		0.01	1.48	1.86	1.06
牧业	25.25	8.46	14.43	10.72	12.96
渔业	5.07	37.48	21.52	10.77	2.03
农林牧渔业商品产值	23005	428495	257411	294047	129663
农业	10952	198805	142094	184180	92908
林业		69	1481	4209	609
牧业	10987	54590	63506	73745	32418
渔业	1066	175031	50330	31913	3728
农林牧渔业商品产值率(%)	95.07	85.81	85.51	83.63	82.43
农业	92.16	80.93	85.89	78.38	80.07
林业		47.75	42.06	78.87	39.99
牧业	98.93	86.12	89.62	93.94	90.28
渔业	88.24	92.03	82.22	97.36	97.18

10－9 主要农作物及水果种植面积和产量

（2002 年）

项　　目	全　市	荔湾区	海珠区	天河区	芳村区	白云区
农作物总播种面积(公顷)	294985	350	2870	3230	2737	60000
粮食作物	116644					11588
#稻谷	102159					9697
大豆	892					1
经济作物	24455		37		1119	1814
#甘蔗	4694		37			63
花生	10106					799
木薯	1274					4
花卉	7770				1119	918
其他作物	152994	350	2833	3230	1618	46597
#蔬菜	147028	350	2832	3213	1618	46251
果用瓜	903		...			50
水果年末面积	65558		1173	231	7	5845
#柑桔橙	1068		...			438
香(大)蕉	9300		148	3		104
荔枝	31137		86	68		3127
龙眼	6581		301	42		733
主要农作物产量(吨)						
粮食作物	651628					62342
#稻谷	594439					53932
大豆	1924					2
经济作物						
#甘蔗	505185		2691			6179
花生	26173					2036
木薯	22032					65
花卉(万元)	127409		13		19128	14336
其他作物						
#蔬菜	3460429	9203	67074	65467	22930	986691
果用瓜	22924		2			1025
水果总产量(吨)	473737		20114	1502	27	23789
#柑桔橙	6078		2			1641
香(大)蕉	243850		4178	17		1726
荔枝	95689		955	518		12285
龙眼	37968		6255	221		3412

10－9 续表

项　　目	黄埔区	番禺区	花都区	增城市	从化市
农作物总播种面积(公顷)	3286	62222	38594	75463	46233
粮食作物	218	19367	19153	41381	24937
#稻谷	11	18520	16838	35607	21486
大豆		94	239	211	347
经济作物	101	7874	3151	5007	5352
#甘蔗	20	3942	160	363	109
花生		276	1528	3350	4153
木薯	5		92	342	831
花卉	76	3623	1353	502	179
其他作物	2967	34887	16051	28864	15597
#蔬菜	2959	34324	13872	27148	14461
果用瓜		39	585	70	159
水果年末面积(公顷)	1091	9390	5370	21395	21056
#柑桔橙	40	20	31	140	399
香(大)蕉	261	7465	353	870	96
荔枝	271	657	2720	13166	11042
龙眼	140	605	1680	2072	1008
主要农作物产量(吨)					
粮食作物	721	118205	110907	219540	139913
#稻谷	62	114879	100672	200249	124645
大豆		142	677	432	671
经济作物					
#甘蔗	2412	447803	15187	26482	4431
花生		682	4069	8522	10864
木薯	150		2618	5470	13729
花卉(万元)	886	40273	42681	7094	2998
其他作物					
#蔬菜	53376	809958	351196	732613	361921
果用瓜		819	15390	1337	4351
水果总产量(吨)	12525	227329	33825	81228	73398
#柑桔橙	300	520	79	1489	2047
香(大)蕉	7554	206062	9480	13827	1006
荔枝	1245	4282	10528	23814	42062
龙眼	798	5681	8962	9102	3537

10－10 畜牧业生产情况

（2002 年）

项　　目	单位	全　市	荔湾区	海珠区	天河区	芳村区
年末耕牛存栏量	头	57204			5	
#能劳役的	头	41781			3	
黄牛	头	24199			3	
水牛	头	33005			2	
年末奶牛存栏量	头	18418		1439	7796	416
#良种奶牛	头	17117		1439	7796	416
牛奶产量	吨	46383		5964	20064	1268
牛出栏量	头	9528			359	
牛肉产量	吨	1215			44	
生猪饲养量	头	2838980		15153	32266	56413
年末生猪存栏量	头	871975		100	10360	20651
#母猪	头	73436			1673	392
生猪出栏量	头	1967005		15053	21906	35762
猪肉产量	吨	146913		1116	1630	2633
年末羊存栏量	头	8381				
羊出栏量	头	12337				
羊肉产量	吨	186				
年末兔存栏量	只	51497				
兔出栏量	只	152548				
兔肉产量	吨	418				
年末家禽存栏量	万只	3419		2	22	19
#三鸟	万只	3095		2	22	19
#鸡	万只	2436		2	22	19
家禽出栏量	万只	13083		13	21	64
#三鸟	万只	11770		12	21	64
#鸡	万只	9058		12	21	64
禽肉产量	吨	161664		149	268	798
禽蛋产量	吨	23375			7	
肉类总产量	吨	310396		1265	1942	3431
蜂蜜产量	吨	323				

10－10 续表

项　　目	单位	白云区	黄埔区	番禺区	花都区	增城市	从化市
年末耕牛存栏量	头	3413	30	1689	2876	36168	13023
#能劳役的	头	2604	27	1549	1900	25570	10128
黄牛	头	1026	9	781	224	20787	1369
水牛	头	2387	21	908	2652	15381	11654
年末奶牛存栏量	头	1755	6	3830	2068	700	408
#良种奶牛	头	1655	6	2632	2068	700	405
牛奶产量	吨	3906	28	8048	4508	1700	897
牛出栏量	头	158	10	118	533	6140	2210
牛肉产量	吨	23	2	17	68	757	304
生猪饲养量	头	746874	114068	441495	314589	649296	468826
年末生猪存栏量	头	191938	7680	154073	86875	229600	170698
#母猪	头	18040	1100	6029	7484	24080	14638
生猪出栏量	头	554936	106388	287422	227714	419696	298128
猪肉产量	吨	41013	7717	21269	16813	32657	22065
年末羊存栏量	头	30	100	246	780	6990	235
羊出栏量	头	210	180	514	1771	9589	73
羊肉产量	吨	3	3	8	27	144	1
年末兔存栏量	只	9447		3270	34940	3840	
兔出栏量	只	38966	2500	9723	90612	10747	
兔肉产量	吨	117	8	29	233	31	
年末家禽存栏量	万只	1322	73	611	519	633	218
#三鸟	万只	1252	69	553	478	498	202
#鸡	万只	1084	66	280	374	430	159
家禽出栏量	万只	5504	277	2429	2100	2024	651
#三鸟	万只	5198	257	2183	1893	1547	595
#鸡	万只	4524	245	979	1402	1335	476
禽肉产量	吨	68597	3319	31343	26422	22590	8178
禽蛋产量	吨	11258	27	3467	4901	2109	1606
肉类总产量	吨	109753	11048	52666	43564	56179	30548
蜂蜜产量	吨	7				24	292

10－11 渔业生产情况

（2002年）

项　目	全　市	荔湾区	海珠区	天河区	芳村区	白云区
水产品养殖总面积(公顷)	39783		28	102	11	3445
#淡水养殖	29462		28	102	11	3445
#鱼塘	21310		28	73	11	2759
水产品总产量(吨)	345348		12623	1297	140	29695
按作业分:						
海洋捕捞	25839		12331			
海水养殖	42115					
淡水捕捞	55189					961
淡水养殖	222205		292	1297	140	28734
按种类分:						
鱼类	242037		8475	1297	140	29626
虾蟹类	11292					50
贝类	88506		1408			
其他水产类	3513		2740			19

10－11　续表

项　目	黄埔区	番禺区	花都区	增城市	从化市
水产品养殖总面积(公顷)	187	20539	7546	4429	3496
#淡水养殖	187	10218	7546	4429	3496
#鱼塘	175	8002	6307	3245	710
水产品总产量(吨)	2006	209494	51086	33064	5943
按作业分:					
海洋捕捞	182	13326			
海水养殖		42115			
淡水捕捞	138	50881	410	2799	
淡水养殖	1686	103172	50676	30265	5943
按种类分:					
鱼类	1940	113611	50788	30217	5943
虾蟹类	26	10826	90	300	
贝类	40	85057	205	1796	
其他水产类			3	751	

10－12 农村电力、化肥用量和农田水利建设情况

（2002 年）

项　　　目	单位	全　市	荔湾区	海珠区	天河区	芳村区
农村电气化						
农村用电量	万千瓦·时	1036988	6758	48204	16189	21216
农村小水电站个数	个	95				
农村小水电站装机容量	千瓦	42245				
农村小水电站发电量	万千瓦·时	13574				
农村化学化						
化肥施用量(实物量)	吨	287188	75	1823	2064	1824
化肥施用量(折纯量)	吨	105798	27	711	746	646
农用薄膜使用量	吨	580	1	3	6	4
农药施用量	吨	2396	2	13	14	9
农用柴油使用量	吨	84266	1	910	808	502
农田水利建设						
有效灌溉面积	公顷	102972	134	570	620	735
有效灌溉面积占耕地比重	%	94.53	100	96.26	74.15	92.77
旱涝保收面积	公顷	89587	134	563	490	723
旱涝保收面积占耕地比重	%	82.24	100	95.16	58.60	91.26
机电排灌面积	公顷	68488	134	570	500	669
机电排灌面积占耕地比重	%	62.88	100	96.26	59.80	84.36
当年实际机耕地面积	公顷	92673				
当年实际机耕地面积占耕地比重	%	85.08				

10－12 续表

项　　　目	单位	白云区	黄埔区	番禺区	花都区	增城市	从化市
农村电气化							
农村用电量	万千瓦·时	132038	59861	369457	129067	200516	53682
农村小水电站个数	个	1			9	7	78
农村小水电站装机容量	千瓦	325			1473	3810	36637
农村小水电站发电量	万千瓦·时	140			342	830	12262
农村化学化							
化肥施用量(实物量)	吨	46240	2584	97880	33435	64368	36895
化肥施用量(折纯量)	吨	17029	906	36289	12571	23665	13208
农用薄膜使用量	吨	83	4	145	84	152	98
农药施用量	吨	409	11	560	239	623	516
农用柴油使用量	吨	20331	737	19740	21787	10183	9267
农田水利建设							
有效灌溉面积	公顷	12426	683	28040	15343	26790	17631
有效灌溉面积占耕地比重	%	95.84	94	98.42	96.96	89.46	94.68
旱涝保收面积	公顷	11753	683	26090	15290	20860	13001
旱涝保收面积占耕地比重	%	90.65	94	91.58	96.63	69.66	69.82
机电排灌面积	公顷	11286	140	23150	8750	19210	4079
机电排灌面积占耕地比重	%	87.05	19.26	81.26	55.30	64.15	21.91
当年实际机耕地面积	公顷	9793		28040	15290	27380	12170
当年实际机耕地面积占耕地比重	%	75.53		98.42	96.63	91.43	65.36

10－13 农业机械总动力和拥有量

（2002年）

项目	单位	全市	荔湾区	海珠区	天河区	芳村区
农业机械总动力	千瓦	2491878		66977	75834	100774
柴油发动机动力	千瓦	1614435		29243	50103	56757
汽油发动机动力	千瓦	743622		36863	23531	43697
电动机动力	千瓦	133821		871	2200	320
主要农业机械拥有量						
大中型拖拉机	台	332			25	
小型拖拉机	台	57123		79	73	35
大中型拖拉机配套农具	台	506				
小型拖拉机配套农具	台	100678			98	36
农用柴油机	台	6885		30	18	224
农用电动机	台	3829			10	
农用水泵	台	14006		75	125	
节水灌溉机械	套	220				
联合收割机	台	332				
机动脱粒机	台	43610				12
渔用机动船	艘	4793		33		
农用运输车	辆	2193			120	

10－13 续表

项目	单位	白云区	黄埔区	番禺区	花都区	增城市	从化市
农业机械总动力	千瓦	730753	110935	420228	431537	405127	149713
柴油发动机动力	千瓦	433251	30100	324016	329281	293659	68025
汽油发动机动力	千瓦	263251	80437	77237	66343	78643	73620
电动机动力	千瓦	34251	398	18975	35913	32825	8068
主要农业机械拥有量							
大中型拖拉机	台	3		141		118	45
小型拖拉机	台	7035	58	10435	19736	17256	2416
大中型拖拉机配套农具	台	16		322		150	18
小型拖拉机配套农具	台	11867		23338	37776	25458	2105
农用柴油机	台	1157	20	750	2153	1233	1300
农用电动机	台	1762			1835	15	207
农用水泵	台	1803	28	1103	6644	2986	1242
节水灌溉机械	套	27		5			188
联合收割机	台	47		72	94	69	50
机动脱粒机	台	6258		13012	12527	7849	3952
渔用机动船	艘	249	68	3973	113	357	
农用运输车	辆	105	513	157	498	204	596

10－14 主要农产品产量与建国以来最高年份比较

（2002 年）

项　　目	2002 年	建国以来最高年份(不含当年)		2002 年为建国以来最高年(%)
		年　份	产　量	
农产品总产量(吨)				
粮食	651628	1984	1259928	51.72
#稻谷	594439	1984	1242982	47.82
花生	26173	1982	56397	46.41
糖蔗	162783	1985	2395941	6.79
蔬菜	3460429	2001	3287449	105.26
水果	473737	1992	406663	116.49
单位播种面积产量(千克/公顷)				
粮食	5586	2000	5758	97.01
#稻谷	5819	2000	5952	97.77
花生	2590	1991	2562	101.09
糖蔗	108585	1991	121120	89.65
蔬菜	23536	2000	23640	99.56
水果	7226	1992	8420	85.82
禽畜产品产量(吨)				
肉类总产量	310396	2000	327702	94.72
#猪肉	146913	2001	143612	102.30
牛羊肉	1401	1993	1747	80.19
家禽肉	161664	2000	184134	87.80
牛奶	46383	2001	47426	97.80
鲜蛋	23375	1994	37321	62.63
水产品总产量(吨)				
海水产品	67954	1998	74769	90.89
淡水产品	277394	2001	267474	103.71

10－15 农牧渔业生产水平

单位：千克

项　　目	1995 年	2000 年	2001 年	2002 年
平均每个农业户生产				
粮食	1596	1299	1090	949
#稻谷	1539	1215	1005	866
花生	45	38	38	38
甘蔗	1572	496	553	736
蔬菜	3519	4520	4771	5041
水果	519	486	507	690
花卉(元)	345	1032	1218	1856
生猪(头)	2.31	2.82	2.80	2.87
家禽(只)	211	222	201	191
#鸡	171	162	143	132
禽蛋	55	44	38	34
水产品	306	480	487	503
#鱼类	289	353	349	353
平均每个农业从业人员生产				
粮食	1189	1074	911	812
#稻谷	1146	1005	840	741
花生	33	31	32	33
甘蔗	1171	410	462	630
蔬菜	2622	3738	3988	4313
水果	386	402	424	590
花卉(元)	257	854	1018	1588
平均每个畜牧业从业人员生产				
肉类总产量	6469	8894	9245	9503
#猪肉	2482	3842	4208	4498
牛羊肉	29	38	47	43
禽肉	3953	4997	4973	4950
禽蛋	836	801	770	716
平均每个渔业从业人员生产				
水产品	5800	8765	9339	8612
#鱼类	5466	6453	6707	6035

10-16 农村经济效益主要指标

项目	单位	1995年	2000年	2001年	2002年
农林牧渔业劳动生产率	元/人	8156	10500	10821	11726
农业	元/人	5855	7380	7765	8671
林业	元/人	17965	19483	20461	21485
牧业	元/人	35754	42282	42832	43882
渔业	元/人	30675	46721	49279	45722
农村经济净收入分配率	%	100	100	100	100
国家	%	12.27	9.51	10.08	10.67
集体	%	8.71	9.64	8.05	7.63
个人	%	67.45	65.93	66.05	65.75
其他	%	11.57	14.92	15.82	15.95
森林覆盖率	%	40.30	41.30	41.20	41.40
耕地水利化程度	%	88.86	88.94	88.39	87.66
农林牧渔业劳动机械化程度	%	12.53	12.79	14.24	10.72
每百元农村总收入提供国家税收	元	1.93	1.54	1.58	1.57
每百元费用提供农村净收入	元	27.71	20.04	19.32	17.73
乡镇企业社会贡献率	%	19.00	22.52	22.75	23.85
乡镇企业资本收益率	%	24.00	19.59	19.01	20.24
乡镇企业增加值率	%	19.61	22.44	23.24	23.77
乡镇企业资产负债率	%	63.00	57.77	56.49	54.22

注:农林牧渔业劳动生产率按增加值计算。

10-17 农村经济收益分配

单位:万元

项目	1995年	2000年	2001年	2002年
农村经济总收入	8184750	14645242	15630845	16312215
农林牧渔业	1093607	1427229	1466751	1479908
农业	655494	836710	872632	899613
#种植业	552152	784782	776641	792425
林业	10207	10120	9941	10384
牧业	290219	350177	347879	335328
渔业	137687	230222	236299	234583
工业	4594850	8954735	9628350	10157398
建筑业	669210	908884	897257	903883
交通运输业	316579	461570	470992	490635
商业饮食业	699600	1495404	1615824	1682151
服务业	264806	560735	603632	559538
其他	546098	836685	948039	1038702
总费用	6408938	12200625	13100466	13855462
#生产费用	5741892	10417288	11319421	11107433
净收入	1775812	2444617	2530379	2456753
可分配净收入总额	1775812	2596146	2685375	2632257
#国家税金	157590	225613	246583	256917
上交国家有关部门	60367	21367	24196	23982
乡村集体所得	154609	250176	216246	200769
农民经营所得	1197698	1711714	1773724	1730678
农民所得总额	1197698	1844535	1915704	1874975

10－18 乡镇企业主要经济指标

（2002 年）　　单位：万元

项　　目	全　市	荔湾区	海珠区	天河区	芳村区	白云区
乡镇企业单位数（个）	102511		1541	9130	2816	18741
农林牧渔业	204			1	2	30
采矿业	681					
制造业	24727		226	260	567	3005
建筑业	2159		1	171	36	241
交通运输仓储业	13197		2	309	58	3415
批发零售业	38981		434	3498	1400	7380
住宿及餐饮业	12378		35	739	363	2963
#餐饮业	7731		10	702	237	1238
社会服务业	2767			751	265	87
其他	7417		843	3401	125	1620
乡镇企业从业人员（人）	1328197		31803	61619	25544	271856
农林牧渔业	2805			69	20	1401
采矿业	14179					
制造业	950680		20623	20936	15299	172941
建筑业	59364		477	1667	263	25906
交通运输仓储业	38142		55	1397	392	12315
批发零售业	116799		1465	11808	5477	27893
住宿及餐饮业	82621		125	6206	2623	19256
#餐饮业	51706		45	5711	1741	11956
社会服务业	18477			7483	1027	1176
其他	45130		9058	12053	443	10968
乡镇企业劳动者报酬	1239841		26810	49889	18437	237904
农林牧渔业	1537			66	36	759
采矿业	10796					
制造业	893510		16674	16317	12313	145610
建筑业	41521		553	1195	180	11890
交通运输仓储业	42336		68	1149	158	17823
批发零售业	122645		1132	9582	2711	29405
住宿及餐饮业	67531		629	8396	1536	16187
#餐饮业	38950		23	3542	1396	8883
社会服务业	17331			6096	871	1308
其他	42634		7754	7088	632	14922

10－18　续表 1

单位:万元

项　　目	黄埔区	番禺区	花都区	增城市	从化市
乡镇企业单位数(个)	4064	25490	16126	13364	11239
农林牧渔业		4	1	47	119
采矿业		75	314	70	222
制造业	199	6491	6504	4582	2893
建筑业	47	516	676	325	146
交通运输仓储业	838	2469	2789	2138	1179
批发零售业	2019	11639	4023	4382	4206
住宿及餐饮业	344	3381	1010	1316	2227
#餐饮业	125	2539	976	352	1552
社会服务业	442	725	191	241	65
其他	175	190	618	263	182
乡镇企业从业人员(人)	28088	488072	152931	166778	101506
农林牧渔业		87	26	412	790
采矿业		3557	5933	1694	2995
制造业	9798	408636	113334	120079	69034
建筑业	1384	9747	9476	5422	5022
交通运输仓储业	3259	7381	4307	6174	2862
批发零售业	5824	30057	11027	10813	12435
住宿及餐饮业	2953	24863	5807	14302	6486
#餐饮业	908	18570	5532	3052	4191
社会服务业	2554	2514	649	1714	1360
其他	2316	1230	2372	6168	522
乡镇企业劳动者报酬	32567	557429	129547	123621	63637
农林牧渔业		81	19	221	355
采矿业		2856	4625	1523	1792
制造业	10186	457776	98367	91545	44722
建筑业	1277	12273	7791	3476	2886
交通运输仓储业	5186	8564	3669	3782	1937
批发零售业	5433	49727	8169	8848	7638
住宿及餐饮业	1746	20652	4542	10449	3394
#餐饮业	814	15610	4352	1791	2539
社会服务业	2894	3792	536	1152	682
其他	5845	1708	1829	2625	231

10－18　续表2　　单位：万元

项　　目	全　市	荔湾区	海珠区	天河区	芳村区	白云区
乡镇企业营业收入	18983014		310116	808652	399889	2904688
农林牧渔业	31084			1295	312	12990
采矿业	440295					
制造业	13651328		172592	206879	219616	1521609
建筑业	663564		7937	37929	6631	167807
交通运输仓储业	514860		1733	16685	11146	155779
批发零售业	2065589		90350	235057	115391	607167
住宿及餐饮业	889713		8509	131612	24574	239549
#餐饮业	534913		280	79695	19366	129985
社会服务业	228339			94350	11047	15183
其他	498242		28995	84845	11172	184604
乡镇企业总产值	18625619		209907	558435	355316	2339756
农林牧渔业	49566			1284	10	13310
采矿业	461806					
制造业	14449119		185245	188157	251199	1447035
建筑业	731659		6739	35250	6106	148841
交通运输仓储业	488644		340	16660	10966	142135
批发零售业	1037459		13744	120910	48803	227034
住宿及餐饮业	790354		120	54271	22267	203967
#餐饮业	481017			51168	16361	110253
社会服务业	136512			35079	7232	16671
其他	480500		3719	106824	8733	140763
乡镇企业增加值	4426451		62428	232451	105178	649390
农林牧渔业	9442			91		2538
采矿业	108510					
制造业	3287593		49700	47481	62799	364312
建筑业	114632		693	6329	2092	30526
交通运输仓储业	126736		137	4688	2361	45982
批发零售业	324553		5185	47251	20363	80673
住宿及餐饮业	207742		183	27471	6585	61588
#餐饮业	144220		76	24581	4548	35563
社会服务业	53520			22218	4264	6177
其他	193723		6530	76922	6714	57594

10－18 续表 3

单位:万元

项　　目	黄埔区	番禺区	花都区	增城市	从化市
乡镇企业营业收入	273628	6030406	3631805	2613243	2010587
农林牧渔业		404	653	805	14625
采矿业		27398	268968	62867	81062
制造业	77921	4847373	2734652	2134033	1736653
建筑业	7656	114915	223919	53726	43044
交通运输仓储业	53190	95376	92525	60260	28166
批发零售业	65529	584611	168511	137001	61972
住宿及餐饮业	21944	213632	98002	113600	38291
#餐饮业	11158	148204	90051	23564	32610
社会服务业	32637	42196	6671	21623	4632
其他	14751	104501	37904	29328	2142
乡镇企业总产值	250402	6093725	4023827	2842600	1951651
农林牧渔业		404	690	19290	14578
采矿业		28532	290382	63760	79132
制造业	73944	5245639	3005018	2351437	1701445
建筑业	7038	116256	318312	58141	34976
交通运输仓储业	35405	74678	106296	78060	24104
批发零售业	56975	232662	157994	125361	53976
住宿及餐饮业	33319	238760	92783	109406	35461
#餐饮业	10612	160584	90252	15140	26647
社会服务业	21804	20768	6669	22349	5940
其他	21917	136026	45683	14796	2039
乡镇企业增加值	69305	1377236	883361	561050	486052
农林牧渔业		139	170	2943	3561
采矿业		8008	66737	13753	20012
制造业	18821	1124551	723496	469903	426530
建筑业	1457	28238	27283	8988	9026
交通运输仓储业	12074	21231	22264	13222	4777
批发零售业	11617	97164	23367	25015	13918
住宿及餐饮业	6532	67119	13240	18181	6843
#餐饮业	3009	55301	12020	3480	5642
社会服务业	4600	8905	1165	5316	875
其他	14204	21881	5639	3729	510

10－18　续表 4　　单位:万元

项　　目	全　市	荔湾区	海珠区	天河区	芳村区	白云区
乡镇企业利润总额	1092736		27071	140284	29226	235562
农林牧渔业	2166			－129	114	1285
采矿业	33031					
制造业	618532		8388	23833	8217	116720
建筑业	31501		65	3303	518	8888
交通运输仓储业	50836		68	2787	2369	17063
批发零售业	140026		8192	25640	8244	37423
住宿及餐饮业	90984		230	30284	1925	25304
#餐饮业	58495		18	17642	1925	15040
社会服务业	35717			18659	4156	4106
其他	89943		10128	35907	3683	24773
乡镇企业实交国家税金	434611		9277	28920	13952	102700
农林牧渔业	261				2	151
采矿业	4929					
制造业	279648		5215	6501	6837	49100
建筑业	18972		292	982	345	9602
交通运输仓储业	17006		75	531	461	6251
批发零售业	46683		1187	6970	2874	17008
住宿及餐饮业	32295		399	5680	1200	11423
#餐饮业	18900		21	1928	1044	6605
社会服务业	9999			4347	772	702
其他	24818		2109	3909	1461	8463
乡镇企业固定资产原值	6077335		90020	506806	123310	1045314
农林牧渔业	15806			2640	220	5169
采矿业	91921					
制造业	4366370		42600	51937	75722	581223
建筑业	106759		507	3771	1236	34373
交通运输仓储业	144223		425	4335	4700	54753
批发零售业	296158		2690	24668	8867	94340
住宿及餐饮业	368131		1271	105988	855	119626
#餐饮业	158136		40	5437	855	52625
社会服务业	218518			116079	9223	1068
其他	469449		42527	197388	22487	154762
乡镇企业成本费用支出	15971867		261865	654469	333680	2536530
乡镇企业资本金	3767481		47372	261679	91065	605357
乡镇企业出口产品交货值	3943196		37501	17501	61233	417888

10－18　续表 5　　　　　　　　　　　　　　　　　　　　　　　　单位:万元

项　　　目	黄埔区	番禺区	花都区	增城市	从化市
乡镇企业利润总额	35261	279811	190059	56773	98689
农林牧渔业		－22	56	12	850
采矿业		1850	21709	5697	3775
制造业	4671	190617	139406	42661	84019
建筑业	803	7099	8165	799	1861
交通运输仓储业	8111	12754	4418	1625	1641
批发零售业	6033	40010	7341	3540	3603
住宿及餐饮业	3517	19800	5649	1736	2539
#餐饮业	1598	14630	4854	730	2058
社会服务业	2419	5289	487	286	315
其他	9707	2414	2828	417	86
乡镇企业实交国家税金	12182	160997	34314	49155	23114
农林牧渔业		6		3	99
采矿业		948	1404	1538	1039
制造业	3072	123433	27030	39328	19132
建筑业	283	4118	2014	847	489
交通运输仓储业	2899	4305	619	1466	399
批发零售业	2744	11158	1478	2333	931
住宿及餐饮业	983	8264	1184	2263	899
#餐饮业	497	6405	1045	565	790
社会服务业	1521	1983	186	382	106
其他	680	6782	399	995	20
乡镇企业固定资产原值	136911	2553500	758944	597233	265297
农林牧渔业		2349	113	142	5173
采矿业		6745	44693	13556	26927
制造业	54039	2256573	607698	495482	201096
建筑业	1843	18625	37187	5759	3458
交通运输仓储业	20504	18331	18905	13618	8652
批发零售业	21962	87609	26945	19828	9249
住宿及餐饮业	5052	92500	9823	23631	9385
#餐饮业	3455	73467	9205	5391	7661
社会服务业	23141	57533	4877	5417	1180
其他	10370	13235	8703	19800	177
乡镇企业成本费用支出	229623	5036532	3370410	16735[illegible]	1875250
乡镇企业资本金	100328	1517503	560250	40784[illegible]	176081
乡镇企业出口产品交货值	29990	1890302	544814	298173	645794

10－19 乡镇企业营业收入1.5亿元以上企业名单

（2002年）

企业名称	营业收入（万元）	排列名次	企业名称	营业收入（万元）	排列名次
从化东麟钻石有限公司	146646	1	骏升科技（中国）有限公司	24343	24
广州精通集团广州天马摩托车有限公司	129852	2	番禺三角洲石油化工有限公司	24256	25
番禺潭洲振裕纺织印染有限公司	63131	3	广州市白云神山五丰钢管厂	24051	26
广州市番禺创信鞋业有限公司	57080	4	广州日山电子科技有限公司	23769	27
广州市江丰实业有限公司	52415	5	广州市番禺区旧水坑五金综合总厂	23491	28
广州陆仕水产有限公司	51388	6	广州坤佳鞋业有限公司	22845	29
番禺市华南摩托车有限公司	40839	7	广州雅耀电器有限公司	22586	30
广州添利电子科技有限公司	40286	8	广州番禺五羊电缆制造有限公司	22300	31
大兴制鞋实业有限公司	39415	9	广州市番禺东怡房地产开发有限公司	21958	32
花都永大不锈钢型材厂	37006	10	广州南方家具有限公司	21284	33
广州市飞达音响有限公司	33344	11	番禺保丽礼品包装有限公司	20258	34
广州宏昌胶粘带厂	33019	12	广东汽巴精化有限公司	19623	35
广州市新动力摩托车工业有限公司	32822	13	广州立白（番禺）有限公司	19606	36
粤海（番禺）石油化工储运开发有限公司	31313	14	京写万威电路板有限公司	19396	37
广州市番禺中油油品有限公司	31210	15	广州市番禺区钟村镇房地产开发公司	18967	38
白云电器设备有限公司	31014	16	广州市番禺置业房地产开发有限公司	18524	39
广东省广州市番禺电缆厂有限公司	30848	17	番禺明珠星钟厂	18009	40
广州三雅摩托车有限公司	28694	18	广州胜兴隆服装有限公司	17755	41
番禺区海鸥卫浴用品有限公司	28554	19	建滔（番禺）化工有限公司	16543	42
从化永钊钻石厂	26487	20	番禺锦兴纺织漂染有限公司	16103	43
广州美业针织印染厂有限公司	26371	21	番禺励业漂染有限公司	15882	44
广东日立工机有限公司	25203	22	从化市永恒钻石厂	15043	45
广州市番禺区石楼镇恒兴油库有限公司	24581	23			

10-20 乡镇企业营业收入10亿元以上的镇名单

（2002年）

乡(镇)名称	营业收入（万元）	排列名次	乡(镇)名称	营业收入（万元）	排列名次
花都区新华镇	1038004	1	番禺区化龙镇	203551	26
番禺区大石镇	875206	2	花都区北兴镇	194080	27
增城市新塘镇	852906	3	增城市石滩镇	193800	28
番禺区石碁镇	779957	4	白云区人和镇	193470	29
番禺区沙湾镇	598628	5	番禺区鱼窝头镇	185411	30
花都区狮岭镇	507028	6	增城市永和镇	185144	31
番禺区钟村镇	500796	7	番禺区黄阁镇	177480	32
番禺区石楼镇	444272	8	白云区神山镇	177311	33
花都区花山镇	442000	9	从化市鳌头镇	170613	34
花都区花东镇	437058	10	白云区九佛镇	163083	35
番禺区大岗镇	427143	11	白云区钟落潭镇	159106	36
花都区炭步镇	385353	12	从化市街口镇	154562	37
白云区江高镇	384222	13	花都区芙蓉镇	152035	38
番禺区南村镇	356055	14	增城市沙埔镇	150029	39
增城市荔城镇	328015	15	增城市中新镇	147625	40
番禺区灵山镇	318647	16	从化市神岗镇	133900	41
番禺区榄核镇	307999	17	花都区梯面镇	130412	42
花都区赤坭镇	296839	18	番禺区万顷沙镇	126253	43
番禺区东涌镇	284499	19	白云区龙归镇	122108	44
从化市太平镇	283869	20	从化市龙潭镇	119342	45
从化市棋杆镇	265582	21	增城市镇龙镇	118588	46
从化市江埔镇	262059	22	番禺区横沥镇	117570	47
白云区太和镇	252472	23	从化市桃园镇	110746	48
增城市仙村镇	216963	24	白云区罗岗镇	107543	49
从化市城郊镇	209956	25			

10-21 乡镇社会经济发展基本情况

（2002 年）

乡镇名称	基本情况				
	户数（户）	人口（人）	从业人员（人）	居委会（个）	村委会（个）
白云区萝岗镇	17698	57136	29032	3	11
太和镇	19049	62783	34089	2	15
龙归镇	13307	40397	24695	1	7
竹料镇	15147	47131	24153	1	14
良田镇	9312	30378	15414	3	8
钟落潭镇	15182	45676	20759	1	15
九佛镇	11813	39282	16665	2	14
人和镇	29523	104916	64358	2	25
江高镇	21350	62654	39344	7	18
神山镇	13481	41709	22603	3	17
花都区新华镇	94926	241580	61528	14	24
花东镇	15890	61804	33240	1	29
花山镇	20835	78588	55478	1	26
狮岭镇	19793	79295	53127	1	17
炭步镇	14144	47918	29917	1	27
赤坭镇	12947	50183	29495	1	30
北兴镇	7691	35639	16251	1	16
梯面镇	1986	7931	4192	1	8
芙蓉镇	3138	12289	6810	1	6
花侨镇	2079	7750	4607	7	
雅瑶镇	3797	10755	4512	1	5
从化市太平镇	10557	44963	19810	2	17
神岗镇	13042	55164	30993	1	20
城郊镇	14410	56612	27983	4	26
江埔镇	9489	44204	24730		21
灌村镇	4522	19594	11885	1	8
桃园镇	6031	24629	10970	1	12
良口镇	6838	31863	23713	1	22
吕田镇	6810	26469	14446	1	17
棋杆镇	8248	31811	20867	1	12
民乐镇	3547	16037	7099	1	10
鳌头镇	10671	49639	23751	2	23
龙潭镇	11220	44608	22825	1	19
东明镇	2240	10083	4885	1	9
街口镇	38866	96403	41780	19	5
温泉镇	1710	5467	4500	1	2

10－21 续表 1

乡镇名称	基本情况				
	户数（户）	人口（人）	从业人员（人）	居委会（个）	村委会（个）
增城市荔城镇	57344	184366	98410	12	31
新塘镇	28919	101246	52120	10	26
永和镇	8680	40871	24286	1	14
仙村镇	12712	45358	18916	2	18
沙埔镇	5141	16239	9269	1	8
宁西镇	3988	13638	7127	1	10
石滩镇	18352	66852	37905	1	24
三江镇	9971	33235	17682	1	18
中新镇	7690	28661	12422	1	13
镇龙镇	7059	36812	16103	1	14
福和镇	9816	42589	23665	1	22
派潭镇	15778	72826	38330	1	36
小楼镇	10789	48557	26694	1	21
正果镇	11712	49877	24931	1	31
朱村镇	7362	31852	13903	1	12
沙庄街	2509	13216	8362	1	4
番禺区沙湾镇	34544	109634	81320	5	17
榄核镇	15067	54168	42986	1	13
灵山镇	19994	82173	59622	2	19
鱼窝头镇	15073	51533	37442	1	11
东涌镇	18355	60670	45728	1	10
万顷沙镇	10766	38278	20905	2	15
南沙区	22575	59912	41159	2	15
横沥镇	7130	25927	16494	1	12
黄阁镇	14137	42165	24703	1	14
石楼镇	22152	77372	48584	2	22
化龙镇	15532	48497	34369	1	13
石碁镇	67114	227874	178985	1	29
南村镇	25767	84234	62186	1	16
新造镇	9310	30511	19537	1	14
大石镇	67343	195261	148260	5	23
钟村镇	24704	87611	61457	1	17
大岗镇	25744	90491	57823	4	20

10－21　续表 2

乡 镇 名 称	生 产 条 件				
	年末耕地面积（公顷）	农作物播种面积（公顷）	农业机械总动力（千瓦）	有效灌溉面积（公顷）	中高级农业技术人员（人）
白云区萝岗镇	381	2167	45675	380	5
太和镇	1014	3736	22513	1010	2
龙归镇	743	3439	10130	740	2
竹料镇	975	4396	30375	970	2
良田镇	768	2784	20100	750	2
钟落潭镇	1083	3563	23710	1050	3
九佛镇	888	4659	15498	874	2
人和镇	2335	8780	60471	2330	4
江高镇	1615	8088	60930	1556	3
神山镇	724	4083	69510	720	2
花都区新华镇	1610	3448	40295	1580	5
花东镇	1960	4807	13825	1936	
花山镇	3169	8082	28800	2855	3
狮岭镇	2009	3957	44673	1967	3
炭步镇	2748	5635	96802	2657	4
赤坭镇	2973	7372	57013	2759	5
北兴镇	1024	2609	11055	933	3
梯面镇	258	792	39560	232	1
芙蓉镇	375	623	1086	375	2
花侨镇	46	72	780	46	3
雅瑶镇	236	1196	5560	227	1
从化市太平镇	1215	3391	11963	1214	2
神岗镇	1626	5717	16320	1202	3
城郊镇	2764	5923	14153	2300	2
江埔镇	1563	3429	12052	1398	4
灌村镇	817	1766	6480	808	5
桃园镇	1213	2324	5733	1084	
良口镇	1338	3389	10088	1227	2
吕田镇	1248	2819	16192	1184	5
棋杆镇	1288	3577	6850	733	3
民乐镇	855	1700	4085	602	2
鳌头镇	1736	5194	18471	1493	2

10－21　续表3

镇名称	生产条件				
	年末耕地面积（公顷）	农作物播种面积（公顷）	农业机械总动力（千瓦）	有效灌溉面积（公顷）	中高级农业技术人员（人）
龙潭镇	2193	5198	16792	1976	4
东明镇	375	926	3282	269	3
街口镇	95	470	7023	76	
温泉镇	16	49	1567	12	
增城市荔城镇	4220	7573	43690	3240	3
新塘镇	1817	4233	68500	1390	2
永和镇	1602	2607	36000	1033	2
仙村镇	2146	4418	23560	1685	3
沙埔镇	558	1902	10480	541	1
宁西镇	750	1218	1580	550	1
石滩镇	4270	8306	37268	3729	5
三江镇	3191	6222	60572	2666	4
中新镇	1948	3369	15668	1720	3
镇龙镇	2168	4555	5600	1951	4
福和镇	3093	5027	6300	2938	2
派潭镇	4312	10243	24900	3881	
小楼镇	3299	4903	19809	2969	2
正果镇	2776	4274	20868	2359	6
朱村镇	2970	5338	13015	2509	2
沙庄街	525	1044	7100	499	
番禺区沙湾镇	1002	3397	1253	1000	2
榄核镇	1875	3143	40035	1872	1
灵山镇	3317	7361	30800	3315	2
鱼窝头镇	2367	4687	22728	2365	2
东涌镇	1714	4817	11180	1712	3
万顷沙镇	3516	2593	12500	1303	2
南沙区	143	562	3525	142	3
横沥镇	1399	4097	15349	1390	2
黄阁镇	1235	2645	15320	1234	5
石楼镇	2120	4350	28180	2118	2
化龙镇	916	1335	8500	185	7
石碁镇	2026	4841	20500	2024	8
南村镇	720	1017	1240	718	
新造镇	883	2621	7434	700	2
大石镇	787	3507	247	786	5
钟村镇	1339	2064	3092	1109	3
大岗镇	1852	6760	19167	1850	3

单位:吨

乡镇名称	主要农产品产量				
	粮食	肉类	水产品	水果	蔬菜
白云区萝岗镇	3145	9282	721	8084	32216
太和镇	2973	5948	3156	1167	68788
龙归镇	3659	3062	1300	15	50490
竹料镇	8502	7088	1069	3693	62195
良田镇	3956	8080	398	1274	34201
钟落潭镇	8723	9412	1372	2697	27897
九佛镇	6358	9837	3276	2865	66028
人和镇	7217	18348	6094	2608	122085
江高镇	8562	12819	2946	15	144179
神山镇	7372	8586	6047	940	65941
花都区新华镇	12270	4449	7124	1320	21706
花东镇	17421	2622	1048	3447	55449
花山镇	24243	8210	4062	11025	82414
狮岭镇	9169	3173	2797	1596	27248
炭步镇	19144	5932	15218	1905	43852
赤坭镇	17960	8544	17746	8314	74071
北兴镇	7302	4438	580	5370	10846
梯面镇	2548	1005	186	133	1650
芙蓉镇	264	387	412	34	13402
花侨镇	12	270	171	618	635
雅瑶镇	1249	1507	1152	18	21740
从化市太平镇	8611	3927	262	7974	25554
神岗镇	18625	2371	502	9447	45375
城郊镇	19755	4586	622	3338	39398
江埔镇	5373	1910	482	11481	55046
灌村镇	3287	953	243	5957	28111
桃园镇	6616	691	290	10145	13689
良口镇	10957	1514	188	2843	36902
吕田镇	9534	1157	110	7612	19257
棋杆镇	10081	2724	945	3094	32762
民乐镇	4996	1024	98	997	13179
鳌头镇	19498	4283	627	1693	23272
龙潭镇	19509	3211	786	3878	13998

单位:吨

乡镇名称	主要农产品产量				
	粮食	肉类	水产品	水果	蔬菜
东明镇	2306	374	37	1418	7119
街口镇	215	408	125	568	8645
温泉镇	99	227	16	260	197
增城市荔城镇	23577	8137	2613	4521	57498
新塘镇	9587	5083	2451	7043	68935
永和镇	8560	1899	1448	3157	19558
仙村镇	7800	2018	2500	5067	52470
沙埔镇	3110	1301	1630	3781	28413
宁西镇	3508	2034	1208	1596	8411
石滩镇	14330	4863	2243	6727	170764
三江镇	23800	5741	6149	7798	74567
中新镇	11949	3999	850	6676	16563
镇龙镇	13243	1771	1126	3703	45068
福和镇	15928	3111	1354	4920	28668
派潭镇	33570	4458	1985	7416	47186
小楼镇	14484	4009	2335	7766	40211
正果镇	15926	2526	1429	6248	12004
朱村镇	17863	3880	1385	3896	46593
沙庄街	2584	606	1260	326	15194
番禺区沙湾镇	3566	6356	8989	2053	55299
榄核镇	9298	1708	8028	3080	28121
灵山镇	13638	1998	8377	5157	99131
鱼窝头镇	9132	5433	8065	6403	48758
东涌镇	10936	1635	3040	7757	70391
万顷沙镇	5213	165	7595	89961	21420
南沙区	1671	809	533	2401	1701
横沥镇	12195	589	14802	9297	54448
黄阁镇	7557	1699	3188	6083	19350
石楼镇	17814	2392	82490	24306	24166
化龙镇	2396	7709	9063	23242	8899
石碁镇	7351	3522	23124	4057	73358
南村镇	748	3816	1346	202	10380
新造镇	1628	2813	2045	4924	60409
大石镇	7	2001	5756	3676	61274
钟村镇	52	5327	9491	5635	52616
大岗镇	14720	958	7638	7575	110599

10－21 续表6 单位:万元

乡镇名称	乡镇经济情况				
	乡镇企业营业收入	乡镇企业净利润	乡镇企业实交税金	财政收入	财政支出
白云区萝岗镇	107543	9566	4271	4830	4777
太和镇	252472	10944	5109	2721	2742
龙归镇	122108	9812	3733	1698	1762
竹料镇	89138	2933	2824	1673	1673
良田镇	58365	3863	2048	1265	1265
钟落潭镇	159106	9877	2122	1106	1106
九佛镇	163083	18717	774	2577	2600
人和镇	193470	16238	2762	7155	5853
江高镇	384222	26230	17465	4135	4103
神山镇	177311	17047	9368	1932	2196
花都区新华镇	1038004	50077	11170	21645	18798
花东镇	437058	14800	2692	7270	7172
花山镇	442000	14379	3191	2678	2696
狮岭镇	507028	36603	2761	9915	9600
炭步镇	385353	17392	4048	8368	8387
赤坭镇	296839	26276	5077	4011	3931
北兴镇	194080	6329	675	1101	1102
梯面镇	130412	7757	945	1986	1951
芙蓉镇	152035	8548	2386	2427	2395
花侨镇	25309	1134	411	865	857
雅瑶镇	23687	2296	958	530	520
从化市太平镇	283869	11802	4353	1229	1225
神岗镇	133900	6706	1558	1536	1528
城郊镇	209956	12382	1889	872	867
江埔镇	262059	12202	4490	1171	1136
灌村镇	86113	4451	830	586	584
桃园镇	110746	5523	1183	658	642
良口镇	83271	5822	1330	1205	1204
吕田镇	42760	2685	1080	1192	1179
棋杆镇	265582	10606	1484	998	896
民乐镇	59084	2965	663	540	530
鳌头镇	170613	6620	1090	1996	1962
龙潭镇	119342	5380	663	1747	1745

10－21　续表 7　　　　单位：万元

乡镇名称	乡镇经济情况				
	乡镇企业营业收入	乡镇企业净利润	乡镇企业实交税金	财政收入	财政支出
东明镇	17725	1332	432	536	533
街口镇	154562	8050	1678	1212	1209
温泉镇	11005	741	394	896	776
增城市荔城镇	328015	981	7619	6970	4546
新塘镇	852906	99012	11367	20645	20084
永和镇	185144	12511	8672	3283	3104
仙村镇	216963	1404	2574	1166	1169
沙埔镇	150029	15003	2400	1723	1700
宁西镇	16824	699	33	751	743
石滩镇	193800	8740	3610	2734	2710
三江镇	76301	1653	592	1162	1081
中新镇	147625	1691	3539	917	913
镇龙镇	118588	930	1242	1247	1243
福和镇	45160	653	368	3150	930
派潭镇	64653	9514	1367	1215	1215
小楼镇	53837	3081	302	710	710
正果镇	71024	503	534	2528	2155
朱村镇	60384	2417	1306	1114	1113
沙庄街	31589	61	1630	1394	1378
番禺区沙湾镇	598628	29808	11161	12376	12425
榄核镇	307999	19184	7227	5431	5303
灵山镇	318647	12824	4671	6161	5877
鱼窝头镇	185411	1693	6861	7198	6998
东涌镇	284499	11420	12005	6182	6145
万顷沙镇	126253	1479	387	4293	4293
南沙区	814292	141494	97513	15412	11703
横沥镇	117570	694	838	3649	4096
黄阁镇	177480	9218	5012	6383	6136
石楼镇	444272	30369	12269	19661	17703
化龙镇	203551	3242	2989	5825	5154
石碁镇	779957	21271	19622	13563	13319
南村镇	356055	16079	10323	11800	10620
新造镇	84256	3519	3140	6536	6239
大石镇	875206	64423	28017	16770	16772
钟村镇	500796	51218	22302	12388	10709
大岗镇	427143	16525	5452	9492	9471

10－21 续表 8

乡镇名称	乡镇文教卫生和福利事业					
	在校学生（人）	教师（人）	图书馆、文化站（个）	医院、卫生院（个）	医生（人）	敬老院、福利院（个）
白云区萝岗镇	11447	613	2	14	55	1
太和镇	10243	557	1	17	64	1
龙归镇	5549	405	1	8	45	2
竹料镇	7981	484	2	15	148	1
良田镇	4869	274	2	8	16	1
钟落潭镇	9616	620	1	16	50	1
九佛镇	7116	470	1	15	55	1
人和镇	15242	994	1	27	50	2
江高镇	16593	935	1	32	182	1
神山镇	7586	421	1	18	60	3
花都区新华镇	35450	1689	7	34	275	1
花东镇	10268	585	1	25	60	1
花山镇	13185	743	2	21	142	1
狮岭镇	14678	755	2	12	38	1
炭步镇	8659	542	1	23	45	1
赤坭镇	8411	460	2	31	101	1
北兴镇	7800	405	1	11	20	1
梯面镇	1683	132	1	6	14	1
芙蓉镇	2357	136	1	6	45	1
花侨镇	898	64	1	2	23	1
雅瑶镇	2547	152	1	4	20	1
从化市太平镇	8874	539	1	16	55	1
神岗镇	9300	550	1	21	53	1
城郊镇	9000	550	1	24	45	1
江埔镇	9112	458	1	20	81	1
灌村镇	3706	206	1	9	27	1
桃园镇	5410	240	1	13	25	1
良口镇	4700	330	1	21	40	1
吕田镇	4335	227	1	18	52	1
棋杆镇	5250	314	1	13	29	1
民乐镇	3498	183	1	11	26	1
鳌头镇	8119	482	1	23	64	1

10-21 续表9

乡镇名称	乡镇文教卫生和福利事业					
	在校学生（人）	教师（人）	图书馆、文化站（个）	医院、卫生院（个）	医生（人）	敬老院、福利院（个）
龙潭镇	7531	377	1	20	64	1
东明镇	1646	116	1	10	34	1
街口镇	23449	1488	2	8	318	1
温泉镇	937	90	1	3	13	
增城市荔城镇	28379	1394	6	32	690	1
新塘镇	22634	1137	2	29	447	1
永和镇	10179	462	2	16	40	1
仙村镇	7627	407	2	20	123	1
沙埔镇	2685	138	2	9	25	1
宁西镇	2564	151	1	11	16	1
石滩镇	11574	569	6	25	46	1
三江镇	5968	341	2	19	78	1
中新镇	6533	357	2	14	108	1
镇龙镇	7218	331	2	15	40	1
福和镇	7240	408	1	23	60	1
派潭镇	13721	640	1	21	38	1
小楼镇	8300	450	1	13	19	1
正果镇	8700	405	2	21	56	1
朱村镇	5877	318	2	13	45	1
沙庄街	1554	92	1			
番禺区沙湾镇	12041	863	7	17	150	1
榄核镇	5669	282	3	5	87	1
灵山镇	9293	504	1	20	85	1
鱼窝头镇	7487	442	2	14	37	1
东涌镇	7516	356	1	10	113	1
万顷沙镇	6456	317	2	12	74	1
南沙区	7452	445	1	17	47	1
横沥镇	3963	208	2	5	31	1
黄阁镇	5644	431	1	28	65	1
石楼镇	14209	790	2	18	115	1
化龙镇	4790	381	1	13	55	1
石碁镇	23433	1205	1	31	183	1
南村镇	9510	505	2	17	141	1
新造镇	6044	329	1	9	36	1
大石镇	19946	1069	2	43	223	1
钟村镇	8698	444	1	20	65	1
大岗镇	13213	647	1	21	126	1

10－21 续表 10

乡镇名称	镇区情况						
	总户数（户）	总人口（人）	外来人口	从业人员（人）	占地面积（公顷）	企业（个）	从业人员（人）
白云区萝岗镇	756	2802	453	1599	320	312	1464
太和镇	2890	13100	6600	6000	300	36	5200
龙归镇	1899	7030	2510	1685	416	40	1500
竹料镇	2600	6500	2500	4100	300	382	3100
良田镇	3020	9406	1450	3610	200	45	3280
钟落潭镇	1417	2637	1200	2163	250	13	2000
九佛镇	949	2079	250	1650	300	10	355
人和镇	1216	4082	1059	3010	640	347	2550
江高镇	5120	29467	4000	17680	800	28	12670
神山镇	4680	14450	5092	5700	310	12	3302
花都区新华镇	69814	182673	35128	12576	2500	1319	10267
花东镇	2840	8500	1037	8200	160	37	8020
花山镇	2233	6700	1955	6900	630	105	5440
狮岭镇	2366	39433	30838	36498	560	2859	20756
炭步镇	7381	29541	15000	17291	510	496	4401
赤坭镇	2856	18284	3527	11587	460	105	3376
北兴镇	1401	3203	1068	3272	213	29	3122
梯面镇	780	2020	800	2326	200	20	1326
芙蓉镇	605	1938	1630	2430	80	18	2082
花侨镇	1374	3942	735	1984	20	7	160
雅瑶镇	1294	3364	1500	612	200	151	512
从化市太平镇	5295	14338	5500	10282	900	1002	10012
神岗镇	1242	6917	3176	3310	225	12	2618
城郊镇	1071	3286	1521	2865	148	14	150
江埔镇	565	2536		932	240	10	80
灌村镇	870	4323	200	4230	155	5	103
桃园镇							
良口镇	582	1778	400	356	150	13	340
吕田镇	630	1273	241	1010	100		
棋杆镇	475	4428	921	2086	280	47	1760
民乐镇	190	675	341	415	150	5	372
鳌头镇	934	2071	1620	741	400	34	640
龙潭镇	979	2560	580	1870	556	17	553

注：镇区是指镇人民政府所在地的居委会和与该居委会联成一片的开发区所辖地域范围。

10－21　续表 11

乡镇名称	镇区情况						
	总户数（户）	总人口（人）	外来人口	从业人员（人）	占地面积（公顷）	企业（个）	从业人员（人）
东明镇	356	1650	42	420	200	1	25
街口镇	36969	89409	23000	38844	1120	2526	10117
温泉镇	1180	2389	1420	3675	700	150	2030
增城市荔城镇	41597	113796	46589	60150	1700	1005	9050
新塘镇	24710	81818	45000	47200	1700	1392	23500
永和镇	6283	18851	140	7260	690	57	4720
仙村镇	3078	8033	1073	3275	180	8	800
沙埔镇	2381	10338	3813	7537	33	281	6580
宁西镇	397	1246	423	981	30	8	236
石滩镇	3680	17520	9133	12689	350	33	1153
三江镇	2267	3773	1976	5800	73	113	5528
中新镇	2161	4886	610	4547	48	30	4000
镇龙镇	1996	6456	2930	3068	105	148	2911
福和镇	1359	3530	160	1385	120	275	1223
派潭镇	2176	6204	1722	3633	150	720	3500
小楼镇	2150	8700	385	3117	40	124	1250
正果镇	1982	5832	1032	1369	160	6	404
朱村镇	436	985	250	1020	28	15	350
沙庄街							
番禺区沙湾镇	8115	21720	11831	15295	215	433	15259
榄核镇	4134	39538	25893	35403	400	89	33403
灵山镇	2272	7963	2953	4101	455	335	730
鱼窝头镇	3325	11017	1707	7775	276	26	3784
东涌镇	1825	7257	3120	5443	100	46	733
万顷沙镇	4128	8103	1500	4530	950	95	3100
南沙区	2890	15487	10010	11576	180	46	4487
横沥镇	1303	6710	3900	5059	300	175	3240
黄阁镇	4095	13186	3025	6875	460	425	4120
石楼镇	5129	42142	30973	5163	699	127	4602
化龙镇	1761	3214	1250	1888	400	163	1780
石碁镇	6540	40537	25698	7403	678	29	6929
南村镇	10592	45781	27120	3115	460	16	2901
新造镇	1461	7001	3000	5151	100	396	3619
大石镇	11826	57026	25725	35682	1500	1065	6215
钟村镇	3668	10656	8738	7602	232	19	5711
大岗镇	10209	68565	28057	39767	800	642	25781

主 要 统 计 指 标 解 释

【农业总产值】以货币表现的农、林、牧、副、渔五业全部产品的总量，它反映一定时期内农业生产的总规模和总成果。

农、林、牧、副、渔五业的统计范围：

1. 种植业 包括粮、棉、油料、糖料、麻类、烟叶、蔬菜、药材、瓜类和其他农作物的种植，以及茶园、桑园、果园的生产经营。

2. 林业 包括林木的栽培(不包括茶园、桑园和果园的栽培、管理和收获等活动)、林产品的采集和村及村以下合作经济组织和农户的林木采伐。

3. 牧业 包括除渔业养殖以外的一切动物饲养和放牧。

4. 副业 包括采集野生植物、捕猎野兽、野禽及农民家庭兼营的手工业。

5. 渔业 包括水生动物和海藻类植物的养殖和捕捞。

农业总产值的计算方法通常是按农林牧渔业产品及其副产品的产量，分别乘以各自单位产品价格求得，少数生产周期较长，当年没有产品或产品产量不易统计的则采用间接方法匡算其产值，然后将五业产品产值相加即为农业总产值。

从 2002 年起，农业总产值改为农林牧渔业总产值，取消副业。将原副业的采集野生植物和农民家庭兼营的手工业与种植业合并，称为农业；将原副业的捕猎野兽、野禽归入牧业。

【粮食产量】指全社会的产量。包括国有经济经营的、集体统一经营的和农民家庭经营的粮食产量，还包括工矿企业办的农场和其他生产单位的产量。粮食除包括稻谷、小麦、玉米、高粱、谷子及其他杂粮外，还包括薯类和豆类。其产量计算方法，豆类按去豆荚后的干豆计算；薯类(包括甘薯和马铃薯，不包括芋头和木薯)1963 年以前按每 4 公斤鲜薯折 1 公斤粮食计算，从 1964 年开始改为按 5 公斤鲜薯折 1 公斤粮食计算。城市郊区作为蔬菜的薯类(如马铃薯等)按鲜品计算，并且不作粮食统计。其他粮食一律按脱粒后的原粮计算。

【水产品产量】指人工养殖的水产品和天然生长的水产品的捕捞量。包括海水的鱼类、虾蟹类、贝类和藻类以及内陆水域的鱼类、虾蟹类和贝类，不包括淡水生植物。

【猪、牛、羊肉产量】指当年出栏并已屠宰、除去头蹄下水后带骨肉(即胴体重)的重量。

【耕地面积】指可以用来种植农作物、经常进行耕锄的田地，包括熟地、当年新开荒地、连续撂荒未满三年的耕地和当年的休闲地(轮歇地)，还包括以种植农作物为主并附带种植桑树、茶树、果树和其他林木的土地，以及沿海、沿湖地区已围垦利用的“海涂”、“湖田”等面积。不包括属于专业性的桑园、茶园、果园、果木苗圃、林地、芦苇地、天然或人工草地面积。

【农作物播种面积】指实际播种或移植有农作物的面积。凡是实际种植有农作物的面积，不论种植在耕地上还是种植在非耕地上，均包括在农作物播种面积中。在播种季节基本结束后，因遭灾而重新改种和补种的农作物面积，也包括在内。

【有效灌溉面积】指具有一定的水源，地块比较平整，灌溉工程或设备已经配套，在一般年景下当年能够进行正常灌溉的耕地面积。

【农用化肥施用量】指本年内实际用于农业生产的化肥数量，包括氮肥、磷肥、钾肥和复合肥。化肥施用量要求按折纯量计算数量。折纯量是指把氮肥、磷肥、钾肥分别按含氮、含五氧化二磷、含氧化钾的百分之一百成份进行折算后的数量。复合肥按其所含主要成分折算。

【农业机械总动力】指主要用于农、林、牧、渔业的各种动力机械的动力总和。包括耕作机械、排灌机械、收获机械、农用运输机械、植物保护机械、牧业机械、林业机械、渔业机械和其他农业机械〔内燃机按引擎马力折成瓦(特)计算、电动机按功率折成瓦(特)计算〕。不包括专门用于乡、镇、村、组办工业、基本建设、非农业运输、科学试验和教学等非农业生产方面用的动力机械与作业机械。

第十一篇

工　　业

广州工业在发展中提高　有效增长在提高中实现

2002年，广州工业积极应对入世及国内外经济环境变化带来的困难和挑战，努力推进工业经济结构的优化整合，使工业经济保持了持续、稳定、快速发展的良好势头，实现了发展水平高、增长质量好的目标。全市工业企业完成工业总产值3788.91亿元，比上年增长15.0%；其中规模以上工业企业完成工业总产值3176.43亿元，比上年增长15.9%；完成工业增加值902.04亿元，比上年增长13.5%；规模以下工业企业完成工业总产值612.48亿元，比上年增长9.4%。

1. 工业总产值增量大幅提高。全市工业总产值当年净增额由2001年的293.17亿元，上升到2002年的395.72亿元。在全省规模以上工业企业的工业总产值增量总额中，广州占了近二成，净增量相当于汕头市全年的工业总量。

2. 重工业加快发展，增速明显快于轻工业。2002年，规模以上重工业完成产值1519.53亿元，比上年增长23.6%；轻工业完成产值1656.90亿元，增长7.6%，重工业增幅比轻工业高出16个百分点。一批重工业产品产量快速增长：移动电话机增长3倍、光通讯设备增长99.1%、计算机增长69.3%、汽车仪表增长41.3%、升降移动机械增长35.3%、摩托车增长77.7%、汽车增长27.1%。

3. 工业产品出口增长强劲。2002年，规模以上工业企业完成工业出口产品产值805.68亿元，比上年增长19.0%；比工业总产值增幅高3.1个百分点，拉动全市工业增长5个百分点。全市有出口产品的32个行业中，有24个行业的出口交货值比上年增长，占总数的75.0%。

4. 高新技术产业和支柱产业带动全市工业增长。2002年，全市工业实现高新技术产品产值800.25亿元，比上年增长34.9%。新增产值189.54亿元，占全市工业新增产值的47.9%，拉动全市工业增长7.2个百分点。高新技术企业比较集中的开发区科学城、天河软件园、黄花岗信息产业园等已成为高新产业发展的重要基地。规模以上电子产业、汽车制造业、石油化工业三大支柱产业合计完成工业总产值1068.69亿元，比上年增长24.4%，拉动全市工业增长9.3个百分点。其中：电子产业完成312.17亿元，增长25.5%；汽车制造业完成271.71亿元，增长31.9%；石油化工业完成484.81亿元，增长18.9%。

5. 结构升级成效显著。2002年，规模以上轻工业和重工业产值的比重由上年的54.4%：45.6%变为52.2%:47.8%，重工业比重上升2.2个百分点，工业重型化趋势明显。全市工业高新技术产业产值的比重由上年的18.0%上升到21.1%。电子产业、汽车制造业和石油化工制造业三大支柱产业产值合计占规模以上工业总产值的比重为33.6%，比上年提高3个百分点。国有、集体工业占规模以上工业总产值的比重为12.7%，比上年下降1.6个百分点；股份制、“三资”企业的比重不断上升，其实现的工业总产值占规模以上工业总产值的79.5%，比上年上升1.2个百分点。

6. 工业经济效益综合指数创历史新高。2002年，规模以上工业企业实现产品销售收入3214.82亿元，比上年增长14.4%；实现利润总额207.54亿元，比上年增长48.2%；实现利税总额379.06亿元，比上年净增加76.93亿元，增长25.5%；工业企业经济效益综合指数为154.5%，比上年提高16.6个百分点；比全省平均水平高13.7个百分点。“三资”企业盈利能力强、劳动生产率高的优势明显，经济效益综合指数高达169.3%，高于全市14.8个百分点。国有及国有控股工业经济效益综合指数在上年较高的基础上继续提升，经济效益综合指数达188.8%，高于全市34.3个百分点。

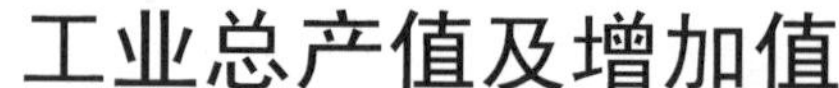

工业总产值及增加值

工业总产值(亿元)
75.4
88.1
177.9
442.4
790.5
1935.3
3100.0
3393.2
3788.9
1978
1980
1985
1990
1992
1995
2000
2001
2002 (年份)

工业增加值(亿元)
24.4
29.5
57.7
118.1
212.0
495.9
890.0
970.2
1069.0
1978
1980
1985
1990
1992
1995
2000
2001
2002 (年份)

工业总产值构成(%)

按 规 模 分

小型
40.77
中型
12.58
大型
46.65

2001年

小型
40.36
中型
13.22
大型
46.42

2002年

按轻重工业分

重工业44.43
轻工业55.57

2001年

重工业46.7
轻工业53.28

2002年

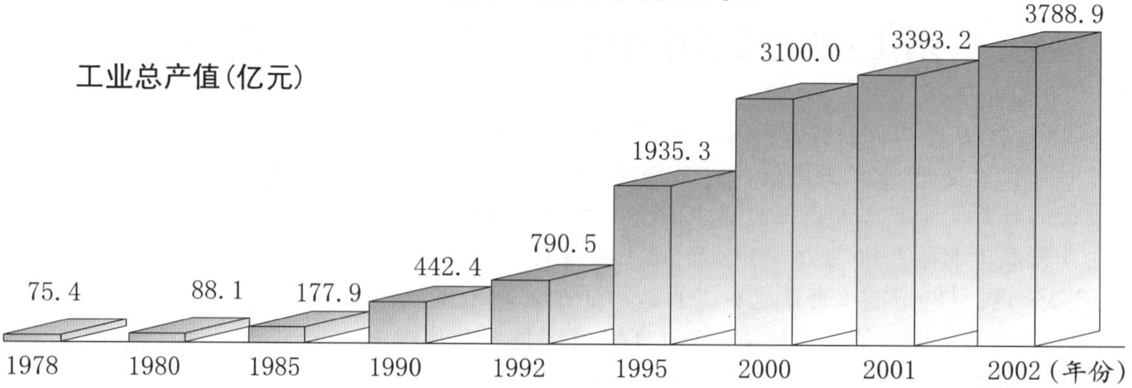

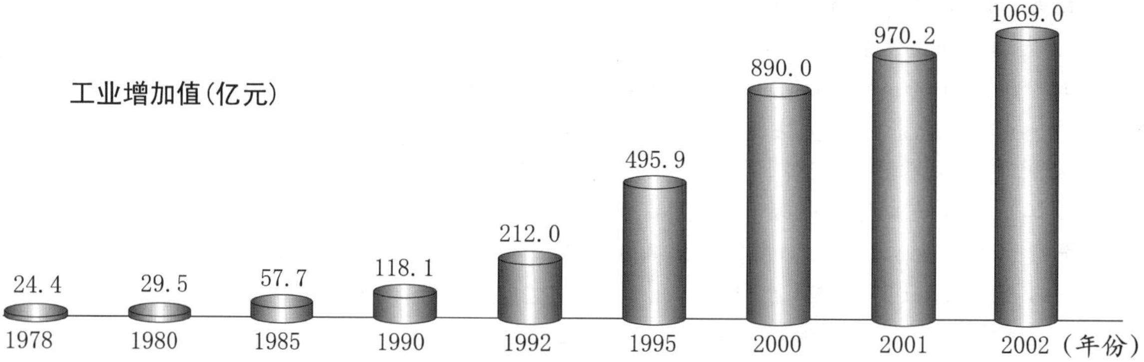

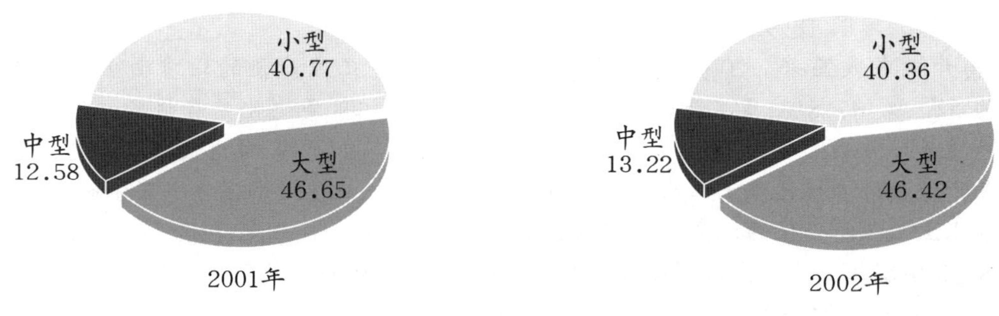

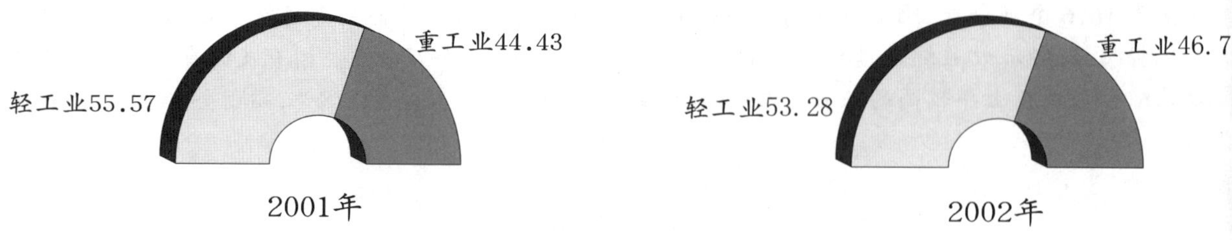

11－1 主要年份工业总产值

单位:万元

年份、时期	合计（按当年价格计算）	轻工业	重工业	合计（按1990年不变价格计算）	轻工业	重工业
1949	29670	26644	3026	32960	28430	4530
1952	49612	42657	6955	57077	47129	9948
1957	138497	111268	27229	167616	129707	37909
1962	180698	135171	45527	230265	165699	64566
1965	278331	195362	82969	363036	245384	117652
1970	473200	314691	158509	646125	413836	232289
1975	658434	414798	243636	916130	551732	364398
1978	753873	476737	277136	1056253	638185	418068
1980	881242	574239	307003	1286085	792438	493647
1985	1779333	1163704	615629	2351845	1467985	883860
1990	4424437	2830366	1594071	4345682	2882641	1463041
1995(原规定)	19353440	11263263	8090177	13854652	8690180	5164472
1995(新规定)	17224948	10263515	6961433	13169472	8414840	4754632
1996	20685796	12641264	8044532	15684742	10607975	5076767
1997	23753915	14395602	9358313	18489780	12387980	6101800
1998	25127025	15661603	9465422	21069644	13973099	7096545
1999	27793652	16797164	10996488	24074002	15550782	8523220
2000	31000188	17622183	13378005	27337139	16776472	10560667
2001	33931904	18855507	15076397	31421481	18552870	12868611
2002	37889079	20185702	17703377	36124187	20325513	15798674
1950－1952	128640	110683	17957	146337	126136	20201
“一五”时期	527303	432382	94921	627218	516606	110612
“二五”时期	1183456	833617	349839	1475718	1044799	430919
1963－1965	701979	505233	196746	910260	658416	251844
“三五”时期	1699709	1136488	563221	2285860	1536299	749561
“四五”时期	2729688	1729515	1000173	3784008	2397464	1386544
“五五”时期	3861380	2443104	1418276	5457579	3436370	2021209
“六五”时期	6447893	4209237	2238656	8933853	5824122	3109731
“七五”时期	16252266	10438049	5814217	17426769	11840078	5586691
“八五”时期	59397158	34984219	24412939	47270331	30306808	16963523
“九五”时期	128360576	77117816	51242760	106655307	69296308	37358999
1979－2002	283979882	166865888	117113994	250269041	157673444	92595597

注:本表的统计范围为全社会口径。

11-2 市区主要年份工业总产值

单位:万元

年份、时期	合计(按当年价格计算)	轻工业	重工业	合计(按1990年不变价格计算)	轻工业	重工业
1949	26972	24059	2913	29859	25559	4300
1952	45295	38459	6836	50230	40850	9380
1957	125942	99054	26888	147371	111014	36357
1962	164568	120619	43949	206663	145075	61588
1965	256902	176240	80662	331811	218013	113798
1970	453498	298398	155100	613807	386817	226990
1975	622835	388380	234455	871624	520540	351084
1978	701598	439048	262550	983205	592310	390895
1980	799666	494913	304753	1198235	731926	466309
1985	1583869	1022167	561702	2092210	1306166	786044
1990	3647615	2293551	1354064	3558835	2331815	1227020
1995(原规定)	12517030	7101660	5415370	8599132	5378277	3220855
1995(新规定)	11066817	6491338	4575479	8064184	5219891	2844293
1996	12557994	7067668	5490326	8841823	5686753	3155070
1997	13865661	7905190	5960471	10031803	6520848	3510955
1998	13489966	7764942	5725024	10669779	6591399	4078380
1999	14622451	8091540	6530911	12062385	7145760	4916625
2000	26261590	14395352	11866238	23044300	13698466	9345834
2001	28572049	15110727	13461322	26552147	14964579	11587568
2002	31867106	16062516	15804590	30436124	16205301	14230823
1950-1952	119573	101996	17577	132408	112927	19481
"一五"时期	477274	383461	93813	548563	440603	107960
"二五"时期	1089357	752789	336568	1341101	926830	414271
1963-1965	644413	453226	191187	825595	580555	245040
"三五"时期	1596605	1046164	550441	2125489	1392807	732682
"四五"时期	2568167	1602080	966087	3579959	2233264	1346695
"五五"时期	3578594	2216157	1362437	5108729	3186355	1922374
"六五"时期	5841923	3719555	2122368	8062962	5245231	2817731
"七五"时期	13730836	8768495	4962341	14769572	9594737	5174835
"八五"时期	41609047	23595892	18013155	32250708	20262326	11988382
"九五"时期(原口径)	71072328	39137288	31935040	55653282	33621730	22031552
"九五"时期(新口径)	80797662	45224692	35572970	64650090	39643226	25006864
1979-2002	203980411	113435138	90545273	165051590	98312363	66739227

注:本表的统计范围为全社会口径。

11-3 工业企业单位数

单位:个

项　　　　　　目	1995 年	2001 年	2002 年
总　计	**27030**	**34168**	**34272**
按地区分			
市　区	21768	26903	26851
#番禺区	4949	7575	7575
花都区	4862	5398	5404
增城市	3968	4562	4688
从化市	1294	2703	2733
规模以上工业企业		4572	4632
按登记注册类型分			
内资企业		2714	2744
国有企业		354	338
集体企业		625	591
股份合作企业		96	99
联营企业		51	46
国有联营企业		12	11
集体联营企业		20	16
国有与集体联营企业		8	9
其他联营		11	10
有限责任公司		264	278
国有独资有限责任公司		50	49
其他有限责任公司		214	229
股份有限公司		57	53
私营企业		1229	1293
私营独资企业		669	679
私营合伙企业		170	170
私营有限责任公司		365	411
私营股份有限公司		25	33
其他企业		38	46

注:规模以上工业指全部国有及年销售收入500万元以上的全部非国有工业企业;规模以下工业指年销售收入500万元以下的非国有工业,以下各表同。

11－3　续表　　　　单位：个

项　　　　目	1995年	2001年	2002年
港、澳、台商投资企业		1488	1507
合资经营企业		445	430
合作经营企业		333	321
独资经营企业		700	747
股份有限公司		10	9
外商投资企业		370	381
合资经营企业		159	164
合作经营企业		63	58
独资经营企业		145	156
股份有限公司		3	3
按隶属关系分			
中央企业		69	74
省属企业		125	125
市属企业		4378	4433
#县属企业		80	73
按轻重工业分			
轻工业		2899	2957
以农产品为原料		1658	1648
以非农产品为原料		1241	1309
重工业		1673	1675
采掘工业		87	81
原料工业		412	411
制造工业		1174	1183
按生产规模分			
大型企业		254	251
中型企业		338	344
小型企业		3980	4037
规模以下工业		29596	29640

11-4 市区工业企业单位数

单位:个

项目	1995年	2001年	2002年
合计	11957	26903	26851
规模以上工业企业		3489	3541
按登记注册类型分			
内资企业		1982	2029
国有企业		324	313
集体企业		492	472
股份合作企业		90	94
联营企业		39	35
国有联营企业		11	10
集体联营企业		13	12
国有与集体联营企业		7	7
其他联营企业		8	6
有限责任公司		233	245
国有独资有限责任公司		46	45
其他有限责任公司		187	200
股份有限公司		50	46
私营企业		718	780
私营独资企业		359	373
私营合伙企业		57	59
私营有限责任公司		285	325
私营股份有限公司		17	23
其他企业		36	44
港、澳、台商投资企业		1197	1190
合资经营企业		395	374
合作经营企业		262	253
独资经营企业		531	555
股份有限公司		9	8
外商投资企业		310	322
合资经营企业		140	145
合作经营企业		58	54
独资经营企业		110	121
股份有限公司		2	2
按隶属关系分			
中央企业		68	73
省属企业		119	119
市属企业		3302	3349
#县属企业			
按轻重工业分			
轻工业		2170	2217
以农产品为原料		1211	1206
以非农产品为原料		959	1011
重工业		1319	1324
采掘工业		50	46
原料工业		289	286
制造工业		980	992
按生产规模分			
大型企业		239	236
中型企业		303	310
小型企业		2947	2995
规模以下工业企业		23414	23310

11－5 工　业　总　产　值

（按1990年不变价格计算）　　单位：万元

项　　目	1995年		2001年	2002年
	原规定	新规定		
总　计	13854652	13169472	31421481	36124187
按地区分				
市　区（原口径）	8599132	8064184	16578292	18787102
（新口径）	12597056	11943839	26552147	30436124
#番禺区	2695600	2616742	6725369	7873784
花都区	1302324	1262913	3248486	3775238
增城市	948930	923768	3053538	3545443
从化市	308666	301865	1815796	2142620
规模以上工业企业			26755263	31019066
按登记注册类型分				
内资企业			9413030	11070185
国有企业			1691049	1511508
集体企业			1460928	1528310
股份合作企业			146548	155177
联营企业			131770	338474
国有联营企业			38072	244213
集体联营企业			30434	31144
国有与集体联营企业			26321	27198
其他联营企业			36943	35919
有限责任公司			2096266	3003296
国有独资有限责任公司			681214	517267
其他有限责任公司			1415052	2486029
股份有限公司			1334365	1427734
私营企业			2441184	2994036
私营独资企业			1164432	1301390
私营合伙企业			261887	305142
私营有限责任公司			923191	1229303
私营股份有限公司			91674	158201
其他企业			110920	111650

11－5　续表

单位:万元

项　　目	1995 年		2001 年	2002 年
	原规定	新规定		
港、澳、台商投资企业			8681019	9630588
合资经营企业			3293084	3261821
合作经营企业			1373643	1466765
独资经营企业			3804127	4614700
股份有限公司			210165	287302
外商投资企业			8661214	10318293
合资经营企业			4943427	6031918
合作经营企业			1496005	1475130
独资经营企业			2204133	2788627
股份有限公司			17649	22618
按隶属关系分				
中央企业			1703098	1910045
省属企业			566421	557926
市属企业			24485744	28551095
# 县属企业			363526	429949
按轻重工业分				
轻工业			15391823	16976816
以农产品为原料			7576669	8337928
以非农产品为原料			7815154	8638888
重工业			11363440	14042250
采掘工业			155205	166170
原料工业			3094852	3333716
制造工业			8113383	10542364
按生产规模分				
大型企业			12741762	15227275
中型企业			3388131	3898873
小型企业			10625370	11892918
规模以下工业企业			4666218	5105121

11-6 市区工业总产值

（按1990年不变价格计算）　　单位：万元

项目	1995年		2000年	2001年	2002年
	原规定	新规定			
合　　计	8599132	8064184	23044300	26552147	30436124
规模以上工业企业			19941938	23158338	26703219
按登记注册类型分					
内资企业			7060235	7610728	9036413
国有企业			2250676	1651730	1470893
集体企业			1451881	1158960	1220017
股份合作企业			124672	139211	147778
联营企业			384390	104564	308927
国有联营企业			196842	31948	242309
集体联营企业			53432	21783	22744
国有与集体联营企业			50851	21348	21050
其他联营企业			83265	29485	22824
有限责任公司			928779	1668494	2482124
国有独资有限责任公司			479012	652993	484580
其他有限责任公司			449767	1015501	1997544
股份有限公司			562946	1252655	1404098
私营企业			1113658	1534214	1902293
私营独资企业			552857	686253	753225
私营合伙企业			60465	98193	109254
私营有限责任公司			487918	675394	910489
私营股份有限公司			12418	74374	129325
其他企业			243233	100900	100283
港、澳、台商投资企业			6094978	7345030	8041734
合资经营企业			3169552	3113222	3047923
合作经营企业			936957	967104	1009448
独资经营企业			1774029	3055315	3698608
股份有限公司			214440	209389	285755
外商投资企业			6786725	8202580	9625072
合资经营企业			4592439	4634605	5564666
合作经营企业			846740	1478698	1451516
独资经营企业			1336156	2073927	2589525
股份有限公司			11390	15350	19365
按隶属关系分					
中央企业			1606069	1701628	1908651
省属企业			493854	550536	541760
市属企业			17842015	20906174	24252808
#县属企业					
按轻重工业分					
轻工业			11446522	12665503	13756707
以农产品为原料			5836706	6237018	6759857
以非农产品为原料			5609816	6428485	6996850
重工业			8495416	10492835	12946512
采掘工业			182347	96170	91965
原料工业			2325972	2822797	3009454
制造工业			5987097	7573868	9845093
按生产规模分					
大型企业			10591083	12234437	14605585
中型企业			2048641	2811681	3246529
小型企业			7302214	8112220	8851105
规模以下工业企业			3102362	3393809	3732905

11－7 工业企业单位数及工业总产值

（2002年，按地区分）　　　　单位：万元

项目	单位数（个）	#轻工业	工业总产值	#轻工业	工业总产值（1990年不变价）	#轻工业
全　市	**34272**	**27641**	**37889079**	**20185702**	**36124187**	**20325513**
市　区	26851	21546	31867106	16062516	30436124	16205301
#番禺区	7575	6252	7703926	4439020	7873784	5089924
花都区	5404	4872	4331242	2444050	3775238	2167543
增城市	4688	3856	3832106	2518869	3545443	2466454
从化市	2733	2239	2189867	1604317	2142620	1653758
规模以上工业企业	4632	2957	31764294	16569016	31019066	16976816
市　区	3541	2217	27388616	13417968	26703219	13756707
#番禺区	1113	713	6167009	3531470	6592735	4249622
花都区	693	471	3089362	1710720	2740109	1488551
增城市	774	547	2574429	1776211	2497147	1778825
从化市	317	193	1801249	1374837	1818700	1441284
规模以下工业	29640	24684	6124785	3616686	5105121	3348697
市　区	23310	19329	4478490	2644548	3732905	2448594
#番禺区	6462	5539	1536917	907549	1281049	840302
花都区	4711	4401	1241880	733330	1035129	678992
增城市	3914	3309	1257677	742658	1048296	687629
从化市	2416	2046	388618	229480	323920	212474

11-8 工业企业单位数及工业总产值

（2002 年）

单位：万元

项目	单位数（个）	# 市区	工业总产值	# 市区	工业总产值（1990 年不变价）	# 市区
合计	34272	26851	37889079	31867106	36124187	30436124
规模以上工业企业	4632	3541	31764294	27388616	31019066	26703219
按登记注册类型分						
内资企业	2744	2029	12976268	10911469	11070185	9036413
国有企业	338	313	2275135	2232962	1511508	1470893
集体企业	591	472	1750131	1403755	1528310	1220017
股份合作企业	99	94	167656	162214	155177	147778
联营企业	46	35	392798	358711	338474	308927
国有联营企业	11	10	246813	242816	244213	242309
集体联营企业	16	12	29259	20344	31144	22744
国有与集体联营企业	9	7	26859	20078	27198	21050
其他联营企业	10	6	89867	75473	35919	22824
有限责任公司	278	245	2948163	2533060	3003296	2482124
国有独资有限责任公司	49	45	573586	541933	517267	484580
其他有限责任公司	229	200	2374577	1991127	2486029	1997544
股份有限公司	53	46	2028439	2004448	1427734	1404098
私营企业	1293	780	3284538	2100040	2994036	1902293
私营独资企业	679	373	1444714	824959	1301390	753225
私营合伙企业	170	59	344508	125013	305142	109254
私营有限责任公司	411	325	1321529	1007513	1229303	910489
私营股份有限公司	33	23	173787	142555	158201	129325
其他企业	46	44	129408	116279	111650	100283
港、澳、台商投资企业	1507	1190	10623004	8910012	9630588	8041734
合资经营企业	430	374	3876139	3640222	3261821	3047923
合作经营企业	321	253	1708452	1204593	1466765	1009448
独资经营企业	747	555	4775038	3803621	4614700	3698608
投资股份有限公司	9	8	263375	261576	287302	285755
外商投资企业	381	322	8165022	7567135	10318293	9625072
合资经营企业	164	145	4855153	4508192	6031918	5564666
合作经营企业	58	54	936119	899875	1475130	1451516
独资经营企业	156	121	2349346	2138137	2788627	2589525
投资股份有限公司	3	2	24404	20931	22618	19365
按隶属关系分						
中央企业	74	73	2931731	2930587	1910045	1908651
省属企业	125	119	873046	856023	557926	541760
市属企业	4433	3349	27959517	23602006	28551095	24252808
# 县属企业	73		436114		429949	
按轻重工业分						
轻工业	2957	2217	16569016	13417968	16976816	13756707
以农产品为原料	1648	1206	9409215	7833345	8337928	6759857
以非农产品为原料	1309	1011	7159801	5584623	8638888	6996850
重工业	1675	1324	15195278	13970648	14042250	12946512
采掘工业	81	46	168537	97508	166170	91965
原料工业	411	286	5356301	4947056	3333716	3009454
制造工业	1183	992	9670440	8926084	10542364	9845093
按生产规模分						
大型企业	251	236	14743884	14255956	15227275	14605585
特大型企业	6	6	1924096	1924096	827571	827571
大一型企业	103	99	6295842	6211073	7828281	7739258
大二型企业	142	131	6523946	6120787	6571423	6038756

11－8 续表

单位:万元

项目	单位数(个)	#市区	工业总产值	#市区	工业总产值(1990年不变价)	#市区
中型企业	344	310	4199591	3623544	3898873	3246529
中一型企业	130	121	1500073	1338901	1372979	1202682
中二型企业	214	189	2699518	2284643	2525894	2043847
小型企业	4037	2995	12820819	9509116	11892918	8851105
按工业行业分						
煤炭采选业						
石油和天然气开采业						
黑色金属矿采选业						
有色金属矿采选业	1		3227		11920	
非金属矿采选业	80	46	165310	97508	154250	91965
其他矿采选业						
木材及竹材采运业						
食品加工业	87	73	648178	439694	649907	346750
食品制造业	101	78	1030627	928788	1030430	931489
饮料制造业	38	31	675965	663292	568232	557316
烟草加工业	2	2	492541	492541	253511	253511
纺织业	242	180	1050907	877662	878564	715782
服装及其他纤维制品制造业	496	275	1435224	769519	1262579	650980
皮革、毛皮、羽绒及其制品业	252	211	1307061	1088427	1203762	999166
木材加工及竹、藤、棕、草制品业	51	43	165969	140910	149733	126636
家具制造业	88	72	259796	212641	233932	189104
造纸及纸制品业	146	111	626124	537606	576875	494553
印刷业、记录媒介的复制	113	109	263445	257854	231652	227051
#印刷业	108	104	256079	250488	221645	217044
文教体育用品制造业	126	92	534870	422229	463326	347673
石油加工及炼焦业	14	10	1365369	1361795	526958	523509
化学原料及化学制品制造业	342	254	3482730	3055481	3616595	3094334
医药制造业	63	51	593554	567118	875694	848185
化学纤维制造业	14	11	51155	36408	65750	51782
橡胶制品业	56	50	389792	366905	443323	422115
塑料制品业	280	214	1203986	985226	1141988	933127
非金属矿物制品业	286	158	922508	649070	760618	531590
黑色金属冶炼及压延加工业	39	35	816144	757673	589760	542600
有色金属冶炼及压延加工业	44	38	376311	326622	498292	448159
金属制品业	368	304	1167208	965286	1060782	856745
普通机械制造业	156	135	683642	611728	720481	655987
专用设备制造业	91	82	198336	179121	186892	167736
交通运输设备制造业	224	158	4217908	3681597	4304242	3754949
武器弹药制造业						
电气机械及器材制造业	298	263	2251578	2090955	3344158	3186349
电子及通信设备制造业	253	239	3035750	2953961	4059636	3984633
仪器仪表及文化、办公用机械制造业	66	60	205179	188492	196522	180720
其他制造业	143	99	624933	232574	553247	209715
电力、蒸气、热水的生产和供应业	42	32	1271928	1210301	306385	282400
煤气生产和供应业	8	8	80496	80496	47780	47780
自来水的生产和供应业	22	17	166543	159136	51290	48828
规模以下工业	29640	23310	6124785	4478490	5105121	3732905

11－9 规模以上工业企业单位数、工业总产值和工业增加值

（2002年）　　　　单位：万元

项　　目	单位数（个）	#市区	工业总产值	#市区	工业增加值	#市区
总　　计	**4632**	**3541**	**31764294**	**27388616**	**9020427**	**7934766**
按地区分						
市　区	3541	3541	27388616	27388616	7934766	7934766
#番禺区	1113	1113	6167009	6167009	1610415	1610415
花都区	693	693	3089362	3089362	821724	821724
增城市	774		2574429		628506	
从化市	317		1801249		457155	
按登记注册类型分						
内资企业	2744	2029	12976268	10911469	3735575	3229112
国有企业	338	313	2275135	2232962	1030866	1019254
集体企业	591	472	1750131	1403755	454515	367257
股份合作企业	99	94	167656	162214	46127	44962
联营企业	46	35	392798	358711	104257	96322
国有联营企业	11	10	246813	242816	39378	39256
集体联营企业	16	12	29259	20344	7836	5616
国有与集体联营企业	9	7	26859	20078	7215	5506
其他联营企业	10	6	89867	75473	49828	45944
有限责任公司	278	245	2948163	2533060	790088	707041
国有独资有限责任公司	49	45	573586	541933	145330	140561
其他有限责任公司	229	200	2374577	1991127	644758	566480
股份有限公司	53	46	2028439	2004448	469808	464821
私营企业	1293	780	3284538	2100040	807031	500123
私营独资企业	679	373	1444714	824959	361721	200645
私营合伙企业	170	59	344508	125013	86767	28801
私营有限责任公司	411	325	1321529	1007513	311691	233102
私营股份有限公司	33	23	173787	142555	46852	37575
其他企业	46	44	129408	116279	32883	29332
港、澳、台商投资企业	1507	1190	10623004	8910012	2886186	2447032
合资经营企业	430	374	3876139	3640222	1138286	1074044
合作经营企业	321	253	1708452	1204593	462452	329964
独资经营企业	747	555	4775038	3803621	1282101	1040026
投资股份有限公司	9	8	263375	261576	3347	2998
外商投资企业	381	322	8165022	7567135	2398666	2258622
合资经营企业	164	145	4855153	4508192	1420274	1341170
合作经营企业	58	54	936119	899875	347310	340245
独资经营企业	156	121	2349346	2138137	622818	569697
股份有限公司	3	2	24404	20931	8264	7510
按隶属关系分						
中央企业	74	73	2931731	2930587	864677	864406
省属企业	125	119	873046	856023	370064	365645
市属企业	4433	3349	27959517	23602006	7785686	6704715
#县属企业	73		436114		110776	
按轻重工业分						
轻工业	2957	2217	16569016	13417968	4852967	4048825
以农产品为原料	1648	1206	9409215	7833345	2922281	2532367
以非农产品为原料	1309	1011	7159801	5584623	1930686	1516458
重工业	1675	1324	15195278	13970648	4167460	3885941
采掘工业	81	46	168537	97508	43238	26404
原料工业	411	286	5356301	4947056	1581897	1480400
制造工业	1183	992	9670440	8926084	2542325	2379137

11－9 续表

单位：万元

项目	单位数（个）	#市区	工业总产值	#市区	工业增加值	#市区
按生产规模分						
大型企业	251	236	14743884	14255956	4741133	4615966
特大型企业	6	6	1924096	1924096	566503	566503
大一型企业	103	99	6295842	6211073	2049991	2028330
大二型企业	142	131	6523946	6120787	2124639	2021133
中型企业	344	310	4199591	3623544	1118414	1000294
中一型企业	130	121	1500073	1338901	388185	355308
中二型企业	214	189	2699518	2284643	730229	644986
小型企业	4037	2995	12820819	9509116	3160880	2318506
按工业行业分						
煤炭采选业						
石油和天然气开采业						
黑色金属矿采选业						
有色金属矿采选业	1		3227		241	
非金属矿采选业	80	46	165310	97508	42997	26404
木材及竹材采运业						
食品加工业	87	73	648178	439694	129321	95342
食品制造业	101	78	1030627	928788	317234	287557
饮料制造业	38	31	675965	663292	226115	223884
烟草加工业	2	2	492541	492541	365443	365443
纺织业	242	180	1050907	877662	262772	221956
服装及其他纤维制品制造业	496	275	1435224	769519	386367	205634
皮革、毛皮、羽绒及其制品业	252	211	1307061	1088427	319072	265693
木材加工及竹、藤、棕、草制品业	51	43	165969	140910	38858	32730
家具制造业	88	72	259796	212641	60706	48949
造纸及纸制品业	146	111	626124	537606	156530	135066
印刷业、记录媒介的复制	113	109	263445	257854	73951	72571
#印刷业	108	104	256079	250488	71508	70129
文教体育用品制造业	126	92	534870	422229	154051	125475
石油加工及炼焦业	14	10	1365369	1361795	240831	239990
化学原料及化学制品制造业	342	254	3482730	3055481	1106253	991010
医药制造业	63	51	593554	567118	227509	220593
化学纤维制造业	14	11	51155	36408	11844	8068
橡胶制品业	56	50	389792	366905	101500	95798
塑料制品业	280	214	1203986	985226	303691	247119
非金属矿物制品业	286	158	922508	649070	248066	180016
黑色金属冶炼及压延加工业	39	35	816144	757673	184996	168235
有色金属冶炼及压延加工业	44	38	376311	326622	72681	63911
金属制品业	368	304	1167208	965286	276198	232773
普通机械制造业	156	135	683642	611728	192893	175838
专用设备制造业	91	82	198336	179121	53985	48769
交通运输设备制造业	224	158	4217908	3681597	1170160	1041723
武器弹药制造业						
电气机械及器材制造业	298	263	2251578	2090955	542798	504479
电子及通信设备制造业	253	239	3035750	2953961	756845	739786
仪器仪表及文化、办公用机械制造业	66	60	205179	188492	52158	48553
其他制造业	143	99	624933	232574	166858	62875
电力、蒸气、热水的生产和供应业	42	32	1271928	1210301	680594	663587
煤气生产和供应业	8	8	80496	80496	12142	12142
自来水的生产和供应业	22	17	166543	159136	84767	82797

11－10 规模以上工业销售产值

单位：万元

项　　目	1997 年	1998 年	1999 年	2000 年	2001 年	2002 年
总　　计	17474226	18074239	18876239	24883053	27171297	31156870
按登记注册类型分						
国有企业	5930679	5265089	5621834	5125889	2374230	2263303
集体企业	2002412	1910588	1695332	2261849	1613905	1704288
其他企业	9541135	10898562	11559073	17495315	23183162	27189279
按隶属关系分						
中央企业、省属企业	3795225	3441591	3930666	3838537	3586659	3784307
市属企业	13679001	14632648	14945573	21044516	23584638	27372563
按轻重工业分						
轻工业	10011043	10466751	10483017	13652095	14590681	16213809
重工业	7463183	7607488	8393222	11230958	12580616	14943061
按生产规模分						
大中型企业	11062427	11465330	12427565	14443413	16109426	18794622
小型企业	6411799	6608909	6448674	10439640	11061871	12362248

11－11 工业企业出口产品产值及比重

单位：万元

年　　份	工业总产值	出口产品产值	出口产品产值比率(%)
1978	731313	96278	13.17
1980	850326	141305	16.62
1985	1692215	135850	8.03
1990	4111455	848193	20.63
1995	15850391	4051313	25.56
1996	16303779	4682145	28.72
1997	18142403	5321594	29.33
1998	18509812	5402864	29.19
1999	27793652	6368838	22.91
2000	31000188	7126804	22.99
2001	33931904	7344095	21.64
2002	37889079	8525989	22.50

注：本表1999年以前年份为乡及乡以上口径，1999年起为全口径。

11-12 规模以上工业企业出口产品产值及出口交货值

单位:万元

项目	出口产品产值		出口产品交货值	
	2001年	2002年	2001年	2002年
总　计	**6908211**	**8056831**	**6502235**	**7881230**
按登记注册类型分				
国有企业	273872	179093	203047	120774
集体企业	262628	301732	228639	251608
其他企业	6371711	7576006	6070549	7508848
按隶属关系分				
中央企业、省属企业	399216	387642	404285	383472
市属企业	6508995	7669189	6097950	7497758
按轻重工业分				
轻工业	4819543	5318327	4402076	5127170
重工业	2088668	2738504	2100159	2754060
按生产规模分				
大中型企业	2799914	3747698	3056172	3789757
小型企业	4108297	4309133	3446063	4091473
按工业行业分				
煤炭采选业				
石油和天然气开采业				
黑色金属矿采选业				
有色金属矿采选业		23	809	158
非金属矿采选业	29394	18281	15127	18244
木材及竹材采运业				
食品加工业	75471	85200	109348	80668
食品制造业	43266	53832	38982	54505
饮料制造业	20729	33919	23884	34292
烟草加工业	18114	17879	18114	17881
纺织业	437245	529392	370696	507814
服装及其他纤维制品制造业	690072	765110	603472	679018
皮革、毛皮、羽绒及其制品业	947400	950168	873270	950494
木材加工及竹、藤、棕、草制品业	33672	50993	40618	39202
家具制造业	59823	83456	57138	85375

11－12 续表

单位:万元

项目	出口产品产值		出口产品交货值	
	2001 年	2002 年	2001 年	2002 年
造纸及纸制品业	60450	53342	76286	61667
印刷业、记录媒介的复制	31645	52295	46349	47999
#印刷业	31645	52295	46349	47999
文教体育用品制造业	402707	383138	339105	364060
石油加工及炼焦业	70722	53845	79417	43018
化学原料及化学制品制造业	364379	388150	355689	425079
医药制造业	27591	30800	32378	31168
化学纤维制造业	30661	22292	20302	18153
橡胶制品业	172805	166714	151750	178995
塑料制品业	428211	521605	392932	555377
非金属矿物制品业	117660	146429	121060	132308
黑色金属冶炼及压延加工业	28560	39035	60887	46283
有色金属冶炼及压延加工业	18415	24078	19279	42481
金属制品业	276049	326640	233866	307358
普通机械制造业	81861	76389	58545	67725
专用设备制造业	44816	43774	48306	21037
交通运输设备制造业	391898	453811	398256	456969
武器弹药制造业				
电气机械及器材制造业	565861	732789	558845	664913
电子及通信设备制造业	920634	1374074	853414	1382392
仪器仪表及文化、办公用机械制造业	108614	87112	108342	95384
其他制造业	409486	492266	395769	471213
电力、蒸气、热水的生产和供应业				
煤气生产和供应业				
自来水的生产和供应业				

11－13 市属工业新产品、新花色品种情况

单位:种

项目	1990 年	1995 年	2000 年	2001 年	2002 年
试制成功的新产品	567	363	603	612	661
#填补省内空白					
达到国际先进水平	210	9	25	43	90
达到国际水平		53	46	55	96
达到国内先进水平	160	98	374	246	317
已鉴定的新产品	567	363	603	612	661
已投产的新产品	468	307	431	437	511

11－14 主要工业产品产量

产品名称	单位	1998年	1999年	2000年	2001年	2002年
木材	米^3	62397	68761	73625	55446	30072
食用植物油	吨	43366	46562	61998	96167	247958
糖	吨	70284	63450	16061		
乳制品	吨	6388	6963	7360	10044	9612
罐头	吨	9874	11648	17499	13364	9767
饮料酒(混合量)	吨	567682	644938	733397	783580	828706
#啤酒	吨	553872	628314	720989	775387	807488
卷烟	箱	726437	750743	802619	839329	852067
纱	吨	15364	12177	19750	17250	14260
布	万米	10195	9335	10767	12047	20282
#棉布	万米	8579	8062	8355	8821	14521
纯化纤布	万米	36	40	60	59	97
针棉织品折用纱线	吨	30741	32050	33942	24088	30500
毛线	吨	562	750	456	337	1029
丝	吨	193	24	13		
丝织品	万米		3			
服装	万件	52417	53831	68312	50438	56729
皮鞋	万双	24189	25667	27675	20954	23138
锯材	米^3	25043	21884	24429	41787	33704
人造板	米^3	125739	147527	148794	264476	362815
家具	万件	915	856	867	581	720
机制纸及纸板	吨	472262	501009	613029	689215	712119
#新闻纸	吨	156565	168212	231813	271757	244103
发电量	亿千瓦·时	190	207	267	270	285
原油加工量	吨	4744205	5595458	6490493	6283328	6737611
汽油	吨	1315248	1251785	1342064	1310814	1486731
煤油	吨	305129	340752	352160	375252	385761
柴油	吨	1572748	2082944	2323279	2318934	2391791
燃料油	吨	203434	270828	445530	557111	656785
焦炭	吨	217903	217767	216195	217362	226587
硫酸((折100%)	吨	267970	272501	146511	74036	73094
烧碱(氢氧化钠)	吨	66995	70910	73432	77134	84666
农用氮、磷、钾化学肥料	吨	299395	214474	139032	4055	4391
氮肥(折100%)	吨	280500	193805	122413		
磷肥(折100%)	吨	18895	20669	16619	4055	4391
合成氨	吨	407564	292482	166684	20524	17245
化学农药(折100%)	吨	2919	2215	1806	2268	2531
油漆	吨	90242	93099	98711	105168	113166
塑料树脂及共聚物(即塑料)	吨	62985	68825	381280	395460	527222
肥皂	吨	4375	6231	10185	13872	11376
合成洗涤剂	吨	174158	146047	158290	180367	358477
化学原料药(24大类)	吨	819	2458	4642	5495	6269
中成药	吨	15453	18203	22233	25285	38881
化学纤维	吨	34776	36754	38683	33906	30027
#合成纤维	吨	32087	36754	38683	33906	30027

11－14 续表 1

产品名称	单位	1998 年	1999 年	2000 年	2001 年	2002 年
轮胎外胎	条	3208800	3170200	3392160	4059096	4849766
橡胶胶鞋	万双	1993	2261	2326	2468	5687
塑料制品	吨	308778	346767	479655	557984	871579
水泥	万吨	1182	1256	1262	1204	1404
日用玻璃制品	吨	242683	267974	299019	263660	298161
生铁	吨	581124	615000	666807	694028	706025
钢	吨	1133286	1289700	1511581	1767948	2005875
成品钢材	吨	1549260	1757392	2062686	2400736	2809124
铜	吨	15168	22128	22200	12917	17186
日用搪瓷制品	吨	1939	2114		1363	2010
日用精铝制品	吨	837	735	398	379	205
内燃机生产量	万千瓦	5	9	5	4	7
金属切削机床	台	4672	4529	6757	6860	7301
矿山设备	吨	1145	796	245	16	
化工设备	吨	2343	1998	2367	1708	1663
自行车	辆	1121238	1068198	1348715	1678670	2446962
缝纫机	架	435644	87894	88650	40968	70864
钟	只	7693028	8505463	10187789	10262200	13245075
照相机	架	640311	752527	868128	978756	860008
汽车	辆	9458	16871	38118	55601	97212
燃气用具	台	301972	339469	302825	192886	278851
交流电动机	千瓦	327400	340400	420068	331252	375252
变压器	千伏安	3204266	3938594	4363002	7977462	14412770
干电池(折合一号电池)	万只	133347	151646	188885	244062	298776
家用洗衣机	台	50027	16420			
家用电冰箱	台	508504	526507	581393	457467	753977
电风扇	台	1389242	706738	784092	778949	1992549
房间空气调节器	台	522152	782591	1034316	1052424	1486041
电熨斗	个	1751847	1771127	2121347	2158564	2874913
灯泡	万只	5370	1978	4435	3358	68
手电筒	万个	13585	12840	13577	15518	15520
电话单机	部	4438783	6226859	5698083	6185607	5651377
微型电子计算机	部	1612	2553	3100	173637	294053
电视机	台	85000	211896	346128	427263	263391
#彩色电视机	台	3200	211896	346128	427263	263391
录音机	部	2597684	2745023	3085325	3399261	6500828
收音机	部	378600	369890	469141	518356	770352
电子计算器	部	3341978	17815039	9932927	1680860	22695
电梯	台	3049	3930	4202	5615	7535
摩托车	辆	456429	599860	603131	603491	1072338
配混合饲料	吨	828147	984411	991100	980645	985482
排油烟机	台	12796	17584	26885	4447	4415
钢琴	架	75076	76838	80221	83762	80120

11－15 规模以上工业企业全员劳动生产率

（1996 年－2002 年）

单位：元/人

年份	合计	国有企业	集体企业	"三资"企业	其他企业
1996	45422	40255	23546	61700	43362
1997	51764	58637	24861	59509	45207
1998	53499	64347	27238	56952	46688
1999	60087	81519	30910	58846	47523
2000	60342	108088	32429	61748	48220
2001	69917	89566	40058	72400	67034
2002	76324	103186	40514	76773	79963

注：此表按工业增加值计算，以下劳动生产率表同。

11－16 规模以上工业企业全员劳动生产率

（2002 年）

项目	企业单位数（个）	工业增加值（万元）	职工年平均人数（人）	劳动生产率（元/人）
总计	**4632**	**9020427**	**1181866**	**76324**
按地区分				
市区	3541	7934766	970281	81778
#番禺区	1113	1610415	360890	44623
花都区	693	821724	97449	84323
县级市	1091	1085661	211585	51311
增城市	774	628506	131165	47917
从化市	317	457155	80420	56846
按轻重工业分				
轻工业	2957	4852967	828995	58540
重工业	1675	4167460	352871	118102
按隶属关系分				
中央企业	74	864677	40606	212943
省属企业	125	370064	28089	131747
市属企业	4433	7785686	1113171	69942

11－17 规模以上国有工业企业全员劳动生产率

（2002 年）

项目	企业单位数（个）	工业增加值（万元）	职工年平均人数（人）	劳动生产率（元/人）
总计	**338**	**1030866**	**99904**	**103186**
按地区分				
市区	313	1019254	96371	105764
#番禺区	10	21415	7604	28163
花都区	16	13698	4598	29791
县级市	25	11612	3533	32867
增城市	13	6443	2150	29967
从化市	12	5169	1383	37375
按轻重工业分				
轻工业	172	636724	42590	149501
重工业	166	394142	57314	68769
按隶属关系分				
中央企业	49	417787	17790	234844
省属企业	85	254546	20871	121962
市属企业	204	358533	61243	58543

11－18 规模以上集体工业企业全员劳动生产率

（2002 年）

项目	企业单位数（个）	工业增加值（万元）	职工年平均人数（人）	劳动生产率（元/人）
总计	**591**	**454515**	**112188**	**40514**
按地区分				
市区	472	367257	91939	39946
#番禺区	80	69798	32795	21283
花都区	163	132652	18763	70699
县级市	119	87258	20249	43092
增城市	56	31386	7503	41831
从化市	63	55872	12746	43835
按轻重工业分				
轻工业	331	231118	70208	32919
重工业	260	223397	41980	53215
按隶属关系分				
中央企业	2	7003	1227	57074
省属企业	2	382	104	36731
市属企业	587	447130	110857	40334

11－19 规模以上三资工业企业全员劳动生产率

（2002 年）

项目	企业单位数（个）	工业增加值（万元）	职工年平均人数（人）	劳动生产率（元/人）
总计	**1888**	**5284852**	**688371**	**76773**
按地区分				
市区	1512	4705654	580377	81079
#番禺区	569	1218923	253657	48054
花都区	221	316496	45899	68955
县级市	376	579198	107994	53632
增城市	271	341995	73050	46817
从化市	105	237203	34944	67881
按轻重工业分				
轻工业	1315	2923391	532689	54880
重工业	573	2361461	155682	151685
按隶属关系分				
中央企业	15	186847	10178	183579
省属企业	15	46144	2809	164272
市属企业	1858	5051861	675384	74800

11－20 规模以上其他工业企业全员劳动生产率

（2002 年）

项目	企业单位数（个）	工业增加值（万元）	职工年平均人数（人）	劳动生产率（元/人）
总计	**1815**	**2250194**	**281403**	**79963**
按地区分				
市区	1244	1842601	201594	91402
#番禺区	454	300279	66834	44929
花都区	293	358878	28189	127311
县级市	571	407593	79809	51071
增城市	434	248682	48462	51315
从化市	137	158911	31347	50694
按轻重工业分				
轻工业	1139	1061734	183508	57858
重工业	676	1188460	97895	121402
按隶属关系分				
中央企业	8	253040	11411	221751
省属企业	23	68992	4305	160260
市属企业	1784	1928162	265687	72573

11-21 规模以上工业企业全员劳动生产率

（2002年，按行业分） 单位：元/人

行业	全市	国有企业	集体企业	三资企业	其他企业
合计	76324	103186	40514	76773	79963
煤炭采选业					
石油和天然气开采业					
黑色金属矿采选业					
有色金属矿采选业	29390				29390
非金属矿采选业	71721	24339	89387	67032	74020
其他矿采选业					
木材及竹材采运业					
食品加工业	118069	54210	146674	130658	127848
食品制造业	112818	50658	34584	142866	56787
饮料制造业	216855	301545	27647	213141	57257
烟草加工业	1464115	1464115			
纺织业	52056	17327	64875	55914	45844
服装及其他纤维制品制造业	28321	18354	30420	25259	35394
皮革、毛皮、羽绒及其制品业	21782	15840	19622	20079	43634
木材加工及竹、藤、棕、草制品业	40280	15885	74553	36908	36995
家具制造业	50847	29817	24846	49368	56604
造纸及纸制品业	72314	20478	56608	89104	50851
印刷业、记录媒介的复制	42342	41714	49628	31511	68904
#印刷业	41808	40505	44610	31511	68424
文教体育用品制造业	20810	14097	27215	15714	50967
石油加工及炼焦业	391150			491019	389367
化学原料及化学制品制造业	225747	57051	98974	380111	92675
医药制造业	113908	78289	25564	194973	111032
化学纤维制造业	50421	21040	11892	89229	17792
橡胶制品业	44010	27376	47169	47258	52245
塑料制品业	50432	6845	53667	54069	55381
非金属矿物制品业	53628	26338	41740	75845	45312
黑色金属冶炼及压延加工业	130619	26684	27029	178248	80611
有色金属冶炼及压延加工业	86402	26345	58865	177408	65591
金属制品业	53499	29078	54074	57166	51628
普通机械制造业	77984	30224	50887	129418	61858
专用设备制造业	46607	18537	34561	63319	51621
交通运输设备制造业	160171	30078	26552	305602	112181
武器弹药制造业					
电气机械及器材制造业	66998	36447	39693	81024	58620
电子及通信设备制造业	82526	13667	18470	84234	163477
仪器仪表及文化、办公用机械制造业	28287	31971	16999	24454	70052
其他制造业	37105	22344	33952	42592	22277
电力、蒸气、热水的生产和供应业	355550	201072	246328	932553	684634
煤气生产和供应业	39602	24043		118555	168444
自来水的生产和供应业	125748	125013	129959		113895

11－22 市区规模以上工业企业全员劳动生产率

（2002年，按行业分）　　单位：元/人

行业	全市	国有企业	集体企业	三资企业	其他企业
合计	81778	105764	39946	81079	91402
煤炭采选业					
石油和天然气开采业					
黑色金属矿采选业					
有色金属矿采选业					
非金属矿采选业	68940	24339	89348	80000	63197
其他矿采选业					
木材及竹材采运业					
食品加工业	103938	64818	146068	140807	84382
食品制造业	114273	50658	32590	143029	62083
饮料制造业	238708	306292	23170	216862	143178
烟草加工业	1464115	1464115			
纺织业	56065	17327	67152	61356	47886
服装及其他纤维制品制造业	22145	18354	26519	21282	23818
皮革、毛皮、羽绒及其制品业	21205	15840	17445	19604	45467
木材加工及竹、藤、棕、草制品业	39510	15885	74553	35694	34734
家具制造业	55738	29817	33280	50085	65455
造纸及纸制品业	75876	20478	58409	91129	53507
印刷业、记录媒介的复制	42165	42342	49628	31431	68071
#印刷业	41620	41165	44610	31431	67572
文教体育用品制造业	19494	14097	20504	14242	53318
石油加工及炼焦业	397993			491019	396297
化学原料及化学制品制造业	238694	64314	121288	384644	96475
医药制造业	120103	81980	13846	210758	111975
化学纤维制造业	42892	21040	11892	95528	17792
橡胶制品业	43884	27376	47292	47476	50877
塑料制品业	51884	6845	54094	57333	56907
非金属矿物制品业	61639	25495	48547	85494	48399
黑色金属冶炼及压延加工业	126274	26684	20533	170821	83283
有色金属冶炼及压延加工业	94084	19735	58465	177508	80342
金属制品业	54502	29078	55926	57761	53772
普通机械制造业	81305	30224	46299	137209	66112
专用设备制造业	46589	18537	35450	64178	52084
交通运输设备制造业	194584	29990	25697	360642	153797
武器弹药制造业					
电气机械及器材制造业	68786	38240	39230	83889	59953
电子及通信设备制造业	83568	13667	18102	85619	164585
仪器仪表及文化、办公用机械制造业	27991	32971	16999	24579	78403
其他制造业	25471	23180	20629	29964	18100
电力、蒸气、热水的生产和供应业	369954	204001	317271	1045848	765068
煤气生产和供应业	39602	24043		118555	168444
自来水的生产和供应业	132858	131347	141378		107500

11－23 规模以上工业企业主要经济指标

（2002年，按行业分）　　单位：万元

行业	单位数（个）	职工平均人数（人）	工业总产值	工业销售产值
合计	4632	1181866	31764294	31156870
煤炭采选业				
石油和天然气开采业				
黑色金属矿采选业				
有色金属矿采选业	1	82	3227	3227
非金属矿采选业	80	5995	165310	161871
其他矿采选业				
木材及竹材采运业				
食品加工业	87	10953	648178	642319
食品制造业	101	28119	1030627	992264
饮料制造业	38	10427	675965	661264
烟草加工业	2	2496	492541	492384
纺织业	242	50479	1050907	1020874
服装及其他纤维制品制造业	496	136422	1435224	1388893
皮革、毛皮、羽绒及其制品业	252	146486	1307061	1269184
木材加工及竹、藤、棕、草制品业	51	9647	165969	156281
家具制造业	88	11939	259796	251390
造纸及纸制品业	146	21646	626124	616439
印刷业、记录媒介的复制	113	17465	263445	258234
#印刷业	108	17104	256079	250930
文教体育用品制造业	126	74028	534870	523703
石油加工及炼焦业	14	6157	1365369	1348238
化学原料及化学制品制造业	342	49004	3482730	3403690
医药制造业	63	19973	593554	568327
化学纤维制造业	14	2349	51155	52820
橡胶制品业	56	23063	389792	379043
塑料制品业	280	60218	1203986	1187953
非金属矿物制品业	286	46257	922508	900894
黑色金属冶炼及压延加工业	39	14163	816144	818075
有色金属冶炼及压延加工业	44	8412	376311	394016
金属制品业	368	51627	1167208	1139999
普通机械制造业	156	24735	683642	648569
专用设备制造业	91	11583	198336	190988
交通运输设备制造业	224	73057	4217908	4160628
武器弹药制造业				
电气机械及器材制造业	298	81017	2251578	2230774
电子及通信设备制造业	253	91710	3035750	2985071
仪器仪表及文化、办公用机械制造业	66	18439	205179	199107
其他制造业	143	44969	624933	595845
电力、蒸气、热水的生产和供应业	42	19142	1271928	1268593
煤气生产和供应业	8	3066	80496	80285
自来水的生产和供应业	22	6741	166543	165628

11－23 续表 1

单位：万元

行业	年末资产总计	#流动资产	流动资产年平均余额	固定资产原价	固定资产净值	固定资产净值年平均余额
合计	33599603	16688472	16348684	19969865	12802638	12541930
煤炭采选业						
石油和天然气开采业						
黑色金属矿采选业						
有色金属矿采选业	864	633	692	231	231	128
非金属矿采选业	84668	44863	51061	45592	33374	30278
其他矿采选业						
木材及竹材采运业						
食品加工业	413063	232804	238689	209259	132818	137178
食品制造业	1005100	480380	485124	659887	397560	429084
饮料制造业	852136	403014	404044	525582	308814	317525
烟草加工业	380093	230054	215051	228092	98051	101508
纺织业	892850	455494	434736	551836	367351	365493
服装及其他纤维制品制造业	783556	501280	502543	375128	226464	228389
皮革、毛皮、羽绒及其制品业	827297	510832	495322	340033	232962	264008
木材加工及竹、藤、棕、草制品业	280664	101177	99142	183374	138459	138803
家具制造业	144027	88526	90069	62682	45798	46398
造纸及纸制品业	794041	310286	301654	574572	409371	438730
印刷业、记录媒介的复制	328998	142691	138243	253980	153820	155128
#印刷业	307676	131840	127627	239026	145091	146482
文教体育用品制造业	492810	278114	279165	254371	159588	152096
石油加工及炼焦业	831445	264660	288991	934837	460888	493390
化学原料及化学制品制造业	3170147	1813909	1860556	1501948	1018975	935131
医药制造业	939574	471858	452642	341862	218357	215447
化学纤维制造业	73038	26833	27127	72048	35706	47770
橡胶制品业	511996	228014	222427	323990	215272	210332
塑料制品业	1176696	587340	606337	691391	477012	473813
非金属矿物制品业	1158220	544442	529813	791801	505539	495988
黑色金属冶炼及压延加工业	1368154	435945	431414	862462	695582	516074
有色金属冶炼及压延加工业	389021	217267	189859	175234	125857	112217
金属制品业	1004874	572982	550708	509601	345664	352153
普通机械制造业	933604	539475	518510	381937	266739	269839
专用设备制造业	287312	190719	179945	109515	72914	73407
交通运输设备制造业	3641786	2323928	2071192	1383784	921406	873839
武器弹药制造业						
电气机械及器材制造业	2123699	1183719	1188047	1191885	726324	750239
电子及通信设备制造业	2881114	1851888	1847111	955363	659464	642306
仪器仪表及文化、办公用机械制造业	245004	147588	156576	95938	62984	59918
其他制造业	390986	228461	240836	197108	142469	146789
电力、蒸气、热水的生产和供应业	4326203	1058262	1038473	4307704	2582805	2506261
煤气生产和供应业	247570	63972	60872	204304	154453	151112
自来水的生产和供应业	618993	157062	151713	672534	409567	411159

11－23 续表2　　单位:万元

行　业	年末负债合　计	#流动负债合计	产　品销售收入	利润总额	利税总额	成本费用总　额
合　计	**17766996**	**14563331**	**32148208**	**2075416**	**3790639**	**29826384**
煤炭采选业						
石油和天然气开采业						
黑色金属矿采选业						
有色金属矿采选业	814	814	3227	－3	60	3221
非金属矿采选业	43882	30570	154903	5562	10006	147799
其他矿采选业						
木材及竹材采运业						
食品加工业	266145	217254	678944	7045	18682	671153
食品制造业	534474	447561	959061	92004	165470	876359
饮料制造业	439972	352530	654012	74849	151079	563561
烟草加工业	77747	77700	492259	92152	320193	226134
纺织业	460633	420425	981817	26777	44388	957158
服装及其他纤维制品制造业	426591	402819	1324678	25807	56078	1291484
皮革、毛皮、羽绒及其制品业	520025	412301	1266950	24150	39519	1244544
木材加工及竹、藤、棕、草制品业	163275	137112	156753	2185	7528	156191
家具制造业	84309	74797	250905	11102	17844	239568
造纸及纸制品业	517625	386056	608925	8370	39380	601610
印刷业、记录媒介的复制	155559	131608	241584	5498	14596	239111
#印刷业	138079	116816	234150	5653	14064	230927
文教体育用品制造业	215198	186837	525807	26955	36499	502676
石油加工及炼焦业	401682	272117	1357695	16678	132082	1257526
化学原料及化学制品制造业	1777884	1594076	3483591	411905	691494	3060369
医药制造业	652133	588610	564604	36958	88899	523395
化学纤维制造业	46582	26900	49044	465	1369	48991
橡胶制品业	251289	214782	374411	8581	23741	362413
塑料制品业	612519	534065	1207191	69339	101682	1139091
非金属矿物制品业	622978	479730	873802	29664	69289	844237
黑色金属冶炼及压延加工业	946278	502398	832489	11614	34467	825153
有色金属冶炼及压延加工业	287742	226720	356743	3310	11696	357620
金属制品业	554427	482913	1145724	31141	60483	1109697
普通机械制造业	519323	445735	659608	42746	73808	638566
专用设备制造业	193121	172479	190255	8643	18656	186920
交通运输设备制造业	1855766	1591327	4194418	542437	816063	3603829
武器弹药制造业						
电气机械及器材制造业	1307653	1243688	2168723	66093	137293	2122207
电子及通信设备制造业	1695362	1553472	2823897	159119	205446	2677940
仪器仪表及文化、办公用机械制造业	132664	90644	216140	10264	18753	206995
其他制造业	201769	186578	589592	22698	29770	567286
电力、蒸气、热水的生产和供应业	1572674	921980	2512030	193614	331985	2322478
煤气生产和供应业	112020	89937	83392	2944	4834	93418
自来水的生产和供应业	116881	66796	165034	4750	17507	157684

11－24 规模以上工业企业主要经济指标

单位：万元

项目	1995年	2000年	2001年	2002年
企业单位个数(个)	5069	4531	4572	4632
#亏损企业(个)	1742	954	967	883
产品销售收入	13096243	25342544	28113121	32148208
#产品销售税金及附加	320467	462801	509752	488292
产品销售利润	1008670	2915628	3317011	4093454
盈利企业的利润总额	911216	1577983	1749154	2351502
亏损企业的亏损总额	364127	393740	348333	276086
盈亏相抵后的利润总额	547089	1184243	1400821	2075416
利税总额	1320766	2566383	3021342	3790639
固定资产原价年末数	8278952	17672981	18895896	19969865
#生产用	7075116	15506463	16633698	17920888
固定资产净值年末数	6281587	12099558	12510738	12802638
固定资产净值全年平均数	5652213	12011074	12425742	12541930
本年提取的折旧	489945	1034694	1004128	1084744
流动资产全年平均数	8807657	14658174	15641686	16348684
流动资产年末合计	8955897	15082653	15384532	16688472
工业总产值(当年价格、原规定)	15261690			
工业总产值(当年价格、新规定)	13557693	25685694	28291517	31764294
工业总产值(1990年不变价格、原规定)	10650396			
工业总产值(1990年不变价格、新规定)	10084707	23018052	26755263	31019066
全部职工年平均人数(人)	971069	1173960	1136838	1181866

11-25 规模以上工业企业主要经济指标

（2002年）　　单位：万元

项　　目	全　市	#市　区	#市　属	#国有及国有控股工业企业合计	#市　区	#市　属
企业单位数(个)	4632	3541	4433	572	535	404
#亏损企业(个)	883	707	814	183	163	120
产品销售收入	32148208	28127757	27052864	11006892	10863226	6206766
#产品销售成本	25727568	22277928	21546933	8713317	8590910	4718595
产品销售费用	1838894	1619819	1766549	309603	303184	272967
产品销售税金及附加	488292	443238	227930	363574	362870	108585
产品销售利润	4093454	3786772	3511452	1620398	1606262	1106619
盈利企业的盈利总额	2351502	2197779	2035698	895271	891745	613342
亏损企业的亏损总额	276086	239130	260487	90016	81429	74947
盈亏相抵后的利润总额	2075416	1958649	1775211	805255	810316	538395
应交所得税	278047	249488	212749	146591	146149	90073
应交增值税	1226931	1148171	1022156	528635	522732	336251
流动资产年末合计	16688472	14978818	14593105	6369604	6220561	4395787
#存货	4544277	3794860	3953603	1488806	1437679	940619
#产成品存货	1717022	1521886	1620668	428956	415676	345651
流动资产年平均余额	16348684	14649174	14297506	6113555	5973041	4179347
固定资产原价合计	19969865	18465124	15366943	10106970	9877872	6187426
#生产经营用	17920888	16616530	13756412	9063209	8864915	5579817
本年折旧	1084744	1004682	924983	485328	475911	330105
固定资产净值年平均余额	12541930	11474206	9693804	6120530	5981208	3759281
年末资产合计	33599603	30506702	27677249	14961965	14581475	9851220
年末负债合计	17766996	15965608	15502818	7318246	7055131	5508054
年末所有者权益合计	15832607	14541094	12174431	7643719	7526344	4343166
#实收资本	10292573	9309098	8315336	4160625	4052667	2362044
#国家资本	1839146	1774823	666663	1674033	1610706	608985
外商资本	4625042	4103058	4503317	499392	477807	430412
本年应付工资	1869068	1688075	1667535	580741	569372	395207
本年应付福利费	194157	181390	160744	86660	84967	54842
全部职工年平均人数(人)	1181866	970281	1113171	210701	204219	147642
工业总产值(当年价格、新规定)	31764294	27388616	27959517	9888778	9745492	6365538
工业总产值(1990年不变价、新规定)	31019066	26703219	28551095	8319197	8180936	6099991
工业增加值(当年价格)	9020427	7934766	7785686	3191369	3162580	2059749

11－25 续表 单位:万元

项目	番禺区	花都区	增城市	从化市
企业单位数(个)	1113	693	774	317
#亏损企业(个)	222	52	141	35
产品销售收入	5907252	2925804	2290135	1730316
#产品销售成本	5038256	2557134	2009728	1439912
产品销售费用	231667	63233	102328	116747
产品销售税金及附加	15156	17741	26173	18881
产品销售利润	622173	287696	151906	154776
盈利企业的盈利总额	314445	203799	69298	84425
亏损企业的亏损总额	54463	11303	24639	12317
盈亏相抵后的利润总额	259982	192496	44659	72108
应交所得税	33579	4607	7417	21142
应交增值税	165565	67568	39518	39242
流动资产年末合计	2869014	1177199	920347	789307
#存货	890088	232325	269288	480129
#产成品存货	347744	125356	129940	65196
流动资产年平均余额	2779872	1110502	907802	791708
固定资产原价合计	3968936	858468	1020957	483784
#生产经营用	3646966	768513	865648	438710
本年折旧	276407	49093	56484	23578
固定资产净值年平均余额	2358107	579137	728349	339375
年末资产合计	5795434	1943698	1840530	1252371
年末负债合计	3344662	928356	1081730	719658
年末所有者权益合计	2450772	1015342	758800	532713
#实收资本	1973747	517518	678828	304647
#国家资本	31860	14475	7176	57147
外商资本	1252375	215278	376839	145145
本年应付工资	482834	110701	112866	68127
本年应付福利费	27305	18037	9068	3699
全部职工年平均人数(人)	360890	97449	131165	80420
工业总产值(当年价格、新规定)	6167009	3089362	2574429	1801249
工业总产值(1990年不变价、新规定)	6592735	2740109	2497147	1818700
工业增加值(当年价格)	1610415	821724	628506	457155

11－26 规模以上工业企业主要经济指标

（2002年，按企业规模分）　　单位：万元

项　　目	全　市			#国有及国有控股工业企业		
	大　型	中　型	小　型	大　型	中　型	小　型
企业单位数(个)	251	344	4037	112	116	344
#亏损企业(个)	55	118	710	24	37	122
产品销售收入	15987667	3987348	12173193	8997515	1432515	576862
#产品销售成本	11814545	3299668	10613355	7064699	1177806	470812
产品销售费用	1234028	170541	434325	241404	40625	27574
产品销售税金及附加	396646	13860	77786	353786	5473	4315
产品销售利润	2542448	503279	1047727	1337626	208611	74161
盈利企业的盈利总额	1585887	249941	515674	771861	93595	29815
亏损企业的亏损总额	110819	64200	101067	52243	17204	20569
盈亏相抵后的利润总额	1475068	185741	414607	719618	76391	9246
应交所得税	180173	32139	65735	124265	17286	5040
应交增值税	836445	126576	263910	439106	62851	26678
流动资产年末合计	8123647	2914980	5649845	4519445	1301353	548806
#存货	1847504	710492	1986281	1046376	285036	157394
#产成品存货	649536	276233	791253	261736	99363	67857
流动资产年平均余额	7907600	2828711	5612373	4308713	1274854	529988
固定资产原价合计	12167181	3318930	4483754	7979507	1635534	491929
#生产经营用	11040880	2876690	4003318	7206340	1464521	392348
本年折旧	611745	202681	270318	361777	98284	25267
固定资产净值年平均余额	7593789	2003437	2944704	4865150	948448	306932
年末资产合计	18426087	5708922	9464594	11258486	2715661	987818
年末负债合计	9000508	3297507	5468981	5044865	1655037	618344
年末所有者权益合计	9425579	2411415	3995613	6213621	1060624	369474
#实收资本	5569772	1717362	3005439	3242842	634891	282892
#国家资本	1516701	189099	133346	1412905	152800	108328
外商资本	2232417	790616	1602009	391507	72921	34964
本年应付工资	723856	324794	820418	392624	116455	71662
本年应付福利费	96451	30969	66737	61747	15815	9098
全部职工年平均人数(人)	282567	176874	722425	123441	43015	44245
工业总产值(当年价格、新规定)	14743884	4199591	12820819	7738864	1581489	568425
工业总产值(1990年不变价、新规定)	15227275	3898873	11892918	6449338	1336795	533064
工业增加值(当年价格)	4741133	1118414	3160880	2568953	483051	139365

11－27 规模以上工业企业主要经济指标

（2002年，按轻重工业分）　　　　单位：万元

项目	全市		#市区		#市属	
	轻工业	重工业	轻工业	重工业	轻工业	重工业
企业单位数（个）	2957	1675	2217	1324	2864	1569
#亏损企业（个）	558	325	430	277	526	288
产品销售收入	16118885	16029323	13212307	14915450	15277849	11775015
#产品销售成本	12318690	13408878	9818557	12459371	11875807	9671126
产品销售费用	1469218	369676	1296036	323783	1420761	345788
产品销售税金及附加	311375	176917	276942	166296	135184	92746
产品销售利润	2019602	2073852	1820772	1966000	1846097	1665355
盈利企业的盈利总额	1089161	1262341	985855	1211924	967964	1067734
亏损企业的亏损总额	163927	112159	142807	96323	158558	101929
盈亏相抵后的利润总额	925234	1150182	843048	1115601	809406	965805
应交所得税	152471	125576	132628	116860	115465	97284
应交增值税	673111	553820	618221	529950	600818	421338
流动资产年末合计	8152691	8535781	7049750	7929068	7713641	6879464
#存货	2401657	2142620	1908896	1885964	2220776	1732827
#产成品存货	966559	750463	848596	673290	942874	677794
流动资产年平均余额	8184214	8164470	7074187	7574987	7761411	6536095
固定资产原价合计	8245762	11724103	7378510	11086614	7758478	7608465
#生产经营用	7318864	10602024	6565882	10050648	6902872	6853540
本年折旧	502324	582420	454722	549960	469284	455699
固定资产净值年平均余额	5249240	7292690	4614367	6859839	4998159	4695645
年末资产合计	14954894	18644709	13064023	17442679	14172304	13504945
年末负债合计	8186455	9580541	7120919	8844689	7916350	7586468
年末所有者权益合计	6768439	9064168	5943104	8597990	6255954	5918477
#实收资本	4746136	5546437	4108603	5200495	4513154	3802182
#国家资本	462539	1376607	429133	1345690	325835	340828
外商资本	2818552	1806490	2447257	1655801	2762595	1740722
本年应付工资	1186059	683009	1050567	637508	1136411	531124
本年应付福利费	107353	86804	98588	82802	98054	62690
全部职工年平均人数（人）	828995	352871	663595	306686	815215	297956
工业总产值（当年价格、新规定）	16569016	15195278	13417968	13970648	15730744	12228773
工业总产值（1990年不变价、新规定）	16976816	14042250	13756707	12946512	16393450	12157645
工业增加值（当年价格）	4852967	4167460	4048825	3885941	4400315	3385371

11-28 规模以上国有工业企业主要经济指标

(2002 年)

单位:万元

项目	全市	#轻工业	#市区	#轻工业	#市属	#轻工业
企业单位数(个)	338	172	313	158	204	105
#亏损企业(个)	129	62	115	53	75	37
产品销售收入	3569421	1229991	3530602	1214381	1069494	634980
#产品销售成本	2859195	719058	2827320	706794	811115	451564
产品销售费用	95454	72618	93326	71430	72601	56105
产品销售税金及附加	213164	202776	212667	202528	30711	26790
产品销售利润	401608	235539	397289	233629	155067	100521
盈利企业的盈利总额	191707	138206	189960	136818	62383	39446
亏损企业的亏损总额	35020	21058	32836	20042	25527	16901
盈亏相抵后的利润总额	156687	117148	157124	116776	36856	22545
应交所得税	57718	45525	57600	45475	18319	13518
应交增值税	181323	99785	179666	99064	67457	41901
流动资产年末合计	2294932	1087757	2254752	1062068	1247589	749467
#存货	457369	278457	446657	272674	234496	121974
#产成品存货	130544	64470	123848	60409	96219	51990
流动资产年平均余额	2278642	1082473	2239798	1057134	1251435	762110
固定资产原价合计	4349152	1560127	4262883	1513870	1953852	1203016
#生产经营用	3932163	1382979	3857641	1340017	1713460	1094860
本年折旧	228488	79981	224690	77457	113255	56386
固定资产净值年平均余额	2685263	925459	2631128	894646	1190091	745398
年末资产合计	5946097	2346989	5827306	2272892	2860545	1757746
年末负债合计	2272932	1041789	2202748	996624	1458002	842108
年末所有者权益合计	3673165	1305200	3624558	1276268	1402543	915638
#实收资本	1601889	363249	1571394	347809	522996	230566
#国家资本	1144082	191466	1127273	181192	247231	83100
外商资本						
本年应付工资	246116	109495	240942	107208	138464	74395
本年应付福利费	39403	17969	38749	17713	19306	10799
全部职工年平均人数(人)	99904	42590	96371	40747	61243	33473
工业总产值(当年价格、新规定)	2275135	1251687	2232962	1233941	1057942	644605
工业总产值(1990年不变价、新规定)	1511508	796844	1470893	778519	756066	446838
工业增加值(当年价格)	1030866	636724	1019254	631742	358533	240159

11－29 规模以上集体工业企业主要经济指标

（2002 年）

单位：万元

项目	全市	#轻工业	#市区	#轻工业	#市属	#轻工业
企业单位数(个)	591	331	472	269	587	331
#亏损企业(个)	69	45	63	42	68	45
产品销售收入	1698422	841790	1376285	656322	1678299	841790
#产品销售成本	1480031	743047	1195684	575435	1466761	743047
产品销售费用	43034	22369	34014	18506	41704	22369
产品销售税金及附加	13987	6303	10438	4770	13414	6303
产品销售利润	161370	70071	136149	57611	156420	70071
盈利企业的盈利总额	79940	33482	67354	26506	77639	33482
亏损企业的亏损总额	12772	6160	12723	6122	12732	6160
盈亏相抵后的利润总额	67168	27322	54631	20384	64907	27322
应交所得税	15748	5401	12100	3390	15000	5401
应交增值税	43502	19758	37978	16443	42899	19758
流动资产年末合计	729141	344922	595503	276978	715581	344922
#存货	253346	119546	184599	84201	248793	119546
#产成品存货	118047	54906	107810	50120	116176	54906
流动资产年平均余额	746144	362940	609585	293142	735580	362940
固定资产原价合计	804239	384034	712007	352145	800110	384034
#生产经营用	675418	288818	590298	259683	671299	288818
本年折旧	43133	22302	39322	21354	42933	22302
固定资产净值年平均余额	523799	247579	460929	226115	521277	247579
年末资产合计	1420988	647574	1208443	551802	1403834	647574
年末负债合计	861819	340123	744992	290770	851610	340123
年末所有者权益合计	559169	307451	463451	261032	552224	307451
#实收资本	318626	171720	268291	147399	315095	171720
#国家资本						
外商资本						
本年应付工资	123925	74167	109723	66235	120063	74167
本年应付福利费	9567	5049	9164	4793	9504	5049
全部职工年平均人数(人)	112188	70208	91939	58393	110857	70208
工业总产值(当年价格、新规定)	1750131	882310	1403755	679300	1728337	882310
工业总产值(1990 年不变价、新规定)	1528310	804805	1220017	612420	1509473	804805
工业增加值(当年价格)	454515	231118	367257	179255	447130	231118

11-30 规模以上三资工业企业主要经济指标

（2002年） 单位:万元

项　　目	全　市	#轻工业	#市区	#轻工业	#市属	#轻工业
企业单位数(个)	1888	1315	1512	1029	1858	1301
#亏损企业(个)	496	336	395	257	489	332
产品销售收入	18362060	10163336	16203988	8597223	17373083	9936037
#产品销售成本	14286791	7620866	12472326	6300517	13527674	7459971
产品销售费用	1348434	1155715	1217932	1050984	1313498	1125278
产品销售税金及附加	126003	61625	107650	47724	125272	61480
产品销售利润	2600832	1325130	2406080	1197998	2406639	1289308
盈利企业的盈利总额	1642735	762420	1546124	694579	1489247	741130
亏损企业的亏损总额	171224	101810	150454	89617	170198	100949
盈亏相抵后的利润总额	1471511	660610	1395670	604962	1319049	640181
应交所得税	139156	69963	124764	58884	123310	65147
应交增值税	722250	432521	677277	399756	673374	418513
流动资产年末合计	9345226	4886322	8364038	4258820	8777585	4801509
#存货	2556864	1446211	2139904	1173212	2444164	1427235
#产成品存货	1024676	630693	905616	561554	1001679	621502
流动资产年平均余额	9104714	4929347	8146520	4314261	8601569	4842237
固定资产原价合计	10481610	4981551	9570741	4430384	10055209	4869132
#生产经营用	9613671	4504769	8839079	4038508	9191304	4393095
本年折旧	661898	330180	607964	297693	638853	321301
固定资产净值年平均余额	6529866	3194361	5872783	2784755	6270924	3132716
年末资产合计	17763923	8761287	15951632	7634262	16858477	8597710
年末负债合计	9807546	4863985	8738939	4229253	9388479	4815454
年末所有者权益合计	7956377	3897302	7212693	3405009	7469998	3782256
#实收资本	6174321	3398850	5541852	2971093	5923408	3305187
#国家资本	294383	172053	257097	152297	238986	145923
外商资本	4623252	2818552	4101268	2447257	4501527	2762595
本年应付工资	1077900	753352	975591	670242	1029411	740318
本年应付福利费	94314	54547	87973	49708	87111	52684
全部职工年平均人数(人)	688371	532689	580377	441037	675384	529087
工业总产值(当年价格、新规定)	18788026	10382602	16477147	8725356	17805188	10167329
工业总产值(1990年不变价、新规定)	19948881	11205883	17666807	9503385	18954674	10986382
工业增加值(当年价格)	5284852	2923391	4705654	2485730	5051861	2871458

11－31 规模以上其他工业企业主要经济指标

（2002 年） 单位:万元

项目	全市	#轻工业	#市区	#轻工业	#市属	#轻工业
企业单位数(个)	1815	1139	1244	761	1784	1127
#亏损企业(个)	189	115	134	78	182	112
产品销售收入	8518305	3883768	7016882	2744381	6931988	3865042
#产品销售成本	7101551	3235719	5782598	2235811	5741383	3221225
产品销售费用	351972	218516	274547	155116	338746	217009
产品销售税金及附加	135138	40671	112483	21920	58533	40611
产品销售利润	929644	388862	847254	331534	793326	386197
盈利企业的盈利总额	437120	155053	394341	127952	406429	153906
亏损企业的亏损总额	57070	34899	43117	27026	52030	34548
盈亏相抵后的利润总额	380050	120154	351224	100926	354399	119358
应交所得税	65425	31582	55024	24879	56120	31399
应交增值税	279856	121047	253250	102958	238426	120646
流动资产年末合计	4319173	1833690	3764525	1451884	3852350	1817743
#存货	1276698	557443	1023700	378809	1026150	552021
#产成品存货	443755	216490	384612	176513	406594	214476
流动资产年平均余额	4219184	1809454	3653271	1409650	3708922	1794124
固定资产原价合计	4334864	1320050	3919493	1082111	2557772	1302296
#生产经营用	3699636	1142298	3329512	927674	2180349	1126099
本年折旧	151225	69861	132706	58218	129942	69295
固定资产净值年平均余额	2803002	881841	2509366	708851	1711512	872466
年末资产合计	8468595	3199044	7519321	2605067	6554393	3169274
年末负债合计	4824699	1940558	4278929	1604272	3804727	1918665
年末所有者权益合计	3643896	1258486	3240392	1000795	2749666	1250609
#实收资本	2197737	812317	1927561	642302	1553837	805681
#国家资本	400681	99020	390453	95644	180446	96812
外商资本	1790		1790		1790	
本年应付工资	421127	249045	361819	206882	379597	247531
本年应付福利费	50873	29788	45504	26374	44823	29522
全部职工年平均人数(人)	281403	183508	201594	123418	265687	182447
工业总产值(当年价格、新规定)	8951002	4052417	7274752	2779371	7368050	4036500
工业总产值(1990 年不变价、新规定)	8030367	4169284	6345502	2862383	7330882	4155425
工业增加值(当年价格)	2250194	1061734	1842601	752098	1928162	1057580

11－32 规模以上工业企业主要经济效益指标

（2002年）

项　　目	单位	全　市	#市　区	#市　属	#国有及国有控股工业企业	#市　区	#市　属
工业经济效益综合指数	%	154.49	159.91	151.50	188.84	191.75	192.41
总资产贡献率	%	12.53	12.84	12.23	12.61	12.87	11.46
资本保值增值率	%	111.84	111.37	111.90	107.89	108.09	104.91
资产负债率	%	52.88	52.33	56.01	48.91	48.38	55.91
流动资产周转率	次	1.97	1.92	1.89	1.80	1.82	1.49
工业成本费用利润率	%	6.96	7.54	7.03	8.06	8.23	9.48
工业全员劳动生产率	元/人	76324	81778	69942	151464	154862	139510
工业产品销售率	%	98.09	98.49	97.90	99.55	99.55	99.69
工业资金利税率	%	13.12	13.59	12.61	13.87	14.19	12.39
工业增加值率	%	28.40	28.97	27.85	32.27	32.45	32.36
企业亏损面	%	19.06	19.97	18.36	31.99	30.47	29.70
工业产成品存货可供销售天数	天	19.23	19.48	21.57	14.03	13.78	20.05
每百元资金提供的总产值(当年价格)	元	109.95	104.84	116.54	80.83	81.52	80.18
每百元资金提供的利税	元	13.12	13.59	12.61	13.87	14.19	12.39
每百元固定资产原价提供利税	元	18.98	19.23	19.69	16.79	17.17	15.89
每百元固定资产原价提供总产值(当年价格)	元	159.06	148.33	181.95	97.84	98.66	102.88
每百元固定资产净值提供利税	元	29.61	30.30	30.51	26.75	27.38	25.01
每百元固定资产净值提供总产值(当年价格)	元	248.11	233.78	281.95	155.82	157.32	161.92
每百元总产值(当年价格)实现利税	元	11.93	12.96	10.82	17.17	17.40	15.45
每百元总产值(当年价格)占用全部资产	元	105.78	111.38	98.99	151.30	149.62	154.76
平均每个职工拥有全部资产	元	284293	314411	248634	710104	714012	667237
平均每个职工提供利税	元	32073	36588	27177	80563	83044	66596

11－33 规模以上工业企业主要经济效益指标

（2002年，按经济类型分）

项目	单位	全市	国有企业	集体企业	三资企业	其他企业	#国有及国有控股工业企业
工业经济效益综合指数	%	154.49	133.10	116.16	169.34	143.02	188.84
总资产贡献率	%	12.53	9.79	9.83	14.32	11.21	12.61
资本保值增值率	%	111.84	107.42	98.93	112.21	118.28	107.89
资产负债率	%	52.88	38.23	60.65	55.21	56.97	48.91
流动资产周转率	次	1.97	1.57	2.28	2.02	2.02	1.80
工业成本费用利润率	%	6.96	4.76	4.15	8.72	4.72	8.06
工业全员劳动生产率	元/人	76324	103186	40514	76773	79963	151464
工业产品销售率	%	98.09	99.48	97.38	98.71	96.57	99.55
工业资金利税率	%	13.12	11.10	9.82	14.84	11.32	13.87
工业增加值率	%	28.40	45.31	25.97	28.13	25.14	32.27
企业亏损面	%	19.06	38.17	11.68	26.27	10.41	31.99
工业产成品存货可供销售天数	天	19.23	13.17	25.02	20.09	18.75	14.03
每百元资金提供的总产值(当年价格)	元	109.95	45.83	137.81	120.17	127.47	80.83
每百元资金提供的利税	元	13.12	11.10	9.82	14.84	11.32	13.87
每百元固定资产原价提供利税	元	18.98	12.67	15.50	22.13	18.34	16.79
每百元固定资产原价提供总产值(当年价格)	元	159.06	52.31	217.61	179.25	206.49	97.84
每百元固定资产净值提供利税	元	29.61	20.01	23.89	34.45	28.47	26.75
每百元固定资产净值提供总产值(当年价格)	元	248.11	82.60	335.47	279.02	320.51	155.82
每百元总产值(当年价格)实现利税	元	11.93	24.23	7.12	12.35	8.88	17.17
每百元总产值(当年价格)占用全部资产	元	105.78	261.35	81.19	94.55	94.61	151.30
平均每个职工拥有全部资产	元	284293	595181	126661	258057	300942	710104
平均每个职工提供利税	元	32073	55170	11111	33699	28253	80563

11－34 规模以上工业企业主要经济效益指标

（2002年，按企业规模分）

项目	单位	全市			#国有及国有控股工业企业		
		大型	中型	小型	大型	中型	小型
工业经济效益综合指数	%	234.10	121.70	116.35	226.47	143.37	82.29
总资产贡献率	%	16.04	6.96	8.98	14.52	6.98	5.19
资本保值增值率	%	109.97	116.79	113.49	106.57	119.53	100.76
资产负债率	%	48.85	57.76	57.78	44.81	60.94	62.60
流动资产周转率	次	2.02	1.41	2.17	2.09	1.12	1.09
工业成本费用利润率	%	10.35	4.83	3.54	8.98	5.47	1.58
工业全员劳动生产率	元/人	167788	63232	43754	208112	112298	31499
工业产品销售率	%	99.29	98.95	96.42	99.70	99.30	98.31
工业资金利税率	%	17.47	6.75	8.84	16.49	6.51	4.81
工业增加值率	%	32.16	26.63	24.65	33.20	30.54	24.52
企业亏损面	%	21.91	34.30	17.59	21.43	31.90	35.47
工业产成品存货可供销售天数	天	14.63	24.94	23.40	10.47	24.97	42.35
每百元资金提供的总产值(当年价格)	元	95.11	86.91	149.83	84.36	71.13	67.92
每百元资金提供的利税	元	17.47	6.75	8.84	16.49	6.51	4.81
每百元固定资产原价提供利税	元	22.26	9.83	16.87	18.95	8.85	8.18
每百元固定资产原价提供总产值(当年价格)	元	121.18	126.53	285.94	96.98	96.70	115.55
每百元固定资产净值提供利税	元	34.68	16.11	25.47	29.89	14.78	13.08
每百元固定资产净值提供总产值(当年价格)	元	188.81	207.39	431.82	152.95	161.53	184.78
每百元总产值(当年价格)实现利税	元	18.37	7.77	5.90	19.54	9.15	7.08
每百元总产值(当年价格)占用全部资产	元	124.97	135.94	73.82	145.48	171.72	173.78
平均每个职工拥有全部资产	元	652096	322768	131011	912054	631329	223261
平均每个职工提供利税	元	95841	18441	10469	122529	33643	9095

11－35 规模以上工业企业主要经济效益指标

（2002 年，按轻重工业分）

项目	单位	全市		#市区		#市属	
		轻工业	重工业	轻工业	重工业	轻工业	重工业
工业经济效益综合指数	%	144.66	176.73	148.80	183.74	136.61	184.19
总资产贡献率	%	13.84	11.46	14.31	11.73	11.94	12.53
资本保值增值率	%	108.51	114.47	106.99	114.61	107.69	116.71
资产负债率	%	54.74	51.38	54.51	50.71	55.86	56.18
流动资产周转率	次	1.97	1.96	1.87	1.97	1.97	1.80
工业成本费用利润率	%	6.17	7.75	6.91	8.11	5.61	8.93
工业全员劳动生产率	元/人	58540	118102	61013	126707	53977	113620
工业产品销售率	%	97.86	98.34	98.54	98.44	97.73	98.12
工业资金利税率	%	14.22	12.17	14.87	12.55	12.11	13.18
工业增加值率	%	29.29	27.43	30.17	27.82	27.97	27.68
企业亏损面	%	18.87	19.40	19.40	20.92	18.37	18.36
工业产成品存货可供销售天数	天	21.59	16.85	23.12	16.25	22.22	20.72
每百元资金提供的总产值(当年价格)	元	123.34	98.31	114.80	96.78	123.29	108.88
每百元资金提供的利税	元	14.22	12.17	14.87	12.55	12.11	13.18
每百元固定资产原价提供利税	元	23.16	16.04	23.56	16.34	19.92	19.45
每百元固定资产原价提供总产值(当年价格)	元	200.94	129.61	181.85	126.01	202.76	160.73
每百元固定资产净值提供利税	元	36.73	24.74	38.08	25.34	31.21	29.81
每百元固定资产净值提供总产值(当年价格)	元	318.66	199.86	293.93	195.38	317.71	246.29
每百元总产值(当年价格)实现利税	元	11.53	12.38	12.95	12.97	9.82	12.10
每百元总产值(当年价格)占用全部资产	元	90.26	122.70	97.36	124.85	90.09	110.44
平均每个职工拥有全部资产	元	180398	528372	196867	568747	173847	453253
平均每个职工提供利税	元	23037	53303	26194	59078	18957	49668

11-36 规模以上工业企业年末固定资产原价

（2002年） 单位：万元

项目	合计	国有企业	集体企业	三资企业	其他企业
总计	**19969865**	**4349152**	**804239**	**10481610**	**4334864**
按登记注册类型分					
内资企业	9488255	4349152	804239		4334864
国有企业	4349152	4349152			
集体企业	804239		804239		
股份合作企业	77138				77138
联营企业	654314				654314
国有联营企业	45807				45807
集体联营企业	13874				13874
国有与集体联营企业	14268				14268
其他联营企业	580365				580365
有限责任公司	1348147				1348147
国有独资有限责任公司	708078				708078
其他有限责任公司	640069				640069
股份有限公司	1522113				1522113
私营企业	694560				694560
私营独资企业	295341				295341
私营合伙企业	104749				104749
私营有限责任公司	265312				265312
私营股份有限公司	29158				29158
其他企业	38592				38592
港、澳、台商投资企业	6763390			6763390	
合资经营企业	3465728			3465728	
合作经营企业	933935			933935	
独资经营企业	2194251			2194251	
股份有限公司	169476			169476	
外商投资企业	3718220			3718220	
合资经营企业	2194312			2194312	
合作经营企业	550375			550375	
独资经营企业	962523			962523	
股份有限公司	11010			11010	
按轻重工业分					
轻工业	8245762	1560127	384034	4981551	1320050
重工业	11724103	2789025	420205	5500059	3014814
按行业分					
煤炭采选业					
石油和天然气开采业					
黑色金属矿采选业					

11－36 续表

单位：万元

项目	合计	国有企业	集体企业	三资企业	其他企业
有色金属矿采选业	231				231
非金属矿采选业	45592	2478	14813	11335	16966
其他矿采选业					
木材及竹材采运业					
食品加工业	209259	34669	5274	99528	69788
食品制造业	659887	52547	13112	527775	66453
饮料制造业	525582	225723	2175	284632	13052
烟草加工业	228092	228092			
纺织业	551836	54384	24091	376880	96481
服装及其他纤维制品制造业	375128	13287	26208	236473	99160
皮革、毛皮、羽绒及其制品业	340033	7838	9681	284792	37722
木材加工及竹、藤、棕、草制品业	183374	14485	5380	63953	99556
家具制造业	62682	12595	3045	29879	17163
造纸及纸制品业	574572	3501	38512	481986	50573
印刷业、记录媒介的复制	253980	78109	5056	114032	56783
#印刷业	239026	66784	4374	114032	53836
文教体育用品制造业	254371	2772	4847	177031	69721
石油加工及炼焦业	934837			9664	925173
化学原料及化学制品制造业	1501948	43548	25117	1074891	358392
医药制造业	341862	41650	2717	87598	209897
化学纤维制造业	72048	33704	129	38191	24
橡胶制品业	323990	70813	13170	228017	11990
塑料制品业	691391	15731	17547	573520	84593
非金属矿物制品业	791801	45222	147735	469773	129071
黑色金属冶炼及压延加工业	862462	36526	608	760663	64665
有色金属冶炼及压延加工业	175234	35897	25197	73143	40997
金属制品业	509601	29431	50652	337919	91599
普通机械制造业	381937	62363	13483	184426	121665
专用设备制造业	109515	32391	4451	26006	46667
交通运输设备制造业	1383784	249794	25357	765508	343125
武器弹药制造业					
电气机械及器材制造业	1191885	100843	52793	844905	193344
电子及通信设备制造业	955363	9941	63977	728101	153344
仪器仪表及文化、办公用机械制造业	95938	29550	7471	48191	10726
其他制造业	197108	2680	17509	156602	20317
电力、蒸气、热水的生产和供应业	4307704	2046504	79238	1361363	820599
煤气生产和供应业	204304	178832		24833	639
自来水的生产和供应业	672534	553252	104894		14388

11－37 市区规模以上工业企业年末固定资产原价

（2002 年）　　单位：万元

行　　业	合　计	国有企业	集体企业	三资企业	其他企业
总　　计	**18465124**	**4262883**	**712007**	**9570741**	**3919493**
按登记注册类型分					
内资企业	8894383	4262883	712007		3919493
国有企业	4262883	4262883			
集体企业	712007		712007		
股份合作企业	74461				74461
联营企业	637305				637305
国有联营企业	37180				37180
集体联营企业	12836				12836
国有与集体联营企业	12621				12621
其他联营企业	574668				574668
有限责任公司	1272431				1272431
国有独资有限责任公司	682709				682709
其他有限责任公司	589722				589722
股份有限公司	1501803				1501803
私营企业	397305				397305
私营独资企业	136838				136838
私营合伙企业	31782				31782
私营有限责任公司	204523				204523
私营股份有限公司	24162				24162
其他企业	36188				36188
港、澳、台商投资企业	6092044			6092044	
合资经营企业	3282887			3282887	
合作经营企业	787156			787156	
独资经营企业	1852726			1852726	
股份有限公司	169275			169275	
外商投资企业	3478697			3478697	
合资经营企业	2074557			2074557	
合作经营企业	507867			507867	
独资经营企业	889161			889161	
股份有限公司	7112			7112	
按轻重工业分					
轻工业	7378510	1513870	352145	4430384	1082111
重工业	11086614	2749013	359862	5140357	2837382
按行业分					
煤炭采选业					
石油和天然气开采业					
黑色金属矿采选业					

11－37 续表

单位:万元

行业	合计	国有企业	集体企业	三资企业	其他企业
有色金属矿采选业					
非金属矿采选业	26668	2478	12138	7211	4841
其他矿采选业					
木材及竹材采运业					
食品加工业	170944	32594	4353	83753	50244
食品制造业	596821	52547	12902	469190	62182
饮料制造业	511293	225112	2025	282275	1881
烟草加工业	228092	228092			
纺织业	483807	54384	23702	328254	77467
服装及其他纤维制品制造业	257337	13287	17600	194847	31603
皮革、毛皮、羽绒及其制品业	267429	7838	7606	217979	34006
木材加工及竹、藤、棕、草制品业	172376	14485	5380	57459	95052
家具制造业	44052	12595	2624	17832	11001
造纸及纸制品业	553412	3501	37911	470643	41357
印刷业、记录媒介的复制	252764	78038	5056	113645	56025
#印刷业	237810	66712	4374	113645	53079
文教体育用品制造业	216655	2772	2483	145570	65830
石油加工及炼焦业	932949			9664	923285
化学原料及化学制品制造业	1365595	36706	14777	982761	331351
医药制造业	328572	39003	101	84099	205369
化学纤维制造业	67408	33704	129	33552	23
橡胶制品业	316365	70813	11500	222372	11680
塑料制品业	609127	15731	14859	514723	63814
非金属矿物制品业	646792	38331	112584	435100	60777
黑色金属冶炼及压延加工业	848290	36526	524	751466	59774
有色金属冶炼及压延加工业	139048	32077	25162	61663	20146
金属制品业	451598	29431	47873	294753	79541
普通机械制造业	353727	62363	10595	162048	118721
专用设备制造业	102885	32391	4089	23640	42765
交通运输设备制造业	1282351	246294	23983	719681	292393
武器弹药制造业					
电气机械及器材制造业	1092749	80954	51996	779186	180613
电子及通信设备制造业	931544	9941	61497	708857	151249
仪器仪表及文化、办公用机械制造业	85379	24903	7471	46874	6131
其他制造业	121706	2647	14500	93507	11052
电力、蒸气、热水的生产和供应业	4152913	2031411	72219	1233304	815979
煤气生产和供应业	204304	178832		24833	639
自来水的生产和供应业	650172	533102	104368		12702

11－38 规模以上工业企业年末固定资产净值

（2002年）　　　　单位：万元

行　　业	合　计	国有企业	集体企业	三资企业	其他企业
总　　计	**12802638**	**2754561**	**521700**	**6733612**	**2792765**
按登记注册类型分					
内资企业	6069026	2754561	521700		2792765
国有企业	2754561	2754561			
集体企业	521700		521700		
股份合作企业	45828				45828
联营企业	451411				451411
国有联营企业	22457				22457
集体联营企业	9693				9693
国有与集体联营企业	7626				7626
其他联营企业	411635				411635
有限责任公司	918991				918991
国有独资有限责任公司	474532				474532
其他有限责任公司	444459				444459
股份有限公司	845316				845316
私营企业	503816				503816
私营独资企业	217872				217872
私营合伙企业	74156				74156
私营有限责任公司	187989				187989
私营股份有限公司	23799				23799
其他企业	27403				27403
港、澳、台商投资企业	4260674			4260674	
合资经营企业	2174505			2174505	
合作经营企业	450086			450086	
独资经营企业	1528581			1528581	
股份有限公司	107502			107502	
外商投资企业	2472938			2472938	
合资经营企业	1436601			1436601	
合作经营企业	356793			356793	
独资经营企业	672346			672346	
股份有限公司	7198			7198	
按轻重工业分					
轻工业	5199592	910731	245860	3175295	867706
重工业	7603046	1843830	275840	3558317	1925059
按行业分					
煤炭采选业					
石油和天然气开采业					
黑色金属矿采选业					

11－38 续表　　单位:万元

行　业	合　计	国有企业	集体企业	三资企业	其他企业
有色金属矿采选业	231				231
非金属矿采选业	33374	1665	10035	7536	14138
其他矿采选业					
木材及竹材采运业					
食品加工业	132818	19669	3283	62556	47310
食品制造业	397560	32132	8279	315139	42010
饮料制造业	308814	132229	1255	170024	5306
烟草加工业	98051	98051			
纺织业	367351	35569	19610	245879	66293
服装及其他纤维制品制造业	226464	8813	15188	136778	65685
皮革、毛皮、羽绒及其制品业	232962	3968	7016	194356	27622
木材加工及竹、藤、棕、草制品业	138459	6209	3196	39532	89522
家具制造业	45798	11329	1462	21580	11427
造纸及纸制品业	409371	3004	25336	352553	28478
印刷业、记录媒介的复制	153820	43433	2577	71886	35924
#印刷业	145091	37549	2271	71886	33385
文教体育用品制造业	159588	1459	3155	107334	47640
石油加工及炼焦业	460888			6531	454357
化学原料及化学制品制造业	1018975	29500	17164	741852	230459
医药制造业	218357	28933	2184	56957	130283
化学纤维制造业	35706	13654	31	22006	15
橡胶制品业	215272	42127	6580	160631	5934
塑料制品业	477012	8624	11715	404944	51729
非金属矿物制品业	505539	25092	97589	294231	88627
黑色金属冶炼及压延加工业	695582	27233	341	619743	48265
有色金属冶炼及压延加工业	125857	20533	18545	56638	30141
金属制品业	345664	18387	32508	228294	66475
普通机械制造业	266739	45119	9341	118158	94121
专用设备制造业	72914	22178	3094	17852	29790
交通运输设备制造业	921406	168717	12715	515023	224951
武器弹药制造业					
电气机械及器材制造业	726324	64392	28066	521117	112749
电子及通信设备制造业	659464	7369	50391	494040	107664
仪器仪表及文化、办公用机械制造业	62984	19603	5474	29628	8279
其他制造业	142469	1629	11632	114149	15059
电力、蒸气、热水的生产和供应业	2582805	1341787	53033	588369	599616
煤气生产和供应业	154453	135849		18296	308
自来水的生产和供应业	409567	336305	60905		12357

11－39 市区规模以上工业企业年末固定资产净值

（2002年）

单位：万元

行业	合计	国有企业	集体企业	三资企业	其他企业
总计	**11715411**	**2700464**	**456478**	**6072844**	**2485625**
按登记注册类型分					
内资企业	5642567	2700464	456478		2485625
国有企业	2700464	2700464			
集体企业	456478		456478		
股份合作企业	44071				44071
联营企业	443956				443956
国有联营企业	19908				19908
集体联营企业	8870				8870
国有与集体联营企业	6403				6403
其他联营企业	408775				408775
有限责任公司	857859				857859
国有独资有限责任公司	453535				453535
其他有限责任公司	404324				404324
股份有限公司	831246				831246
私营企业	282943				282943
私营独资企业	102884				102884
私营合伙企业	18468				18468
私营有限责任公司	141327				141327
私营股份有限公司	20264				20264
其他企业	25550				25550
港、澳、台商投资企业	3765074			3765074	
合资经营企业	2033565			2033565	
合作经营企业	350781			350781	
独资经营企业	1273408			1273408	
股份有限公司	107320			107320	
外商投资企业	2307770			2307770	
合资经营企业	1351855			1351855	
合作经营企业	334167			334167	
独资经营企业	616461			616461	
股份有限公司	5287			5287	
按轻重工业分					
轻工业	4564984	880814	223875	2765809	694486
重工业	7150427	1819650	232603	3307035	1791139
按行业分					
煤炭采选业					
石油和天然气开采业					
黑色金属矿采选业					

11－39 续表 单位:万元

行　　业	合　计	国有企业	集体企业	三资企业	其他企业
有色金属矿采选业					
非金属矿采选业	16609	1665	7454	3786	3704
其他矿采选业					
木材及竹材采运业					
食品加工业	103369	18015	2651	51335	31368
食品制造业	358025	32132	8161	279151	38581
饮料制造业	301553	131707	1119	167808	919
烟草加工业	98051	98051			
纺织业	316779	35569	19393	210511	51306
服装及其他纤维制品制造业	144277	8813	10909	105495	19060
皮革、毛皮、羽绒及其制品业	173858	3968	5443	139796	24651
木材加工及竹、藤、棕、草制品业	129076	6209	3196	34373	85298
家具制造业	32743	11329	1377	11453	8584
造纸及纸制品业	394715	3004	24859	345715	21137
印刷业、记录媒介的复制	152977	43424	2577	71595	35381
#印刷业	144248	37540	2271	71595	32842
文教体育用品制造业	135626	1459	1317	88660	44190
石油加工及炼焦业	459361			6531	452830
化学原料及化学制品制造业	920596	24680	10233	675600	210083
医药制造业	208828	27446	34	54000	127348
化学纤维制造业	32959	13654	31	19260	14
橡胶制品业	209900	42127	5467	156597	5709
塑料制品业	414879	8624	9277	361045	35933
非金属矿物制品业	399472	21784	70141	269711	37836
黑色金属冶炼及压延加工业	683906	27233	318	612526	43829
有色金属冶炼及压延加工业	95188	17606	18519	46423	12640
金属制品业	302792	18387	30365	196335	57705
普通机械制造业	245000	45119	7118	101041	91722
专用设备制造业	69710	22178	2784	16427	28321
交通运输设备制造业	847472	165315	11675	482435	188047
武器弹药制造业					
电气机械及器材制造业	648322	49960	27515	467797	103050
电子及通信设备制造业	642118	7369	48421	480421	105907
仪器仪表及文化、办公用机械制造业	54497	15984	5474	28566	4473
其他制造业	79238	1604	9496	61093	7045
电力、蒸气、热水的生产和供应业	2492418	1335147	50700	509062	597509
煤气生产和供应业	154453	135849		18296	308
自来水的生产和供应业	396644	325053	60454		11137

11－40 规模以上工业企业分组主要指标

（2002 年）

单位：万元

项目	企业单位数（个）	盈亏相抵后利润总额	固定资产原价年末数	工业增加值	工业总产值（1990 年不变价格）	工业总产值	职工年平均人数（人）
总计	**4632**	**2075416**	**19969865**	**9020427**	**31019066**	**31764294**	**1181866**
按总产值分组							
1 亿元及以上	427	1800008	13599373	6206443	21309123	20708050	441350
5000 万元－9999 万元	518	131537	1980449	1000065	3587412	3933895	211354
4999 万元以下	3687	143871	4390043	1813919	6122531	7122349	529162
按固定资产原价分组							
1 亿元及以上	298	1585174	14841681	5212260	16562005	16625413	325014
5000 万元－9999 万元	232	116771	1618049	789935	3161998	2942498	123588
4999 万元以下	4102	373471	3510135	3018232	11295063	12196383	733264
按利税总额分组							
1 亿元及以上	47	1459052	7488852	3487561	8414383	9415890	72947
5000 万元－9999 万元	37	160995	872476	601897	2086632	1964043	32602
4999 万元以下	4548	455369	11608537	4930969	20518051	20384361	1076317
按职工人数分组							
2000 人及以上	67	486197	5642880	1947586	6825880	7031197	260446
500 人－1999 人	462	955739	6095727	3218755	10317390	10096493	388571
499 人及以下	4103	633480	8231258	3854086	13875796	14636604	532849

11－41 规模以上国有工业企业分组主要指标

（2002 年）

单位：万元

项目	企业单位数（个）	盈亏相抵后利润总额	固定资产原价年末数	工业增加值	工业总产值（1990 年不变价格）	工业总产值	职工年平均人数（人）
总计	**338**	**156687**	**4349152**	**1030866**	**1511508**	**2275135**	**99904**
按总产值分组							
1 亿元及以上	27	166030	3312387	868620	1049372	1689867	43527
5000 万元－9999 万元	25	－3048	424233	63465	174331	229775	19799
4999 万元以下	286	－6295	612532	98781	287805	355493	36578
按固定资产原价分组							
1 亿元及以上	41	157597	3823165	910834	956302	1804229	53923
5000 万元－9999 万元	33	2496	233280	41910	262236	167336	12935
4999 万元以下	264	－3406	292707	78122	292970	303570	33046
按利税总额分组							
1 亿元及以上	7	160641	2708370	764809	497702	1244444	17262
5000 万元－9999 万元	1	3143	12758	7567	14948	19427	597
4999 万元以下	330	－7097	1628024	258490	998858	1011264	82045
按职工人数分组							
2000 人及以上	11	35680	2711310	379611	404732	781831	37530
500 人－1999 人	28	124547	993188	539938	684188	1039826	24584
499 人及以下	299	－3540	644654	111317	422588	453478	37790

11-42 大中型工业企业产品销售流向

(2002年)

产品名称	单位	合计	出口	广州市	广东省	广东省外
产品销售收入合计	万元	19975015	3785225	6773807	3959432	5456551
配混合饲料	吨	633510	796	268445	301326	62943
乳制品	吨	7370		616	3656	3098
罐头	吨	7838	3208	1657	919	2054
啤酒	吨	819000	1127	216845	418498	182530
软饮料	吨	1001594	26952	312619	575216	86807
卷烟	箱	852300	21067	831233		
化学纤维	吨	22270	2010	757	15552	3951
#合成纤维	吨	22270	2010	757	15552	3951
纱	吨	11264	142	2030	8406	686
布	万米	4506	2250	1498	688	70
棉布	万米	2440	2142	102	196	
混纺交织布	万米	854	105	189	490	70
纯化纤布	万米	1212	3	1207	2	
服装	万件	2531	2233	216	63	19
人造板	立方米	99097		47671	40652	10774
机制纸	吨	259920	1958	137619	17936	102407
#新闻纸	吨	254243	1788	134800	16020	101635
机制纸板	吨	259218	10101	123689	122610	2818
汽油	吨	1472517	191001	988486	212776	80254
煤油	吨	381016	174518	18160	188338	
柴油	吨	2324019	129403	1567602	417335	209679
燃料油	吨	559753		204369	335770	19614
硫酸(折100%)	吨	1823	1823			
氢氧化钠(折100%)	吨	66370	1197	30208	34801	164
碳酸钠(纯碱)	吨	278138		29885	248253	
化学农药(折100%)	吨	1825	17	17	1752	39
油漆	吨	59190	8162	16302	22993	11733
塑料树脂及共聚物	吨	430188	84678	116224	212143	17143
合成纤维聚合物	吨	67922		10646	12635	44641
合成洗涤剂	吨	225408	12877	15710	49054	147767
化学原料药	吨	5087	2575	553	153	1806
轮胎外胎	条	4744829	2080280	595796	508573	1560180
塑料制品	吨	363317	225134	41713	71436	25034
#农业用薄膜	吨	1277		209	1063	5
水泥	万吨	536	18	350	168	

11－42 续表 1

产品名称	单位	合计	出口	广州市	广东省	广东省外
成品钢材	吨	2865166	178139	819099	1516250	351678
普通中型钢材	吨	36432	36432			
普通小型钢材	吨	1053067	70674	380990	601403	
线材	吨	328053	24731	117928	177544	7850
薄钢板	吨	852948	10829	170477	470350	201292
钢带	吨	100950	19950	10000	70880	120
无缝钢管	吨	21237	729	4025	12720	3763
焊接钢管	吨	41375	6217	9188	25639	331
十种有色金属	吨	16588		4359	11838	391
#铜	吨	16588		4359	11838	391
铜加工材	吨	114160	1153	17974	91082	3951
铝材	吨	10600	144	4226	5518	712
工业锅炉	蒸吨	896	13	183	344	356
内燃机	万千瓦	7		1	5	1
金属切削机床	台	6178	1666	658	1379	2475
#数控机床	台	621	20	165	123	313
缝纫机	架	38617	1475	28474		8668
汽车	辆	93292		5858	24166	63268
载货汽车	辆	3940		507	3263	170
公路客车	辆	1015		564	354	97
轿车	辆	88337		4787	20549	63001
摩托车	辆	696379	26274	12150	89766	568189
自行车	辆	1296354	1188845	9668	82760	15081
民用钢质船舶	综合吨	902186	795656	122	34828	71580
发电设备	千瓦	6500		1000		5500
交流电动机	千瓦	233900	9400	76900	138300	9300
家用洗衣机	台	20		20		
家用电冰箱	台	666864	375159	120544	69234	101927
电风扇	台	1119486	917651	158435	6200	37200
房间空气调节器	台	1587511	599309	106069	346036	536097
程控交换机	线	70726				70726
#数字程控交换机	线	70726				70726
彩色电视机	台	174609	92649	81960		
录放音机	部	3517	3517			
表	只	361605	294080	50136		17389

11－42 续表 2

产品名称	单位	中南地区	西南地区	华东地区	华北地区	东北地区	西北地区
产品销售收入合计		924407	633183	2104368	1060333	488995	245265
配混合饲料	吨	47362	9410	6171			
乳制品	吨	307	754	1181	527	168	161
罐头	吨	198	354	1097	281	76	48
啤酒	吨	73125	4910	70925	28895	4386	289
软饮料	吨	61502	752	19296	4311	51	895
卷烟	箱						
化学纤维	吨			3951			
#合成纤维	吨			3951			
纱	吨	686					
布	万米	6		63	1		
1.棉布	万米						
2.混纺交织布	万米	6		63	1		
3.纯化纤布	万米						
服装	万件	16		3			
人造板	立方米	2294		1216	7130	134	
机制纸	吨	19616	5821	12756	44836		19378
#新闻纸	吨	19070	5821	12547	44836		19361
机制纸板	吨	2575	243				
汽油	吨	80254					
煤油	吨						
柴油	吨	209679					
燃料油	吨	13975		5639			
硫酸(折 100%)	吨						
氢氧化钠(折 100%)	吨	164					
碳酸钠(纯碱)	吨						
化学农药(折 100%)	吨	19	4	16			
油漆	吨	3553	183	1585	1290	4931	191
塑料树脂及共聚物	吨	4264	4320	4789	2304	1324	142
合成纤维聚合物	吨			44641			
合成洗涤剂	吨	11309	25890	80140	14688	8035	7705
化学原料药	吨	39	220	655	674	190	28
轮胎外胎	条	346539	132491	420332	298968	231463	130387
塑料制品	吨	8684	740	12343	1955	805	507
#农业用薄膜	吨	2		3			
水泥	万吨						

11－42 续表 3

产品名称	单位	中南地区	西南地区	华东地区	华北地区	东北地区	西北地区
成品钢材	吨	66281	157555	113220	11585		3037
普通中型钢材	吨						
普通小型钢材	吨						
线材	吨	7850					
薄钢板	吨	57780	17789	113100	11585		1038
钢带	吨			120			
无缝钢管	吨		1764				1999
焊接钢管	吨	331					
十种有色金属	吨	391					
#铜	吨	391					
铜加工材	吨	498	20	3433			
铝材	吨	147	261	304			
工业锅炉	蒸吨	51	56	5	214	2	28
内燃机	万千瓦			1			
金属切削机床	台	202	367	1630	49	12	215
#数控机床	台	15	15	270	4	4	5
缝纫机	架	1655	607	1649	1825	1993	939
汽车	辆	6386	5443	28957	15090	4810	2582
载货汽车	辆	38	33	91	8		
公路客车	辆	36	10	46		5	
轿车	辆	6312	5400	28820	15082	4805	2582
摩托车	辆	91526	130381	158490	33607	131134	23051
自行车	辆	6521	869	2881	4810		
民用钢质船舶	综合吨	13580		40000	18000		
发电设备	千瓦	5500					
交流电动机	千瓦	100	2000	2700	3600	900	
家用洗衣机	台						
家用电冰箱	台	25498	17948	48671	9810		
电风扇	台	17600	2000	15700	800	1100	
房间空气调节器	台	173446	56156	229529	71350		5616
程控交换机	线	70726					
#数字程控交换机	线	70726					
彩色电视机	台						
录放音机	部						
表	只			11593	5796		

11-43 规模以上大中型工业企业主要经济指标

（2002 年）

单位：万元

项目	全市	#轻工业	#市区	#轻工业	#市属	#轻工业
企业单位数(个)	595	331	546	305	534	304
#亏损企业(个)	173	90	154	81	154	84
产品销售收入	19975015	8445188	18951619	7740720	15080451	7675289
#产品销售成本	15114213	5592385	14277293	5013310	11085404	5201443
产品销售费用	1404569	1186379	1333850	1130022	1347215	1143332
产品销售税金及附加	410506	260764	399335	252402	153027	85134
产品销售利润	3045727	1405660	2941141	1344986	2494805	1245380
盈利企业的盈利总额	1835828	807216	1788307	776021	1534817	693279
亏损企业的亏损总额	175019	111322	157929	101964	164247	107957
盈亏相抵后的利润总额	1660809	695894	1630378	674057	1370570	585322
应交所得税	212312	114234	209592	112808	150472	79034
应交增值税	963021	528566	934656	507159	768933	462108
流动资产年末合计	11038627	4871034	10535815	4608630	9113188	4491424
#存货	2557996	1186491	2409251	1109253	2014980	1021307
#产成品存货	925769	497186	872962	466138	848781	479700
流动资产年平均余额	10736311	4897742	10253478	4637897	8845940	4533074
固定资产原价合计	15486111	5784466	14906339	5490097	11018415	5355391
#生产经营用	13917570	5103933	13434664	4868490	9864505	4732784
本年折旧	814426	345964	779360	328127	660949	315192
固定资产净值年平均余额	9597226	3596006	9198586	3376586	6833596	3383843
年末资产合计	24135009	9635087	23071328	9096883	18501570	8962347
年末负债合计	12298015	5188206	11624401	4864645	10210502	4979803
年末所有者权益合计	11836994	4446881	11446927	4232238	8291068	3982544
#实收资本	7287134	2997708	6931824	2779751	5385434	2794593
#国家资本	1705800	407092	1660918	384625	568494	287624
外商资本	3023033	1819636	2819257	1657637	2955594	1767812
本年应付工资	1048650	614674	1007099	583957	872432	573976
本年应付福利费	127420	65046	123985	62653	97226	57085
全部职工年平均人数(人)	459441	295096	429573	271711	407694	285947
工业总产值(当年价格、新规定)	18943475	8481655	17879500	7747351	15336101	7712909
工业总产值(1990 年不变价、新规定)	19126148	9493170	17852114	8506815	16860235	8972949
工业增加值(当年价格)	5859547	2840573	5616260	2663893	4684337	2410536

11－44 规模以上大中型工业企业主要经济指标

（2002年，按经济类型分） 单位：万元

项目	国有企业	集体企业	三资企业	其他企业
企业单位数(个)	103	27	353	112
#亏损企业(个)	33	6	107	27
产品销售收入	3317062	282365	11885398	4490190
#产品销售成本	2656340	228143	8594236	3635494
产品销售费用	84238	7316	1148306	164709
产品销售税金及附加	210307	2095	107411	90693
产品销售利润	366177	44811	2035445	599294
盈利企业的盈利总额	181055	24534	1351803	278436
亏损企业的亏损总额	24042	5048	110763	35166
盈亏相抵后的利润总额	157013	19486	1241040	243270
应交所得税	55734	6874	108846	40858
应交增值税	169050	12582	607735	173654
流动资产年末合计	2048764	187495	6191478	2610890
#存货	394147	57913	1423327	682609
#产成品存货	102153	33074	585177	205365
流动资产年平均余额	2030686	178507	5994081	2533037
固定资产原价合计	4052689	357661	7809529	3266232
#生产经营用	3709704	284601	7163560	2759705
本年折旧	215806	20118	491099	87403
固定资产净值年平均余额	2488234	231062	4830391	2047539
年末资产合计	5431343	518045	12426003	5759618
年末负债合计	1943459	298321	6800696	3255539
年末所有者权益合计	3487884	219724	5625307	2504079
#实收资本	1480797	122640	4224236	1459461
#国家资本	1077279		266482	362039
外商资本			3021243	1790
本年应付工资	207375	32420	602304	206551
本年应付福利费	34314	2092	64131	26883
全部职工年平均人数(人)	71809	22286	287303	78043
工业总产值(当年价格、新规定)	2034192	264090	12030206	4614987
工业总产值(1990年不变价、新规定)	1299171	188230	13592460	4046287
工业增加值(当年价格)	964807	79656	3628627	1186457

11－45 规模以上大型工业企业主要经济指标

（2002年）　　单位：万元

企业名称	工业总产值	固定资产原价年末数	产品销售收入	职工年平均人数(人)
特大型企业:				
广东蓄能发电有限公司	68802	569378	68802	268
广州市自来水公司	118870	518654	117757	4910
广州造纸有限公司	120745	148056	126102	3314
三菱电机(广州)压缩机有限公司	134218	108157	88025	1625
中国石油化工股份有限公司广州分公司	1295475	916160	1298100	5043
广电集团广州供电分公司	185986	1404202	1438489	4527
大一型企业:				
广东粤华发电有限公司责任公司	191973	230961	191973	1998
广州市广州铝加工厂	6005	22372	7010	405
广州珠江钢琴集团有限公司	65236	52975	73222	2369
广州第一棉纺织厂	15955	28141	15212	1199
广州红棉保温容器实业公司	1798	19889	1868	410
广州市珠江啤酒集团公司	196883	198264	197922	2563
广州白云山企业集团有限公司	3005	11871	2832	534
广州电缆厂	18005	17052	16873	542
广州中药一厂	49992	21271	50811	1230
广州铁道车辆厂	17921	39130	18350	2459
广州市电筒工业公司	39244	25064	43104	2723
广州广重企业集团有限公司	14263	63160	11070	1172
广州天心药业股份有限公司	26605	15638	26170	492
广州广船国际股份有限公司	242606	150640	241863	4335
广州文冲船厂有限责任公司	119101	131467	107361	4261
广州市永大集团公司	15752	45435	15930	986
美晨集团股份有限公司	57201	25909	50004	1074
广州市塑料工业股份有限公司	18074	21136	38018	836
广州市华侨糖厂	22737	20016	24286	544
广州啤酒厂	909	19696	1449	190
广州鹰金钱企业集团公司	15848	26504	16142	917
广州瑞明电力有限公司	46291	68789	46291	625
广州白云电器设备厂	26854	17910	31008	1241
广州市番禺莲花山造纸有限公司	15368	14207	13612	653
广州广纺联集团有限公司	14277	34125	15749	1345
广州市金珠江化学有限公司	18955	25831	18890	1162
广州包装印刷集团有限责任公司	10327	17935	11979	904
广州白云山制药股份有限公司	102501	37598	98090	3215
广东正大康地有限公司	36068	10990	36190	177
广东四明燕塘乳业有限公司	4023	10201	3537	156
广州太平洋马口铁有限公司	50761	52354	51119	265
卡夫广通食品有限公司	28703	42449	15070	217
广州万宝压缩机有限公司	7956	31308	6500	262

11－45 续表1

单位：万元

企业名称	工业总产值	固定资产原价年末数	产品销售收入	职工年平均人数(人)
广州钢铁股份有限公司	254282	216085	256117	5102
广州三兴纤维板企业有限公司	6418	23724	6094	282
广州高露洁有限公司	32277	35534	24038	922
广州生力啤酒有限公司	29792	22939	26516	676
广州珠江电力有限公司	123682	265942	116182	438
广州万邦鞋业有限公司	79705	12022	81492	8032
广州宝洁纸品有限公司	76748	71404	70278	206
广州市华南橡胶轮胎有限公司	75102	130925	73173	1494
镇泰(广州)有限公司	27243	13266	27648	8200
广东澳联玻璃有限公司	38748	71473	40602	756
广州珠江轮胎有限公司	66897	38683	61768	2013
松下·万宝(广州)电熨斗有限公司	27938	14382	27996	639
松下·万宝(广州)空调器有限公司	258914	77868	254207	2590
松下·万宝(广州)压缩机有限公司	160308	228239	160201	3920
广州高士线业有限公司	32000	16489	32366	948
广州箭牌口香糖有限公司	168153	53751	170134	2594
广州珠江钢铁有限责任公司	203522	452770	217496	567
安利(中国)日用品有限公司	353979	122890	480910	1974
广州亚美聚酯有限公司	39798	41868	40261	185
味可美(广州)食品有限公司	30425	16592	23786	135
广州市粤港气体工业有限公司	6635	31841	11904	275
广州奥的斯电梯有限公司	56972	26164	87091	1031
广州绿十字药业有限公司	16206	14314	15606	342
广州屈臣氏食品饮料有限公司	33284	23653	32016	452
广州麦芽有限公司	41656	13732	45107	134
广州顶益国际食品有限公司	56717	60120	56028	1200
广州宝洁口腔保健用品有限公司	82947	26999	55528	97
广州添利线路板有限公司	76729	27663	80139	4884
广州添利电子科技有限公司	40286	31653	43680	930
广州奥桑味精食品有限公司	37910	31111	36994	831
华纳(广州)有限公司	23844	43607	17204	1352
欧文斯—科宁(广州)玻璃纤维有限公司	10263	32951	7846	152
广州日立电梯有限公司	185996	73102	153507	1646
苏拿(广州)树脂镜片制造有限公司	6382	17272	8939	447
广州高露洁棕榄有限公司	135563	37626	122804	505
广州大旺食品有限公司	13384	14109	14434	340
豪雅(广州)光学有限公司	17576	15961	12462	380
广州市开发区顶津食品有限公司	86107	37966	96755	1300
广州龙沙有限公司	23263	23655	23282	138
南方气体产品(广州)有限公司	13160	33734	13793	52
广州宏庆塑胶工业有限公司	26661	20555	28561	428

11－45　续表 2　　单位：万元

企业名称	工业总产值	固定资产原价年末数	产品销售收入	职工年平均人数(人)
广州宏仁电子工业有限公司	66167	48921	70067	472
依利安达(广州)电子有限公司	56441	67139	56441	1830
广州东方电力有限公司	135687	396231	127212	439
舒尔物德包装(广州)有限公司	10006	28184	10037	130
广州雅奥伊林变压器有限公司	23833	19037	23501	270
松下电工电子材料(广州)有限公司	14815	15969	14713	149
依利安达(广州)显示器有限公司	17636	15210	9580	1000
广州宏铭塑胶工业有限公司	56506	39299	55837	340
广州宏信塑胶工业有限公司	87900	53456	87432	787
广大科技(广州)有限公司	56924	48022	50925	1632
番禺嘉晖建材制造有限公司	2597	13314	1916	181
广州进道集装箱有限公司	41586	19242	41288	850
番禺合兴油脂有限公司	40016	18473	46338	416
广州市番禺创信鞋业有限公司	57206	28016	56897	13282
广东育丰鞋业有限公司	61631	48502	61656	9556
广州华凌空调设备有限公司	118142	43937	102875	1392
广上科技(广州)有限公司	68487	17806	69074	1023
东风本田发动机有限公司	418130	69240	414801	712
广川科技(广州)有限公司	41607	30478	41607	1490
广州冷机股份有限公司	37051	50651	33803	1293
广州市虎头电池集团有限公司	78830	24579	125915	2410
广州市珠江水泥有限公司	45447	98501	52351	1129
广州广橡轮胎企业集团有限公司	29478	59173	29080	3123
大二型企业：				
广东新华印刷厂	3462	5128	3723	428
广州卷烟一厂	149689	84152	149099	1038
广州卷烟二厂	342852	143940	343160	1458
广东国营燕塘牛奶公司	22184	9660	21002	476
广东省鱼珠林产集团有限公司	3505	87937	7841	619
广州市萌芽实业总公司	1041	4785	982	278
广州华穗轻质陶粒制品厂	4094	8829	3727	240
广州市副食品公司	7321	5281	9014	798
广州市煤气公司	47548	178832	50895	2585
广州第一橡胶厂一分厂	4467	5399	4298	579
广州市塑料制品三厂	3539	7186	3860	206
广州市利工民实业公司	2058	5657	2019	456
广州华南印刷厂	6103	14339	6234	585
广州南洋电器厂	12615	12386	14350	1210
鑫光集团广州珠江冶炼厂	13944	9157	13776	703
广州市人民机器厂	4029	8249	3249	394
广州柴油机厂	10733	10929	10311	1040

11－45 续表3

单位:万元

企业名称	工业总产值	固定资产原价年末数	产品销售收入	职工年平均人数(人)
广州全新针织厂	7376	11961	7542	315
广州铜材厂有限公司	13892	20272	18907	691
广州花城玻璃实业公司	11143	6301	9652	1120
广州陈李济药厂	19427	12758	19166	597
广州何济公制药厂	13990	7302	13716	734
广州侨光制药厂	26573	14462	26116	936
广州明兴制药厂	14559	11441	13848	741
广州摩托集团公司	40036	66540	37172	3108
广州广日电梯工业有限公司	12587	17727	16882	406
广州市南方面粉股份有限公司	13342	13170	12788	380
广州敬修堂(药业)股份有限公司	18503	11815	17225	577
广州羊城药业股份有限公司	22858	7771	20195	580
广州光华药业股份有限公司	21269	15906	20204	963
广州市浪奇实业股份有限公司	61660	30791	60781	979
广州潘高寿药业股份有限公司	20968	12764	19672	732
广州合成纤维公司	11112	33704	11118	519
广州黄埔造船厂	57915	37001	81544	2868
广东轻工业机械集团有限公司	5727	19535	5426	946
广州气体厂	4473	14910	5119	271
广州玻璃钢总厂	882	3291	681	207
广州复印机厂	5035	5490	6548	198
广州星群(药业)股份有限公司	23197	5224	23367	564
广州百花香料股份有限公司	10920	10985	10509	382
广州服装集团有限公司	990	4842	1226	261
广州市奥威隆皮革股份有限公司	644	12520	617	169
万宝冷机集团广州电器有限公司	4266	3143	4031	271
广州市江丰实业有限公司	26083	10366	53043	793
番禺区友利玩具厂	5733	5583	5791	1276
广东大日生物化学药业有限公司	3879	7350	3150	172
广州无线电集团有限公司	25927	13374	26848	260
广州昊天化学(集团)有限公司	28965	51673	28759	1402
广州新联泰染织实业有限公司	3852	10396	4230	453
广州虎辉集团有限公司	4131	4548	3454	641
广州丝绸印染厂有限公司	1893	10264	1829	170
广东精通集团广州天马摩托车有限公司	120533	8075	129852	2380
百事(中国)有限公司	72968	10746	73864	70
广州市宝力轮胎有限公司	14164	7453	10884	376
五羊－本田摩托(广州)有限公司	173757	100541	170895	2181
卜内门太古油漆(中国)有限公司	34797	28268	33842	348
广州积士佳食品有限公司	5986	4082	5753	521
广州汇侨电子有限公司	37389	9380	31094	531

11－45　续表 4　　　　单位：万元

企 业 名 称	工业总产值	固定资产原价年末数	产品销售收　入	职工年平均人数(人)
广州宝洁有限公司	724929	204988	729749	1757
广州致美斋食品有限公司	13888	6741	13872	548
广州经济技术开发区美达针织布有限公司	1322	4021	1297	49
雅芳(中国)有限公司	138879	40513	113734	360
广州冷冻食品有限公司	9755	16226	8328	588
广州市镇泰海珠有限公司	16936	3606	16936	4859
广美食品有限公司	3958	6792	3078	149
百事－亚洲饮料有限公司	3574	10039	2909	227
广州中宝包装制品有限公司	8074	7417	8072	250
广州市天海经编装饰织物有限公司	7071	12364	13941	450
广州埃特尼特有限公司	7028	9065	7451	273
广州市广荣鞋业有限公司	44734	9023	44734	4396
广州市广达鞋业有限公司	20781	7204	21432	3254
广州荣诚鞋业有限公司	59565	14011	59565	6800
中国雪柜实业有限公司	34804	38330	36573	904
广州蓄电池企业有限公司	5327	5663	5166	668
广州奇星药业有限公司	24000	11364	24006	580
广州水泥厂	26356	26087	26311	1031
广州金日科技有限公司	5142	7660	6427	320
广州日宝钢材制品有限公司	43070	10339	34026	180
松下电工万宝电器(广州)有限公司	43704	17689	44863	698
广州百特医疗用品有限公司	17512	11249	17241	155
美赞臣(广州)有限公司	58582	22281	52444	147
广州家乐食品有限公司	33453	5461	18635	97
环球华大(广州)有限公司	1621	7767	1462	61
广州镇达玩具有限公司	14705	9061	14705	4004
广州市嘉华南方水泥有限公司	16321	35599	15228	665
仙妮蕾德(广州)有限公司	44148	14707	32777	195
国际香料(广州)有限公司	50985	11749	67595	200
广州昭和减震器有限公司	15946	10008	15446	271
广州威达高实业有限公司	39651	139471	41624	774
李锦记(广州)有限公司	36507	10454	32623	565
食益补(广州)有限公司	4818	9345	4442	90
广州统一企业有限公司	69323	30501	57193	1200
利高曼(广州)有限公司	19566	8029	11824	75
先灵(广州)药业有限公司	15040	13037	12134	233
广州美标益丰搪瓷有限公司	5036	12275	4191	232
广州洛民塑料有限公司	12691	5954	15288	370
广州 JVC 电器有限公司	17967	3607	18050	834
广州百事可乐饮料有限公司	57342	23613	49156	606
杨协成(广州)有限公司第一分厂	6701	18932	6696	218

11－45　续表 5

单位：万元

企　业　名　称	工业总产值	固定资产原价年末数	产品销售收　入	职工年平均人数(人)
广州旺旺食品有限公司	17532	13511	17305	290
广州顶园食品有限公司	3203	19982	3522	780
住轻(广州)金属制品有限公司	10909	10923	11078	110
广州珠江电信设备制造有限公司	16561	8837	16555	549
阿托菲纳(广州)化学有限公司	8245	9149	7744	116
安佳乳品(广州)有限公司	12980	9828	10963	185
国光电器股份有限公司	16688	5176	15424	428
德尔福派克电气(广州)有限公司	28688	13444	28696	841
广州仨祥软管包装有限公司	7678	9251	7673	77
爱索尔(广州)包装有限公司	9916	15913	10044	254
台一铜业(广州)有限公司	26029	27700	24838	261
广州华立－萨其宾化工有限公司	16193	9424	15670	681
广州必旺食品有限公司	6264	9558	6141	446
永丰纸业(广州)有限公司	13472	9374	13322	200
番禺潭洲振裕纺织染印有限公司	64488	51334	63131	1839
敏腾(广州)实业有限公司	22947	18312	22947	3275
广东泛达化工有限公司	29235	22642	29346	297
广州东洲油脂工业有限公司	35686	13752	58217	650
骏升科技(中国)有限公司	24343	10438	24343	1825
佳口食品(中国)有限公司	41206	29710	37761	832
正大康地(番禺)有限公司	7574	7187	7505	102
番禺曾本五金工业有限公司	4832	14651	4211	705
月亮贺卡(番禺)有限公司	11960	12600	11940	1300
广州番禺大兴制鞋实业有限公司	39410	8939	39410	2650
美国通用电器塑料中国有限公司	121849	51410	119020	216
广州邮电通信设备有限公司	6828	18333	7329	626
广州市羊城有限公司	8725	7972	7526	500
广州日立冷机有限公司	16146	11036	15718	258
广州宏焕胶工业有限公司	31321	20902	26764	492
广州本田汽车有限公司	1372886	194887	1363173	2274
贝尔罗斯(广州)工程塑料有限公司	19989	14029	16295	542
广州华南信息产业集团有限公司	4508	6921	4850	380
广州乐华电子有限公司	35376	10971	35310	126
广州双桥股份有限公司	15684	13278	15701	237
广州珠江化工集团有限公司	68590	34161	65577	1725
旭丽电子(广州)有限公司	314643	39028	304673	3950
广州市风神汽车有限公司	551672	70347	551616	1703
南方日报社印刷厂	13014	22266	2602	300
西门子(广州)传输系统有限公司	72432	5453	80694	200
广州天衣薄膜有限公司	11105	8198	11611	308
广州市万宝冰箱有限公司	27252	9854	18798	744

11－46　规模以上中型工业企业主要经济指标

（2002年）　　单位：万元

企业名称	工业总产值	固定资产原价年末数	产品销售收入	职工年平均人数(人)
中一型企业：				
广东韶钢集团广州梅花铝材有限公司	6264	11779	6650	396
广东省建材机械厂	278	3852	347	158
太平洋影音公司	3908	7166	3502	174
广州风行牛奶有限公司	7334	6577	6464	487
广州第一染织厂	3884	2962	3989	479
广州市第四针织厂	233	4113	284	202
广州电机厂	2735	4055	3391	400
广州皮鞋厂	3731	2426	3403	318
广州铝材厂有限公司	15442	12572	16190	715
广州型腔模具厂	180	5090	456	117
广州机床工具有限公司	12952	8798	12125	1570
广州市东方红印刷公司	4796	6110	4486	454
广州卫生材料厂	6967	2984	5411	283
中国唱片广州公司	748	2398	1219	76
广州时装实业公司	1008	3026	1009	370
广州手表厂	2935	5893	1445	600
广州农药厂	4657	2435	6404	85
广州市趣香饼家	40	2982	81	238
广州市复印机硒鼓厂	915	3157	742	73
广州起重运输机械实业公司	4913	6061	4618	187
广州化学试剂厂	7822	3550	7784	315
广州华南船舶修造厂	10324	12535	9641	1056
广州发电厂	58192	128197	58192	768
广州市第一水泵厂	11017	4913	9353	581
广州市石井水泥厂	14268	10628	14268	630
广州市白云饲料总厂	10861	2192	8596	79
广州市黄埔东粤铝厂	1823	6875	2055	180
珠江啤酒从化分装厂	3997	8627	3805	370
广州双菱钢铁工业有限公司	52788	9197	43148	528
广州市番禺区拆船轧钢公司	12874	7362	26973	492
番禺区市桥自行车零件厂	774	1599	1309	145
广州市番禺服装一厂	4086	2644	4086	570
广州番禺南兴集团公司	1926	3716	1939	1415
广州市番禺餐具总厂	2492	3867	2460	282
广东邮电南方彩色印务有限公司	5308	7112	5308	423
广州市华南医疗器械有限公司	1633	2250	1748	266
广州市番禺珠江实业集团有限公司	38863	45811	24485	1441
广东太古可口可乐有限公司	95926	57390	102394	1069
亨氏联合有限公司	26437	11815	26923	481
广东燕塘兽药有限公司	2472	2039	1988	88
番禺百宜食品有限公司	4006	11062	4268	300
广州市欧亚床垫家具有限公司	9591	3448	10541	392
穗屏企业有限公司饲料厂	6061	4727	6498	120
广州市南方家具有限公司	22841	3102	22841	96
广州运洋船舶修理有限公司	17160	28786	18985	427
广州华意电路有限公司	3092	3445	3063	491
广州羊城汽车有限公司	29760	20203	24101	661

11－46 续表 1　　单位：万元

企　业　名　称	工业总产值	固定资产原价年末数	产品销售收　入	职工年平均人数(人)
广州三盛电子实业有限公司	3071	4842	2822	68
广州致达电子厂有限公司	1979	3538	1710	114
中望商业机器有限公司	17593	7933	17593	197
广州羊城管桩有限公司	9459	4684	9537	221
广州颖昌鞋业有限公司	9111	2774	8968	788
广州市诚隆鞋业有限公司	24273	3912	26794	3573
广州星光环保中心有限公司	918	2362	1643	536
广州广熙塑料管道工程有限公司	2430	3533	2464	118
广州市五羊－欣陆水泥制品有限公司	4874	2274	4646	97
广州德发食品工业有限公司	1906	4709	1980	125
广州建强混凝土有限公司	2345	2439	2371	104
住电钢线制品(广州)有限公司	2369	5445	3032	78
广州至法实业有限公司	14425	4333	14761	639
广州明治制果有限公司	2906	2909	2610	56
广州经济技术开发区环球帽制品有限公司	811	3790	811	250
广州普笙音箱厂有限公司	20400	3618	20199	729
杨协成(广州)有限公司	4683	9861	4635	181
广东南方制碱有限公司	31246	62147	31971	922
广州摩恩水暖器材有限公司	35728	3069	39908	229
广州艺爱丝纤维有限公司	10513	25337	9388	106
广州珠江气体工业有限公司	10176	19574	10176	30
广州大新电器有限公司	16096	4271	19358	553
世进(广州)电子有限公司	5842	2707	6392	392
广州粤荣鞋业有限公司	25996	6629	26450	3800
广州天星鞋业有限公司	2658	5380	2671	803
广州市好得利电子实业发展有限公司	1310	7316	1333	324
广州永联钢结构有了公司	7263	6210	4792	200
广州广盛电力有限公司	17278	62977	17278	131
广州广重精工有限公司	1488	4882	1658	200
广州雅马哈珠江钢琴有限公司	11306	4610	9837	185
埃尔夫润滑油(广州)有限公司	16879	8592	16318	90
广州文洪有线电视器材有限公司	437	6210	544	58
广州南新制药有限公司	6787	4692	5498	286
广州迪生鸟取三洋电机有限公司	32611	9428	32611	850
施耐德太古(广州)配电设备有限公司	16365	6226	16365	200
广州日成玩具制品有限公司	8835	4684	8947	5680
广州卓德嘉薄膜有限公司	5690	3574	6267	57
广州鼎丰水产开发有限公司	633	5079	578	18
广州美亚金属制品有限公司	45450	9781	47553	248
广州珠江光电新材料有限公司	3471	5103	2855	64
国际纸业(广州)包装有限公司	7541	7329	7367	170
台一江铜(广州)有限公司	51901	19459	45284	104
金百利(广州)纸业有限公司	5200	3395	5403	124
广州市番禺利得鞋有限公司	13733	11376	14010	4843
广州市番禺加宏钟表制品有限公司	1489	8848	1489	501
番禺添美漂染有限公司	6787	5580	6189	342
广州番禺威乐办公用品有限公司	7306	4242	7086	717
番禺好美纸品礼品有限公司	4670	5000	4660	300

11－46 续表2

单位:万元

企业名称	工业总产值	固定资产原价年末数	产品销售收入	职工年平均人数(人)
广州市新蜜宝食品有限公司	1218	2638	974	50
广州市番禺裕丰钢铁有限公司	66652	24914	68798	692
番禺全统食品工业有限公司	6238	6472	5794	65
番禺梅山－马利酵母有限公司	8948	5431	9432	120
卓越织造(广州)有限公司	14679	10663	13914	1455
永隆(番禺)塑料五金电器有限公司	6914	5386	6748	3000
广州联亚制衣有限公司	5666	4673	5866	1113
番禺新速能板式热交换器有限公司	1467	10785	1655	23
广州珠江美乐多饮品(香港)有限公司	7015	4026	5840	132
增城市顺龙高尔夫球制品有限公司	15166	7793	18733	1000
增城市运豪五金塑料有限公司	8173	8651	6684	1500
广州新太科技有限公司	41778	29808	44999	708
广州市建筑集团罗冲围混凝土有限公司	3722	3787	3448	138
广州市香雪制药股份有限公司	10037	6828	9575	622
城高(增城)塑胶五金有限公司	13204	6598	15647	1850
广州市番禺海鸥卫浴用品有限公司	28727	5809	28554	1195
广州酒家企业集团利口福番禺食品有限公司	18137	16808	14810	633
广州市番禺华鸿油品有限公司	34419	4133	25805	590
埃克森化工(番禺)有限公司	28249	18208	21884	460
广州双鱼体育用品集团有限公司	10670	3608	10839	560
依利安达(广州)电子科技有限公司	1011	6010	1011	122
广州普林科技有限公司	835	4389	778	200
广州丰江微电子有限公司	3767	5228	3917	142
广州南良橡胶制品有限公司	1731	1584	1731	98
广州轻出集团虎头电池有限公司	11280	1579	11700	429
广州市中南食品有限公司	4348	2706	4328	351
希世比科技电池(广州)有限公司	8022	8365	8050	428
广州天河胶管制品有限公司	5585	4105	5314	334
青海华鼎实业股份有限公司番禺恒联食品机械厂	10468	5383	10096	258
广州金莱冷轧带钢有限公司	27597	36097	27583	508
广州紫江包装有限公司	6207	5237	6241	98
广东茶叶进出口公司一茶厂	4787	1108	6667	169
中二型企业:				
广东省电力线路器材厂	9022	8369	9294	684
广东省花城企业公司	5832	4569	6628	565
广东省水利水电机械厂	3637	3681	3268	299
广东省电力工业局广州电力设备厂	7073	6124	6462	497
广东新中国船厂有限公司	5879	5003	6149	584
广州光导纤维厂	1144	4647	1036	141
广东省生物药厂	2164	3887	2025	22
广东国营燕塘毛织厂	698	1176	624	245
广州市铸锻工业公司	879	7261	902	191
广州市九佛电器实业有限公司	21200	3399	20649	1026
广州胶带制品厂	3663	5829	3791	483
广州市长岛光电机械厂(解放军第四三零七厂)	3653	4057	5226	445
广州第六橡胶厂	3197	7358	3158	521
广州金银首饰有限公司	2885	1609	3540	148
广州港口机械实业总公司	2318	8566	2315	241

11－46 续表3 单位：万元

企业名称	工业总产值	固定资产原价年末数	产品销售收入	职工年平均人数(人)
广州果子食品厂	614	1935	677	199
广州针织机械厂	659	3100	670	157
广州油墨厂	1833	4186	1870	141
广东云山汽车厂	10018	10295	10160	478
广州秀珀化工有限公司	4850	2400	4850	120
广州钢管厂有限公司	22098	27714	22623	786
珠海鑫光集团广州冶炼厂	38	8744	49	146
广州有色金属冶炼厂	1278	2398	1205	76
广州凤凰电器工业公司	747	3535	709	185
广州砂轮厂	1550	2730	1357	229
广州市广州市汽车灯具厂	284	3165	258	134
广州光学仪器厂	3978	2322	3690	349
广州市花城制药厂	11361	5046	10760	575
广州市羊城水泥厂	3041	5456	2978	288
广州试验仪器厂	916	1354	1110	196
广州仪表厂	108	1703	255	73
中国石化集团广州石油化工总厂	43688	180483	60792	4469
广州市南方汽车散热器有限公司	2689	1970	2849	248
广州市解放木家具厂	627	2002	603	194
广州市凌兴齿轮厂	1395	1572	1796	181
广东天普生化医药股份有限公司	16963	4542	13558	322
广州劲马动力设备企业集团有限公司	1355	3988	1432	211
广州精细化学工业公司	6062	4576	6031	333
广州铁路物资总公司广州配件厂	1262	4885	1402	173
广州华立颜料化工有限公司	3395	10535	3262	303
广州畜产进出口公司皮鞋厂	931	1685	1032	206
广州白云配件工业公司	5589	10775	5716	406
广州诺贝华乐制药厂	888	4508	385	150
广州市坚红化工厂	3886	6424	3859	225
广州市珠江甘蔗化工总厂	3040	14485	2997	226
广州市珠江船舶修造厂	523	3101	410	159
广州银座实业公司	1526	3358	1509	205
广州食品添加剂技术开发公司	2433	2242	1984	67
广州恒运企业集团股份有限公司	95867	223920	92336	645
广州市永红服装配件企业集团永红钮扣厂	701	5468	650	83
广州市荔湾区钢管制品厂	1933	4948	2018	238
广州市海珠区珠江镀锌钢管厂	9617	4451	9128	205
广州市天河棠下纸业制造公司	3746	5289	3957	120
广州红菱电热设备有限公司	3215	2350	2754	274
广州石井水泥公司	23394	46198	21920	762
广州市从化鳌头水泥厂	8056	5256	8137	800
增城市通用机械股份有限公司	4142	2559	3173	219
番禺区自来水公司	11965	51865	11965	313
广州市番禺区石基自来水公司	3907	9289	3736	189
广州市美味源食品厂	7704	11839	4930	252
广州市番禺红桥客车厂	7095	7893	7103	178
广州市番禺瑞峰机电有限责任公司	7555	4965	5694	298
广州市番禺区旧水坑五金综合总厂	23941	43050	23941	9891

11－46 续表4

单位:万元

企 业 名 称	工业总产值	固定资产原价年末数	产品销售收 入	职工年平均人数(人)
广州市梅山发电厂	25802	46005	25802	584
番禺区市桥工艺时装实业公司	3378	4232	3378	1350
广东广洋高科技实业有限公司	11382	3771	11682	120
广州维高集团有限公司	11728	16384	10870	814
广州飞机维修工程有限公司	57329	42499	57329	2462
宝兴塑料仪器容器厂	1383	2239	1389	65
广州开发区宝力威化学建材有限公司	1733	3248	2452	60
广东中宝食品容器有限公司	5428	2430	5424	45
广州凯迪自行车有限公司	19144	2431	19722	605
中亚工业(广州)有限公司	763	2027	553	65
广州力得容器有限公司	3135	1690	2547	174
广州荣丰印刷纸品企业有限公司	2142	2804	2241	94
广州三兴精密模具塑料工程有限公司	2714	4864	1602	170
广州美罗钢格板有限公司	4433	2280	4768	100
广州珠江特种纸有限公司	6686	3161	5815	228
广州环球自行车工业有限公司	30765	4552	30627	500
广州珠丰彩印纸品有限公司	2334	3343	2548	68
广州威华自行车有限公司	1760	2498	1571	80
广州美嘉彩印有限公司	686	2402	964	110
广州达能酸乳酪有限公司	15116	4603	14757	351
广州建莱铜业有限公司	9318	7722	10027	350
广州(恒丰)染整厂有限公司	19474	3104	19719	623
广州梅园针织印染厂有限公司	2040	1932	2000	257
广州高力电池有限公司	4916	1704	4963	470
广州劲马锅炉实业有限公司	2137	2762	2967	362
广州珠江铜厂有限公司	19244	11480	22750	213
雅思床褥家具(广州)有限公司	2188	1534	2188	82
广州新星微电子有限公司	957	3038	950	102
广州佐敦远洋制漆有限公司	11095	2568	15850	140
广州胜力不织布有限公司	784	1771	868	65
广州经济技术开发区铝箔有限公司	2440	2539	2688	65
广州嘉特利微电机实业有限公司	2278	2986	2245	144
广州三华实业有限公司	3136	3434	3643	447
广州市嘉华(黄陂)石矿有限公司	1382	7011	1381	40
广州骏威客车有限公司	20778	3180	25195	1455
广州永丰纺织厂有限公司	1805	2110	1765	53
广州广奥化纤有限公司	3124	5418	3187	103
广州豪华空调器有限公司	2153	20388	2408	208
广州东化泰福电子有限公司	568	1388	668	189
广州建明印刷有限公司	1221	5695	1221	87
广州斯科达－劲马汽轮机有限公司	2172	3516	2151	204
科顺(广州)脚轮有限公司	6148	3311	6148	172
广州禾瑞硅橡胶有限公司	5879	2108	3797	400
广州导新模具注塑有限公司	1284	3386	1345	101
广州鸿星鞋业有限公司	2834	1997	2834	600
广州新泉包装容器有限公司	9676	10842	10015	273
广州蚌湖发电有限公司	6134	15928	6435	67
广州新电元电器有限公司	8263	4743	8304	243

11－46　续表 5　　　　单位：万元

企　业　名　称	工业总产值	固定资产原价年末数	产品销售收　入	职工年平均人数(人)
广州富斯乐有限公司	5924	2324	3711	78
广州宝柏塑胶有限公司	1762	4385	1793	151
富乐(中国)粘合剂有限公司	16120	3113	14845	162
BHP 建筑钢品(广州)有限公司	6403	6278	7459	100
南亚塑胶工业(广州)有限公司	51380	48784	51380	639
广州将军机械有限公司	3928	3180	4867	90
广州金羊彩印有限公司	3754	3827	3754	153
广州柳河精机有限公司	5285	8925	4850	237
广州明珠 C 厂发电有限公司	31349	74938	31349	250
东华(广州)油墨有限公司	2411	2207	2160	32
广州德本兴业鞋材有限公司	3386	2288	3309	433
广州员村热电有限公司	31399	104777	31399	186
长兴(广州)化学工业有限公司	22136	3113	20906	60
广州优良电子电器有限公司	5423	1963	5423	662
广州日盛皮革制品有限公司	2477	1577	2477	940
广州威康特塑料制品有限公司	1570	3143	1917	32
广州国马不干胶标系统有限公司	2209	2572	1903	95
广州可诺奈食品有限公司	2280	1761	2124	64
联信摩擦材料(广州)有限公司	3397	1919	3000	79
亚新科制动系统(广州)有限公司	6151	4313	6560	66
广州龙记金属制品有限公司	2096	8612	2107	275
从化太平电厂	11375	29706	11435	48
安美特(广州)化学有限公司	20338	6941	21107	147
广州航新电子有限公司	5316	4682	5316	77
京信通信系统(广州)有限公司	67588	6720	63396	676
陶氏化学(广州)有限公司	18140	7093	18140	31
广州超智精密制品有限公司	1353	2673	1349	240
广州南方管道有限公司	2867	5278	3644	304
广州金发科技发展有限公司	99650	15616	113647	870
广州迪森热能技术股份有限公司	18000	4683	13500	410
安捷利(番禺)电子实业有限公司	8065	5369	9126	200
利民(番禺南沙)电器发展有限公司	28805	18734	28805	2538
广州市番禺丰群鞋业有限公司	7524	3888	7524	386
广东日立工机有限公司	30003	12962	25154	332
联盛(番禺)塑料五金模具有限公司	13138	24890	13138	2765
番禺美特包装有限公司	12989	16658	9542	290
番禺联合企业文具制品厂	7539	14150	6770	1000
广州南沙经济技术开发区凯斯五金有限公司	4681	5550	4681	680
广州番禺富来防伪包装有限公司	2058	5197	1979	90
洛德加印刷(番禺)有限公司	1573	12205	1573	362
广州明宇木业有限公司	5951	7517	5021	462
番禺辉记金属制品有限公司	4404	2814	5199	410
番禺广进铸锻有限公司	4965	8265	5060	330
广州环亚制衣有限公司	26507	9745	25484	4032
番禺南沙电力有限公司	22618	74495	22618	193
番禺广兴容器有限公司	3336	7518	3198	46
番禺艺彩印刷联合有限公司	5350	6729	5350	2880
镇泰(中国)工业有限公司	33097	24754	33097	5800

11－46 续表 6 单位:万元

企 业 名 称	工业总产值	固定资产原价年末数	产品销售收入	职工年平均人数(人)
广州丹芭碧化妆品有限公司	4756	2301	3284	252
建滔(番禺)化工有限公司	15096	13432	15096	230
广州希望实业有限公司	9984	2420	9835	130
番禺中冠化工印染有限公司	1047	2223	951	85
正凌精密工业(广东)有限公司	4640	8698	4915	823
广州市番禺区沙湾冠田玩具有限公司	11672	2982	11681	2733
番禺世门手袋有限公司	66827	2745	56046	3264
广州市番禺慕登时装有限公司	6793	1691	6902	941
番禺伟成鞋业有限公司	10557	2820	10557	2025
番禺雅士达陶瓷制品有限公司	6382	6436	6696	848
广州恒光电子有限公司	15803	16390	14029	1102
番禺国民东成化工有限公司	15595	3054	14735	156
广州铭兴装饰灯有限公司	6995	2376	6995	840
增溢织造有限公司	11982	5470	9139	190
增城江龙电力有限公司	19587	62570	20080	210
增城市水泥有限公司	3419	6729	3298	329
增城市新塘发电厂	17720	35784	15636	180
广州华德汽车弹簧有限公司	6449	8769	6390	211
广州华阳制衣有限公司	2655	2236	2665	168
广州市皇上皇饲料厂有限公司	17366	3420	17803	158
广州市番禺明珠电器有限责任公司	19375	12829	19738	781
广州市宝龙特种汽车有限公司	50288	4522	38448	856
广州市新动力摩托车工业有限公司	35660	1735	32822	1183
阿托－芬得利(广州)胶粘合剂有限公司	7263	5444	8586	73
广美精密钢管(广州)有限公司	2982	2458	2768	56
广州金鹏集团有限公司	228174	12699	184477	464
广州广电林仕豪模具制造有限公司	2130	3529	2015	192
广州飒特电力红外技术有限公司	5427	6190	2986	65
广州顺兴高尔夫制品有限公司	1374	2085	2967	580
广州东永港煤气有限公司	1227	3836	1227	22
广州安利日用品制造有限公司	27545	2210	29379	450
广州番禺润亿化学工业有限公司	4600	2603	4500	49
广州市番禺绣品服装有限公司	3639	3029	3991	486
广州南方高科有限公司	283755	7603	182010	431
广州精工电子有限公司	22852	7551	22852	877
广州嘉丰装饰材料有限公司	8040	2404	7469	420
广州万易通能源科技有限公司	612	3910	561	80
广州植之元油脂有限公司	151443	13927	131243	242
广州白云粘胶厂	12841	2387	12395	141
广州市番禺绿环美食品有限公司	3472	3272	2868	214
广州永发窗帘制品有限公司	14231	2934	14893	1000
广州海格通信有限公司	24800	3594	23163	527
广州思唯可喷膜科技有限公司	3903	2778	3903	80
广州迪森家用锅炉制造有限公司	4743	1499	3161	90
亨氏美味源(广州)食品有限公司	12584	4334	7379	507
广州市渔轮修造厂	1711	4464	1996	238
广州联辉塑胶电子实业有限公司	3839	2751	3839	1560

11－47 工业企业按利税总额排序前100名

（2002年）

单位：万元

企业名称	序号	利税总额	企业名称	序号	利税总额
广州本田汽车有限公司	1	408273	广州顶益国际食品有限公司	51	8356
广州卷烟二厂	2	238454	广州珠江轮胎有限公司	52	8038
安利（中国）日用品有限公司	3	230491	西门子（广州）传输系统有限公司	53	7906
广州宝洁有限公司	4	200583	广州添利线路板有限公司	54	7901
广州市风神汽车有限公司	5	160263	德尔福派克电气（广州）有限公司	55	7898
东风本田发动机有限公司	6	146698	佳口食品（中国）有限公司	56	7848
中国石油化工股份有限公司广州分公司	7	127360	广州统一企业有限公司	57	7796
广州卷烟一厂	8	81739	广州百事可乐饮料有限公司	58	7754
广州市珠江啤酒集团公司	9	64447	广州南联航空食品有限公司	59	7645
广州箭牌口香糖有限公司	10	58308	广州员村热电有限公司	60	7628
广州东方电力有限公司	11	55513	广州屈臣氏食品饮料有限公司	61	7462
广州珠江电力有限公司	12	50398	广州奥的斯电梯有限公司	62	7366
广电集团广州供电分公司	13	43605	广州明珠C厂发电有限公司	63	7190
京信通信系统（广州）有限公司	14	43428	番禺南沙电力有限公司	64	7172
广东粤华发电有限公司责任公司	15	35563	广州龙沙有限公司	65	6995
广州恒运企业集团股份有限公司	16	32793	广州七喜资讯产业有限公司	66	6920
百事（中国）有限公司	17	32326	广州安费诺电子通信有限公司	67	6502
雅芳（中国）有限公司	18	31595	广州市虎头电池集团有限公司	68	6376
五羊－本田摩托（广州）有限公司	19	28644	广州提爱思汽车内饰系统有限公司	69	6338
广州日立电梯有限公司	20	25933	安美特（广州）化学有限公司	70	6270
广州高露洁棕榄有限公司	21	24605	广州奇星药业有限公司	71	6105
广州钢铁股份有限公司	22	22537	从化东麟钻石有限公司	72	5891
广州宏铭塑胶工业有限公司	23	22254	广州太平洋马口铁有限公司	73	5766
广州瑞明电力有限公司	24	21309	广州旺旺食品有限公司	74	5597
广州发电厂	25	21204	广州家乐食品有限公司	75	5438
广州造纸有限公司	26	19579	广州陈李济药厂	76	5361
松下·万宝（广州）压缩机有限公司	27	19541	广州南方高科有限公司	77	5355
广州宏仁电子工业有限公司	28	19385	广州安利日用品制造有限公司	78	5262
广州市开发区顶津食品有限公司	29	19250	广东精通集团广州天马摩托车有限公司	79	5251
广州中药一厂	30	18249	广州海格通信有限公司	80	5140
美赞臣（广州）有限公司	31	17638	广州美亚金属制品有限公司	81	5051
广州白云山制药股份有限公司	32	17532	广州丝宝精细化工有限公司	82	5019
广东蓄能发电有限公司	33	17031	广州市高科通信设备有限公司	83	5018
广州珠江钢琴集团有限公司	34	15815	南方气体产品（广州）有限公司	84	5013
松下·万宝（广州）空调器有限公司	35	15678	广州麦芽有限公司	85	4986
广东太古可口可乐有限公司	36	13698	广州广日电梯工业有限公司	86	4816
美国通用电器塑料中国有限公司	37	13176	广州维高斯坦雷电气有限公司	87	4787
广州飞机维修工程有限公司	38	13135	广州羊城药业股份有限公司	88	4725
广州市自来水公司	39	13029	卜内门太古油漆（中国）有限公司	89	4688
仙妮蕾德（广州）有限公司	40	12809	捷普电子（番禺）有限公司	90	4662
广州市珠江水泥有限公司	41	12724	镇泰（广州）有限公司	91	4568
国际香料（广州）有限公司	42	12567	广州市恒山股份有限公司	92	4542
广州宏顺塑胶工业有限公司	43	11706	广州添利电子科技有限公司	93	4541
广州宏信塑胶工业有限公司	44	11348	广州新太科技有限公司	94	4537
广州宝洁口腔保健用品有限公司	45	11251	广州侨光制药厂	95	4516
李锦记（广州）有限公司	46	11144	广州市京华网络有限公司	96	4506
广州金发科技发展有限公司	47	10358	广东泛达化工有限公司	97	4439
亨氏联合有限公司	48	9361	广州天心药业股份有限公司	98	4395
美晨集团股份有限公司	49	8643	广州市番禺海鸥卫浴用品有限公司	99	4372
广东南方制碱有限公司	50	8553	广东普泰通信科技股份有限公司	100	4360

11－48 工业企业按销售收入排序前 100 名

（2002 年）

单位：万元

企业名称	序号	销售收入	企业名称	序号	销售收入
广电集团广州供电分公司	1	1438489	广州添利线路板有限公司	51	80139
广州本田汽车有限公司	2	1363173	百事（中国）有限公司	52	73864
中国石油化工股份有限公司广州分公司	3	1298100	广州珠江钢琴集团有限公司	53	73222
广州宝洁有限公司	4	729749	广州市华南橡胶轮胎有限公司	54	73173
广州市风神汽车有限公司	5	551616	广州宝洁纸品有限公司	55	70278
安利（中国）日用品有限公司	6	480910	广州宏仁电子工业有限公司	56	70067
东风本田发动机有限公司	7	414801	广上科技（广州）有限公司	57	69074
广州卷烟二厂	8	343160	广东蓄能发电有限公司	58	68802
旭丽电子（广州）有限公司	9	304673	广州市番禺裕丰钢铁有限公司	59	68798
广州钢铁股份有限公司	10	256117	国际香料（广州）有限公司	60	67595
松下·万宝（广州）空调器有限公司	11	254207	广州珠江化工集团有限公司	61	65577
广州广船国际股份有限公司	12	241863	京信通信系统（广州）有限公司	62	63396
广州珠江钢铁有限责任公司	13	217496	番禺潭洲振裕纺织染印有限公司	63	63131
广州市珠江啤酒集团公司	14	197922	广州珠江轮胎有限公司	64	61768
广东粤华发电有限公司责任公司	15	191973	广东育丰鞋业有限公司	65	61656
广州金鹏集团有限公司	16	184477	中国石化集团广州石油化工总厂	66	60792
广州南方高科有限公司	17	182010	广州市浪奇实业股份有限公司	67	60781
五羊－本田摩托（广州）有限公司	18	170895	广州荣诚鞋业有限公司	68	59565
广州箭牌口香糖有限公司	19	170134	广州东洲油脂工业有限公司	69	58217
松下·万宝（广州）压缩机有限公司	20	160201	广州发电厂	70	58192
广州日立电梯有限公司	21	153507	广州飞机维修工程有限公司	71	57329
广州卷烟一厂	22	149099	广州统一企业有限公司	72	57193
从化东麟钻石有限公司	23	146646	广州市番禺创信鞋业有限公司	73	56897
捷普电子（番禺）有限公司	24	145600	依利安达（广州）电子有限公司	74	56441
广州植之元油脂有限公司	25	131243	番禺世门手袋有限公司	75	56046
广东精通集团广州天马摩托车有限公司	26	129852	广州顶益国际食品有限公司	76	56028
广州东方电力有限公司	27	127212	广州宏铭塑胶工业有限公司	77	55837
广州造纸有限公司	28	126102	广州丝宝精细化工有限公司	78	55669
广州市虎头电池集团有限公司	29	125915	广州提爱思汽车内饰系统有限公司	79	55594
广州高露洁棕榄有限公司	30	122804	广州宝洁口腔保健用品有限公司	80	55528
美国通用电器塑料中国有限公司	31	119020	广州市江丰实业有限公司	81	53043
广州市自来水公司	32	117757	美赞臣（广州）有限公司	82	52444
广州七喜资讯产业有限公司	33	116596	广州市珠江水泥有限公司	83	52351
广州珠江电力有限公司	34	116182	广州陆仕水产企业有限公司	84	51388
雅芳（中国）有限公司	35	113734	南亚塑胶工业（广州）有限公司	85	51380
广州金发科技发展有限公司	36	113647	广州太平洋马口铁有限公司	86	51119
广州文冲船厂有限责任公司	37	107361	广大科技（广州）有限公司	87	50925
广州华凌空调设备有限公司	38	102875	广州市煤气公司	88	50895
广东太古可口可乐有限公司	39	102394	广州中药一厂	89	50811
广州白云山制药股份有限公司	40	98090	美晨集团股份有限公司	90	50004
广州市开发区顶津食品有限公司	41	96755	广州百事可乐饮料有限公司	91	49156
番禺中德电控有限公司	42	92621	广州美亚金属制品有限公司	92	47553
广州恒运企业集团股份有限公司	43	92336	广州攀兴金属加工有限公司	93	47232
三菱电机（广州）压缩机有限公司	44	88025	番禺合兴油脂有限公司	94	46338
广州宏信塑胶工业有限公司	45	87432	广州瑞明电力有限公司	95	46291
广州奥的斯电梯有限公司	46	87091	台一江铜（广州）有限公司	96	45284
互太（番禺）纺织印染有限公司	47	85399	广州麦芽有限公司	97	45107
广州黄埔造船厂	48	81544	广州新太科技有限公司	98	44999
广州万邦鞋业有限公司	49	81492	松下电工万宝电器（广州）有限公司	99	44863
西门子（广州）传输系统有限公司	50	80694	广州市广荣鞋业有限公司	100	44734

11-49 工业企业按所有者权益排序前100名

（2002年）

单位：万元

企业名称	序号	所有者权益	企业名称	序号	所有者权益
广电集团广州供电分公司	1	1467119	广州新太科技有限公司	51	43914
广州本田汽车有限公司	2	467967	广东育丰鞋业有限公司	52	42259
广州市自来水公司	3	428203	广州珠江轮胎有限公司	53	41486
中国石油化工股份有限公司广州分公司	4	409740	广州铁道车辆厂	54	40707
广州市风神汽车有限公司	5	352711	美国通用电器塑料中国有限公司	55	39391
广州宝洁有限公司	6	331472	广州市浪奇实业股份有限公司	56	39246
广东蓄能发电有限公司	7	238297	广州瑞明电力有限公司	57	38980
广州卷烟二厂	8	222364	广州高露洁棕榄有限公司	58	37471
东风本田发动机有限公司	9	203691	番禺潭洲振裕纺织染印有限公司	59	37333
安利(中国)日用品有限公司	10	192042	广州宏顺塑胶工业有限公司	60	37231
广州东方电力有限公司	11	172155	三菱电机(广州)压缩机有限公司	61	37001
广州钢铁股份有限公司	12	163121	广州鹰金钱企业集团公司	62	36951
中国石化集团广州石油化工总厂	13	149814	广州市番禺区旧水坑五金综合总厂	63	35386
广州恒运企业集团股份有限公司	14	139403	卡夫广通食品有限公司	64	34992
广州珠江钢铁有限责任公司	15	139261	松下电工万宝电器(广州)有限公司	65	34838
广州市珠江啤酒集团公司	16	137980	南亚塑胶工业(广州)有限公司	66	34374
广州市煤气公司	17	116380	美晨集团股份有限公司	67	33614
广东粤华发电有限公司责任公司	18	110051	广州冷机股份有限公司	68	33352
广州日立电梯有限公司	19	108776	广州顶益国际食品有限公司	69	33257
松下·万宝(广州)压缩机有限公司	20	108122	中望商业机器有限公司	70	31895
广州发电厂	21	104724	广州市花都区花都水泥有限公司	71	31869
广州造纸有限公司	22	97663	广州中药一厂	72	31448
广州市珠江水泥有限公司	23	92682	中国雪柜实业有限公司	73	31224
广州市华南橡胶轮胎有限公司	24	87781	番禺区自来水公司	74	31144
广州文冲船厂有限责任公司	25	86509	广州水泥厂	75	30967
广州珠江钢琴集团有限公司	26	82237	广州明珠C厂发电有限公司	76	30208
广州卷烟一厂	27	79982	广州市粤港气体工业有限公司	77	30179
广州珠江电力有限公司	28	77337	广州昊天化学(集团)有限公司	78	29824
广州威达高实业有限公司	29	76797	广州市番禺珠江实业集团有限公司	79	29449
广东省鱼珠林产集团有限公司	30	75681	广州添利电子科技有限公司	80	28546
广州摩托集团公司	31	75028	广州生力啤酒有限公司	81	27919
广州广船国际股份有限公司	32	69965	广州广纺联集团有限公司	82	27493
广东澳联玻璃有限公司	33	66897	广州华南信息产业集团有限公司	83	27436
广州飞机维修工程有限公司	34	63619	广州奥桑味精食品有限公司	84	27049
广州广橡轮胎企业集团有限公司	35	62870	百事(中国)有限公司	85	27019
京信通信系统(广州)有限公司	36	61194	美赞臣(广州)有限公司	86	26581
广东太古可口可乐有限公司	37	60818	广州市开发区顶津食品有限公司	87	25632
广州宏铭塑胶工业有限公司	38	58352	广州珠江化工集团有限公司	88	25408
广州金鹏集团有限公司	39	58159	番禺莲花山电力有限公司	89	25160
广州广重企业集团有限公司	40	56146	广州高露洁有限公司	90	24793
广东南方制碱有限公司	41	54430	广州无线电集团有限公司	91	24172
广州邮电通信设备有限公司	42	51580	从化太平电厂	92	23983
广州宏仁电子工业有限公司	43	51228	卜内门太古油漆(中国)有限公司	93	23713
广州箭牌口香糖有限公司	44	49909	广州第一棉纺织厂	94	23589
广州白云山制药股份有限公司	45	48231	广州南方高科有限公司	95	23521
广州添利线路板有限公司	46	46827	广大科技(广州)有限公司	96	23166
五羊－本田摩托(广州)有限公司	47	46713	广州啤酒厂	97	23085
广州宏信塑胶工业有限公司	48	46506	广州市花都永大不锈钢型材厂有限公司	98	23017
依利安达(广州)电子有限公司	49	46349	广州屈臣氏食品饮料有限公司	99	22717
广州华凌空调设备有限公司	50	45246	德尔福派克电气(广州)有限公司	100	22701

11－50 大中型工业企业按总资产贡献率排序前100名

（2002年）

单位：%

企 业 名 称	序号	总资产贡献率	企 业 名 称	序号	总资产贡献率
广州卷烟二厂	1	96.80	广州麦芽有限公司	51	23.34
广州卷烟一厂	2	77.62	广州敬修堂（药业）股份有限公司	52	22.27
广州本田汽车有限公司	3	76.24	埃尔夫润滑油（广州）有限公司	53	22.07
京信通信系统（广州）有限公司	4	74.00	广州金发科技发展有限公司	54	22.05
广州箭牌口香糖有限公司	5	72.90	镇泰（广州）有限公司	55	22.02
亨氏联合有限公司	6	70.45	五羊－本田摩托（广州）有限公司	56	21.79
广州思唯可喷膜科技有限公司	7	69.05	永隆（番禺）塑料五金电器有限公司	57	21.73
广州科琳电源设备有限公司	8	68.66	广州市珠江啤酒集团公司	58	21.58
百事（中国）有限公司	9	67.11	番禺国民东成化工有限公司	59	21.23
东风本田发动机有限公司	10	65.56	广州洛民塑料有限公司	60	21.14
安利（中国）日用品有限公司	11	62.38	番禺南沙电力有限公司	61	20.94
李锦记（广州）有限公司	12	55.56	广州珠江美乐多饮品（香港）有限公司	62	20.73
广州达能酸乳酪有限公司	13	52.53	广州明兴制药厂	63	20.70
广州市风神汽车有限公司	14	52.33	广东粤华发电有限公司责任公司	64	20.55
广州中药一厂	15	48.23	广州东方电力有限公司	65	20.31
广州蚌湖发电有限公司	16	46.26	广州统一企业有限公司	66	20.27
美赞臣（广州）有限公司	17	46.10	广州陈李济药厂	67	20.25
雅芳（中国）有限公司	18	43.67	广州宏仁电子工业有限公司	68	20.06
广州珠江电力有限公司	19	42.11	广东联合油墨有限公司	69	20.05
国际香料（广州）有限公司	20	38.66	西门子（广州）传输系统有限公司	70	19.97
番禺梅山－马利酵母有限公司	21	37.68	广州轻出集团虎头电池有限公司	71	19.52
广州高露洁棕榄有限公司	22	35.55	松下·万宝（广州）电熨斗有限公司	72	19.06
广州瑞明电力有限公司	23	35.46	广州美罗钢格板有限公司	73	18.95
安美特（广州）化学有限公司	24	34.15	广东天普生化医药股份有限公司	74	18.88
广州宝洁有限公司	25	33.36	广州美亚金属制品有限公司	75	18.88
广州市欧亚床垫家具有限公司	26	33.02	广州百事可乐饮料有限公司	76	18.79
广州安利日用品制造有限公司	27	31.85	广州市镇泰海珠有限公司	77	18.76
富乐（中国）粘合剂有限公司	28	31.59	广东太古可口可乐有限公司	78	18.68
广州市开发区顶津食品有限公司	29	31.44	广东广洋高科技实业有限公司	79	18.48
广州白云粘胶厂	30	30.99	广州天心药业股份有限公司	80	18.45
德尔福派克电气（广州）有限公司	31	30.45	广州屈臣氏食品饮料有限公司	81	18.45
广州市番禺海鸥卫浴用品有限公司	32	30.33	南方气体产品（广州）有限公司	82	17.69
仙妮蕾德（广州）有限公司	33	28.80	中国石油化工股份有限公司广州分公司	83	17.68
广州羊城药业股份有限公司	34	28.51	广州侨光制药厂	84	17.31
广州宝洁口腔保健用品有限公司	35	27.50	增城市新塘发电厂	85	17.19
广州市南方家具有限公司	36	27.29	利民（番禺南沙）电器发展有限公司	86	17.13
广州化学试剂厂	37	27.24	广州海格通信有限公司	87	17.00
广州中宝包装制品有限公司	38	27.18	广东泛达化工有限公司	88	16.83
广州旺旺食品有限公司	39	27.07	广州镇达玩具有限公司	89	16.55
佳口食品（中国）有限公司	40	26.90	广东精通集团广州天马摩托车有限公司	90	16.45
广州仁祥软管包装有限公司	41	26.53	广州市新动力摩托车工业有限公司	91	16.41
广州龙沙有限公司	42	26.00	广州百特医疗用品有限公司	92	16.32
广州宏铭塑胶工业有限公司	43	25.92	广州卫生材料厂	93	16.19
广州奇星药业有限公司	44	25.83	广州市五羊－欣陆水泥制品有限公司	94	16.12
广州卓德嘉薄膜有限公司	45	25.56	广州丰田汽车特约维修有限公司	95	15.99
广州国光电器有限公司	46	25.41	广州绿十字药业有限公司	96	15.89
广州家乐食品有限公司	47	24.57	广州飞机维修工程有限公司	97	15.79
广州何济公制药厂	48	24.53	广州市天海经编装饰织物有限公司	98	15.71
广东中宝食品容器有限公司	49	23.76	美国通用电器塑料中国有限公司	99	15.59
味可美（广州）食品有限公司	50	23.57	广州市梅山发电厂	100	15.58

主 要 统 计 指 标 解 释

【工业】指从事自然资源的开采，对采掘品和农产品进行加工和再加工的物质生产部门。具体包括：(1)对自然资源的开采，如采矿、晒盐、森林采伐等(但不包括禽兽捕猎和水产捕捞)；(2)对农副产品的加工、再加工，如粮油加工、食品加工、轧花、缫丝、纺织、制革等；(3)对采掘品的加工、再加工，如炼铁、炼钢、化工生产、石油加工、机器制造、木材加工等，以及电力、自来水、煤气的生产和供应等；(4)对工业品的修理、翻新，如机器设备的修理、交通运输工具(包括小卧车)的修理等。

1984年以前农村的村及村以下办工业归属农业，1984年以后划归工业。

【轻工业】指主要提供生活消费品和制作手工工具的工业。按其所使用的原料不同，可分为两大类：(1)以农产品为原料的轻工业，是指直接或间接以农产品为基本原料的轻工业。主要包括食品制造、饮料制造、烟草加工、纺织、缝纫、皮革和毛皮制作、造纸以及印刷等工业；(2)以非农产品为原料的轻工业，是指以工业品为原料的轻工业。主要包括文教体育用品、化学药品制造、合成纤维制造、日用化学制品、日用玻璃制品、日用金属制品、手工工具制造、医疗器械制造、文化和办公用机械制造等工业。

【重工业】是指为国民经济各部门提供物质技术基础的主要生产资料的工业。按其生产性质和产品用途，可以分为下列三类：(1)采掘(伐)工业，是指对自然资源的开采，包括石油开采、煤炭开采、金属矿开采、非金属矿开采和木材采伐等工业；(2)原材料工业，指向国民经济各部门提供基本材料、动力和燃料的工业。包括金属冶炼及加工、炼焦及焦炭、化学、化工原料、水泥、人造板以及电力、石油和煤炭加工等工业；(3)加工工业，是指对工业原材料进行再加工制造的工业。包括装备国民经济各部门的机械设备制造工业、金属结构、水泥制品等工业，以及为农业提供的生产资料如化肥、农药等工业。

根据上述划分原则，修理业中以重工业产品为修理作业对象的划为重工业，反之划为轻工业。

【工业总产值】是以货币表现的工业企业在一定时期内生产的已出售或可供出售工业产品总量，它反映一定时间内工业生产的总规模和总水平。它包括：在本企业内不再进行加工，经检验、包装入库(规定不需包装的产品除外)的成品价值，对外加工费收入，自制半成品、在产品期末初差额价值。工业总产值采用"工厂法"计算，即以工业企业作为一个整体，按企业工业生产活动的最终成果来计算，企业内部不允许重复计算，不能把企业内部各个车间(分厂)生产的成果相加。但在企业之间、行业之间、地区之间存在着重复计算。

轻重工业总产值的划分也是按"工厂法"计算的，即一个工业企业在正常情况下生产的主要产品的性质属于轻工业，产的主要产品的性质属于重工业，则该企业的全部总产值作为重工业总产值。

【工业增加值】是指工业行业在报告期内以货币表现的工业生产活动的最终成果。

【实收资本】指企业实际收到的投资人投入的资本。按投资主体可分为国家资本、集体资本、法人资本、个人资本、港澳台资本和外商资本等。

【资产合计】指企业拥有或控制的能以货币计量的经济资源。包括各种财产、债权和其他权利。资产按其流动性划分为流动资产、长期投资、固定资产、无形及递延资产和其他资产。

(1)流动资产指企业可以在一年内或者超过一年的一个生产周期内变现或耗用的资产合计。包括现金及各种存款、短期投资、应收及预付款项、存货等。

(2)固定资产 指企业固定资产净值、固定资产清理、在建工程、待处理固定资产损失所占用的资金合计。

(3)无形资产 指企业长期使用而没有实物形态的资产。包括专利权、非专利技术、商标权、著作权、土地使用权、商誉等。

【负债合计】指企业承担的能以货币计量，将以资产或劳务偿付的债务。负债一般按偿还期长短分为流动负债和长期负债、递延税项等。

(1)流动负债 指企业在一年内或者超过一年的一个营业周期内需要偿还的债务合计，其中包括短期借款、应付及预收款项、应付工资、应交税金和应交利润等。

(2)长期负债 指企业在一年以上或者超过一年的一个营业周期以上需要偿还的债务合计，其中包括长期借款、应付债务、长期应付款项等。

【所有者权益】指企业投资人对企业净资产的所有权。企业净资产等于企业全部资产减去全部负债后的余额，其中包括投资者对企业的最初投入，以及资本公积金、盈余公积金和未分配利润，对股份制企业即为股东权益。

【固定资产原价】指企业在建造、购置、安装、改建、扩建、技术改造某项固定资产时所支出的全部货币总额。它一般包括买价、包装费、运杂费和安装费等。

【固定资产净值】是指固定资产原价减去历年已提折旧额后的净额。

【流动资产】是指可以在一年或者超过一年的一个营业周期内变现或者耗用的资产，包括现金及各种存款、短期投资、应收及预付货款、存货等。

【产品销售收入】指企业销售产品和提供劳务等主要经营业务取得的业务总额。

【产品销售成本】指企业销售产品和提供劳务等主要经营业务的实际成本。

【产品销售税金及附加】指企业销售产品和提供工业性劳务等主要经营业务应负担的城市维护建设税、消费税、资源税和教育费附加。

【产品销售利润】指企业销售产品和提供工业性劳务等主要经营业务收入扣除其成本、费用、税金后的利润。

【利润总额】指企业实现的利润。

【应交增值税】指企业在报告期内应交纳的增值税额。

【总资产贡献率】反映企业全部资产的获利能力，是企业经营业绩和管理水平的集中体现，是评价和考核企业盈利能力的核心指标。计算公式为：

总资产贡献率(%) = (利润总额 + 税金总额 + 利息支出)/平均资产总额 × 100 %

【资产负债率】该指标既反映企业经营风险的大小，也反映企业利用债权人提供的资金从事经营活动的能力。计算公式为：

资产负债率(%) = 负债总额/资产总额 × 100 %

【工业成本费用利润率】指在一定时期内实现的利润与成本费用之比，是反映工业生产成本及费用投入的经济效益指标，同时也是反映降低成本的经济效益的指标。计算公式为：工业成本费用利润率(%) = 利润总额/成本费用总额 × 100%

【工业增加值率】指在一定时期内工业增加值占同期工业总产值的比重，反映降低中间消耗的经济效益。计算公式为：

工业增加值率(%) = 工业增加值(现价)/工业总产值(现价) × 100%

【流动资产周转(次数)】指在一定时期内流动资产完成的周转次数，反映流动资产的周转速度。计算公式为：

流动资金周转次数 = 产品销售收入/全部流动资产平均余额

【产品销售率】指报告期工业销售产值与同期全部工业总产值之比，是反映工业产品已实现销售的程度，分析工业产销衔接情况，研究工业产品满足社会需求程度的指标。计算公式为：

产品销售率(%) = 工业销售产值/工业总产值(现价) × 100%

【全员劳动生产率】指根据产品的价值量指标计算的平均每一个从业人员在单位时间内的产品生产量。是考核企业经济活动的重要指标，是企业生产技术水平、经营管理水平、职工技术熟练程度和劳动积极性的综合表现。目前我国的全员劳动生产率是将工业企业的工业增加值除以同一时期全部从业人员的平均人数来计算的。计算公式为：

全员劳动生产率 = 工业增加值/全部从业人员平均人数

第十二篇

建筑业

建筑业生产稳步发展

2002年，广州市建筑业企业生产稳步发展，向外拓展业务的能力不断增强，但由于成本费用增加，企业经济效益下滑。

1. 建筑业总产值、竣工产值增加

2002年，全市建筑业企业1214个，比上年增加297个，增长32.4%。完成建筑业总产值373.39亿元，比上年增加33.01亿元，增长9.7%。其中，市外完成建筑业总产值为122.06亿元，同比增长25.3%；市外完成建筑业总产值所占比重为32.7%，比上年提高4.1个百分点。全市建筑业企业完成竣工产值287.28亿元，比上年增加4.23亿元，增长1.5%。房屋建筑竣工面积1334.43万平方米，比上年增加128.64万平方米，增长10.7%。其中，竣工住宅面积775.54万平方米，比上年增加30.16万平方米，增长4.1%。从区域分布看，东山、天河两区共完成建筑业总产值、竣工产值分别为166.14亿元、118.37亿元，均占全市建筑业总产值、竣工产值近五成。

2. 施工规模扩大，招投标机制逐步完善

2002年，全市建筑业单位工程施工个数18034个，比上年增长23.6%。其中本年新开工个数12499个，增长36.1%，占单位工程施工个数的69.3%，比上年提高6.3个百分点。实行投标承包工程个数5757个，增长37.3%，比上年提高3.2个百分点。房屋建筑施工面积为3522.67万平方米，比上年增长0.9%；其中本年新开工面积1454.75万平方米，下降4.1%。实行投标承包面积2165.09万平方米，增长18.8%，占房屋建筑施工面积的61.5%，比上年提高9.3个百分点。

3. 建筑企业劳动生产率进一步提高

2002年，一部分实力不足的企业被取消资质，取得新资质的企业紧抓入世后的发展契机不断提高技术含量，优化人员组合，从而增强了建筑企业总体竞争力。全年全市按建筑业总产值计算的劳动生产率为125357元/人，比上年增长17.2%。其中国有及国有控股建筑企业劳动生产率为157174元/人，增长15.3%。

4. 建筑业企业生产装备不断更新

2002年，全市建筑企业拥有机械设备13.34万台，比上年增长4.7%；年末自有机械设备净值43.42亿元，增长19.2%，占全市建筑业生产经营用固定资产的37.0%；平均每人拥有的技术装备和动力装备分别达到1.46万元和7.85千瓦，分别比上年增长27.0%和7.8%。

5. 工程结算收入增加，工程结算利润增幅不大

2002年，全市工程结算收入628.37亿元，比上年增长36.9%。国有企业工程结算收入152.74亿元，下降14.4%；股份有限公司17.87亿元、私营企业47.20亿元、港澳台商投资企业13.88亿元、外商投资企业1.94亿元，分别增长8.6倍、10.4%、21.3%和37.8倍。全市建筑企业完成工程结算利润39.14亿元，增长1.0%；工程结算成本575.24亿元，增长41.1%。

6. 营业利润下降近一半，建筑业增加值下降1.5%

2002年，全市建筑业实现营业利润7.39亿元，比上年下降49.8%。由于营业利润大幅下降，全市建筑业增加值仅完成83.20亿元，比上年下降1.5%。

建筑业增加值

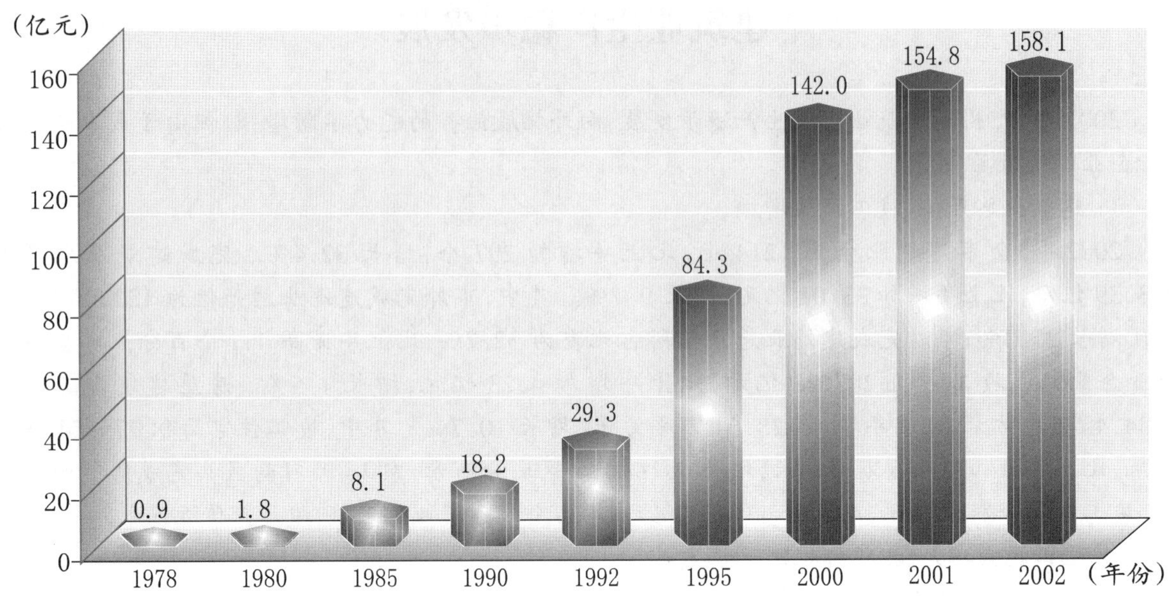

建筑企业施工、竣工产值

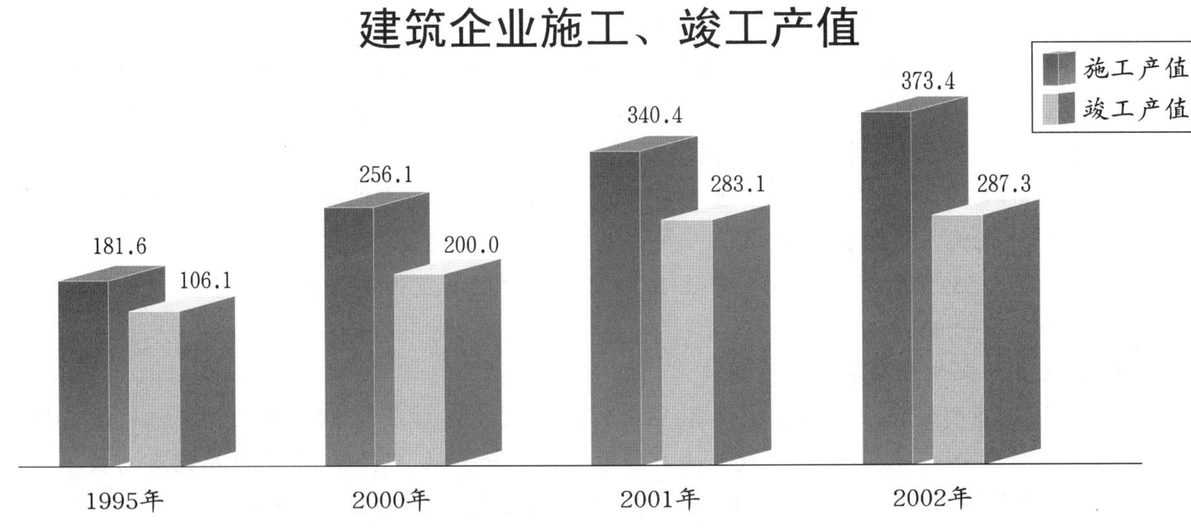

建筑安装企业全员劳动生产率

（按增加值计算）

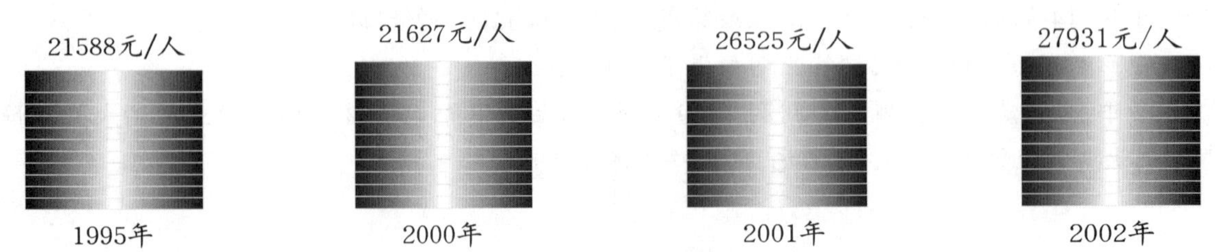

12－1 建筑业企业生产情况

（2002 年）

项目	企业数（个）	建筑业总产值（万元）	建筑工程	安装工程	其他	竣工产值（万元）	竣工率（%）
总计	**1214**	**3733922**	**2958930**	**666135**	**108857**	**2872787**	**76.94**
按地区分							
市区	1167	3518873	2765545	647122	106206	2729783	77.58
东山区	195	874716	708331	157152	9233	760501	86.94
荔湾区	103	170694	99582	64703	6409	156854	91.89
越秀区	136	373290	326281	29832	17177	339034	90.82
海珠区	146	387931	286243	92881	8807	284648	73.38
天河区	236	786719	636081	114407	36231	423225	53.80
芳村区	50	47809	37168	7811	2830	39213	82.02
白云区	91	167090	130583	31149	5358	120494	72.11
黄埔区	63	215820	117450	96501	1869	155301	71.96
番禺区	113	323853	259735	48871	15247	276666	85.43
花都区	34	170951	164091	3815	3045	173847	101.69
县级市	47	215049	193385	19013	2651	143004	66.50
增城市	25	151285	138380	10297	2608	59648	39.43
从化市	22	63764	55005	8716	43	83356	130.73
按隶属关系分							
中央属企业	35	382122	342211	35719	4192	256815	67.21
省属企业	135	1097158	780374	301515	15269	888954	81.02
市属企业	195	906013	754085	114446	37482	768713	84.85
区县属企业	161	407777	347221	48685	11871	402091	98.61
其他企业	688	940852	735039	165770	40043	556214	59.12
按登记注册类型分							
内资企业	1172	3635470	2912485	639337	83648	2823375	77.66
国有企业	158	1250043	967643	250397	32003	888639	71.09
集体企业	270	467387	351557	93902	21928	415280	88.85
股份合作企业	49	59137	52781	5997	359	36210	61.23
联营企业	10	26805	25292	1163	350	14567	54.34
国有联营企业	3	8293	7455	838		1247	15.04
集体联营企业	2	2868	2784	84		84	2.93
国有与集体联营企业	1	4100	4100			2358	57.51
其他联营企业	4	11544	10953	241	350	10878	94.23
有限责任公司	281	1282001	1081918	185447	14636	1063797	82.98
国有独资企业	32	361084	353382	2201	5501	382079	105.81
其他有限责任公司	249	920917	728536	183246	9135	681718	74.03
股份有限公司	35	123000	105190	17186	624	77062	62.65
私营企业	366	423393	325372	84273	13748	324010	76.53
私营独资企业	12	2017	1695	314	8	1491	73.92
私营合伙企业	9	1627	1318	309		1217	74.80
私营有限责任公司	322	407866	312766	81427	13673	311882	76.47
私营股份有限公司	23	11883	9593	2223	67	9420	79.27
其他企业	3	3704	2732	972		3810	102.86
港、澳、台商投资企业	36	79142	46086	20071	12985	48232	60.94
合资经营企业	17	46001	27269	13032	5700	32803	71.31
合作经营企业	15	19275	9311	2679	7285	10661	55.31
独资经营企业	3	12307	7947	4360		3209	26.07
股份有限公司	1	1559	1559			1559	100.00
外商投资企业	6	19310	359	6727	12224	1180	6.11
合资经营企业	1	359	359			1020	284.12
合作经营企业	2	15872		6567	9305		
独资经营企业	2	160		160		160	100.00
股份有限公司	1	2919			2919		

注：1.从 2002 年年报起，建筑业总产值口径为直接从建设单位承揽工程完成的产值中的自行完成施工产值和从建设单位以外承揽工程完成的产值。

2.2001 年按新口径计算的建筑业总产值为 3782656 万元。

12－1 续表

项目	房屋建筑施工面积(平方米)	#本年新开工	#实行投标承包	房屋建筑竣工面积(平方米)	#住宅	年平均人数(人)	劳动生产率(元/人)
总计	**35226735**	**14547463**	**21650882**	**13344272**	**7755374**	**297864**	**27931**
按地区分							
市区	32717166	13099740	20085541	12358428	7220360	268685	28672
东山区	3069328	1002020	2194212	1002608	526358	47763	35613
荔湾区	1849480	608021	1551357	453687	356547	13718	34469
越秀区	6418085	1955424	4603078	2265701	1106688	25790	30091
海珠区	2598444	1036024	2137668	827419	458436	23599	40344
天河区	5799403	2718435	4319697	2335178	1624584	58788	28057
芳村区	281166	166083	130641	162573	68283	5503	19071
白云区	1299870	410109	487536	540132	313942	19021	21529
黄埔区	1167922	699647	623500	510897	247680	21291	33349
番禺区	5851331	2691533	1785748	2798940	1654878	29688	20462
花都区	4382137	1812444	2252104	1461293	862964	23524	13623
县级市	2509569	1447723	1565341	985844	535014	29179	21105
增城市	1249453	704748	734848	549754	284507	15388	30384
从化市	1260116	742975	830493	436090	250507	13791	10752
按隶属关系分							
中央属企业	1315521	464084	1198648	466158	306293	23530	42787
省属企业	5286818	2398974	4124015	1908486	1155871	62761	35976
市属企业	9301889	2912686	7185015	3080760	1553190	58450	37075
区县属企业	7238175	3053664	2582450	3140603	1982023	56141	15535
其他企业	12084332	5718055	6560754	4748265	2757997	96982	20785
按登记注册类型分							
内资企业	35003139	14541755	21427286	13299982	7711084	292095	27977
国有企业	8709941	2769075	6051753	2743304	1679113	81793	34950
集体企业	8111790	3460599	3685345	3284898	1772700	58098	17797
股份合作企业	917904	428810	434244	294772	242542	8767	15764
联营企业	84123	42010				1400	27257
国有联营企业						446	27377
集体联营企业	84123	42010				531	15518
国有与集体联营企业						75	45200
其他联营企业						348	41149
有限责任公司	9689631	4048356	7190285	3954673	2115061	84175	33678
国有独资企业	4868920	2122948	4520098	2053594	787809	20516	35970
其他有限责任公司	4820711	1925408	2670187	1901079	1327252	63659	32940
股份有限公司	585535	177455	76219	140604	116654	11021	33807
私营企业	6857243	3601308	3975298	2846811	1753174	46296	19175
私营独资企业	10530	7500		3030	2150	235	18043
私营合伙企业						166	28554
私营有限公司	6380137	3186146	3543511	2769969	1685662	44261	19219
私营股份有限公司	466576	407662	431787	73812	65362	1634	17197
其他企业	46972	14142	14142	34920	31840	545	14220
港、澳、台商投资企业	223596	5708	223596	44290	44290	5282	21039
合资经营企业	64137	5708	64137	44290	44290	3718	20207
合作经营企业	96582		96582			1045	19895
独资经营企业	62877		62877			471	29894
股份有限公司						48	23542
外商投资企业						487	74969
合资经营企业						30	48333
合作经营企业						399	77469
独资经营企业						23	9130
股份有限公司						35	112571

12－2 承包工程完成情况

（2002 年）　　　　　　　　　　　　　　　　单位：万元

项　　目	直接从建设单位承揽工程完成的产值			从建设单位以外承揽工程完成的产值
		自行完成施工产值	分包出去工程产值	
总　计	**4173240**	**3375574**	**797666**	**358348**
按地区分				
市　区	3922281	3163690	758591	355183
东山区	1004950	782161	222789	92555
荔湾区	159101	149925	9176	20769
越秀区	531119	326359	204760	46931
海珠区	389579	326889	62690	61042
天河区	920591	722460	198131	64259
芳村区	42558	40614	1944	7195
白云区	173213	152352	20861	14738
黄埔区	218314	186813	31501	29007
番禺区	317257	311898	5359	11955
花都区	165599	164219	1380	6732
县级市	250959	211884	39075	3165
增城市	187195	148120	39075	3165
从化市	63764	63764		
按隶属关系分				
中央属企业	405408	317726	87682	64396
省属企业	1203424	992846	210578	104312
市属企业	1160802	805621	355181	100392
区县属企业	390053	385300	4753	22477
其他企业	1013553	874081	139472	66771
按登记注册类型分				
内资企业	4066522	3286982	779540	348488
国有企业	1351804	1085519	266285	164524
集体企业	454649	445561	9088	21826
股份合作企业	54328	54328		4809
联营企业	26570	25183	1387	1622
国有联营企业	6960	6960		1333
集体联营企业	2868	2868		
国有与集体联营企业	5439	4052	1387	48
其他联营企业	11303	11303		241
有限责任公司	1626118	1162557	463561	119444
国有独资企业	560501	310557	249944	50527
其他有限责任公司	1065617	852000	213617	68917
股份有限公司	147716	122260	25456	740
私营企业	401400	387870	13530	35523
私营独资企业	1881	1881		136
私营合伙企业	1205	1155	50	472
私营有限公司	386431	372951	13480	34915
私营股份有限公司	11883	11883		
其他企业	3937	3704	233	
港、澳、台商投资企业	87408	69282	18126	9860
合资经营企业	41508	37700	3808	8301
合作经营企业	33593	19275	14318	
独资经营企业	12307	12307		
股份有限公司				1559
外商投资企业	19310	19310		
合资经营企业	359	359		
合作经营企业	15872	15872		
独资经营企业	160	160		
股份有限公司	2919	2919		

12－3 建筑业签订合同情况

（2002 年）　　单位：万元

项　　目	签订合同额	上年结转合同额	本年新签合同额
总　计	7548104	3437468	4110636
按地区分			
市　区	7157901	3259610	3898291
东山区	1686183	586387	1099796
荔湾区	264642	64430	200212
越秀区	1202041	619561	582480
海珠区	699949	326254	373695
天河区	1746443	1067863	678580
芳村区	62063	21662	40401
白云区	232070	71789	160281
黄埔区	395824	133131	262693
番禺区	471101	199703	271398
花都区	397585	168830	228755
县级市	390203	177858	212345
增城市	306989	137550	169439
从化市	83214	40308	42906
按隶属关系分			
中央属企业	756134	287780	468354
省属企业	2127016	795966	1331050
市属企业	2184252	898000	1286252
区县属企业	611893	253510	358383
其他企业	1868809	1202212	666597
按登记注册类型分			
内资企业	7428532	3392575	4035957
国有企业	2526987	1090056	1436931
集体企业	748424	358453	389971
股份合作企业	93150	33364	59786
联营企业	37341	7262	30079
国有联营企业	9069	1275	7794
集体联营企业	8499	1005	7494
国有与集体联营企业	5950	463	5487
其他联营企业	13823	4519	9304
有限责任公司	3172808	1524317	1648491
国有独资企业	1259401	506196	753205
其他有限责任公司	1913407	1018121	895286
股份有限公司	208326	71267	137059
私营企业	638085	306422	331663
私营独资企业	1213	117	1096
私营合伙企业	919		919
私营有限公司	620818	297313	323505
私营股份有限公司	15135	8992	6143
其他企业	3411	1434	1977
港、澳、台商投资企业	104019	42127	61892
合资经营企业	42678	8230	34448
合作经营企业	47363	24878	22485
独资经营企业	13978	9019	4959
股份有限公司			
外商投资企业	15553	2766	12787
合资经营企业	466	66	400
合作经营企业	15087	2700	12387
独资经营企业			
股份有限公司			

12－4 建筑业企业财务指标

（2002 年）

单位：万元

项　　目	资产总计	#流动资产	#固定资产	负债合计	流动负债	长期负债
总　计	7503942	5730980	990291	5489980	5162433	327547
按地区分						
市　区	7181807	5506466	934874	5283038	4972494	310544
东山区	1910481	1638971	173846	1527980	1469285	58695
荔湾区	465071	333058	28716	308713	306986	1727
越秀区	853438	692380	75157	661008	620884	40124
海珠区	802497	537739	189013	555649	498494	57155
天河区	1540818	1094188	234749	1054085	1016186	37899
芳村区	78187	60243	11368	50813	49463	1350
白云区	323839	278021	41112	234565	230986	3579
黄埔区	329921	208065	69791	178473	175659	2814
番禺区	434406	337366	55607	333258	295637	37621
花都区	443149	326435	55515	378494	308914	69580
县级市	322135	224514	55417	206942	189939	17003
增城市	225622	157804	32678	146354	141141	5213
从化市	96513	66710	22739	60588	48798	11790
按隶属关系分						
中央属企业	670808	463669	167612	501121	450547	50574
省属企业	2182092	1626436	237228	1581165	1536089	45076
市属企业	2280392	1804586	277579	1730134	1639641	90493
区县属企业	970987	755146	118296	798688	686060	112628
其他企业	1399663	1081143	189576	878872	850096	28776
按登记注册类型分						
内资企业	7256304	5499266	982741	5295122	4970430	324692
国有企业	2759870	1957030	490819	2119844	1940346	179498
集体企业	729254	587839	101131	551327	520972	30355
股份合作企业	55578	44596	9954	30752	29106	1646
联营企业	40436	36098	4167	29603	29578	25
国有联营企业	14569	13380	1055	11657	11657	
集体联营企业	18202	17783	419	14772	14772	
国有与集体联营企业	2018	1640	341	818	818	
其他联营企业	5647	3295	2352	2356	2331	25
有限责任公司	2909147	2287308	256183	2125665	2025615	100050
国有独资企业	1147829	781427	100144	776357	699526	76831
其他有限责任公司	1761318	1505881	156039	1349308	1326089	23219
股份有限公司	150977	115911	31425	90635	90546	89
私营企业	606017	467262	87421	343430	331146	12284
私营独资企业	3818	2676	1022	2401	1001	1400
私营合伙企业	3256	1991	411	750	750	
私营有限公司	585527	452028	83624	334854	324095	10759
私营股份有限公司	13416	10567	2364	5425	5300	125
其他企业	5025	3222	1641	3866	3121	745
港、澳、台商投资企业	205875	193959	4133	166884	164996	1888
合资经营企业	66731	63105	1998	45360	44598	762
合作经营企业	25393	20244	1277	17879	16753	1126
独资经营企业	112049	109886	550	102967	102967	
股份有限公司	1702	724	308	678	678	
外商投资企业	41763	37755	3417	27974	27007	967
合资经营企业	19640	18700	350	14296	14296	
合作经营企业	17211	15710	1501	11718	10751	967
独资经营企业	698	592	105	275	275	
股份有限公司	4214	2753	1461	1685	1685	

12－4 续表 1

单位：万元

项目	所有者权益	# 实收资本	# 国家资本	工程结算收入	工程结算成本	工程结算税金及附加	工程结算利润
总计	**2013962**	**1497905**	**421735**	**6283720**	**5752409**	**139934**	**391377**
按地区分							
市区	1898769	1422735	392962	6019727	5521168	130247	368312
东山区	382501	290396	106353	1216664	1091086	30687	94891
荔湾区	156358	88274	41700	210555	183170	7202	20183
越秀区	192430	143949	69353	1981247	1945036	13689	22522
海珠区	246848	160000	30161	486350	426424	12991	46935
天河区	486733	439434	78598	1055597	937444	29785	88368
芳村区	27374	25081	4565	82086	75249	2577	4260
白云区	89274	65041	9459	177168	152076	5482	19610
黄埔区	151448	78742	42708	231205	191303	7151	32751
番禺区	101148	91961	5185	382134	342547	12546	27041
花都区	64655	39857	4880	196721	176833	8137	11751
县级市	115193	75170	28773	263993	231241	9687	23065
增城市	79268	55162	26783	201791	176429	6621	18741
从化市	35925	20008	1990	62202	54812	3066	4324
按隶属关系分							
中央属企业	169687	116403	35180	436365	374337	12342	49686
省属企业	600927	460391	209223	1323831	1174848	40830	108153
市属企业	550258	359844	161404	2822207	2692642	31824	97741
区县属企业	172299	134564	13699	550197	489678	19801	40718
其他企业	520791	426703	2229	1151120	1020904	35137	95079
按登记注册类型分							
内资企业	1961182	1449662	420113	6125517	5608218	137336	379963
国有企业	640026	424725	278010	1527366	1348242	45140	133984
集体企业	177927	141740		563900	502611	19372	41917
股份合作企业	24826	18700		57885	51482	2517	3886
联营企业	10833	9361	240	29521	26541	871	2109
国有联营企业	2912	2420	240	10944	10054	338	552
集体联营企业	3430	2803		2329	1933	77	319
国有与集体联营企业	1200	1020		4100	3801	136	163
其他联营企业	3291	3118		12148	10753	320	1075
有限责任公司	783482	595015	141755	3292067	3107003	47005	138059
国有独资企业	371472	269095	114911	2057933	2019702	12345	25886
其他有限责任公司	412010	325920	26844	1234134	1087301	34660	112173
股份有限公司	60342	44553	70	178687	155283	5622	17782
私营企业	262587	214700		471962	413237	16679	42046
私营独资企业	1417	1688		1950	1492	70	388
私营合伙企业	2506	2107		1653	1164	36	453
私营有限公司	250673	203079		456587	400493	16150	39944
私营股份有限公司	7991	7826		11772	10088	423	1261
其他企业	1159	868	38	4129	3819	130	180
港、澳、台商投资企业	38991	37229	1489	138796	128666	2169	7961
合资经营企业	21371	18966	1311	47196	41593	1282	4321
合作经营企业	7514	8358	178	35178	32636	665	1877
独资经营企业	9082	8903		54863	52996	134	1733
股份有限公司	1024	1002		1559	1441	88	30
外商投资企业	13789	11014	133	19407	15525	429	3453
合资经营企业	5344	1240		359	287	12	60
合作经营企业	5493	7031	133	15872	12808	247	2817
独资经营企业	423	423		257	115	5	137
股份有限公司	2529	2320		2919	2315	165	439

12－4　续表2

单位：万元

项　　目	其他业务收入	其他业务利润	管理费用	财务费用	利润总额	产值利润率(%)
总　计	**294367**	**49484**	**335944**	**31006**	**80922**	**2.17**
按地区分						
市　区	291189	48369	319407	29527	70830	2.01
东山区	106066	13377	86165	3437	30071	3.44
荔湾区	11190	1791	18331	－302	5046	2.96
越秀区	55552	9090	27596	1926	4201	1.13
海珠区	38759	6947	40687	6270	8870	2.29
天河区	47508	10238	70809	7069	6140	0.78
芳村区	11966	245	3691	361	737	1.54
白云区	2116	1217	13171	519	6935	4.15
黄埔区	9526	3120	29222	677	5451	2.53
番禺区	6178	1200	21360	3543	3566	1.10
花都区	2328	1144	8375	6027	－187	－0.11
县级市	3178	1115	16537	1479	10092	4.69
增城市	2348	813	12950	1334	9184	6.07
从化市	830	302	3587	145	908	1.42
按隶属关系分						
中央属企业	18288	3419	42749	4285	6224	1.63
省属企业	94730	10094	89252	5547	22137	2.02
市属企业	143407	26337	95848	7318	26733	2.95
区县属企业	21424	5655	34338	10244	5147	1.26
其他企业	16518	3979	73757	3612	20681	2.20
按登记注册类型分						
内资企业	292544	49089	326707	30724	79083	2.18
国有企业	175115	24717	134032	16254	3304	0.26
集体企业	9077	3051	33360	3452	9349	2.00
股份合作企业	812	404	3400	－9	886	1.50
联营企业	1830	94	1981	103	106	0.40
国有联营企业	80	77	669	－5	－55	－0.66
集体联营企业			194	86	39	1.36
国有与集体联营企业	1750	17	166	1	5	0.12
其他联营企业			952	21	117	1.01
有限责任公司	86649	18577	108835	7875	50850	3.97
国有独资企业	64232	11010	31316	4070	6047	1.67
其他有限责任公司	22417	7567	77519	3805	44803	4.87
股份有限公司	8224	516	11972	312	6851	5.57
私营企业	10820	1714	32941	2715	7748	1.83
私营独资企业			327	21	40	1.98
私营合伙企业	5	2	376	1	80	4.92
私营有限公司	10184	1602	31177	2696	7309	1.79
私营股份有限公司	631	110	1061	－3	319	2.68
其他企业	17	16	186	22	－11	－0.30
港、澳、台商投资企业	1181	224	6940	310	488	0.62
合资经营企业	1019	226	3358	113	628	1.37
合作经营企业	162	－2	2019	－22	－112	－0.58
独资经营企业			1358	219	148	1.20
股份有限公司			205		－176	－11.29
外商投资企业	642	171	2297	－28	1351	7.00
合资经营企业			47		13	3.62
合作经营企业	6	5	1296	－27	1515	9.55
独资经营企业	636	166	334	－1	4	2.50
股份有限公司			620		－181	－6.20

12－5 建筑业企业盈亏情况

（2002 年）

项目	汇总户数（户）	盈余		亏损	
		户数（户）	金额（万元）	户数（户）	金额（万元）
总计	1214	878	129977	336	49055
按地区分					
市区	1167	842	119711	325	48881
东山区	195	137	34785	58	4714
荔湾区	103	79	5967	24	921
越秀区	136	103	6455	33	2254
海珠区	146	108	13649	38	4779
天河区	236	144	27839	92	21699
芳村区	50	37	1292	13	555
白云区	91	68	9103	23	2168
黄埔区	63	48	6235	15	784
番禺区	113	88	10794	25	7228
花都区	34	30	3592	4	3779
县级市	47	36	10266	11	174
增城市	25	23	9296	2	112
从化市	22	13	970	9	62
按隶属关系分					
中央属企业	35	29	6535	6	311
省属企业	135	91	43531	44	21394
市属企业	195	145	30872	50	4139
区县属企业	161	122	17149	39	12002
其他企业	688	491	31890	197	11209
按登记注册类型分					
内资企业	1172	853	126934	319	47851
国有企业	158	107	28255	51	24951
集体企业	270	219	17310	51	7961
股份合作企业	49	37	1172	12	286
联营企业	10	7	273	3	167
国有联营企业	3	2	75	1	130
集体联营企业	2	1	51	1	12
国有与集体联营企业	1	1	5		
其他联营企业	4	3	142	1	25
有限责任公司	281	204	57337	77	6487
国有独资企业	32	24	7970	8	1923
其他有限责任公司	249	180	49367	69	4564
股份有限公司	35	26	7607	9	756
私营企业	366	252	14964	114	7216
私营独资企业	12	10	115	2	75
私营合伙企业	9	7	88	2	8
私营有限公司	322	221	14178	101	6869
私营股份有限公司	23	14	583	9	264
其他企业	3	1	16	2	27
港、澳、台商投资企业	36	20	1511	16	1023
合资经营企业	17	12	1114	5	486
合作经营企业	15	6	186	9	298
独资经营企业	3	2	211	1	63
股份有限公司	1			1	176
外商投资企业	6	5	1532	1	181
合资经营企业	1	1	13		
合作经营企业	2	2	1515		
独资经营企业	2	2	4		
股份有限公司	1			1	181

12－6 建筑业企业年末技术装备情况

（2002 年）

项　　目	自有机械设备净值（万元）	全部设备功　率（千瓦）	全员技术装备率（元/人）	全员劳动装备率（千瓦/人）
总　　计	**434210**	**2337133**	**14577**	7.85
按地区分				
市　区	401575	2076091	14946	7.73
东山区	70669	413531	14796	8.66
荔湾区	15864	80780	11564	5.89
越秀区	19939	147275	7731	5.71
海珠区	55888	360960	23682	15.30
天河区	129320	502844	21998	8.55
芳村区	4817	34005	8753	6.18
白云区	26574	109849	13971	5.78
黄埔区	31898	122157	14982	5.74
番禺区	29884	183291	10066	6.17
花都区	16722	121399	7108	5.16
县级市	32635	261042	11184	8.95
增城市	22337	187874	14516	12.21
从化市	10298	73168	7467	5.31
按隶属关系分				
中央属企业	53995	393955	22947	16.74
省属企业	129341	619103	20609	9.86
市属企业	88742	449629	15183	7.69
区县属企业	47002	301113	8372	5.36
其他企业	115130	573333	11871	5.91
按登记注册类型分				
内资企业	428558	2323602	14672	7.95
国有企业	160007	929338	19562	11.36
集体企业	65556	354397	11284	6.10
股份合作企业	6311	48141	7199	5.49
联营企业	2650	17010	18929	12.15
国有联营企业	734	3920	16457	8.79
集体联营企业	408	1937	7684	3.65
国有与集体联营企业	165	384	22000	5.12
其他联营企业	1343	10769	38592	30.95
有限责任公司	123059	588991	14619	7.00
国有独资企业	31268	223012	15241	10.87
其他有限责任公司	91791	365979	14419	5.75
股份有限公司	24671	129269	22385	11.73
私营企业	45880	255191	9910	5.51
私营独资企业	513	1387	21830	5.90
私营合伙企业	16	526	964	3.17
私营有限公司	43537	240147	9836	5.43
私营股份有限公司	1814	13131	11102	8.04
其他企业	424	1265	7780	2.32
港、澳、台商投资企业	2442	11581	4623	2.19
合资经营企业	1565	9885	4209	2.66
合作经营企业	420	1101	4019	1.05
独资经营企业	149	335	3163	0.71
股份有限公司	308	260	64167	5.42
外商投资企业	3210	1950	65914	4.00
合资经营企业	350	250	116667	8.33
合作经营企业	1399	1400	35063	3.51
独资经营企业				
股份有限公司	1461	300	417429	8.57

12－7 建筑业企业增加值

（2002 年）　　　　单位：万元

项　　目	增加值	本年固定资产折旧	主营业务应付工资	主营业务应付福利费	劳动待业保险费	工程结算税金及附加	管理费用中的税金	营业利润
总　　计	**831957**	**89845**	**412295**	**52446**	**54737**	**139934**	**8789**	**73911**
按地区分								
市　区	770374	82772	381242	48714	51175	130247	8477	67747
东山区	170096	24299	67622	13086	13558	30687	2178	18666
荔湾区	47285	1876	26299	3148	4576	7202	239	3945
越秀区	77605	8459	41474	4478	6454	13689	961	2090
海珠区	95207	10448	47892	6749	9084	12991	1118	6925
天河区	164939	18411	74942	9545	9163	29785	2365	20728
芳村区	10495	509	5818	663	382	2577	93	453
白云区	40950	3017	21158	2284	1643	5482	229	7137
黄埔区	71004	7185	41595	4796	3713	7151	592	5972
番禺区	60747	6205	34667	2086	1395	12546	510	3338
花都区	32046	2363	19775	1879	1207	8137	192	－1507
县级市	61583	7073	31053	3732	3562	9687	312	6164
增城市	46755	6023	22819	2483	3354	6621	185	5270
从化市	14828	1050	8234	1249	208	3066	127	894
按隶属关系分								
中央属企业	100677	13629	51530	6296	10083	12342	726	6071
省属企业	225788	26707	102557	15135	15230	40830	1881	23448
市属企业	216701	25003	100866	14608	20571	31824	2917	20912
区县属企业	87217	6399	51352	5221	2009	19801	644	1791
其他企业	201574	18107	105990	11186	6844	35137	2621	21689
按登记注册类型分								
内资企业	817193	88412	404845	52037	54303	137336	8639	71621
国有企业	285867	35863	143529	20152	29449	45140	3319	8415
集体企业	103396	5771	58010	7908	3202	19372	977	8156
股份合作企业	13820	626	8862	613	208	2517	95	899
联营企业	3816	836	1495	226	247	871	22	119
国有联营企业	1221	113	680	116		338	9	－35
集体联营企业	824	349	312	40	7	77		39
国有与集体联营企业	339	16	130	18	25	136	1	13
其他联营企业	1432	358	373	52	215	320	12	102
有限责任公司	283488	30944	127994	16517	17935	47005	3167	39926
国有独资企业	73797	5653	39864	4551	9119	12345	755	1510
其他有限责任公司	209691	25291	88130	11966	8816	34660	2412	38416
股份有限公司	37259	5709	16248	1989	1511	5622	166	6014
私营企业	88772	8560	48211	4581	1745	16679	892	8104
私营独资企业	424	88	205	4	6	70	11	40
私营合伙企业	474	82	249	21	6	36	2	78
私营有限公司	85064	8186	46350	4365	1506	16150	834	7673
私营股份有限公司	2810	204	1407	191	227	423	45	313
其他企业	775	103	496	51	6	130	1	－12
港、澳、台商投资企业	11113	1055	6150	344	385	2169	75	935
合资经营企业	7513	515	4227	193	193	1282	27	1076
合作经营企业	2079	211	1123	61	116	665	25	－122
独资经营企业	1408	246	697	78	74	134	23	156
股份有限公司	113	83	103	12	2	88		－175
外商投资企业	3651	378	1300	65	49	429	75	1355
合资经营企业	145	96	22		2	12		13
合作经营企业	3091	68	1128		20	247	75	1553
独资经营企业	21	13	14	4	15	5		－30
股份有限公司	394	201	136	61	12	165		－181

12-8 劳务分包建筑企业生产经营情况

（2002 年）

单位：万元

项　　目	企业数（个）	企业总收入	# 劳务收入	税金	利润总额	计算劳动生产率的平均人数（人）	从业人员劳动报酬
总　计	5	4318	4308	149	-17	747	947
按地区分							
市　区	5	4318	4308	149	-17	747	947
东山区	1					138	28
荔湾区	1	110	100	6	9	34	57
越秀区							
海珠区	1	1050	1050	35	7	381	635
天河区	1	355	355	12	-36	48	18
芳村区	1	2803	2803	96	3	146	209
白云区							
黄埔区							
番禺区							
花都区							
县级市							
增城市							
从化市							
按隶属关系分							
中央属企业							
省属企业							
市属企业	1	110	100	6	9	34	57
区县属企业	1	2803	2803	96	3	146	209
其他企业	3	1405	1405	47	-29	567	681
按登记注册类型分							
内资企业	5	4318	4308	149	-17	747	947
国有企业							
集体企业	1	2803	2803	96	3	146	209
股份合作企业							
联营企业							
国有联营企业							
集体联营企业							
国有与集体联营企业							
其他联营企业							
有限责任公司	1					138	28
国有独资企业							
其他有限责任公司	1					138	28
股份有限公司	1	110	100	6	9	34	57
私营企业	2	1405	1405	47	-29	429	653
私营独资企业							
私营合伙企业							
私营有限公司	2	1405	1405	47	-29	429	653
私营股份有限公司							
其他企业							
港、澳、台商投资企业							
合资经营企业							
合作经营企业							
独资经营企业							
股份有限公司							
外商投资企业							
合资经营企业							
合作经营企业							
独资经营企业							
股份有限公司							

12－9 建筑业企业(特级、一级资质)一览表

(2002年)

企 业 名 称	建筑业总产值(万元)	竣工产值(万元)	房屋建筑施工面积(平方米)	房屋建筑竣工面积(平方米)
一、特级资质企业				
广东省长大公路工程有限公司	157771			
广州市建筑集团有限公司(含国际、中建公司)	53074	126098	1439467	896881
广东省建筑工程集团有限公司	13018	1008	43000	
广州市俊安非开挖管道工程有限公司	1305	1305	207	207
二、一级资质企业				
广东冠粤路桥有限公司	92419	166259		
广东水电二局股份有限公司	65740	2939		
广东省工业设备安装公司	63395	81652		
中国有色金属工业第十六冶金建设公司	56439	47338	619157	383148
广州省电力工业局第一工程局	52381	31665	163396	58111
中铁大桥局集团第三工程有限公司	51880	59838		
广东火电工程总公司	49966	16182		
广州市第四建筑工程有限公司	47486	35871	1197069	372692
中港四航局第二工程公司	43968	6075		
广东中人企业(集团)有限公司	42108	40450	125765	9500
广州航道局	40545	41534		
广州市市政工程维修处	40189	33552		
广州市第二建筑工程有限公司	39465	38885	729112	227793
广东省电力工业局输变电工程公司	39392	39363	23887	16956
中港四航局第一工程公司	38404	1813		
广州市公路工程公司	30261	3522		
广东珠江工程总承包有限公司	28000	25000	622000	179000
广东省电信工程公司	27988	13024		
广州市第三建筑工程有限公司	25489	25245	483587	166722
广州市房屋开发建设有限公司	24595	11014	578143	93757
广东基础工程公司	23405	19646		
广东省源天工程公司	22800	11915		
广州市建筑机械施工有限公司(市建五公司)	22608	18057	173389	103809
广州市黄埔区建筑工程总公司	22365	24731	485439	261969
广州协安建设工程有限公司	22265	7595	396194	78075
广州市机电安装有限公司	22233	3523		
广东省华侨建设工程公司	22053	5927	301356	24260
广州市住宅建设发展有限公司	21010	15447	1337296	384493
广东长宏公路工程有限公司	21000			
广东省第一建筑工程有限公司	20258	11676	1169204	74700
广州市市政工程机械施工有限公司	19646	8927		
广州市番禺区建筑安装工程公司	19419	17703	433495	193638
广州珠江装修工程公司	18209	10425		
广东省航盛工程有限公司	17879	25267		
广东省第四建筑工程公司	16872	15847	330988	177333
广州市通信建设有限公司	16744	16744		

12－9 续表1

企业名称	建筑业总产值（万元）	竣工产值（万元）	房屋建筑施工面积（平方米）	房屋建筑竣工面积（平方米）
广东省建筑装饰工程有限公司	16048	18916		
广东海外建设总公司	15692	21926	325000	176500
广州市花都第一建筑工程有限公司	15620	854	332496	26510
广东省石油化工建设集团公司	15434	6099		
广东省装饰总公司	14418	14418		
广州市建筑置业公司	14310	17034	765982	168201
广东省集美设计工程公司	13732	13732		
中国建筑三局（广州）第一建筑工程公司	13636	9668	828922	185382
广州市自来水工程公司	13092	15461		
广东省建筑工程机械施工有限公司	12929	7470	108719	36911
广州华盛工程实业有限公司	11227	2234	24073	11900
中国水产广州建港工程公司	11019	7700		
广州工程总承包集团有限公司	11001	17940	98362	66799
广州市越秀区住宅建设公司	11000	6392	220517	51501
广州市第一市政工程有限公司	10760	7170		
广东捷荣建筑安装工程有限公司	10513	5640	199066	105168
中国联和承造实业有限公司	10023			
广州房实工程总承包有限公司	10017	7956	317260	41027
广州市美术公司	9820	7223		
广州市第三市政工程有限公司	9630	22725		
广州市金辉建筑置业有限公司	9065	4000	192775	35775
广州市第三装修有限公司	8929	14526		
广州中煤江南基础工程公司	8629	7702		
广州市市政集团有限公司	8112	26088		
广州市南建土木工程有限公司	8100	13131	87027	52347
广州市水电设备安装公司	7873	3303		
广州市第二市政工程有限公司	7620	5798		
广东华盛建设有限公司	7594	500	133524	
广州市第四装修公司	6925	4310		
广东建雅室内工程设计施工有限公司广州公司	6480	7050		
广州海特天高信息系统工程有限公司	6200	3300		
广东省建筑装饰集团公司	6122	1735		
广州华辉装修建筑工程有限公司	6113	1324		
广州铝质装饰工程有限公司	6105	843		
广东中南建设物业发展总公司	5703		32072	
广州市城建开发装饰有限公司	5536	5500		
广东省地质工程公司	5109	5041		
广东省华侨建筑装饰公司	5086	5086		
广州铝材厂装饰工程公司	5051	4640		
广州地质勘察基础工程公司	5051	4816		
广州恒鑫建筑工程有限公司	4150	300	60000	12000
广东省地质建设工程集团公司	4080	4080		

12－9 续表2

企业名称	建筑业总产值（万元）	竣工产值（万元）	房屋建筑施工面积（平方米）	房屋建筑竣工面积（平方米）
广东省保安消防机电装饰工程有限公司	3618	1800		
广东飞达交通工程有限公司	3588	146		
广州铁路集团工程总公司	3502	13179	42588	42588
广东百安消防工程有限公司	3426	3200		
华南理工大学工程承包总公司	3324	3224	53460	53460
广州市新恒基消防工程有限公司	3297	2557		
广州市番禺新永兴消防水电装饰工程有限公司	3278	2013		
广东省工业美术设计装修工程公司	3195	3195		
广东金建设工程公司	2880	3840	10338	10338
广东建安消防机电工程有限公司	2694	2694		
广东省钢结构工程公司	2585	29		
广东三建机电设备安装有限公司	2451	926		
广州市永红水电装修工程有限公司	2389	1493		
中港四航局机电工程公司	2337	877		
广东建通工程有限公司	2320	2272		
广州市煤气工程公司	2313	1830		
广州市番禺桥梁开发建设集团公司	2206	309		
广东金安消防工程有限公司	2127	227		
广州市国安消防有限公司	1916	1836		
广州市番禺区房地产水电消防工程有限公司	1829	1829		
广东中原工程有限公司	1752	1893		
广州市第一装修公司	1692	207		
广州南得电力设备安装有限公司	1612	1612		
广东穗安消防工程有限公司	1565	1159		
广州设计院工程建设承包公司	1366	526		
广州市富安消防器材有限公司	1200			
广东吉业消防安全技术有限公司	1129	1129		
广州市耀安工程服务有限公司	1003	1003		
广州市天盛装饰消防工程有限公司	1000	450		
广州城市电力工程有限公司	764	764		
广州市盈联水电设备安装有限公司	638	568		
广州市番安交通设施工程有限公司	609	472		
广东德利来消防制冷工程有限公司	550	380		
中地建设开发广州有限公司	449	449		
广州市大安消防实业公司	446	440		
广州市普利达消防工程有限公司	360	300		
广东东南输变电工程有限公司	338	338		
广州市东山区市政工程公司	196	196		

12－10 建筑业企业(二级资质)一览表

(2002 年)

企业名称	建筑业总产值(万元)	竣工产值(万元)	房屋建筑施工面积(平方米)	房屋建筑竣工面积(平方米)
广州天河高新开发区天力建筑公司	23574	19370	361772	361772
广东省冶金建筑安装有限公司	23016	7623	170232	56993
广州市番禺区第六建筑工程有限公司	19091	17637	255799	166796
广州石油化工总厂建筑安装工程公司	17981	17136		
广州市电力工程公司	16828	16828	4194	2143
广州市番禺区第二建筑工程公司	16435	9931	351770	115806
广州市番禺大石建筑工程公司	16300	19282	422258	357237
广州南方电力建设集团有限公司	15951	15951		
广州市海珠区建筑工程总公司	14423	24443	388439	206674
广东广华实业开发有限公司	13974	4096	44951	
广东省广梅汕铁路工程有限公司	12560	9327	45744	32311
广州市黄埔区第二建筑工程总公司	11892	5689	213323	79078
广州电力建设有限公司	11241	11241		
广东省宏大建筑企业公司	11017	556	69860	4543
广东省电力工业局技术改进公司	10265	11004		
广州市水电建设工程公司	10179	11037		
广州番禺市第三建筑工程公司	10023	18603	451458	233569
广州番禺港安建筑工程有限公司	9755	6745	282524	95186
广州市花都第三建筑工程有限公司	9694	15813	500653	202650
广州市荔湾建筑工程有限公司	9404	11866	198514	91564
广州市电信工程公司	9323	6059		
广州市盾建地下工程有限公司	9281	14721		
广州市花都第二建筑工程有限公司	9235	3144	176816	42096
广州市花都土木建筑工程有限公司	9230	8100	103944	91428
广州从化市建总建筑工程有限公司	9000	10684	173000	117000
广东长城建设集团建筑安装有限公司	8932	8932	22055	22055
广州市花都第四建筑工程有限公司	8900	30885	658110	324325
广州开发区建设开发总公司	8864	14463	155075	38447
广州从化市第三建筑集团有限公司	8792	41147	60125	20100
广州市奥特控制工程有限公司	8563	4265		
广州增城市第二建筑工程公司	8507	3386	277534	48451
广东宏昌建设工程有限公司	8441	4925	86536	51223
广州市恒盛建设工程有限公司	8354	207	173194	53483
广州增城市建筑工程公司	8297	7369	234299	94820
广东省富银建筑工程有限公司	8200		68690	
广东浩和建筑有限公司	8137		70446	
广州从化市第四建筑公司	8032	5260	133965	75610
广东省建筑构件工程公司	8030	3170	50985	10447

12－10　续表1

企　业　名　称	建筑业总产值（万元）	竣工产值（万元）	房屋建筑施工面积（平方米）	房屋建筑竣工面积（平方米）
广州市轻工建筑安装工程公司	8002	1871	52186	3847
广东省煤炭建设(集团)有限公司	7821	3974	77163	26540
广州市通信网络工程有限公司	7312	6156		
广州市二轻工业建筑公司	7189	956	141855	8400
广州兴业混凝土搅拌有限公司	7183			
广州市化工建筑工程有限公司	7128	703	50010	10486
广州市海珠区市政建设工程总公司	7002	6470		
广州住友建设发展公司	6861	5786	128111	57361
广州市冶金建设公司	6855	224	84878	1628
广州市第二装饰公司	6743	3673		
广东输变电实业开发公司	6658	8574		
广州恒新机电工程有限公司	6620	4350		
广州市黄埔区市政建设总公司	6604	3691		
广东华工大建筑工程有限公司	6120	6020	56865	56865
广州市白云南方水利电力实业公司	6010	5920		
广州从化市第一建筑工程公司	5613	3202	101613	55846
广州市建兴装饰工程有限公司	5380	1195		
广州白云区市政建设工程公司	5169	5169		
广东建城工程建设有限公司	5077	4528	73220	64312
广州市穗业工程承包有限公司	5023	5005		
广州市白云第一建筑集团公司东山公司	5007	5728	84496	30669
广州广南建设工程公司	4534	2618	12001	9650
广州市白云区石井建筑工程公司	4516	6893	83991	58391
广东省南兴建筑工程有限公司	4398			
广州四方市政工程有限公司	4360	5088		
广州市白云区第三建筑工程公司	4250	2100	174000	27800
广州珠江建筑装饰集团公司	4100	2358		
广州穗明水电设备安装工程有限公司	4050	3910		
广东瑞华建筑工程有限公司	4040	2958	101108	27300
广州市天河建安建筑有限公司	4030	5692	356737	14000
广东省建业技术工程公司	4011	4041		
广州市金安讯信息工程有限公司	3830	3830		
广州市三元里建筑工程公司	3754	3461	68100	40800
广州南沙经济技术开发区泰安消防工程有限公司	3616	3335		
广东顺浚工程有限公司	3497	1437		
广州市穗通冷气装饰工程公司	3462	1184		
广东建鑫建筑有限公司	3345	1481	49012	10373
广东粤安信息工程有限公司	3264	1227		
广州市钟鑫建筑工程有限公司	3138		290000	

12－10 续表2

企 业 名 称	建筑业总产值（万元）	竣工产值（万元）	房屋建筑施工面积（平方米）	房屋建筑竣工面积（平方米）
广东长誉公路工程有限公司	3080	1150		
广州市坤隆建筑安装工程有限公司	3018	3018	50000	50000
广东海景工程建设有限公司	2823		82106	
广州市鲁班建筑防水补强有限公司	2812	1776		
广州南雅建筑工程有限公司	2784		84123	
广州市番禺协安机电安装实业有限公司	2642	2117		
广东金圣装饰工程有限公司	2420	873		
广州市番禺旭鸿体育场地设施工程有限公司	2350	1022		
广州市建安实业有限公司	2200	1500	60000	40000
广州恒建工程有限公司	2189	10123	64137	44290
广州市北郊公路工程公司	2173	2173		
中科院广州化灌工程有限公司	2161	2161		
广州市建筑科学研究院新技术开发中心	2119	1896	1	
广州新利堡消防工程企业有限公司	2066	2180		
广州开发区南方工程公司	2014	2759		
广州市黄埔区园林建筑工程有限公司	1970	1770		
广东竞丰建筑工程有限公司	1950		20000	
广东省振兴消防工程公司	1700	1700		
梅州市建筑工程公司广州公司	1680		18000	
广东省地铁路建设有限责任公司	1676	1600		
广州番禺中天装饰工程有限公司	1558	1558		
广州南方电力集团照明建设有限公司	1511	1511		
广州市番禺莲田钢结构实业有限公司	1450	1450		
广东省农垦建设实业总公司	1380		62000	
广州市意达实业发展有限公司	1310		25775	
广州市城建工程总承包有限公司	1214	253		
广州市江高建筑工程公司	1200	1200	64600	20000
广州市瑞丰建筑工程有限公司	1177	2980	23142	19485
广东省穗安地基工程公司	1138	1088		
广州石油化工总厂黄埔华穗工程公司	1135	1080	768	768
广东欣建建筑工程有限公司	1100	46		
广州市荔湾建筑装饰工程总公司	1087	1087		
广州富利建筑安装工程有限公司	1056	834	14000	6900
广州市艺泰装饰工程有限公司	1054	1021		
广州市番禺东建建设有限公司	1020	1020		
广东华茂达建筑工程有限公司	916	138		
广东宏成建筑工程有限公司	892	382	12140	5800
广州春裕装饰工程公司	864	768		
广州铁路消防工程有限公司	808	227		

12－10　续表 3

企业名称	建筑业总产值（万元）	竣工产值（万元）	房屋建筑施工面积（平方米）	房屋建筑竣工面积（平方米）
民航中南空管设备工程公司	763	198		
广东建科建筑工程技术开发有限公司	756	469		
广州市恒泰水电装饰工程有限公司	728	700		
广州市舒安消防工程有限公司	711	711		
广州市八达工程有限公司	640	640		
广东省燕塘水电工程安装公司	621			
广州市番禺区恒安水电消防专业有限公司	593	593		
广州市三优建筑安装有限公司	579	579	23100	23100
广东得应铝质工程有限公司	490	377		
广东华达装饰工程有限公司	472	472		
广东华固岩土工程有限公司	435	126		
广东新南方基础工程有限公司	420			
广东四建装饰工程有限公司	403	457		
广东省明诚建筑工程有限公司	386		29000	
广东省工程承包公司	376		70078	
广东友泰消防工程有限公司	362	358		
广州华南资讯科技有限公司	359	1020		
广州从化市建筑市政工程总公司	348	300	5341	
广州市金利丰装修工程有限公司	333	122		
广州协荣装饰工程有限公司	315	315		
广州雅风建筑装饰工程有限公司	300			
广州市兴亿装饰工程有限公司	300	300		
广州市卫华消防工程有限公司	295	235		
广东三英设计装饰工程有限公司	294	283		
广州盛仁建筑装饰工程有限公司	283	306		
广州天衣防水补强新技术开发有限公司	272	399		
广州市城镇装饰工程公司	268	210		
广州市番禺区红叶装饰工程有限公司	258	175		
广东奥新电梯安装工程有限公司	246			
广东晟世纪装饰工程有限公司	203	203		
广州三寓装饰工程有限公司	136	136		
广东新南方消防工程有限公司	120	120		
广州市诚业机电安装工程有限公司	79	950		
广东建设实业公司	75	75		
广东正基建筑工程有限公司	65	1271	12000	12000
广东省源大水利水电集团公司	50	340		
广州市华发电梯有限公司	39	39		
广州市宏力建筑工程有限公司				
广州市建力劳务有限公司				

主要统计指标解释

【建筑业总产值(即自行完成施工产值)】是以货币表现的建筑安装企业在一定时期内生产的建筑业产品的总和。建筑业总产值包括：

⑴建筑工程产值:指列入建筑工程预算内的各种工程价值。

⑵设备安装工程产值:指设备安装工程价值,不包括被安装设备本身的价值。

⑶房屋、构筑物修理产值:指房屋、构筑物修理所完成的价值,但不包括被修理房屋、构筑物本身的价值和生产设备的修理价值。

⑷非标准设备制造产值:指加工制造没有定型的、非标准的生产设备的加工费和原材料价值,以及附属加工厂为本企业承建工程制作的非标准设备的价值。

【建筑业增加值】指建筑业企业在报告期内以货币表现的建筑业生产经营活动的最终成果。目前建筑业增加值采用分配法(收入法)计算,即从收入的角度出发,根据生产要素在生产过程中应得的收入份额计算。具体计算公式为：

建筑业增加值 = 本年提取的固定资产折旧 + 主营业务应付工资 + 主营业务应付福利费 + 管理费用中的劳动待业保险金、税金 + 工程结算税金及附加 + 营业利润

【房屋建筑施工面积】指在报告期内施工的全部房屋建筑面积,包括本期新开工的房屋面积、上期施工跨入本期继续施工的房屋面积、上期停缓建在本期恢复施工的房屋面积、本期竣工的房屋面积及本期施工后又停缓建的房屋面积。

【房屋建筑竣工面积】指在报告期内房屋建筑按照设计要求全部完工,达到了使用条件,经验收鉴定合格,正式交付使用单位的房屋建筑面积。

【工程结算收入】指企业承包工程实现的工程价款结算收入,以及向发包单位收取的除工程价款以外的按规定列作营业收入的各种款项,如临时设施费、劳动保险费、施工机械调迁费等以及向发包单位收取的各种索赔款。

【工程结算利润】指已结算工程实现的利润,如亏损以“ - ”号表示。计算公式为：

工程结算利润 = 工程结算收入 - 工程结算成本 - 工程结算税金及附加

【企业总收入】指与企业生产经营直接有关的各项收入,包括工程结算收入和其他业务收入。计算公式为：

企业总收入 = 工程结算收入 + 其他业务收入

第十三篇

运输和邮电

运输邮电业全面发展

2002年,广州市运输业保持平稳发展,港口吞吐量持续高速增长,邮电业务及收入大幅上升。全市运输邮电业呈现出全面发展的良好态势。

一、交通运输业

1. 客货运输量均有所增长。2002年,全市完成货物运输量2.54亿吨,比上年增长2.1%。其中,公路完成货物运输量1.41亿吨,水路完成货物运输量9201.27万吨,分别比上年增长6.3%和0.6%。全市完成旅客运输量2.68亿人次,比上年增长9.4%。其中,铁路完成旅客运输量2797.3万人次,公路完成旅客运输量2.32亿人次,分别比上年增长3.3%和10.0%。

2. 旅客周转量保持增长。2002年,全市完成旅客周转量393.8亿人千米,比上年增长11.6%。其中,铁路和公路分别完成旅客周转量158.38亿人千米和112.13亿人千米,分别比上年增长5.0%和10.9%。货物周转量因受广州海运集团上调油轮的因素影响略有下降。2002年,全市完成货物周转量2160.29亿吨千米,比上年下降4.2%。但公路、民航和管道运输的周转量均保持两位数的增长,如剔除水路运输的影响,货物周转量则有所增长。

3. 民航运输加快发展。2002年,全市民航飞机由上年的30架增至36架,其中包括增加一架投入货物运输的专用货机,使民航的客货运输及周转量快速增长。2002年,全市完成民航货物运输量23.82万吨,完成民航货物周转量6.17亿吨千米,分别比上年增长27.1%和72.9%。完成旅客运输量630.65万人次,完成旅客周转量122.03亿人千米,分别比上年增长17.5%和22.3%。

白云国际机场更为繁忙。2002年白云国际机场飞机起降架次达14.77万次,比上年增长7.5%;完成旅客吞吐量1601万人次,完成货邮吞吐量59.26万吨,分别比上年增长15.8%和11.5%。

二、港口生产持续高速增长

广州市经济稳定快速发展,工业及内外贸易均有较大的增长,使全市港口生产保持高速增长。2002年,全市港口完成货物吞吐量1.68亿吨,比上年增长23.9%;其中,进口完成1.13亿吨,出口完成5454.24万吨,分别比上年增长25.4%和20.8%。随着集装箱码头的进一步完善,全市集装箱吞吐量继续高速增长。全年完成集装箱吞吐量达3254.9万吨,完成箱数达271.81万标准箱,分别比上年同期增长23.7%和19.4%。

三、邮电通信业在竞争中发展

2002年,邮电通信业的竞争日趋激烈。5月17日南北电信的分立及中国铁通公司的成立,打破了中国电信对固定电话业务的垄断,从而把邮电通信业引向了全面竞争。广州市各邮电通信企业把握这一时机大力发展,2002年,全市实现邮电业务收入175.12亿元,完成邮电业务总量192.83亿元,分别比上年增长15.6%和18.3%。

激烈的竞争使各大公司纷纷推出各种优惠及新业务来吸引用户,全市邮电通信的各项业务用户均出现大幅增长。2002年末本地电话用户达365.07万户,移动电话用户达745万户,国际互联网用户达271.71万户,分别比上年增长17.7%、33.1%和1.2倍。尤其是移动电话的迅速发展,使移动电话普及率由上年的78.53部/百人,提高到103.96部/百人。

货物、旅客运输量

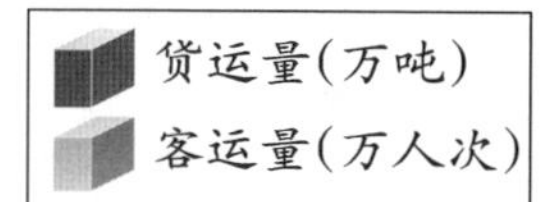

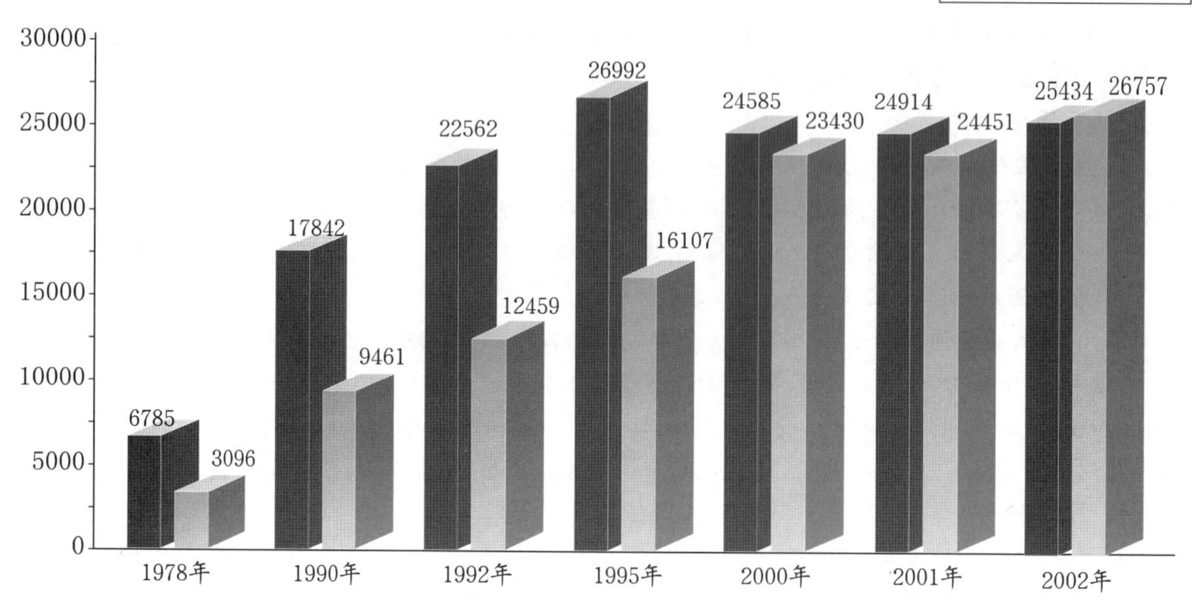

邮电业务总量

（2000年不变价）

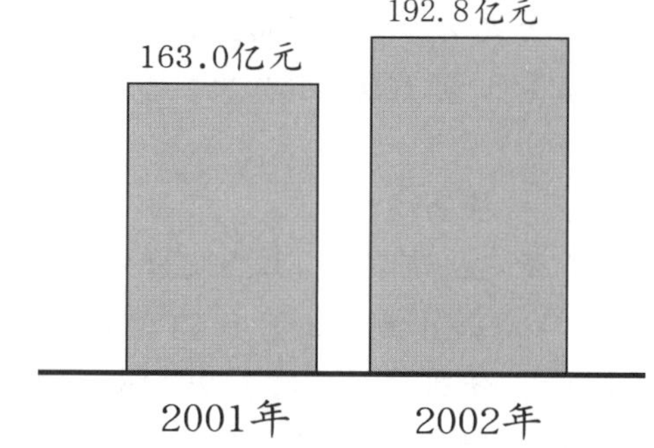

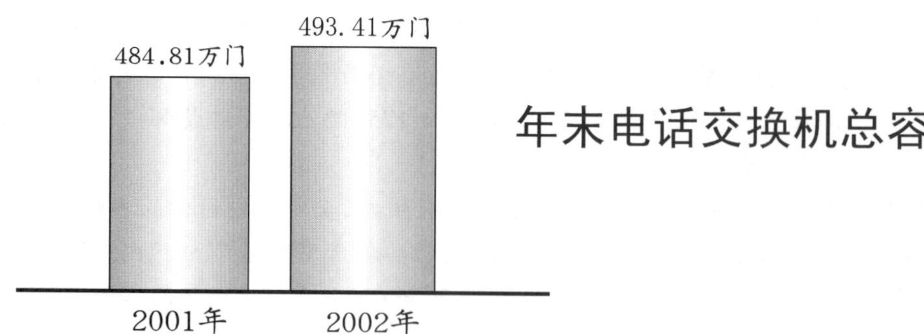

年末电话交换机总容量

13-1 交通邮电基本情况

项目	单位	2001年		2002年	
		全市	#市区	全市	#市区
全社会车辆数	辆	1447665	1226318	1584156	1332248
#民用汽车	辆	430373	394394	487556	444212
全社会货运量	万吨	24914	23240	25434	23531
#公路	万吨	13286	11738	14122	12475
水路	万吨	9143	9017	9201	8945
铁路	万吨	2051	2051	1658	1658
民航	万吨	19	19	24	24
全社会货物周转量	万吨千米	22544007	22166011	21602946	20959553
#公路	万吨千米	897363	792775	986717	871666
水路	万吨千米	19965440	19692032	19005094	18476752
铁路	万吨千米	1643700	1643700	1547417	1547417
民航	万吨千米	35674	35674	61666	61666
全社会客运量	万人次	24451	17729	26757	19415
公路	万人次	21057	14384	23157	15819
水路	万人次	149	100	172	168
铁路	万人次	2708	2708	2797	2797
民航	万人次	537	537	631	631
全社会旅客周转量	万人千米	3529119	3204636	3938021	3582426
公路	万人千米	1011210	690756	1121315	765970
水路	万人千米	12225	8196	12616	12366
铁路	万人千米	1508100	1508100	1583781	1583781
民航	万人千米	997584	997584	1220309	1220309
港口货物吞吐量	万吨	13539	13539	16772	16477
进口	万吨	9026	9026	11318	11119
出口	万吨	4513	4513	5454	5358
白云国际机场货邮吞吐量	万吨	53	53	59	59
白云国际机场旅客吞吐量	万人次	1384	1384	1601	1601
邮电业务总量(2000年不变价)	万元	1630454	1347066	1928337	1775627
电话交换机总容量	万门	485	437	493	456
报纸发行量	万份	132776	117640	128606	113950
杂志发行量	万份	4233	3944	4299	4015
年末电话机	万部	375.97	345.72	386.34	351.69
移动电话年末户数	万部	559.62	512.87	745	635.34
无线寻呼年末户数	万部	127	106.62	111.76	91.70
国际互联网用户	万户	120.95	116.73	271.71	244.88
城市电话普及率(含移动电话)	部/百人	131.29	148.81	157.87	170.05
#移动电话	部/百人	78.53	88.89	103.96	109.46

13－2 公路、航道线路基本情况

（2002 年）

项目	单位	全市	市区	#番禺区	#花都区	增城市	从化市
公路里程	**千米**	**5397**	**2958**	**778**	**800**	**1299**	**1140**
#晴雨通车里程	千米	5396	2957	777	800	1299	1140
等级公路	千米	4609	2527	740	633	1042	1040
高速	千米	260	234	24	10		26
一级	千米	495	343	123	125	85	67
二级	千米	760	457	208	82	122	181
三级	千米	946	609	297	159	239	98
四级	千米	2148	884	88	257	596	668
等外公路	千米	788	431	38	167	257	100
有路面里程	**千米**	5315	2957	777	800	1299	1059
高级	千米	3962	2427	672	514	632	903
次高级	千米	101	78	36	40	10	13
中级	千米	232	155	28	127	56	21
低级	千米	1020	297	41	119	601	122
无路面里程	**千米**	82	1	1			81
桥梁							
座	座	1443	875	297	211	308	260
长度	米	85893	65759	34974	6792	9597	10537
永久式桥梁							
座	座	1443	875	297	211	308	260
长度	米	85893	65759	34974	6792	9597	10537
半永久式桥梁							
座	座						
长度	米						
渡口	**个**	1	1	1			
内河航道里程	**千米**	1255	1105	965	68	97	53
#等级航道	千米	575	434	299	63	88	53

13-3 全社会车辆数

（2002 年）　　　　单位：辆

项目	全市	市区	#番禺区	#花都区	增城市	从化市	#私人
合计	1584156	1322486	396694	170559	182669	79001	1335396
一、汽车	487556	444212	55640	22590	32002	11342	287696
1.载客汽车	311663	291757	34477	10972	15076	4830	205334
大型	20266	19436	1823	357	641	189	792
中型	49786	46677	4496	1640	2159	950	29988
小型	234785	219120	27612	8779	12057	3608	168181
微型	6826	6524	546	196	219	83	6373
#轿车	143510	135171	17149	4340	6531	1808	99230
2.载货汽车	165512	142682	20327	11325	16497	6333	81567
大型	10258	8882	666	423	1113	263	2102
中型	37578	30954	4089	4150	4452	2172	17119
小型	114570	100004	15258	6609	10748	3818	60223
微型	3106	2842	314	143	184	80	2123
#普通载货	112856	98946	14414	7173	9560	4350	58518
3.其他汽车	10381	9773	836	293	429	179	795
二、电车	64	64					
1.无轨	64	64					
2.有轨							
三、摩托车	1088511	871763	340682	147453	149682	67066	1044040
1.普通	1081115	864534	336773	145202	149588	66993	1036765
2.轻便	7396	7229	3909	2251	94	73	7275
四、农用运输车	1780	745	179	464	490	545	1493
1.三轮	2	1	1		1		2
2.四轮	1778	744	178	464	489	545	1491
五、拖拉机	40	12	10	2	28		2
1.大型	9	9	7	2			
2.小型	31	3	3		28		2
六、挂车	4191	4105	182	45	38	48	342
七、其他类型车	2014	1585	1	5	429		1823

注：本表按公安部 2001 年 10 月 1 日施行的《机动车登记工作规范》分组。

13－4 民用运输轮驳船拥有量

项目	单位	1995年		2001年		2002年	
		全市	#交通系统	全市	#交通系统	全市	#交通系统
合计	艘	5892	1837	5858	674	5865	651
机动船	艘	4681	1336	5599	553	5646	541
载客量	客位	83702	14056	76048	2122	36110	1772
净载重量	吨位	5744362	5265106	2887709	2617358	2958798	2605642
总功率	千瓦	2374079	1925479	1605436	955795	1525953	946453
1.客船	艘	421	52	397	7	426	6
载客量	客位	81557	11911	75593	2122	35655	1772
2.客货船	艘	4	4	3		3	
载客量	客位	2145	2145	455		455	
净载重量	吨位	3880	3877	28		28	
3.货船	艘	3974	1176	5138	517	5163	516
净载重量	吨位	5358815	5105227	2887681	2617358	2958770	2605642
4.拖船	艘	282	104	61	29	54	19
功率	千瓦	194819	18411	13186	7760	11496	5294
驳船	艘	1211	501	259	121	219	210
载客量	客位			205		127	
净载重量	吨位	381667	156002	52570	54605	46308	46153

13－5 全社会客货运输(吞吐)量

(2002年)

项目	客运量(万人次)	旅客周转量(万人千米)	货运量(万吨)	货物周转量(万吨千米)	旅客离港量(万人次)	货物吞吐量(万吨)	#集装箱
合计	26757	3938021	25434	21602946	135	16772	3255
#交通系统	11052	2984620	8645	19944600			
公路运输	23157	1121315	14122	986717			
#交通系统	7622	180033	154	6082			
个体及联户	1389	60836	6582	208170			
水路运输	172	12616	9201	19005094			
#交通系统	2	497	6380	18327383			
个体及联户	9	630	460	57015			
铁路运输	2797	1583781	1658	1547417			
国有铁路	2797	1583781	1658	1547417			
民航运输	631	1220309	24	61666			
直属	631	1220309	24	61666			
管道运输			429	2052			
港口					135	16772	3255

13-6 交通系统公路货运量及货物分类

单位:万吨

项　　目	1995年		2001年		2002年	
	全　市	#市　区	全　市	#市　区	全　市	#市　区
运输车量数(辆)						
货运汽车	728	637	269	269	268	268
载货挂车	33	33			52	52
货物运输量	498	456	211	211	154	154
汽车	498	456	211	211	154	154
#载货挂车	4	4			50	50
货物周转量(万吨千米)	22012	19677	7999	7999	6082	6082
汽车	22012	19677	7999	7999	6082	6082
#载货挂车	218	218			1211	1211
货物分类						
煤类及制品	44.26	44.26	7.60	7.60	7.29	7.29
石油、天然气及制品	0.01	0.01	2.50	2.50	3.33	3.33
金属矿石	0.09	0.09				
钢铁	36	36	2.03	2.03	1.93	1.93
矿物性建筑材料	14.34	14.34			0.14	0.14
水泥	4.71	4.71			0.58	0.58
木材	4.51	4.51	0.07	0.07	0.08	0.08
非金属	11.74	11.74				
化学肥料及农药	0.17	0.17				
盐	0.17	0.17	0.02	0.02	0.01	0.01
粮食	0.28	0.28				
机械、设备、电器	26.51	26.51	15.59	15.59	19.90	19.90
化工原料及制品	6.62	6.62	1.25	1.25	1.11	1.11
有色金属	0.12	0.12	0.13	0.13		
轻工医药产品	20.27	20.27	31	31	10.07	10.07
#日用工业品	18.92	18.92	24.85	24.85		
农、林、牧、渔业产品	0.44	0.44	0.01	0.01	0.01	0.01
其他货类	327.76	285.76	126.16	126.16	109.55	109.55

13－7 交通系统水路货运量及货物分类

（2002 年） 单位：万吨

项目	合计	远洋	海运	内河	# 市航运
货运量	6380.47	962.48	3927.07	1490.92	946.70
货物周转量（万吨千米）	18327383	8324184	9760927	242272	87212
货物分类					
煤类及制品	3338.74	20.89	3134	183.85	39.10
石油、天然气及制品	64.28	51.78		12.50	
金属矿石	648.69	84.43	564	0.26	0.20
钢铁	355.93	97.63	48	210.30	74.40
矿物性建筑材料	203.54	9.50	25	169.04	156.10
水泥	218.61	2.61	4	212	209.70
木材	56.35	47.75		8.60	3.90
非金属	144.51	7.51	38	99	93.30
化学肥料及农药	89.27	82.17	4	3.10	3.10
盐	27.60		26	1.60	
粮食	254.27	170.37	83	0.90	0.90
机械、设备、电器	45.24	36.02		9.22	4.60
化工原料及制品	72.17	59.17		13	1.30
有色金属	8.52	6.94		1.58	0.70
轻工医药产品	184.16	42.06		142.10	7.60
农、林、牧、渔业产品	38.01	31.51		6.50	6.50
其他货类	630.58	212.14	1.07	417.37	345.30

13－8 市属交通系统水路货运量及周转量

项目	1990 年	1995 年	2000 年	2001 年	2002 年
运输总量（万吨）	1608	1477	976	798	947
货运量	1532	1435	976	798	947
驳运量	76	42			
周转量总量（万吨千米）	96708	136146	106840	87857	87212
货运周转量	95420	135390	106840	87857	87212
驳运周转量	1288	756			
在货物运输量中					
1.货运量（万吨）	1532	1425	976	798	947
内河	1400	942	439	328	314
外贸	132	483	537	470	633
# 进口	30	153	294	264	252
沿海					
2.货物周转量（万吨千米）	95420	108075	106840	87857	87212
内河	75189	51186	33397	22484	21539
外贸	20231	56889	73443	65373	65673
# 进口	4132	21154	40898	35630	36113
沿海					

13－9 铁路运输主要技术经济指标

项　　目	单　位	2001 年	2002 年
货运机车日产量	万吨千米	88.60	103.20
蒸汽机车	万吨千米		
内燃机车	万吨千米	55.10	38.10
电力机车	万吨千米	121.07	133.60
货运机车平均牵引总量	吨	2793	2870
蒸汽机车	吨		
内燃机车	吨	2488	1901
电力机车	吨	2948	2800
货运机车日车千米	千米	338	389
客运机车日车千米	千米	548	877
蒸汽机车每万吨千米耗煤	公斤		
内燃机车每万吨千米耗油	公斤	34	31.50
电力机车每万吨千米耗电	千瓦小时	97.40	98.20
货物列车出发正点率	%	100	99.90
货物列车运行正点率	%	100	100
旅客列车出发正点率	%	99.40	99.70
旅客列车运行正点率	%	99.40	99.40
旅客列车技术速度	千米/小时	77.10	84.50
旅客列车旅行速度	千米/小时	67.10	74.70
客运密度	万人千米/千米	6224	4140.60
货物列车技术速度	千米/小时	48	50
货物列车旅行速度	千米/小时	34.40	33.70
货运密度	万吨千米/千米	7031	4045.50
货车周转时间	天	1.47	1.52
一次货物作业时间	小时	18.10	18.50
货车中转停留时间	小时	4.30	4.30
货车静载重(准轨)	吨	54.60	54.30
货车载重力利用率	%		
运输全员劳动生产率	千换算吨千米/人	156.64	162.44
运输每万换算吨千米成本	元	589.83	1218.82
# 货运成本	元	1125.43	1213.25
客运成本	元	5.55	5.43

13－10 铁路运输基本情况

项目	单位	2001年	2002年
延展里程	千米	1316.20	1316.90
营业里程	千米	382.50	382.50
正式营业	千米	382.50	382.50
临时营业	千米		
复线里程	千米	317.70	317.70
电气化线路里程	千米	329.30	329.30
内燃机牵引线路里程	千米	52.30	53.20
铁路机车	台	300	267
内燃机车	台	172	147
电力机车	台	120	120
蒸汽机车	台	8	
铁路客车	辆		
铁路货车	辆	1100	1102
客运量	万人次	2708	2797
旅客周转量	万人千米	1508100	1583781
货运量	万吨	2051	1658
货物周转量	万吨千米	1643700	1547417

13－11 铁路货物到发量

单位：万吨

货物名称	2001年			2002年		
	合计	到达量	发送量	合计	到达量	发送量
合计	**5444.10**	**3393.54**	**2050.56**	**5106.30**	**3448.70**	**1657.60**
煤类及制品	1434.14	1001.86	432.28	1259.60	849.70	409.90
石油、天然气及制品	104.85	99.67	5.18	122.40	119	3.40
金属矿石	396.99	185.13	211.86	422.60	221.30	201.30
钢铁	719.60	576.20	143.40	808.10	670.70	137.40
矿物性建筑材料	567.19	152.58	414.61	323.60	107.30	216.30
水泥	107.56	48.42	59.14	93.50	54.10	39.40
木材	47.27	34.37	12.90	43.30	29.70	13.60
非金属	309.76	199.52	110.24	268.20	182.90	85.30
化学肥料及农药	101.45	90.88	10.57	110.30	100.70	9.60
盐	29.41	29.26	0.15	29.20	29	0.20
粮食	284.22	281	3.22	335.10	331.40	3.70
机械、设备、电器	144.02	10.44	133.58	117.40	12.10	105.30
化工原料及制品	165.42	127.88	37.54	169.20	128.70	40.50
有色金属	22.12	17.35	4.77	30.80	20.40	10.40
轻工医药产品	14.57	11.72	2.85	9.40	8	1.40
农、林、牧、渔业产品	105.26	70.52	34.74	62.40	40.20	22.20
其他货类	890.27	456.74	433.53	901.20	543.50	357.70

注：本表包括市郊的广北、广西、广南、黄埔、广州、石围塘、江高镇、棠溪、广州东、石牌、吉山、大朗、下元站的数字。

13-12 民航运输主要指标

项　　目	单　位	2001 年	2002 年
客运量	万人次	537	631
国际航线	万人次	99	123
国内航线	万人次	438	508
#地区航线	万人次	64	52
旅客周转量	万人千米	997584	1220309
国际航线	万人千米	412810	504875
国内航线	万人千米	584774	715434
#地区航线	万人千米	45124	28057
货邮运量	吨	187400	238241
国际航线	吨	19484	40159
国内航线	吨	167916	198082
#地区航线	吨	8556	7909
货邮周转量	万吨千米	35674	61666
国际航线	万吨千米	9642	31765
国内航线	万吨千米	26032	29901
#地区航线	万吨千米	644	461
总周转量	万吨千米	125444	170747
国际航线	万吨千米	46480	76863
国内航线	万吨千米	78964	93884
#地区航线	万吨千米	4672	2967
飞行班次	班次	42683	46211
国际航线	班次	7807	9853
国内航线	班次	34876	36358
#地区航线	班次	5819	4768
飞行时间	小时	104827	121779
运输飞行	小时	104360	121057
专业飞行	小时	467	722
飞机生产率	吨千米/小时	12253	14105
客座率	%	62.10	65.20
载运率	%	58.20	58.90

13－13 民航航线及飞机年末数

指　标　名　称	单　位	2001年	2002年
民用航空航线条数	条	69	66
国际航线	条	26	25
国内航线	条	43	41
#地区航线	条	6	6
民用航空航线里程	千米	181749	172586
国际航线	千米	112216	113148
国内航线	千米	69533	59438
#地区航线	千米	5579	5579
民航飞机期末架数	架		
运输飞机	架	30	36
大型飞机	架	30	36
小型飞机	架		
通用飞机	架		
其他用途飞机	架		
国外通航国家和地区	个	11	12
通航城市	个	14	18

13－14 白云国际机场吞吐量

项　　　目	单　位	2001年	2002年
飞机起降架次	次	137355	147668
进 港	次	68661	73830
出 港	次	68694	73838
旅客吞吐量	万人次	1383	1601
进 港	万人次	673	790
出 港	万人次	710	811
货邮吞吐量	吨	531565	592560
进 港	吨	225016	251492
出 港	吨	306549	341068
客 座 率	%	58.10	61.80
进 港	%	54.90	59.60
出 港	%	61.20	64
载 运 率	%	56.80	59.50
进 港	%	51.80	55.10
出 港	%	61.70	64

13－15 输油(气)管道基本情况

(2002 年)

项目	条数(条)	输油(气)里程(公里)	延展长度(公里)	输油(气)能力(万吨/年、千万立方米/年)	输油(气)量(万吨)	输油(气)周转量(万吨公里)
合计	24	77.62	77.62	636.98	429.15	2052
输原油管道						
输成品油管道	23	72.92	72.92	636.00	422.63	2021
输天然气管道						
输其他气体管道	1	4.70	4.70	0.98	6.52	31

13－16 港口码头泊位数

项目	单位	2001年		2002年	
		全市	#广州港	全市	#广州港
码头长度	米	52092	42457	65920	42397
泊位	个	787	593	1270	592
#万吨级	个	50	46	50	46
总面积	平方米	1352755	1347316	2964409	1316141
1、生产用					
码头长度	米	43922	34287	63979	40520
泊位	个	668	474	1238	562
#万吨级	个	50	46	50	46
总面积	平方米	1260290	1254851	2900465	1252197
2、非生产用					
码头长度	米	8170	8170	1941	1877
泊位	个	119	119	32	30
#万吨级	个				
总面积	平方米	92465	92465	63944	63944

13－17 港口吞吐量及货物分类

（2002年）

单位：万吨

项目	合计			#广州港		
		进口	出口		进口	出口
旅客吞吐量(万人次)	135	67	68	10	5	5
国内航线	10	5	5	10	5	5
国际航线	125	62	63			
货物吞吐量	16772	11318	5454	15324	10470	4854
1.本港码头	10184	6307	3877	10160	6294	3866
企业码头	6588	5011	1577	5164	4176	988
2.外贸	4828	3447	1381	4242	3064	1178
内贸	11944	7871	4073	11082	7406	3676
#沿海	6390	5285	1105	6390	5285	1105
内河	5554	2586	2968	4692	2121	2571
货物分类						
煤类及制品	4292	3334	958	4186	3234	952
石油、天然气及制品	3682	2000	1682	3565	1901	1664
金属矿石	517	276	241	245	242	3
钢铁	821	740	81	741	663	78
矿物性建筑材料	1853	1317	536	1752	1244	508
水泥	94	25	69	10	10	
木材	178	166	12	114	104	10
非金属	466	431	35	431	396	35
化学肥料及农药	137	91	46	126	86	40
盐	39	28	11	39	28	11
粮食	470	321	149	400	256	144
机械、设备、电器	808	392	416	769	356	413
化工原料及制品	437	319	118	290	193	97
有色金属	50	13	37	50	13	37
轻工医药产品	641	381	260	482	352	130
农、林、牧、渔业产品	191	116	75	162	106	56
其他货类	2096	1368	728	1962	1286	676

13-18 港口标准集装箱吞吐量

（2002年）

项目	合计	进口	出口	#广州港	进口	出口
箱数合计(箱)	2718133	1329264	1388869	2172805	1075845	1096960
#本港	1409891	727836	682055	1409891	727836	682055
重量合计(吨)	32548940	18910824	13638116	27777956	15988419	11789537
#本港	20246548	12011492	8235056	20246548	12011492	8235056
国内小计						
1.箱数(箱)	1082833	549780	533053	1062442	543015	519427
2.重量(吨)	16626543	10331618	6294925	16432577	10206321	6226256
国际小计						
1.箱数(箱)	1635300	779484	855816	1110363	532830	577533
#香港	1584979	763462	821517	1060042	516808	543234
日本	12747	10066	2681	12747	10066	2681
韩国						
马来西亚						
新加坡	20712	606	20106	20712	606	20106
泰国	1276	81	1195	1276	81	1195
意大利						
印尼						
2.重量(吨)	15922397	8579206	7343191	11345379	5782098	5563281
#香港	15342987	8441364	6901623	10765969	5644256	5121713
日本	102295	81155	21140	102295	81155	21140
韩国						
马来西亚						
新加坡	305176	3714	301462	305176	3714	301462
泰国	19609	850	18759	19609	850	18759
意大利						
印尼						

13－19 邮政电信网

项目	单位	1995年		2001年		2002年	
		全市	#市区	全市	#市区	全市	#市区
邮政网	个	290	196	531	480	614	557
自办邮政网点	个	208	123	234	199	224	190
#市、县局	个	5	1	5	3	5	3
邮政储蓄所	个	130	78	176	147	176	147
代办网点	个	82	73	297	281	390	367
信箱、信筒	个	1651	715	1177	759	1214	796
电信网	个	132	132	1048	579	1065	677
自办电信网点	个	26	26	156	100	239	130
#电信局	个	5	1				
代办网点	个	106	106	892	579	826	542
邮政网络							
邮路总长度	千米			5866	5211	8044	7389
农村投递线路总长度	千米			14333	10612	13794	10073
电信网络							
长途业务电路	路			1645996	1645996	2135350	1883815
长途电话业务电路	路			175320	175320	205695	191130
数据通信网长途电路	路			1281750	1281750	1663890	1426920

13－20 邮政业务主要指标

项目	单位	2001年		2002年	
		全市	#市区	全市	#市区
邮政业务总量(2000年不变价格)	万元	108742	104269	130605	124872
国内分类业务总量					
函件	万件	33037	32023	39843	38920
包件	万件	347	336	391	380
汇票	万张	982	896	916	821
订销报纸累计数	万份	13915	12743	12943	11551
订销杂志累计数	万份	1703	1657	1778	1730
特快专递	万件	504	487	677	651
邮政储蓄年末收储余额	万元	329490	302542	454743	419304
国际及港澳分类业务					
函件	万件	592	588	779	777
包件	万件	6	6	7	7
特快专递	万件	21	20	38	37

13-21 电信业务主要指标

项目	单位	2001年		2002年	
		全市	#市区	全市	#市区
通信业务量					
邮电业务总量(2000年不变价)	万元	1521712	1242797	1797732	1650755
长途电话	万次	89184	83513	106473	98806
电报	万次	42	37	37	35
国际电话	万次	1021	999	1018	989
港澳电话	万次	4159	3932	3894	3666
长途直拨有权用户期末数	万户	190.97	169.31	220.47	195.31
无线寻呼年末用户	万户	127	106.62	111.76	91.70
移动电话年末用户	万户	559.62	512.87	745	635.34
本地电话年末用户	万户	310.08	285.08	365.07	335.23
城市电话用户	万户	294.08	285.08	346.23	335.23
乡村电话用户	万户	15.26		18.84	
住宅电话年末用户	万户	234.73	214.79	239.02	217.88
城市电话用户	万户	222.38	214.79	225.90	217.88
乡村电话用户	万户	12.35		13.12	
公用电话	万户	8.25	6.85	11.68	10.11
分组交换用户	万户	0.11	0.11	0.09	0.09
数字数据用户	万户	1.82	1.72	1.78	1.66
国际互联网用户	万户	120.95	116.73	271.71	244.88
互联网用户使用时长	万分钟	432919.24	423238.97	416249.05	401554.87
电信主要通信能力					
长途电话交换机容量	万路端	18.45	18.45	24.54	24.54
电话交换机总容量	万门	484.81	436.63	493.41	456.38
局用电话交换机容量	万门	399.87	355.74	405.54	372.07
城市电话用户	万门	370.01	355.74	385.03	372.07
乡村电话用户	万门	29.86		20.51	
接入网交换机容量	万门	84.52	80.89	87.87	84.31
城市电话用户	万门	81.52	80.89	84.81	84.31
乡村电话用户	万门	3.42		3.06	
移动电话交换机容量	万户	560	560	794	794
电话机	万部	375.97	345.72	386.34	351.69
城市电话机	万部	358.15	345.72	365.18	351.69
乡村电话机	万部	17.82		21.16	

13-22 邮电业务收入

单位:万元

项目	2001年		2002年	
	全市	#市区	全市	#市区
总计	1515282	1407792	1751392	1518456
#港澳及国际	60531	58572	49502	47965
1、邮政收入	104472	99579	127485	121392
#港澳及国际	9478	9314	16022	15874
函件	21856	21094	27426	26857
特快专递	22056	20911	28941	27691
汇票	8865	8026	8738	7867
包件	11582	11377	9188	8904
报刊	7429	7084	7704	7318
集邮业务	20578	18366	17007	16175
其他	12106	12721	28481	26580
2、电信收入	1410810	1308213	1623907	1397064
#港澳及国际	51053	49258	33480	32091
长途电信收入	291048	277331	206755	197921
#国内长途电话	198408	187614	168972	161534
国际及港澳电话	48334	46537	33480	32090
电报	430	409	175	169
其他	43876	42771	4128	4128
市内电话收入	330860	323158	407930	382907
其他收入	788902	707724	1009222	816236
#无线寻呼	11306	9463	2561	1415
移动电话	719014	648903	888272	699000
其他	58582	49358	118389	115821

13－23 交通运输、邮电主要指标

（2002年，按地区分）

地区	单位	全市	市区	#番禺区	#花都区	增城市	从化市
公路线路长度	千米	5397	2958	778	800	1299	1140
机动车拥有量	辆	1584156	1322486	396694	170559	182669	79001
#民用汽车	辆	487556	444212	55640	22590	32002	11342
摩托车	辆	1088511	871763	340682	147458	149682	67066
客运量	万人次	26757	19415	5336	3692	4081	3261
旅客周转量	万人千米	3938021	3582426	261242	233242	197714	157881
货运量	万吨	25434	23531	2969	1737	1376	527
货物周转量	万吨千米	21602946	20959553	1665399	1115344	606588	36805
邮电业务总量(2000年不变价)	万元	1928337	1775627	227129	84683	109756	42954

13－24 城市（市区）公共交通

（2002年）

单位：万元

项目	单位	汽、电车	#汽车	轮渡	市区出租汽车	#小汽车	轨道交通
年末营运车、船数	辆、艘	7051	6821	45	16690	16679	126
营运车船座位数	个	458315	443365	15300	83450	83395	7056
营运线路条数	条	503	492	19			2
营运线路长度	千米	14959	14846	158			27
客运量	万人次	197449	187472	1822	39158	39132	6629
客运周转量	万人千米	1625803	1590063	3264	205260	205124	44946
客运收入	万元	251516	244955	4545	321503	321291	18627
车船完好率	%	96.38	96.50	95.57	99.50	99.50	78.94
每辆汽、电车负担人数(按市区人口计)	人	660					

13－25 独立核算运输邮电企业财务指标

（2002年）

单位：万元

项目	合计	国有经济	集体经济	其他经济
企业单位数(个)	43	26	14	3
#亏损企业(个)	21	11	8	2
资本金合计	2094463	2058978	21877	13608
流动资产合计	2399353	2117295	35480	246578
#存货	72257	66477	325	5455
长期投资	1503988	1493224	10693	71
固定资产合计	7255279	6716441	32186	506652
固定资产原价合计	9183434	8344011	61542	777882
#生产经营用	8653595	7883840	59755	710000
累计折旧	3061154	2703343	30359	327452
#本年折旧	435809	330340	4309	101160
无形及递延资产合计	84217	45130	1027	38060
#无形资产	33251	18127	921	14203
其他资产	569282	569230		52
资产合计	11812119	10941320	79386	791413
流动负债合计	2958585	2666464	44952	247169
长期负债合计	2375477	2368455	7022	
负债合计	5334062	5034919	51974	247169
所有者权益合计	6478057	5906401	27412	544244
#股本	1714571	1683026	14043	17502
营运业务收入	3865968	3096487	27020	742461
营运业务成本	2292815	2104160	17900	170755
营运费用	207870	137368		70502
营运税金及附加	112348	90088	847	21413
营运业务利润	1252935	764871	8273	479791
其他业务利润	90279	90743	50	－514
管理费用	285871	241968	7308	36595
#税金	5836	5525	92	219
财产保险费	163	133	30	
劳动、待业保险金	52252	51482	698	72
财务费用	149582	150248	122	－788
#利息支出	890361	890103	210	48
营业利润	907761	463398	893	443470
利润总额(亏损为－)	830386	419183	－876	412079
应交所得税	212992	47773	214	165005
应付利润	1109	1107	2	
本年应付工资总额	335392	318510	4969	11913
本年应付福利费总额	48284	46045	536	1703

注：本年为县及县以上独立核算公路运输、水上运输、内河(沿海)港口、铁路、民航、邮电企业口径。

13－26 独立核算运输邮电企业财务指标

(2002年,按行业类型分)　　单位:万元

项　　目	合　计	公路运输	水上运输	港　口	铁　路	民　航	邮　电
企业单位数(个)	43	13	18	2	1	1	8
#亏损企业(个)	21	5	12	1	1		2
资本金合计	2094463	580950	331579	108044	611249	315310	147331
流动资产合计	2399353	695374	567525	106202	23881	481212	525159
#存货	72257	2105	11598	4852	8309	19969	25424
长期投资	1503988	654199	394101	51383	52529	335617	16159
固定资产合计	7255279	1326275	423516	386269	606782	2175375	2337062
固定资产原价合计	9183434	922225	939243	469816	760930	2856826	3234394
#生产经营用	8653595	817149	890427	410000	743267	2800000	2992752
累计折旧	3061154	230929	519186	162648	210193	745719	1192479
#本年折旧	435809	34292	39089	26232	22528		313668
无形及递延资产合计	84217	5059	3080	1458		2774	71846
#无形资产	33251	4066	1598	25			27562
其他资产	569282	360619	60	78	319	208206	
资产合计	11812119	3041526	1388282	545390	683511	3203184	2950226
流动负债合计	2958585	615622	502185	77870	81958	1107913	573036
长期负债合计	2375477	782660	311567	63060	33170	1132351	52670
负债合计	5334062	1398282	813752	140930	115128	2240264	625706
所有者权益合计	6478057	1643244	574530	404460	568383	962920	2324520
#股本	1714571	914008	312797	111938		337418	38410
营运业务收入	3865968	122999	271327	135065	191890	1348256	1796431
营运业务成本	2292815	73873	250234	81064	164922	953703	769019
营运费用	207870	114	28	33		112592	95103
营运税金及附加	112348	5789	5766	4666	6217	35830	54080
营运业务利润	1252935	43223	15299	49302	20751	246131	878229
其他业务利润	90279	43428	5616	17760		14922	8553
管理费用	285871	30934	26120	55840	19004	58636	95337
#税金	5836	758	668	376	52	1106	2876
财产保险费	163	56	45	62			
劳动、待业保险金	52252	4818	5044	12990	6317	14564	8520
财务费用	149582	19478	5309	2885	4676	98825	18409
#利息支出	890361	23891	13506	2931	4866	839697	5470
营业利润	907761	36239	－10514	8337	－2929	103592	773036
利润总额(亏损为－)	830386	34313	20726	6765	－15888	74835	709634
应交所得税	212992	19684	36	3176		23501	166596
应付利润	1109		2				1107
本年应付工资总额	335392	16432	56767	62943	70905	63877	64468
本年应付福利费总额	48284	2357	8356	8585	9068	8943	10975

注:本表为县及县以上独立核算公路运输、水上运输、内河(沿海)港口、铁路、民航、邮电企业口径。

主 要 统 计 指 标 解 释

【货(客)运量】指在一定时期内,各种运输工具实际运送的货物(旅客)数量。它是反映运输业为国民经济和人民生活服务的数量指标,也是制定和检查运输生产计划、研究运输发展规模和速度的重要指标。货运按吨计算,客运按人计算。货物不论运输距离长短、货物类别,均按实际重量统计。旅客不论行程远近或票价多少,均按一人一次客运量统计;半价票、小孩票也按一人统计。

【货物(旅客)周转量】指在一定时期内,由各种运输工具运送的货物(旅客)数量与其相应运输距离的乘积之总和。它是反映运输业生产总成果的重要指标,也是编制和检查运输生产计划,计算运输效率、劳动生产率以及核算运输单位成本的主要基础资料。计算货物周转量通常按发出站与到达站之间的最短距离,也就是计费距离计算。计算公式为:

货物(旅客)周转量 = ∑货物(旅客)运输量 × 运输距离

【沿海主要港口货物吞吐量】指经水运进出沿海主要港区范围,并经过装卸的货物数量,包括邮件及办理托运手续的行李、包裹以及补给运输船舶的燃、物料和淡水。货物吞吐量按货物流向分为进口、出口吞吐量,按货物交流性质分为外贸货物吞吐量和国内贸易货物吞吐量。货物吞吐量的货类构成及其流向,是衡量港口生产能力大小的重要指标。

【邮电业务总量】指以价值量形式表现的邮电通信企业为社会提供各类邮电通信服务的总数量。邮电业务量按专业分类包括函件、包件、汇票、报刊发行、邮政快件、特快专递、邮政储蓄、集邮、公众电报、用户电报、传真、长途电话、出租电路、市话无线寻呼、移动电话、分组交换数据通信、出租代维等。计算方法为各类产品乘以相应的平均单价(不变价)之和,再加上出租电路和设备、代用户维护电话交换机和线路等的服务收入。它综合反映了一定时期邮电业务发展的总成果,是研究邮电业务量构成和发展趋势的重要指标。计算公式为:

邮电业务总量 = ∑(各类邮电业务量 × 不变单价) + 出租代维及其他业务收入

【无线寻呼电话用户】指携带小型寻呼机,接收市话用户通过无线寻呼中心,在规定范围内向其发出声音、数字或文字显示信息的用户。在寻呼台办理登记手续的无线寻呼用户,每一部寻呼机按一户计算。

【移动电话用户】指在移动电话营业部门登记,通过移动电话交换机进入移动电话网、占有移动电话号码的电话用户。用户数量以实际办理登记手续进入邮电部门移动电话网的户数进行计算,一部或一台移动电话统计为一户。

【电话用户】指接入国家公众固定电话网,并按固定电话业务进行经营管理的电话用户。1997 年以前,电话用户分为市内电话用户和农村电话用户。市内电话用户是指接入县城及县以上城市电话网上的电话用户;农村电话用户是指接入县邮电局农话台及县以下农村电话交换点,以县城为中心(除市话用户外)联通县、乡(镇)、行政村、村民小组的用户。从 1997 年起,电话用户数分组调整为以用户所在区域划分为“城市电话用户”和“乡村电话用户”,与过去的按市内电话和农村电话划分方法不同。而电话用户数、电话机部数统计方法不变。

第十四篇

国内贸易

消费需求稳中趋旺

2002年,在全国经济较快发展的大环境下,广州市消费需求稳中趋旺。

一、零售市场的基本情况

全年实现社会消费品零售总额1370.68亿元,保持了在全国十大城市中名列第三的地位,比上年增长9.8%,扣除物价因素实际增长13.3%。

从行业看,批发零售贸易业、餐饮业和其他行业实现零售额分别为973.32亿元、265.98亿元和131.38亿元,分别比上年增长10.6%、10.9%和2.7%。从规模看,限额以上单位实现零售额377.79亿元,比上年增长13.4%;限额以下单位和个体户实现零售额992.89亿元,增长8.5%。从各季度情况看,一季度实现零售总额357.44亿元,同比增长10.5%;二季度零售总额303.68亿元,增长8.6%;三季度零售总额332.83亿元,增长9.7%;四季度零售总额376.73亿元,增长10.3%。

二、市场运行的主要特点

1.“假日经济”和“会展经济”促进市场销售。广州市商业企业依托“假日经济”和各类综合、专业会展,开展促销活动,促进广州市消费品市场持续兴旺。黄金周所在的2月、5月和10月共实现零售额362.75亿元,同比增长11.1%,高于其他月份的平均增幅1.7个百分点。

2. 作为现代商业新型经营方式的连锁店最具活力。2002年广州市限额以上连锁超市、专业(卖)店、便利店、餐饮店实现零售额105.32亿元,比上年增长20.5%。连锁店发展的主要特点:(1)规模壮大。限额以上连锁店新增网点132家,比上年增长13.2%;其中超级市场新增分店44家,便利店新增48家;(2)网点分布向社区拓展。随着城市建设的发展,住宅小区日渐增加,连锁超市、便利店新增网点大多在居民社区附近选址,方便居民日常购物所需;(3)经营业态多为超市、专业(卖)店,经营商品的品种多集中在日用百货、医疗药品、通信产品等。

3. 消费结构升级,汽车消费和与住房相关的商品消费快速增长。随着居民收入的稳定增加、购买能力的逐步提高,居民选购商品档次不断提高,消费结构升级显现。(1)汽车成为消费亮点。据全市限额以上贸易企业统计,全年汽车类零售额77.51亿元,增长54.9%。汽车的热销带动了石油及其制品类零售的增长,石油及其制品类零售额增长45.1%。(2)与住房相关的家电、家具、建材等商品持续旺销。本地房地产市场交易活跃,带动了多种相关商品的消费。据全市限额以上贸易企业统计,家具类和家用电器及音像器材类零售额分别为4.87亿元和25.51亿元,分别比上年增长68.0%和13.0%。全市商品交易市场的建筑及装潢材料类零售额比上年增长73.2%。

4. 限额以上批发零售贸易企业经济效益提高。随着市场经济向纵深发展,我市商贸产业结构日趋优化,利用现代经营方式进一步降低企业经营成本,贸易企业的经济效益有所提高。据对906个限额以上贸易企业统计,实现利润总额25.07亿元,增长56.3%。分行业看,批发企业利润总额增长60.0%,其中盈利较大的行业有石油及制品批发业、烟草及其制品批发业等;零售企业利润总额增长24.7%,其中盈利较大的行业有日用百货零售业、药品及医疗器械零售业等。

5. 餐饮业零售额增速放缓。全年餐饮业零售额265.98亿元,比上年增长10.9%,高于全市零售总额增速,但较上年增速减少4.4个百分点。主要原因:一是市民出外用餐已是平常事,出外用餐的花费增加不多;二是越来越多的市民喜欢驾车到周边城市游玩、品尝美食;三是居民消费习惯有所改变,由注重吃穿等实物消费转向旅游、文化、娱乐等多层次的消费。

社会消费品零售总额

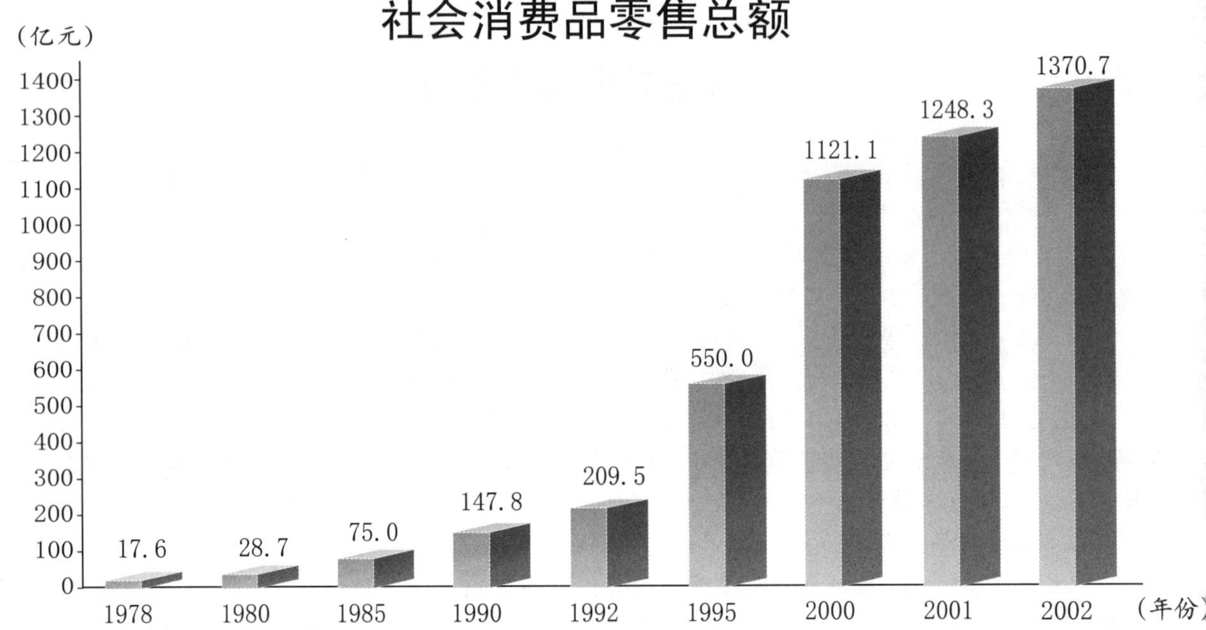

社会消费品零售总额构成(%)

按行业分

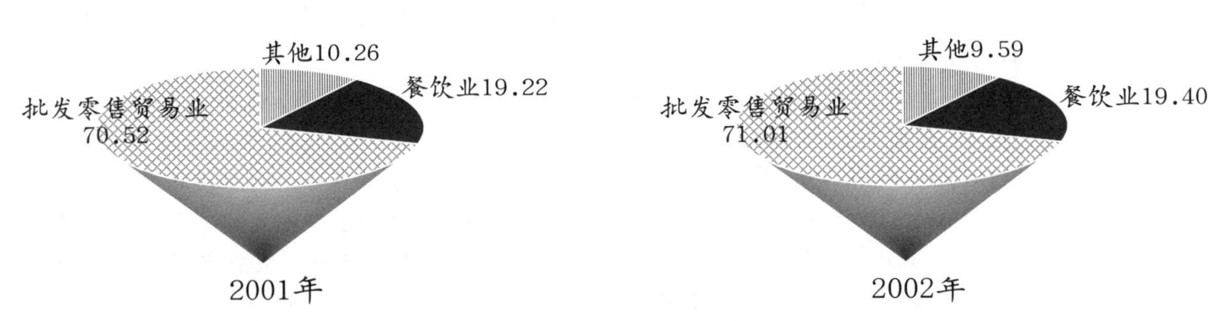

按销售对象分

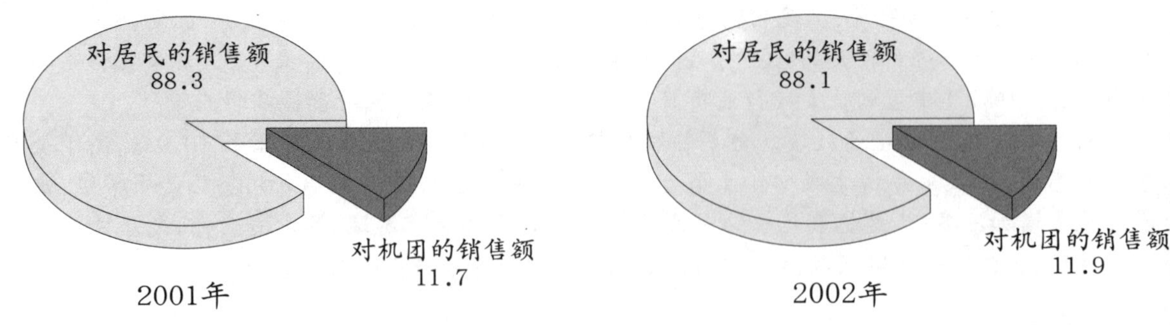

14－1 主要年份社会消费品零售总额

单位:万元

年份、时期	总　计	按销售对象分		按行业分			
		对居民的零售额	对机团的零售额	批发零售业	餐饮业	其他行业	#制造业
1952	44933	41598	3335	36125	5410	3398	2666
1957	80584	73990	6594	63461	10589	6534	3836
1962	94690	87462	7228	75341	14173	5176	2792
1965	94760	85456	9304	80811	8796	5153	3539
1970	107918	97563	10355	92930	9143	5845	3826
1975	152120	135728	16392	129124	13048	9948	6460
1978	176300	158296	18004	148378	16242	11680	7327
1980	287127	252948	34179	224457	23307	39363	24261
1985	749841	675806	74035	499571	115750	134520	64827
1990	1477826	1327884	149942	945047	239607	293172	74574
1995	5499678	4920837	578841	3437585	962855	1099238	331749
1996	6864426	6147983	716443	4549455	1193692	1121279	370657
1997	8025887	7032651	993236	5329267	1387026	1309594	509907
1998	9045719	7912743	1132976	6010638	1583833	1451248	561812
1999	10006848	8806026	1200822	6661555	1820957	1524336	605225
2000	11211340	9890644	1320696	7839516	2081458	1290366	589711
2001	12482848	11021106	1461742	8803979	2399208	1279661	571027
2002	13706815	12072826	1633989	9733195	2659750	1313870	476489
1950－1952	110675	102504	8171	88711	14075	7889	5733
“一五”时期	330144	298017	32127	264031	42188	23925	15324
“二五”时期	462103	414194	47909	379250	60237	22616	13899
1963－1965	285516	259275	26241	241319	28612	15585	10466
“三五”时期	519550	471635	47915	450008	48523	21019	13577
“四五”时期	663567	596511	67056	564390	59398	39779	24513
“五五”时期	998522	884578	113944	820608	86244	91670	58472
“六五”时期	2459903	2194642	265261	1775024	260620	424259	222331
“七五”时期	5978373	5373287	605086	3847414	892809	1238150	388958
“八五”时期	16808010	15059958	1748052	10491118	2944665	3372227	959784
“九五”时期	45154220	39790047	5364173	30390431	8066966	6696823	2637312
1979－2002	97088286	85951099	11137187	65437585	17266492	14384209	5293503

14-2 市区主要年份社会消费品零售总额

单位:万元

年份、时期	总 计	按销售对象分		按行业分			
		对居民的零售额	对机团的零售额	批发零售业	餐饮业	其他行业	# 制造业
1952	38114	34974	3140	30079	4966	3069	2389
1957	70384	64112	6272	54860	9711	5813	3222
1962	79258	72350	6908	63084	11892	4282	2145
1965	79712	70892	8820	67980	7525	4207	2962
1970	87903	79000	8903	75923	7818	4162	2854
1975	124120	110141	13979	105362	11068	7690	5306
1978	143227	127407	15820	119936	13745	9546	6116
1980	237418	206330	31088	184858	19935	32625	21400
1985	632251	568894	63357	416357	108856	107038	54359
1990	1222915	1101153	121762	794325	216701	211889	53849
1995	4343763	3928495	415268	2783824	813012	746927	191899
1996	5618364	5045291	573073	3795232	1030453	792679	217521
1997	6685149	6003464	681685	4530462	1217018	937669	340696
1998	7552787	6682328	870459	5144895	1380089	1027803	377159
1999	8385293	7262503	1122790	5685771	1575266	1124256	423649
2000	10507973	9268032	1239941	7341774	1993554	1172645	539212
2001	11661045	10290872	1370173	8157733	2293624	1209688	538575
2002	12798845	11266631	1532214	9041371	2533428	1224046	438922
1950-1952	92138	84484	7654	72289	12808	7041	5001
"一五"时期	286386	255652	30734	226098	38952	21336	13086
"二五"时期	398912	354003	44909	328277	52851	17784	9603
1963-1965	236890	211815	25075	199805	24526	12559	8563
"三五"时期	424891	381372	43519	368228	41593	15070	9863
"四五"时期	539323	482104	57219	459701	50258	29364	19559
"五五"时期	814538	713654	100884	666816	73122	74600	49682
"六五"时期	2039838	1809849	229989	1476139	234727	328972	183998
"七五"时期	4998672	4510506	488166	3272004	814484	912184	296896
"八五"时期	13367366	12052752	1314614	8547217	2535895	2284254	565612
"九五"时期	38749566	34261618	4487948	26498134	7196380	5055052	1898237
1979-2002	84024176	74547950	9476226	57315894	15644851	11063431	3954871

14－3 社会消费品零售总额

(2002 年)　　单位:万元

项　　目	全　市	市　区	#番禺区	#花都区	增城市	从化市
社会消费品零售总额	**13706815**	**12798845**	**980191**	**617361**	**531445**	**376525**
按行业分						
批发零售贸易业	9733195	9041371	702252	393905	392874	298950
限额以上企业	3005584	2939342	247685	54429	57091	9151
限额以下企业(单位)和个体户	6727611	6102029	454567	339476	335783	289799
餐饮业	2659750	2533428	235585	176906	92032	34290
其他	1313870	1224046	42354	46550	46539	43285
#制造业	476489	438922	4088	6870	23415	14152
农民对非农业居民零售	549336	511422	14360	25390	16849	21065
按企业规模分						
限额以上企业	3777955	3688589	275196	72422	75468	13898
限额以下企业(单位)和个体户	9928860	9110256	704995	544939	455977	362627

14－4 批发零售贸易业商品购、销、存总额

(2002 年,按地区分)　　单位:万元

项　　目	全　市	市　区	#番禺区	#花都区	增城市	从化市
商品购进总额	33317552	32268724	1525976	747427	525550	523278
商品销售总额	36612695	35445470	1540825	812421	638582	528643
批发	26879500	26404099	838573	418516	245708	229693
零售	9733195	9041371	702252	393905	392874	298950
年末库存总额	2271151	2225279	103593	44316	27010	18862
限额以上企业						
商品购进总额	19621688	19360959	643308	163025	159499	101230
市内	4826260	4704995	325726	45474	88732	32533
省内市外	4235017	4139662	158646	99451	42090	53265
国内省外	8263746	8220811	121210	18100	27503	15432
进口	2296665	2295491	37726		1174	
商品销售总额	20962279	20690224	644823	108085	157904	114151
批发	17956695	17750882	397138	53656	100813	105000
市内	5428455	5324423	258710	36954	36077	67955
省内市外	7327678	7269223	120696	16524	53329	5126
国内省外	2104530	2079765	17732	178	1249	23516
出口	3096032	3077471			10158	8403
零售	3005584	2939342	247685	54429	57091	9151
年末库存总额	1256835	1243849	42299	5715	9922	3064
限额以下企业(单位)和个体户						
商品购进总额	13695864	12907765	882668	584402	366051	422048
商品销售总额	15650416	14755246	896002	704336	480678	414492
批发	8922805	8653217	441435	364860	144895	124693
零售	6727611	6102029	454567	339476	335783	289799
年末库存总额	1014316	981430	61294	38601	17088	15798

14－5 限额以上批发零售贸易企业商品购、销、存总额

（2002年）　　单位：万元

项　　目	购进总额	#进　口	销售总额	批　　发	零　　售	年末库存
总　　计	**19621688**	**2296665**	**20962279**	**17956695**	**3005584**	**1256835**
按登记注册类型分						
内资企业	17977518	2184435	19100987	16717518	2383469	1142082
国有企业	8205623	1356456	8747149	7872341	874808	434734
集体企业	587064	32791	622314	517803	104511	61182
股份合作企业	444523	18797	506619	383103	123516	30516
联营企业	175610	87850	185832	72256	113576	10117
国有联营企业	61616	11652	67253	60127	7126	3980
集体联营企业	86383	76198	92998	4533	88465	5148
国有与集体联营企业	18047		19529	6694	12835	394
其他联营企业	9564		6052	902	5150	595
有限责任公司	3673689	368083	3851481	3311383	540098	284073
国有独资公司	614900	54560	706002	671927	34075	40441
其他有限责任公司	3058789	313523	3145479	2639456	506023	243632
股份有限公司	2551187	11788	2694872	2494598	200274	131791
私营企业	2338506	308670	2490823	2066034	424789	189431
私营独资企业	27811		32277	12927	19350	3025
私营合伙企业	13483		13756	13024	732	925
私营有限责任公司	2188651	306468	2332293	1967100	365193	180407
私营股份有限公司	108561	2202	112497	72983	39514	5074
其他企业	1316		1897		1897	238
港、澳、台商投资企业	878753	14769	1018712	580649	438063	64616
合资经营企业	266068		297118	111240	185878	25180
合作经营企业	208218	15	276828	189863	86965	18490
独资经营企业	270509	14754	285450	257848	27602	11420
股份有限公司	133958		159316	21698	137618	9526
外商投资企业	765417	97461	842580	658528	184052	50137
合资经营企业	415178	38474	446199	335781	110418	27223
合作经营企业	93743	179	100421	42609	57812	4669
独资经营企业	250503	58808	289925	274103	15822	18123
股份有限公司	5993		6035	6035		122

14－5 续表

单位：万元

项目	购进总额	#进口	销售总额	批发	零售	年末库存
按行业分						
食品、饮料、烟草批发业	1690360	125931	1914556	1877533	37023	88141
棉、麻、土畜产品批发业	139623	11343	198011	198011		5885
纺织品、服装和鞋帽批发业	1408785	99374	1615410	1567759	47651	70985
日用百货批发业	1065697	147958	1172621	1156342	16279	96656
日用杂品批发业	88794	10102	84563	84315	248	3024
五金、交电、化工批发业	1124653	382906	1177924	1158931	18993	77976
药品及医疗器械批发业	1230154	45516	1305086	1109300	195786	140993
能源批发业	4504894	405054	4684633	4609652	74981	128552
化工材料批发业	701040	426932	697941	690817	7124	30928
木材批发业	133848	34128	142088	142086	2	11550
建筑材料批发业	126453	269	137369	137369		1538
矿产品批发业	68733		75702	75702		1903
金属材料批发业	2403804	78017	2402933	2101773	301160	168536
机械、电子设备批发业	1292662	140315	1348964	1306775	42189	76075
汽车、摩托车及零配件批发业	372410	88549	412902	350672	62230	23741
再生物资回收批发业	195714	6091	194246	194088	158	7380
工艺美术品批发业	60103	1614	61602	61420	182	5498
图书报刊批发业	154843	2636	170118	169075	1043	33153
农业生产资料批发业	215840	38852	222191	216034	6157	31388
其他类未包括的批发业	439097	124914	472680	470451	2229	28414
食品、饮料和烟草零售业	87742	1376	99593	44643	54950	9502
日用百货零售业	1103603	2758	1323241	94450	1228791	122683
纺织品、服装和鞋帽零售业	10002	1129	14881	1439	13442	2186
日用杂品零售业	2747		2611		2611	408
五金、交电、化工零售业	75977	331	78065	19382	58683	7174
药品及医疗器械零售业	82247	92	96706	21080	75626	12552
图书报刊零售业	84650		76143	17023	59120	21826
其他零售业	757213	120478	779499	80573	698926	48188

14-6 市区限额以上批发零售贸易企业商品购、销、存总额

（2002 年）　　单位：万元

项目	购进总额	#进口	销售总额	批发	零售	年末库存
总计	19360959	2295491	20690224	17750882	2939342	1243849
按登记注册类型分						
内资企业	17735630	2183261	18845121	16515639	2329482	1134321
国有企业	8132297	1355282	8669961	7827844	842117	431360
集体企业	564030	32791	598416	497565	100851	60611
股份合作企业	444523	18797	506619	383103	123516	30516
联营企业	171839	87850	181930	71354	110576	9819
国有联营企业	61616	11652	67253	60127	7126	3980
集体联营企业	86383	76198	92998	4533	88465	5148
国有与集体联营企业	18047		19529	6694	12835	394
其他联营企业	5793		2150		2150	297
有限责任公司	3640826	368083	3810902	3275715	535187	282850
国有独资公司	614900	54560	706002	671927	34075	40441
其他有限责任公司	3025926	313523	3104900	2603788	501112	242409
股份有限公司	2526912	11788	2669488	2469214	200274	131671
私营企业	2253887	308670	2405908	1990844	415064	187256
私营独资企业	27811		32277	12927	19350	3025
私营合伙企业	13483		13756	13024	732	925
私营有限责任公司	2120605	306468	2265223	1909755	355468	178232
私营股份有限公司	91988	2202	94652	55138	39514	5074
其他企业	1316		1897		1897	238
港、澳、台商投资企业	878753	14769	1018712	580649	438063	64616
合资经营企业	266068		297118	111240	185878	25180
合作经营企业	208218	15	276828	189863	86965	18490
独资经营企业	270509	14754	285450	257848	27602	11420
股份有限公司	133958		159316	21698	137618	9526
外商投资企业	746576	97461	826391	654594	171797	44912
合资经营企业	399213	38474	434248	335781	98467	22108
合作经营企业	90867	179	96183	38675	57508	4559
独资经营企业	250503	58808	289925	274103	15822	18123
股份有限公司	5993		6035	6035		122

14－6　续表　　单位:万元

项　　目	购进总额	#进　口	销售总额	批　　发	零　　售	年末库存
按行业分						
食品、饮料、烟草批发业	1643276	124757	1864410	1828851	35559	87392
棉、麻、土畜产品批发业	139623	11343	198011	198011		5885
纺织品、服装和鞋帽批发业	1408785	99374	1615410	1567759	47651	70985
日用百货批发业	1065697	147958	1172621	1156342	16279	96656
日用杂品批发业	88794	10102	84563	84315	248	3024
五金、交电、化工批发业	1124653	382906	1177924	1158931	18993	77976
药品及医疗器械批发业	1228695	45516	1303019	1107855	195164	140629
能源批发业	4462477	405054	4635289	4561778	73511	127911
化工材料批发业	701040	426932	697941	690817	7124	30928
木材批发业	133848	34128	142088	142086	2	11550
建筑材料批发业	126453	269	137369	137369		1538
矿产品批发业	68733		75702	75702		1903
金属材料批发业	2403804	78017	2402933	2101773	301160	168536
机械、电子设备批发业	1292662	140315	1348964	1306775	42189	76075
汽车、摩托车及零配件批发业	315765	88549	353118	293888	59230	22992
再生物资回收批发业	175787	6091	173850	173850		7207
工艺美术品批发业	60103	1614	61602	61420	182	5498
图书报刊批发业	154843	2636	170118	169075	1043	33153
农业生产资料批发业	215840	38852	222191	216034	6157	31388
其他类未包括的批发业	439097	124914	472680	470451	2229	28414
食品、饮料和烟草零售业	73883	1376	83816	28908	54908	9162
日用百货零售业	1093650	2758	1313857	94450	1219407	120338
纺织品、服装和鞋帽零售业	10002	1129	14881	1439	13442	2186
日用杂品零售业	2747		2611		2611	408
五金、交电、化工零售业	75977	331	78065	19382	58683	7174
药品及医疗器械零售业	81093	92	95403	21080	74323	12406
图书报刊零售业	81643		73198	15340	57858	21119
其他零售业	691989	120478	718590	67201	651389	41416

14-7 限额以上批发零售贸易企业商品分类销售、库存总额

(2002 年)　　单位:万元

项　　目	销售总额	批　发	零　售	年末库存
合　计	20962279	17956695	3005584	1256835
食品、饮料、烟酒类	2326910	1902801	424109	129645
肉禽蛋类	146075	109419	36656	11179
其他食品类	852981	583952	269029	75869
饮料类	91936	39942	51994	6326
烟酒类	1235918	1169488	66430	36271
服装鞋帽、针、纺织品类	1671155	1355805	315350	88134
服装类	1182042	952684	229358	56938
鞋帽类	144103	101432	42671	3815
针、纺织品类	345010	301689	43321	27381
化妆品类	116735	36931	79804	10846
金银珠宝类	64194	16541	47653	9287
日用品类	1156131	927898	228233	63991
# 洗涤用品类	279580	228667	50913	9316
儿童玩具类	42873	35756	7117	380
五金、电料类	170875	158550	12325	3730
体育、娱乐用品类	114487	82767	31720	6722
书报杂志类	235210	180307	54903	50573
电子出版物及音像制品类	29469	20039	9430	5708
家用电器和音像器材类	1028722	773634	255088	94087
中西药品类	1427758	1156205	271553	150264
# 西药	967523	755163	212360	109392
中草药及中成药	244803	202221	42582	23920
文化办公用品类	458963	384294	74669	55286
家具类	139973	91307	48666	8034
通讯器材类	457715	396261	61454	30454
煤炭及制品类	853017	851235	1782	19743
木材及制品类	73386	73386		6789
石油及制品类	4438496	4200643	237853	152416
化工材料及制品类	884581	875506	9075	70770
# 化肥类	148572	148572		12435
金属材料类	2082889	2077615	5274	100115
建筑及装潢材料类	113320	111060	2260	5047
机电产品及设备类	2199798	1389252	810546	136880
# 农机类	10606	10606		985
汽车类	1517939	742799	775140	108933
种子饲料类	43454	43454		4310
棉麻类	28768	28768		2660
其他类	846273	822436	23837	51344

14－8 市区限额以上批发零售贸易企业商品分类销售、库存总额

（2002年）

单位：万元

项　　目	销售总额	批　　发	零　　售	年末库存
合　　计	20690224	17750882	2939342	1243849
食品、饮料、烟酒类	2281022	1861260	419762	128166
肉禽蛋类	144373	107992	36381	11172
其他食品类	846443	579141	267302	75572
饮料类	91415	39942	51473	6259
烟酒类	1198791	1134185	64606	35163
服装鞋帽、针、纺织品类	1667384	1353734	313650	87503
服装类	1179444	951144	228300	56429
鞋帽类	143854	101415	42439	3770
针、纺织品类	344086	301175	42911	27304
化妆品类	115985	36931	79054	10707
金银珠宝类	63786	16541	47245	8929
日用品类	1150913	924688	226225	63672
#洗涤用品类	278605	228667	49938	9067
儿童玩具类	42550	35756	6794	340
五金、电料类	170875	158550	12325	3729
体育、娱乐用品类	114316	82767	31549	6671
书报杂志类	232265	178624	53641	49866
电子出版物及音像制品类	29469	20039	9430	5708
家用电器和音像器材类	1027647	773548	254099	93728
中西药品类	1424331	1154806	269525	149709
#西药	965426	754702	210724	108996
中草药及中成药	243474	201283	42191	23761
文化办公用品类	458754	384294	74460	55278
家具类	138749	90083	48666	8034
通讯器材类	457704	396261	61443	30452
煤炭及制品类	852861	851235	1626	19743
木材及制品类	73355	73355		6789
石油及制品类	4349520	4141160	208360	151412
化工材料及制品类	884581	875506	9075	70770
#化肥类	148572	148572		12435
金属材料类	2071491	2066217	5274	100115
建筑及装潢材料类	111908	109648	2260	5047
机电产品及设备类	2122008	1333606	788402	129722
#农机类	10606	10606		985
汽车类	1463530	710534	752996	101775
种子饲料类	43454	43454		4310
棉麻类	28768	28768		2660
其他类	819078	795807	23271	51129

14－9 限额以上批发零售贸易企业主要商品销售、库存量

（2002 年）

商品名称	单位	销售量				年末库存
			批发	#出口	零售	
粮食	吨	1073077	986144	2285	86933	156995
食用植物油	吨	54249	30019	70	24230	4037
食糖	吨	103255	102875	1260	380	4221
猪和猪肉	吨	111639	93557	10388	18082	10281
鲜蛋	吨	20877	19214	19161	1663	66
鲜菜	吨	36353	26434	18796	9919	64
水产品	吨	13671	12002	10147	1669	1872
家禽	百只	49006	46345	42637	2661	1398
卷烟	箱	1358269	1300388		57881	35148
酒	吨	44687	27716	2149	16971	3156
鞋	百双	246008	218692	200929	27316	3824
布	百米	723852	723233	670423	619	7318
棉花	吨	32110	32110			2598
服装	百件	2627772	2487669	2129459	140103	193501
电视机	台	800913	576868	55	224045	69533
#彩色电视机	台	371576	278890		92686	18199
组合音响	台	92048	73041	35948	19007	5342
摄像机	台	5286			5286	621
录像机	台	4028	3745		283	210
影碟机	台	399361	235935	29706	163426	34590
家用电冰箱	台	781027	677390	18	103637	58337
家用洗衣机	台	363407	191475		171932	34779
房间空调器	台	571680	429828	24260	141852	89560
微波炉	台	198131	115224	9756	82907	14244
微型计算机	台	200449	172506		27943	24080
普通电话机	部	489381	198149	8850	291232	25163
移动电话机	部	2442338	2100266		342072	56936
寻呼机	部	7095	2471		4624	3976
煤炭	吨	24485246	24356793	2956	128453	438190
木材	米^3	259300	259300	15387		23402
汽油	吨	3293758	2974029		319729	143572
煤油	吨	477099	477055		44	21135
柴油	吨	5982359	5585562	3968	396797	125591
化学肥料	吨	1046882	1046882	20		89526
化学农药	吨	21956	21956	41		4716
农用薄膜	吨	107	107			
钢材	吨	4806640	4793865	269569	12775	389061
铜	吨	65853	65853	664		122
铝	吨	67819	67819			1558
水泥	吨	1279242	1277648	84595	1594	55914
汽车	辆	99383	53218	1	46165	8436
#轿车	辆	39102	15101	1	24001	2494
摩托车	辆	100514	100514	35101		106
拖拉机	台	481	481	197		35

14－10 市区限额以上批发零售贸易企业主要商品销售、库存量

（2002 年）

商品名称	单位	销售量	批发	#出口	零售	年末库存
粮食	吨	1072945	986144	2285	86801	156984
食用植物油	吨	54206	30019	70	24187	4031
食糖	吨	103200	102825	1210	375	4221
猪和猪肉	吨	111533	93557	10388	17976	10280
鲜蛋	吨	20735	19214	19161	1521	66
鲜菜	吨	34259	24484	16846	9775	64
水产品	吨	13657	12002	10147	1655	1872
家禽	百只	41882	39652	35944	2230	1398
卷烟	箱	1310263	1256986		53277	33724
酒	吨	44235	27716	2149	16519	3059
鞋	百双	245829	218692	200929	27137	3786
布	百米	723852	723233	670423	619	7318
棉花	吨	32110	32110			2598
服装	百件	2624894	2486616	2128406	138278	192803
电视机	台	799787	576868	55	222919	69355
#彩色电视机	台	370507	278890		91617	18101
组合音响	台	91732	73041	35948	18691	5272
摄像机	台	5286			5286	621
录像机	台	4028	3745		283	210
影碟机	台	398427	235935	29706	162492	34397
家用电冰箱	台	780722	677390	18	103332	58192
家用洗衣机	台	363070	191475		171595	34613
房间空调器	台	571560	429828	24260	141732	89527
微波炉	台	197699	115224	9756	82475	14109
微型计算机	台	200449	172506		27943	24080
普通电话机	部	488545	198149	8850	290396	25010
移动电话机	部	2442338	2100266		342072	56936
寻呼机	部	7095	2471		4624	3976
煤炭	吨	24480937	24356793	2956	124144	438190
木材	米^3	259300	259300	15387		23402
汽油	吨	3243461	2952054		291407	143092
煤油	吨	476962	476918		44	21135
柴油	吨	5790963	5454361	3968	336602	124469
化学肥料	吨	1046882	1046882	20		89526
化学农药	吨	21956	21956	41		4716
农用薄膜	吨	107	107			
钢材	吨	4806640	4793865	269569	12775	389061
铜	吨	56438	56438	664		122
铝	吨	67464	67464			1558
水泥	吨	1279242	1277648	84595	1594	55914
汽车	辆	96834	51632	1	45202	8161
#轿车	辆	38117	14116	1	24001	2485
摩托车	辆	20721	20721	20721		33
拖拉机	台	481	481	197		35

14－11 限额以上批发零售贸易企业主要商品销售、库存总额

（2002年）

单位：万元

商品名称	销售额	批发	#出口	零售	年末库存
粮食	206816	184342	782	22474	33397
食用植物油	45188	19887	154	25301	5192
食糖	28367	28148	589	219	1118
猪和猪肉	100269	80413	13225	19856	10117
鲜蛋	5035	4092	4039	943	66
鲜菜	7509	4382	3190	3127	15
水产品	20341	17095	16043	3246	910
家禽	12446	11757	11433	689	158
卷烟	1138550	1105105		33445	23661
酒	70232	46290	1633	23942	10536
鞋	103832	66989	49551	36843	2380
布	60276	60187	54392	89	2523
棉花	28495	28495			2653
服装	894857	702338	545538	192519	37238
电视机	186542	133898	2	52644	16334
#彩色电视机	115676	93278		22398	8669
组合音响	23700	19747	746	3953	570
摄像机	4264			4264	378
录像机	539	478		61	30
影碟机	36561	20867	1340	15694	2875
家用电冰箱	171795	148061	4	23734	12861
家用洗衣机	65237	38598		26639	4825
房间空调器	150826	109290	4066	41536	21255
微波炉	12278	7027	281	5251	960
微型计算机	124893	108701		16192	13775
普通电话机	7989	3673	26	4316	916
移动电话机	344096	291187		52909	6796
寻呼机	193	40		153	30
煤炭	774807	773034	71	1773	10491
木材	35377	35377	2073		1963
汽油	1041727	934127		107600	46540
煤油	134922	134908		14	4975
柴油	1645452	1535522	773	109930	34342
化学肥料	148553	148553	2		12435
化学农药	52672	52672	134		13148
农用薄膜	81	81			
钢材	1368257	1365188	8199	3069	71069
铜	45865	45865	1271		222
铝	94563	94563			1286
水泥	36341	36286	3174	55	1560
汽车	1407651	670069	33	737582	91364
#轿车	784460	266916	33	517544	38373
摩托车	37705	37705	14758		39
拖拉机	1172	1172	59		70

14－12 市区限额以上批发零售贸易企业主要商品销售、库存总额

（2002年） 单位：万元

商品名称	销售额	批发	#出口	零售	年末库存
粮食	206776	184342	782	22434	33394
食用植物油	45169	19887	154	25282	5189
食糖	28341	28124	565	217	1118
猪和猪肉	100145	80413	13225	19732	10116
鲜蛋	4968	4092	4039	876	66
鲜菜	7190	4117	2925	3073	15
水产品	20325	17095	16043	3230	910
家禽	11019	10372	10048	647	158
卷烟	1102005	1069802		32203	22706
酒	69650	46290	1633	23360	10383
鞋	103623	66989	49551	36634	2345
布	60276	60187	54392	89	2523
棉花	28495	28495			2653
服装	892259	700798	543998	191461	36729
电视机	186364	133898	2	52466	16259
#彩色电视机	115532	93278		22254	8656
组合音响	23647	19747	746	3900	560
摄像机	4264			4264	378
录像机	539	478		61	30
影碟机	36514	20867	1340	15647	2861
家用电冰箱	171730	148061	4	23669	12822
家用洗衣机	65184	38598		26586	4793
房间空调器	150736	109290	4066	41446	21233
微波炉	12257	7027	281	5230	950
微型计算机	124893	108701		16192	13775
普通电话机	7978	3673	26	4305	914
移动电话机	344096	291187		52909	6796
寻呼机	193	40		153	30
煤炭	774660	773034	71	1626	10491
木材	35377	35377	2073		1963
汽油	1024356	926862		97494	46353
煤油	134880	134866		14	4975
柴油	1591990	1499449	773	92541	33976
化学肥料	148553	148553	2		12435
化学农药	52672	52672	134		13148
农用薄膜	81	81			
钢材	1368257	1365188	8199	3069	71069
铜	34583	34583	1271		222
铝	94447	94447			1286
水泥	36341	36286	3174	55	1560
汽车	1374197	643808	33	730389	89640
#轿车	759928	242384	33	517544	37889
摩托车	9222	9222	9222		18
拖拉机	1172	1172	59		70

14－13 限额以上连锁店(公司)商品销售情况

(2002 年)

单位:个

项　　目	连锁总店	连锁门店	直营店	加盟店
总　　计	50	1134	862	272
零售业	37	917	652	265
#国有及国有控股	9	369	276	93
外商及港澳台投资	8	158	152	6
百货商店	1	2	2	
超级市场	14	133	127	6
专业店	17	522	341	181
专卖店	3	140	65	75
其他	2	120	117	3
餐饮业	13	217	210	7
#外商及港澳台投资	4	134	134	
正餐	10	70	63	7
快餐	3	147	147	
其他				

14－13 续表

单位:万元

项　　目	营业面积(平方米)	从业人员(人)	销售总额(营业总收入)	#零售额
总　　计	681149	39068	1093126	1053156
零售业	565845	24496	910754	870784
#国有及国有控股	110206	6244	213978	189027
外商及港澳台投资	232907	9622	472794	472794
百货商店	31000	1423	103270	102904
超级市场	453512	17197	610987	610987
专业店	58964	3639	144402	129018
专卖店	4214	734	11400	9502
其他	18155	1503	40695	18373
餐饮业	115304	14572	182372	182372
#外商及港澳台投资	68118	10183	132946	132946
正餐	56189	5184	62004	62004
快餐	59115	9388	120368	120368
其他				

14－14 商品交易市场成交情况

（2002 年）　　　　　　　　　　　　　　　　单位：万元

项　　目	摊位数量（个）	总成交额	#零售额
合　　计	127264	5265427	1911685
食品、饮料、烟酒类	55950	1758216	621848
#粮油果菜类	37983	1064552	362731
服装鞋帽、针、纺织品类	35629	886971	225426
化妆品类	1899	57175	6265
日用品类	7749	227226	41614
五金电料类	3090	122397	13970
体育、娱乐用品类	347	19348	11038
书报杂志类	143	1885	1666
电子出版物及音像制品类	400	43012	3794
家用电器和音像器材类	3116	157599	91227
中西药品类	877	25951	12803
#中草药及中成药类	745	19614	6744
文化办公用品类	2912	464739	191197
家具类	364	15522	11132
煤炭及制品类	1	11	
木材及制品类	363	57375	2947
化工材料及制品类	274	45224	13181
金属材料类	475	271470	48983
建筑及装潢材料类	1701	124820	46194
机电产品及设备类	1551	443800	335192
#农机类			
汽车类	311	366452	276756
其他类	10423	542686	233208
#旧货类	1878	29828	20630

14－15 消费品批发市场分类情况

单位:个

项目	2001年末		2002年末	
	批发市场	#城镇	批发市场	#城镇
合计	**242**	**230**	**244**	**235**
综合批发市场	23	22	39	38
工业消费品批发市场	171	169	152	152
农副产品批发市场	48	39	53	45
蔬菜市场	14	9	14	9
干鲜果市场	7	6	7	6
水产品市场	5	5	5	5
肉食禽蛋市场	3	3	3	3
粮食市场	8	7	7	7
其他市场	11	9	17	15

注:本表统计资料由广州市工商局提供。

14－16 商品交易市场分类情况

单位:个

项目	2001年末			2002年末		
	合计	城镇	农村	合计	城镇	农村
消费品市场	1133	897	236	1356	1113	243
消费品综合市场	192	123	69	243	176	67
农副产品市场	468	350	118	544	426	118
农副产品综合市场	418	319	99	482	377	105
农副产品专业市场	50	31	19	62	49	13
工业消费品市场	425	376	49	515	459	56
工业消费品综合市场	315	271	44	385	341	44
工业消费品专业市场	110	105	5	130	118	12
其他市场	48	48		54	52	2
生产资料市场	81	70	11	81	77	4
生产资料综合市场	21	16	5	26	26	
农业生产资料市场	1	1		1	1	
工业生产资料市场	28	22	6	25	21	4
其他市场	31	31		29	29	

注:本表统计资料由广州市工商局提供。

14－17 年成交额超亿元的商品交易市场情况一览表

（2002年）

市场名称	市场类型	市场营业面　　积（米²）	摊位数量（个）	年总成交额（万元）
合　计	**95(个)**	**3063133**	**34757**	**4095622**
广东金属物资市场	金属材料专业市场	186000	25	271170
江南蔬菜批发市场	蔬菜专业市场	74000	442	261544
广州花卉博览园	其它专业市场	1317325	345	210000
白云山农产品综合批发市场	农产品综合市场	40685	377	189247
广州市天河电脑城有限公司	文化音像书报杂志专业市场	7000	210	162000
广州华南汽贸广场有限公司	机动车专业市场	28680	83	148684
太平洋科技电子交易市场	文化音像书报杂志专业市场	5000	187	137000
广东天健国际家居装饰商贸广场	建材装饰材料专业市场	81602	419	135106
花都狮岭皮具皮革城发展有限公司	其它专业市场	118000	800	124860
新大地服装城	纺织品服装鞋帽专业市场	20000	630	115400
广州汽车博览中心	机动车专业市场	27779	26	102000
广州市港务局黄沙水产品市场	水产品专业市场	6500	230	101600
东旺批发市场	食品饮料烟酒专业市场	45000	390	82000
中兴皮具总汇	小商品专业市场	8000	320	79000
太平洋电脑市场	文化音像书报杂志专业市场	5000	183	78000
嘉禾畜禽交易中心	肉食禽蛋专业市场	15000	98	75520
广州市白马服装市场股份有限公司	纺织品服装鞋帽专业市场	43570	1103	64741
人和农贸市场	农产品综合市场	8000	527	62875
站西服装城	纺织品服装鞋帽专业市场	32000	600	58400
广州市海珠区长江洛溪五金塑料百货交易城	工业品综合市场	13000	760	54810
广州市海珠区粮油综合交易城	粮油专业市场	21000	230	53430
广东电器市场	其它专业市场	15000	120	50000
广州市凤和锦泰经济发展有限公司	纺织品服装鞋帽专业市场	13000	607	47905
增城市新塘新发商业中心	文化音像书报杂志专业市场	6000	306	44510
广东音像城	文化音像书报杂志专业市场	9862	125	38445
番禺富禺发展有限公司	其它综合市场	15000	510	38323
广州南天商业大广场建设发展公司	工业品综合市场	25702	1200	36471
广州化工城实业总公司	其它专业市场	5000	153	34500
增城市新塘钢材市场	金属材料专业市场	47491	117	34437
广东鱼珠国际建材市场	建材装饰材料专业市场	30386	101	33604
天平水果批发市场	干鲜果品专业市场	8000	120	33550
广州市海珠区中大布匹市场B区	纺织品服装鞋帽专业市场	1500	340	32454
广州市海珠区南泰百货批发中心	工业品综合市场	19404	815	31393
南方茶叶市场中心馆	食品饮料烟酒专业市场	7000	235	28905
白云区东宝蛇类禽畜批发交易市场	肉食禽蛋专业市场	20600	250	28626
广州市水产供销公司广州鱼市场	水产品专业市场	6209	25	27997
珠光仰忠精品批发市场	工业品综合市场	3000	155	27509
中八童装批发市场	纺织品服装鞋帽专业市场	15000	522	27120
兴发广场	工业品综合市场	50000	1000	26000
步步高时装广场	纺织品服装鞋帽专业市场	12150	950	25594
广州电子城	其它专业市场	2864	343	24300
广东装饰材料市场	建材装饰材料专业市场	5039	180	24000
广州市长江企业发展有限公司	纺织品服装鞋帽专业市场	2000	289	23373
广州市海珠区中大布场C、D、E场	纺织品服装鞋帽专业市场	1500	386	23234
广东名车交易市场	机动车专业市场	13863	16	22675
江村农贸综合批发市场	农产品综合市场	10000	868	21972
增城市汽车配件贸易城	机动车专业市场	4200	60	21600

14－17 续表

市场名称	市场类型	市场营业面积（米²）	摊位数量（个）	年总成交额（万元）
源胜陶瓷玉石工艺街	其它专业市场	2040	590	21449
广州市芳村岭南花卉市场	其它专业市场	15472	2200	20500
沙东第二成衣批发市场	纺织品服装鞋帽专业市场	2000	470	20200
萧岗农贸市场	农产品综合市场	12000	1146	19880
荔湾广场	其它综合市场	80000	829	19798
广东粤景五金交易有限公司	工业品综合市场	12912	275	19600
广州市海珠区海印中大毛绒布料商场	纺织品服装鞋帽专业市场	1580	204	19234
广州新华南鞋业百货批发城	纺织品服装鞋帽专业市场	10000	200	19186
太和谢家庄农贸综合市场	农产品综合市场	38010	698	18857
西村果菜批发交易市场	蔬菜专业市场	10000	1	18833
广州市海珠区新窖农产品批发市场	农产品综合市场	10000	486	18300
广州市芳村万华茶叶批发市场	食品饮料烟酒专业市场	已关闭	0	18230
天平粮油批发市场	粮油专业市场	5000	151	17300
广州市明和美居物业管理有限公司(美居中心)	建材装饰材料专业市场	106000	305	17120
增城市荔城镇富鹏市场	其它综合市场	3000	619	17026
增城市荔城镇工业品市场	工业品综合市场	4500	600	16873
黄埔区大沙东农副产品市场	农产品综合市场	2800	450	16552
江高粮油批发交易市场	粮油专业市场	9476	148	16470
清平中药材专业市场	药材药品及医疗器材专业市场	5500	468	16431
沙河第二成衣批发市场	纺织品服装鞋帽专业市场	2500	300	15800
增城市石滩镇勤发蔬菜市场	蔬菜专业市场	48666	170	14860
太和农贸综合市场	农产品综合市场	13400	672	14675
增城市宏达市场	工业品综合市场	20000	868	14615
名盛物业管理有限公司天马分公司	纺织品服装鞋帽专业市场	25000	714	14524
星之光家电市场	其它专业市场	5000	215	14416
广州市晓鸿企业发展有限公司	纺织品服装鞋帽专业市场	3598	136	14122
沙东工业品市场附场	纺织品服装鞋帽专业市场	6000	600	14100
三元里农贸市场	农产品综合市场	2130	270	13959
国际新贸广场	文化音像书报杂志专业市场	5800	107	13951
槎头禽畜动物批发市场	肉食禽蛋专业市场	3000	130	13640
广州市南北水果交易市场	干鲜果品专业市场	23000	140	13215
广州景垠置业发展有限公司	纺织品服装鞋帽专业市场	4000	157	12896
华南文体用品装饰材料市场	其它综合市场	7000	80	12753
番禺湘联房地产开发公司	农产品综合市场	5940	178	12600
广州芳村南方茶叶总汇	食品饮料烟酒专业市场	6000	346	12392
南源水果批发市场	干鲜果品专业市场	25237	86	12237
黄花岗科贸街	文化音像书报杂志专业市场	10000	98	12208
增城市新塘新星市场	工业品综合市场	8000	365	11948
宏康商业有限公司	工业品综合市场	2600	152	11727
广州市越秀区东泰海味干果批发市场	食品饮料烟酒专业市场	1734	121	11647
广东国际名车城	机动车专业市场	10000	11	11327
淘金南综合市场	其它综合市场	1000	90	11021
星之光文体用品市场	文化音像书报杂志专业市场	2850	80	10970
新文苑旧货交易市场	旧货专业市场	2247	123	10858
国宏服装批发市场	纺织品服装鞋帽专业市场	12000	270	10750
流行前线	纺织品服装鞋帽专业市场	6800	345	10350
陵园西通讯交易市场发展有限公司	其它专业市场	430	30	10305
新源蛇类禽畜综合市场	肉食禽蛋专业市场	16000	285	10033

14－18 批发贸易业机构、网点、人员数

（2002 年，按登记注册类型分）

项　　目	机　构（个）	#市　区	网　点（个）	#市　区	人　员（人）	#市　区
合　　计	**16298**	**15899**	**32060**	**29516**	**210422**	**201710**
内资企业	16000	15603	31684	29142	199375	190805
国有企业	1429	1296	2272	2092	49684	46920
集体企业	2226	2141	3288	3045	19643	18622
股份合作企业	1800	1797	1933	1930	10980	10939
联营企业	142	136	158	152	2102	1987
国有联营企业	53	50	58	55	926	862
集体联营企业	54	53	61	60	766	733
国有与集体联营企业	35	33	39	37	410	392
其他联营企业						
有限责任公司	1951	1915	2226	2184	26870	26428
国有独资公司	87	73	145	130	3234	3182
其他有限责任公司	1864	1842	2081	2054	23636	23246
股份有限公司	273	267	359	329	7789	7443
私营企业	8162	8034	8710	8579	65718	64343
私营独资企业	831	775	884	828	5606	5197
私营合伙企业	448	438	466	456	2870	2750
私营有限责任公司	6415	6359	6867	6809	53790	53084
私营股份有限公司	468	462	493	486	3452	3312
其他企业(含个体)	17	17	12738	10831	16589	14123
港、澳、台商投资企业	199	198	241	240	6987	6972
合资经营企业	51	51	59	59	884	884
合作经营企业	26	25	42	41	1537	1522
独资经营企业	112	112	128	128	4190	4190
股份有限公司	10	10	12	12	376	376
外商投资企业	99	98	135	134	4060	3933
合资经营企业	27	27	38	38	2317	2317
合作经营企业	6	5	15	14	342	215
独资经营企业	63	63	79	79	1247	1247
股份有限公司	3	3	3	3	154	154

14－19 零售贸易业机构、网点、人员数

（2002年，按登记注册类型分）

项目	机构（个）	#市区	网点（个）	#市区	人员（人）	#市区
合计	**11440**	**11073**	**129240**	**111513**	**260471**	**233169**
内资企业	11340	10977	129011	111289	252110	224910
国有企业	439	411	1033	973	14535	13667
集体企业	2871	2815	3749	3557	16822	15932
股份合作企业	3175	3170	3483	3478	12762	12738
联营企业	96	93	125	121	1090	1059
国有联营企业	20	20	29	28	314	296
集体联营企业	58	55	68	65	404	391
国有与集体联营企业	18	18	28	28	372	372
其他联营企业						
有限责任公司	687	670	1266	1238	18610	17702
国有独资公司	22	21	85	83	2211	2204
其他有限责任公司	665	649	1181	1155	16399	15498
股份有限公司	143	133	186	171	6208	6041
私营企业	3899	3657	4741	4484	33621	31609
私营独资企业	957	802	1140	980	5351	4215
私营合伙企业	319	308	341	330	1595	1423
私营有限责任公司	2452	2380	3057	2976	25373	24699
私营股份有限公司	171	167	203	198	1302	1272
其他企业(含个体)	30	28	114428	97267	148462	126162
港、澳、台商投资企业	58	56	163	160	5493	5476
合资经营企业	22	22	75	75	1992	1992
合作经营企业	10	10	62	61	2997	2991
独资经营企业	21	20	21	20	475	468
股份有限公司	5	4	5	4	29	25
外商投资企业	42	40	66	64	2868	2783
合资经营企业	13	11	30	28	2100	2015
合作经营企业	10	10	15	15	436	436
独资经营企业	18	18	19	19	248	248
股份有限公司	1	1	2	2	84	84

14－20 餐饮业机构、网点、人员数

（2002年，按登记注册类型分）

项目	机构（个）	#市区	网点（个）	#市区	人员（人）	#市区
合计	**2116**	**1952**	**34663**	**29654**	**195333**	**173104**
内资企业	2042	1884	34471	29481	177585	157100
国有企业	87	81	128	122	7574	7355
集体企业	494	485	543	532	11113	10223
股份合作企业	721	720	772	771	17618	17458
联营企业	7	6	10	9	332	284
国有联营企业	2	2	4	4	185	185
集体联营企业	4	3	5	4	119	71
国有与集体联营企业	1	1	1	1	28	28
其他联营企业						
有限责任公司	78	76	110	108	8219	8115
国有独资公司	3	3	4	4	256	256
其他有限责任公司	75	73	106	104	7963	7859
股份有限公司	21	21	34	34	1444	1444
私营企业	624	487	677	537	32430	28209
私营独资企业	362	236	374	245	13132	9968
私营合伙企业	79	74	84	79	3646	3462
私营有限责任公司	163	158	197	192	14460	13596
私营股份有限公司	20	19	22	21	1192	1183
其他企业(含个体)	10	8	32197	27368	98855	84012
港、澳、台商投资企业	60	54	66	60	7614	6848
合资经营企业	7	7	7	7	879	879
合作经营企业	38	33	44	39	5071	4365
独资经营企业	15	14	15	14	1664	1604
股份有限公司						
外商投资企业	14	14	126	113	10134	9156
合资经营企业	4	4	64	57	6070	5438
合作经营企业	7	7	58	52	3793	3447
独资经营企业	3	3	3	3	196	196
股份有限公司			1	1	75	75

14－21 限额以上餐饮企业基本情况

（2002 年）

项　　目	法人企业（个）	产业活动单位（个）	从业人数（人）	营业总收入（万元）	#商品零售额
总　计	**357**	**480**	**70394**	**786187**	**772371**
按登记注册类型分					
内资企业	313	382	48089	475268	467925
国有企业	19	60	8738	105421	104501
集体企业	38	44	4833	36706	36364
股份合作企业	84	85	9245	83911	83814
联营企业	1	2	181	3550	3550
国有联营企业		1	80	2358	2358
集体联营企业					
国有与集体联营企业					
其他联营企业	1	1	101	1192	1192
有限责任公司	28	31	4758	41686	41082
国有独资公司		1	23	667	667
其他有限责任公司	28	30	4735	41019	40415
股份有限公司	3	12	2092	20878	20604
私营企业	138	146	18084	181540	176434
私营独资企业	54	56	5923	63809	61581
私营合伙企业	11	11	1145	12658	12658
私营有限责任公司	68	74	10495	101378	98500
私营股份有限公司	5	5	521	3695	3695
其他企业	2	2	158	1576	1576
港、澳、台商投资企业	35	84	14365	220961	214573
合资经营企业(港或澳、台资)	3	12	1735	24420	24297
合作经营企业(港或澳、台资)	25	63	11154	178951	172703
港、澳、台商独资经营企业	7	9	1476	17590	17573
港、澳、台商投资股份有限公司					
外商投资企业	9	14	7940	89958	89873
中外合资经营企业	3	3	4738	48157	48157
中外合作经营企业	5	10	3077	40893	40808
外资企业	1	1	125	908	908
外商投资股份有限公司					
按行业分					
正餐	344	466	62035	700014	686198
快餐	12	12	8251	84916	84916
其他	1	2	108	1257	1257

14-22 限额以上批发零售贸易企业财务状况

（2002年）

单位:万元

项目	资产总计	#固定资产	负债合计	所有者权益	商品销售收入净额	商品销售成本
总计	**10061481**	**1467614**	**7444112**	**2617369**	**18623498**	**17318592**
按登记注册类型分						
内资企业	9426822	1366024	6850651	2576171	17272102	16167495
国有企业	4722900	912165	3484774	1238126	7877532	7397636
集体企业	329682	50441	233365	96317	592321	551739
股份合作企业	182259	43352	153053	29206	459327	424768
联营企业	111177	5005	92638	18539	179876	171808
国有联营企业	38113	1989	27310	10803	62497	59899
集体联营企业	65851	682	60680	5171	92101	89034
国有与集体联营企业	4875	2111	3402	1473	19301	17424
其他联营企业	2338	223	1246	1092	5977	5451
有限责任公司	1705001	142938	1315921	389080	3600986	3371786
国有独资公司	601499	80782	390509	210990	757691	713309
其他有限责任公司	1103502	62156	925412	178090	2843295	2658477
股份有限公司	1593502	151320	925846	667656	2328665	2177417
私营企业	778129	57923	641778	136351	2231776	2071074
私营独资企业	5466	392	4134	1332	31270	28308
私营合伙企业	3537	19	1615	1922	12125	11592
私营有限责任公司	721402	56855	590979	130423	2083986	1933254
私营股份有限公司	47724	657	45050	2674	104395	97920
其他企业	4172	2880	3276	896	1619	1267
港、澳、台商投资企业	415369	62640	383824	31545	872163	743249
合资经营企业(港或澳、台资)	119806	27081	111602	8204	240175	200123
合作经营企业(港或澳、台资)	82710	2616	64495	18215	253950	200492
港、澳、台商独资经营企业	118529	5826	120669	-2140	243111	224519
港、澳、台商投资股份有限公司	94324	27117	87058	7266	134927	118115
外商投资企业	219290	38950	209637	9653	479233	407848
中外合资经营企业	132321	29762	130415	1906	249565	199239
中外合作经营企业	36325	7975	47908	-11583	73934	66911
外资企业	49600	1171	30353	19247	150398	136688

14－22　续表1　　单位：万元

项　　目	资产总计	#固定资产	负债合计	所有者权益	商品销售收入净额	商品销售成本
外商投资股份有限公司	1044	42	961	83	5336	5010
按行业分						
食品、饮料、烟草批发业	1092425	222166	698493	393932	1576267	1421861
棉、麻、土畜产品批发业	100878	9026	83788	17090	206475	196545
纺织品、服装和鞋帽批发业	996100	71571	760010	236090	1700737	1532371
日用百货批发业	582168	53958	467707	114461	1014021	916404
日用杂品批发业	92547	4216	84140	8407	88215	81697
五金、交电、化工批发业	338419	59220	285244	53175	743906	706305
药品及医疗器械批发业	560956	39356	461911	99045	1136902	1061014
能源批发业	1895914	160987	1228232	667682	4099018	3892483
化工材料批发业	190447	25141	150575	39872	672251	648835
木材批发业	93543	10441	53108	40435	144376	134766
建筑材料批发业	76373	9883	57951	18422	125039	118664
矿产品批发业	39296	6289	34059	5237	141841	137353
金属材料批发业	1283910	331414	967205	316705	2084355	2006457
机械、电子设备批发业	570096	47536	487156	82940	1254095	1199831
汽车、摩托车及零配件批发业	132135	10308	96783	35352	387172	371411
再生物资回收批发业	52151	10756	52448	－297	227424	223563
工艺美术品批发业	69767	18209	65023	4744	59828	53789
图书报刊批发业	116971	17301	67998	48973	154917	136829
农业生产资料批发业	211819	35536	138098	73721	220377	208735
其他类未包括的批发业	266600	10905	205600	61000	456408	434402
食品、饮料和烟草零售业	53496	9296	35523	17973	70462	56732
日用百货零售业	805686	243329	646913	158773	1093547	905142
纺织品、服装和鞋帽零售业	8024	274	10242	－2218	12787	8176
日用杂品零售业	681	36	577	104	2304	2127
五金、交电、化工零售业	35899	886	30955	4944	67129	63178
药品及医疗器械零售业	36694	6147	19440	17254	86760	72262
图书报刊零售业	79753	19152	37453	42300	65574	44127
其他零售业	278733	34275	217480	61253	731311	683533

14－22 续表2

单位：万元

项目	经营费用	商品销售税金及附加费	商品销售利润	代购代销收入	主营业务利润	其他业务利润
总计	**672357**	**21906**	**610643**	**11683**	**622326**	**157759**
按登记注册类型分						
内资企业	513329	21064	570214	10554	580768	130721
国有企业	183381	8536	287979	7315	295294	69267
集体企业	20000	770	19812	256	20068	3072
股份合作企业	20768	853	12938	21	12959	3272
联营企业	3345	185	4538	753	5291	2385
国有联营企业	1199	118	1281	753	2034	176
集体联营企业	1090	27	1950		1950	2150
国有与集体联营企业	839	32	1006		1006	58
其他联营企业	217	8	301		301	1
有限责任公司	130983	4225	93992	2045	96037	33407
国有独资公司	21152	344	22886	94	22980	15136
其他有限责任公司	109831	3881	71106	1951	73057	18271
股份有限公司	47092	2855	101301		101301	4501
私营企业	107645	3620	49437	164	49601	14816
私营独资企业	1088	60	1814		1814	338
私营合伙企业	190	9	334		334	－11
私营有限责任公司	100979	3439	46314	164	46478	14048
私营股份有限公司	5388	112	975		975	441
其他企业	115	20	217		217	1
港、澳、台商投资企业	107058	584	21272	48	21320	19638
合资经营企业(港或澳、台资)	30188	225	9639	48	9687	6508
合作经营企业(港或澳、台资)	42085	91	11282		11282	3857
港、澳、台商独资经营企业	14807	170	3615		3615	2016
港、澳、台商投资股份有限公司	19978	98	－3264		－3264	7257
外商投资企业	51970	258	19157	1081	20238	7400
中外合资经营企业	36928	24	13374		13374	5077
中外合作经营企业	9670	102	－2749		－2749	1681
外资企业	4392	132	9186	1081	10267	642

14－22　续表3　　单位:万元

项　　目	经营费用	商品销售税金及附加费	商品销售利　　润	代购代销收　　入	主营业务利　　润	其他业务利　　润
外商投资股份有限公司	980		－654		－654	
按行业分						
食品、饮料、烟草批发业	70563	3094	80749	251	81000	22235
棉、麻、土畜产品批发业	5351	22	4557	23	4580	465
纺织品、服装和鞋帽批发业	72654	862	94850	489	95339	7726
日用百货批发业	72549	1125	23943	426	24369	8503
日用杂品批发业	3074	86	3358	364	3722	1090
五金、交电、化工批发业	25198	576	11827	1346	13173	5488
药品及医疗器械批发业	32647	1525	41716	58	41774	4246
能源批发业	73172	3233	130130	241	130371	11741
化工材料批发业	13289	256	9871	1107	10978	4670
木材批发业	6717	21	2872	228	3100	759
建筑材料批发业	1514	161	4700		4700	1320
矿产品批发业	2958	38	1492	11	1503	223
金属材料批发业	43854	1358	32686	471	33157	13018
机械、电子设备批发业	27499	690	26075	2321	28396	6804
汽车、摩托车及零配件批发业	7448	276	8037	51	8088	1957
再生物资回收批发业	3026	19	816		816	1479
工艺美术品批发业	3021	9	3009	74	3083	1246
图书报刊批发业	8116	366	9606		9606	1054
农业生产资料批发业	5460	43	6139	65	6204	1407
其他类未包括的批发业	8221	307	13478	1406	14884	3311
食品、饮料和烟草零售业	10962	331	2437		2437	3304
日用百货零售业	127664	4723	56018	80	56098	41639
纺织品、服装和鞋帽零售业	3776	68	767		767	189
日用杂品零售业	110	3	64		64	
五金、交电、化工零售业	2831	101	1019	3	1022	799
药品及医疗器械零售业	6118	359	8021		8021	443
图书报刊零售业	11518	475	9454		9454	4294
其他零售业	23047	1779	22952	2668	25620	8349

14－22 续表 4

单位:万元

项目	管理费用	财务费用	营业利润	利润总额	本年应付工资总额	本年应交增值税
总计	**535607**	**101957**	**139017**	**250659**	**276534**	**180630**
按登记注册类型分						
内资企业	485165	95640	131041	250927	243867	148261
国有企业	275382	58478	31094	131438	135412	56061
集体企业	16277	4719	2174	6101	9583	5853
股份合作企业	10649	1414	4397	5550	4970	5538
联营企业	6114	572	1159	1213	1756	888
国有联营企业	1691	30	552	549	718	248
集体联营企业	3487	506	108	171	392	265
国有与集体联营企业	674	36	459	444	466	293
其他联营企业	262		40	49	180	82
有限责任公司	93201	15822	21729	36817	50520	33400
国有独资公司	29755	2118	7191	16925	16500	2498
其他有限责任公司	63446	13704	14538	19892	34020	30902
股份有限公司	37233	9924	58626	55709	19831	21649
私营企业	46201	4591	11871	14099	21714	24839
私营独资企业	2087	24	41	37	323	1043
私营合伙企业	392	1	－70	－65	158	87
私营有限责任公司	42342	4588	11986	14357	20481	22837
私营股份有限公司	1380	－22	－86	－230	752	872
其他企业	108	120	－9		81	33
港、澳、台商投资企业	31233	2852	2785	3659	22705	21126
合资经营企业(港或澳、台资)	15424	839	－1795	－1043	8198	5658
合作经营企业(港或澳、台资)	9609	150	5381	5403	6855	12349
港、澳、台商独资经营企业	3786	298	－815	－420	5469	2933
港、澳、台商投资股份有限公司	2414	1565	14	－281	2183	186
外商投资企业	19209	3465	5191	－3927	9962	11243
中外合资经营企业	9816	3307	5336	5062	5704	6696
中外合作经营企业	2251	605	－6933	－15680	2038	1869
外资企业	7142	－445	7440	7343	2154	2633

14－22　续表 5　　单位:万元

项　　　目	管理费用	财务费用	营业利润	利润总额	本年应付工资总额	本年应交增值税
外商投资股份有限公司		－2	－652	－652	66	45
按行业分						
食品、饮料、烟草批发业	83312	17890	4328	50068	50453	27813
棉、麻、土畜产品批发业	4712	1667	－1315	－330	2195	253
纺织品、服装和鞋帽批发业	64621	7139	32359	45258	28478	9959
日用百货批发业	27491	6229	－1008	5633	14177	11028
日用杂品批发业	4020	2180	－1363	－718	1329	21
五金、交电、化工批发业	15566	2604	388	2315	9275	5297
药品及医疗器械批发业	28597	7157	9548	10560	16623	16837
能源批发业	58244	17650	61844	74811	24530	34202
化工材料批发业	12179	2229	1743	2383	4536	2350
木材批发业	3820	863	－797	5058	2669	236
建筑材料批发业	3950	233	1312	1857	2134	819
矿产品批发业	1317	516	－168	128	532	96
金属材料批发业	26625	10224	9240	12882	12983	9546
机械、电子设备批发业	27646	5981	－836	6614	15683	6516
汽车、摩托车及零配件批发业	7569	451	1815	3852	2330	1791
再生物资回收批发业	4654	1456	－3816	－3478	2196	164
工艺美术品批发业	3066	1825	－563	－557	1851	7
图书报刊批发业	6852	－264	4070	4380	3234	3459
农业生产资料批发业	5089	2903	－303	2875	2037	1036
其他类未包括的批发业	14955	1484	4915	6223	6104	1823
食品、饮料和烟草零售业	4900	－278	1119	1394	5310	2438
日用百货零售业	82712	10066	3533	4748	44674	31699
纺织品、服装和鞋帽零售业	1142	73	－274	－280	932	731
日用杂品零售业	51		13	13	25	21
五金、交电、化工零售业	1624	56	210	135	1665	612
药品及医疗器械零售业	8169	10	374	1201	4898	2205
图书报刊零售业	11394	－84	2439	3060	7521	1973
其他零售业	21330	1697	10210	10574	8160	7698

14－23 市区限额以上批发零售贸易企业财务状况

（2002 年）

单位：万元

项目	资产总计	#固定资产	负债合计	所有者权益	商品销售收入净额	商品销售成本
总计	**9972514**	**1437194**	**7350465**	**2622049**	**18372292**	**17084032**
按登记注册类型分						
内资企业	9351178	1337801	6776006	2575172	17036056	15946484
国有企业	4700448	899471	3464189	1236259	7815748	7341973
集体企业	316611	48129	216419	100192	570768	530778
股份合作企业	182259	43352	153053	29206	459327	424768
联营企业	109690	4847	91945	17745	175974	168094
国有联营企业	38113	1989	27310	10803	62497	59899
集体联营企业	65851	682	60680	5171	92101	89034
国有与集体联营企业	4875	2111	3402	1473	19301	17424
其他联营企业	851	65	553	298	2075	1737
有限责任公司	1693674	141339	1304844	388830	3562702	3336994
国有独资公司	601499	80782	390509	210990	757691	713309
其他有限责任公司	1092175	60557	914335	177840	2805011	2623685
股份有限公司	1581207	141808	913353	667854	2303281	2153420
私营企业	763117	55975	628927	134190	2146637	1989190
私营独资企业	5466	392	4134	1332	31270	28308
私营合伙企业	3537	19	1615	1922	12125	11592
私营有限责任公司	708571	54909	579560	129011	2016695	1867943
私营股份有限公司	45543	655	43618	1925	86547	81347
其他企业	4172	2880	3276	896	1619	1267
港、澳、台商投资企业	415369	62640	383824	31545	872163	743249
合资经营企业(港或澳、台资)	119806	27081	111602	8204	240175	200123
合作经营企业(港或澳、台资)	82710	2616	64495	18215	253950	200492
港、澳、台商独资经营企业	118529	5826	120669	－2140	243111	224519
港、澳、台商投资股份有限公司	94324	27117	87058	7266	134927	118115
外商投资企业	205967	36753	190635	15332	464073	394299
中外合资经营企业	132321	29762	130415	1906	249565	199239
中外合作经营企业	33656	6599	39141	－5485	70725	64758
外资企业	49600	1171	30353	19247	150398	136688

单位：万元

项目	资产总计	#固定资产	负债合计	所有者权益	商品销售收入净额	商品销售成本
外商投资股份有限公司	1044	42	961	83	5336	5010
按行业分						
食品、饮料、烟草批发业	1082674	218875	685203	397471	1535652	1385202
棉、麻、土畜产品批发业	100878	9026	83788	17090	206475	196545
纺织品、服装和鞋帽批发业	996100	71571	760010	236090	1700737	1532371
日用百货批发业	582168	53958	467707	114461	1014021	916404
日用杂品批发业	92547	4216	84140	8407	88215	81697
五金、交电、化工批发业	338419	59220	285244	53175	743906	706305
药品及医疗器械批发业	559989	39075	460959	99030	1135127	1059520
能源批发业	1877945	150071	1211822	666123	4049674	3845503
化工材料批发业	190447	25141	150575	39872	672251	648835
木材批发业	93543	10441	53108	40435	144376	134766
建筑材料批发业	76373	9883	57951	18422	125039	118664
矿产品批发业	39296	6289	34059	5237	141841	137353
金属材料批发业	1283910	331414	967205	316705	2084355	2006457
机械、电子设备批发业	570096	47536	487156	82940	1254095	1199831
汽车、摩托车及零配件批发业	122134	9643	88047	34087	327385	314920
再生物资回收批发业	43336	10611	43921	－585	208991	205270
工艺美术品批发业	69767	18209	65023	4744	59828	53789
图书报刊批发业	116971	17301	67998	48973	154917	136829
农业生产资料批发业	211819	35536	138098	73721	220377	208735
其他类未包括的批发业	266600	10905	205600	61000	456408	434402
食品、饮料和烟草零售业	51974	9185	34644	17330	57304	45224
日用百货零售业	796544	240071	633752	162792	1084540	897210
纺织品、服装和鞋帽零售业	8024	274	10242	－2218	12787	8176
日用杂品零售业	681	36	577	104	2304	2127
五金、交电、化工零售业	35899	886	30955	4944	67129	63178
药品及医疗器械零售业	36485	6146	19273	17212	85455	71146
图书报刊零售业	78389	18782	36310	42079	63068	42125
其他零售业	249506	22893	187098	62408	676035	631448

14－23　续表 2　　单位：万元

项　　目	经营费用	商品销售税金及附加费	商品销售利　润	代购代销收　入	主营业务利　润	其他业务利　润
总　计	660121	21503	606636	10670	617306	156967
按登记注册类型分						
内资企业	504131	20661	564780	9541	574321	129935
国有企业	180376	8378	285021	6335	291356	69143
集体企业	19658	694	19638	256	19894	3043
股份合作企业	20768	853	12938	21	12959	3272
联营企业	3267	181	4432	753	5185	2385
国有联营企业	1199	118	1281	753	2034	176
集体联营企业	1090	27	1950		1950	2150
国有与集体联营企业	839	32	1006		1006	58
其他联营企业	139	4	195		195	1
有限责任公司	128592	4158	92958	2012	94970	32939
国有独资公司	21152	344	22886	94	22980	15136
其他有限责任公司	107440	3814	70072	1918	71990	17803
股份有限公司	46525	2834	100502		100502	4493
私营企业	104830	3543	49074	164	49238	14659
私营独资企业	1088	60	1814		1814	338
私营合伙企业	190	9	334		334	－11
私营有限责任公司	99537	3376	45839	164	46003	13891
私营股份有限公司	4015	98	1087		1087	441
其他企业	115	20	217		217	1
港、澳、台商投资企业	107058	584	21272	48	21320	19638
合资经营企业(港或澳、台资)	30188	225	9639	48	9687	6508
合作经营企业(港或澳、台资)	42085	91	11282		11282	3857
港、澳、台商独资经营企业	14807	170	3615		3615	2016
港、澳、台商投资股份有限公司	19978	98	－3264		－3264	7257
外商投资企业	48932	258	20584	1081	21665	7394
中外合资经营企业	36928	24	13374		13374	5077
中外合作经营企业	6632	102	－767		－767	1681
外资企业	4392	132	9186	1081	10267	642

14－23　续表3　　　　单位：万元

项　　目	经营费用	商品销售税金及附加费	商品销售利　润	代购代销收　入	主营业务利　润	其他业务利　润
外商投资股份有限公司	980		－654		－654	
按行业分						
食品、饮料、烟草批发业	65893	3000	81557	251	81808	22195
棉、麻、土畜产品批发业	5351	22	4557	23	4580	465
纺织品、服装和鞋帽批发业	72654	862	94850	489	95339	7726
日用百货批发业	72549	1125	23943	426	24369	8503
日用杂品批发业	3074	86	3358	364	3722	1090
五金、交电、化工批发业	25198	576	11827	1346	13173	5488
药品及医疗器械批发业	32496	1514	41597	58	41655	4235
能源批发业	71891	3191	129089	241	129330	11576
化工材料批发业	13289	256	9871	1107	10978	4670
木材批发业	6717	21	2872	228	3100	759
建筑材料批发业	1514	161	4700		4700	1320
矿产品批发业	2958	38	1492	11	1503	223
金属材料批发业	43854	1358	32686	471	33157	13018
机械、电子设备批发业	27499	690	26075	2321	28396	6804
汽车、摩托车及零配件批发业	4691	207	7567	18	7585	1953
再生物资回收批发业	2990	15	716		716	1485
工艺美术品批发业	3021	9	3009	74	3083	1246
图书报刊批发业	8116	366	9606		9606	1054
农业生产资料批发业	5460	43	6139	65	6204	1407
其他类未包括的批发业	8221	307	13478	1406	14884	3311
食品、饮料和烟草零售业	10364	306	1410		1410	3304
日用百货零售业	126379	4626	56325	80	56405	41067
纺织品、服装和鞋帽零售业	3776	68	767		767	189
日用杂品零售业	110	3	64		64	
五金、交电、化工零售业	2831	101	1019	3	1022	799
药品及医疗器械零售业	6087	356	7866		7866	443
图书报刊零售业	11236	468	9239		9239	4296
其他零售业	21902	1728	20957	1688	22645	8341

14－23 续表 4

单位：万元

项　　目	管理费用	财务费用	营业利润	利润总额	本年应付工资总额	本年应交增值税
总　计	**530680**	**100449**	**140969**	**259171**	**273022**	**178453**
按登记注册类型分						
内资企业	480637	94243	131062	249077	240867	146207
国有企业	273617	58311	29882	128722	134372	55286
集体企业	15276	3610	4081	7530	9465	5787
股份合作企业	10649	1414	4397	5550	4970	5538
联营企业	5995	571	1173	1227	1685	839
国有联营企业	1691	30	552	549	718	248
集体联营企业	3487	506	108	171	392	265
国有与集体联营企业	674	36	459	444	466	293
其他联营企业	143	－1	54	63	109	33
有限责任公司	92154	15746	21735	36724	49313	32929
国有独资公司	29755	2118	7191	16925	16500	2498
其他有限责任公司	62399	13628	14544	19799	32813	30431
股份有限公司	37192	9926	57858	55152	19600	21498
私营企业	45646	4545	11945	14172	21381	24297
私营独资企业	2087	24	41	37	323	1043
私营合伙企业	392	1	－70	－65	158	87
私营有限责任公司	41787	4525	11965	14335	20275	22475
私营股份有限公司	1380	－5	9	－135	625	692
其他企业	108	120	－9		81	33
港、澳、台商投资企业	31233	2852	2785	3659	22705	21126
合资经营企业(港或澳、台资)	15424	839	－1795	－1043	8198	5658
合作经营企业(港或澳、台资)	9609	150	5381	5403	6855	12349
港、澳、台商独资经营企业	3786	298	－815	－420	5469	2933
港、澳、台商投资股份有限公司	2414	1565	14	－281	2183	186
外商投资企业	18810	3354	7122	6435	9450	11120
中外合资经营企业	9816	3307	5336	5062	5704	6696
中外合作经营企业	2014	474	－4583	－4899	1570	1746
外资企业	7142	－445	7440	7343	2154	2633

14－23　续表5　　单位:万元

项　　目	管理费用	财务费用	营业利润	利润总额	本年应付工资总额	本年应交增值税
外商投资股份有限公司		－2	－652	－652	66	45
按行业分						
食品、饮料、烟草批发业	81937	17667	6694	59288	49417	27435
棉、麻、土畜产品批发业	4712	1667	－1315	－330	2195	253
纺织品、服装和鞋帽批发业	64621	7139	32359	45258	28478	9959
日用百货批发业	27491	6229	－1008	5633	14177	11028
日用杂品批发业	4020	2180	－1363	－718	1329	21
五金、交电、化工批发业	15566	2604	388	2315	9275	5297
药品及医疗器械批发业	28466	7138	9568	10580	16539	16768
能源批发业	57899	17656	60977	74165	24132	33900
化工材料批发业	12179	2229	1743	2383	4536	2350
木材批发业	3820	863	－797	5058	2669	236
建筑材料批发业	3950	233	1312	1857	2134	819
矿产品批发业	1317	516	－168	128	532	96
金属材料批发业	26625	10224	9240	12882	12983	9546
机械、电子设备批发业	27646	5981	－836	6614	15683	6516
汽车、摩托车及零配件批发业	7043	369	1916	3926	1961	1277
再生物资回收批发业	4594	1444	－3838	－3496	2181	164
工艺美术品批发业	3066	1825	－563	－557	1851	7
图书报刊批发业	6852	－264	4070	4380	3234	3459
农业生产资料批发业	5089	2903	－303	2875	2037	1036
其他类未包括的批发业	14955	1484	4915	6223	6104	1823
食品、饮料和烟草零售业	4330	－277	661	851	4617	2189
日用百货零售业	81522	8976	5966	6709	44167	31521
纺织品、服装和鞋帽零售业	1142	73	－274	－280	932	731
日用杂品零售业	51		13	13	25	21
五金、交电、化工零售业	1624	56	210	135	1665	612
药品及医疗器械零售业	8062	5	331	1158	4848	2180
图书报刊零售业	11190	－139	2485	3106	7327	1898
其他零售业	20911	1668	8586	9015	7994	7311

14－24 限额以上餐饮企业财务状况

（2002 年）

单位：万元

项　　目	合　计	#国有企业	#集体企业	#私营企业	#股份合作企业	#外商投资企业	#港澳台商投资企业
年末资产负债							
流动资产合计	149647	12961	5802	51911	16538	13881	38520
固定资产合计	122497	7041	9179	32407	8710	25564	25911
固定资产原价	219549	13475	12917	54007	14351	38228	67952
累计折旧	102420	6731	3862	24371	5812	12715	42696
资产总计	349358	23102	15975	94994	32535	73138	75336
负债合计	294924	13116	7156	100308	28721	51949	59525
所有者权益合计	54434	9986	8819	－5314	3814	21189	15811
损益及分配							
营业收入	601220	45506	29285	171690	86447	127633	94723
营业成本	292286	23557	15033	87787	43919	58702	40463
营业费用	217443	12757	9769	62006	30232	49060	38356
营业税金及附加费	32595	1792	1580	10811	4839	6449	4757
经营利润	58896	7400	2903	11086	7457	13422	11147
管理费用	60525	8418	2890	13558	8072	6600	13947
财务费用	6029	263	59	2229	447	1490	772
营业利润	－7658	－1281	－46	－4701	－1062	5332	－3572
利润总额	－6992	－240	－75	－5035	－1093	5169	－3677
工资、福利费							
本年应付工资总额	72566	7171	4007	20938	10531	9953	13096
本年应付福利费总额	5801	800	229	1878	813	245	1095

14－25 市区限额以上餐饮企业财务状况

（2002 年）

单位：万元

项　　目	合　计	#国有企业	#集体企业	#私营企业	#股份合作企业	#外商投资企业	#港澳台商投资企业
年末资产负债							
流动资产合计	141238	12846	5469	47034	14874	13881	37460
固定资产合计	106645	6538	9147	28348	4014	25564	19419
固定资产原价	196220	12885	12877	46661	7762	38228	59405
累计折旧	94802	6644	3852	20946	3919	12715	40640
资产总计	322010	21905	15540	84574	25222	73138	67784
负债合计	269332	12461	5944	82930	26348	51949	55615
所有者权益合计	52678	9444	9596	1644	－1126	21189	12169
损益及分配							
营业收入	576424	44942	26286	162306	81877	127633	89483
营业成本	280250	23283	13482	82706	42511	58702	37980
营业费用	209432	12479	8516	58710	28695	49060	37408
营业税金及附加费	31276	1773	1431	10350	4548	6449	4453
经营利润	55466	7407	2857	10540	6123	13422	9642
管理费用	56742	8406	2797	12927	6814	6600	12222
财务费用	5032	260	45	1392	311	1490	771
营业利润	－6308	－1259	15	－3779	－1002	5332	－3351
利润总额	－5732	－218	－14	－4105	－1100	5169	－3450
工资、福利费							
本年应付工资总额	69044	7011	3519	19585	9808	9953	12593
本年应付福利费总额	5653	800	226	1796	813	245	1073

14－26 贸易业主要连锁店基本情况

（2002年）

企业名称	网点（个）	从业人员（人）	销售额（万元）	营业面积（米²）
广州市好又多百货商业广场有限公司	8	3982	193794	93030
广州友谊商店股份有限公司	2	1429	105753	37000
广州百佳超级市场有限公司	6	593	85931	58016
广东吉之岛天贸百货有限公司	4	980	79139	44800
广州正大万客隆(佳景)有限公司	2	478	76070	24880
广州市岛内价连锁货仓商场发展有限公司	26	2474	61287	52719
广州市万佳百货有限公司	6	2432	43585	101111
广州东泽电器有限公司	5	290	41105	15946
广州城建开发宏城连锁超级市场有限公司	22	666	26962	14631
广州副食品集团南粤连锁分公司	27	553	26093	11575
广州市医药公司健民连锁店	68	590	21776	5002
广东国讯通信连锁经营有限公司	17	363	18402	2755
广州屈臣氏个人用品商店有限公司	10	276	16843	3943
广东赛壹便利店有限公司	92	865	14602	6580
广州采芝林药业连锁店	155	1004	13548	10167
广州家谊超市股份有限公司	15	2870	13456	33307
广东银峰星电讯服务有限公司	3	99	9505	530
广州市新佳信通讯设备有限公司	6	140	9183	275
广东金羊发行有限公司	5	40	6026	1500
广州市宝生园有限公司	105	346	6006	3480
广州润迅概念连锁销售有限公司	6	84	5234	252
广州大洋文化连锁店有限公司	73	395	5162	7204
广州市黄埔区百事佳配送贸易有限公司	7	256	4315	10520
广州市港湾商业有限公司	16	157	4298	13081
广州东海堂(饼屋)食品有限公司	30	358	4258	484
广州市东方眼镜连锁企业有限公司	34	204	2804	2445
广州市越秀区胜佳货仓商场	3	55	2577	1700
广州市大山冷气有限公司	2	28	2563	400
广州中山医博济药店连锁有限公司	27	173	2218	2296
广州越秀倍顺便利连锁店有限公司	6	110	2157	2174
广州市8字连锁店有限公司	31	181	2095	4241
广州市新干线实业有限公司	15	78	1604	4503
广州市丰宁中力电器有限公司	3	31	1573	350
广州市宏晋萍果牌服装连锁店有限公司	5	30	1136	250

14－27 销售额超5亿元的贸易企业一览表

（2002年）　　单位：万元

企业名称	主要从事业务	销售额合计	批发	零售	年末库存
中国石油化工股份有限公司广东石油分公司	石油及制品批发	1853535	1853535	0	73868
广东物资集团公司	金属材料批发	1200336	909598	290738	98224
中国烟草总公司广东省公司	卷烟批发	792522	780560	11962	10880
广州宝钢南方贸易有限公司	钢材批发	663082	663082		33567
广东省电力工业燃料公司	煤炭、燃油批发	661337	661337		
广东省纺织品进出口(集团)公司	纺织、服装进出口	406620	402922	3698	16801
中化广东进出口公司	石油及制品批发	398332	398332		5158
广州市医药公司	西药批发	342621	222152	120469	42944
广东省丝绸(集团)公司	丝织品出口	310882	310882		6400
广东省石油企业集团公司	石油制品销售	296487	296487		8877
中国石油化工股份公司广州分公司	汽煤柴油制品销售	271096	269830	1266	
广东省外经贸开发公司	机械化工产品批发	270132	270132		4883
广州市烟草贸易公司	卷烟批发	259509	259465	44	9376
广东省轻工业品进出口(集团)公司	轻工业品进出口	253006	253006		
广州纺织品进出口集团有限公司	纺织品进出口	217003	217003		900
广州市华泰兴石油化工有限公司	燃料油批发	198968	198968		3381
广州珠江电力燃料有限公司	煤炭及制品批发	148275	148275		3682
广州神州数码有限公司	通讯设备批发	145850	145850		
广东省五金矿产进出口集团公司	五金矿产进出口	143981	143981		481
广东省农业生产资料总公司	农业生产资料销售	138643	138643		19301
广州市好又多百货商业广场有限公司	百货零售	137618		137618	9526
广东金蜂星电讯有限公司	通信设备销售	137522	137171	351	571
广东富佳石油化工有限公司	石油制品销售	135468	135468		3134
广州市纺织工业联合进出口公司	纺织品进出口	135377	135377		620
广州立白企业集团有限公司	洗涤用品批发	128825	128825		4863
广东东凌集团有限公司	农副产品销售	118686	118686		13062
华南蓝天航空油料有限公司	石油及制品批发	118442	117280	1162	4785
广州友谊班尼路服饰有限公司	服装销售	112157	84967	27190	10853
广东新华发行集团股份有限公司	图书报刊批发业	108871	107828	1043	26428
广州海尔工业贸易有限公司	家用电器批发	107389	107389		7564
广东省畜产进出口集团公司	畜产品销售	107274	107274		2459
广州友谊商店股份有限公司	日用百货零售	105753	338	105415	10159
广州市汽车贸易有限公司	汽车及汽车配件销售	102883	102883		2447
广东省食品进出口集团公司	食品进出口	100732	100408	324	359
广州广钢集团金兴物资供应有限公司	黑色废金属回收	100338	100338		6784
深圳虎威制衣有限公司广州分公司	服装销售	100183	86831	13352	4642
广东省土产进出口(集团)公司	木材批发	99254	99252	2	10823

14－27 续表　　单位：万元

企业名称	主要从事业务	销售额合计	批发	零售	年末库存
广州市广州百货大厦	日用百货零售	98023	4807	93216	5839
广州经济技术开发区中穗石油化工发展有限公司	石油制品销售	96673	96673		
广东天贸南方大厦百货有限公司	百货零售	91853		91853	5845
松下电器(中国)有限公司广州分公司	电器产品销售	84931	84931		4225
广州中山医医药有限公司	化学及生物制品销售	84705	84705		6453
北方光电科技股份有限公司	各类商品销售或代理	83138	83138		
中国包装进出口广东公司	包装材料进出口	82360	82360		11184
广州汽车博览中心	汽车及零件销售	81986		81986	3864
广州百佳超级市场有限公司	百货零售	80522		80522	4897
广州正大万客隆(佳景)有限公司	百货零售	76070		76070	6142
中国铁路物资广州公司	石油及制品批发	75145	75145		
广州市建材发展有限公司	建筑材料批发	73916	73916		
广东粤兴医药有限公司	药品销售	71251	71251		10317
广州市番禺石油企业集团公司	石油及制品批发	70212	21396	48816	370
广州经济技术开发区工业进出口贸易公司	纺织品销售	69066	69066		
广州轻达机械企业有限公司汽车工业贸易公司	汽车销售	68893	40078	28815	8104
广东省农业机械总公司	销售农机产品	68509	40674	27835	2124
龙翔化工(广州保税区)国际贸易有限公司	化工产品批发	64935	64935		5926
广东省番禺区沙园集团公司	家电零售	62334	55313	7021	9799
广州浩霖贸易有限公司	洗涤用品销售	62059	62059		11323
中国医药(集团)广州公司	药品批发	61853	61853		8352
广州市岛内价连锁货仓商场发展有限公司	百货零售	61287		61287	9547
中国抽纱广东进出口公司	抽纱品纺织品进出口	60505	60505		
广州市新大新公司	百货零售	60316	15563	44753	1120
广州广钢企业集团金色贸易有限公司	黑色金属材料批发	59503	59503		4583
广州金创利经贸有限公司	有色金属批发	57858	57858		225
广州市药材公司	中草药及制品批发	57820	54907	2913	7948
广东省电信器材公司	电信器材设备销售	57645	57645		19267
中国航空技术进出口广州公司	运输工具进出口	56243	56243		4736
广东省工艺品进出口(集团)公司	工艺品销售	56054	55872	182	5282
广州交易会进出口有限公司	进出口贸易	56050	56050		
广东蓝粤能源发展有限公司	煤炭批发	54431	54431		7992
广东省华广轻工实业有限公司	轻工业品进出口	53617	53617		21150
中国土产畜产广东茶叶进出口公司	茶叶进出口	52073	52073		562
广东省药材公司	中药材批发	51924	49329	2595	2281
丰田通商(广州)有限公司	进出口贸易	51252	51252		
广州美晨营销有限公司	牙膏批发	50566	50566		

14-28 零售额超亿元的零售企业一览表

（2002年）

企业名称	销售额（万元）	#零售额	从业人数（人）	营业面积（米^2）
广州市好又多百货商业广场有限公司	137618	137618	1831	82761
广州友谊商店股份有限公司	105753	105415	1429	37000
广州市广州百货大厦	98023	93216	1341	38860
广东天贸南方大厦百货有限公司	91853	91853	896	14714
广州汽车博览中心	81986	81986	162	27780
广州百佳超级市场有限公司	80522	80522	501	54221
广州正大万客隆(佳景)有限公司	76070	76070	478	24880
广州市岛内价连锁货仓商场发展有限公司	61287	61287	2474	52719
广州本田汽车第一销售有限公司	49995	49995	93	14000
广东吉之岛天贸百货有限公司	45869	45869	519	11400
广州市新大新公司	60316	44753	603	8900
广州市万佳百货有限公司	43585	43585	2432	101111
广州王府井百货大楼有限责任公司	40132	40132	510	12000
广州市黄埔骏宜贸易有限公司	35145	34861	48	2900
广州东泽电器有限公司	41105	31988	290	15946
东山百货大楼股份有限公司	29322	29322	268	5600
广东豪厦汽车销售有限公司	28914	28914	15	180
广州市新大新(东山)有限责任公司	30803	28328	262	11100
广州市好又多(广源)百货商业广场有限公司	27696	27696	356	5400
中国石化集团公司增城分公司	38974	27331	406	128692
广州城建开发宏城连锁超级市场有限公司	26962	26962	666	14631
广州长力汽车销售有限公司	25940	25940	44	7813
广州购书中心有限公司	24377	24032	507	4988
广东天贸百货有限公司	23569	23569	329	14500
广州市医药公司健民连锁店	21776	21776	590	5002
安利(中国)日用品有限公司广东分公司	20515	20515	44	600
广东通达汽车贸易有限公司	25436	20343	300	37000
广州市宏丽有限公司	19710	19710	300	6400
广州市好又多广雅百货商业广场有限公司	19526	19526	290	3141
广东亿安宾友商业有限公司	19326	19326	340	14479
广州玛莉雅实业有限公司	18319	18319	336	29000
广东国讯通信连锁经营有限公司	18402	17765	363	2355
广州穗田汽车销售有限公司	17181	17181	53	1500
广州屈臣氏个人用品商店有限公司	16843	16843	276	3943
广州合富大众汽车销售服务有限公司	16164	16164	40	1320
广州市番禺大石富丽家私广场有限公司	15621	15621	216	28000
广东赛壹便利店有限公司	14602	14602	865	6580
广东通利华汽车贸易有限公司	13816	13816	20	2500
广州家谊超市股份有限公司	13456	13456	2870	33307
广州市骏延汽车贸易有限公司	12211	12211	73	6122
广州东百花地湾百货有限公司	12178	12178	311	5000
上海大众汽车(广州)有限公司	11951	11951	37	46620
广州统一超市有限公司	11665	11665	373	7500
广州宏丽黄埔百货有限公司	11467	11467	270	4300
广州市金海马家居博览中心有限公司	10503	10503	176	50000
广州市东风神龙汽车贸易有限公司	13584	10405	25	500
杭州政琳凯有限公司广州分公司	10116	10116	11	645
广州市白云钟落潭镇万顺达南北加油站	10058	10058	101	1000

14-29 社会商品购买力来源与分配

单位：万元

项目	2001年		2002年	
	合计	#城镇居民	合计	#城镇居民
年初结余货币总额	22957328	20014897	26575116	23417622
储蓄存款	22398602	19534454	26004346	22932817
手存现金	558726	480443	570770	484805
货币收入总额	25679234	21416521	29546015	24422896
#本地居民	15584405	12225347	17861460	13971440
国有单位职工工资	2400877	2304842	2817578	2704875
城镇集体单位职工工资	214814	204073	229015	217564
各种合营单位职工工资	713163	663242	1488318	1384136
城镇个体劳动者净货币收入	1177809	1177809	782062	782062
其他职业者收入	265399	240913	106018	96233
农民从集体统一经营中得到的收入	882063		987734	
农民出售农副产品的收入	961532		943250	
农民从事工业和手工业的净货币收入	85864		34371	
农民劳务净收入	493044		482345	
居民从国家财政得到的收入	120688	82915	119507	82143
银行和信用社农贷净增加额	-41775		52233	
居民其他货币收入	8302767	7551553	9810216	8704427
外宾购买消费品的货币	295293		456975	
社会集团购买公用消费品的货币	1461742	1370173	1633989	1532214
乡(镇)购买农业生产资料的货币	8160		8813	
外地汇(带)入货币总额	8337794	7821001	9593591	8919242
非商品性支出总额	8741954	6144835	9484772	6454418
居民文化生活服务支出	2936648	2166649	3168325	2260248
本地居民	2680816	1954317	2892364	2038743
外地居民	255832	212332	275961	221505
居民向国家缴纳的各种税金	175328	100367	208254	120787
居民其他货币支出	5629978	3877819	6108193	4073383
当年社会商品购买力总额	13319492	11868961	14716293	13011061
居民消费品购买力	11021106	10290872	12072826	11266631
本地居民	7390821	6703610	8096037	7339083
外地居民	3630285	3587262	3976789	3927548
外宾消费品购买力	295293		456975	
社会集团公用消费品购买力	1461742	1370173	1633989	1532214
农民农业生产资料购买力	541351	207916	552503	212216
年末结余货币总额	26575116	23417622	31920066	28375039
储蓄存款	26004346	22932817	31327966	27876272
手存现金	570770	484805	592100	498767
补充资料：				
本地常住居民平均人数(人)	6999227	5373342	7115093	5467960
本地常住居民消费品购买力	7390821	6703610	8096037	7339083
本地常住居民平均每人消费品购买力(元)	10559	12476	11379	13422
本地常住居民文化生活服务支出	2680816	1954317	2892364	2038743
本地常住居民平均每人文化生活服务支出(元)	3830	3637	4065	3729

主 要 统 计 指 标 解 释

【社会消费品零售总额】指国民经济各行业直接售给城乡居民和社会集团的消费品零售额的总和。它是反映各行业通过各种商品流通渠道向居民和社会集团供应的直接用于消费的商品总金额，是研究国内零售市场变动情况、反映经济景气程度的重要指标。

社会消费品零售总额包括：⑴售给城乡居民作为生活用的商品和修建房屋用的建筑材料；⑵售给社会集团的各种办公用品和公用消费品；⑶售给机关、团体、学校、部队、企业、事业单位的职工食堂和旅店（招待所）附设专门供本店旅客食用，不对外营业的食堂的各种食品、燃料；企业、单位和国营农场直接售给本单位职工和职工食堂的自己生产的产品；⑷售给部队干部、战士生活用的粮食、副食品、衣着品、日用品、燃料；⑸售给来华的外国人、华侨、港澳台同胞的消费品；⑹居民自费购买的中、西药品、中药材及医疗用品；⑺报社、出版社直接售给居民和社会集团的报纸、图书、杂志，集邮公司出售的新、旧纪念邮票、特种邮票、首日封、集邮册、集邮工具等；⑻旧货寄售商店自购、自销部分的商品；⑼煤气公司、液化石油气站售给居民和社会集团的煤气灶具和罐装液化石油气；⑽农民和各种所有制的农林牧渔业生产单位售给非农业居民和社会集团的商品。不包括售给国民经济各部门企业、事业单位（包括国有经济的农场）生产经营用的各种原材料、燃料、设备、工具等和售给批发零售贸易业、餐饮业作为转卖用的商品，旧货寄售商店受托寄售卖出的商品，服务业的营业收入，邮局出售邮票的收入，自来水、电力、煤气生产（供应）单位的产品供应收入，也不包括农民之间的商品销售。

【商品购进总额】指从本企业（单位）以外的单位和个人购进（包括从境外直接进口）作为转卖或加工后转卖的商品总额。它反映批发零售贸易业从国内、国外市场上购进商品的总量。商品购进总额包括：⑴从工农业生产者购进的商品；⑵从出版社、报社的出版发行部门购进的图书、杂志和报纸；⑶从各种登记注册类型的批发零售贸易企业（单位）购进的商品；⑷从其他单位购进的商品，如从机关、团体、企业等单位购进的剩余物资，从餐饮业、服务业购进的商品，从海关、市场管理部门购进的缉私和没收的商品，从居民手中收购的废旧商品等；⑸从国（境）外直接进口的商品。不包括企业（单位）为自身经营用和未通过买卖行为而收入的商品以及销售退回、商品升溢等。

【商品销售总额】指对本企业（单位）以外的单位和个人出售（包括对境外直接出口）的商品总额。它反映批发零售贸易业在国内市场上销售商品以及出口商品的总量。商品销售总额包括：⑴售给城乡居民和社会集团消费用的商品；⑵售给工业、农业、建筑业、运输邮电业、批发零售贸易业、餐饮业、服务业等作为生产、经营使用的商品；⑶售给批发零售贸易业作为转卖或加工后转卖的商品；⑷对国（境）外直接出口的商品。不包括出售本企业（单位）自用的废旧包装用品；未通过买卖行为付出的商品；经本单位介绍，由买卖双方直接结算，本单位只收取手续费的业务；购货退出的商品以及商品损耗和损失等。

【批发零售贸易业库存】指报告期末各种登记注册类型的批发零售贸易企业（单位）已取得所有权的商品。它反映批发零售贸易企业（单位）的商品库存情况和对市场商品供应的保证程度。期末库存包括：⑴存放在批发零售贸易业经营单位（如门市部、批发站、经营处）仓库、货场、货柜和货架中的商品；⑵挑选、整理、包装中的商品；⑶已记入购进而尚未运到本单位的商品，即发货单或银行承兑凭证已到而货未到的部分；⑷寄放他处的商品，如因购货方拒绝承付而暂时存放在购货方的商品和已办完加工成品收回手续而未提回的商品；⑸委托其他单位代销（未作销售或调出）尚未售出的商品；⑹代其他单位购进尚未交付的商品。不包括所有权不属于本单位的商品、拨付除批发零售贸易业以外的其他行业所属独立核算加工厂等加工生产尚未收回成品的商品、代国家物资储备部门保管的商品等。

库存总额采用的计算价格是：农副产品采购单位按购进价计算；批发单位按进货价计算；零售单位按核算价格计算，即按什么价格核算就按什么价格计算。

【消费品市场成交额】指从事消费品交易的商品市场的全部商品成交金额。消费品市场包括农副产品市场和工业消费品市场。

第十五篇

对外经济贸易和旅游

对外经济形势喜人

2002年,受加入WTO正面效应的影响,广州市对外经济形势喜人。

一、外贸出口超出预期

2002年,广州市外贸出口总值达137.78亿美元,比上年增长18.5%;外贸进口总值达141.49亿美元,增长24.0%。

1. 一般贸易出口增长快于加工贸易出口增长。2002年,广州市一般贸易出口54.30亿美元,比上年增长23.0%,占全市外贸出口总值的39.4%,比上年提高1.4个百分点;加工贸易出口81.81亿美元,增长16.0%。

2. 各种经济类型企业的出口全面增长。私营企业出口增速最快,出口额为1.44亿美元,比上年增长2.5倍;"三资"企业出口额最大,为75.13亿美元,增长24.1%;国有企业和集体企业分别出口56.91亿美元和4.08亿美元,分别增长9.5%和29.9%。

3. 传统出口市场增长,新兴市场发展迅速。2002年,对外出口仍以香港、美国和欧盟为主,对这三个国家或地区的出口额分别为46.24亿美元、31.59亿美元和18.77亿美元,共占全市出口总值的七成之多。新兴的出口市场发展迅速,如对韩国、俄罗斯的出口分别增长34.9%和73.5%。

4. 机电产品、高新技术产品和大部分传统大宗产品出口持续增长。2002年,广州市机电产品、高新技术产品出口分别为54.99亿美元和14.08亿美元,分别增长29.9%和57.1%。服装及衣着附件、纺织纱线织物及制品、贵金属或包贵金属首饰的出口分别增长18.5%、27.4%和19.0%。

二、外商直接投资强劲增长

2002年,广州市外商直接投资的实际利用外资额为22.84亿美元,比上年增长10.2%;合同利用外资额30.23亿美元,增长70.4%;新批项目数776个,增长14.5%。

1. 投资项目规模扩大。2002年,全市外商直接投资新签合同平均每个项目达390万美元,比上年高出128万美元。新批项目中,投资总额在1000万美元以上的有66个,比上年增加27个。增资项目中,净增资额在1000万美元以上的有25个。

2. 投资重点向制造业倾斜。在外商直接投资合同额中,制造业利用外资额最大,达22.11亿美元,比上年增长1.1倍,占全市73.1%,比上年提高14.3个百分点;其次为房地产业,为4.07亿美元,增长1.1倍;批发零售贸易餐饮业合同利用外资额虽不大,但增速达4.9倍。

3. 部分国家或地区加大对穗投资。2002年,在对穗投资的国家和地区中,外商直接投资合同利用外资金额增长的有18个,外商直接投资实际利用外资金额增长的有16个。其中,合同利用外资额居前5位的依次为香港、英属维尔京群岛、日本、新加坡和台湾。

4. 外商独资项目和民营企业引进项目比重加大。2002年,在外商直接投资新签项目中,外商独资项目570个,投资金额19.51亿美元,分别占73.5%和64.5%,分别比上年提高5.9个和6.1个百分点;在合资、合作的项目和金额中,中方投资者为民营企业的项目106个,引资金额6.9亿美元,分别占51.5%和64.9%。

三、旅游业持续兴旺

2002年,广州市城市接待过夜的旅游者2706.06万人次,比上年增长7.7%。其中国内旅游者2232.09万人次,海外旅游者473.97万人次,分别增长7.9%和7.1%。在海外旅游者中,外国人128.86万人次,港澳台同胞345.11万人次,分别增长16.7%和4.0%。在外国游客中,日本、美国、马来西亚、新加坡和印度尼西亚的游客人次分居前五位。

旅游业的持续兴旺,带动了相关行业的增长。2002年全市旅游业总收入504.89亿元,比上年增长10.9%。其中,旅游外汇收入18.72亿美元,增长13.3%。

主要宾馆接待国际旅游者人数

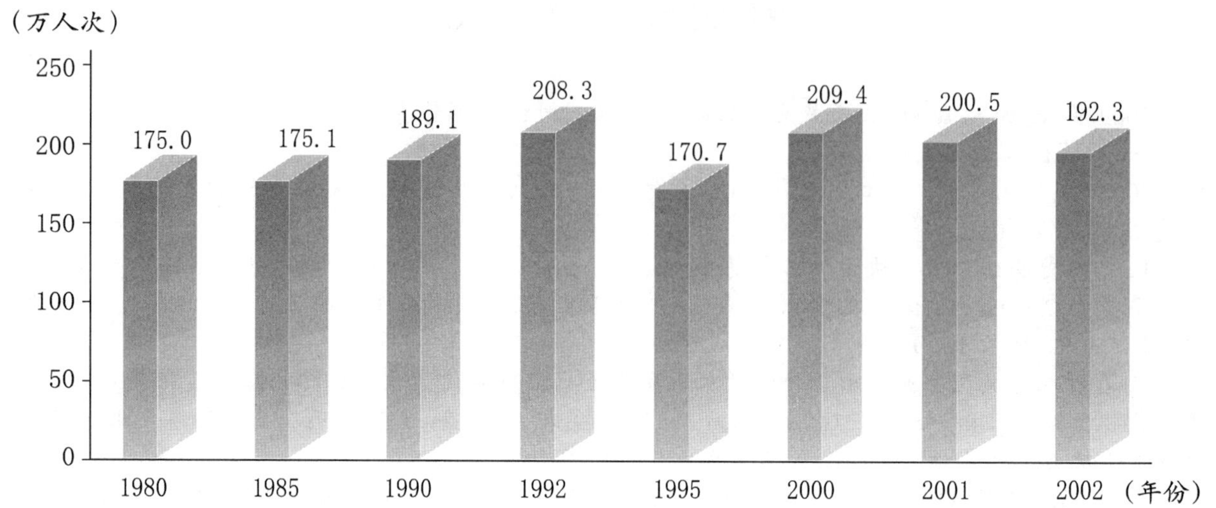

海关出口商品总值构成(%)

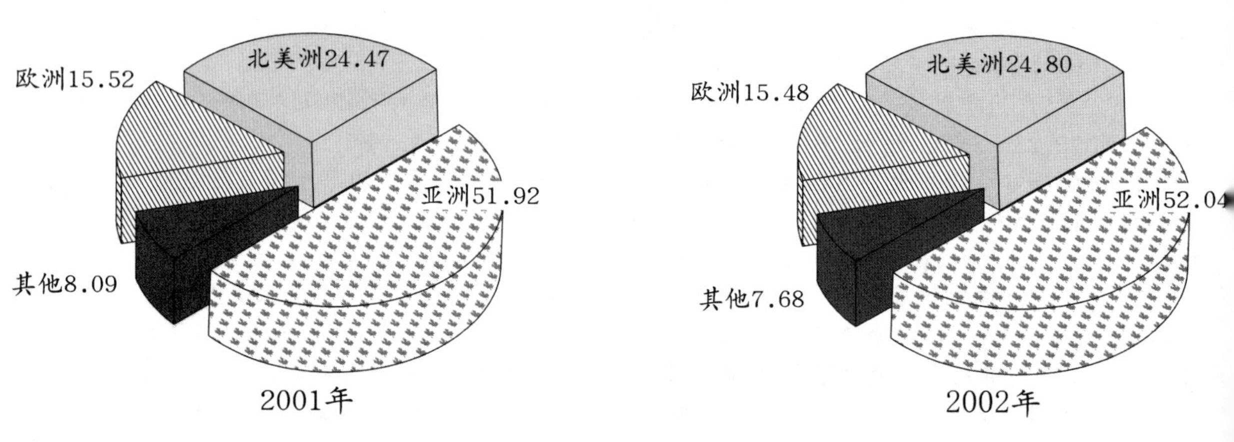

实际利用外资

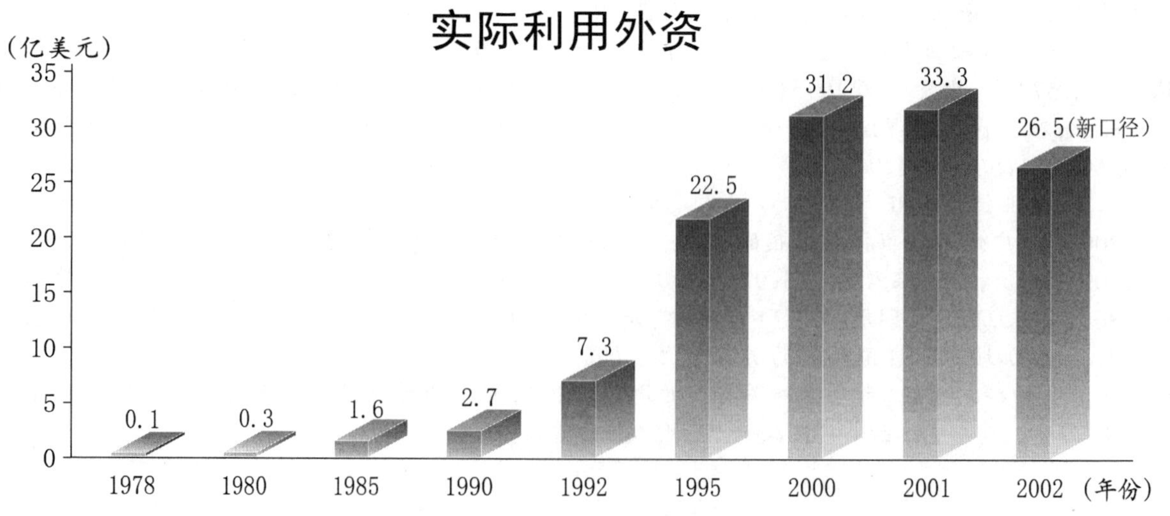

15-1 广州地区口岸进出口商品总值

单位:万美元

项目	2001 年	2002 年
进出口商品货物总值	2699261	3301600
出口商品货物总值	1259519	1504256
进口商品货物总值	1439742	1797344

15-2 广州市口岸国际旅客出入境人数

单位:人次

项目	2001 年		2002 年	
	入境	出境	入境	出境
合计	**1749134**	**1642489**	**2047278**	**1960903**
外国人	606942	629298	890961	919619
港澳和台湾同胞	1142192	1013191	1156317	1041284
#台湾同胞	104481	112125	100527	108802

15－3 海关进出口商品总值

单位：万美元

项目	2001年			2002年		
	合计	出口	进口	合计	出口	进口
总计	**2303669**	**1162345**	**1141324**	**2792708**	**1377851**	**1414857**
按贸易方式分						
一般贸易	993435	441611	551824	1211448	542996	668452
国家间国际组织无偿援助和捐赠的物资	1382	172	1210	240	199	41
华侨港澳同胞外籍华人捐赠的物资	95		95	46		46
补偿贸易						
来料加工装配贸易	556343	327960	228383	656929	373292	283637
进料加工贸易	609265	377376	231889	729699	444845	284854
寄售代销贸易	25	25		8	8	
边境小额贸易						
来料加工装配进口的设备	4341		4341	6703		6703
对外承包工程货物				698	698	
租赁贸易	920		920	19816	6	19810
外商投资企业作为投资进口的设备物品	58824		58824	66325		66325
出料加工贸易						
保税仓库进出境货物	38289	6992	31297	48288	8105	40183
保税区仓储转口货物	40391	8102	32289	52355	7667	44688
易货贸易						
免税外汇商品	151		151			
其他贸易	208	107	101	153	35	118
按登记注册类型分						
国有企业	954063	519935	434128	1124191	569086	555105
集体企业	99954	31444	68510	89111	40828	48283
“三资”企业	1211230	605227	606003	1484641	751290	733351
中外合资企业	424150	183236	240914	443836	193220	250616
中外合作企业	289608	160085	129523	335224	188401	146823
外商独资企业	497472	261906	235566	705581	369669	335912
私营企业	22811	4082	18729	81864	14390	67474
其他企业	15611	1657	13954	12901	2257	10644
按国别(地区)分						
亚洲小计	1321997	603474	718523	1598095	716995	881100
# 香港	489156	388695	100461	575034	462370	112664

15－3 续表

单位:万美元

项目	2001年			2002年		
	合计	出口	进口	合计	出口	进口
澳门	9247	8731	516	10601	10135	466
印度尼西亚	29814	9133	20681	29182	9536	19646
日本	291479	87647	203832	348660	95875	252785
马来西亚	44534	14655	29879	60297	15253	45044
新加坡	43800	16615	27185	64636	20274	44362
韩国	99688	8574	91114	107877	11565	96312
泰国	30011	6644	23367	31170	8993	22177
台湾	141579	8983	132596	178661	10473	168188
阿联酋	10852	10415	437	13695	13304	391
印度	23020	6615	16405	30624	8109	22515
非洲小计	47239	33720	13519	49926	37218	12708
#南非	11503	4764	6739	11684	4984	6699
欧洲小计	404877	180342	224535	474135	213299	260836
#英国	44282	24675	19607	54855	31577	23278
德国	86405	33675	52730	102434	38877	63557
法国	31860	14593	17267	32195	14212	17983
意大利	26959	13224	13735	35618	16600	19018
荷兰	28886	17940	10946	36228	25474	10754
西班牙	13876	8850	5026	17102	10228	6874
比利时	63261	31142	32119	73400	33760	39640
瑞士	25065	3233	21832	26705	3406	23299
俄罗斯	17754	2538	15216	27556	4403	23153
拉丁美洲小计	44704	33589	11115	53561	36655	16906
#墨西哥	6992	5481	1511	10267	7531	2736
巴拿马	7602	7497	105	10709	10608	101
北美洲小计	439225	284471	154754	563764	341752	222012
#加拿大	36775	22215	14560	37806	25805	12001
美国	402398	262204	140194	525942	315932	210010
大洋洲小计	45627	26749	18878	53222	31932	21290
#澳大利亚	37881	24089	13792	43815	28732	15083
其他				5		5

15－4 海关进口商品总值

（2002 年）　　　　单位：万美元

项　　目	全　市	市　区	#番禺区	#花都区	增城市	从化市
总　　计	**1414857**	**1342096**	**359500**	**26528**	**34142**	**38619**
按贸易方式分						
一般贸易	668452	657277	41425	7429	8645	2530
国家间国际组织无偿援助和捐赠的物资	41	13			28	
华侨港澳同胞外籍华人捐赠的物资	46	21	5		25	
补偿贸易						
来料加工装配贸易	283637	236172	149943	12040	13252	34213
进料加工贸易	284854	274740	116341	3024	9095	1019
寄售代销贸易						
边境小额贸易						
来料加工装配进口的设备	6703	6058	4125	238	622	23
对外承包工程货物						
租赁贸易	19810	19810				
外商投资企业作为投资进口的设备物品	66325	63131	16994	3797	2467	727
出料加工贸易						
保税仓库进出境货物	40183	40076	30661			107
保税区仓储或转口货物	44688	44688				
易货贸易						
免税外汇商品						
其他贸易	118	110	6		8	
按登记注册类型分						
国有企业	555105	548693	58133	6417	4038	2374
集体企业	48283	44366	22834		3732	185
“三资”企业	733351	671600	272121	20008	26097	35654
中外合资企业	250616	244687	65958	4055	4309	1620
中外合作企业	146823	110007	62745	2013	6841	29975
外商独资企业	335912	316906	143418	13940	14947	4059
私营企业	67474	66937	3032	103	131	406
其他企业	10644	10500	3380		144	

15－5 海关出口商品总值

（2002 年）

单位：万美元

项目	全市	市区	#番禺区	#花都区	增城市	从化市
总计	**1377851**	**1293719**	**413843**	**32159**	**41978**	**42154**
按贸易方式分						
一般贸易	542996	527974	41020	9371	9954	5068
国家间国际组织无偿援助和捐赠的物资	199	199				
华侨港澳同胞外籍华人捐赠的物资						
补偿贸易						
来料加工装配贸易	373292	322133	190008	16747	15806	35353
进料加工贸易	444845	427674	180965	6039	15438	1733
寄售代销贸易	8	8				
边境小额贸易						
来料加工装配进口的设备						
对外承包工程货物	698	698				
租赁贸易	6	6				
外商投资企业作为投资进口的设备物品						
出料加工贸易						
保税仓库进出境货物	8105	7327	1847	2	778	
保税区仓储或转口货物	7667	7667				
易货贸易						
免税外汇商品						
其他贸易	35	33	3		2	
按登记注册类型分						
国有企业	569086	559112	62307	7135	5769	4205
集体企业	40828	35587	21066		3481	1760
“三资”企业	751290	683207	327950	24411	32379	35704
中外合资企业	193220	188034	62838	4818	3519	1667
中外合作企业	188401	152412	80740	4998	6021	29968
外商独资企业	369669	342761	184372	14595	22839	4069
私营企业	14390	13558	2331	613	347	485
其他企业	2257	2255	189		2	

15-6 海关进口主要商品数量和金额

商品名称	单位	2001年		2002年	
		数量	金额（万美元）	数量	金额（万美元）
谷物及谷物粉	吨	351696	5794	193407	3119
食用植物油	吨	164070	5500	136370	5561
鲜干水果及坚果	吨	63895	3148	78335	3906
天然橡胶	吨	41952	2600	43719	3185
合成橡胶	吨	58402	6250	59132	6614
原木	米^3	853025	11504	874480	10977
原油	吨	475827	9023	724895	13593
成品油	吨	4587567	66823	4574869	71996
医药品	吨	983	7878	1902	11244
肥料	吨	280280	3362	218481	3083
牛皮革及马皮革	吨	71518	23189	51291	24214
纸及纸板	吨	348837	18994	312631	17667
棉纱线	吨	74090	14152	100763	20577
合成纤维纱线	吨	29011	7796	35750	9498
棉机织物	万米	16653	12944	17304	15263
涂复或浸渍塑料的织物	吨	33307	10633	28904	9971
针织或钩编织物	吨	30058	5959	30965	7046
钻石	千克拉		42133	5618	56424
钢材	吨	1384456	57978	1762644	82078
未锻造的铜及铜材	吨	47293	13471	56367	14282
未锻造的铝及铝材	吨	30359	5836	43237	8356
机械提升搬运装卸设备及零件			7841		7471
印刷、装订机械及零件			7967		5000
纺织机械及零件			6859		9248
金属加工机床	台	3983	9104	4327	11160
橡胶或塑料加工机械及零件			8801		7462
有线电话电报设备的零附件	吨	609	5587	404	5112
电视、收音机及无线电讯设备的零附件	吨		2468	354	3131
通断及保护电路装置及零件			14378		15560
电线和电缆	吨	9320	4725	9967	5114
初级形状的塑料	吨	934313	77108	1088897	94820
飞机及航空器	架	1	1	9	63316
自动数据处理设备及其部件	万台	382	19692	565	29304
自动数据处理设备的零件	吨	1284	4612	2344	7754
集成电路及微电子组件	万个	64232	26822	84883	52881
汽车及汽车底盘	辆	9441	15242	16767	34772
汽车零件			33733		33397
变压、整流、电感器及零件			8880		7743
手持或车载无线电话机	台	141917	1686	998955	15959
电容器及其零件	吨	1336	5740	1570	7399
二极管及类似半导体器件	万个	264656	6688	307552	10672
计量检测分析自控仪器及器具			14689		16068

15-7 海关出口主要商品数量和金额

商品名称	单位	2001年		2002年	
		数量	金额(万美元)	数量	金额(万美元)
活猪	万头	14	1737	9	1245
活家禽	万只	575	1426	715	1709
鲜冻猪肉	吨	10457	1402	6161	909
水海产品	吨	22183	2917	20777	2173
鲜蛋	万个	6156	205	26641	545
谷物及谷物粉	吨	24472	633	36020	735
蔬菜	吨	48618	1504	29978	1332
鲜干水果及坚果	吨	25841	649	13032	644
食用植物油	吨	50770	2711	27886	1745
茶叶	吨	17393	2471	15132	2199
药材	吨	4631	529	3970	520
纸烟	万支	116435	1461	106850	1481
成品油	吨	363673	8645	428393	9783
医药品	吨	15617	6036	15799	6695
烟花炮竹	吨	25580	3739	36407	4674
纺织纱线织物及制品			63472		81153
水泥	吨	342150	1315	262389	920
珍珠、宝石及半宝石	千克		37447	8227	43877
钢材	吨	194890	6816	228505	9115
电扇	万台	679	4404	950	5553
电子计算器	万台	4422	4721	1999	3777
原电池	万个	408564	15891	426902	16660
蓄电池	万个	3329	3225	5494	6831
集装箱	个	56302	13660	59689	12387
服装及衣着附件			154337		182953
照相机	万架	440	6336	371	2169
手表	万只	2890	7507	3060	6537
船舶	艘	176	10321	140	11942
家具及其零件			17718		24849
灯具照明装置及类似品			20806		25238
鞋类			104592		101831
塑料制品	吨	163688	24593	173624	25804
玩具			36002		34342
贵金属或包贵金属的首饰			43241		51474
新的充气橡胶轮胎	万条	743	6087	821	8595
不锈钢厨具、餐具等家用器具	吨	22319	9081	19217	7655
自动数据处理设备及其部件	万台	1550	8894	1001	36858
自动数据处理设备的零件	吨	12165	11665	4878	22969
扬声器	万个	6755	9417	8213	16359
录、放像机	万台	95	4429	170	8269
录音机及收录(放)音组合机	万台	499	5260	447	6448
印刷电路	吨	314689	26691	382032	26210
电线和电缆	吨	16248	6674	15546	6391
自行车	万辆	272	9922	341	12078
旅行用品及箱包			35737		36832

15－8 海关进口主要商品数量

（2002 年，按洲别分）

商品名称	单位	合计	亚洲	#港澳台	#日本	非洲	大洋洲
谷物及谷物粉	吨	193407	3567	1			88682
食用植物油	吨	136370	99141	1478		24	
鲜干水果及坚果	吨	78335	15841	2149		196	26332
天然橡胶	吨	43719	43680	300			
合成橡胶	吨	59132	44641	18214	11523		1182
原木	米^3	874480	395402	345	11	186639	195332
原油	吨	724895	623639			101256	
成品油	吨	4574869	3412839	11350	388083	36	31
医药品	吨	1902	808	523	116		6
肥料	吨	218481	27	3			
牛皮革及马皮革	吨	51291	27002	15280	361	2111	4339
纸及纸板	吨	312631	181579	77654	10908	4	9430
棉纱线	吨	100763	100470	25027	39		62
合成纤维纱线	吨	35750	34139	22422	919		1091
棉机织物	万米	17304	17229	11304	268		3
涂复或浸渍塑料的织物	吨	28904	28604	20112	854		1
针织或钩编织物	吨	30965	30734	27969	105		
钻石	千克拉	5618	1294	178	2	580	
钢材	吨	1762644	1409840	370809	634050	26758	32664
未锻造的铜及铜材	吨	56367	47434	21616	5555	...	1252
未锻造的铝及铝材	吨	43237	34441	9775	1388	945	4416
金属加工机床	台	4327	3744	2726	769		3
有线电话电报设备的零附件	吨	404	352	81	87		1
电视、收音机及无线电讯设备的零附件	吨	354	300	92	143		1
电线和电缆	吨	9967	7692	1991	2012		221
初级形状的塑料	吨	1088897	857638	302665	187835	142	1624
飞机及航空器	架	9					
自动数据处理设备及其部件	万台	565	559	21	4		...
自动数据处理设备的零件	吨	2344	2166	400	379		
集成电路及微电子组件	万个	84883	78976	33348	21797	148	156
汽车及汽车底盘	辆	16767	10657	143	9498		
手持或车载无线电话机	台	998955	998916		5		
电容器及其零件	吨	1570	1188	513	309		10
二极管及类似半导体器件	万个	307552	294344	179751	43749	2507	314

15－8 续表

商品名称	单位	欧洲	#德国	#英国	北美洲	#美国	拉丁美洲
谷物及谷物粉	吨	80698			20460	20460	
食用植物油	吨	16			13850	2924	23339
鲜干水果及坚果	吨				18587	18195	17379
天然橡胶	吨	38		38	1	1	
合成橡胶	吨	7519	1454	791	4951	3931	839
原木	米^3	93180	84850		1296	1176	2631
原油	吨						
成品油	吨	1086277	465	160	75686	75673	
医药品	吨	999	353	83	76	43	13
肥料	吨	218452	3		2	2	
牛皮革及马皮革	吨	7396	169	177	6681	4146	3762
纸及纸板	吨	72630	11919	13913	47568	40869	1420
棉纱线	吨	180	3	5	51	51	
合成纤维纱线	吨	406	16	135	111	106	3
棉机织物	万米	62	2		10	8	
涂复或浸渍塑料的织物	吨	205	99	12	94	92	...
针织或钩编织物	吨	115	11		116	113	
钻石	千克拉	1768		345	1975	1975	1
钢材	吨	264075	17057	35589	15815	8889	13492
未锻造的铜及铜材	吨	1019	461	108	547	547	6115
未锻造的铝及铝材	吨	2742	461	36	693	693	
金属加工机床	台	437	226	32	143	142	
有线电话电报设备的零附件	吨	26	19	...	24	16	1
电视、收音机及无线电讯设备的零附件	吨	34	5	1	19	19	
电线和电缆	吨	1144	365	42	909	338	1
初级形状的塑料	吨	68173	15408	1968	144712	136088	16608
飞机及航空器	架				9	9	
自动数据处理设备及其部件	万台	2	...	...	4	4	...
自动数据处理设备的零件	吨	163	47	1	12	12	3
集成电路及微电子组件	万个	3771	2610	538	1391	1390	441
汽车及汽车底盘	辆	5915	1549	2	195	175	
手持或车载无线电话机	台	39	7				
电容器及其零件	吨	298	62	7	2	2	72
二极管及类似半导体器件	万个	9148	1856	164	1086	1086	153

15－9 海关进口主要商品金额

（2002 年，按洲别分）　　单位：万美元

商品名称	合计	亚洲	#港澳台	#日本	非洲	大洋洲
谷物及谷物粉	3119	129	…			1347
食用植物油	5561	3775	62		3	
鲜干水果及坚果	3906	635	58		4	1348
天然橡胶	3185	3183	25			
合成橡胶	6614	4499	1593	1567		73
原木	10977	5193	7	…	2937	1198
原油	13593	11919			1674	
成品油	71996	53932	458	6232	3	12
医药品	11244	3702	1275	1151		103
肥料	3083	14	2			
牛皮革及马皮革	24214	19352	14625	211	70	524
纸及纸板	17667	9743	3843	978	…	506
棉纱线	20577	20511	5213	14		15
合成纤维纱线	9498	9089	5566	435		186
棉机织物	15263	15081	10215	395		2
涂复或浸渍塑料的织物	9971	9775	5999	903		…
针织或钩编织物	7046	6897	5937	133		
钻石	56424	10128	865	10	2127	
钢材	82078	68546	26085	25012	880	1193
未锻造的铜及铜材	14828	12228	5575	1595	6	231
未锻造的铝及铝材	8356	6192	1885	629	195	829
机械提升搬运装卸设备及零件	7471	5337	677	4518		43
印刷、装订机械及零件	5000	2340	294	1878		8
纺织机械及零件	9248	3753	1378	1495		
金属加工机床	11160	9848	2801	6368		1
橡胶或塑料加工机械及零件	7462	4842	1919	2440		3
有线电话电报设备的零附件	5112	2433	205	911		4
电视、收音机及无线电讯设备的零附件	3131	1678	353	937		4
通断及保护电路装置及零件	15560	9615	2616	5532		36
电线和电缆	5114	3645	991	1246		89
初级形状的塑料	94820	67410	24681	14826	7	169
飞机及航空器	63316					
自动数据处理设备及其部件	29304	18386	636	1274		11
自动数据处理设备的零件	7754	7061	1966	1200		
集成电路及微电子组件	52881	47525	16573	11487	39	41
汽车及汽车底盘	34772	21254	202	19650		
汽车零件	33397	32096	132	30800	…	…
变压、整流、电感器及零件	7743	5560	2409	1618		119
手持或车载无线电话机	15959	15959		2		
电容器及其零件	7399	5829	2643	1551		11
二极管及类似半导体器件	10672	9523	3558	2960	220	54
计量检测分析自控仪器及器具	16068	6668	1040	4986	…	47

15－9 续表

单位:万美元

商品名称	欧洲	#德国	#英国	北美洲	#美国	拉丁美洲
谷物及谷物粉	1286			357	357	
食用植物油	4			721	234	1058
鲜干水果及坚果				1048	1021	871
天然橡胶	2		2	...	...	
合成橡胶	1085	159	182	873	629	84
原木	1551	1400		63	59	35
原油						
成品油	16707	128	24	1342	1341	
医药品	6065	1919	89	814	790	560
肥料	3069	1		...	...	
牛皮革及马皮革	1388	46	119	845	759	2035
纸及纸板	4671	886	740	2657	2296	90
棉纱线	40	1	1	11	11	
合成纤维纱线	177	5	53	44	42	2
棉机织物	143	12		37	31	
涂复或浸渍塑料的织物	165	101	4	30	29	1
针织或钩编织物	50	7		99	96	
钻石	39542		6159	4620	4620	7
钢材	10227	1637	1195	642	423	590
未锻造的铜及铜材	468	152	87	345	345	1004
未锻造的铝及铝材	818	210	12	322	322	
机械提升搬运装卸设备及零件	1522	663	22	569	530	...
印刷、装订机械及零件	2562	1880	459	90	88	...
纺织机械及零件	5100	1970	45	395	323	
金属加工机床	1042	273	17	269	246	
橡胶或塑料加工机械及零件	2460	879	26	157	157	
有线电话电报设备的零附件	1120	1011	1	1512	1054	43
电视、收音机及无线电讯设备的零附件	1190	122	4	259	259	
通断及保护电路装置及零件	4983	2298	403	882	836	44
电线和电缆	680	298	22	699	357	1
初级形状的塑料	10333	2421	318	15996	15423	905
飞机及航空器				63316	63316	
自动数据处理设备及其部件	2283	132	41	8487	8484	137
自动数据处理设备的零件	259	19	23	395	363	39
集成电路及微电子组件	2351	205	503	2608	2608	317
汽车及汽车底盘	12731	7143	8	787	742	
汽车零件	471	136	1	799	799	31
变压、整流、电感器及零件	1433	237	286	605	589	26
手持或车载无线电话机	...	...				
电容器及其零件	1108	211	19	84	84	367
二极管及类似半导体器件	740	39	23	110	110	25
计量检测分析自控仪器及器具	5448	1354	2200	3834	3636	71

15-10 海关出口主要商品数量

（2002 年，按洲别分）

商品名称	单位	合计	亚洲	#港澳台	#日本	非洲	大洋洲
活猪	万头	9	9	9			
活家禽	万只	715	715	715			
鲜冻猪肉	吨	6161	6117	6117		44	
水海产品	吨	20777	18841	10976	1414		83
鲜蛋	万个	26641	26641	26640			
谷物及谷物粉	吨	36020	34353	5344		1395	142
蔬菜	吨	29978	18427	10792	3419	1059	141
鲜干水果及坚果	吨	13032	9133	4122	905		149
食用植物油	吨	27886	27707	27705		3	98
茶叶	吨	15132	5261	2262	1932	6255	32
药材	吨	3970	3384	2375	131	61	46
纸烟	万支	106850	56938	17595	5	18296	14553
成品油	吨	428393	415105	178543	3	3094	8
医药品	吨	15799	10930	8632	425	438	74
烟花炮竹	吨	36407	4320	1157	1836	827	97
水泥	吨	262389	262025	262025			104
珍珠、宝石及半宝石	千克	8227	7745	7247	457		
钢材	吨	228505	207107	160136	694	1067	620
电扇	万台	950	627	241	32	113	17
电子计算器	万台	1999	929	345	120	11	24
原电池	万个	426902	144232	57203	114	254050	1402
蓄电池	万个	5494	3874	3503	19	9	12
集装箱	个	59689	59579	59579			
照相机	万架	371	358	126	208	1	
手表	万只	3060	1889	1449	408	8	7
船舶	艘	140	130	127			2
塑料制品	吨	173624	64425	43380	6830	9046	3177
新的充气橡胶轮胎	万条	821	349	301	1	316	8
不锈钢厨具、餐具等家用器具	吨	19217	4536	952	804	426	404
自动数据处理设备及其部件	万台	1001	290	179	54	5	3
自动数据处理设备的零件	吨	4878	3235	1895	376	83	239
扬声器	万个	8213	7263	1047	5595	37	44
录、放像机	万台	170	75	19	4	1	2
录音机及收录(放)音组合机	万台	447	125	25	59	26	2
印刷电路	吨	382032	326893	320799	328	28	810
电线和电缆	吨	15546	11709	5594	76	614	128
自行车	万辆	341	143	37	23	23	12

15－10 续表

商品名称	单位	欧洲	#德国	#英国	北美洲	#美国	拉丁美洲
活猪	万头						
活家禽	万只						
鲜冻猪肉	吨						
水海产品	吨	46			1406	958	401
鲜蛋	万个						
谷物及谷物粉	吨	87			43	43	
蔬菜	吨	1626	19	510	8706	6119	19
鲜干水果及坚果	吨	1207	201	66	2530	937	13
食用植物油	吨	50		9	5		23
茶叶	吨	2635	24		948	902	1
药材	吨	56	14		423	409	
纸烟	万支	27			7160	4580	9876
成品油	吨	2779					7407
医药品	吨	2354	257	55	1726	1660	277
烟花炮竹	吨	18763	9035	3081	12260	12260	140
水泥	吨	2			258	258	
珍珠、宝石及半宝石	千克	448			34	34	
钢材	吨	7424	13	661	10842	9945	1445
电扇	万台	76	1	2	37	36	80
电子计算器	万台	486	103	35	533	508	16
原电池	万个	13095	824	2186	7140	6451	6983
蓄电池	万个	1460	1316	12	97	95	42
集装箱	个	110					
照相机	万架	2			10	10	
手表	万只	335	46	41	778	769	43
船舶	艘	4	1				4
塑料制品	吨	27883	4175	5448	63301	60502	5792
新的充气橡胶轮胎	万条	79	16	2	3	2	66
不锈钢厨具、餐具等家用器具	吨	10561	3724	839	2631	2409	659
自动数据处理设备及其部件	万台	300	97	6	392	392	11
自动数据处理设备的零件	吨	678	109	102	576	529	67
扬声器	万个	409	36	42	335	331	125
录、放像机	万台	59	8	41	30	27	3
录音机及收录(放)音组合机	万台	105	12	8	165	160	24
印刷电路	吨	28340	17709	911	24113	23218	1848
电线和电缆	吨	1491	380	8	733	725	871
自行车	万辆	44	10	2	94	93	25

15－11 海关出口主要商品金额

（2002 年，按洲别分）　　单位：万美元

商品名称	合计	亚洲	#港澳台	#日本	非洲	大洋洲
活猪	1245	1245	1245			
活家禽	1709	1709	1709			
鲜冻猪肉	909	903	903		6	
水海产品	2173	1828	1107	498		61
鲜蛋	545	545	545			
谷物及谷物粉	735	701	181		25	5
蔬菜	1332	808	440	223	64	13
鲜干水果及坚果	644	331	168	34		21
食用植物油	1745	1703	1703		1	25
茶叶	2199	1035	454	461	817	7
药材	520	333	217	24	5	6
纸烟	1481	785	284	...	244	199
成品油	9783	9469	4218	1	64	2
医药品	6695	3426	1468	177	192	55
烟花炮竹	4674	836	135	575	75	17
纺织纱线织物及制品	81153	72382	64326	838	889	1075
水泥	920	919	919			...
珍珠、宝石及半宝石	43877	18877	18852	2		
钢材	9115	7301	4928	137	97	71
电扇	5553	3398	810	190	706	147
电子计算器	3777	1759	492	263	10	18
原电池	16660	4181	1713	4	11812	27
蓄电池	6831	3814	2685	54	92	51
集装箱	12387	12368	12368			
服装及衣着附件	182953	122733	96523	8004	2311	10377
照相机	2169	2116	330	1726	1	
手表	6537	3547	2719	756	14	29
船舶	11942	3277	3202			2
家具及其零件	24849	8889	5372	1724	301	1115
灯具照明装置及类似品	25238	5478	2535	350	880	753
鞋类	101831	17822	4844	8900	1179	820
塑料制品	25804	11036	7750	1379	803	480
玩具	34342	5174	3670	998	86	261
贵金属或包贵金属的首饰	51474	16023	15834	189		2629
新的充气橡胶轮胎	8595	7129	6615	10	517	73
不锈钢厨具、餐具等家用器具	7655	1917	504	380	149	200
自动数据处理设备及其部件	36858	4073	2638	701	18	60
自动数据处理设备的零件	22969	20038	17081	2753	18	56
扬声器	16359	11189	1931	8149	103	420
录、放像机	8269	2613	680	228	75	179
录音机及收录(放)音组合机	6448	1653	168	951	109	35
印刷电路	26210	20614	18292	30	6	85
电线和电缆	6391	3103	1862	108	92	25
自行车	12078	4257	1216	1321	473	574
旅行用品及箱包	36832	11445	7754	1414	1071	379

15－11 续表

单位：万美元

商品名称	欧洲	#德国	#英国	北美洲	#美国	拉丁美洲
活猪						
活家禽						
鲜冻猪肉						
水海产品	17			230	132	37
鲜蛋						
谷物及谷物粉	3			1	1	
蔬菜	134	4	11	310	209	3
鲜干水果及坚果	84	13	5	207	144	1
食用植物油	9		1	1		6
茶叶	201	9		138	126	1
药材	10	1		166	162	
纸烟	1			108	65	144
成品油	66					182
医药品	1639	152	28	1276	1243	107
烟花炮竹	2323	899	512	1410	1410	13
纺织纱线织物及制品	2789	460	485	2832	2409	1186
水泥	...			1	1	
珍珠、宝石及半宝石	24880			120	120	
钢材	528	4	124	952	829	166
电扇	625	3	19	90	81	587
电子计算器	918	197	81	1068	1054	4
原电池	312	44	45	181	160	147
蓄电池	2385	1769	77	359	314	130
集装箱	19					
服装及衣着附件	18525	3068	1752	17739	14959	11268
照相机	5			47	47	
手表	1278	145	220	1628	1592	41
船舶	8663	1748				...
家具及其零件	5111	754	998	8814	8025	619
灯具照明装置及类似品	6475	1726	1504	10750	9677	902
鞋类	12714	2851	1974	66768	64980	2528
塑料制品	4247	807	751	8381	7935	857
玩具	4952	533	1386	23172	21947	697
贵金属或包贵金属的首饰	890	68	773	31932	31926	
新的充气橡胶轮胎	70	10	1	33	30	773
不锈钢厨具、餐具等家用器具	3954	1305	338	1219	1100	216
自动数据处理设备及其部件	10548	3094	58	21870	21863	289
自动数据处理设备的零件	1014	36	486	1825	1817	18
扬声器	2389	324	347	1808	1754	450
录、放像机	3389	548	2240	1853	1708	160
录音机及收录(放)音组合机	1935	150	177	2271	2192	445
印刷电路	3692	1438	227	1600	1364	213
电线和电缆	2263	702	2	785	781	123
自行车	1411	159	64	4805	4782	558
旅行用品及箱包	6950	1080	1321	15558	7757	1429

15－12 海关进出口商品分类金额

单位:万美元

项目	2001年		2002年	
	进口	出口	进口	出口
合计	**1141324**	**1162345**	**1414857**	**1377851**
第一类 活动物、动物产品	12943	11772	15562	10644
活动物	403	3447	362	3499
肉及食用杂碎	8191	3530	8865	1864
水产品	1303	2917	348	2188
乳品、蛋品、天然蜂蜜、其他食用动物产品	1782	1055	3014	2045
其他动物产品	1264	823	2973	1048
第二类 植物产品	12881	7904	13811	7860
树苗及花草	347	508	518	750
蔬菜	837	1191	324	1071
水果及坚果	3153	707	3906	753
咖啡、茶叶及调味香料	220	3087	377	2797
谷物	4735	194	3116	117
制粉工业产品	189	571	141	741
植物油籽、果实、种子、药材及饲料	2006	764	3918	868
虫胶、树胶、树脂	981	273	899	150
编结植物材料、其他植物产品	413	609	612	613
第三类 动、植物油脂及蜡	9291	3134	8148	1984
动、植物油脂及蜡	9291	3134	8148	1984
第四类 食品、烟草及制品	14959	16066	12821	17704
动物产品制品	47	1562	46	1222
糖及糖食	979	1887	872	2315
可可及可可制品	192	42	242	71
粮食及乳制品、糕饼点心	1376	1936	1781	2735
蔬菜、水果等植物制品	1500	1248	877	1882
杂项食品	6082	3569	5279	3958
饮料、酒及醋	1969	2480	1459	2317
食品的残渣、动物饲料	2180	138	2199	246
烟草及烟草制品	634	3204	66	2958
第五类 矿产品	98589	14445	104392	15645
盐、硫磺、建筑材料	1166	3473	1378	2930
矿砂、矿渣及矿灰	2751	184	4899	118
矿物燃料、矿物油及产品	94672	10788	98115	12597
第六类 化工产品	106983	49489	132490	52843
无机化学品	6213	9045	7628	8167
有机化学品	43470	8833	58847	8775
药品	6757	3538	9000	3356
肥料	3362	24	3083	160
鞣料、染料浸膏、染料、颜料、油漆、油墨	12878	5978	14817	6124

15-12 续表 1

单位:万美元

项　　目	2001年		2002年	
	进口	出口	进口	出口
化妆品及其原料、芳香料制品	4718	6348	4507	7051
洗涤用品	3773	2320	5378	2127
蛋白类物质、改性淀粉、胶、酶	3005	1437	3156	1830
炸药、烟火制品、易燃材料制品	7	3789	3	4764
照相及电影用品	4926	2797	6391	3743
杂项化学产品	17874	5380	19680	6746
第七类 塑料、橡胶及其制品	120950	58123	141092	64552
塑料及其制品	106440	47982	125434	51856
橡胶及其制品	14510	10141	15658	12696
第八类 皮革、毛皮及其制品、旅行用品、手提包	28410	48418	29360	49992
生皮及皮革	25681	2494	27243	3069
皮革制品、旅行用品及手提包	1138	44058	327	45131
毛皮、人造毛皮及制品	1591	1866	1790	1792
第九类 木及木制品、草柳编结品	20577	11806	20129	14966
木及木制品、木炭	20411	8744	20015	11338
软木及软木制品	103	11	83	13
草柳编结品	63	3051	31	3615
第十类 木浆、纸、纸板及制品	34207	12193	31574	14917
木浆及其他纤维素浆、废碎纸板	10241		9604	1
纸及纸板、纸浆、纸制品	23075	7221	21039	8753
书籍、印刷品、设计图纸	891	4972	931	6163
第十一类 纺织原料及纺织制品	85513	207044	97184	251532
蚕丝	872	6526	585	5397
羊毛、动物毛、毛纱线及制品	1603	490	1313	335
棉花及制品	26949	16090	35354	20102
其他纺织纤维、纸纱线及机织物	1944	2130	2675	2795
化学纤维长丝	8455	1769	9185	2494
化学纤维短丝	14137	7117	15027	6740
絮胎、毡尼及无纺物、特种纱线、线绳索缆	2413	1526	2640	1949
地毯及纺织铺地制品	163	1637	345	2222
特种机织物、纺织装饰品、刺绣品	3908	4427	3976	6570
浸渍、涂布、包覆或层压的纺织物	11209	662	10603	1026
针织物及钩编织物	5959	18319	7046	27364
针织或钩编的服装及衣着附件	2882	52825	2974	60051
非针织或非钩编的服装及衣着附件	4762	86594	5053	107595
其他纺织制成品、成套物品	257	6932	408	6892
第十二类 鞋帽伞杖、加工羽毛、人造花、人发制品	2833	114785	2866	112753
鞋类及零件	2563	104592	2622	101831
帽类及另件	36	5096	13	6164

15－12　续表2　　单位:万美元

项　　目	2001年		2002年	
	进　口	出　口	进　口	出　口
伞、杖、鞭及零件	8	2098	3	1789
加工羽毛、羽绒及制品、人造 花、人发制品	226	2999	228	2969
第十三类 石材制品、陶瓷产品、玻璃及其制品	7730	14302	8427	18548
石材制品	1675	2712	2305	3205
陶瓷产品	530	5973	448	8589
玻璃及其制品	5525	5617	5674	6754
第十四类 珠宝首饰、硬币	47673	82080	64910	96933
珠宝首饰	47673	82080	64910	96933
第十五类 贱金属及其制品	132232	80893	157442	98059
钢铁	72490	4299	93295	4888
钢铁制品	7140	35568	7604	45308
铜及其制品	30590	1587	28865	1511
镍及其制品	1285	15	1399	2
铝及其制品	8235	5053	11310	7149
铅及其制品	285	27	325	9
锌及其制品	1207	741	1525	1241
锡及其制品	393	507	429	796
其他贱金属、金属陶瓷及其制品	325	235	491	261
贱金属工具、器具、利口器、餐具及零件	7411	20025	8653	24031
贱金属杂项制品	2871	12836	3546	12863
第十六类 机械、电气设备、电视机及音响设备	281144	233057	357787	334548
核反应堆、锅炉、机械设备及零件	134304	59054	164131	122738
机电、电气设备、电视机及音响设备	146840	174003	193656	211810
第十七类 车辆、航空器、船舶及有关运输设备	53264	45806	139226	51872
铁道及电车机车、车辆及零件	87	13678	276	12440
车辆及零附件(铁道车辆除外)	50893	21718	71317	27467
航空器、航天器及零件	1459	40	65189	18
船舶及浮动结构体	825	10370	2444	11947
第十八类 仪器、医疗器械、钟表及乐器	37479	47063	40102	46393
光学、照相电影、计量检验、医疗仪器设备	28439	24179	30928	21780
钟表及零件	8725	16416	8799	15969
乐器及零附件	315	6468	375	8644
第十九类 杂项制品	5976	103867	6422	115995
家具、床上用品、照明装置、发光标志	2276	40577	2653	52425
玩具、游戏、运动用品及零附件	2114	53332	1741	54086
杂项制品	1586	9958	2028	9484
第二十类 艺术品、收藏品及古物	31	87	7	80
第二十一类 特殊交易品及未分类商品	27659	11	31105	31

15-13 利用外资情况

单位:万美元

项目	1990年	1995年	2000年	2001年	2002年	1979-2002年
合同数(项)	2711	2564	1445	1087	1177	54464
对外借款	3					57
外商直接投资	389	1774	647	678	776	13288
中外合资企业	144	439	135	144	130	3762
中外合作企业	133	852	124	75	76	5519
外商独资企业	112	483	388	458	570	4006
外商投资股份制企业				1		1
外商其他投资	2319	790	798	409	401	41119
国际租赁	12	18				121
补偿贸易	7					107
加工装配	2300	772	798	409	401	40891
合同利用外资额	55426	685657	163454	200604	316579	4856158
对外借款	5067	8391				277962
外商直接投资	47183	673101	152759	196229	302322	4458336
中外合资企业	10706	140826	28492	24900	60620	770944
中外合作企业	24227	439053	56538	53849	45721	2810907
外商独资企业	12250	93222	67729	116186	195063	874273
外商投资股份制企业				1294	918	2212
外商其他投资	3176	4165	10695	4375	14257	119860
国际租赁	1455	3616				21840
补偿贸易	479					12111
加工装配	1242	549	10695	4375	14257	85909
实际利用外资额	27263	225298	311541	332746	265299	2947558
对外借款	6643	8391	8211	25700	31214	298254
外商直接投资	18613	214444	298923	300119	228386	2597980
中外合资企业	9024	49868	47085	53939	55391	656884
中外合作企业	6038	138609	177977	122557	70560	1339497
外商独资企业	3551	25967	73861	91298	100357	567196
外商投资股份制企业				32325	2078	34403
外商其他投资	2007	2463	4407	6927	5699	51324
对外发行股票				4070		4070
国际租赁	765	2331				10590
补偿贸易	377					8421
加工装配	865	132	4407	2857	5699	28243

注:从2002年起,外商直接投资中不包括列入批准的投资总额中直接投资者提供担保的第三方对企业的贷款,及其他方式的境外借款。以下各表同。

15－14 利用外资情况

（2002年，按地区分）　　单位：万美元

项目	全市	市区	#番禺区	#花都区	增城市	从化市
合同数(项)	1177	1095	373	257	66	16
对外借款						
外商直接投资	776	694	181	62	66	16
中外合资企业	130	123	23	9	4	3
中外合作企业	76	64	6	12	12	
外商独资企业	570	507	152	41	50	13
外商投资股份制企业						
外商其他投资	401	401	192	195		
国际租赁						
补偿贸易						
加工装配	401	401	192	195		
合同利用外资额	316579	290253	52076	21200	21105	5221
对外借款						
外商直接投资	302322	275996	38596	20824	21105	5221
中外合资企业	60620	60059	1724	2876	201	360
中外合作企业	45721	39018	3958	4432	6259	444
外商独资企业	195063	176001	32914	13516	14645	4417
外商投资股份制企业	918	918				
外商其他投资	14257	14257	13480	376		
国际租赁						
补偿贸易						
加工装配	14257	14257	13480	376		
实际利用外资额	265299	239912	28898	12135	21473	3914
对外借款	31214	31214				
外商直接投资	228386	202999	25356	11887	21473	3914
中外合资企业	55391	51426	1541	2053	3505	460
中外合作企业	70560	58392	6827	1255	10526	1642
外商独资企业	100357	91103	16988	8579	7442	1812
外商投资股份制企业	2078	2078				
外商其他投资	5699	5699	3542	248		
对外发行股票						
国际租赁						
补偿贸易						
加工装配	5699	5699	3542	248		

15－15 实 际 利 用 外 资

单位：万美元

项目	1990 年	1995 年	2000 年	2001 年	2002 年
总计	**27263**	**225298**	**311541**	**332746**	**265299**
按国民经济行业分					
农、林、牧、渔业	38	679	2219	4893	530
采掘业			14	34	6
制造业	22589	126537	134434	197074	165429
电力、煤气及水的生产和供应业			1932	353	46
建筑业	34	19876	5842	1591	2425
地质勘查业、水利管理业			56	4	
交通运输、仓储及邮电通信业	1131	2253	2037	9163	12434
批发和零售贸易、餐饮业	470	4912	4759	5292	3078
房地产业	1228	66009	128751	80518	64712
社会服务业			19457	21387	12411
卫生、体育和社会福利业		3154	2345	3502	1589
教育、文化艺术及广播电影电视业	161	1167	8	2	98
科学研究和综合技术服务业		188	243	289	93
其他行业	1612	523	9444	8644	2448
按国别(地区)分					
香港	19084	159302	200154	190617	154208
澳门		3698	6340	2519	2014
台湾	2269	3705	7298	7235	6871
日本	705	24841	6623	27227	16026
菲律宾			－86	105	60
泰国	7	237	220	241	176
新加坡	239	7693	10463	9940	3506
英国		6912	1787	3309	1588
德国		2289	7770	2442	547
加拿大	53	1123	52	517	450
美国	2058	9876	13680	16130	5184
澳大利亚	168	814	990	323	493
法国	1529	733	1630	465	217
荷兰		972	1124	1062	2083
西班牙			44	723	84
奥地利			364	185	
英属维尔京群岛			39390	48353	67495
意大利			350	12843	75
瑞士			1105	1561	1036
萨摩亚			612	2188	1820
毛里求斯			1899	796	1608
其他	1151	3103	9732	3965	－242

15－16 直接投资项目利用外资分类

单位：万美元

项目	2001年			2002年		
	合同数（项）	合同利用外资额	实际利用外资额	合同数（项）	合同利用外资额	实际利用外资额
总计	**678**	**196229**	**300119**	**776**	**302322**	**228386**
按国民经济行业分						
农、林、牧、渔业	10	4793	4893	9	878	530
采掘业			34			6
制造业	447	113526	164447	496	221111	128516
电力、煤气及水的生产和供应业		58	353	2	1240	46
建筑业	4	2421	1591	2	4387	2425
地质勘查业、水利管理业		－100	4			
交通运输、仓储及邮电通信业	6	3173	9163	8	5740	12434
批发和零售贸易、餐饮业	8	449	5292	19	2665	3078
金融、保险业						
房地产业	22	24158	80518	35	40734	64712
社会服务业	113	32270	21387	120	22474	12411
卫生、体育和社会福利业		－13	3502			1589
教育、文化艺术及广播电影电视业	1	406	2	3	145	98
科学研究和综合技术服务业	2	652	289	6	371	93
其他行业	65	14436	8644	76	2577	2448
按国别(地区)分						
香港	332	83375	157990	434	131753	117295
澳门	2	659	2519	8	1517	2014
台湾	109	9610	7235	100	6852	6871
日本	18	11039	27227	22	14721	16026
菲律宾	1	35	105		418	60
泰国	3	1473	241	1	－250	176
新加坡	16	6995	9940	26	9053	3506
英国	8	520	3309	8	1222	1588
德国	3	30	2442	6	481	547
加拿大	12	32	517	8	1721	450
美国	35	26212	16130	53	5518	5184
澳大利亚	9	－241	323	10	258	493
法国	2	－660	465	3	1350	217
荷兰	5	1843	1062		637	2083
西班牙	1	97	723	2	293	84
英属维尔京群岛	78	46601	48353	63	92341	67495
意大利	4	551	12843	2	840	75
瑞士		461	1561	1	－128	1036
萨摩亚	15	3351	2188	5	15646	1820
毛里求斯	4	2212	796	7	3578	1608
伯利兹	1	20	725	2	6750	
开曼群岛	6	－327	889	5	3035	－3480
其他	14	2341	2536	10	4716	3238

15－17 外商投资企业基本情况

（2002年末）

单位：万美元

项　　　目	年末企业数（户）	投资总额	注册资本	
				#外　方
总　　计	**8727**	**5340768**	**2765941**	**2109854**
按登记注册类型分				
中外合资企业	2177	1274948	719711	367445
中外合作企业	3005	2871203	1334464	1044614
外商独资企业	3542	1127812	692945	692945
外商投资股份制企业	3	66805	18821	4850
按国民经济行业分				
农、林、牧、渔、水利业	115	28858	20415	12042
采掘业	48	10053	7022	5790
制造业	6152	2289273	1461623	1149230
电力煤气及水的生产和供应业	37	140891	58331	23445
建筑业	127	173306	61723	33588
地质勘探业、水利管理业	3	1089	674	574
交通运输、仓储及邮电通信业	157	156629	52826	33339
批发和零售贸易、餐饮业	608	80859	58837	39250
金融、保险业	3	7061	3686	3621
房地产业	812	2049388	782567	618715
社会服务业	523	336921	216336	157120
卫生、体育和社会福利事业	25	24535	14480	10932
教育、文化艺术和广播电视事业	33	10715	7434	4902
科学研究和综合技术服务业	57	16881	12370	10694
其他行业	27	14309	7617	6612
按国别（地区）分				
香　港	6054	3483944	1770498	1400112
台　湾	815	90191	70844	63367
美　国	334	156296	110330	75935
澳　门	116	107155	51264	37126
新加坡	153	127351	88542	49467
日　本	150	191874	96358	64627
澳大利亚	71	28071	23687	12016
加拿大	69	12067	8367	5559
马来西亚	54	10741	7258	5813
泰　国	29	1815	1568	1202
荷　兰	26	23076	11816	8653
英　国	98	208354	99544	41722
英属维尔京群岛	332	566550	234613	181527
韩　国	49	9664	6522	3353
德　国	26	14602	10558	5631
开曼群岛	27	46930	25511	18868
澳大利亚	71	28071	23687	12016
西萨摩亚	42	17770	10498	8407
其　他	211	216246	114476	114453

15－18 境 外 企 业 情 况

（2002 年）

项 目	当年新增		年末企业数（个）	本年止累计中方投资额（万美元）
	企业数（个）	中方投资额（万美元）		
总 计	7	722	213	24021
按登记注册类型分				
合资经营	2	66	77	3664
合作经营				
独资经营	5	656	136	20357
按贸易性、非贸易性分				
贸易性企业	4	57	97	6669
非贸易性企业	3	665	116	17352
按投资国家（地区）分				
香港	2	14	71	17385
美国			31	1246
法国	1	637	3	791
澳门			12	722
加拿大			8	696
澳大利亚			10	529
泰国			10	464
波兰			9	452
印度尼西亚			3	164
所罗门			3	163
柬埔寨			5	161
巴基斯坦			1	142
秘鲁			4	139
马来西亚			4	131
德国			2	128
越南	2	20	7	118
老挝			1	82
新加坡			2	77
毛里求斯			1	50
瑞士			2	50
英国	1	46	1	46
贝宁			1	40
俄罗斯			4	36
新西兰			2	31
圭亚那			1	30
厄瓜多尔			1	25
瓦努亚图			1	25
阿联酋			2	21
比利时			2	17
日本			2	17
墨西哥			1	15
荷兰	1	5	2	12
哥伦比亚			2	10
韩国			1	6
孟加拉			1	

15-19 合同外资额1000万美元以上利用外资项目

（2002年）

项目	投资方式	经营范围
广州市城市建设开发有限公司	合资企业	经营房地产开发、装修与装饰
太古汇(广州)发展有限公司	合资企业	经营房地产开发
广州依利安达印刷线路板有限公司	合资企业	研制、开发、生产高精密度多层印刷线路板和新型印刷线路板及相关产品
广州依利安达彩色平板视象科技有限公司	合资企业	研制、开发、生产新型平板显示器件及新型电子元器件
广州依利安达磁电有限公司	合资企业	研制、开发、生产数字音视频编解码设备和新型电子元器件及其配件
广州风神汽车有限公司	合资企业	从事汽车(含小轿车)以及汽车零部件的研究、开发、制造和销售
惠亚研发中心(广州)有限公司	合资企业	研究、开发、设计、试制电子信息产品的软硬件、接入网通信系统设备与新型元器件、集成电路、主机板、背板、高新线路板等
广州市新太新技术研究设计有限公司	合资企业	软件开发，系统集成，新设备、新材料、新产品的研制、生产和工程承接
广州南沙珠江三角洲世贸中心大厦有限公司	合资企业	经营房地产开发
广州斯坦雷电气有限公司	合资企业	研究、开发和生产摩托车用灯具产品、汽车用灯具产品、电子产品、模具以及相关部件
广州白马服装市场有限公司	合资企业	酒店和物业管理、场地出租、写字楼出租，住宅小区配套设施、泊车经营管理，餐饮业服务
广东京珠高速公路广珠北段有限公司	合作企业	建设和经营管理广珠北段高速公路及其配套服务设施
广州利淳宝彩色扩印设备有限公司	合作企业	研究、开发、生产各类新型高科技彩色扩印机及其相关设备和部件
广州五福实业有限公司	合作企业	生产、加工食品、饮料、日用品，制造食品机械设备，研究、开发食品新技术
广州市合和(花都)置业发展有限公司	合作企业	经营房地产开发
广州云景房地产开发有限公司	合作企业	经营房地产开发
广州盈隆污水处理有限公司	合作企业	污水处理及其它环境污染治理设施的安装和销售

15－19 续表 1

项　　目	投资方式	经 营 范 围
广州天富房地产开发有限公司	合作企业	经营房地产开发
广州润隆净水有限公司	合作企业	建设、经营城市供水厂
广州市广都房地产有限公司	合作企业	经营房地产开发
广州德升房地产开发有限公司	合作企业	经营房地产开发
广州市旺隆热电有限公司	合作企业	热电联产电站的建设
广州市尚盛室内滑雪场有限公司	合作企业	建设、经营室内滑雪场及餐饮配套设施和服务
联众(广州)不锈钢有限公司	独资企业	不锈钢冶炼，生产、加工冷热轧不锈钢卷板及系列产品
福达(中国)投资有限公司	独资企业	对生产性行业进行投资和再投资，协助或代理所投资企业从国内外采购该企业自用的机器设备、办公设备和生产所需的原材料、元器件、零部件等
广州中钢联炼钢有限公司	独资企业	电炉炼钢、轧钢
四达(广州)通讯技术研发中心有限公司	独资企业	研究、开发高新通讯网络技术、通讯技术软件产品、高新通讯网络和通讯设备软硬件技术
京信无线通信系统(广州)有限公司	独资企业	研究、开发、生产宽带接入网通信系统设备及电信应用软件和网络管理软件
广州日立优喜雅汽车配件有限公司	独资企业	生产、加工汽车和摩托车的关键零部件(包括制动器总成、驱动桥总成、减震器等)、汽车和摩托车用电子控制燃油喷射系统、汽车电子制动防抱死系统(ABS)及汽车电子设备系统制造、汽车和摩托车用铸锻造毛坯件制造
康师傅(广州)饮品有限公司	独资企业	开发、生产果蔬饮料、茶饮料及乳制品
广州爱机汽车配件有限公司	独资企业	设计、开发、加工汽车关键零部件(发动机除外)及汽车和摩托车模具、夹具
禧斯比能源科技(广州)有限公司	独资企业	生产、加工高容量全密封免维护铅酸蓄电池及其相关产品
希世霸电能科技(广州)有限公司	独资企业	生产、加工高容量全密封免维护铅酸蓄电池及其相关产品
广茂科技(广州)有限公司	独资企业	生产、加工电子产品及电脑主机、主机板、周边配件、零组件及电脑软件
通濠电子(中国)有限公司	独资企业	生产数字录放机、数字放声设备，杜比数码功放机、DVD 机，音响，扬声器及相关电子产品

15－19 续表2

项目	投资方式	经营范围
亨氏美味源(广州)食品有限公司	独资企业	研究、开发、生产和销售自产的酱料、香料、调味品、佐料及相关产品
JVC建兴电子(广州)有限公司	独资企业	开发、制造大容量光、磁盘驱动器及其部件、新型电子元器件(光电子器件、新型机电元件)、高密度数字光盘机用关键件、可记录光碟(CD－R,CD－RW,DVD－R,DVD－ARM)及其部件
广州惠元生化科技有限公司	独资企业	研究、开发、生产兽用抗菌原料药(包括抗生素、化学合成药)、兽用抗菌药、驱虫药、杀虫药、抗球虫药新产品及新剂型、环保型饲料和新型饲料添加剂、兽用生物生化剂
广东约瑟纸塑有限公司	独资企业	生产、加工环保型可降解纸塑系列产品
广州丰彩菱重印刷科技研发中心有限公司	独资企业	数控印刷技术、印刷机械产品的应用研究、开发、设计、测试、实验及技术转让、技术咨询
LG化学(广州)工程塑料有限公司	独资企业	研究、开发和生产工程塑料及塑料合金产品,提供与产品相关的技术服务和售后服务
广合科技(广州)有限公司	独资企业	高精密多层印刷线路板及电子、电脑产品的生产、加工、制造、销售及国际贸易、保税仓储
广州日正弹簧有限公司	独资企业	设计、制造汽车、摩托车减震器弹簧、平衡杆
益彰(广州)纺织有限公司	独资企业	生产、加工和销售人造化纤纺织品
鲜达(广州)自然保鲜有限公司	独资企业	蔬菜、水果的储藏、加工、销售及相关技术咨询服务

15－20 外商投资企业注册情况

单位:户

项目	1990年	1995年	2000年	2001年	2002年
合计	**1500**	**7825**	**8085**	**8305**	**8727**
中外合资企业	681	2519	2180	2172	2177
中外合作企业	655	3907	3281	3179	3005
外商独资企业	164	1399	2620	2950	3542
外商投资股份制企业			4	4	3

15－21 出口商品总值超 5000 万美元的企业一览表

（2002 年）　　单位：万美元

企　业　名　称	进出口总值	出口总值	进口总值
旭丽电子（广州）有限公司	52838	36331	16507
广州纺织品进出口集团有限公司	27222	26046	1176
广州市番禺对外贸易（集团）公司	44329	24823	19506
广东省丝绸进出口（集团）公司	26744	24603	2141
广州东宝（番澳）首饰有限公司	39546	19989	19557
广州工艺品番禺进出口公司	37467	18583	18884
捷普电子（番禺）有限公司	32819	16336	16483
广川科技（广州）有限公司	27484	13736	13748
广东省畜产进出口集团公司	14800	13269	1531
广州市纺织工业联合进出口公司	14357	13104	1253
从化市利福钻石有限公司	26575	12515	14060
从化东麟钻石有限公司	24501	12355	12146
广州电池厂	12185	12148	37
番禺中德电控有限公司	16677	11003	5674
广东省食品进出口集团公司	11008	10734	274
美国通用电器塑料中国有限公司	22401	10674	11727
互太（番禺）纺织印染有限公司	20087	10254	9833
北方光电科技股份有限公司	10574	9824	750
华纳（广州）有限公司	15928	9579	6349
广州万邦鞋业有限公司	12594	9071	3523
广东省土产进出口（集团）公司	12090	9036	3054
镇泰（广州）有限公司	12873	8903	3970
广州添利线路版有限公司	10143	8729	1414
中国石化国际事业广州公司	24431	8407	16024
广州经济技术开发区工业出口贸易公司	9254	8131	1123
广东省工艺品进出口（集团）公司	9494	7797	1697
广州广船国际股份有限公司	13082	7533	5549
中国抽纱广东进出口公司	7844	7348	496
广东省五金矿产进出口集团公司	27251	7265	19986
广州松下空调器有限公司	11037	7153	3884
广东省机械进出口股份有限公司	19145	7035	12110
番禺世门手袋有限公司	11050	6594	4456
依利安达（广州）电子有限公司	8102	6345	1757
广州畜产进出口公司	7180	6309	871
广州广船国际集装箱厂	8094	6284	1810
中国土产畜产广东茶叶进出口公司	6583	6249	334
广州荣诚鞋业有限公司	8959	6069	2890
广州保税区恒和金银珠宝有限公司	11750	5822	5928
广州星辉电子制造有限公司	10509	5805	4704
明秀钻石厂（番禺）有限公司	11552	5739	5813
广州市番禺共同企业加工装配公司	11252	5590	5662
广州市对外贸易白云有限公司	8200	5548	2652
广大科技（广州）有限公司	8103	5412	2691
广州市华南橡胶轮胎有限公司	7418	5327	2091
广州交易会进出口有限公司	5767	5313	454
广东纺织品进出口针织品有限公司	5555	5307	248
番禺锦兴纺织漂染有限公司	11057	5295	5762
广州进道集装箱有限公司	8653	5126	3527
广州市番禺对外经济贸易公司	10528	5088	5440
广州经济技术开发区建设进出口贸易公司	8400	5030	3370

15－22 对外承包工程和劳务合作情况

项　　目	新签合同数（个）	合同额（万美元）	营业额（万美元）
合　计	**6577**	**7837**	**9115**
对外承包工程	2	291	2552
香港	2	291	601
泰国			4
孟加拉			1747
坦桑尼亚			200
对外劳务合作	6574	7522	6551
香港	34	1144	1199
澳门	76	697	647
新加坡	4	187	199
孟加拉	4	23	102
日本	2	182	63
德国	4	51	60
泰国	1	50	46
韩国	2	14	44
台湾	1	52	38
柬埔寨			29
美国	1	27	24
坦桑尼亚	1	21	23
斯里兰卡	1	10	10
越南			6
印度尼西亚	1	3	6
巴哈马			3
沙特阿拉伯			2
菲律宾			2
缅甸	2	1	2
厄瓜多尔	1	1	2
新西兰			2
土耳其			1
印度			1
毛里求斯			1
尼日利亚	1	1	
英国	1	6	
加拿大	2	7	
国内	6435	5045	4039
设计咨询	1	24	12
柬埔寨	1	24	12

15－23 旅游业收入情况

项目	2000年	2001年	2002年
旅游业总收入(万元)	4157174	4552330	5048884
国内旅游收入	2911874	3186388	3500883
旅游外汇收入(折人民币)	1245300	1365942	1548001
旅游外汇收入(万美元)	150580	165168	187183
商品销售	18823	20646	33188
餐饮	13703	15030	22069
长途交通	60383	66233	61471
民航	40958	44926	44980
铁路	12498	13709	7413
公路	5421	5946	8704
船舶	1506	1652	374
住宿	20328	22298	39776
邮电通讯	3915	4294	3369
市内交通	2710	2973	8873
游览	4517	4955	2957
娱乐	13251	14535	5915
其他	12950	14204	9565

15－24 旅行社组团出境旅游人数情况

单位:人

线路	2000年	2001年	2002年
合计	**330853**	**300174**	**352714**
香港	108617	89267	128526
澳门	113626	88876	73379
香港、澳门	795	69	12504
泰国	19207	25800	21330
泰国、香港	16347	16156	14199
泰国、香港、澳门	463	1763	2596
新加坡、马来西亚、香港	27040	19882	17869
新加坡、马来西亚、泰国、香港	9738	10674	11680
新加坡、马来西亚、香港、澳门	2559	2414	3130
新加坡、泰国、香港	2775	2367	2267
菲律宾	2241	1318	1730
日本	768	4906	10593
韩国	6472	6592	5313
韩国、香港	5429	4881	4207
澳大利亚	2296	2641	4287
澳大利亚、香港	697	2315	2459
澳大利亚、新西兰、香港	2598	4031	3482
法国、瑞士、香港	537	7	2650
其他	8648	16215	30513

15－25 主要宾馆接待过夜旅游者情况

项　　目	1990 年	1995 年	2000 年	2001 年	2002 年
人数合计(人次)	6680975	9646246	12186933	11828857	9683592
海外旅游者	1890998	1706706	2094150	2005410	1923134
外国人	324498	478845	756286	724339	941648
# 日 本	65536	68793	133292	160153	210750
菲律宾	3488	3281	8353	7966	9598
新加坡	27539	23715	27966	30572	36720
美 国	47323	49163	75044	86428	104432
加拿大	12140	11161	14243	16771	20386
英 国	18801	15417	20003	21059	22808
法 国	13262	20582	26503	24126	25099
德 国	10696	17108	28171	30663	28240
意大利	7323	8051	10849	10677	14191
澳大利亚	11088	11424	15476	17988	20507
马来西亚			41698	42984	63917
印度尼西亚			29859	29621	36208
韩国			15714	24107	34216
泰国			17288	18151	25471
印度			13380	13130	18972
越南					16566
华 侨	70706	101089	103131		
港澳和台湾同胞	1495794	1126772	1234733	1281071	981486
# 台湾同胞	476805	159153	151585	155209	151593
国内旅游者	4789977	7939540	10092783	9823447	7760458
人天数合计(人天)	12883274	20686998	23033303	21285037	16782250
海外旅游者	3187131	3620613	4376328	3599910	3350000
外国人	665214	1282729	1869567	1466704	1857752
华 侨	128303	217573	231071		
港澳和台湾同胞	2393614	2120311	2275690	2133206	1492248
# 台湾同胞	722045	304284	409624	279765	261075
国内旅游者	9696143	17066385	18656975	17685127	13432250
平均每天接待海外旅游人数(人次)	5181	4676	5737	5494	5269
主要宾馆开房率(%)	67.66	62.91	61.73	61.87	62.49

附:2002 年城市接待过夜旅游者 2706.06 万人次,其中海外旅游者 473.97 万人次,国内旅游者 2232.09 万人次。
注:1995 年以前只包括主要涉外宾馆,1996 年起包括主要宾馆。

15－26 主要宾馆(酒店)住宿设施和经营情况

项　　目	单　位	2000 年	2001 年	2002 年
住宿设施				
宾馆酒店数	家	290	302	326
星级酒店数	家	135	176	192
五星级酒店数	家	5	5	5
四星级酒店数	家	15	20	20
三星级酒店数	家	51	70	79
二星级酒店数	家	61	76	83
一星级酒店数	家	3	5	5
客房总数	间	45626	45332	49528
床位总数	张	88739	88757	95217
经营情况				
营业收入	万元	632819	646563	692978
营业成本	万元	138054	138221	139911
营业费用	万元	247879	274849	280941
营业税金及附加	万元	31357	33000	36095
经营利润	万元	215529	200493	236031
管理费用	万元	199621	186174	208111
财务费用	万元	25385	13576	18990
营业利润	万元	－9477	743	8930
投资收益	万元	3446	2473	2574
营业外收支净额	万元	4239	7616	－4033
利润总额	万元	－1792	10832	7471
年末从业人员	人	68283	74200	72528

附:2002 年全市旅馆业单位 1496 家,客房总数 98886 间,床位总数 189917 张。

15－27 旅行社基本情况

单位：万元

项　　目	1995年	2000年	2001年	2002年
企业情况				
企业数(家)	90	121	136	135
年末职工人数(人)	5404	4976	5322	6685
接待情况				
接待旅游者人数(万人次)	84.54	271.88	352.40	431.85
海外旅游者	32.50	51.74	79.43	98.38
国内旅游者	52.04	220.14	272.97	333.47
# 出境游	15.71	33.09	30.02	35.27
经营情况				
营业收入	162507	282076	326015	449554
营业成本	128939	240706	283599	396703
营业费用	14962	17394	19107	27807
营业税金及附加	2145	2450	2241	3280
经营利润	16461	21526	21068	21764
管理费用	11889	13465	17381	16503
财务费用	－21	974	1070	1361
营业利润	4593	7087	2617	3900
投资收益	2092			
营业外收支净额	1928	600	－70	561
利润总额	8613	7687	2547	4461

15-28 三星级以上宾馆(酒店)业住宿设施情况

(2002年)

宾馆(酒店)名称	宾馆星级	客房数(间)	床位数(张)	所属区域地址
白天鹅宾馆	5	843	1600	荔湾区沙面南街1号
广东国际大酒店	5	527	1006	东山区环市东路339号
花园酒店	5	916	1372	东山区环市东路368号
中国大酒店	5	1013	1414	越秀区流花路
东方宾馆	5	994	1974	越秀区流花路120号
广东迎宾馆	4	284	574	越秀区解放北路603号
中央酒店	4	231	428	白云区机场路33号
增城宾馆	4	330	652	增城市荔城镇雁塔大道
增城百花山庄	4	181	371	增城市百花林水库内
增城太阳城大酒楼	4	199	320	增城市新塘镇群星路1号
华威达大酒店	4	50	100	天河区黄埔大道西499号
嘉逸豪庭酒店	4	147	220	天河区林和中路148号
景星宾馆	4	322	552	天河区林和西路89-93号
广东全球通大酒店	4	247	430	东山区越秀南路208号
华厦大酒店	4	600	1200	越秀区侨光路8号
广州市凯旋华美达大酒店	4	273	569	东山区明月一路9号
广州大厦	4	488	899	越秀区北京路374号
广信江湾新城大酒店	4	320	625	东山区沿江中路298号
广州珀丽酒店	4	393	665	海珠区江南大道中348号
远洋宾馆	4	238	386	东山区环市东路412号
广东大厦	4	500	962	越秀区东风中路309号
花都新世纪酒店	4	393	729	花都区秀全大道43号
番禺宾馆	4	259	519	番禺区大北路130号
文化假日酒店	4	403	647	东山区环市东路华侨新村光明路28号
胜利宾馆(四、三星级)	4	336	554	荔湾区沙面大街54号
广东新白云宾馆	3	710	1420	东山区环市东路367号
珠海特区大酒店	3	161	308	越秀区海珠北路11-15号
惠福大酒店	3	135	261	越秀区惠福西路36-38号
广州国际海员俱乐部	3	170	336	海珠区滨江西路20号
星都大酒店	3	174	344	海珠区昌岗中路172号
越秀天安大厦	3	160	298	越秀区解放北路960号
冰花酒店	3	87	174	天河区天河北路2号
广州民航大酒店	3	105	180	白云区机场路276号
黄埔区鸿福门歌舞厅	3	120	220	黄埔区黄埔东路3729号
广州市金来大酒店	3	128	216	天河区天河路108号

15－28 续表 1

宾馆(酒店)名称	宾馆星级	客房数(间)	床位数(张)	所属区域地址
总统大酒店	3	250	410	天河区石牌岗顶
中旅酒店	3	118	233	白云区广园中路211号
三寓宾馆	3	687	1292	东山区三寓路23号
湖滨宾馆	3	220	438	东山区沿江东路451号
番禺喜悦假日酒店	3	83	150	番禺区市桥镇光明北路223号
番禺香江大酒店	3	154	300	番禺区大石镇迎宾路
番禺丽江渡假花园	3	115	228	番禺区石楼镇鲤鱼岗7号
番禺世昌宾馆	3	57	111	番禺区市桥镇大北路立桥南
番禺世昌大酒店	3	62	124	番禺区市桥镇繁华路3号
番禺美丽华大酒店	3	168	248	番禺区市桥镇清河中路118号
番禺莲花山粤海村	3	82	172	番禺区莲花山山顶
番禺合力大酒店	3	97	193	番禺区市桥镇坑口路
番禺祈福(南沙)酒店	3	168	336	番禺南沙经济技术开发区进港大道
番禺龙泉大酒店	3	130	150	番禺区市桥镇大北路99号
广州富鸿(番禺)渡假村	3	71	150	番禺区市桥镇捷进路33－38号
东方丝绸大酒店	3	238	454	东山区东风东路752号
从化湖光渡假山庄	3	96	192	从化市黄竹朗(105国道)
广东蓄能电站专家村	3	87	174	从化市温泉镇康复路17号
从化华辉渡假村	3	168	336	从化市桃园镇云星大道流溪河畔
从化温泉正大渡假村	3	44	100	从化市温泉镇温泉东路106号
从化市天伦酒店	3	120	240	从化市街口镇河堤北路38号
广东温泉宾馆	3	300	500	从化市温泉镇
从化华侨大厦	3	94	181	从化市街口镇新城东78号
云山大酒店	3	326	628	东山区先烈中路云鹤北街8号
东园宾馆	3	102	155	广州经济技术开发区青年路东园二街
燕岭大厦	3	240	600	天河区燕岭路
新天河宾馆	3	153	280	天河区天河路178－188号
新世界大酒店	3	80	155	越秀区人民北路520号
新好景饮食娱乐中心	3	98	228	增城市新塘镇群星路
五羊城酒店	3	261	512	越秀区人民中路322号
广州市富丽华大酒店	3	360	678	越秀区长堤大马路316号
白云鸿波山庄	3	79	179	东山区广州大道中139号
华茂中心	3	144	274	越秀区盘福路63号
广东邮电大厦	3	122	244	东山区中山二路18号
浙江大厦富春宾馆	3	143	286	东山区先烈中路85号

15－28 **续表 2**

宾馆(酒店)名称	宾馆星级	客房数(间)	床位数(张)	所属区域地址
嘉应宾馆	3	338	499	东山区环市东路 418 号
华侨酒店	3	338	685	荔湾区站前路 90 号
华海大酒店	3	141	282	海珠区江南大道中 232 号 B 座
广轩大厦(广东省宣传干部培训中心)	3	270	498	海珠区沥滘振兴大街 9 号
金苑山庄	3	156	290	天河区恒福路 117 号
花都区芙蓉鸿波山庄	3	95	186	花都区芙蓉镇
花都华侨大酒店	3	60	130	花都区新华镇建设北路 86 号
花都丽美大酒店	3	88	125	花都区新华镇商业大道 53 号
花都金湖大酒店	3	90	191	花都区新华镇建设路 4 号金科大厦
花都京华饮食服务有限公司	3	90	174	花都区新华镇云山大道 55 号
花都区融园山庄	3	166	312	花都区新华镇建设路 22 号
花地明珠酒店	3	49	98	芳村区花地大道 228 号
湛江大厦(雷州酒店)	3	163	326	荔湾区站前路 88 号
新大地宾馆	3	194	368	越秀区站前路 108－122 号
天龙大酒店	3	181	270	天河区广州大道北 118 号
湖天宾馆	3	212	417	荔湾区东风西路 156 号
流花宾馆	3	565	877	越秀区环市西路 194 号
丽都大酒店	3	330	660	越秀区北京路 182 号
广州宾馆	3	317	634	越秀区起义路 2 号
爱群大酒店	3	280	568	越秀区沿江西路 113 号
红棉大酒店	3	322	624	越秀区环市西路 184 号
汉京大酒店	3	120	240	黄埔区南岗镇丹水坑路
广州市华金盾大酒店	3	109	197	天河区中山大道中 368 号
广州天河远洋大厦	3	221	401	天河区龙口东路 6 号
神州酒店	3	98	196	天河区天平架沙太路
南湖酒店	3	152	289	白云区同和镇广东南湖国家旅游渡假区内
广东蓄能大厦	3	70	140	天河区龙口东路 32 号
金桥宾馆	3	58	114	东山区寺右新马路 93 号
广东华侨友谊酒店	3	169	275	天河区天河东 65 号
广州白云国际机场宾馆	3	326	546	白云区白云国际机场内
广东友谊文化合作公司	3	112	217	越秀区人民北 698 号
广州南方毅源大酒店	3	116	200	番禺区石碁镇招村
从化双湖酒店	3	110	226	从化市

15－29 主要旅游景点情况

（2002 年）

景点名称	所属区域及联系地址	景点类型	占地面积（公顷）
东山湖公园	东山区东湖路 123 号	消闲求知健身类	
广东省星海音乐厅	东山区二沙岛晴波路 33 号	古迹与建筑类	1.8
广东美术馆	东山区二沙岛烟雨路 38 号	古迹与建筑类	19.52
广州动物园	东山区先烈中路 120 号	生物景观类	42
广州海洋馆	东山区先烈中路 120 号	生物景观类	
黄花岗公园	东山区先烈中路 79 号	古迹与建筑类	13
广州起义烈士陵园	东山区中山二路 92 号	古迹与建筑类	
广东革命历史博物馆	东山区陵园西路 2 号	古迹与建筑类	
农民运动讲习所旧址	东山区中山四路 42 号	古迹与建筑类	0.12
荔湾博物馆	荔湾区龙津西路蓬源北街 84 号	古迹与建筑类	0.25
广州市客轮旅游分公司	荔湾区沿江西路 144 号	水域风光类	
荔湾湖公园	荔湾区龙津西路 155 号	消闲求知健身类	
文化公园	荔湾区西堤二马路 37 号	消闲求知健身类	4
上下九商业步行街	荔湾区下九路 37 号二楼	购物类	
陈家祠	荔湾区中山七路恩龙里 30 号	古迹与建筑类	0.15
南越王宫署博物馆	越秀区中山四路 316 号	古迹与建筑类	
中山纪念堂	越秀区东风中路 259 号	古迹与建筑类	6.36
怀圣清真寺	越秀区光塔路 56 号	古迹与建筑类	
草暖公园	越秀区环市西路 187 号	消闲求知健身类	1.3
镇海楼(广州博物馆)	越秀区解放北路	古迹与建筑类	0.44
越秀公园	越秀区解放北路	消闲求知健身类	75.4
南越王墓博物馆	越秀区解放北路 867 号	古迹与建筑类	1.47
清真先贤古墓	越秀区解放北路 901 号	古迹与建筑类	
兰圃	越秀区解放北路 901 号	生物景观类	
流花湖公园	越秀区流花路	消闲求知健身类	
北京路商业步行街	越秀区越华路 183 号 10 楼 1009 房	购物类	38
光孝寺	越秀区光孝路 109 号	古迹与建筑类	
六榕寺	越秀区六榕路 87 号	古迹与建筑类	
广东省珠江航运公司	海珠区滨江中路 276 号 6 楼	水域风光类	
孙中山大元帅府纪念馆	海珠区纺织路 276 号 6 楼	古迹与建筑类	0.83
广州市瀛州生态公园	海珠区新滘镇小洲村	生物景观类	
世界大观	天河区东圃镇东沙路	地文景观类	48
三台岭浏览区(云台花园、索道)	天河区广园路白云山南	地文景观类	22.5
航天奇观	天河区东圃镇东沙路	地文景观类	24
东风公园	天河区广州大道北 199 号	消闲求知健身类	
天河公园	天河区黄埔大道员村	消闲求知健身类	
麓湖游览区	天河区麓湖路 11 号	地文景观类	205
广州艺术博物院	天河区麓湖路 13 号	古迹与建筑类	1.9
华南植物园	天河区沙河龙洞	生物景观类	300
珠江公园	天河区珠江新城金穗路 900 号	消闲求知健身类	
黄大仙祠	芳村区荣兴路 13 号	古迹与建筑类	0.13
广州花卉博览园	芳村区龙溪大道北路	生物景观类	262
白云山风景游览中心	白云区广园路白云山南	地文景观类	0.12
广州市十九路军陵园	白云区水荫路 113 号	古迹与建筑类	6.2

附:2002 年末,广州市主要旅游景点 86 个,接待游客 3775.29 万人次(不包括商业步行街)。

15－29 续表

景点名称	所属区域及联系地址	景点类型	占地面积（公顷）
广州南湖大河马水上世界	白云区同和镇	消闲求知健身类	
摩星岭游览区（广州碑林、摩星岭）	白云区白云山顶	地文景观类	450
明珠楼游览区	白云区白云山黄婆洞明珠楼	地文景观类	820
鸣春谷游览区	白云区白云山路	地文景观类	
东方乐园	白云区大金钟路	消闲求知健身类	24
南湖高尔夫乡村俱乐部	白云区同和镇南湖旅游区南湖北岸	消闲求知健身类	116.7
太阳岛乐园	白云区人和镇	消闲求知健身类	
南湖游乐园	白云区同和镇	消闲求知健身类	26
雕塑公园	白云区下塘西路	古迹与建筑类	46
黄埔军校旧址纪念馆	黄埔区长洲岛	古迹与建筑类	
黄埔军事博览中心	黄埔区长洲镇	古迹与建筑类	12
南海神庙	黄埔区南岗镇庙头村	古迹与建筑类	2.86
丹水坑旅游区	黄埔区南岗镇政府新二楼	古迹与建筑类	0.5
化龙农业大观园	番禺区化龙镇农业技术综合开发区	古迹与建筑类	
森美反斗乐园	番禺区南村镇大镇岗	消闲求知健身类	10
祈福农庄	番禺区市广路祈福新村内	消闲求知健身类	
百万葵园	番禺区万顷沙新垦十五涌	消闲求知健身类	
伶仃旅游农业发展有限公司	番禺区新垦镇新港大道2号	古迹与建筑类	
南沙天后宫	番禺区大角山	古迹与建筑类	100
番禺香江野生动物世界	番禺区大石镇礼村	生物景观类	80
莲花山旅游区	番禺区莲花山镇	消闲求知健身类	233
余荫山房	番禺区南村镇北大街	古迹与建筑类	
利泰瀑布游览区	番禺区南村镇大镇岗	古迹与建筑类	
番禺南沙高尔夫球会	番禺区南沙芦湾黄山鲁林场	消闲求知健身类	1.73
留耕堂	番禺区沙湾镇北村	古迹与建筑类	0.4
沙湾宝墨园	番禺区沙湾镇紫坭村	古迹与建筑类	
番禺博物馆	番禺区市桥镇沙头银平路	古迹与建筑类	16
广州长隆夜间动物世界	番禺区迎宾路	生物景观类	112.42
番禺原野庄园	番禺区钟村镇谢村	消闲求知健身类	
圆玄道观	花都区新华镇九龙潭	古迹与建筑类	
花都资政大夫祠	花都区新华镇新华村	古迹与建筑类	1.8
九龙潭旅游渡假区	花都区北兴镇	水域风光类	13
芙蓉渡假区	花都区芙蓉镇	消闲求知健身类	18
盘古王庙游览区	花都区狮岭镇盘古路尾	地文景观类	66.1
梯面旅游区	花都区梯面镇	水域风光类	
洪秀全故居纪念馆	花都区新华镇新华路52号	古迹与建筑类	0.6
百花山庄	增城市荔城镇百花林水库	水域风光类	
何仙姑家庙、古藤	增城市小楼镇	古迹与建筑类	
广州南华高尔夫俱乐部	增城市镇龙镇	消闲求知健身类	
广东黄龙湖森林公园	从化市良口镇	地文景观类	
流溪河国家森林公园	从化市流溪河	地文景观类	97204
广州抽水蓄能电站渡假区	从化市吕田镇小杉	水域风光类	2700
从化天湖旅游区	从化市温泉镇天湖	水域风光类	76

15－30 广州市与各友好城市交流情况

项　　目	1979年至1984年	1985年	1990年	1995年	2000年	2001年	2002年
批数(批)							
出访交流考察	34	8	12	35	16	22	9
接待来访团组	100	19	27	63	35	56	38
派外进修生	3			1	2	3	3
人数(人次)							
出访交流考察	295	44	138	267	98	108	414
接待来访团组	2014	420	301	532	216	456	758
派外进修生	10		1	1	2	3	3

15－31 广州市与国外结成友好城市一览表

(2002年末)

国　　别	城　　市	缔结日期(年、月、日)
日　本	福　冈	1979.05.02
美　国	洛杉矶	1981.12.08
菲律宾	马尼拉	1982.12.08
加拿大	温哥华	1985.03.27
澳大利亚	悉　尼	1986.05.12
意大利	巴　里	1986.11.12
法　国	里　昂	1988.01.19
德　国	法兰克福	1988.04.11
新西兰	奥克兰	1989.02.17
韩　国	光　州	1996.10.25
瑞　典	林雪平	1997.11.24
南　非	德　班	2000.07.17
英　国	布里斯托尔	2001.05.23
俄罗斯	叶卡捷琳堡	2002.07.10

15-32 各国驻广州总领事馆一览表

（2002年末）

国　别	开馆时间	领区范围	馆　址	电　话	传　真	邮　编
美国	1979.08.31	广东广西福建海南	沙面南街1号	81218000	81219001	510133
日本	1980.03.01	广东广西福建海南	环市东路368号花园酒店花园大厦1楼	83343009	83338972	510064
泰国	1989.02.12	广东广西福建海南	环市东路368号花园酒店2楼M07房	83804277	83889959	510064
波兰	1989.07.22（复馆）	广东广西海南	沙面大街63号	81219993	81219995	510130
澳大利亚	1992.12.09	广东广西福建海南湖南	环市东路339号广东国际大酒店主楼1509房	83350909	83350718	510098
越南	1993.01.18	广东（暂定）	侨光路华厦大酒店B座2楼北部	83305911	83305915	510115
马来西亚	1993.10.24	广东福建海南江西湖南	天河北路233号中信广场1915－1918房	87395660	87395669	510613
加拿大	1994.09.28	广东广西福建海南	流花路中国大酒店商业大厦801房	86660569	86672401	510015
德国	1995.11.07	广东广西福建海南	环市东路339号广东国际大酒店19楼	83306533	83317033	510098
英国	1997.01.14	广东广西福建海南	环市东路339号广东国际大酒店2楼	83336520	83336485	510098
法国	1997.04.28	广东广西福建海南	环市东路339号广东国际大酒店801房	83303405	83303437	510098
菲律宾	1997.05.23	广东广西海南湖南	环市东路339号广东国际大酒店709－711室	83311461	83330573	510098
荷兰	1998.02.27	广东广西福建海南	环市东路339号广东国际大酒店705房	83302067－206	83303601	510098
柬埔寨	1998.07.01	广东广西福建海南	环市东路368号花园酒店花园大厦8114室	83879005	83879006	510064
丹麦	1998.09.23	广东广西福建海南	流花路中国大酒店商业大厦1578房	86660353	86670315	510015
意大利	1998.11.04	广东广西福建海南	天河北路233号中信广场5207房	38770556	38770270	510613
韩国	2001.08.28	广东广西福建海南	体育东路羊城国际商贸中心西塔18楼	38870555－102	38870923	510620
尼日尔（名誉领事）	2002.05.16	广州	东风东路836号东峻广场3座905房	87672448	87672523	510080
瑞典	2002.11.26	广东广西福建海南	环市东路339号广东国际大酒店主楼1205室	83310976	83302939	510098
印度尼西亚	2002.12.12	广东广西福建海南	流花路120号东方宾馆	86018772	86018773	510015

主 要 统 计 指 标 解 释

【海关进出口总额】指实际进出我国国境的货物总金额。主要包括对外贸易实际进出口货物，来料加工装配、补偿贸易、进料加工进出口货物，国家间及国际组织无偿援助物资和赠送品，华侨、港澳台同胞和外籍华人捐赠品，租赁期满归承租人所有的租赁货物，边境地方贸易及边境地区小额贸易进出口货物(边民互市贸易除外)，中外合资企业、中外合作经营企业、外商独资经营企业进出口货物和公用物品，到、离岸价格在规定限额以上的进出口货样和广告品(无商业价值、无使用价值和免费提供出口的除外)，从保税仓库提取在中国境内销售的进口货物，以及其他进出口货物。海关进出口总额用以观察一个国家在对外贸易方面实际进出口货物的总规模。我国规定出口货物按离岸价格统计，进口货物按到岸价格统计。

【利用外资】指我国各级政府、部门、企业和其他经济组织通过对外借款、吸收外商直接投资以及用其他方式筹措的境外现汇、设备、技术等。

【对外借款】指我国政府、部门、企业和中国银行等单位通过对外正式签订借款协议，从境外筹措的资金，包括外国政府贷款、国际金融组织贷款、外国银行商业贷款、出口信贷以及对外发行债券等。

【外商直接投资】指外国企业和经济组织或个人(包括华侨、港澳台胞以及我国在境外注册的企业)按我国有关政策、法规，用现汇、实物、技术等在我国境内开办外商独资企业、与我国境内的企业或经济组织共同举办中外合资经营企业、合作经营企业或合作开发资源的投资(包括外商投资收益的再投资)，以及经政府有关部门批准的项目投资总额内外商直接投资者对企业的贷款。

【对外承包工程】指各对外承包公司以招标议标承包方式承揽的下列业务：⑴承包国外工程建设项目，⑵承包我国对外经援项目，⑶承包我国驻外机构的工程建设项目，⑷承包我国境内利用外资进行建设的工程项目，⑸与外国承包公司合营或联合承包工程项目时我国公司分包部分，⑹对外承包兼营的房屋开发业务。对外承包工程的营业额是以货币表现的本期内完成的对外承包工程的工作量，包括以前年度签订的合同和本年度新签订的合同在报告期内完成的工作量。

【对外劳务合作】指以收取工资的形式向业主或承包商提供技术和劳动服务的活动。我国对外承包公司在境外开办的合营企业，中国公司同时又提供劳务的，其劳务部分也纳入劳务合作统计。劳务合作营业额按报告期内向雇主提交的结算数(包括工资、加班费和奖金等)统计。

【海外旅游者】指来中国参观、访问、旅行、探亲、访友、休养、考察、参加会议或从事经济、科技、文化、教育、体育、宗教等活动，在我国旅游住宿设施内至少停留一夜的外国人、华侨、港澳同胞和台湾同胞。不包括外国在我国的常驻机构，如使领馆、通讯社、企业办事处的工作人员；来我国常驻的外国专家、留学生以及在岸逗留不过夜人员。

【国内旅游者】指我国大陆居民和在我国境内常住 1 年以上的外国人、华侨、港澳台同胞离开常住地在境内其他地方的旅游住宿设施内至少停留一夜，最长不超过 12 个月的游客。

第十六篇

科　技

科学事业保持较快的发展势头

2002年,广州市科学事业呈现良好的发展势头,科技经费投入明显增加,科技产出大幅增长,对全市经济社会发展起到了较好的促进作用。

一、全社会科技进步发展加快

2002年,广州市科技进步的基础进一步增强。全社会专业技术人员总量达到68.5万人,其中科学家和工程师36.99万人,分别比上年增长3.0%和4.0%。科研机构固定资产原值达到29.98亿元,比上年增长54.4%。综合技术服务业新增固定资产3.07亿元,增长45.5%。全市高校、中专、技校招生人数达到17.43万人,比上年增长20.7%。

全社会科技投入稳步增长。2002年,全社会科技活动经费投入达到115亿元,研究与发展经费支出达到45亿元,分别比上年增长15.0%和19.7%。研究与发展经费占国内生产总值比重达到了1.5%。全社会科技活动人员总数达到了12.36万人,其中科学家和工程师7.67万人,分别增长5.0%和5.3%。

科技产出增幅大。2002年,全市专利申请6288件,专利授权3656件,分别比上年增长25.8%和9.6%。技术市场成交金额达到45.42亿元,增长30.3%。人均国内生产总值达到4.19万元,增长10.2%,人均邮电业务量增长15.1%。

二、大中型工业企业技术创新能力不断加强

2002年,广州市大中型工业企业积极配合全市工业产业结构调整,继续加大科技投入的力度,技术创新经费支出保持较高的增长,产出明显提高。2002年,全市共有大中型工业企业595家,其中有开展技术创新活动的企业244家,占41.0%,比上年提高了2个百分点。全年技术创新经费支出达到27.23亿元,其中技术开发经费24.99亿元;研究与发展经费14.01亿元。技术创新经费支出与上年相比,增长18.9%,与上年19.0%的增幅基本持平;比同期全市工业增加值和国内生产总值的增幅分别高出5.6个和5.7个百分点,连续两年保持了较快的增长速度。技术创新经费按研制、生产、销售三个环节分,分别为23.13亿元、3.52亿元和0.58亿元,三者的比重分别为84.9%、12.9%和2.2%。与上年相比,研制阶段的比重下降了6个百分点,生产阶段的比重提高了6个百分点,销售阶段的比重持平。按可比口径,三个阶段的技术创新经费支出分别比上年增长了11.0%、1.24倍和13.7%。这说明大中型工业企业在研制、生产、销售三个环节均增加技术创新经费的同时,注重增大生产阶段的投入,使之渐趋合理。

与此同时,大中型工业企业技术创新的参与人员也有较大的增长。2002年,大中型工业企业技术创新人员达到20312人,其中科学家和工程师为11361人,分别比上年增长16.3%和15.0%。由于技术创新经费和人员的投入,大中型工业企业销售收入比上年增长了13.8%,新产品销售收入增长1.7%。

三、高新技术产品生产呈大幅增长势头

2002年,全市生产高新技术产品企业达到739家,比上年增长35.8%;高新技术产品总产值达到821.71亿元,增长32.6%;高新技术产品增加值249.78亿元,增加37.5%;高新产品销售收入785.41亿元,增长45.6%。按不同行业分类,工业企业高新产品产值为800.25亿元、增加值240.35亿元、产品销售765.49亿元,分别比上年增长31.0%、33.6%和44.4%;农业企业高新技术产品产值11.72亿元、增加值5.85亿元、销售收入10.15亿元,分别比上年增长83.9%、5.66倍和52.2%;服务业企业高新技术产品产值9.74亿元、增加值3.59亿元、销售收入9.77亿元,分别比上年增长2.76倍、3.15倍和2.80倍。

国有单位各类专业技术人员

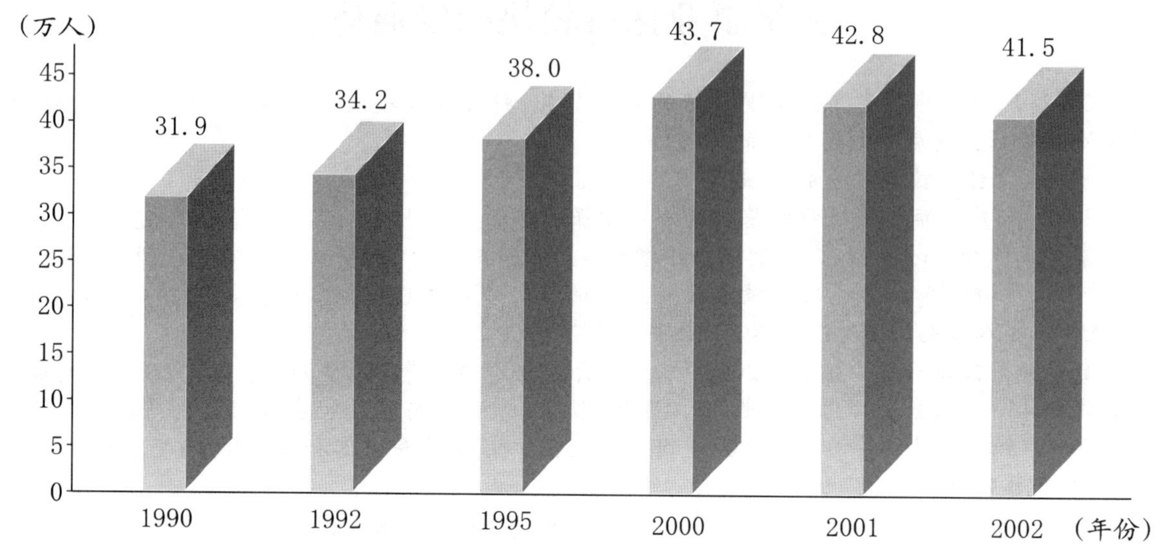

大中型工业企业技术开发情况

机构数(个)

160

161

2001年

2002年

技术开发人员数(人)

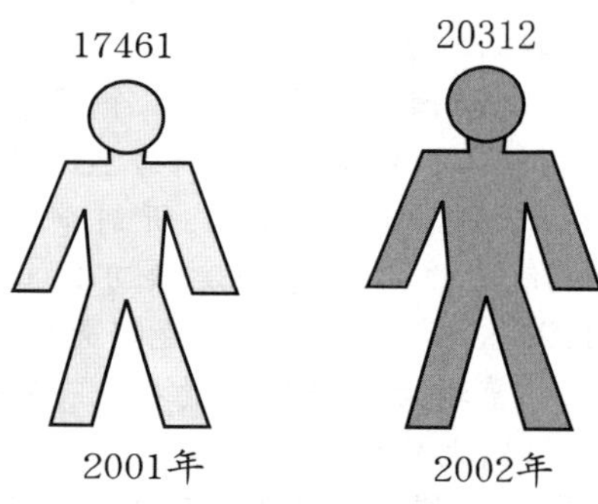

技术开发经费支出总额(亿元)

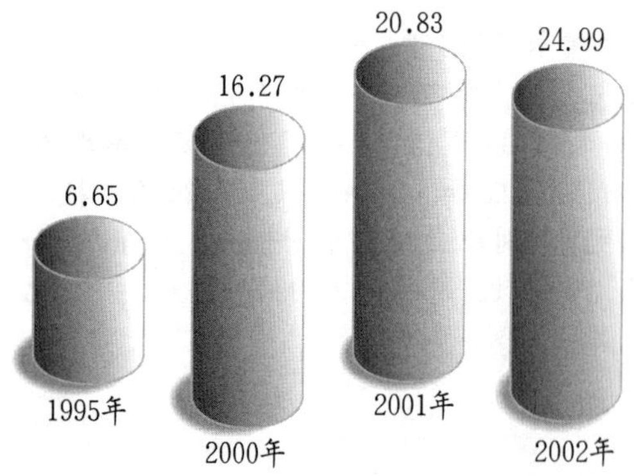

其中 :实验发展支出(亿元)

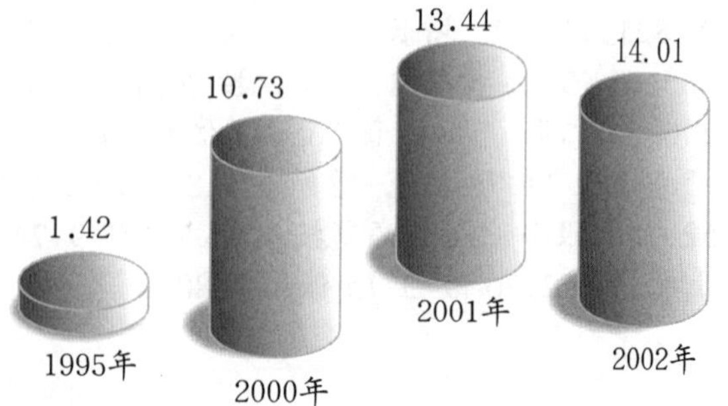

16－1 科技监测主要指标

项　　　目	单位	1995 年	2000 年	2001 年	2002 年
每万人口专业技术人员数	人/万人	797	920	934	950
每万人口中科学家工程师数	人/万人	422	488	504	528
科研机构人均固定资产原价	千元/人	72.49	117.51	102.64	167.75
综合技术服务业新增固定资产占全社会新增固定资产比重	%	0.24	0.37	0.30	0.30
每百万人口专利申请量	件/百万人	119.63	648.34	706.93	878.21
每百万人口中高校及中专招生数	人/百万人	12739	18424	20425	24344
每万人口中从事科技活动人员数	人/万人	136	160	165	171
从事科技活动人员中科学家工程师比重	%	43.12	61.19	61.80	62
研究与发展经费占国内生产总值比重	%	0.87	1.38	1.40	1.50
科技活动经费支出占国内生产总值比重	%	2.20	3.68	3.72	3.83
地方政府科技拨款占地方财政支出比重	%	1.71	4.20	3.14	3.64
科技开发贷款占银行贷款总额比重	%	0.20	0.22	0.13	0.14
技术开发经费占产品销售收入比重	%	0.86	1.04	1.18	1.25
技术市场合同成交金额年增长率	%	62.67	69.54	11.85	30.29
每百万人口发明专利批准数	件/百万人	115.89	456.19	471.99	510.61
高新技术产品增加值占国内生产总值比重	%	1.21	6.06	6.77	8.32
高新技术产品出口额占工业制成品出口额比重	%	2.96	11.64	14.86	22.37
新产品销售收入占全部销售收入比重	%	10.78	7.05	12.83	11.45
科技进步在工业经济增长中的份额	%	40.91	48.10	49.10	49.60
人均国内生产总值	元/人	19366	34284	38007	41884
亿元投资新增国内生产总值	亿元/亿元	0.53	0.37	0.34	0.33
万元国内生产总值综合能耗	吨/万元	1.28	0.91	0.84	0.81
工业废水排放达标率	%	64	90.09	88.54	85.10
工业固体废物综合利用率	%	71.30	83.48	87.09	88.55
人均生活用电量	千瓦·时/人	393.30	603.21	660.96	664.02
人均邮电业务量	元/人	722.26	2483.24	3070.39	3534.86

16－2 各类科学研究与开发机构基本情况

项目	单位	2001年			2002年		
		全市	#市区	#市属	全市	#市区	#市属
机构数	个	192	184	85	183	175	81
#自然科学	个	176	168	78	167	159	74
从业人员	人	18925	18707	5163	17873	17663	4929
#自然科学	人	18131	17913	4772	17072	16862	4535
在从业人员中的科研人员	人	12482	12401	3250	12047	11973	2907
#自然科学	人	11817	11736	2904	11322	11248	2561

16－3 市属各类专业人员

单位:人

项目	1995年		2001年		2002年	
	合计	#市区	合计	#市区	合计	#市区
合计	**193432**	**155621**	**200056**	**177403**	**195483**	**173028**
农、林、牧、渔业	5726	5185	3570	2956	3693	3183
采掘业	174	174	94	94	65	64
制造业	38667	36315	28189	27647	24276	24019
电力、煤气及水的生产和供应业	1547	1524	2078	1963	2021	2007
建筑业	7447	7137	9018	8798	8918	8896
地质勘查业、水利管理业	773	476	986	756	877	649
交通运输、仓储及邮电通信业	9846	9567	6884	6594	7550	7336
批发和零售贸易、餐饮业	10929	9466	7109	6755	6215	5821
金融、保险业	1973	1863	6183	6159	7401	7269
房地产业	2205	1997	2029	1906	1697	1595
社会服务业	3346	2854	5787	5388	7099	6446
卫生、体育和社会福利业	24895	18511	30085	25888	30202	26057
教育、文化艺术及广播电影电视业	66986	44927	79069	64795	79954	65228
科学研究和综合技术服务业	4565	4198	3051	2921	2803	2761
国家机关、政党机关和社会团体	9191	7073	9191	8188	9191	8188
其他行业	5162	4354	6733	6595	3521	3509

16-4 国有单位各类专业技术人员

（按职称分）

单位：人

项目	2001年			2002年		
	全市	#市区	#市属	全市	#市区	#市属
合计	**428367**	**400432**	**200056**	**414688**	**387303**	**195483**
工程技术人员	109564	107008	36826	101501	99013	34991
高级工程师	9699	9640	2103	9185	9101	2063
工程师	36599	36103	10832	33692	33121	10162
助理工程师、技术员	55358	53490	21614	51677	50049	20745
未聘任专业技术职务的	7908	7775	2277	6947	6742	2021
农业技术人员	2952	2364	1590	2902	2415	1523
高级农艺师	259	247	58	277	275	65
农艺师	1024	892	470	970	904	415
助理工程师、技术员	1467	1087	965	1445	1130	914
未聘任专业技术职务的	202	138	97	210	106	129
科学研究人员	7045	7039	618	7218	7213	625
正副研究员	2396	2395	167	2452	2451	175
助理研究员	2724	2722	252	2814	2813	238
研究实习员、实验员	1755	1752	170	1777	1774	177
未聘任专业技术职务的	170	170	29	175	175	35
卫生技术人员	50523	46131	31586	49653	45411	30571
正副主任医师	4031	3941	1957	4484	4392	2114
主治医师	11086	10611	5858	12113	11376	6339
医(护)师(士)	34241	30444	23036	31765	28371	21305
未聘任专业技术职务的	1165	1135	735	1291	1272	813
教学人员	98642	84300	74544	99469	84777	75289
正、副教授、高级讲(教)师	10206	10051	3568	11014	10797	3778
讲师、一级教师	31508	28061	22860	36059	31214	27387
助教、教员、二、三级教师	48150	39172	40105	47149	38974	39501
未聘任专业技术职务的	8778	7016	8011	5247	3792	4623
经济人员	67352	65319	21651	65986	64170	20788
高级经济师	1206	1197	158	1259	1254	170
经济师	20144	19824	4967	20024	19730	4806

注：1.2002年取消民航飞行技术人员、船舶技术人员两个职称统计，其原有的人员并入工程技术人员统计范围。

2.教学人员不再分高等院校、中专技工学校、中学、小学统计，统一改为正副教授、高级讲(教)师，讲师、一级教师，助教、教员、二、三级教师，未聘任专业技术职务等四个档次。

16－4 续表1

单位：人

项目	2001年			2002年		
	全市	#市区	#市属	全市	#市区	#市属
助理经济师、经济员	39802	38238	14406	37938	36493	13423
未聘任专业技术职务的	6200	6060	2120	6765	6693	2389
会计人员	51878	48713	18899	50086	47229	18372
高级会计师	399	390	91	436	434	95
会计师	8506	8281	2450	8221	8088	2430
助理会计师、会计员	38630	35777	15639	36932	34290	14990
未聘任专业技术职务的	4343	4265	719	4497	4417	857
统计人员	4808	4617	2439	4556	4362	2176
高级统计师	26	26	9	29	29	10
统计师	848	837	427	824	808	391
助理统计师、统计员	3697	3520	1891	3489	3316	1689
未聘任专业技术职务的	237	234	112	214	209	86
翻译人员	1709	1695	487	1441	1429	489
正副译审	139	138	20	82	82	19
翻　译	769	769	163	666	664	165
助理翻译	651	638	259	599	589	248
未聘任专业技术职务的	150	150	45	94	94	57
图书、档案、文博人员	4682	4617	2149	4573	4502	2124
正副研究馆员	251	250	62	263	263	63
馆　员	1495	1487	585	1470	1459	562
助理馆员、管理员	2743	2693	1398	2671	2611	1402
未聘任专业技术职务的	193	187	104	169	169	97
新闻、出版人员	3842	3773	847	3707	3643	919
正副编审、高级、主任记者	785	785	115	663	663	127
编辑、记者、一级校对	1583	1577	326	1610	1601	348
助理编辑、记者、二、三级校对	1337	1289	355	1286	1244	415
未聘任专业技术职务的	137	122	51	148	135	29
律师、公证人员	868	838	309	794	760	298
一、二级律师、公证员	240	240	29	232	231	29

16－4　续表2

单位：人

项　　目	2001年			2002年		
	全　市	#市　区	#市　属	全　市	#市　区	#市　属
三级律师、公证员	159	156	74	134	123	72
四级律师、公证员、助理	416	390	173	384	362	177
未聘任专业技术职务的	53	52	33	44	44	20
播音人员	135	135	48	111	102	34
播音指导、主任播音员	2	2		2	2	
一级播音员	32	32	6	34	34	4
二级、三级播音员	98	98	39	74	65	29
未聘任专业技术职务的	3	3	3	1	1	1
工艺美术人员	710	710	283	757	754	256
高级工艺美术师	31	31	3	40	40	6
工艺美术师	150	150	38	146	146	41
助理工艺师、美术员	466	466	217	533	530	192
未聘任专业技术职务的	63	63	25	38	38	17
体育人员	598	583	333	584	553	343
主教练	166	166	55	162	158	58
教　练	231	231	132	232	213	148
助理教练	175	161	130	183	176	130
未聘任专业技术职务的	26	25	16	7	6	7
艺术人员	1988	1985	810	1900	1897	774
一、二级艺术人员	511	511	184	468	468	168
三级艺术人员	795	794	328	755	754	303
四级艺术人员	578	576	228	557	555	230
未聘任专业技术职务的	104	104	70	120	120	73
政工人员	16649	16183	6636	15293	14916	5910
高级政工师	1931	1928	516	1931	1917	510
政工师	7257	7042	2933	6623	6460	2636
助理政工师、政工员	7461	7213	3187	6739	6539	2764
海关专业人员	4422	4422	1	4157	4157	1

16-5 市属科协基本情况

(2002 年)

项　　目	单　位	合　计	市科协	区科协	县级市科协
机构数	个	13	1	10	2
机关人数	人	91	40	38	13
在册学会、协会、研究会	个	257	78	138	41
企业科协	个	65	43	9	13
农村专业技术协会	个	130	1	111	18
农技协会会员人数	人	3052	200	2074	778
举行国内、国际学术交流活动					
# 次 数	次	279	26	249	4
参加人数	人	33836	11200	22390	246
交流论文	篇	98	98		
接待国外专家学者					
# 次 数	次	25	6	17	2
接待人数	人	917	242	649	26
组织科技报告场次	场	89	5	76	8
举办各种培训班班数	班	925	20	799	106
参加各种培训班人数	人	67268	1652	56843	8773
完成咨询合同数	项	77	77		
咨询合同实现金额	万元	407	407		
无偿科技咨询	项	142		96	46

注:2002 年取消市级学会统计,改为市科协、区科协、县级市科协三个层次统计。

16-6 大中型工业企业技术开发成果

项　　目	单　位	2001 年		2002 年	
		全　市	# 市　区	全　市	# 市　区
专利申请数	件	221	221	233	217
专利授权数	件	90	90	130	128
技术开发项目数	项	2588	2481	2567	2526
# 应用研究	项				
实验发展	项	2201	2098	2158	2121

16－7　大中型工业企业技术开发机构、人员情况

单位：人

项　　目	2001年		2002年	
	全　市	#市　区	全　市	#市　区
大中型工业企业数(个)	592	547	595	548
企业技术开发机构数(个)	160	153	161	152
有设立开发机构的大中型企业(个)	143	136	139	130
技术开发人员总计	17461	17217	20312	19198
#工程技术人员	9954	9985	11579	11133
具有高、中级职称或大学本科及以上学历的人员	9882	9715	11361	10967
技术开发机构的人员	7961	7880	9231	8462
#具有高中级职称或大学本科及以上学历的人员	4701	4658	5157	4942

16－8　大中型工业企业技术开发经费总额

单位：万元

行　　业	1995年		2001年		2002年	
	合　计	#市　区	合　计	#市　区	合　计	#市　区
上年结转	11900	11422				
本年筹集额	66535	62225	166540	164728	240545	233534
上级拨款	1443	1413	10396	10118	15340	14332
专项贷款	18345	15228	12115	11815	39506	37357
本企业自筹	45961	44808	142943	141709	184692	180948
接受外单位委托	637	637	400	400	33	33
其他	149	139	686	686	974	864
技术开发经费支出总额	66519	62013	208262	206079	249874	237640
#应用研究			10	10		
实验发展	14177	13471	134433	133006	140102	139087

16－9 民营科技企业情况

项　　目	1997 年	1998 年	1999 年	2000 年	2001 年	2002 年
民营科技企业数(个)	1427	1591	1607	1696	1787	2008
#当年新增	277	164	16	89	87	221
高新技术民营科技企业	147	174	223	264	311	376
从业人员(人)	39900	44964	60668	67185	94077	121341
全年技工贸总收入(亿元)	76	138	165	303	376	477

16－10 年收入超 100 万元的民营科技企业情况

项　　目	单位	1998 年	1999 年	2000 年	2001 年	2002 年
民营科技企业个数	个	371	368	531	575	553
从业人员数	人	25394	36874	52232	61863	82684
#科技人员	人	13252	18901	27217	36455	43877
具有高、中、初级职称人员	人	8151	10570	15008	16075	16484
资产总额	亿元	112	191	331	410	476
#固定资产	亿元	35	59	79	98	164
无形资产	亿元	3	10	66	67	20
流动资产	亿元	66	109	166	212	267
全年技工贸总收入	亿元	118	161	300	366	465
出口创汇	万美元	15416	19112	65227	108976	107569
上缴税金	亿元	5	8	16	18	19

16－11 高新技术产品情况

(2002 年)

单位:万元

项　　目	企业数(个)	年末职工人数(人)	产品研究开发人员	总产值	增加值	产品销售收入	实现利税总额	享受减免税总额	出口产品销售收入(万美元)
合　计	**739**	**194931**	**15144**	**8217144**	**2497811**	**7854108**	**1279624**	**95776**	**211631**
农　业	43	2736	78	117208	58463	101493	7830	221	2791
工　业	442	184020	10586	8002461	2403497	7654839	1250876	93295	208759
服务业	254	8175	4480	97475	35851	97776	20918	2260	81

16－12 工业企业高新技术产品情况

（2002 年）

单位：万元

项　　　目	企业数（个）	产品数（个）	总产值	增加值（生产法）	产品销售收入	#出口销售收入（万美元）	实现利税总额	享受减免税总额
总　计	442	712	8002461	2403497	7654839	208759	1250876	93295
按地区分								
东山区	8	26	29794	7173	29588	83	3464	21
荔湾区	4	16	28472	10048	28268	1086	9282	
越秀区	6	12	4278	1319	4284		785	
海珠区	44	75	417813	138137	393912	4326	60660	560
天河区	94	171	929568	197701	942033	39104	92061	8949
芳村区	15	22	157334	36279	151926	6972	20858	125
白云区	52	96	722584	245557	757804	43952	127649	1684
黄埔区	65	86	3531052	1170886	3290998	28861	674871	67160
番禺区	98	140	1128598	296277	1085682	61079	78838	12712
花都区	12	17	700399	209618	685213	3945	172608	1779
增城市	31	33	145262	35883	95514	1247	4241	229
从化市	13	18	207307	54619	189617	18104	5559	76
按技术领域分								
电子与信息技术	118	185	1957433	545781	1820890	91309	170692	17507
机电一体化技术	55	93	1114722	360162	1131284	7567	207748	20118
生物技术	13	25	62539	24539	60930	2025	13263	776
新材料技术	72	141	986283	266305	908703	40254	92229	5173
新能源高效节能环保技术	19	31	118155	33411	103934	542	8989	1009
环保技术	16	25	287759	108041	286039	5411	43983	1416
其他技术	149	212	3475570	1065258	3343059	61651	713972	47296

16－13 农业企业高新技术产品情况

（2002年）　　　　　　　　　　　　　　　　　　单位：万元

项　　　目	企业数（个）	产品数（个）	总产值	增加值	产品销售收入	#出口销售收入（万美元）	实现利税总额	享受减免税总额
总　计	43	70	117208	58463	101493	2791	7830	221
按地区分								
东山区								
荔湾区								
越秀区								
海珠区								
天河区								
芳村区	1	1	2	1	2			
白云区	7	8	38255	20388	35162	1536	750	92
黄埔区	3	5	283	166	283		7	
番禺区	8	23	11357	6480	9277	10	5797	
花都区	7	10	39586	16821	39400	93	366	111
增城市	8	9	15792	7300	12667	353	907	
从化市	9	14	11933	7307	4702	799	3	18
按技术领域分								
电子与信息技术	2	3	20583	11541	19094	1189	537	
机电一体化技术								
生物技术	9	17	14652	7797	13310	32	865	9
新材料技术								
新能源高效节能环保技术								
环保技术								
其他技术	32	50	81973	39125	69089	1570	6428	212

16－14 服务业企业高新技术产品情况

（2002 年）

单位：万元

项目	企业数（个）	产品数（个）	总产值	增加值	产品销售收入	#出口销售收入（万美元）	实现利税总额	享受减免税总额
总计	254	324	97475	35851	97776	81	20918	2260
按地区分								
东山区	36	39	20043	13257	20331	38	9935	1127
荔湾区	2	2	215	71	213		51	
越秀区	12	19	1735	663	1638	21	113	130
海珠区	8	8	82	－3	80		84	
天河区	174	234	74322	21345	74458	20	10839	958
芳村区	2	2	159	105	144		－17	
白云区	9	9	553	103	555		42	
黄埔区	3	3	74	37	65		－65	1
番禺区	7	7	252	253	252	2	－70	44
花都区								
增城市								
从化市	1	1	40	20	40		6	
按技术领域分								
电子与信息技术	219	279	89404	32938	90053	81	20207	2044
机电一体化技术	1	2	225	79	205		31	7
生物技术								
新材料技术	1	1	491	49	491		8	
新能源高效节能环保技术								
环保技术	1	1	3	2	3			
其他技术	32	41	7352	2783	7024		672	209

主 要 统 计 指 标 解 释

【独立研究与开发机构】指有明确的任务和研究方向，有一定学术水平的业务骨干和一定数量的研究人员，具有研究、开发、开展学术工作的基本条件，主要进行科学研究与技术开发活动，并且在行政上有独立的组织形式，财务上独立核算盈亏，有权与其他单位签订合同，在银行有单独户头的单位。包括国务院各部门、中国科学院、中国社会科学院和各省、自治区、直辖市以及地(市)以上〔含地(市)〕各部门所属的国有科学研究与技术开发机构。

【独立研究与开发机构职工】指在独立研究与开发机构工作，并由其支付工资的人员。包括长期职工、临时职工和招聘人员，不包括编制以外的离休、退休人员和停薪留职人员。

【研究与发展经费支出】指用于研究与发展课题活动(基础研究、应用研究、实验发展)的全部实际支出，包括用于研究与发展课题活动的直接支出和间接用于研究与发展活动的支出(如研究院、所管理费，维持研究院、所正常运转的必需费用和与研究发展有关的基本建设支出)。

【科学家和工程师】指具有大学本科及以上学历和不具备上述学历但有高、中级职称的人员。

【专业技术人员】指从事专业技术工作和专业技术管理工作的人员。包括已经聘任专业技术职务从事专业技术工作和技术管理人员，以及未聘任专业技术职务，现在专业技术岗位上的人员。

【工程技术人员】指在国民经济各行业中从事工程技术工作的专业技术人员，包括高级工程师、工程师、助理工程师、技术员和未评定职称的技术人员。

【农业技术人员】指在国民经济各行业中从事农业技术工作的专业技术人员，包括高级农艺师、农艺师、助理农艺师、技术员和未评定职称的技术人员。

【卫生技术人员】指在国民经济各行业中从事卫生医务工作的专业技术人员，包括正副主任医师、主治医师、医师、医(护)士和未评定职称的技术人员。

【科学研究人员】指在国民经济各行业中从事科学技术活动的专业技术人员，包括正副研究员、助理研究员、研究实习员、技术员和未评定职称的技术人员。

第十七篇

教育、文化、体育、卫生、社会福利和其他

社会事业健康发展

2002年,广州市大力发展社会事业,促进了各项社会事业的健康发展。

一、教育事业蓬勃发展

2002,年广州市高等教育规模不断扩大。全市拥有高等教育学历学校64所,其中:普通高校39所,比上年增加2所;成人高校25所。全年招收本、专科学生18.75万人,在校学生达到48.28万人,分别比上年增长25.1%和20.9%。高考录取率从2001年的82.4%提高到2002年的87.2%,提高了4.8个百分点;高等教育适龄人口(18-21岁)毛入学率已达41.1%,实现了高等教育大众化。广州市大力调整中、小学校的布局结构,优化教育资源,促进基础教育均衡发展。全市拥有普通中学425所,比上年增加4所;小学1566所,比上年减少38所。普通中学在校学生48.15万人,小学在校学生81.66万人,分别比上年增长5.1%和3.6%。大力推进教育信息化,全市学生总数与电脑总数的比例达到15.6:1。初中升学率92.6%,小学升学率96.8%,适龄儿童入学率达99.7%。

二、文化事业繁荣兴旺

2002年,广州市一批优秀文艺作品在国际、国内比赛中获奖,其中:国际奖3项,国家奖23项,省级奖44项,省级奖比上年增长83.3%。全市有专业艺术表演团体18个,从业人员0.17万人,比上年增长0.7%。全年新排上演剧目36个,其中首演剧目34个。全年演出4183场,其中出访演出681场,观众达435万人次。创作和演出了芭蕾舞《图兰朵》、舞蹈叙事诗《广州往事》、粤剧《花月影》、话剧《祖国知道我》、曲艺晚会《百花璀璨气象新》等。推出了大型文艺晚会《奔向太阳》和《颂歌献给党》群众合唱大赛。群众文化活动丰富多彩,文化广场成为群众文化活动的重要基地,2002年全市各类文化广场176个,总面积达113万平方米;全年演出300多场,参加演出人员达0.5万人,观众达50万人次。群众艺术馆、文化馆14个,文化站161个。全年举办展览762个,组织文艺活动3340次,举办训练班2013次。

三、卫生事业稳步发展

2002年,广州市加强区域卫生规划工作,优化卫生资源配置。全市有各级各类医疗卫生机构2265个,其中医院196间,社区卫生服务中心6间。医疗床位4.04万张,其中医院床位3.51万张。卫生技术人员5.47万人,其中执业医生2.22万人,注册护士1.99万人。加强农村卫生工作,积极开展卫生对口支援和卫生下乡活动。组织10支巡回医疗队,深入基层农村,为农民送医送药。重点抓好传染病和职业病的防治。2002年,全市甲、乙类传染病发病率为163.5/10万,死亡率为0.62/10万,比上年下降了0.31个十万分点。儿童计划免疫全程接种率达99%以上,脊髓灰质炎、百日咳、白喉无新病例发生。

四、体育事业再创佳绩

2002年,我市运动员在国内外重大比赛中,努力拼搏,取得优异的成绩,共夺得世界冠军8个、亚洲冠军9个、全国冠军73个。打破2项世界纪录;4项全国纪录。在第14届亚运会上,获得7金、7银、5铜的历史最好成绩。在第11届省运会上,广州体育代表团获得了总分第一,夺得运动会所设的8个奖项第一,继续保持广东体育强市的地位。成功举办了汤尤杯羽毛球世界团体锦标赛、联合会杯亚太区网球赛、四国女足锦标赛等重大国际赛事。全民健身运动热潮高涨。2002年全市开展各类群体活动6387次,参与群众329.89万人次;全市经常参加体育锻炼人数约308万人,占全市总人口的41.5%;新设全民健身路径248条,新增群众体育锻炼网点134处。

五、社会保障体系覆盖面不断扩大

2002年末,全市参加社会养老保险、失业保险、工伤保险和生育保险人数分别达160.55万人、186.01万人、125.21万人和73.71万人,分别比上年增长1.9%、1.6%、10.9%和9.2%。养老金社会化发放人数达48.02万人,比上年增长5.7%;领取失业保险、工伤保险和生育保险金人数分别为13.32万人、0.33万人和0.96万人。医疗保险扩面迅速。医疗保险从2001年启动,到2002年末,全市参加医疗保险人数已达108.64万人,比上年增长1.62倍。

各类学校及在校学生数

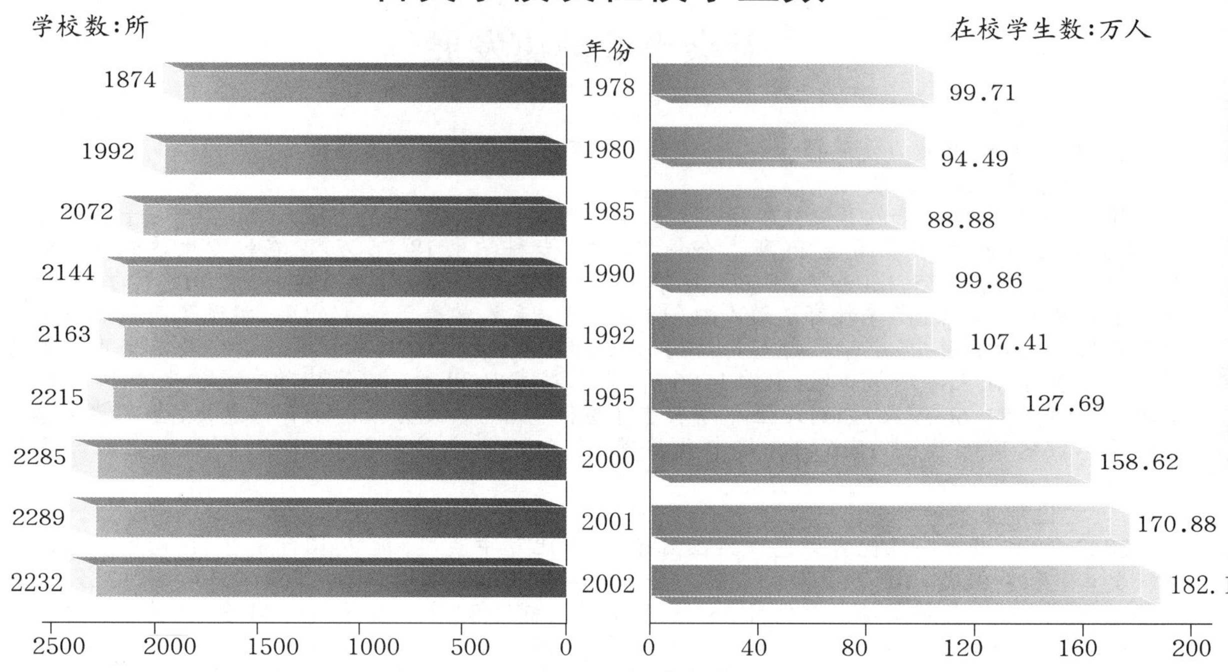

卫生事业基本情况

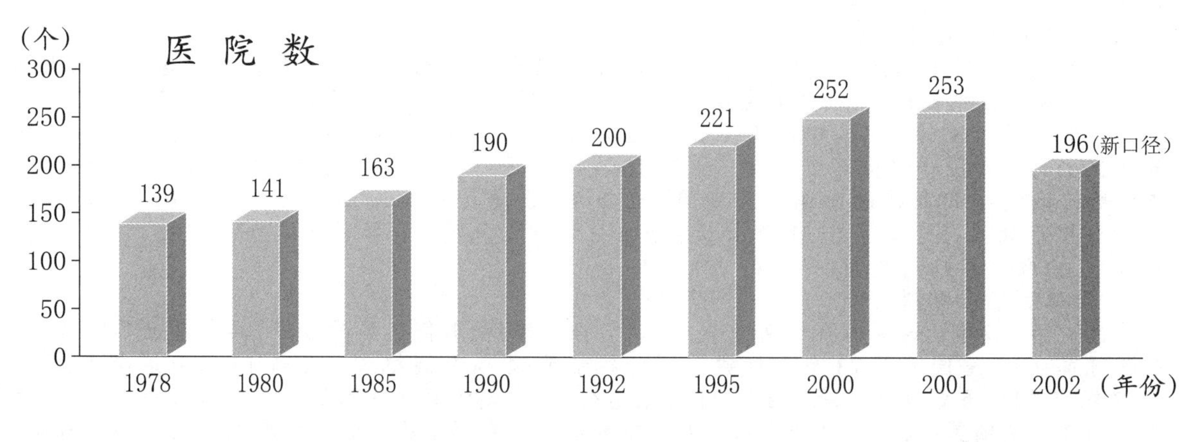

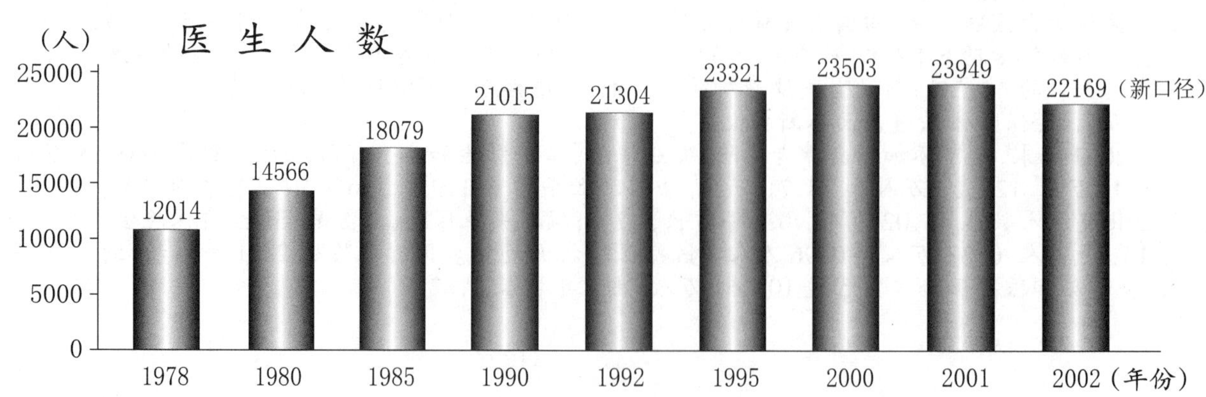

17－1 普通高等院校基本情况

（2002 年）

单位：人

院校名称	毕业生数	招生数	在校学生数	教职工人数	#专任教师	#教授	#副教授	#讲师
合计	52200	108155	299037	39579	20770	2095	6517	7462
中山大学	3446	4423	17519	5291	2515	576	905	762
暨南大学	2243	3711	12372	3702	1247	183	469	363
华南理工大学	2616	3468	13330	3867	1852	298	696	620
广东工业大学	3468	7249	22518	2710	1571	120	499	667
华南农业大学	1672	3776	11221	1946	820	107	258	282
广州中医药大学	721	1197	5028	1235	711	120	266	247
广州医学院	517	1768	4487	1115	435	37	170	150
广东药学院	880	1524	4893	719	376	23	127	154
华南师范大学	3878	6965	20629	2745	1418	161	444	454
广东外语外贸大学	1241	2331	9048	1292	667	45	204	230
广州体育学院	712	1222	3530	521	346	23	94	154
广州美术学院	223	663	2599	415	280	26	71	99
星海音乐学院	259	457	1170	415	268	21	59	81
广东技术师范学院	800	3950	9185	820	466	27	146	175
广东商学院	1674	4250	12610	1152	722	43	221	324
广州大学	5001	10728	26553	3237	1801	92	574	595
仲恺农业技术学院	591	943	3756	434	242	31	78	86
广州金融高等专科学校	891	2517	5538	498	356	13	93	142
广州航海高等专科学校	608	1891	4038	480	263	6	40	137
广东公安高等专科学校	910	1557	4042	515	293	10	83	122
民办南华工商学院	1247	1686	4480	395	267	8	35	116
私立华联学院	1131	1359	3464	345	243	54	99	57
番禺职业技术学校	474	2714	5670	476	333	17	122	96
民办培正商学院	1296	2181	4933	530	271	24	33	73
广东白云职业技术学院	973	2359	4781	474	332	2	71	84
广东轻工职业技术学院	1510	2309	6518	552	374	4	85	152
广东交通职业技术学院	1416	2794	6362	453	352		73	170
广东水利电力职业技术学院	1496	1455	4977	434	303	1	103	114
广州民航职业技术学院	714	1005	2378	272	166	2	46	78
广东农工商职业技术学院	1002	2088	5069	545	398	6	79	233
广东财经职业学院		656	656	127	90	1	19	26
广东外语艺术职业学院	282	1356	1736	339	245		63	109
广东建设职业技术学院		683	1188	203	109	1	29	46
广东女子职业技术学院		963	1605	200	93	6	29	27
广东机电职业技术学院		979	1522	157	99		22	48
广东岭南职业技术学院		1496	2188	334	126	5	22	24
广东邮电职业技术学院		373	373	172	103		41	47
广东工贸职业技术学院		1134	1134	211	118	2	37	63
广东司法警官职业学院		415	415	251	99		12	55
其他	8308	15560	45522					

注：从 2002 年起普通高校专任教师统计口径有变，增加聘任制教师（下同）。

17-2 普通高等院校各类专业学生数

(2002年)　　单位:人

项目	毕业生数	#本科	招生数	#本科	在校学生数	#本科
合计	**52200**	**22526**	**108155**	**42538**	**299037**	**148892**
哲学	48	48	45	45	187	187
经济学	4166	1815	9352	2838	23443	9897
法学	2807	1237	6004	2277	15929	7304
教育学	2140	922	3976	1869	10447	6169
文学	7167	3379	16486	6523	42869	22417
历史学	320	320	317	317	1486	1486
理学	4205	3089	6428	4916	21311	17552
工学	17449	5738	33496	10865	94729	38371
农学	1294	856	1650	1290	5786	4504
医学	3214	2258	5680	3871	21673	17049
管理学	9390	2864	24721	7727	61177	23956

17-3 研究生基本情况

单位:人

年份	培养单位	#高校	毕业生数	#高校	#博士	招生数	#高校	#博士	在校学生数	#高校	#博士
1985	15	12	654	650	7	1526	1518	74	2878	2859	92
1990	25	13	1491	1438	101	1113	1090	76	3355	3264	293
1991	24	13	1272	1234	109	1171	1157	167	3216	3149	338
1992	19	13	947	917	76	1258	1228	162	3492	3426	417
1993	18	13	1025	1003	76	1521	1490	201	3940	3865	533
1994	18	13	1079	1064	142	1866	1831	298	4656	4562	681
1995	21	13	1259	1215	154	1875	1782	407	5283	5080	935
1996	21	13	1440	1396	188	2367	2249	457	6162	5888	1192
1997	21	13	1770	1715	253	2387	2288	457	6696	6388	1391
1998	21	13	1843	1759	420	2997	2921	582	7821	7521	1539
1999	21	13	2168	2059	371	3673	3559	788	9253	8952	1933
2000	21	13	2131	2028	417	5435	5274	1048	12492	12135	2549
2001	22	14	2753	2671	540	7080	6837	1352	17150	16631	3421
2002	20	12	3133	3022	574	8245	7910	1596	20408	19674	4256

17－4　各类学校数及在校学生数

（2002年）

项　　目	全　市	市　区	#番禺区	#花都区	增城市	从化市
各类学校数合计(所)	2232	1640	351	232	354	238
普通高等学校	39	39	2	1		
中等学校	612	528	69	45	51	33
普通中学	425	348	58	40	48	29
#高中	150	131	16	8	10	9
中等专业学校	73	71	3	2	1	1
#师范学校	1	1				
技工学校	61	60	1	2		1
职业中学	53	49	7	1	2	2
小学	1566	1060	279	185	302	204
特殊学校	15	13	1	1	1	1
各类学校在校学生数(人)	1821491	1538088	216291	134942	172270	111133
普通高等学校	299037	299037	7275	4933		
中等学校	700342	595499	83123	51824	61912	42931
普通中学	481481	383343	74058	47710	58126	40012
#高中	122762	101774	18625	11752	12610	8378
中等专业学校	106242	104245	301	452	1317	680
#师范学校	1747	1747				
技工学校	76660	74833	1220	545		1827
职业中学	35959	33078	7544	3117	2469	412
小学	816617	638415	125652	78062	110155	68047
特殊学校	5495	5137	241	123	203	155

17－5　高中、初中、小学毕业生升学情况

项　　目	单　位	2001年			2002年		
		全　市	市　区	县级市	全　市	市　区	县级市
高中毕业生数	人	26018	21597	4421	28970	24075	4895
已升学人数	人	21444	18132	3312	25159	21377	3782
升学率	%	82.42	83.96	74.92	86.85	88.79	77.26
初中毕业生数	人	102518	80485	22033	107280	85471	21809
已升学人数	人	95073	75752	19321	99341	82110	17231
升学率	%	92.74	94.12	87.69	92.60	96.07	79.01
小学毕业生数	人	124901	97746	27155	126692	100054	26638
已升学人数	人	121873	95065	26808	122586	96220	26366
升学率	%	97.58	97.26	98.72	96.76	96.17	98.98

17-6 各类学校招生数及毕业生数

（2002年）　　　　单位：人

项　　目	全　市	市　区	#番禺区	#花都区	增城市	从化市
各类学校招生数	494202	425721	53167	33191	41870	26611
普通高等学校	108155	108155	3677	2181		
中等学校	247546	210708	30153	18152	21896	14942
普通中学	168906	135003	26563	16717	20258	13645
#高中	46320	38783	7381	4173	4520	3017
中等专业学校	32652	31887	38	145	552	213
#师范学校	383	383				
技工学校	33498	32671	426	246		827
职业中学	12490	11147	3126	1044	1086	257
小学	137948	106357	19296	12846	19942	11649
特殊学校	553	501	41	12	32	20
各类学校毕业生数	375745	320924	42963	28414	32515	22306
普通高等学校	52200	52200	474	1296		
中等学校	195210	167102	22793	13928	16788	11320
普通中学	136250	109546	20628	12770	16087	10617
#高中	28970	24075	4345	2463	2961	1934
中等专业学校	31178	31006	103	143	88	84
#师范学校	827	827				
技工学校	16673	16229	283	181		444
职业中学	11109	10321	1779	834	613	175
小学	126692	100054	19696	13021	15676	10962
特殊学校	1643	1568		169	51	24

17-7 普通中小学专任教师学历情况

（2002年）

项　　目	人　数（人）	高中	初中	小学	构　成（%）	高中	初中	小学
合　计	64755	7676	20023	37056	100.00	100.00	100.00	100.00
研究生毕业	229	194	28	7	0.35	2.53	0.14	0.02
本科毕业	21607	7034	10993	3580	33.37	91.63	54.90	9.66
大专毕业	27481	422	8379	18680	42.44	5.50	41.85	50.41
高中阶段毕业	15268	26	608	14634	23.58	0.34	3.04	39.49
高中阶段以下	170		15	155	0.26		0.07	0.42

附：教师学历达标率：高中94.16%，初中96.89%，小学99.58%。

17－8 各类学校教职工人数及专任教师数

（2002 年）

单位：人

项目	全市	市区	#番禺区	#花都区	增城市	从化市
各类学校教职工人数	136045	120373	12255	7623	9260	6412
普通高等学校	39579	39579	676	530		
中等学校	51414	44534	5523	3341	3814	3066
普通中学	36270	29865	4913	3095	3573	2832
中等专业学校	7472	7313	95	72	70	89
#师范学校	260	260				
技工学校	4773	4690	90	68		83
职业中学	2899	2666	425	106	171	62
小学	44499	35722	6004	3743	5434	3343
特殊学校	553	538	52	9	12	3
各类学校专任教师数	95537	82827	10634	6231	7555	5155
普通高等学校	20770	20770	426	271		
中等学校	37308	31927	4772	2728	3049	2332
普通中学	27699	22650	4303	2566	2882	2167
#高中	7676	6418	1133	631	744	514
中等专业学校	4066	3961	67	45	49	56
#师范学校	169	169				
技工学校	3531	3471	67	51		60
职业中学	2012	1845	335	66	118	49
小学	37056	29738	5391	3225	4497	2821
特殊学校	403	392	45	7	9	2

17－9 中专及大专以上留学人员情况

单位：人

项目	2001年		2002年	
	出国及去港澳留学	外国及港澳来穗留学	出国及去港澳留学	外国及港澳来穗留学
大专以上	2985	4557	2350	8868
普通中专	101	27	119	98

17－10 学生辍学情况

项目	单位	2001年			2002年		
		全市	市区	县级市	全市	市区	县级市
高中							
上学年初学生	人	91151	75256	15895	106919	88225	18694
#辍学生	人	852	495	357	1409	1050	359
辍学率	%	0.93	0.66	2.25	1.32	1.19	1.92
初中							
上学年初学生	人	334110	261626	72484	351180	276033	75147
#辍学生	人	1576	－461	2037	4967	3042	1925
辍学率	%	0.47	－0.18	2.81	1.41	1.10	2.56
小学							
上学年初学生	人	756961	592194	164767	788604	619588	169016
#辍学生	人	－23680	－22683	－997	764	2492	81
辍学率	%	－3.13	－3.83	－0.61	0.10	0.40	0.05

注:从2002年起,根据省教育厅的规定,辍学率采用新的计算方法。

17－11 小学教育的几个比率

项目	单位	2001年			2002年		
		全市	市区	县级市	全市	市区	县级市
适龄儿童入学率	%	99.97	99.97	99.95	99.70	99.99	98.71
6－11岁学龄儿童数	人	664889	521668	143221	715098	551580	163518
#已入学人数	人	664666	521517	143149	712942	551529	161413
毕业率	%	100.15	100.28	99.68	99.51	99.40	99.90
学年初毕业班人数	人	124711	97470	27241	127319	100654	26665
毕业生人数	人	124901	97746	27155	126692	100054	26638

17-12 成人教育基本情况

单位:人

项目	2001年			2002年		
	全市	市区	县级市	全市	市区	县级市
成人高等教育						
学校数(所)	27	27		25	25	
教职工人数	8644	8644		11518	11518	
#专任教师数	4677	4677		6700	6700	
聘请校外教师数				4922	4922	
毕业生	34111	34111		40674	40674	
招生数	61750	61750		79307	79307	
在校学生数	154760	154760		183782	183782	
成人中等教育						
学校数(所)	63	56	7	67	60	7
教职工人数	2416	2109	307	2769	2447	322
#专任教师数	1518	1308	210	1699	1475	224
兼任教师数	1145	1125	20	1110	1084	26
毕业生	21874	21263	611	22983	22197	786
招生数	20285	18927	1358	20703	19428	1275
在校学生数	63992	60490	3502	59368	55553	3815

17-13 各级成人教育在校学生数

单位:人

项目	2001年			2002年		
	全市	市区	县级市	全市	市区	县级市
成人高等教育	154760	154760		183782	183782	
广播电视大学	21001	21001		20773	20773	
职工大学	15772	15772		17021	17021	
函授大学、夜大学	88655	88655		110992	110992	
管理干部学院	20435	20435		22495	22495	
教育学院	8897	8897		12501	12501	
成人中等学校	63992	60490	3502	59368	55553	3815
成人中等专业学校	61890	58465	3425	57889	54182	3707
成人中学	1997	1920	77	1427	1319	108
教师进修学校	105	105		52	52	

17－14 社会力量办普通中小学、职业中学及幼儿园情况

（2002 年）　　单位：人

项　目	学校数（所）	毕业生数	招 生 数	在校生数	教职工数	#专任教师
合　计	812	43643	63424	228888	21904	13019
普通中学	66	3628	12389	28894	2897	1856
高中	10	561	1730	4302		
初中	56	3067	10659	24592		
职业高中	16	2335	2141	7315	622	373
小学	108	9530	24372	109630	7450	4982
幼儿园	622	28150	24522	83049	10935	5808

注：本表数字已同时计入各类学校的有关指标中。

17－15 幼 儿 园 基 本 情 况

项　目	2001年			2002年		
	全　市	市　区	县级市	全　市	市　区	县级市
幼儿园数（所）	1626	1476	150	1598	1438	160
教育部门办	766	693	73	739	668	71
其他部门办	251	240	11	237	224	13
社会力量办	609	543	66	622	546	76
教职工人数（人）	28422	25986	2436	28904	26335	2569
#教 师	14545	13257	1288	14919	13520	1399
保健员	1255	1130	125	1308	1182	126
在园幼儿数（人）	260718	215302	45416	262037	214000	48037

17－16 文 化 事 业 主 要 指 标

项　　目	单　位	2001年		2002年	
		全　市	#市　区	全　市	#市　区
电影、艺术事业					
全年摄制完成影片	部	5	5	2	2
#故事片	部	4	4	2	2
全年发行各种新影片	部	102	102	95	95
#国产片	部	49	49	45	45
港产及进口片	部	53	53	50	50
电影放映、艺术表演单位					
电影院	间	30	29	24	23
电影院座位	个	20795	20703	17243	17151
剧场、影剧院	间	19	17	16	14
剧场、影剧院座位	个	23647	22345	20114	18812
电影映出场次	场	74922	73583	83460	81998
电影观众人数	万人次	262	254	255	254
专业艺术表演团体	个	18	18	18	18
本年新排上演剧目	个	83	83	36	36
艺术表演团体演出场次	场	4247	4247	4183	4183
#出访演出	场	880	880	681	681
艺术表演团体演出观众人次	万人次	574	574	435	435
广播电视事业					
1.广播					
广播电台	座	2	2	2	2
节目套数	套	15	13	15	13
中波发射台和转播台	座	2	2	2	2
平均日播音	小时:分	320:30	278:30	302:30	273:00
广播人口覆盖率	%	99.75	100	99.78	100
2.电视					
电视台	座	3	3	3	3
节目套数	套	21	19	22	20
平均周播放时间	小时:分	2837:07	2607:00	2220:45	2148:10
电视剧	集	386	386	427	427
自　制	集	288	288	280	280
合　拍	集	98	98	147	147
电视人口覆盖率	%	99.50	100	99.52	100

17－16 续表

项目	单位	2001年		2002年	
		全市	#市区	全市	#市区
图书、档案事业					
公共图书馆	间	15	13	15	13
总藏量	万册(件)	795	773	779	755
#图书	万册	628	609	606	586
阅览室座席	个	6916	6286	7004	6374
#少儿阅览室座席	个	1811	1649	1924	1764
总流通人次	万人次	859	827	921	885
书册外借册次	万册次	401	383	466	441
图书销售量	万册	6639	6007	6434	5747
档案馆	个	25	23	25	23
档案馆藏档案	万卷	318	313	358	353
群众文化事业					
群众艺术馆、文化馆	间	14	12	14	12
文化站	个	161	130	161	130
举办展览	个	886	737	762	643
组织文艺活动	次	3564	3010	3340	2815
举办训练班	次	2380	1976	2013	1743
文物事业					
博物馆、纪念馆	个	28	26	29	27
#博物馆	个	14	12	15	13
文物藏品	件	224184	223349	241061	239596
#一级品	件	911	911	922	922
举办陈列、展览	个	206	190	180	169
参观人次	千人次	3012	2975	3337	3287
#外宾	千人次	319	319	305	305
文物保护单位	处	157	151	219	202
文物商店	间	2	2	2	2
出版事业					
全年出版报纸	种	81	79	82	80
全年出版报纸	万份	270785	270260	282161	281649
全年出版图书	种	4159	4159	4216	4216
全年出版图书	万册	26595	26595	32216	32216
全年出版杂志刊物	种	270	270	278	278
全年出版杂志刊物	万册	20867	20867	20034	20034

17－17 体育事业基本情况

项目	单位	1990年	1995年	2000年	2001年	2002年
群众体育活动情况						
举办县区级以上运动会	次	469	539	270	250	224
参加运动会的运动员人数	万人次	30.1	59.4	74.5	53.6	43
达到《国家体育锻炼标准》人数	万人	58.2	71.6	85.3	83.6	85.8
优秀级	万人	13.3	19.2	25.2	23.4	25.6
良好级	万人	28	28.6	32.6	33.6	
及格级	万人	16.9	23.8	27.5	26.6	
运动员在各次比赛中取得的成绩						
破记录						
破世界纪录	项	5		3		2
破亚洲纪录	项					
破全国纪录	项	2	1		6	4
获得冠军						
获得世界冠军	个	1	9	12	8	8
获得亚洲冠军	个	5	1	5	15	9
获得全国冠军	个	20	30	51	75	73

17－18 卫生事业机构数

（2002年）

单位：个

项目	全市	市区	#番禺区	#花都区	增城市	从化市
各类卫生机构合计	2265	2080	203	124	85	100
#医院小计	196	183	7	8	5	8
综合医院	122	118	4	6	3	1
中医医院	27	25	2	1	1	1
中西医结合医院	1	1				
专科医院	33	30			1	2
疗养院	12	8	1	1		4
护理院	1	1				
社区卫生服务中心	6	6				
卫生院	73	41	19	11	14	18
门诊部	320	316	66	7	4	
其他医疗机构	1558	1435	77	92	54	69
急救中心(站)	1	1				
采供血机构	4	3	1	1	1	
妇幼保健院(所、站)	14	12		1	1	1
专科疾病防治院(所、站)	25	21	5	2	2	2
疾病预防控制中心(防疫站)	18	16	1	1	1	1
卫生监督所	7	7	1			
医院科学研究机构	6	6				
健康教育所(站、中心)	5	4	1		1	
其他卫生机构	32	29	25	1	2	1

注：2002年起执行新的卫生统计报表制度，统计口径有变动，相应指标与去年同期比变动较大。

17－19 卫生事业机构床位数

（2002 年）　　　　单位：张

项　　目	全　市	市　区	#番禺区	#花都区	增城市	从化市
各类卫生机构床位合计	40430	36668	3610	1686	1731	2031
#医院小计	35093	32786	1674	1001	766	1541
综合医院	21757	20923	1360	616	554	280
中医医院	4094	3852	200	85	112	130
中西医结合医院	28	28				
专科医院	6737	6479			100	158
疗养院	2357	1384	114	300		973
护理院	120	120				
社区卫生服务中心	41	41				
卫生院	3288	2323	1666	584	577	388
门诊部	109	109	55	1		
妇幼保健院(所、站)	1196	976		100	130	90
专科疾病防治院(所、站)	506	248	30		258	
其他卫生机构	197	185	185			12

17－20 卫生事业机构工作人员

（2002 年）　　　　单位：人

项　　目	全　市	市　区	#番禺区	#花都区	增城市	从化市
合　　计	**68467**	**62784**	**4783**	**3011**	**3145**	**2538**
#卫生技术人员小计	54652	50133	4104	2523	2557	1962
执业医师	20205	18970	1463	760	716	519
执业助理医师	1964	1511	220	178	230	223
注册护士	19925	18193	1422	936	1012	720
药剂人员	4910	4459	426	208	270	181
检验人员	2781	2557	175	117	119	105
其他	4867	4443	398	324	210	214
其他技术人员	2022	1807	149	77	137	78
管理人员	5304	4838	302	230	238	228
工勤人员	6489	6006	228	181	213	270

17－21 医院、区卫生院工作情况

(2002 年)

项　　目	单　位	医　院	#市　区	#卫生院	#市　区
填报单位	个	196	183	73	41
诊疗人次	万人次	4037	3939	722	533
#门诊	万人次	3660	3581	608	461
急诊	万人次	312	294	99	65
观察室留观人次	万人次	37	36	59	44
健康检查人次	万人次	167	162	42	35
入院人数	万人	59	56	9	6
出院人数	万人	59	56	9	6
年末实有病床数	张	34768	32461	3152	2187
平均开放病床数	张	30431	29473	2992	2147
病床使用率	%	80.66	81.49	52.56	49.20
病床周转率	次/年	19.40	19.02	31.32	28.77
出院者平均住院日	日	14.15	14.57	5.95	6.27

17－22 医疗机构业务工作情况

(2002 年)

项　　目	单　位	合　计	非营利性医疗机购	#政府办	营利性医疗机购
填报单位	个	478	326	225	152
诊疗人次	万人次	5455	5275	4726	180
#门诊	万人次	4909	4741	4258	168
急诊	万人次	439	432	377	7
观察室留观人次	万人次	100	97	88	3
健康检查人次	万人次	248	244	198	4
入院人数	万人	74	72	64	2
出院人数	万人	74	72	64	2
年底实有病床数	张	39772	37945	30739	1827
平均开放病床数	张	35114	33773	26778	1341
病床使用率	%	78.15	78.61	84.46	66.51
病床周转率	次/年	20.96	21.33	23.92	11.78
出院者平均住院日	日	12.69	12.70	12.74	12.05

17－23 农村村级卫生组织情况

（2002 年）

项　目	单位	全市	市区	#番禺区	#花都区	增城市	从化市
机构数	个	1075	630	250	175	277	168
执业(助理医师)	人	131	89	28	3	39	3
乡村医生和卫生员	人	2521	1649	592	350	525	347
#乡村医生数	人	2088	1344	467	293	461	283
#大专及以上学历	人	102	83	28	12	7	12
中专学历及中专水平	人	1229	817	220	220	278	134
在职培训合格者	人	693	440	219	58	176	77
卫生员	人	433	305	125	57	64	64
诊疗人次	万人次	751	583	223	93	115	53
孕产妇检查人次	人次	7598	3249	1230		3543	806
接生人数	人	131	131				
儿童疫苗接种人次	人次	76712	36606	1695		34558	5548

17－24 卫生事业其他指标

项　目	单位	1990 年	1995 年	2000 年	2001 年	2002 年
防病工作						
甲、乙类传染病发病率	1/10 万	248.43	271.40	146.24	152.06	163.50
甲、乙类传染病死亡率	1/10 万	0.45	0.33	1.07	0.93	0.62
儿童计划免疫接种率						
卡介苗接种率	%	99.26	99.46	99.79	99.69	99.95
脊髓灰质炎接种率	%	99.05	99.44	99.35	99.33	99.61
百白破接种率	%	99.05	99.29	99.57	99.57	99.36
麻疹接种率	%	98.16	99.01	99.32	99.25	99.43
乙肝基础免疫	%			98.75	99.15	99.21
妇幼工作						
孕产妇保健系统管理率	%		77.65	88.02	87.29	83.23
孕产妇保健管理覆盖率	%	59.47	91.59	91.35	91.23	88.53
3 岁以下儿童保健系统管理率	%		77.65	88.45	88.53	88.44
7 岁以下儿童保健管理覆盖率	%	39.15	93.83	94.73	95.13	95.12
每住院分娩出生缺陷发生率(监测点)	%			1.63	1.52	1.72
出生低体重儿发生率	%	4.59	3.53	3.61	3.60	3.99
5 岁以下儿童中、重度营养不良发生率	%	5.67	2.52	1.16	1.13	0.99
婚前医学检查	%		56.49	81.11	93.81	97.72
婚前医学检查疾病检出率	%		9.52	14.01	11.10	14.54
生命指标						
平均期望寿命	岁	74.16	73.11	74.69	75.51	75.46
男性	岁	71.78	70.51	72.16	72.66	72.81
女性	岁	77.22	76.90	77.41	78.57	78.33
孕产妇死亡率	1/10 万	36.60	26.60	20.39	17.00	18.50
5 岁以下儿童死亡率	‰	23.74	19.19	11.82	10.51	9.57
人均卫生资源						
每千人口医院、卫生院病床数	张					5.33
每千人口卫生技术人员数	人					7.58
每千人口执业(助理)医师数	人					3.08
每千人口注册护士数	人					2.76

注：1.甲、乙类传染病从 1997 年起增加肺结核和新生儿破伤风两种病；2.平均期望寿命以死因统计年报计算。

17－25 结 婚 和 离 婚 对 数

单位：对

区、县级市	2001年		2002年	
	登记结婚对数	离婚对数	登记结婚对数	离婚对数
全 市	49771	9907	49404	10279
市 区	40321	8964	39467	9229
东 山	4194	1415	3926	1343
荔 湾	2964	985	2557	1026
越 秀	2690	856	2425	884
海 珠	5234	1466	4852	1533
天 河	4049	957	4021	995
芳 村	1415	294	1333	268
白 云	6347	984	6486	988
黄 埔	1764	302	1904	343
番 禺	6772	980	6868	1135
花 都	3820	704	4077	711
市民政局	1072	7	1018	2
市法院		14		1
县级市	9450	943	9937	1050
增 城	5379	474	6621	619
从 化	4071	469	3316	431

17－26 市 属 社 会 保 险 情 况

单位：人

项　　目	2001年		2002年	
	年末参保人数	全年享受人数	年末参保人数	全年享受人数
养老保险	1575520	454499	1605468	480234
失业保险	1830160	134957	1860134	133241
医疗保险	414544		1086445	981009
工伤保险	1129030	6449	1252073	3250
生育保险	674876	9891	737132	9234

注：失业保险为全地区数。

17－27 优抚和社会救济、福利事业情况

项　　目	单位	1990 年	1995 年	2000 年	2001 年	2002 年
优抚事业						
优抚收养单位数	个	1	1	1	1	2
优抚收养单位床位数	张	84	100	140	188	320
年末优抚收养单位在院人数	人	84	50	29	132	151
#优抚对象	人			8	42	50
优抚对象享受定恤定补人数	人	5579	7029	7128	7123	7209
优待优抚对象户数	户	7179	6068	7947	7818	8068
优抚事业费	万元	473	2536	5027	8705	7331
社会救济						
城镇居民最低生活保障人数	人			20132	22684	32501
农村居民最低生活保障人数	人			15687	22216	25756
城镇临时救济人次	人次				7301	4493
农村临时救济人次	人次	82372	66161	10221	10575	7753
农村传统救济对象人数	人				5206	5893
#五保户	人				2276	5423
社会救济福利事业费	万元	1718	5722	16417	26725	35935
救灾支出	万元	63	242	220	247	317
社会福利						
社会福利性收养单位数	个	120	139	182	173	166
社会福利性收养单位床位数	张	2804	5238	12371	12971	13916
年末社会福利性收养单位在院人数	人	2656	3956	8142	9343	10673
#优抚对象	人			302	104	92
三无对象	人			3702	4141	3885
社会福利企业单位数	个	774	3113	118	73	130
社会福利企业残疾职工人数	人	4924	5816	1643	1753	1900
城乡基层社会保障						
农村建立社会保障网络数	个	4	56	76	119	64
城镇社区服务设施数	个	3351	348	236	247	862
#社区服务中心	个		69	80	72	79

注：从 2002 年起优抚、福利情况包括省属数。

17－28 律师、公证、基层司法基本情况

项　　　目	单位	1990年	1995年	2000年	2001年	2002年
律师工作						
律师事务所	个	23	95	153	188	218
执业律师	人	593	1940	2637	2734	3311
担任常年法律顾问	家	1580	3496	3810	5036	5378
民事诉讼代理	件	3593	5753	6994	7965	13009
经济诉讼代理	件	2757	4077	8190	9241	10954
行政诉讼代理	件		85	154	280	368
非诉讼法律事务	件	5806	11890	13247	17271	30223
刑事辩护及代理	件	2764	1920	2246	2830	3939
涉外法律事务	件	1732	3866	3604	2283	2888
索回赔、欠款	万元	21838	45751	94218	93265	11764
公证工作						
公证处	个	13	14	14	14	14
公证人员	人	167	288	290	297	333
办结公证总数	件	195176	250096	438838	385706	399667
# 国内民事公证	件	56585	53431	94398	80192	85100
国内经济公证	件	31622	77788	177691	123950	133627
涉外民事公证	件	104346	113038	166470	181287	180759
涉外经济公证	件	2623	5839	279	277	181
帮助避免经济损失	万元	2031	17386	22168	12388	6348
基层司法工作						
法律服务所	个	168	180	158	156	148
法律服务所人员	人	611	550	546	466	456
担任法律顾问	家	1406	2484	2769	2980	2174
民事诉讼代理	件	755	1963	2475	2207	1803
非诉讼代理	件	32748	39199	26288	20942	18812
协办公证	件	15322	34126	24135	16024	9303
帮助挽回经济损失	万元	2342	11206	24564	29909	3410
年末人民调解委员会	个	4084	3766	3569	3452	3250
年末调解人员	人	32324	35608	36177	35466	28913
调解纠纷总数	件	10583	8070	10044	13715	9373

注：律师、公证情况从1995年起包括省属数，下表同。

17－29 市区律师、公证、基层司法基本情况

项　　　　目	单位	1990年	1995年	2000年	2001年	2002年
律师工作						
律师事务所	个	16	87	149	183	212
执业律师	人	539	1839	2601	2693	3266
担任常年法律顾问	家	1343	3142	3763	4980	5332
民事诉讼代理	件	3243	5391	6769	7758	12731
经济诉讼代理	件	2371	3702	8034	9079	10757
行政诉讼代理	件		75	154	280	322
非诉讼法律事务	件	5466	7538	12326	16326	29883
刑事辩护及代理	件	2373	1631	2218	2800	3857
涉外法律事务	件	1633	2514	3527	2269	2888
索回赔、欠款	万元	13080	43429	94169	93230	11713
公证工作						
公证处	个	9	10	12	12	12
公证人员	人	134	255	276	288	317
办结公证总数	件	136424	220357	419574	377840	379302
国内民事公证	件	15949	50523	93089	79741	84304
国内经济公证	件	21722	58152	164160	119459	124847
涉外民事公证	件	96392	106624	162046	178363	169970
涉外经济公证	件	2361	5058	279	277	181
帮助避免经济损失	万元	1769	17386	20616	12388	6348
基层司法工作						
法律服务所	个	108	115	125	126	116
法律服务所人员	人	447	343	438	415	359
担任法律顾问	家	775	1743	2404	2600	1723
民事诉讼代理	件	480	1426	2197	2091	1679
非诉讼代理	件	29641	36169	25087	20254	17190
协办公证	件	10617	30026	21511	15991	9275
帮助挽回经济损失	万元	994	3507	19651	29650	2701
年末人民调解委员会	个	2614	2282	2874	2861	2655
年末调解人员	人	24390	25851	24415	28704	19495
调解纠纷总数	件	6763	5301	7708	11744	7941

17－30 社会治安主要指标

项目	单位	2001年		2002年	
		全市	#市区	全市	#市区
刑事案件					
立案合计	件	123554	113648	113901	104789
当年破案数	件	34291	30655	36224	32162
当年破案率	%	27.75	26.97	31.80	30.69
治安案件					
受理数	件	82777	76400	105243	98822
查处数	件	51411	47081	60669	56009
城市交通事故					
交通事故	件	11351	8643	13400	11054
死伤人数	人	13780	12154	16452	13165
#死亡人数	人	1848	1339	1913	1359
损失折款	万元	6075	5020	7638	6570
火灾					
火灾起数	起	311	276	292	237
死伤人数	人	123	109	102	94
#死亡人数	人	48	39	22	22
损失折款	万元	1283	1198	684	538

17－31 城市环境污染及处理

单位：万吨

项目	2001年		2002年	
	全市	#市区	全市	#市区
废水排放量	104758	96836	115086	104586
工业废水排放量	24780	21048	24148	20832
工业废水排放达标量	21940	18574	20550	17834
城市生活污水	79978	75788	90938	83754
工业废气排放总量(亿标米^3)	2249.22	2086.08	2355.53	2213.38
工业粉尘去除量	92.99	71.64	122.46	100.94
工业粉尘排放量	6.94	3.83	7.01	0.99
工业固体废物产生量	399.60	367.70	417.74	407.9
工业固体废物综合利用量	366.60	338.70	395.76	387.19
工业固体废物处置量	39.80	36.60	39.31	38.05
历年工业废渣堆存总量	470	468	480	478
交通干线噪声平均值(分贝)		68.90		68.60
建成烟尘控制区面积(千米^2)		297.50		355.02

注:2001年市区交通干线噪声平均值和建成烟尘控制区面积为八区数,2002年为十区数。

主 要 统 计 指 标 解 释

【普通高等学校】 指按照国家规定的设置标准和审批程序批准举办，通过国家统一招生考试，招收高中毕业生为主要培养对象，实施高等教育的全日制大学、独立设置的学院和高等专科学校、短期职业大学。

【成人高等学校】 指按照国家有关规定审批，招收通过全国成人高教统一招生考试的具有高中毕业或同等学历的在职从业人员，利用脱产、半脱产、业余或函授等多种形式对其实施高等学历教育，培养高等教育专科或本科毕业水平的专门人才，修业年限、课程设置和总学时数均按高等学历教育要求付诸实施的学校。包括广播电视大学、职工高等学校、农民高等学校、管理干部学院、教育学院、独立设置的函授学院等。

【小学学龄儿童入学率】 指调查范围内已入小学学习的学龄儿童占校内外学龄儿童总数(包括弱智儿童，不包括盲聋哑儿童)的比重。计算公式为：

小学学龄儿童入学率 = 已入学的小学学龄儿童数/校内外小学学龄儿童总数 × 100%

【文化事业机构】 指从事专业文化工作和为专业文化工作服务的独立建制的单独核算的单位。不包括这些单位另外举办独立核算的其他机构和各部门的业余文化组织。

【艺术表演团体】 指从事戏曲、音乐、舞蹈、杂技等专业艺术表演，有独立帐户的单位，不包括半工半艺、半农半艺和民间职业剧团。

【艺术表演观众人数(人次)】 指售票、包场演出或民族地区免费演出的艺术表演观众人次数，不包括彩排审查和内部观摩演出的观看人次数。

【医院】 指设有固定床位，能收容病人住院并能为病人提供医疗、护理服务的医疗机构，包括县及县以上医院、农村乡卫生院和其他医院三部分。医院按所属性质不同分为卫生部门、工业及其他部门和集体经济单位三类。县及县以上医院按业务性质不同分为综合医院和专科医院。

【卫生技术人员】 指卫生事业机构支付工资的全部职工中现从事卫生技术工作的专业人员，包括中医师、西医师、中西医结合高级医师、护师、中药师、西药师、检验师、其他技师、中医士、西医士、护士、助产士、中药剂士、西药剂士、检验士、其他技士、其他中医、护理员、中药剂员、西药剂员、检验员和其他初级卫生技术人员。

【医生】 指经卫生部门审查合格，从事医疗工作的专业人员。分为中医医生和西医医生。包括卫生技术人员中的中医师、西医师、中西医结合高级医师、中医士、西医士和其他中医。

【社会福利性收养单位】 指由国有、集体及其他所有制举办的社会福利院、儿童福利院、精神病人福利院和老年公寓等以收养各类对象为目的的福利事业单位的总称。

【年末社会福利性收养单位在院人数】 指收养单位报告期末实际收养的优抚对象、社会“三无”对象和自费人员的总人数。

【社会福利企业单位】 指以安置城镇有一定劳动能力的盲、聋、哑和肢体残疾人员就业为目的，享受国家减免税待遇的国有或集体企业。包括福利工厂、福利商业和服务业、假肢厂和安置农场等单位。

【农村五保户】 指农村中既无劳动能力，又无经济来源的老、弱、孤、残的农民，其生活由集体供养，实行保吃、保穿、保住、保医、保葬(孤儿保教)，简称“五保”。享受五保待遇的家庭叫五保户。

【律师】 指依照法定条件、程序取得资格，依法可以接受当事人委托或由法院指定向当事人提供法律帮助，从事有关法律事务活动的人员。

【公证人员】 指在国家公证机关依法办理公证事务的司法人员，包括公证员、助理公证员和在公证处工作的其他人员。

【办理公证文书】 指公证处在一定时期内办结的公证文书件数。公证文书按司法部规定或批准的格式制作，包括国内公证和涉外公证两部分。国内公证分为经济合同公证和民事法律关系公证两大类。

【调解人员】 指在人民调解委员会担负调解民间一般民事纠纷和轻微违法行为引起纠纷的工作人员，包括调解委员会的委员和调解小组的调解员。

【调解民间纠纷】 指调解委员会依照法律规定，根据自愿原则，用说服教育的方法调解民间发生的有关民事权利和义务的争执，促成当事双方达到协议和谅解，解决纠纷。包括婚姻家庭纠纷，财产权益纠纷等，不包括法院受理调解的民事案件数。

【废水排放总量】 包括生产废水和生活污水。生产废水指企业、事业单位在生产、科研过程中向外环境排放的所有排放口的废水量总和。生活污水指城镇居民区和企、事业单位职工集中居住区排放的污水量。

【工业废水排放量】 指经过企业厂区所有排放口排到企业外部的工业废水量。包括 生产废水、外排的直接冷却水、超标排放的矿井地下水和与工业废水混排的厂区生活污水，不包括外排的间接冷却水(清污不分流的间接冷却水应计算在内)。

【工业废水排放达标量】 指各项指标都达到国家或地方排放标准的外排工业废水量，包括未经处理外排达标和经过处理后外排达标两部分。

【工业废水处理量】 指报告期内各种水治理设施实际处理的工业废水量，包括处理后外排和处理后回用的工业废水量和虽经处理但未达到国家或地方排放标准的废水量。如车间和厂排放口均有治理设施，并对同一废水分级处理时，不应重复计算工业废水处理量。

【工业废气排放量】 指企业厂区内燃料燃烧和生产工艺过程中产生的各种排入空气的含有污染物的气体总量，按标准状态

〔273K,101325Pa〕计算。

【工业粉尘排放量】指企业在生产工艺过程中排放的颗粒物重量,如钢铁企业的耐火材料粉尘、焦化企业的筛焦系统粉尘、烧结机的粉尘、石灰窑的粉尘、建材企业的水泥粉尘等。不包括电厂排入大气的烟尘。

【工业粉尘回收量】指经生产工艺废气净化处理装置处理回收的粉尘和尘泥量(包括干法和湿法)。不包括电厂的烟尘。通常情况如下:

工业粉尘产生量 = 工业粉尘排放量 + 工业粉尘回收量

【工业固体废物产生量】指企业在生产过程中产生的固体状、半固体状和高浓度液体状废弃物的总量,包括危险废物、冶炼废渣、粉煤灰、炉渣、煤矸石、化工废渣、尾矿、放射性废物和其他废物等;不包括矿山开采的剥离废石和掘进废石(煤矸石和呈酸性或碱性的废石除外。酸性或碱性废石指采掘的废石其流经水、雨淋水的 pH 值小于 4 或 pH 值大于 10.5 者。

【工业固体废物综合利用量】指通过回收、加工、循环、交换等方式,从固体废物中提取或者使其转化为可以利用的资源、能源和其他原材料的固体废物量(包括当年利用往年的工业固体废物累计贮存量),如用作农业肥料、生产建筑材料、筑路等。综合利用量由原产生固体废物的单位统计。

【工业固体废物处置量】指将固体废物焚烧或者最终置于符合环境保护规定要求的场所,并不再回取的工业固体废物量(包括当年处置往年的工业固体废物累计贮存量)。处置方法有填埋(其中危险废物应安全填埋)、焚烧、专业贮存场(库)封场处理、深层灌注、回填矿井等。

附　　录

附1 全国国民经济主要指标

项　　目	单位	1980年	1985年	1990年	1995年	2000年	2001年	2002年
年末总人口	万人	98705	105851	114333	121121	126583	127627	128453
年末从业人数	万人	42361	49873	63909	67947	71150	73025	73740
#职工人数	万人	10444	12358	14059	14908	11259	10792	
国内生产总值	亿元	4517.8	8964.4	18547.9	58478.1	89403.6	95933	102398
农业总产值	亿元	1922.6	3619.5	7662.1	20340.9	24915.8	26150.6	
工业总产值	亿元	5154.3	9716.5	23924.4	91893.8	85673.7	95449	
全社会固定资产投资额	亿元	910.9	2543.2	4517	20019.3	32917.7	36898	43202
社会消费品零售总额	亿元	2140	4305	8300	20620	34152.6	37595.2	40911
货运量	万吨	546537	745763	970602	1234810	1358124	1401177	
客运量	万人次	341785	620206	772682	1172596	1478573	1534122	
港口货物吞吐量	万吨	21731	31154	48321	80166	125603	142634	
邮电业务总量(1990年不变价)	亿元	13.3	29.6	81.7	988.9	4792.7	4556	5547
海关进口总值	亿美元	200.2	422.5	533.5	1320.8	2250.9	2436	2952
海关出口总值	亿美元	181.2	273.5	620.9	1487.8	2492	2662	3256
实际利用外资	亿美元		46.5	102.9	481.3	593.6	469	527
财政收入	亿元	1159.9	2004.8	2937.1	6242.2	13395.2	16386	18914
财政支出	亿元	1228.8	2004.3	3083.6	6823.7	15886.5	18903	22012
居民消费价格总指数	%	107.5	109.3	103.1	117.1	100.4	100.7	99.2
商品零售价格总指数	%	106	108.8	102.1	114.8	98.5	99.2	98.7
职工年人均工资	元	762	1148	2140	5500	9371	10870	
城镇居民年人均可支配收入	元	478	739	1510	4283	6280	6860	7703
农村居民年人均纯收入	元	191	398	686	1578	2253	2366	2476
各类学校在校学生数	万人	20419.2	20117	19532.5	22418.1	24369.9	24715	25310
#高等学校	万人	114.4	170.3	206.3	290.6	556.1	719.1	903
普通中学	万人	5508.1	4706	4586	5371	7368.9	7836	8371
小学	万人	14627	13370.2	12241.4	13195.2	13013.3	12544	12157
医院病床数	万张	198.2	222.9	262.4	283.6	294.8	320	321
卫生技术人员	万人	279.8	341.1	389.8	425.7	449.1	451	444
#医生	万人	115.3	141.3	176.3	191.8	207.6	210	211

注:2002年为初步统计数据。

附2 广东省国民经济主要指标

项目	单位	1980年	1985年	1990年	1995年	2000年	2001年	2002年
年末总人口	万人	5227.67	5655.60	6246.32	6788.74	7498.54	7565.33	
年末从业人数	万人	2367.78	2731.11	3118.10	3551.20	3936.32	4058.63	4134.33
#职工人数	万人	563.62	660.82	785.49	911.90	818.94	787.36	792.75
国内生产总值	亿元	249.65	577.38	1559.03	5733.97	9662.23	10647.71	11674.40
农业总产值	亿元	126.25	245.21	600.71	1445.48	1701.18	1722.35	1781.06
工业总产值	亿元	248.68	534.72	1902.25	8849.90	16904.47	18909.91	21467.41
全社会固定资产投资额	亿元	38.29	184.59	381.47	2327.22	3233.70	3536.41	3970.69
社会消费品零售总额	亿元	117.67	289.23	667.36	2304.15	4071.95	4515.28	5013.59
货运量	万吨		58726	85809	111063	112685	131621	144140
客运量	万人次		49848	78046	130998	161075	178676	198562
港口货物吞吐量	万吨	7059	8811	11904	18933	29144	34696	
邮电业务总量(1990年不变价)	亿元	1.86	3.63	26.30	204.93	602.31	782.67	906.32
海关进口总值	亿美元	3.56	24.26	196.77	473.80	781.87	810.69	1026.40
海关出口总值	亿美元	21.95	29.53	222.21	565.92	919.19	954.26	1184.65
实际利用外资	亿美元	2.14	9.19	20.23	121	145.75	131.41	165.89
财政收入	亿元	36.10	65.46	131.02	382.34	910.56	1160.51	1201.61
财政支出	亿元	24.93	60.84	150.69	525.63	1069.86	1321.33	1521.08
居民消费价格指数	%	109.50	114.80	97.50	114	101.40	99.30	98.60
商品零售价格指数	%	108.50	113.60	95.60	111.60	99.90	98.70	98.50
职工年人均工资	元	789	1393	2929	8250	12799	15682	17814
城镇居民年人均可支配收入	元	473	954	2303	7439	9762	10415	11137
农村居民年人均纯收入	元	274	495	1043	2699	3654	3770	3912
各类学校在校学生数	万人	1012.96	934.15	1030.46	1289.60	1483.43	1543.67	1585.32
#高等学校	万人	4.10	6.99	9.59	15.18	29.95	38.19	46.78
普通中学	万人	252.11	236.45	234.03	339.46	460.69	489.70	513.40
小学	万人	748.86	671.25	747.29	883.19	929.93	952.98	979.61
医院病床数	万张	8.50	9.82	11.41	13.78	15.72	16.22	16.94
卫生技术人员	万人	14.45	17.53	19.48	22.99	26.50	26.83	26.47
#医生	万人	5.51	6.56	8.11	9.89	11.12	11.36	10.50

附3 全国主要城市国民经济主要指标

（2002年）

项 目	单位	广州市	北京市	天津市	上海市	重庆市
年末总人口	万人	720.62	1495.20	919.05	1334.23	3107.00
年末从业人数	万人	514.08	679.20	492.61	792.04	1710.50
#在岗职工人数	万人	170.67	434.20	177.01	290.59	199.93
国内生产总值	亿元	3001.48	3130.00	2022.60	5408.76	1971.10
农业总产值	亿元	175.06	230.40	181.07	233.57	460.98
工业总产值	亿元	3788.91	3173.50	3717.72	8476.05	1228.37
全社会固定资产投资额	亿元	1009.24	1814.30	811.26	2187.06	995.66
社会消费品零售总额	亿元	1370.68	1744.80	941.36	2035.21	763.05
货运量	万吨	25434	30813	31016	58901	31177
客运量	万人次	26757	28384	3457	7326	62853
港口货物吞吐量	万吨	16772		12906	26384	3004
邮电业务收入	亿元	175.14	254.00		235.80	86.76
海关进口总值	亿美元	141.49	81.40	112.32	406.09	7.03
海关出口总值	亿美元	137.79	59.00	115.95	320.55	10.91
实际利用外资	亿美元	26.53	51.00	38.69	50.30	4.50
一般预算财政收入	亿元	245.87	534.00	339.81	719.79	157.87
一般预算财政支出	亿元	326.67	628.30	265.21	877.84	345.07
居民消费价格指数(上年=100)	%	97.60	98.20	99.60	100.50	99.60
在岗职工年人均工资	元	26219	21852	16258	23959	10960
城镇居民年人均可支配收入	元	13380	12464	9338	13250	7238
农村居民年人均纯收入	元	6857	5880	5315	6212	2098
高等学校在校学生数	万人	29.90	39.10	19.69	33.16	21.12
中等专业学校在校学生数	万人	10.62	11.39	7.47	12.66	8.60
普通中学在校学生数	万人	48.15	22.07	60.52	78.97	157.44
小学在校学生数	万人	81.66	59.42	62.72	67.24	279.76
医院个数	个	196	466	476	206	1717
医院病床数	万张	3.51	6.88	3.88	6.39	6.18
医生	万人	2.22	4.72	2.39	4.38	3.79

附3续

项　　目	单位	沈阳市	武汉市	南京市	哈尔滨市	西安市
年末总人口	万人	688.90	768.10	563.28	948.30	702.60
年末从业人数	万人	367.00	407.30	270.27	494.30	397.20
#在岗职工人数	万人	105.70	133.13	112.89	206.40	115.80
国内生产总值	亿元	1400.00	1492.74	1297.57	1232.10	823.50
农业总产值	亿元	153.40	141.25	120.01	316.20	54.00
工业总产值	亿元	2001.70	1769.93	1925.96	1167.00	1048.90
全社会固定资产投资额	亿元	402.50	570.43	602.95	361.10	338.20
社会消费品零售总额	亿元	695.20	770.08	525.17	559.30	409.40
货运量	万吨	14429	15943	16275	8907	9484
客运量	万人次	6965	11933	16868	6240	12527
港口货物吞吐量	万吨			6328		
邮电业务收入	亿元	77.80	62.00	6.15		45.60
海关进口总值	亿美元	14.60	11.12	40.83	9.20	7.40
海关出口总值	亿美元	14.00	10.91	60.11	7.90	11.30
实际利用外资	亿美元	16.50	15.76	15.54	2.46	2.20
一般预算财政收入	亿元	91.80	85.83	115.60	67.70	54.50
一般预算财政支出	亿元	115.50	147.20	161.46	105.80	63.80
居民消费价格指数(上年=100)	%	100.40	98.60	97.90	99.60	98.60
在岗职工年人均工资	元	13005	12161	16220	8981	12138
城镇居民年人均可支配收入	元	7050	7820	9147	7004	7184
农村居民年人均纯收入	元	3500	3295	4579	2777	2641
高等学校在校学生数	万人	20.23	39.10	34.78	21.03	33.00
中等专业学校在校学生数	万人	1.60	67.20	8.02	4.43	5.60
普通中学在校学生数	万人	39.29	53.20	32.38	65.28	55.40
小学在校学生数	万人	45.78	66.90	38.87	55.85	70.78
医院个数	个	367	144	294	224	280
医院病床数	万张	3.35	2.65	2.16	3.10	2.74
医生	万人	1.83	1.97	1.33	1.59	1.67

附4 珠江三角洲十二市(区)国民经济主要指标

(2002年)

项　　目	单位	广州市	深圳市	珠海市	佛山市	惠州市	肇庆市
年末总人口	万人	720.62	504.25	78.61	338.98	283.02	390.76
年末从业人数	万人	514.08	359.28	88.31	205.74	216.55	203.94
#在岗职工人数	万人	170.67	101.76	30.61	45.09	47.43	23.97
国内生产总值	亿元	3001.48	2256.82	406.27	1168.66	525.20	450.22
人均国内生产总值	元	41884	46388	52578	34636	18641	11549
农业总产值	亿元	175.06	34.08	26.52	143.48	117.77	179.26
工业总产值	亿元	3788.91	3934.62	789.39	2703.88	1216.30	644.62
全社会固定资产投资额	亿元	1009.24	747.15	120.53	290.43	104.73	97.57
社会消费品零售总额	亿元	1370.68	689.59	143.47	419.80	161.00	154.62
城乡集市贸易成交额	亿元	526.54	272.81	46.47	284.60	66.04	57.22
货物运输量	万吨	25434	57778	4140	12444	4437	5760
邮电业务总量(2000年不变价格)	亿元	192.83	164.42	28.77	69.40	32.54	16.63
海关出口总值	亿美元	137.79	465.57	52.04	78.88	58.90	9.01
#一般贸易出口额	亿美元	54.30	55.70	9.28	24.99	2.61	3.98
实际利用外资	亿美元	26.53	49.02	9.37	10.03	13.26	5.46
一般预算财政收入	亿元	245.87	265.93	31.23	85.00	20.70	12.98
一般预算财政支出	亿元	326.67	307.78	41.80	104.19	34.05	26.96
居民消费价格指数(上年=100)	%	97.60	101.20	97.60	97.20	98.20	97.70
城镇在岗职工年人均工资	元	26219	28218	18505	15872	11318	
城镇居民年人均可支配收入	元	13380	24941	15320	13582	10691	7335
农村居民年人均纯收入	元	6857	10610	5097	6288	3903	3968
普通高等学校在校学生数	万人	29.90	2.68		1.86	0.54	2.40
中等专业学校在校学生数	万人	10.62	0.38	0.52	1.12	1.36	1.50
普通中学在校学生数	万人	48.15	15.07	6.23	27.75	18.84	23.97
小学在校学生数	万人	81.66	41.51	11.05	40.10	36.06	41.16
医院病床数	万张	3.51	1.18	0.37	1.35	0.69	0.68
卫生技术人员	万人	5.47	1.86	0.53	1.73	0.99	1.15
#医生	万人	2.22	0.79	0.20	0.70	0.36	0.41

附 4 续

项　　目	单位	江门市	东莞市	中山市	顺德市	南海市	番禺区
年末总人口	万人	381.27	156.19	136.03	110.96	111.25	96.24
年末从业人数	万人	209.99	104.10	131.64	86.80	143.02	124.93
#在岗职工人数	万人	34.51	16.42	14.24	14.73	7.69	17.55
国内生产总值	亿元	663.82	672.89	415.67	437.31	439.38	371.98
人均国内生产总值	元	17344	43401	30693	39676	39713	39016
农业总产值	亿元	138.66	53.67	42.29	50.39	54.21	49.94
工业总产值	亿元	1425.96	1601.67	1158.08	1002.67	953.14	770.39
全社会固定资产投资额	亿元	136.93	191.57	219.00	80.78	96.39	122.54
社会消费品零售总额	亿元	248.39	224.95	134.33	126.70	155.96	98.02
城乡集市贸易成交额	亿元	87.59	186.53	94.11	64.96	18.00	
货物运输量	万吨	4075	5857	3956	3360	4849	1650
邮电业务总量(2000 年不变价格)	亿元	15.27	181.68	32.84	23.75	22.06	
海关出口总值	亿美元	29.52	237.36	57.25	40.50	17.58	41.38
#一般贸易出口额	亿美元	10.95	3.48	12.03	9.01	6.91	4.10
实际利用外资	亿美元	7.41	21.48	7.65	2.52	2.69	2.89
一般预算财政收入	亿元	25.74	55.29	31.21	30.63	27.54	28.62
一般预算财政支出	亿元	36.44	64.96	34.97	36.73	32.07	43.58
居民消费价格指数(上年 = 100)	%	97.80	98.10	99.30	98.70	99.00	
城镇在岗职工年人均工资	元	11170	17804	18803	14971	14295	
城镇居民年人均可支配收入	元		16949	14208	15734	15239	15232
农村居民年人均纯收入	元	4793	7907	6907	5546	7503	7410
高等学校在校学生数	万人	0.68	0.51	0.36	0.34		0.73
中等专业学校在校学生数	万人	3.17	0.44	0.32	0.24		0.03
普通中学在校学生数	万人	25.76	13.63	10.68	8.58	11.39	7.41
小学在校学生数	万人	41.01	34.28	18.23	13.16	14.85	12.57
医院病床数	万张	0.56	0.84	0.44	0.43	0.39	0.03
卫生技术人员	万人	1.55	0.90	0.54	0.56	0.64	0.43
#医生	万人	0.49	0.35	0.23	0.22	0.40	0.16

附5 香港特别行政区主要统计指标

项　　目	单位	1995 年	1996 年	1999 年	2000 年	2001 年	2002 年
总人口(年中数)	万人	615.60	643.60	672.10	666.50	672.50	678.70
男性	万人	308.40	322.00	329.90	327.70	328.70	330.00
女性	万人	307.20	321.60	342.20	338.80	343.80	348.70
居民户数	万户	181.30	189.40	206.90	206.50	211.50	217.00
出生率	‰	11.20	9.90	7.60	8.10	7.20	7.10
死亡率	‰	5.10	5.00	5.00	5.10	4.80	5.00
劳动人口	万人	304.60	320.70	335.90	340.20	345.10	351.90
劳动人口就业率	%	61.90	61.50	60.80	61.40	61.50	62.00
男性	%	76.70	75.40	73.40	73.60	72.80	72.30
女性	%	47.30	47.80	49.00	50.00	51.00	52.50
失业率	%	3.50	2.60	6.00	4.40	6.20	7.20
就业不足率	%	2.30	1.50	2.80	2.60	3.00	3.10
本地生产总值(按 1990 年价格计)	亿港元	7558	7898	8087	8933	12965	13257
人均生产总值(按 1990 年价格计)	港元	122778	122718	122403	134023	192793	195327
本地生产总值(按当年价格计)	亿港元	10771	11919	12270	12667	12790	12711
人均生产总值(按当年价格计)	港元	174972	185206	185724	190045	190188	187282
外贸总值	亿港元	28353	29335	27417	32307	30492	31799
1.出口总值(离岸价)	亿港元	13442	13979	13490	15727	14810	15605
香港产品出口	亿港元	2317	2122	1706	1810	1535	1309
香港产品转口	亿港元	11125	11858	11784	13917	13275	14296
2.进口总值(到岸价)	亿港元	14911	15356	13927	16580	15682	16194
耗电量及电力供应	兆焦耳	112817	115789	127566	134928	139830	144942
#工业	兆焦耳	20222	19934	17547	17769	16759	16112
商业	兆焦耳	59908	64465	76028	80347	84214	87241
住宅	兆焦耳	27063	29194	31400	32234	32799	33394
工业生产指数(1986 年为 100)	%	126.20	121.50	103.10	102.50	95.60	86.30
#服装制品业(鞋类除外)	%	114.60	109.70	99.20	102.10	99.90	89.00
纺织制品业(含针织业)	%	110.80	103.80	89.90	93.30	99.70	90.30
电器及电子制品、机械、专业设备及光学用品制造业	%	179.50	170.30	151.70	153.00	92.10	74.30

附5续

项　　目	单位	1995年	1996年	1999年	2000年	2001年	2002年
私人房屋竣工费用	亿港元	284	266	603	343	275	423
竣工面积	万米^2	216.2	183.4	257.8	151.5	135.4	196
#工业	万米^2	42.7	42.6	19.5	10.4	7.1	2.0
商业	万米^2	54.5	42.0	60.6	16	17.1	28.9
住宅	万米^2	88.5	76.9	129.5	110.1	96.3	141.1
持牌车辆总数	万辆	46.6	47.5	50.4	51.7	52.5	52.6
#货车	万辆	11.8	11.7	11.4	11.4	11.3	11.1
私家车	万辆	28.5	29.3	32.2	33.2	34.1	34.1
进出香港货物总量	万吨	19296.7	19496.1	20969.4	21726.8	21962.9	23447.6
进出香港旅客总数	万人次	9212.6	9975	12903.5	14397.3	14967.5	16216.1
道路长度	公里	1717	1743	1885	1904	1911	1925
公共交通工具客运量	百万人次	3826	3914	3896	3973	4021	4083
每千人拥有电话数	部	519	526	568	588	581	564
访港旅客总人次	万人次	1020	1297.4	1132.8	1305.9	1372.5	1656.6
酒店房间入住率	%	85	88	79	83	79	84
政府收入	亿港元	1750	1800	2161	2330	2251	1756
政府支出	亿港元	1432	1913	2188	2695	2675	2386
#保安服务	亿港元	190	219	251	259	267	276
经济服务	亿港元	80	96	214	123	125	137
社会服务	亿港元	318	407	561	587	591	653
环保基础设施及公共服务	亿港元	275		447			
消费物价指数							
(以1994年10月–1995年9月为100)							
甲类指数	%	108.7	106	96.7	97.0	98.3	96.8
乙类指数	%	109.2	106.4	95.3	96.1	98.4	96.9
丙类指数(原恒生指数)	%	109.6	106.6	96.3	95.5	98.5	97.2
工资指数(以1992年9月为100)							
名义工资指数	%	129.3	137.6	149.4	151.0	152.1	149.7
实际工资指数	%	101.6	102.8	108.9	112.8	114.6	117.8
全日制大专学校学生	万人	5.91		7.06			

附6 澳门特别行政区主要统计指标

项　目	单　位	1998年	1999年	2000年	2001年	2002年
总人口	万人	43.05	42.96	43.15	43.67	44.16
男性	万人	20.47	20.62	20.72	20.95	21.18
女性	万人	22.58	22.34	22.43	22.72	22.99
自然增长率	‰	7.20	6.50	5.80	4.40	4.00
出生率	‰	10.40	9.70	8.90	7.50	7.20
死亡率	‰	3.20	3.20	3.10	3.10	3.20
劳动力参与率	%	65.30	64.70	63.40	64.00	62.30
男	%	77.50	75.60	73.40	73.60	70.60
女	%	54.60	55.60	54.90	55.90	55.10
失业率	%	4.60	6.40	6.80	6.40	6.30
就业不足率	%	1.50	1.30	2.90	3.50	3.40
本地生产总值(按1996年价格计)	百万澳门元	52580	51021	53381	54519	59761
本地生产总值(按当年价格计)	百万澳门元	51902	49021	49742	49802	54072
出口总值	百万澳门元	17084	17580	20380	18473	18925
进口总值	百万澳门元	15596	16300	18098	19170	20323
净供应电量	百万千瓦·时	1445.20	1432.00	1477.70	1510.40	1684.80
每居民之电力消耗	千千瓦·时	3.57	3.58	3.65	3.69	3.84
总楼宇建筑面积	千米^2	969.19	668.78	370.32	404.33	102.55
#住宅	千米^2	559.54	307.74	230.09	174.09	36.39
商业及写字楼	千米^2	174.58	128.58	54.81	107.66	4.38
工业	千米^2	39.59	33.94			4.85
年末行驶车辆数	辆	107251	114247	114218	115770	123669
每千居民拥有车辆数	辆	123	128	130	129	136
每千居民拥有电话数	部	583	698	744	849	1024
入境旅客	千人次	6948.50	7443.90	9162.20	10279.00	11530.80
#亚洲	千人次	6655.60	7170.40	8891.10	10012.60	11258.60
中国大陆	千人次	816.80	1645.20	2274.70	3005.70	4240.40
中国香港	千人次	4721.80	4229.80	4954.60	5196.10	5101.40
日本	千人次	155.70	145.30	144.90	140.90	142.60
其他	千人次					
欧洲	千人次	140.40	137.40	120.90	114.60	113.20
美洲	千人次	97.80	97.00	108.60	109.00	115.40
酒店入住率	%	51.30	53.70	57.60	60.70	67.10
公共财政总收入	百万澳门元	15548.40	16942.60	15338.50	15641.60	11084.30
#直接税	百万澳门元	6355.30	5987.40	6895.40	7547.40	
间接税	百万澳门元	488.90	495.90	532.60	840.80	
公共财政总支出	百万澳门元	15505.70	16636.20	15024.30	15220.80	9344.30
综合消费物价指数(包括房租)	%	101.83	101.20	99.49	97.52	94.94
高等教育学生数	人	7409	8444	7094	8358	8520
每千居民拥有学生数	人	237	250	246	249	245

中译英国民经济主要指标

1 ADMINISTRATIVE DIVISION

(End of 2002)

District and County	Urban Sub - district Office	Town	Neighborhood Committee	Village Committee
Total	117	64	1541	1182
Urban Districts	116	34	1466	654
Dongshan	10		139	
Liwan	13		126	
Yuexiu	10		151	
Haizhu	18		352	
Tianhe	22		182	12
Fangcun	9		67	
Baiyun	15	10	263	149
Huangpu	10		58	
Panyu	9	13	98	305
Huadu		11	30	188
Cities at County Level	1	30	75	528
Zengcheng	1	15	37	302
Conghua		15	38	226

List of Urban Sub - district Offices and Towns under Districts and Counties:

Dongshan: Baiyun Donghu Meihuacun Huale Nonglin Huanghuagang Zhuguang Jianshe Dadong Datang

Liwan: Zhanqian Xicun Caihong Nanyuan Changhua Shamian Jinhua Longjin Fengyuan Duobao Lingnan Hualin Qiaozhong

Yuexiu: Hongqiao Guangwei Beijing Renmin Liurong Guangta Daxin Shishu Liuhua Dongfeng

Haizhu: Chigang Nanshitou Xingang Fengyang Shayuan Nanhuaxi Binjing Haizhuang Sushe Jiangnanzhong Changgang Longfeng Jianghai Ruibao Pazhou Nanzhou Guanzhou Huazhou

Tianhe: Wushan Yuancun Chebei Shahe Dengfeng Shipai Tianhenan Xinghua Shadong Linhe Tangxia Tianyuan Liede Xiancun Huangcun Yuangang Longdong Changxing Fenghuang Qianjing Zhujie Xintang

Fangcun: Baihedong Chongkou Huadi Shiweitang Hailong Zhongnan Dongsha Dongjiao Chajiao

Baiyun: Kuangquan Sanyuanli Songzhou Jingtai Tongde Huangshi Tangjing Xinjing Tonghe Jingxi Yongping Jiahe Junhe Shijing Jinsha Renhe Longgui Zuliao Taihe Zhongluotan Jiufou Luogang Shenshan Jianggao Liangtian

Huangpu: Huangpu Hongshan Yuzhu Xiagang Dasha Nangang Changzhou Wenchong Shuidong Lilian

Panyu: Shiqiao Shawan Zhongcun Dashi Nansha Dalong Qiaonan Shatou Donghuang Nancun Xinzao Hualong Shilou Dongchong Huangge Yuwotou Wanqingsha Hengli Lingshan Dagang Lanhe Shiqi

Huadu: Xinhua Furong Timian Huashan Huadong Beixing Tanbu Chini Shiling HuaqiaoYayao

Zengcheng: Shazhuang Licheng Zhengguo Sanjiang Shitan Xiancun Shapu Xintang Yonghe Ningxi Zhucun Zhenlong Zhongxin Fuhe Paitan Xiaolou

Conghua: Jiekou Chengjiao Wenquan Liangkou Dongming Taoyuan Lütian Guancun Jiangpu Shengang Taiping Qigan Aotou Longtan Minle

2 MAIN INDICATORS OF NATIONAL ECONOMY AND SOCIAL DEVELOPMENT

Item	1990	1995	2000	2001	2002
Population and Employment					
Year - end Population (10 000 persons)	594.25	646.71	700.69	712.60	720.62
Year - end Employment (10 000 persons)	341.15	407.78	503.69	510.07	514.08
# Staff and Workers (10 000 persons)	189.39	208.24	180.37	172.29	177.73
Gross Domestic Product (100 million yuan)	319.60	1243.07	2375.91	2685.76	3001.48
Primary Industry (100 million yuan)	25.73	73.46	94.37	97.28	103.07
Secondary Industry (100 million yuan)	136.30	580.19	1032.05	1125.06	1227.14
Tertiary Industry (100 million yuan)	157.57	589.42	1249.49	1463.42	1671.27
Per Capita GDP(yuan)	5418	19366	34292	38007	41884
Overall Labor Productivity (yuan/person)	9368	31761	49572	52846	59233
Agriculture					
Gross Output Value of Agriculture (100 million yuan)	43.93	126.81	163.05	167.05	175.06
Yield of Major Farm Crops					
Grain (10 000 tons)	119.53	97.90	88.11	75.13	65.16
Sugarcane (10 000 tons)	202.63	75.43	7.60	8.50	16.28
Fruits (10 000 tons)	30.89	31.80	32.97	34.93	47.37
Peanuts (10 000 tons)	3.88	2.73	2.56	2.60	2.62
Vegetable (10 000 tons)	126.34	215.80	306.49	328.74	346.04
Aquatic Products (10 000 tons)	8.72	18.78	32.52	33.53	34.53
Industry					
Gross Industrial Output Value (100 million yuan)	442.44	1722.49	3100.02	3393.19	3788.91
Output of Major Industrial Products					
Motor Vehicles	6333	9963	38118	55601	97212
Motorcycles (10 000)	1.01	21.88	60.31	60.35	107.23
Bicycles (10 000)	172.39	177.46	134.87	167.87	244.70
Household Refrigerators (10 000)	68.38	90.02	58.14	45.75	75.40
Television Sets (10 000)	36.06	32.88	34.61	42.73	26.34
Cameras (10 000)	84.47	233.09	86.81	97.88	86.00
Household Air - Conditioners (10 000)	2.14	28.25	103.43	105.24	148.60
Cells (10 000)	82053	168460	188885	244062	298776
Electricity (100 million kwh)	81.80	178.63	267.18	269.59	285.00
Pig Iron (10 000 tons)	32.15	51.15	66.68	69.40	70.60
Steel (10 000 tons)	55.01	90.94	151.16	176.79	200.59
Cement (10 000 tons)	342.60	954.31	1262.04	1204.16	1404.00
Chemical Fertilizer (10 000 tons)	20987	28302	38683	33906	30027
Investment in Fixed Assets					
Total Investment in Fixed Assets (100 million yuan)	90.59	618.25	923.67	978.21	1009.24
# Residential Buildings (100 million yuan)	23.28	169.63	325.03	331.69	345.76

Continued

Item	1990	1995	2000	2001	2002
Total Retail Sales of Consumer Goods (100 million yuan)	147.78	549.97	1121.13	1248.28	1370.68
Transportation ,Postal and Telecommunication Services					
Total Freight Traffic (10 000 tons)	17842	26992	24585	24914	25434
# Railway (10 000 tons)	1898	2286	2018	2051	1658
Highway (10 000 tons)	7799	11996	12549	13286	14122
Waterway (10 000 tons)	7614	11987	9569	9143	9201
Civil Aviation (10 000 tons)	8	11	20	19	24
Total Passenger Traffic (10 000 person – times)	9461	16107	23430	24451	26757
Railway (10 000 person – times)	1939	2530	2818	2708	2797
Highway (10 000 person – times)	6368	12437	19964	21057	23157
Waterway (10 000 person – times)	711	660	190	149	172
Civil Aviation (10 000 person – times)	443	480	458	537	631
Volume of Freight Handled at Ports (10 000 tons)	5099	8340	12455	13539	16772
Postal and Telecommunication Services (at Constant Price of 1990, 100 million yuan)	5.60	38.03	138.48	151.53	175.14
Foreign Trade and Economic Cooperation					
Total Imports through Customs(USD 100 million)	18.24	71.32	115.60	114.13	141.49
Total Exports through Customs (USD 100 million)	23.55	95.67	117.91	116.23	137.79
Amount of Foreign Capital Actually Used (USD 100 million)	2.73	22.53	31.15	33.27	26.53
Government Finance					
Government Revenue in Budget (100 million yuan)	36.94	97.08	200.55	246.19	245.87
Government Expenditure in Budget (100 million yuan)	24.31	111.24	240.72	292.63	326.67
Price Indices (preceding year = 100)					
General Consumer Price Index (%)	97.30	113.50	102.80	98.90	97.60
General Retail Price Index (%)	96.30	109.70	99.40	97.40	97.40
People's Livelihood					
Annual Average Wages of Staff and Workers (yuan)	3504	10317	19091	22141	25583
Per Capita Annual Disposable Income of Urban Residents (yuan)	2749	9038	13967	14694	13380
Per Capita Annual Net Income of Rural Residents (yuan)	1539	4483	6086	6446	6857
Education and Culture					
Number of Regular Institutions of Higher Education	26	25	31	37	39
Number of Students Enrollment of Regular Institutions of Higher Education (10 000 persons)	6.55	9.54	18.51	24.47	29.90
Number of Secondary Schools	539	576	617	621	612
Number of Students Enrollment of Secondary Schools (10 000 persons)	36	48.17	63.89	66.96	70.03
Number of Primary Schools	1575	1604	1626	1604	1566
Number of Students Enrollment of Primary Schools (10 000 persons)	57.23	69.44	75.70	78.86	81.66
Public Health					
Hospital Beds (10 000)	2.44	2.87	3.37	3.46	3.98
Medical Technical Personnel (10 000 persons)	4.83	5.29	5.57	5.63	5.47
# Doctors (10 000 persons)	2.10	2.33	2.35	2.39	2.22

3 DEVELOPMENT SPEED OF MAIN INDICATORS OF NATIONAL ECONOMY AND SOCIAL DEVELOPMENT

Item	2002 as percentage of the following years(%)				1979 - 2002 Average Annual Growth Rates(%)
	1990	1995	2000	2001	
Population and Employment					
Year - end Population	121.3	111.4	102.8	101.1	1.68
Year - end Employment	150.7	126.1	102.1	100.8	2.77
# Staff and Workers	93.8	85.4	98.5	103.2	0.78
Gross Domestic Product	592.3	236.3	126.3	113.2	14.08
Primary Industry	228.9	145.6	109.2	109.8	6.08
Secondary Industry	727.4	232.1	118.9	112.4	14.61
Tertiary Industry	526.0	249.1	133.8	114.1	14.90
Per Capita GDP	487.5	211.6	122.1	111.7	12.14
Overall Labor Productivity	390.3	186.1	119.5	112.1	10.88
Agriculture					
Gross Output Value of Agriculture	236.9	147.2	107.4	109.1	6.39
Yield of Major Farm Crops					
Grain	54.5	66.6	74.0	86.7	-2.20
Sugarcane	8.0	21.6	214.2	191.5	-8.43
Fruits	153.4	149.0	143.7	135.6	9.67
Peanuts	67.5	96.0	102.3	100.8	-0.97
Vegetable	273.9	160.4	112.9	105.3	7.91
Aquatic Products	396.0	183.9	106.2	103.0	10.48
Industry					
Gross Industrial Output Value	8312.3	274.3	122.2	115.0	17.50
Output of Major Industrial Products					
Motor Vehicles	1535.0	975.7	255.0	174.8	16.86
Motorcycles	10616.8	490.1	177.8	177.7	
Bicycles	142.0	137.9	181.4	145.8	6.25
Household Refrigerators	110.3	83.8	129.7	164.8	
Television Sets	73.0	80.1	76.1	61.6	13.32
Cameras	101.8	36.9	99.1	87.9	17.68
Household Air - Conditioners	6943.9	526.0	143.7	141.2	29.16
Cells	364.1	177.4	158.2	122.4	10.55
Electricity	348.4	159.6	106.7	105.7	14.61
Pig Iron	219.6	138.0	105.9	101.7	5.27
Steel	364.6	220.6	132.7	113.5	10.45
Cement	409.8	147.1	111.3	116.6	11.94
Chemical Fertilizer	143.1	106.1	77.6	88.6	8.17
Investment in Fixed Assets					
Total Investment in Fixed Assets	1114.1	163.2	109.3	103.2	25.40
# Residential Buildings	1485.2	2038.3	106.4	104.2	31.30

Continued

Item	2002 as percentage of the following years(%)				1979 - 2002 Average Annual Growth Rates(%)
	1990	1995	2000	2001	
Total Retail Sales of Consumer Goods	927.5	249.2	122.3	109.8	19.89
Transportation ,Postal and Telecommunication Services					
Total Freight Traffic	142.6	94.2	103.5	102.1	
# Railway	87.4	72.5	82.2	80.8	
Highway	181.1	117.7	112.5	106.3	
Waterway	120.8	76.8	96.2	100.6	
Civil Aviation	300.0	218.2	120.0	126.3	
Total Passenger Traffic	282.8	166.1	114.2	109.4	
Railway	144.3	110.6	99.3	103.3	
Highway	363.7	186.2	116.0	110.0	
Waterway	24.2	26.1	90.5	115.4	
Civil Aviation	142.4	131.5	137.8	117.5	
Volume of Freight Handled at Ports	328.9	201.1	134.7	124.0	9.38
Postal and Telecommunication Services	3127.5	460.5	126.5	115.6	31.71
Foreign Trade and Economic Cooperation					
Total Imports through Customs	775.7	198.4	122.4	124.0	
Total Exports through Customs	585.1	144.0	116.9	118.6	
Amount of Foreign Capital Actually Used	971.8	117.8	85.2	79.7	
Government Finance					
Government Revenue in Budget	665.3	253.3	122.6	117.5	12.80
Government Expenditure in Budget	1343.8	293.7	135.7	111.6	20.30
Price Indices (preceding year = 100)					
General Consumer Price Index	211.9	105.6	96.5	97.6	8.40
General Retail Price Index	165.7	91.2	94.9	97.4	7.40
People's Livelihood					
Average Annual Wages of Staff and Workers	730.1	248.0	134.0	115.6	16.08
Per Capita Annual Disposable Income of Urban Households	549.9	167.3	108.2	104.9	15.86
Per Capita Net Income of Rural Residents	445.6	153.0	112.7	106.4	14.24
Education and Culture					
Number of Regular Institutions of Higher Education	150.0	156.0	125.8	105.4	4.06
Number of Students Enrollment of Regular Institutions of Higher Education	456.5	313.4	161.5	122.2	11.55
Number of Secondary Schools	113.5	106.3	99.2	98.6	2.44
Number of Students Enrollment of Secondary Schools	194.5	145.4	109.6	104.6	2.30
Number of Primary Schools	99.4	97.6	96.3	97.6	0.14
Number of Students Enrollment of Primary Schools	142.7	117.6	107.9	103.6	1.52
Public Health					
Hospital Beds	143.9	122.3	104.2	101.4	3.78
Medical Technical Personnel	113.3	103.4	98.2	97.2	2.33
# Doctors	105.7	95.3	94.5	92.9	2.56

4 SELECTED INDICATORS ON AVERAGE DAILY SOCIAL AND ECONOMIC ACTIVITIES

Item	1990	1995	2000	2001	2002
Daily Production					
Gross Domestic Product (10 000 yuan)	8756	34057	65094	73582	82232
Gross Output Value of Industry and Agriculture (10 000 yuan)	13326	50666	89399	97541	108602
Gross Output Value of Industry (10 000 yuan)	12122	47192	84932	92964	103806
Gross Output Value of Agriculture (10 000 yuan)	1204	3474	4467	4577	4796
Government Revenue in Budget (10 000 yuan)	1012	2660	5494	6745	6736
Daily Output of Major Industrial Products					
Household Refrigerators	1873	2466	1593	1253	2066
Electric Fans	5388	8325	2148	2134	5459
Household Washing Machines	759	494			
Television Sets	988	901	948	1171	722
Cells(10 000)	225	462	517	669	819
Clocks	8200	15840	27912	28116	36288
Sewing Machines	2659	1747	243	112	194
Cameras	2314	6386	2378	2682	2356
Bicycles	4723	4862	3695	4599	6704
Motor Vehicles	17	27	104	152	266
Beer (ton)	565	1108	1975	2124	2212
Cigarettes (case)	1680	1931	2199	2300	2334
Machine - made Paper and Paperboard (ton)	743	1968	1680	1888	1951
Daily Consumption					
Total Resident Consumption (10 000 yuan)	3432	11482	18158	20276	22516
Total Retail Sales of Consumer Goods (10 000 yuan)	4049	15068	30716	34200	37553
Resident Grain Consumption (ton)	2138	1945	1957	1889	1576
Resident Meat Consumption (ton)	576	635	570	873	754
Resident Cooking Oil Consumption (ton)	75	143	159	151	123
Resident Aquatic Product Consumption (ton)	340	491	688	612	453
Resident Egg Consumption (ton)	93	228	441	328	305

Continued

Item	1990	1995	2000	2001	2002
Daily Service					
Electricity Sales (10 000 kwh)	1364	2989	5402	5800	6526
Tap Water Sales (10 000 tons)	225	304	301	356	365
Liquefied Petroleum Gas Sales (ton)	143	349	508	732	785
Artificial Coal Gas Sales (ton)	1	19	30	40	46
Volume of Freight Handled at Ports (ton)	139701	228505	341233	370932	459507
Total Freight Traffic (ton)	488822	739507	673562	682575	696822
Railway Freight Traffic (ton)	71134	99939	86679	149153	139899
Railway Passenger Traffic (person – time)	53123	69315	77205	74192	76630
Passenger Traffic by Bus and Tram(10 000 person – times)	192	222	424	488	541
Passenger Traffic by Taxi (10 000 person – times)	55	78	92	101	107
Postal and Telecommunication Services (10 000 yuan)	153	1042	3794	4151	4798
Handled Letters (10 000 Pcs)	42	79	57	95	109
Newspaper Circulation (10 000 copies)	277	492	317	364	352
Magazine Circulation (10 000 copies)	11	13	10	12	12
Seeing Movie (10 000 person – times)	13.71	4.17	0.85	0.72	0.70
Domestic Long – distance Calls (10 000 sheets)	14	127	257	244	292
International Long – distance Calls (10 000 sheets)	4	14	13	14	14
Telegrams (Pcs)	12521	6055	1671	1151	1014
Number of International Tourists Received (person – time)	5181	4676	5737	5494	5269
Number of Domestic Tourists Received (person – time)	13123	21752	27651	26914	21262
Daily Population Changes and Marriages					
Births (person)	242	208	195	185	170
Deaths (person)	89	98	110	103	109
Immigrants (person)	275	361	486	520	497
Emigrants (person)	242	213	294	265	263
Marriages (couple)	151	169	141	136	135
Divorces (couple)	12	13	25	27	28

5 PEOPLE'S MATERIAL AND CULTURE LIFE IN MAIN YEARS

Item	1995	2000	2001	2002
Annual Average Wages of Staff and Workers (yuan)	10317	19091	22141	25583
Annual Per Capita Disposable Income of Urban Residents (yuan)	9038	13967	14694	13381
Annual Per Capita Net Income of Rural Residents (yuan)	4483	6086	6446	6857
Total Retail Sales of Consumer Goods (100 million yuan)	549.97	1121.13	1248.28	1370.68
Per Capita Living Space of City Citizens (sq. m)	9.61	13.13	13.87	15.67
Saving Deposit				
Outstanding Amount of Saving Deposits in Urban and Rural Areas at Year - end (100 million yuan)	961.49	2239.86	2600.43	3132.80
Per Capita Saving Deposits (yuan)	14867	31967	36492	43473
Traffic in Urban Area				
Possession of Buses per 10 000 Persons	10.11	16.76	16.86	15.15
Average Daily Passengers by Buses (10 000 person - times)	222.23	441.68	505.70	671.39
Possession of Taxis per 10 000 Persons	45.82	45.44	39.60	35.87
Average Daily Passenger by Taxis (10 000 person - times)	78.28	92.29	101.02	107.28
Post and Telecommunication Service				
Possession of Telephones per 100 Persons in Urban Area	41.00	117.22	131.29	157.87
Per Capita Annual Number of Letters Mailed	45	30	49	
Gas Supply				
Access Rate to Gas and Liquefied Gas (%)	86.60	93.55	90.58	91.40
Tap Water				
Per Capita Daily Used Water (liter)	541	555	471	487
Retailing, Catering and Service Trades				
Number of Outlets Per 10 000 Persons				
Retailing Trade	274	250	245	225
Catering Trade	25	42	41	48
Number of Service Providers Per 10 000 Persons				
Retailing Trade (person)	932	862	787	657
Catering Trade (person)	295	287	281	273

Continued

Item	1995	2000	2001	2002
Culture				
Number of Publications Per 100 Persons				
Newspaper (Daily)	74	92	105	108
Magazines (Annual)	3098	3248	2953	2796
Books (Annual)	5707	3814	3764	4496
Education				
Number of University and College Students per 10 000 Persons(person)	148	264	343	415
Percentage of School - age Children Enrolled (%)	99.92	99.97	99.97	99.70
Public Health				
Number of Hospital Beds Per 10 000 Persons	44	48	48	49
Number of Doctors Per 10 000 Persons	36	34	34	31
Employment				
Per Employee Support Population in Urban Area(person)	1.69	1.72	1.81	1.91
Virescence				
Coverage Rate of Urban Green Areas (%)	24.08	31.60	31.44	32.64
Per Capita Urban Public Green Areas (sq. m)	4.69	7.87	8.05	8.59
Number of Durable Consumer Goods Owned				
Per 100 Urban Households Owned				
Color TV Sets	111.00	154.80	160.40	160.70
Household Computers		54.20	60.80	60.00
Hi - Fi Stereo Component Systems	40.70	64.80	63.20	58.00
Washing Machines	105.00	99.40	99.00	99.00
Household Refrigerators	102.30	100.60	100.80	101.00
Motorcycles	12.70	23.60	25.60	25.30
Air Conditioners	57.30	154.80	161.80	162.30
Per 100 Rural Households Owned				
Color TV Sets	62	105	107	104
Monochrome TV Sets	49	19	14	14
Washing Machines	42	61	61	66
Household Refrigerators	33	57	59	63
Motorcycles	45	110	113	113

6 PER CAPITA MAIN INDICATORS OF NATIONAL ECONOMY

Item	1980	1985	1990	1995	2000	2001	2002
Gross Domestic Product(yuan)	1160	2302	5418	19366	34292	38007	41884
Gross Output Value of Industry(yuan)	1777	3293	7501	26836	44743	48018	52873
Gross Output Value of Agriculture(yuan)	180	333	745	1976	2353	2364	2443
Government Revenue in Budget(yuan)	311	534	626	1513	2895	3484	3431
Gross Output of Grain Crops(kilogram)	251	209	203	153	127	106	91
Total Retail Sales of Consumer Goods(yuan)	579	1388	2505	8568	16182	17665	19127
Investment in Fixed Assets(yuan)	201	807	1536	9632	13331	13843	14084
Total Exports on Customs Statistics(USD)			399	1490	1702	1645	1923
Living Space in Urban Area(sq. m)	3.97	6.22	7.99	9.61	13.13	13.87	15.67

7 AVERAGE ANUUAL IMPROVEMENT SPEED OF MAIN INDICATORS IN EACH PERIOD

(%)

Period	Gross Domestic Product	Gross Output Value of Industry	Gross Output Value of Agriculture	Total Retail Sales of Consumer Goods	Government Revenue in Budget	Resident Consumption Level
1st Five - Year Plan Period	14.49	24.04	5.95	12.39	13.95	4.46
2nd Five - Year Plan Period	0.74	6.56	0.06	3.28	1.36	3.28
1963 - 1965	16.32	16.39	11.21	0.02	11.35	-0.15
3rd Five - Year Plan Period	7.94	12.22	0.47	2.63	9.62	1.87
4th Five - Year Plan Period	5.99	7.23	2.47	7.11	6.43	4.21
5th Five - Year Plan Period	9.20	7.02	4.36	13.55	4.02	10.32
6th Five - Year Plan Period	12.71	12.83	6.22	21.17	13.33	13.00
7th Five - Year Plan Period	10.83	13.07	4.58	14.53	5.07	15.79
8th Five - Year Plan Period	20.18	26.10	9.98	30.06	21.32	9.56
9th Five - Year Plan Period	13.10	15.73	5.85	15.31	23.59	7.09

8 PROPORTIONS OF MAIN NATIONAL ECONOMIC INDICATORS

(%)

Item	1978	1980	1985	1990	1995	2000	2001	2002
Employees								
Primary Industry	43.69	40.23	31.26	28.24	22.68	18.99	19.01	18.45
Secondary Industry	32.13	33.55	37.66	36.40	38.84	40.12	39.03	38.55
Tertiary Industry	24.18	26.22	31.08	35.36	38.48	40.89	41.96	43.00
Gross Domestic Product								
Primary Industry	11.67	10.85	9.69	8.05	5.91	3.97	3.62	3.44
Secondary Industry	58.59	54.52	52.92	42.65	46.67	43.44	41.89	40.88
Tertiary Industry	29.74	34.63	37.39	49.30	47.42	52.59	54.49	55.68
Gross Output Value of Industry								
Light Industry	63.24	65.16	65.40	63.97	58.20	56.85	55.57	53.28
Heavy Industry	36.76	34.84	34.60	36.03	41.80	43.15	44.43	46.72
Gross Output Value of Agriculture								
Planting	77.83	77.72	65.18	63.77	53.13	50.51	52.56	53.86
Forestry	1.71	2.59	1.28	1.14	0.84	0.81	0.80	0.66
Animal Husbandry	13.78	13.11	24.19	25.11	29.14	26.41	24.33	23.11
Sideline	2.24	2.50	4.06	3.57	2.27	4.09	4.09	4.01
Fishery	4.44	4.08	5.29	6.41	14.62	18.18	18.22	18.36
Total Retail Sales of Consumer Goods								
Whole and Retail Sale Trades	84.16	78.17	66.62	63.95	62.50	69.92	70.53	71.01
Catering Trade	9.21	8.12	15.44	16.21	17.51	18.57	19.22	19.40
Others	6.63	13.71	17.94	19.84	19.99	11.51	10.25	9.59
Investment In Fixed Assets								
Primary Industry	5.94	4.97	3.13	1.57	0.69	0.72	0.18	0.24
Secondary Industry	44.19	39.90	32.94	38.29	27.48	15.28	14.51	18.96
Tertiary Industry	49.87	55.13	63.93	60.14	71.83	84.00	85.31	80.80

9 GROSS DOMESTIC PRODUCT IN MAIN YEARS

(10 000 yuan)

Year (Period)	Gross Domestic Product	Primary Industry	Secondary Industry			Tertiary Industry
				Industry	Construction	
1952	53910	10787	16940	16434	506	26183
1957	111836	14952	51153	46088	5065	45731
1962	124147	20314	61196	56196	5000	42637
1965	180348	25033	101444	93401	8043	53871
1970	266600	31234	170872	164979	5893	64494
1975	366351	44318	227351	219739	7612	94682
1978	430947	50287	252479	243585	8894	128181
1980	575497	62438	313734	295337	18397	199325
1985	1243623	120449	658130	577048	81082	465044
1990	3195952	257288	1362975	1180978	181997	1575689
1995	12430697	734606	5801945	4959398	842547	5894146
1996	14449358	811630	6753844	5814566	939278	6883884
1997	16462567	857155	7661529	6661968	999561	7943883
1998	18416052	888763	8264307	7142835	1121472	9262982
1999	20567383	928522	9393241	8076035	1317206	10245620
2000	23759129	943718	10320464	8900429	1420035	12494947
2001	26857574	972806	11250617	9702444	1548173	14634151
2002	30014760	1030721	12271346	10690198	1581148	16712693
1950 - - 1952	138545	29687	43557	42432	1125	65301
1st Five - Year Plan Period	446375	70744	179270	163383	15887	196361
2nd Five - Year Plan Period	714451	84851	400777	372652	28125	228823
1963 - - 1965	469514	71608	255258	232026	23232	142648
3rd Five - Year Plan Period	1065638	154579	603396	577866	25530	307663
4th Five - Year Plan Period	1552917	197149	959585	930744	28841	396183
5th Five - Year Plan Period	2253990	259115	1288406	1234654	53752	706469
6th Five - Year Plan Period	4373327	459872	2395362	2137482	257880	1518093
7th Five - Year Plan Period	11603019	1017120	5296091	4548434	747657	5289808
8th Five - Year Plan Period	38574663	2454921	18098928	15601173	2497755	18020814
9th Five - Year Plan Period	93654489	4429788	42393385	36595833	5797552	46831316
1979 - - 2002	206140844	10479227	92289187	79830046	12459141	103372430

10 YEAR - END TOTAL HOUSEHOLDS AND POPULATION IN MAIN YEARS

Year	Total Households	Total Population	Agriculture	Non - agriculture	# Female	Ratio by sex (Female = 100)
Total						
1949	618698	2475259	1295637	1179622	1207954	104.91
1952	678722	2719141	1370170	1348971	1322250	105.64
1957	811439	3377586	1513557	1864029	1659746	103.50
1962	864664	3702454	1588191	2114263	1830123	102.31
1965	888576	3985070	1795294	2189776	1963842	102.92
1970	979764	4185363	2095823	2089540	2083979	100.84
1975	1071998	4591000	2408674	2182326	2263898	102.79
1978	1145925	4828961	2507540	2321421	2374951	103.33
1980	1162717	5018638	2458247	2560391	2468837	103.28
1985	1369661	5449820	2493662	2956158	2663431	104.62
1990	1641840	5942534	2528674	3413860	2887427	105.81
1995	1871894	6467115	2514356	3952759	3132759	106.44
1996	1905998	6560508	2527804	4032704	3179757	106.32
1997	1945905	6664862	2556223	4108639	3231941	106.22
1998	2007082	6741400	2568576	4172824	3272236	106.02
1999	2044756	6850024	2593729	4256295	3327111	105.89
2000	2100434	7006896	2645841	4361055	3401415	106.00
2001	2135837	7125979	2615185	4510794	3455802	106.20
2002	2162532	7206229	2183270	5022959	3501193	105.82
Urban Area						
1949	322133	1427648	388645	1039003	671270	112.68
1952	379087	1621776	415232	1206544	759811	113.44
1957	501793	2144799	455861	1688938	1032721	107.68
1962	542385	2394071	476997	1917074	1169713	104.67
1965	558343	2540688	560508	1980180	1235777	105.59
1970	605820	2515655	640643	1875012	1244494	102.14
1975	657669	2688779	747281	1941498	1313965	104.63
1978	706489	2831152	766176	2064976	1375737	105.79
1980	738713	3026616	737241	2289375	1472247	105.58
1985	883946	3288825	719278	2569547	1589830	106.87
1990	1054065	3579360	665079	2914281	1719027	108.22
1995	1172637	3853751	687037	3166714	1840191	109.42
1996	1193230	3901840	680430	3221410	1863900	109.34
1997	1211123	3956521	689200	3267321	1890134	109.32
1998	1229851	3993008	686731	3306277	1911456	108.90
1999	1248357	4054958	689565	3365393	1943367	108.66
2000(old eight districts)	1272083	4139045	700245	3438800	1980858	108.95
2000(new ten districts)	1734902	5666812	1652826	4013986	2742947	106.60
2001	1765120	5769691	1614883	4154808	2791775	106.67
2002	1796157	5838920	1185789	4653131	2832584	106.13

11 STATISTICS ON NATURAL CHANGES IN TOTAL POPULATION IN MAIN YEARS

(Person,‰)

Year	Annual Average Population	Birth		Death		Natural Growth Rate
		Population	Birth Rate	Population	Death Rate	
Total						
1949	2460084					
1952	2698816					
1957	3286712	129805	39.49	23395	7.12	32.37
1962	3683932	142881	38.78	25066	6.80	31.98
1965	3949440	106665	27.01	20739	5.25	21.76
1970	4157439	98912	23.79	22700	5.46	18.33
1975	4543684	76948	16.94	27019	5.95	10.99
1978	4753314	73470	15.46	25283	5.32	10.14
1980	4959822	80604	16.25	27643	5.57	10.68
1985	5402904	89630	16.59	28968	5.36	11.23
1990	5898400	88289	14.97	32388	5.49	9.48
1995	6418678	75867	11.82	35735	5.57	6.25
1996	6513812	78339	12.03	37216	5.71	6.32
1997	6612685	75184	11.37	35696	5.40	5.97
1998	6703131	67695	10.10	40981	6.11	3.99
1999	6795712	81485	11.99	39176	5.76	6.23
2000	6928460	71248	10.28	39987	5.77	4.51
2001	7066438	67542	9.56	37641	5.33	4.23
2002	7166104	61929	8.64	39673	5.54	3.10
Urban Area						
1949	1437368	38234	26.60	21992	15.30	11.30
1952	1610163	59254	36.80	16585	10.30	26.50
1957	2073385	93095	44.90	13477	6.50	38.40
1962	2393555	88574	37.01	14358	6.00	31.01
1965	2534506	53146	20.97	10982	4.33	16.64
1970	2513446	46984	18.69	13612	5.42	13.27
1975	2671601	32957	12.34	15302	5.73	6.61
1978	2770944	35159	12.69	14743	5.32	7.37
1980	2972122	40800	13.73	16519	5.56	8.17
1985	3255203	47881	14.71	17735	5.45	9.26
1990	3561652	44394	12.46	20329	5.71	6.75
1995	3828449	34888	9.11	22843	5.97	3.14
1996	3877796	37143	9.58	23259	6.00	3.58
1997	3929181	34205	8.71	22979	5.85	2.86
1998	3974765	30963	7.79	26096	6.57	1.22
1999	4023983	40782	10.13	25251	6.28	3.86
2000(old eight districts)	4097002	35378	8.64	25009	6.10	2.54
2000(new ten districts)	5613729	49805	8.87	33222	5.92	2.95
2001	5718252	48455	8.47	31613	5.53	2.94
2002	5804306	46978	8.09	32997	5.68	2.41

12 OVERALL EMPLOYEES IN MAIN YEARS

(Person)

Year	Total	Staff and Workers	Rural Employed Persons	Urban Employed Persons
Total				
1952	1118684	258326	656361	203997
1957	1372154	583563	715936	72655
1962	1473434	731780	708931	32723
1965	1699954	864321	773445	62188
1970	1970034	940661	989239	40134
1975	2375975	1208401	1138712	28862
1978	2668989	1473615	1178422	16952
1980	2750467	1565533	1160625	24309
1985	3134739	1756497	1310633	67609
1990	3411513	1893944	1408961	108608
1995	4077775	2082361	1698890	296524
1996	4122092	2028859	1745016	348217
1997	4282130	1998075	1886755	397300
1998	4453911	1970276	2027885	455750
1999	4548852	1879463	2150743	518646
2000	5036875	1803652	2644313	588910
2001	5100728	1722910	2694498	683320
2002	5140792	1777297	2603063	760432
Urban Area				
1952	653940	239331	210612	203997
1957	816510	528539	215316	72655
1962	890078	656113	201242	32723
1965	1073976	773058	238730	62188
1970	1175850	838216	297500	40134
1975	1460693	1089396	342506	28591
1978	1699547	1332852	349914	16781
1980	1788188	1419816	345190	23182
1985	1991006	1559619	376128	55259
1990	2115276	1641416	393185	80675
1995	2472382	1768604	486356	217422
1996	2462386	1708226	492449	261711
1997	2495357	1657729	529613	308015
1998	2581462	1623272	597893	360297
1999	2572959	1517032	642428	413499
2000(old eight districts)	2748013	1445868	827426	474719
2000(new ten districts)	4233440	1682793	2001897	548750
2001	4266608	1596507	2031142	638959
2002	4244708	1645431	1889584	709693

Note: The Rural Employed Persons didn't include the nonnative labors before 1996 and it included the nonnative labors employed above 6 months in 1997 but it has included all the nonnative labors since 1998.

13 EMPLOYEES AND COMPOSITION BY TYPE OF INDUSTRY IN MAIN YEARS

Year	Total Employees (person)	Primary Industry	Secondary Industry	Tertiary Industry	Composition (Total = 100) Primary Industry	Secondary Industry	Tertiary Industry
Total							
1952	1118684	646632	156720	315332	57.80	14.01	28.19
1957	1372154	706391	309909	355854	51.48	22.59	25.93
1962	1473434	712412	357782	403240	48.35	24.28	27.37
1965	1699954	780842	46004	459068	45.93	27.06	27.01
1970	1970034	958925	574633	436476	48.68	29.17	22.15
1975	2375975	1129317	700250	546408	47.53	29.47	23.00
1978	2668989	1165987	857527	645475	43.69	32.13	24.18
1980	2750467	1106432	922756	721279	40.23	33.55	26.22
1985	3134739	979869	1180526	974344	31.26	37.66	31.08
1990	3411513	963548	1241813	1206152	28.24	36.40	35.36
1995	4077775	924969	1583686	1569120	22.68	38.84	38.48
1996	4122092	935441	1547814	1638837	22.69	37.55	39.76
1997	4282130	932283	1628759	1721088	21.77	38.04	40.19
1998	4453911	936990	1703752	1813169	21.04	38.25	40.71
1999	4548852	930299	1750917	1867636	20.45	38.49	41.06
2000	5036875	956506	2020610	2059759	18.99	40.12	40.89
2001	5100728	969852	1990625	2140251	19.01	39.03	41.96
2002	5140792	948712	1981601	2210479	18.45	38.55	43.00
Urban Area							
1952	6539400	208230	179610	266100	31.84	27.47	40.69
1957	816510	211864	279569	325077	25.95	34.24	39.81
1962	890078	207976	323933	358169	23.37	36.39	40.24
1965	1073976	242858	422999	408119	22.61	39.39	38.00
1970	1175850	279618	511108	385124	23.78	43.47	32.75
1975	1460693	363095	628811	468787	24.86	43.05	32.09
1978	1699547	366748	767870	364929	21.58	45.18	33.24
1980	1788188	338240	818404	631544	18.91	45.77	35.32
1985	1991006	267498	903334	820174	13.44	45.37	41.19
1990	2115276	249162	900297	965817	11.78	42.56	45.66
1995	2472382	248653	988281	1235448	10.06	39.97	49.97
1996	2462386	242137	930102	1290147	9.83	37.77	52.40
1997	2495357	232534	915115	1347708	9.32	36.67	54.01
1998	2581462	236185	926689	1418588	9.15	35.90	54.95
1999	2572959	238480	890991	1443488	9.27	34.63	56.10
2000(old eight districts)	2748013	243451	937672	1566890	8.86	34.12	57.02
2000(new ten districts)	4233440	567841	1762633	1902966	13.41	41.64	44.95
2001	4266608	568297	1724519	1973792	13.32	40.42	46.26
2002	4244708	554020	1652329	2038359	13.05	38.93	48.02

Note: The Employees in Secondary Industry have included the rural nonnative labors since 1997, it coundn't be compared with those over the past years.

14 TOTAL WAGES OF STAFF AND WORKERS AND RELATED INDEX IN MAIN YEARS

Year	Total Wages	State – owned Units	Urban Collective – Owned Units	Units of Other Type of Ownership	Foreign Funded Enterprises
Absolute Value(10 000 **yuan**)					
1978	101809	76913	24896		
1980	142243	108015	34228		
1985	278892	208829	65660	4403	3127
1990	656434	487524	121441	47469	41198
1991	783043	565974	148783	68286	61119
1992	971335	690135	183771	97429	89978
1993	1316773	941475	226929	148369	106957
1994	1815428	1277944	308933	228551	183030
1995	2146245	1481375	344494	320376	263343
1996	2395597	1672483	348629	374485	313623
1997	2615842	1798987	338388	478467	404483
1998(old caliber)	2831440	1900631	344677	586132	454061
1998(new caliber)	2831440	1758088	322399	750953	454061
1999	3085768	1917375	296558	871835	507875
2000	3480880	2188085	289750	1003045	586413
2001	3878065	2401471	216967	1259627	691639
2002	4534911	2817578	229015	1488318	838420
Index(**preceding year** = 100)					
1978	116.20	121.34	102.76		
1980	139.72	140.44	137.48		
1985	123.19	121.95	124.25	190.69	236.36
1990	107.71	106.08	105.39	137.10	152.37
1991	119.29	116.09	122.51	143.85	148.35
1992	124.05	121.94	123.52	142.68	147.22
1993	135.56	136.42	123.48	152.28	118.87
1994	137.87	135.74	136.14	154.04	171.12
1995	118.22	115.92	111.51	140.18	143.88
1996	111.62	112.90	101.20	116.89	119.09
1997	109.19	107.56	97.06	127.77	128.97
1998	108.24	105.65	101.86	122.50	112.26
1999	108.98	109.06	91.99	116.10	111.85
2000	112.80	114.12	97.70	115.05	115.46
2001	111.41	109.75	74.88	125.58	117.94
2002	116.94	117.33	105.55	118.16	121.22

Note: Since 1999 the Absolute Value of Wages by type were different from the past years but Index computed on the same caliber.

15 URBAN PRIVATE AND INDIVIDUAL EMPLOYEEES

(person)

Item	1985	1990	1995	2000	2001	2002
Total	57609	98608	274453	562754	647940	711374
By Region						
Urban Region	51608	82677	233612	524813	605706	661684
Panyu City	5310	5610	15985	42270	54477	61078
Huadu City	1039	6392	19340	29531	36698	41527
Cities at County Level	6001	15931	38841	37941	42234	49690
Zengcheng City	5028	12389	31554	29123	29757	37142
Conghua City	973	3542	7287	8818	12477	12548
By Trade						
Farming, Forestry, Animal Husbandary and Fishery			109	1031	1540	3385
Mining and Quarrying			418	573	699	443
Manufacturing / Production and Supply of Electricity, Gas and Water	7168	16787	36251	63891	75665	90720
Construction	142	289	931	8655	11161	11772
Geological Prospecting and Water Conservancy						
Transport, Storage, Postal and Telecommunications	412	1188	7018	14943	22777	23231
Wholesale, Retail and Catering Service	41190	66804	183709	331752	367652	383928
Banking and Insurance						
Real Estate and Social Service	8638	13253	33445	108959	125908	144762
Health Care, Sports and Social Welfare	54	286	526	1537	1587	4809
Education, Culture, Art, Broadcasting, Film and Television	5	1	2728	11335	16933	21904
Scientific Research and Polytechnical Services			6658			
Government Agencies, Party Agencies and Social Organizations						
Others			2660	20078	24018	26420

16 REMPLOYMENT FOR THOSE WHO REGISTERED FOR UNEMPLYOMENT

(person)

Item	1985	1990	1995	2000	2001	2002
Total Urban Unemployed Persons	114924	154869	137146	225880	293848	249313
Urban Unemployed Persons by New Assignment	76792	89473	68620	134791	177739	148491
Unemployed Persons Assigned in State – owned Units	34272	49619	35604	25045	44582	33646
Employed	32442	49619	35604			
Filling Vacancies	1830					
Unemployed Persons Assigned in Collective – owned Units	17140	27837	16620	16026	20494	17740
Assigned in Collective – owned Units above District Level	10751	15810	11065			
Employed	10293	15810	11065			
Filling Vacancies	458					
Assigned in Other Collective – owned Units	6389	12027	5555			
Assigned in Urban Sub – District Office – owned Collective Units	3446	1745	862			
Assigned in State – owned Collective Units		704	369			
Assigned in Collective Units Owned by Fatigue Duty Company	2570	3998	1101			
Assigned in Collective Units Owned by Mass	216	202	281			
Assigned in Other Collective Units	157	5378	2942			
Individual Labor	10620	5233	3940	39508	46894	47248
Provisional Worker	14760					
Assigned in Other Ownership Units		6784	12456	54212	65769	49857
Unemployed Persons Decreased by Other Reason	2571	8854	5031	5993	24475	7218
The Year – end Urban Unemployed Persons	35561	56542	63495	85096	91634	93604
Urban Registered Unemployed Rate (%)	1.91	2.75	2.60	3.15	3.76	3.56

17 TOTAL INVESTMENT IN FIXED ASSETS IN MAIN YEARS

(By Kind of Investment)

(10 000 yuan)

Year	Total	Capital Construction	Innovation	Others	Real Estate Development
Total					
1952	3931	3931			
1957	16560	16560			
1962	7456	7426		30	
1965	20658	19760		898	
1970	20668	19968		700	
1975	56180	53556		2624	
1978	72641	65105	3479	4057	
1980	99565	79330	9801	10434	
1985	436197	200457	98513	90755	46472
1990	905937	422295	221809	144414	117419
1995	6182515	2137537	1093281	860561	2091136
1996	6389360	2194209	1120865	782646	2291640
1997	6565767	2283400	1206085	702059	2374223
1998	7588283	2927028	1231700	735866	2693689
1999	8782586	3531702	1432444	859413	2959027
2000	9236676	3085834	1585199	1009827	3555816
2001	9782093	3184471	1755560	971855	3870207
2002	10092421	2842654	1830353	1155516	4263898
Urban Area					
1952	3255	3255			
1957	15264	15264			
1962	6841	6811		30	
1965	19609	18718		891	
1970	19205	18575		630	
1975	51934	49572		2362	
1978	67021	61547	3278	2196	
1980	88684	74126	9446	5112	
1985	362215	189155	78828	49780	44452
1990	688267	330649	184139	75938	97541
1995	4735978	1786962	785063	461495	1702458
1996	4961794	1634670	968611	429726	1928787
1997	5415077	1926341	1042755	362865	2083116
1998	6402341	2592443	1052502	355159	2402237
1999	7469488	3216985	1292147	390514	2569842
2000(old eight districts)	7532152	2637583	1457790	522329	2914450
2000(new ten districts)	8880172	3003384	1524285	886435	3466068
2001	9422360	3110231	1712049	834987	3765093
2002	9372743	2654874	1755252	951505	4011112

18 TOTAL INVESTMENT IN FIXED ASSETS IN EACH PERIOD

(By Kind of Investment) (10 000 yuan)

Period	Total	Capital Construction	Innovation	Others	Real Estate Development
Total					
1950 – 1952	8110	8110			
1st Five – Year Plan Period	55375	55375			
2nd Five – Year Plan Period	122004	121780		224	
1963 – 1965	50972	49217		1755	
3rd Five – Year Plan Period	69853	66803		3050	
4th Five – Year Plan Period	167262	160829		6433	
5th Five – Year Plan Period	402292	358507	19628	24157	
6th Five – Year Plan Period	1310742	591568	337346	292454	89374
7th Five – Year Plan Period	3850377	1545049	1058484	714379	532465
8th Five – Year Plan Period	18092347	5930203	3259794	3110538	5791812
9th Five – Year Plan Period	38562672	14022173	6576293	4089811	13874395
1950 – 1978	702015	678752	3479	19784	
1979 – 2002	81864505	28257987	14833979	10350388	28422151
1950 – 2002	82566520	28936739	14837458	10370172	28422151
Urban Area					
1950 – 1952	6753	6753			
1st Five – Year Plan Period	49757	49757			
2nd Five – Year Plan Period	108373	108149		224	
1963 – 1965	46782	45119		1663	
3rd Five – Year Plan Period	64513	61706		2807	
4th Five – Year Plan Period	153532	147741		5791	
5th Five – Year Plan Period	369312	336720	18565	14027	
6th Five – Year Plan Period	1080481	561550	291792	143135	84004
7th Five – Year Plan Period	3037051	1286621	877951	407072	465407
8th Five – Year Plan Period	12949086	4681034	2440633	1548825	4278594
9th Five – Year Plan Period(eight districts)	31780852	12008022	5813805	2060593	11898432
9th Five – Year Plan Period(ten districts)	33128872	12373823	5880300	2424690	12450050
1950 – 1978	643162	623364	3278	16520	
1979 – 2002	69146453	24800714	12973264	6318215	25054260
1950 – 2002	69789615	25424078	12976542	6334735	25054260

19 ANNUAL AVERAGE GROWTH SPEED OF TOTAL INVESTMENT IN FIXED ASSETS IN EACH PERIOD

(%)

Period	Total	Capital Construction	Innovation	Others	Real Estate Development
Total					
1951 – 1952	87.99	87.99			
1st Five – Year Plan Period	36.80	36.80			
2nd Five – Year Plan Period	13.20	13.10			
1963 – 1965	47.30	45.30		249.70	
3rd Five – Year Plan Period	- 12.80	- 12.80		- 12.60	
4th Five – Year Plan Period	16.50	16.30		21.00	
5th Five – Year Plan Period	12.20	9.90		21.10	
6th Five – Year Plan Period	34.20	13.60	73.10	64.30	
7th Five – Year Plan Period	19.60	14.80	26.70	15.50	29.10
8th Five – Year Plan Period	50.40	36.70	38.40	53.40	89.20
9th Five – Year Plan Period	7.50	9.20	6.20	- 1.70	9.60
1951 – 1978	17.10	16.90			
1979 – 2002	26.90	20.60	35.70	32.30	
1951 – 2002	20.00	17.20			
Urban Area					
1951 – 1952	70.30	70.30			
1st Five – Year Plan Period	39.90	39.90			
2nd Five – Year Plan Period	11.90	11.90			
1963 – 1965	47.30	45.20		242.80	
3rd Five – Year Plan Period	- 13.60	- 13.60		- 15.00	
4th Five – Year Plan Period	16.10	15.90		21.00	
5th Five – Year Plan Period	12.00	10.40		5.80	
6th Five – Year Plan Period	31.30	14.20	68.40	64.20	
7th Five – Year Plan Period	17.80	10.40	28.00	16.90	25.70
8th Five – Year Plan Period	48.00	37.00	34.50	51.20	83.90
9th Five – Year Plan Period	10.00	10.00	13.40	- 3.70	11.40

20 TOTAL INVESTMENT IN FIXED ASSETS AND BUILDING CONSTRUCTION IN MAIN YEARS

Year (Period)	Total Investment in Fixed Assets (10 000 yuan)	Residential Buildings	Newly Increased Fixed Assets (10 000 yuan)	Floor Space of Buildings Under Construction (10 000 sq. m)	Residential Buildings	Floor Space of Buildings Completed (10 000 sq. m)	Residential Buildings
1952	3931	389	3323	28.32	8.97	14.16	5.07
1957	16560	2166	13060	191.79	83.77	95.89	41.88
1962	7456	955	7260	52.75	23.71	28.22	13.46
1965	20658	2003	17530	120.85	45.45	82.64	31.19
1970	20668	1235	16458	145.31	48.22	72.65	24.11
1975	56180	3721	35511	301.25	108.53	113.30	38.40
1978	72641	8987	95685	429.55	173.09	184.97	84.82
1980	99565	24254	77438	610.94	334.12	269.07	163.33
1985	436197	104015	344990	1448.87	820.45	796.96	531.33
1990	905937	232839	779577	1681.89	970.81	879.68	537.36
1995	6182515	1696316	3449779	4958.58	2840.92	1847.86	1212.84
1996	6389360	1722037	4441604	4890.55	2812.24	1824.89	1155.37
1997	6565767	1902460	4739141	4935.07	2922.72	1743.37	1202.72
1998	7588283	2330102	6338823	5445.19	3307.05	1893.83	1275.12
1999	8782586	2878473	6245103	6041.03	3639.10	2245.16	1501.22
2000	9236676	3250326	6907436	6152.47	3789.88	2404.81	1539.43
2001	9782093	3316894	7075104	6612.84	3916.82	2138.40	1304.28
2002	10092421	3457617	6527323	6376.80	3809.32	2129.56	1392.66
1950 – 1952	8110	778	6584	56.19	20.77	28.09	10.97
1st Five – Year Plan Period	55375	6464	47649	572.19	203.39	290.22	104.28
2nd Five – Year Plan Period	122004	7495	95387	800.11	215.86	414.52	115.24
1963 – 1965	50972	5162	44012	284.98	110.36	164.70	64.55
3rd Five – Year Plan Period	69853	6402	58789	515.04	210.15	296.95	122.91
4th Five – Year Plan Period	167262	11290	111348	920.60	319.39	406.78	131.68
5th Five – Year Plan Period	402292	61679	323278	2341.15	1060.94	947.92	459.34
6th Five – Year Plan Period	1310742	402770	1030043	6004.01	3745.15	3328.09	2352.35
7th Five – Year Plan Period	3850377	989264	3056834	8645.37	4722.40	4454.23	2808.76
8th Five – Year Plan Period	18092347	5632278	11179716	17131.12	9906.30	7045.41	4339.71
9th Five – Year Plan Period	38562672	12083398	28672107	27464.31	16470.99	10112.06	6673.86
1950 – 1978	702015	57559	552284	4340.21	1530.97	2087.32	746.92
1979 – 2002	81864505	25923932	57675890	73384.50	43180.87	29669.61	19133.67
1950 – 2002	82566520	25981491	58228174	77724.71	44711.84	31756.93	19880.59

21 URBAN RESIDENT CONSUMER PRICE INDICES BY CATEGORY

Item	2002	
	preceding year = 100	2002 (year) = 100
General Consumer Price Index	97.6	95.7
Consumer Price Index	96.9	92.7
Service Item Price Index	99.5	103.6
Food	98.1	94.1
# Grain	96.5	90.2
Oil or Fat	96.4	91.9
Meat, Poultry and their Products	99.3	97.3
Eggs	100.3	95.2
Aquatic Products	98.2	87.4
Vegetables	91.7	88.5
# Fresh Vegetables	91.0	87.9
Cigarettes, wine and Articles	100.5	101.2
Clothing	97.9	93.7
Household Facilities and Articles	98.1	94.4
# Durable Consumer Goods	96.8	90.2
Medicine and Medical Service	97.3	94.5
# Medical Service	97.5	94.9
Means of Transportations and Communications	97.5	95.3
Recreation, Education and Culture Articles	93.5	92.0
Residence	100.1	104.0

22 URBAN RETAIL PRICE INDICES BY CATEGORY

(preceding year = 100)

Item	1997	1998	1999	2000	2001	2002
General Retail Price Index	99.4	96.3	96.8	99.4	97.4	97.4
Food	100.2	95.3	95.5	98.9	98.1	98.1
Beverages, Tobacco and Liquor	98.9	99.0	99.6	100.4	101.8	102.5
Garments, Shoes and Hats	101.6	97.9	92.3	97.7	95.5	97.5
Textiles	100.5	100.7	92.0	98.1	101.9	101.0
Traditional Chinese and Western Medicines	105.7	102.1	98.2	95.2	96.0	94.1
Cosmetics	102.2	99.9	99.9	100.8	99.0	95.0
Books, Newspapers and Magazines	107.4	113.4	100.1	110.9	110.3	109.2
Stationery and Sport Goods	98.6	93.6	98.8	99.0	95.6	96.9
Articles for Daily Use	99.8	99.6	98.6	100.2	99.4	98.9
Household Appliances	94.2	92.0	98.3	95.9	93.0	92.9
Jewelry	94.6	90.6	95.4	104.2	89.2	99.0
Fuels	109.1	90.6	107.0	124.5	98.0	96.9
Building Decoration Materials	97.4	88.9	96.6	98.2	99.1	99.4
Mechanical and Electrical Products	87.0	90.0	92.8	90.7	91.4	88.5

23 RURAL RESIDENT CONSUMER PRICE INDICES BY CATEGORY

(preceding year = 100)

Item	1997	1998	1999	2000	2001	2002
Rural General Consumer Price Index	101.01	97.69	96.23	96.10	97.94	96.94
Living Consumer Price Index	101.19	97.66	96.09	96.33	98.03	96.69
Food	100.65	94.28	94.84	96.47	99.49	98.84
# Grain	97.20	97.13	95.71	92.70	96.64	97.06
Vegetables	99.96	92.24	93.84	96.87	110.80	91.08
Meat, Poultry and their Products	102.96	89.71	93.58	93.99	97.15	97.42
Eggs	87.16	90.02	94.36	85.71	98.31	101.47
Aquatic Products	94.79	90.21	92.65	98.31	98.46	98.79
Clothing	100.77	93.58	94.78	94.28	97.13	97.02
# Garments	99.50	87.60	95.94	93.66	96.91	96.53
Residence	101.07	97.61	95.52	103.14	98.66	96.80
# Building Materials	96.58	98.35	93.02	100.31	99.35	98.82
Household Facilities and Articles	98.87	97.60	95.35	96.65	97.26	95.42
# Durable Consumer Goods	97.66	94.91	96.18	94.55	96.14	93.23
Daily Use Household Sundries	99.67	101.28	94.12	98.41	98.23	97.39
Medicine and Medical Service	106.75	101.36	98.46	96.46	97.21	99.22
# Traditional Chinese Medicine	106.60	101.51	98.19	97.32	95.35	99.23
Western Medicine	107.45	101.78	99.12	96.47	99.27	102.37
Means of Transportation and Communication	92.44	94.37	95.12	86.62	88.28	84.91
# Means of Transportation	91.97	93.71	98.46	90.84	92.89	85.31
Recreation, Education and Culture Articles	94.92	103.72	93.23	89.66	91.03	92.16
# Durable Consumer Goods for Recreational Use	93.13	94.13	88.87	85.75	87.36	89.35
Books, Newspapers and Magazines	106.97	109.88	112.32	104.60	99.01	98.27
Services	108.64	103.55	100.84	97.15	97.28	94.84
# Transportations	106.85	98.82	97.61	102.46	103.48	100.52
Tuition	110.25	107.76	112.61	97.04	96.17	95.96
Repair	108.88	102.26	97.41	98.06	102.06	99.58
Medical and Health Care Services	113.57	121.12	105.94	102.10	99.86	95.99
Production Consumer Price Index	100.47	97.74	96.68	95.40	97.49	98.22
Floating Assets	100.59	98.12	96.48	95.66	97.37	98.95
Small Farm Tools	102.48	97.15	93.97	95.80	97.53	95.53
Forage	100.51	109.80	98.81	85.65	95.64	102.01
Young Livestock and Fowls	94.17	81.02	83.42	105.87	105.20	93.11
Chemical Fertilizer	102.20	87.60	95.88	96.28	96.17	100.40
Chemical Pesticide	102.61	98.97	102.03	99.44	95.49	95.22
Pesticide Appliance	106.76	96.71	90.51	97.01	100.69	98.36
Fuels for Production Use	103.79	94.51	103.00	121.94	92.93	98.43
Fixed Assets	97.62	91.44	100.30	91.26	98.16	93.99
Grown - up Livestock	98.41	71.90	89.68	91.45	93.04	85.58
Semi - mechanized Farm Implements	95.26	90.72	103.58	101.42	98.38	97.70
Mechanized Farm Machinery	99.44	94.40	106.48	98.44	100.50	98.32
Conveyance	97.07	97.76	100.28	85.84	98.49	94.22

24 URBAN HOUSEHOLD PER CAPITA ANNUAL DISPOSABLE INCOME AND EXPENDITURE ON CONSUMPTION

(yuan)

Item	1980	1985	1990	1995	2000	2001	2002
Cash on Hand at Year - beginning	12.05	34.21	283.96	530.44	618.67	681.76	679.48
Disposable Income	606.12	1099.77	2748.95	9038.16	13966.53	14694.00	13380.47
Expenditure on Consumption	521.04	1011.48	2409.60	7601.73	11349.47	11467.35	10671.78
Food	366.57	632.13	1461.41	3816.34	4835.57	4589.72	4380.36
Clothing	49.10	65.33	154.14	498.13	586.69	573.00	564.71
Household Facilities, Articles and Service	23.98	86.83	174.15	690.69	812.79	836.21	746.85
Medicine and Medical Services	6.36	13.20	40.08	244.53	444.61	557.56	592.71
Transportations and Communications	5.09	31.47	73.05	476.24	1033.55	1100.27	1185.74
Recreation, Education and Culture Services	23.67	78.92	193.59	734.42	1443.42	1515.95	1751.08
Residence	23.74	52.45	192.88	658.94	1474.60	1539.97	981.43
Miscellaneous Commodities and Services	22.53	51.15	120.30	482.44	718.24	754.67	468.90
Cash on Hand at Year - end	15.20	74.02	386.10	1122.25	892.92	783.04	1403.10

25 ELECTRICITY SUPPLY IN URBAN DISTRICTS

(10 000kwh)

Item	1990	1995	2000	2001	2002
Total					
Electricity Supply	527670	1329050	2096499	2245355	2556372
Sale of Electricity	498014	1090811	1971582	2116961	2382349
# Electricity Consumption by Industry	297277	737951	1084992	1133617	1314938
Electricity Consumption by Urban and Rural Households	81301	252491	418084	467250	475441
Urban	57250	177549	253099	288472	308308
Rural	24051	74942	164985	178778	167133
Urban Districts					
Electricity Supply	428107	958143	1436451	2002697	2263931
Sale of Electricity	404046	790334	1356970	1895498	2120107
# Electricity Consumption by Industry	239331	482226	627360	964733	1107362
Electricity Consumption by Urban and Rural Households	60192	189711	315672	436041	441425
Urban	49013	147861	230502	270746	285732
Rural	11179	41850	85170	165295	155693

26 FLOOR SPACE OF BUILDINGS IN URBAN AREA IN MAIN YEARS

Year	Total Floor Space of Buildings (Year - end) (10 000sq. m)	Total Floor Space of Residential Buildings (Year - end) (10 000sq. m)	Total Living Space of Residential Buildings (Year - end) (10 000sq. m)	Per Capita Net Living Space (sq. m)
1952	1256.38	789.76	473.86	3.93
1957	1484.49	868.31	520.99	3.08
1962	1823.35	943.00	565.86	2.95
1965	1957.95	992.63	595.50	3.01
1970	2166.65	1056.93	634.16	3.39
1975	2484.36	1153.38	692.03	3.57
1978	2889.89	1314.03	788.42	3.82
1980	3247.82	1512.88	907.73	3.97
1985	5511.97	2834.43	1700.66	6.62
1990	7567.44	3974.23	2327.55	7.99
1995	9666.45	5276.22	3043.65	9.61
2000	13740.03	7952.05	4515.36	13.13
2001	14829.01	8713.55	4934.19	13.87
2002	21720.35	12995.46	7289.24	15.67

27 MAIN INDICATORS OF RURAL ECONOMY

Item	1990	1995	2000	2001	2002
Number of Rural Households	723782	841016	865440	882850	885484
Number of Rural Population(person)	2822085	3116880	3117788	3196403	3161765
Rural Emloyed Persons(person)	1460531	1572734	1639875	1623935	1646442
# Emloyed Persons in Agriculture(person)	940090	900641	898786	899017	878980
Area of Cultivated Land (hectare)	164635	132439	118460	115352	108927
Area of Land Actually Ploughed by Tractors (hectare)	126104	101865	95331	96793	92673
Area of Effective Irrigated Land (hectare)	152075	125060	112731	109861	102972
Total Power of Agricultural Machinery (10kw)	174421	241922	246999	247026	249188
Chemical Fertilizers Consumed(converted into pure chemical fertilizers)(ton)	134591	106953	90136	106315	105798
Pesticide Consumed(ton)	7483	6737	3740	2425	2396
Electricity Consumed in Rural Areas (10 000 kwh)	84909	376000	783960	855980	1036988
Gross Output Value of Rural Society (10 000 yuan)	1138369	8547293	16786050	18724074	20270741
# Gross Output Value of Agriculture(10 000 yuan)	439322	1268076	1630468	1670518	1750598
Added Value of Agriculture (10 000 yuan)	257288	734606	943719	972806	1030721
Commodity Rate of Agriculture (%)	74.05	83.44	85.81	86.12	86.96
Yield of Major Farm Crops					
Grain (ton)	1195283	978988	881069	751288	651628
Peanuts (ton)	38812	27325	25625	25976	26173
Sugarcane (ton)	2026304	754327	76035	85044	162783
Vegetable (ton)	1263415	2158004	3064896	3287449	3460429
Fruits (ton)	308886	318018	329650	349282	473737
Pork (ton)	144391	262881	327702	315545	310396
Aquatic Products (ton)	87172	187775	325191	335295	345348
Number of Township and Village Enterprises	61324	85088	98363	101973	102511
Employees in Township and Village Enterprises	534097	966132	1221077	1257447	1328197
Gross Income of Township and Village Enterprises (10 000 yuan)	968773	7562954	16604241	18995663	18983014
Original Value of Fixed Assets of Township and Village Enterprises (10 000 yuan)	370354	2136796	4943480	5427474	6077335
Gross Income of Rural Economy(10 000 yuan)	1286288	8184750	14645242	15630845	16312215
Per Capita Annual Net Income of Rural Residents(yuan)	1539	4483	6086	6446	6857

28 AREA OF CULTIVATED LAND IN MAIN YEARS

(Year - end) (hectare)

Year	Area of Cultivated Land	Paddy Field	Dry Field	Per Capita Area of Cultivated Land (Based on Rural Population)	Per Capita Area of Cultivated Land (Based on Rural Labors)
1952	212968	188312	24656	0.16	0.33
1957	216368	188579	27789	0.14	0.31
1962	198186	168447	29739	0.12	0.28
1965	191252	166566	24686	0.11	0.24
1970	188398	165393	23005	0.09	0.20
1975	186869	164740	22129	0.08	0.17
1978	185735	164062	21673	0.07	0.16
1980	184827	163178	21649	0.08	0.17
1985	174338	153675	20663	0.07	0.18
1990	164635	145404	19231	0.07	0.18
1995	132439	117683	14756	0.05	0.15
1996	128186	113596	14590	0.05	0.14
1997	126340	112336	14004	0.05	0.14
1998	125440	111752	13688	0.05	0.14
1999	122704	109242	13462	0.05	0.14
2000	118460	105364	13096	0.04	0.13
2001	115352	101962	13390	0.04	0.13
2002	108927	95487	13440	0.04	0.12

29 GROSS OUTPUT VALUE OF INDUSTRY IN MAIN YEARS

(10 000 yuan)

Year(Period)	Total (at the price of the same year)	Light Industry	Heavy Industry	Total (at constant price of 1990)	Light Industry	Heavy Industry
1949	29670	26644	3026	32960	28430	4530
1952	49612	42657	6955	57077	47129	9948
1957	138497	111268	27229	167616	129707	37909
1962	180698	135171	45527	230265	165699	64566
1965	278331	195362	82969	363036	245384	117652
1970	473200	314691	158509	646125	413836	232289
1975	658434	414798	243636	916130	551732	364398
1978	753873	476737	277136	1056253	638185	418068
1980	881242	574239	307003	1286085	792438	493647
1985	1779333	1163704	615629	2351845	1467985	883860
1990	4424437	2830366	1594071	4345682	2882641	1463041
1995(old standard)	19353440	11263263	8090177	13854652	8690180	5164472
1995(new standard)	17224948	10263515	6961433	13169472	8414840	4754632
1996	20685796	12641264	8044532	15684742	10607975	5076767
1997	23753915	14395602	9358313	18489780	12387980	6101800
1998	25127025	15661603	9465422	21069644	13973099	7096545
1999	27793652	16797164	10996488	24074002	15550782	8523220
2000	31000188	17622183	13378005	27337139	16776472	10560667
2001	33931904	18855507	15076397	31421481	18552870	12868611
2002	37889079	20185702	17703377	36124187	20325513	15798674
1950 - 1952	128640	110683	17957	146337	126136	20201
1st Five - Year Plan Period	527303	432382	94921	627218	516606	110612
2nd Five - Year Plan Period	1183456	833617	349839	1475718	1044799	430919
1963 - 1965	701979	505233	196746	910260	658416	251844
3rd Five - Year Plan Period	1699709	1136488	563221	2285860	1536299	749561
4th Five - Year Plan Period	2729688	1729515	1000173	3784008	2397464	1386544
5th Five - Year Plan Period	3861380	2443104	1418276	5457579	3436370	2021209
6th Five - Year Plan Period	6447893	4209237	2238656	8933853	5824122	3109731
7th Five - Year Plan Period	16252266	10438049	5814217	17426769	11840078	5586691
8th Five - Year Plan Period	59397158	34984219	24412939	47270331	30306808	16963523
9th Five - Year Plan Period	128360576	77117816	51242760	106655307	69296308	37358999
1979 - 2002	283979882	166865888	117113994	250269041	157673444	92595597

Note: Gross Output Value of Industry include those of the enterprises of villages, below villages and individuals.

30 TOTAL REAIL SALE OF SOCIAL CONSUMER GOODS IN MAIN YEARS

(10 000 yuan)

Year (Period)	Total	By Purchaser		By Sector			
		Ordinary Residents	Government Agencies, Party Agencies and Social Organizations	Wholesale and Retail Sales Trade	Catering Trade	Manufacturing	Others
1952	44933	41598	3335	36125	5410	3398	2666
1957	80584	73990	6594	63461	10589	6534	3836
1962	94690	87462	7228	75341	14173	5176	2792
1965	94760	85456	9304	80811	8796	5153	3539
1970	107918	97563	10355	92930	9143	5845	3826
1975	152120	135728	16392	129124	13048	9948	6460
1978	176300	158296	18004	148378	16242	11680	7327
1980	287127	252948	34179	224457	23307	39363	24261
1985	749841	675806	74035	499571	115750	134520	64827
1990	1477826	1327884	149942	945047	239607	293172	74574
1995	5499678	4920837	578841	3437585	962855	1099238	331749
1996	6864426	6147983	716443	4549455	1193692	1121279	370657
1997	8025887	7032651	993236	5329267	1387026	1309594	509907
1998	9045719	7912743	1132976	6010638	1583833	1451248	561812
1999	10006848	8806026	1200822	6661555	1820957	1524336	605225
2000	11211340	9890644	1320696	7839516	2081458	1290366	589711
2001	12482848	11021106	1461742	8803979	2399208	1279661	571027
2002	13706815	12072826	1633989	9733195	2659750	1313870	476489
1950 - 1952	110675	102504	8171	88711	14075	7889	5733
1st Five - Year Plan Period	330144	298017	32127	264031	42188	23925	15324
2nd Five - Year Plan Period	462103	414194	47909	379250	60237	22616	13899
1963 - 1965	285516	259275	26241	241319	28612	15585	10466
3rd Five - Year Plan Period	519550	471635	47915	450008	48523	21019	1357
4th Five - Year Plan Period	663567	596511	67056	564390	59398	39779	24513
5th Five - Year Plan Period	998522	884578	113944	820608	86244	91670	58472
6th Five - Year Plan Period	2459903	2194642	265261	1775024	260620	424259	222331
7th Five - Year Plan Period	5978373	5373287	605086	3847414	892809	1238150	388958
8th Five - Year Plan Period	16808010	15059958	1748052	10491118	2944665	3372227	959784
9th Five - Year Plan Period	45154220	39790047	5364173	30390431	8066966	6696823	2637312
1979 - 2002	97088286	85951099	11137187	65437585	17266492	14384209	5293503

31 BASIC STATISTICS ON INDIVIDUAL BUSINESS

Item	2001			2002		
	Number of Individuals	Employees	Registered Capital (10 000 yuan)	Number of Individuals	Employees	Registered Capital (10 000 yuan)
Total	250672	427923	490425	245505	415817	660203
Urban Area	216551	369655	401630	209235	355197	427715
Dongshan District	10007	10276	13135	11534	11916	14532
Liwan District	17729	20717	18896	17272	20398	18801
Yuexiu District	20057	30085	21129	21844	32766	17475
Haizhu District	22762	23570	18582	26868	33324	15903
Tianhe District	13993	31348	28795	14039	31451	28890
Fangcun District	8396	12824	9993	8569	11388	15951
Baiyun District	37531	55066	73037	30440	39710	64417
Huangpu District	10019	17081	13030	7462	13790	13740
Panyu District	41155	102882	154601	36902	94136	185408
Huadu District	27062	46304	31591	26593	45643	33100
Development Zone	593	1857	791	785	2107	1143
Transaction Substation	6555	16804	17869	6207	16103	17804
Zhujiang Substation	692	841	181	720	2465	551
City at County Level	34121	58268	88795	36270	60620	232488
Zengcheng City	23769	40958	70169	26322	44431	114539
Conghua City	10352	17310	18626	9948	16189	117949

32 TOTAL VALUE OF IMPORT AND EXPORT COMMODITIES (COSTOMS STATISTICS)

(USD10 000)

Item	2001			2002		
	Total	Export	Import	Total	Export	Import
Total	2303669	1162345	1141324	2792708	1377851	1414857
By Trade Form						
General Trade	993435	441611	551824	1211448	542996	668452
Donation and Gratis Aid of International Organizations	1382	172	1210	240	199	41
Donation of Overseas Chinese	95		95	46		46
Compensation Trade						
Processing and Assembling with Customer's Materials	556343	327960	228383	656929	373292	283637
Processing and Assembling with Import Materials	609265	377376	231889	729699	444845	284854
Sale by Consignment	25	25		8	8	
Small Trade on Border						
Equipment for Processing and Assembling by Import	4341		4341	6703		6703
Contacted Projects in Foreign Countries				698	698	
International Leasing	920		920	19816	6	19810
Foreign Funded Equipments	58824		58824	66325		66325
Trade for Processing and Assembling by Export						
Cargo Passing in and out Bonded Warehouses	38289	6992	31297	48288	8105	40183
Storage Goods or Sailing Goods in Bonded Warehouses	40391	8102	32289	52355	7667	44688
Barter Trade						
Tax - free Commodities on Foreign Exchange	151		151			
Others	208	107	101	153	35	118
By Ownership						
State - owned Enterprises	954063	519935	434128	1124191	569086	555105
Collectitve - owned Enterprises	99954	31444	68510	89111	40828	48283
Foreign Funded Enterprises	1211230	605227	606003	1484641	751290	733351
Joint Ventures	424150	183236	240914	443836	193220	250616
Cooperative Ventures	289608	160085	129523	335224	188401	146823
Sole - Foreign Enterprises	497472	261906	235566	705581	369669	335912
Individual Enterprises	22811	4082	18729	81864	14390	67474
Others	15611	1657	13954	12901	2257	10644

Continued (USD10 000)

Item	2001			2002		
	Total	Export	Import	Total	Export	Import
By Continent						
Asia	1321997	603474	718523	1598095	716995	881100
# Hongkong	489156	388695	100461	575034	462370	112664
Macao	9247	8731	516	10601	10135	466
Indonesia	29814	9133	20681	29182	9536	19646
Japan	291479	87647	203832	348660	95875	252785
Malaysia	44534	14655	29879	60297	15253	45044
Singapore	43800	16615	27185	64636	20274	44362
South Korea	99688	8574	91114	107877	11565	96312
Thailand	30011	6644	23367	31170	8993	22177
Taiwan	141579	8983	132596	178661	10473	168188
United Arab Emirates	10852	10415	437	13695	13304	391
India	23020	6615	16405	30624	8109	22515
Africa	47239	33720	13519	49926	37218	12708
# South Africa	11503	4764	6739	11684	4984	6699
Europe	404877	180342	224535	474135	213299	260836
# Britain	44282	24675	19607	54855	31577	23278
Germany	86405	33675	52730	102434	38877	63557
France	31860	14593	17267	32195	14212	17983
Italy	26959	13224	13735	35618	16600	19018
Holand	28886	17940	10946	36228	25474	10754
Spain	13876	8850	5026	17102	10228	6874
Belgium	63261	31142	32119	73400	33760	39640
Switzerland	25065	3233	21832	26705	3406	23299
Russia	17754	2538	15216	27556	4403	23153
Latin America	44704	33589	11115	53561	36655	16906
# Mexico	6992	5481	1511	10267	7531	2736
Panama	7602	7497	105	10709	10608	101
North America	439225	284471	154754	563764	341752	222012
# Canada	36775	22215	14560	37806	25805	12001
United States	402398	262204	140194	525942	315932	210010
Oceania	45627	26749	18878	53222	31932	21290
# Australia	37881	24089	13792	43815	28732	15083
Others				5		5

33 UTILIZATION OF FOREIGN CAPITAL

(USD10 000)

Item	1990	1995	2000	2001	2002	1979 - 2002
Number of Signed Contracts and Agreements on Projects of Utilization of Foreign Capital	2711	2564	1445	1087	1177	54464
Foreign Loans	3					57
Foreign Direct Investments	389	1774	647	678	776	13288
Joint Ventures Enterprises	144	439	135	144	130	3762
Cooperative Operation Enterprises	133	852	124	75	76	5519
Venture Exclusively with Foreign Investment	112	483	388	458	570	4006
Foreign Investment Share Enterprises				1		1
Other Foreign Investment	2319	790	798	409	401	41119
International Lease	12	18				121
Compensation Trade	7					107
Processing and Assembly	2300	772	798	409	401	40891
Total Amount of Foreign Capital to be Utilized through Signed Contracts and Agreements	55426	685657	163454	200604	316579	4856158
Foreign Loans	5067	8391				277962
Foreign Direct Investments	47183	673101	152759	196229	302322	4458336
Joint Ventures Enterprises	10706	140826	28492	24900	60620	770944
Cooperative Operation Enterprises	24227	439053	56538	53849	45721	2810907
Venture Exclusively with Foreign Investment	12250	93222	67729	116186	195063	874273
Foreign Investment Share Enterprises				1294	918	2212
Other Foreign Investment	3176	4165	10695	4375	14257	119860
International Lease	1455	3616				21840
Compensation Trade	479					12111
Processing and Assembly	1242	549	10695	4375	14257	85909
Total Amount of Foreign Capital Actually Used	27263	225298	311541	332746	265299	2947558
Foreign Loans	6643	8391	8211	25700	31214	298254
Foreign Direct Investments	18613	214444	298923	300119	228386	2597980
Joint Ventures Enterprises	9024	49868	47085	53939	55391	656884
Cooperative Operation Enterprises	6038	138609	177977	122557	70560	1339497
Venture Exclusively with Foreign Investment	3551	25967	73861	91298	100357	567196
Foreign Investment Share Enterprises				32325	2078	34403
Other Foreign Investment	2007	2463	4407	6927	5699	51324
Issuing Stocks abroad				4070		4070
International Lease	765	2331				10590
Compensation Trade	377					8421
Processing and Assembly	865	132	4407	2857	5699	28243

34 NUMBER OF REGISTRED FOREIGN – FUNDED ENTERPRISES

Item	1990	1995	2000	2001	2002
Total	1500	7825	8085	8305	8727
Joint Venture Enterprises	681	2519	2180	2172	2177
Cooperative Operation Enterprises	655	3907	3281	3179	3005
Exclusively with Foreign Investment Enterprises	164	1399	2620	2950	3542
Foreign Investment Share Enterprises			4	4	3

35 BASIC STATISTICS ON POSTGRADUATES

(person)

Year	Training Units		Graduates			New Students Enrolllments			Students Enrollments		
		# Schools		# Schools	# Doctors		# Schools	# Doctors		# Schools	# Doctors
1985	15	12	654	650	7	1526	1518	74	2878	2859	92
1990	25	13	1491	1438	101	1113	1090	76	3355	3264	293
1991	24	13	1272	1234	109	1171	1157	167	3216	3149	338
1992	19	13	947	917	76	1258	1228	162	3492	3426	417
1993	18	13	1025	1003	76	1521	1490	201	3940	3865	533
1994	18	13	1079	1064	142	1866	1831	298	4656	4562	681
1995	21	13	1259	1215	154	1875	1782	407	5283	5080	935
1996	21	13	1440	1396	188	2367	2249	457	6162	5888	1192
1997	21	13	1770	1715	253	2387	2288	457	6696	6388	1391
1998	21	13	1843	1759	420	2997	2921	582	7821	7521	1539
1999	21	13	2168	2059	371	3673	3559	788	9253	8952	1933
2000	21	13	2131	2028	417	5435	5274	1048	12492	12135	2549
2001	22	14	2753	2671	540	7080	6837	1352	17150	16631	3421
2002	20	12	3133	3022	574	8245	7910	1596	20408	19674	4256

36 NUMBER OF TOURISTS STAYING OVERNIGHT IN MAIN HOTELS

Item	1990	1995	2000	2001	2002
Total Number of Tourists (person – time)	6680975	9646246	12186933	11828857	9683592
International Tourists	1890998	1706706	2094150	2005410	1923134
1. Foreigners	324498	478845	756286	724339	941648
# Japan	65536	68793	133292	160153	210750
Philippines	3488	3281	8353	7966	9598
Singapore	27539	23715	27966	30572	36720
United States	47323	49163	75044	86428	104432
Canada	12140	11161	14243	16771	20386
Britain	18801	15417	20003	21059	22808
France	13262	20582	26503	24126	25099
Germany	10696	17108	28171	30663	28240
Italy	7323	8051	10849	10677	14191
Australia	11088	11424	15476	17988	20507
Malaysia			41698	42984	63917
Indonesia			29859	29621	36208
South Korea			15714	24107	34216
Thailand			17288	18151	25471
India			13380	13130	18972
Vietnam					16566
2. Overseas Chinese	70706	101089	103131		
3. Compatriots from Hongkong, Macao and Taiwan	1495794	1126772	1234733	1281071	981486
# Taiwan	476805	159153	151585	155209	151593
Domestic Tourists	4789977	7939540	10092783	9823447	7760458
Total Number of Tourists and Days (Person – day)	12883274	20686998	23033303	21285037	16782250
International Tourists	3187131	3620613	4376328	3599910	3350000
1. Foreigners	665214	1282729	1869567	1466704	1857752
2. Overseas Chinese	128303	217573	231071		
3. Compatriots from Hongkong, Macao and Taiwan	2393614	2120311	2275690	2133206	1492248
# Taiwan	722045	304284	409624	279765	261075
Domestic Tourists	9696143	17066385	18656975	17685127	13432250
Average Daily International Tourists to Guangzhou (person – time)	5181	4676	5737	5494	5269
Room Occupancy(%)	67.66	62.91	61.73	61.87	62.49

Appendix: In 2002, there were 27 060 600 tourists staying overnight in Guangzhou, including 4 739 700 international tourists and 22 320 900 domestic tourists.

Note: Before 1995 the data only include Main Tourist Hotels, from 1996 it include all Main Hotels.

37 BASIC STATISTICS ON MAIN HOTELS

(10 000yuan)

Item	2000	2001	2002
List of Main Hotels			
Number of Hotels	290	302	326
# Star Hotels	135	176	192
Five – stard	5	5	5
Four – star	15	20	20
Three – star	51	70	79
Two – star	61	76	83
One – star	3	5	5
Total Number of Guest Rooms	45626	45332	49528
Total Number of Beds	88739	88757	95217
Business Status			
Business Income(10 000 yuan)	632819	646563	692978
Business Costs(10 000 yuan)	138054	138221	139911
Business Expenses(10 000 yuan)	247879	274849	280941
Business Taxes(10 000 yuan)	31357	33000	36095
Operational Profits(10 000 yuan)	215529	200493	236031
Overhead Expenses(10 000 yuan)	199621	186174	208111
Financial Expense(10 000 yuan)	25385	13576	18990
Business Profits(10 000 yuan)	– 9477	743	8930
Yield(10 000 yuan)	3446	2473	2574
Net Income of Out – business(10 000 yuan)	4239	7616	– 4033
Total Profits(10 000 yuan)	– 1792	10832	7471
Year – end Employed Person(person)	68283	74200	72528

38 BASIC STATISTICS ON TRAVEL AGENCIES

(10 000yuan)

Item	1995	2000	2001	2002
Enterprises Status				
Total Number of Travel Agencies	90	121	136	135
Staff and Workers at Year – end	5404	4976	5322	6685
Reception Capacity				
Total Number of Tourists	84.54	271.88	352.40	431.85
International Tourists	32.50	51.74	79.43	98.38
Domestic Tourists	52.04	220.14	272.97	333.47
# Local Residents Going Overseas	15.71	33.09	30.02	35.27
Business Status				
Business Income	162507	282076	326015	449554
Business Costs	128939	240706	283599	396703
Business Expenses	14962	17394	19107	27807
Business Taxes	2145	2450	2241	3280
Operational Profits	16461	21526	21068	21764
Overhead Expenses	11889	13465	17381	16503
Financial Expense	– 21	974	1070	1361
Business Profits	4593	7087	2617	3900
Yield	2092			
Net Income of Out – business	1928	600	– 70	561
Total Profits	8613	7687	2547	4461

39 MAIN INDICATORS OF SCIENTIFIC AND TECHNOLOGICAL MONITORING

Item	2000	2001	2002
Scientific and Technological Personnel per 10000 People (person/10 000 persons)	920	934	950
Scientists and Engineers Per 10000 People (person/10 000 persons)	488	504	528
Per Capita Average Original Value of Fixed Assets of Scientific Research Institutions (10 00yuan/person)	117.51	102.64	167.75
Proportion of Added Fixed Assets in Polytechnic Services to Added Fixed Assets of Total Society (%)	0.37	0.30	0.30
Number of Patent Examined per 1 Million People (case/million persons)	648.34	706.93	878.21
Number of New Student Enrollment of Adult Education Schools and Secondary Schools for Adults (person/million persons)	18424	20425	24344
Number of Person Engaged in Scientific and Technological Activities per 10000 People (person/10 000 persons)	160	165	171
Proportion of Scientists and Engineers to Person Enggaged in Scientific and Technological Activities (%)	61.19	61.80	62.00
Proportion of Research and Development Expenses to GDP (%)	1.38	1.40	1.50
Proportion of Expenditures for Scientific and Technological Activities to GDP (%)	3.68	3.72	3.83
Proportion of Government Appropriations on Science and Technology to Local Government Expenditure (%)	4.20	3.14	3.64
Proportion of Loans on Development of Science and Technology to Total Loans from Banks (%)	0.22	0.13	0.14
Proportion of Technical Development Funds to Sales Revenue (%)	1.04	1.18	1.25
Annual Growth Rates of Contracted Exchange Volume in Technology Markets(%)	69.54	11.85	30.29
Number of Patents Granted per 1 Million People (case/million persons)	456.19	471.99	510.61
Proportion of Added Value of High - tech Products to GDP (%)	6.06	6.77	8.32
Proportion of Export Value of High - tech Products to Total Export Value of All Industrial Finished Products (%)	11.64	14.86	22.37
Proportion of Sales Value of New Products to Total Sales Value (%)	7.05	12.83	11.45
Percentage of Technological Advancement to Industrial Growth (%)	48.10	49.10	49.60
Per capita Average GDP (yuan/person)	34284	38007	41884
Added GDP by per 100 million yuan Investment (100 million yuan/100 million yuan)	0.37	0.34	0.33
Synthetical Energy Consumption on per 10000 yuan GDP (ton/10 000 yuan)	0.91	0.84	0.81
Rate of Industrial Waste Water Reaching Discharge Standards (%)	90.09	88.54	85.10
Rate of Industrial Solid Wastes Utilized in a Comprehensive Way (%)	83.48	87.09	88.55
Per capita Average Electricity Consumption on Living (kwh/person)	603.21	660.96	664.02
Per capita Average Business Volume of Post and Telecommunications (yuan/person)	2483.24	3070.39	3534.86

40 BASIC STATISTICS ON LAWYER, NOTARIZATION AND BASIC LEVEL JUDICAL WORK

Item	1995	2000	2001	2002
Lawyer				
Number of Law Office	95	153	188	218
Number of Full - time Lawyer (persons)	1940	2637	2734	3311
Number of Units Inviting Lawyers as Permanent Legal Advisors	3496	3810	5036	5378
Agent of Civil Cases (cases)	5753	6994	7965	13009
Agent of Economic Cases (cases)	4077	8190	9241	10954
Agent of Administrative Action (cases)	85	154	280	368
Agent of Non - litigations Legal Affairs (cases)	11890	13247	17271	30223
Defender or Agent of Criminal Cases (cases)	1920	2246	2830	3939
Agent of Foreign - related Legal Affairs (cases)	3866	3604	2283	2888
Claiming Indemnity and Arrearage (10000 yuan)	45751	94218	93265	11764
Notarization				
Number of Notary Offices	14	14	14	14
Number of Notarial Public (persons)	288	290	297	333
Number of Notarized Documents (cases)	250096	438838	385706	399667
Domestic Civil Case Notarization (cases)	53431	94398	80192	85100
Domestic Economic Notarization (cases)	77788	177691	123950	133627
Foreign - related Civil Case Notarization (cases)	113038	166470	181287	180759
Foreign - related Economic Notarization (cases)	5839	279	277	181
Assisting to Avoid Economic Loss (10000 yuan)	17386	22168	12388	6348
Basic Level Judical Work				
Number of Law Service	180	158	156	148
Number of Law Service Personnel (persons)	550	546	466	456
Number of Unit Inviting Law Service Personnel as Legal Advisors	2484	2769	2980	2174
Agent of Civil Cases (cases)	1963	2475	2207	1803
Agent of Non - litigation Legal Affairs (cases)	39199	26288	20942	18812
Assisting to Transact Notarization (cases)	34126	24135	16024	9303
Assisting to Retrieve Economic Loss (10000 yuan)	11206	24564	29909	3410
Number of People's Mediation Committees at Year - end	3766	3569	3452	3250
Number of Mediators at Year - end (person)	35608	36177	35466	28913
Number of Disputes Mediated (case)	8070	10044	13715	9373

Notes: Statistics on lawyer and notarization include the data of provincial level since 1995.

41 MAIN INDICATORS OF PUBLIC SECURITY

Item	2001		2002	
	Total	Urban Area	Total	Urban Area
Criminal Cases				
Number of Cases Registered (cases)	123554	113648	113901	104789
Number of Cases Cracked at the Same Year (cases)	34291	30655	36224	32162
Percentage of Cases Cracked to Total Criminal Cases at the Same Year (%)	27.75	26.97	31.80	30.69
Offense Cases against Public Order				
Cases Accepted (cases)	82777	76400	105243	98822
Cases Investigated and Dealed (cases)	51411	47081	60669	56009
City Traffic Accidents				
Number of Traffic Accidents (cases)	11351	8643	13400	11054
Number of Deaths and Injuries (persons)	13780	12154	16452	13165
# Number of Deaths (persons)	1848	1339	1913	1359
Losses Converted into Cash (10000 yuan)	6075	5020	7638	6570
Fires				
Number of Fires (cases)	311	276	292	237
Number of Deaths and Injuries (persons)	123	109	102	94
# Number of Deaths (persons)	48	39	22	22
Losses Converted into Cash (10000 yuan)	1283	1198	684	538

42 CITY ENVIROMENT POLUTION AND TREATMENT

(10 000 tons)

Item	2001		2002	
	Total	Urban Area	Total	Urban Area
Total Volume of Waste Water Discharged	104758	96836	115086	104586
Industrial Waste Water	24780	21048	24148	20832
# Volume of Industrial Waste Water up to the Discharge Standards	21940	18574	20550	17834
City Domestic Sewage	79978	75788	90938	83754
Total Volume of Industrial Waste Gas Emission (100 million cu. m)	2249.22	2086.08	2355.53	2213.38
Total Volume of Industrial Dust Emission	92.99	71.64	122.46	100.94
Total Volume of Industrial Dust Retrieved	6.94	3.83	7.01	0.99
Total Volume of Industrial Solid Waste Produced	399.60	367.70	417.74	407.90
Total Volume of Industrial Solid Waste Utilized in a Comprehensive Way	366.60	338.70	395.76	387.19
Total Volume of Industrial Solid Waste Treated	39.80	36.60	39.31	38.05
Total Volume of Industrial Waste Residue Accumulated over the Years	470	468	480	478
Traffic Noise in Urban Area (decibel)		68.90		68.60
Area of Soot Control Region in Urban Area (1000 sq. m)		297.50		355.02

篇 目 索 引

篇　目　　起始页码

中国统计出版社最新资料书简目

中国统计年鉴 – 2003
中国统计摘要 – 2003
2003 中国发展报告
中国城市统计年鉴 – 2002
中国农村统计年鉴 – 2003
中国劳动统计年鉴 – 2003
中国人口统计年鉴 – 2003
中国工业经济统计年鉴 – 2003
中国市场统计年鉴 – 2003
2002 中国城市发展报告
中国建筑业统计年鉴 – 2002
中国价格及城镇居民家庭收支调查统计年鉴 – 2003
国际统计年鉴 – 2003
中国对外经济贸易统计年鉴 – 2002
中国基本单位统计年鉴 – 2002
中国民政统计年鉴 – 2003
中国高新技术产业统计年鉴 – 2003
中国第二次全国基本单位普查资料汇编
中国房地产行业名录
2000 年人口普查分县资料
北京统计年鉴 – 2003
天津统计年鉴 – 2003
河北经济年鉴 – 2003
山西统计年鉴 – 2003
内蒙古统计年鉴 – 2003
辽宁统计年鉴 – 2003
吉林统计年鉴 – 2003
黑龙江统计年鉴 – 2003
上海统计年鉴 – 2003
江苏统计年鉴 – 2003
浙江统计年鉴 – 2003
安徽统计年鉴 – 2003
福建统计年鉴 – 2003
江西统计年鉴 – 2003
山东统计年鉴 – 2003
河南统计年鉴 – 2003
湖北统计年鉴 – 2003
湖南统计年鉴 – 2003
广东统计年鉴 – 2003
广西统计年鉴 – 2003
海南统计年鉴 – 2003
重庆统计年鉴 – 2003
四川统计年鉴 – 2003
贵州统计年鉴 – 2003
云南统计年鉴 – 2003
西藏统计年鉴 – 2003
陕西统计年鉴 – 2003
甘肃年鉴 – 2003
青海统计年鉴 – 2003
宁夏统计年鉴 – 2003
新疆统计年鉴 – 2003
新疆生产建设兵团统计年鉴 – 2003
石家庄统计年鉴 – 2003
唐山统计年鉴 – 2003
邯郸统计年鉴 – 2003
太原统计年鉴 – 2003
运城统计年鉴 – 2003
大同统计年鉴 – 2003
呼和浩特经济统计年鉴 – 2003
鄂尔多斯市统计年鉴 – 2003
包头统计年鉴 – 2003
赤峰统计年鉴 – 2003
沈阳年鉴 – 2003
大连统计年鉴 – 2003
鞍山统计年鉴 – 2003
长春统计年鉴 – 2003
吉林市社会经济统计年鉴 – 2003
四平统计年鉴 – 2003
延吉统计年鉴 – 2003
哈尔滨统计年鉴 – 2003
齐齐哈尔经济统计年鉴 – 2003
牡丹江统计年鉴 – 2003
大庆统计年鉴 – 2003
黑龙江垦区统计年鉴 – 2003
上海浦东新区统计年鉴 – 2003
南京统计年鉴 – 2003
连云港统计年鉴 – 2003
苏州统计年鉴 – 2003
无锡统计年鉴 – 2003
常州统计年鉴 – 2003
徐州统计年鉴 – 2003
南通统计年鉴 – 2003
盐城统计年鉴 – 2003
镇江统计年鉴 – 2003
杭州统计年鉴 – 2003
宁波统计年鉴 – 2003
绍兴统计年鉴 – 2003
台州统计年鉴 – 2003
舟山统计年鉴 – 2003
温州统计年鉴 – 2003
金华统计年鉴 – 2003
嘉兴统计年鉴 – 2003
湖州统计年鉴 – 2003
丽水统计年鉴 – 2003
合肥统计年鉴 – 2003
福州年鉴 – 2003
厦门经济特区年鉴 – 2003
福州经济技术开发区年鉴 – 2003
南昌经济社会统计年鉴 – 2003
九江经济统计年鉴 – 2003
济南统计年鉴 – 2003
青岛统计年鉴 – 2003
泰安统计年鉴 – 2003
淄博统计年鉴 – 2003
潍坊统计年鉴 – 2003
郑州统计年鉴 – 2003
洛阳统计年鉴 – 2003
三门峡统计年鉴 – 2003
平顶山统计年鉴 – 2003
南阳经济统计年鉴 – 2003
武汉统计年鉴 – 2003
宜昌统计年鉴 – 2003
十堰统计年鉴 – 2003
荆州统计年鉴 – 2003
广州统计年鉴 – 2003
东莞统计年鉴 – 2003
惠州统计年鉴 – 2003
深圳统计年鉴 – 2003
南宁统计年鉴 – 2003
桂林经济社会统计年鉴 – 2003
柳州经济统计年鉴 – 2003
柳州地区统计年鉴 – 2003
河池地区经济社会统计年鉴 – 2003
海口统计年鉴 – 2003
成都统计年鉴 – 2003
攀枝花统计年鉴 – 2003
广安统计年鉴 – 2003
贵阳统计年鉴 – 2003
昆明统计年鉴 – 2003
西安统计年鉴 – 2003
兰州年鉴 – 2003
西宁统计年鉴 – 2003
银川统计年鉴 – 2003
乌鲁木齐统计年鉴 – 2003
巴音郭楞统计年鉴 – 2003
吐鲁番统计年鉴 – 2003

编辑部电话:(010)63262276　63266600 – 30607
欲购以上图书请与中国统计出版社发行部联系。电话:(010)63459084　同榻行书店电话:68585978
通讯地址:北京市西城区三里河月坛南街 75 号。邮政编码:100826